© ERIKVANINGEN - ISTOCKPHOTO.COM

© VERYULISSA - SHUTTERSTOCK.COM

Radio City © BOBNOAH - SHUTTERSTOCK.COM

Statue de la Liberté. © NIKADA - ISTOCKPHOTO.COM

QUAND Y ALLER

JANVIER

-3° / 3°

NOUVEL AN CHINOIS

© MIHAI_ANDRITOIU - SHUTTERSTOCK.COM

Un spectacle fêté dans tous les recoins de Chinatown, avec des costumes et danses du dragon. Un peu kitsch mais dépaysant !

$

FÉVRIER

-2° / 4°

RESTAURANT WEEK

Une formule alléchante pour tester les meilleures tables de la ville à des prix imbattables. L'occasion de croquer la Grosse Pomme !

$

MARS

1° / 9°

SAINT PATRICK'S DAY

© STUART MONK - SHUTTERSTOCK.COM

Kilts, cornemuses, tambours, majorettes : la parade très festive de la Saint-Patrick, le long de Fifth Avenue, célèbre l'Irlande.

$

JUILLET

20° / 28°

BASTILLE DAY

Le 14 juillet, ce festival de musique à Central Park accueille des artistes pour célébrer la France et l'amitié franco-américaine.

INDEPENDENCE DAY

Feux d'artifice grandioses au-dessus de l'East River pour la fête nationale américaine, en commémoration du 4 juillet 1776.

$ $ $

AOÛT

19° / 27°

SUMMER FOR THE CITY

Des performances artistiques et concerts, totalement gratuits, sont organisés en plein air pendant une quinzaine de jours.

$ $ $

SEPTEMBRE

16° / 24°

NEW YORK FILM FESTIVAL

Le plus grand événement cinématographique de New York, qui accueille les plus grands réalisateurs américains et internationaux.

$ $

New York possède un climat continental humide, avec quatre saisons bien marquées et des écarts de températures vertigineux. Les demi-saisons sont les plus agréables, avec des températures clémentes en journée et des soirées plus fraîches. L'été, une chaleur suffocante enveloppe la ville, qui se transforme en sauna sous l'effet de l'humidité. En hiver, il fait souvent glacial... Mais découvrir New York sous la neige est une expérience de pure magie, à condition d'être bien équipé !

AVRIL

6° / 15°

WEEKENDS IN BLOOM

La floraison des cerisiers du Japon est l'occasion d'un festival célébrant la culture japonaise au Brooklyn Botanical Garden.

$ $

MAI

12° / 21°

TRIBECA FILM FESTIVAL

Ce festival du film indépendant co-créé par Robert de Niro propose de nombreux films internationaux et réunit les plus grands acteurs.

CINCO DE MAYO

New York se pare de vert et de rouge, tandis qu'un grand défilé sur la Cinquième avenue célèbre l'héritage mexicain du pays.

$ $

JUIN

17° / 26°

PRIDE MARCH

Que de déguisements, de paillettes, de frous-frous et de fleurs à l'occasion de cette parade qui célèbre la communauté LGBT.

CHELSEA MUSIC FESTIVAL

Festival qui a lieu tous les ans en juin et qui programme gratuitement des artistes dans les parcs et galeries d'art de Chelsea.

$ $

OCTOBRE

10° / 18°

CHELSEA FILM FESTIVAL

Un festival international de cinéma créé par deux Françaises, qui projette des films indépendants venus du monde entier.

VILLAGE HALLOWEEN PARADE

Zombies, monstres et sorcières se mélangent aux New-Yorkais une fois la nuit tombée. La parade la plus déjantée de l'année !

$ $

NOVEMBRE

4° / 12°

MARATHON DE NEW YORK

Environ cinquante mille coureurs du monde entier se regroupent pour le départ du plus grand et célèbre marathon du monde.

THANKSGIVING

Pour Thanksgiving, une immense parade de ballons géants a lieu chaque année sur Central Park West, devant un parterre de stars.

$

DÉCEMBRE

-1° / 6°

TIMES SQUARE BALL DROP

A l'occasion du passage à la nouvelle année, 1 million de personnes se réunissent à Times Square pour assister au *Ball Drop* !

$

LES BONNES RAISONS D'Y ALLER

© LITTLENY - STOCK.ADOBE.COM

POUR L'ARCHITECTURE REMARQUABLE

New York est une ville fascinante pour son architecture, éclectique et contrastée.

POUR LES MUSÉES INCONTOURNABLES

Les nombreux musées de New York recèlent des trésors venus de tous les pays du monde.

© KATIE C. WALLACE - SHUTTERSTOCK.COM

© KOZLIK - SHUTTERSTOCK.COM

POUR LES SPECTACLES SUR BROADWAY

Voir une comédie musicale sur Broadway est une expérience époustouflante, à ne pas rater.

© KRZYSZTOF STEFANIAK - SHUTTERSTOCK.COM

POUR SE CROIRE DANS UN FILM

Quel plaisir de voir de ses propres yeux des lieux que l'on a vus mille fois à l'écran.

© MANU PADILLA - SHUTTERSTOCK.COM

POUR CROQUER DANS LA GROSSE POMME

Cuisine mexicaine, chinoise, américaine… Préparez-vous à un tour du monde culinaire !

© NOSYSTEM IMAGES - ISTOCKPHOTO.COM

POUR DÉCOUVRIR NEW YORK BY NIGHT

Rooftops, bars, concerts, boîtes de nuit… Autant dire que vous n'allez pas fermer l'œil !

© ULI-B - STOCK.ADOBE.COM

POUR LES MONUMENTS EMBLÉMATIQUES

La Statue de la Liberté, l'Empire State Building, le Brooklyn Bridge… Et bien plus !

LES BONNES RAISONS D'Y ALLER

POUR ASSISTER À UN MATCH DE SPORT

Pour soutenir les Knicks, les Rangers, les Mets ou les Nets aux côtés des New-Yorkais.

© MIKE LIU - SHUTTERSTOCK.COM

© PERSONAL BELONGINGS - SHUTTERSTOCK.COM

POUR GOÛTER À SA CÉLÈBRE ÉNERGIE

Infatigable, la ville qui ne dort jamais vous emportera dans un tourbillon d'énergie.

POUR L'INCROYABLE DIVERSITÉ

New York est un formidable *melting pot* où l'on rencontre le monde entier en une journée.

© RYAN DEBERARDINIS - SHUTTERSTOCK.COM

LES 12 MOTS-CLÉS

#11 SEPTEMBRE

L'un des épisodes les plus marquants de l'histoire de New York, et sans doute le plus tragique, s'est déroulé le 11 septembre 2001, lorsque deux avions pilotés par des terroristes d'Al-Qaida se sont écrasés dans les tours du World Trade Center, faisant plus de 2 600 morts. Cette catastrophe a façonné de bien des manières le New York d'aujourd'hui.

#BROADWAY

On ne peut pas visiter New York sans passer par Broadway, cette avenue où se jouent chaque jour des comédies musicales et pièces de théâtre à succès. La crème des comédiens est à l'affiche de ces *shows* spectaculaires qui font vibrer les touristes autant que les New-Yorkais. Du dramatique, du glamour et de l'humour, il y en a pour tous les goûts.

© FERNANDOAH - ISTOCKPHOTO.COM

#BROOKLYN

Une visite de New York ne serait pas complète sans la découverte de Brooklyn, devenu le *borough* le plus créatif et branché. Friperies, cafés arty, restos fusion, soirées underground, marchés bio, vues à couper le souffle sur la *skyline*, vous découvrirez une autre facette de la ville, de Dumbo à Williamsburg en passant par Bushwick ou Cobble Hill.

#CINÉMA

À peine sorti du taxi, on a l'impression de déjà la connaître, cette ville, tant on l'a vue au cinéma. Times Square, Central Park, Fifth Ave et ses tourbillons de taxis jaunes, les escaliers de secours qui zigzaguent sur les façades des immeubles… Une simple balade dans les rues de New York peut vite se transformer en pèlerinage cinématographique.

#CRIME ORGANISÉ

New York est parfaitement sûre aujourd'hui, mais la ville reste célèbre pour son passé tumultueux. Peut-être parce qu'elle a été immortalisée quantité de fois sur le grand écran, la mafia fascine. Si son activité a diminué, elle n'a pas été éradiquée et les cinq familles qui règnent sur New York depuis les années 1930 œuvrent toujours dans l'ombre.

#CULTURE HIP-HOP

Dans les années 1970, des rues délabrées du Bronx s'élève un nouveau son : c'est la naissance du hip-hop pendant les *block parties*. Bien plus qu'un genre musical, le hip-hop est un mouvement culturel dont sont aussi issus le graffiti et le breakdance. New York a vu naître les plus grands rappeurs de l'histoire, dont Biggie, Nas, 50 Cent et Jay-Z.

#DIVERSITÉ

New York est l'une des villes les plus cosmopolites au monde. Lorsqu'on déambule dans ses rues, on constate que toutes les communautés cohabitent paisiblement. Il faut dire que plus d'un tiers de la population de la ville est née à l'étranger, et même les New-Yorkais de naissance sont, eux aussi, issus d'une immigration finalement assez récente !

#FOODIES

La nourriture est l'une des obsessions des New-Yorkais, et découvrir de nouveaux restaurants l'une de leurs activités favorites. À New York, on mange à toute heure du jour et de la nuit et, surtout, on s'essaie à toutes les cuisines imaginables. Et les odeurs qui nous assaillent à chaque coin de rue rendent toute tentative de résistance inutile…

© ALEKSANDR VOROBEV - STOCK.ADOBE.COM

LES 12
MOTS-CLÉS

#MARATHON

Le premier marathon de New York a été organisé en 1970 et a vu s'affronter 127 coureurs. Cinq décennies plus tard, on enregistre environ 50 000 participants par an. Pour avoir une chance de courir dans les rues de New York le 3 novembre, il faut être tiré au sort ou payer le prix fort auprès d'une agence… À moins d'être un athlète de haut niveau !

© DARIUSZ GRYCZKA - SHUTTERSTOCK.COM

#SKYLINE

L'Empire State Building, le Chrysler Building ou encore la One World Trade Center sont autant de gratte-ciel qui forment la légendaire *skyline* new-yorkaise. Il suffit de grimper sur un toit ou de traverser la rivière jusqu'à Brooklyn ou le Queens pour avoir un bel aperçu de cet horizon de gratte-ciel. Et de nuit, c'est encore plus spectaculaire !

#YELLOW CABS

Ils sont l'élément de base de toute carte postale de New York digne de ce nom : les *yellows cabs*, ces taxis de couleur jaune omniprésents à Manhattan. Comme dans les films, il suffit de se poster dans la rue et de lever le bras pour que l'un d'entre eux s'arrête. En cas de doute, prenez exemple sur les New-Yorkais, ce sont des pros en la matière !

#WALL STREET

Que serait New York sans le New York Stock Exchange, sa célèbre bourse installée à Wall Street ? Symbole du capitalisme américain, la plus grande place boursière du monde est remplie de jeunes loups en costume-cravate dont les dents rayent le parquet. L'un d'entre eux a été immortalisé au cinéma dans *Le Loup de Wall Street*, de Martin Scorsese.

© F11PHOTO - STOCK.ADOBE.COM

VOUS ÊTES D'ICI, SI…

▸ **Vous êtes d'ici si vous avez ce petit quelque chose** qu'on appelle la *New York attitude* ! Vous êtes impatient, toujours pressé, vous slalomez entre les piles de poubelles et les taxis, vous bousculez les touristes qui, le nez en l'air, admirent les gratte-ciel que vous ne remarquez même plus. Au fond, vous êtes sympa, c'est juste que toutes ces années en ville vous ont endurci.

▸ **Quand vous n'êtes pas occupé à travailler, vous êtes occupé à sortir.** Vous cuisinez peu, vous préférez manger dehors, dans les lieux tendance du moment, quitte à faire la queue pendant trois quarts d'heure pour une *empanada*. Vous pliez votre tranche de pizza en deux avant de la manger, dans la rue le plus souvent. D'ailleurs, vous connaissez au moins dix endroits où l'on peut manger une *slice* pour moins de 2 US$.

▸ **Vous trouvez qu'il fait trop lourd en été,** trop froid en hiver, vous pestez contre le métro qui ne fonctionne jamais et pourtant, vous dites à qui veut l'entendre que *New York is the greatest city on earth*.

MON NEW YORK

AVEC VANESSA RICHARD, AUTRICE DU GUIDE

Pourquoi New York ?

J'ai mis les pieds à New York pour la première fois en 2011. Dès les premiers instants, j'ai été happée par l'énergie de la ville et prise d'un curieux sentiment : celui d'être à ma place. Depuis, je m'y suis installée, j'ai apprivoisé son rythme effréné et son architecture vertigineuse. Dix ans plus tard, après de multiples déménagements, des hivers rudes et des étés moites, la naissance d'un enfant et des milliers d'heures passées à arpenter les rues de cette Grosse Pomme, je suis toujours là ! New York est une ville qui exige beaucoup, mais elle donne aussi une impression de possible, d'ouverture et de mouvement qui en fait un terrain de jeux et d'exploration infini.

Quels conseils donnerais-tu pour une première visite réussie ?

Ne cherchez pas à tout voir. Selon la durée de votre séjour, choisissez deux ou trois quartiers à visiter et explorez-les à fond. Laissez-vous porter par l'énergie de la ville et osez l'imprévu : entrez dans un café, une galerie d'art, discutez avec les locaux. Si vous entendez de la musique provenant d'un sous-sol ou d'une église, poussez la porte. Et surtout, levez la tête !

Qu'est-ce qui fait de New York une destination incontournable ?

New York est une ville-monde, un carrefour des cultures et des langues, un véritable melting pot de 8,4 millions d'habitants. Ici, chaque quartier a sa propre identité : on peut visiter New York dix fois, il restera toujours quelque chose à découvrir ! Pourtant, lors d'une première visite, on s'y balade avec l'impression tenace d'y être déjà venu : ses tourbillons de taxis jaunes, les hurlement de ses sirènes, ses gratte-ciel, ses escaliers qui zigzaguent sur les façades… Tout est familier et dépaysant à la fois.

Tes incontournables ?

Il faut absolument emprunter le ferry (NYC Ferry) au moins une fois. C'est un super moyen de se déplacer à petit prix entre de nombreux quartiers situés le long de l'East River tout en profitant d'une vue époustouflante. Je recommande aussi vivement de partir à la découverte de Brooklyn : de Dumbo à Williamsburg en passant par Fort Greene et Bushwick (pour faire la fête !)… Le *borough* réserve une atmosphère totalement différente de celle de Manhattan.

Un souvenir marquant ?

New York désertée pendant le Covid… Marcher dans un Times Square vidé de ses touristes, c'était digne d'un film post-apocalyptique. Et la toute première fois que j'ai vu la ville depuis l'Empire State Building !

TOP 10

À VOIR - À FAIRE

Difficile de faire un classement des dix meilleures choses à voir dans une ville qui a tant à offrir ! New York peut se targuer d'être une cité trépidante, avec ses musées de premier plan, ses gratte-ciel emblématiques et ses coins de verdure pour souffler un peu. L'essentiel des incontournables listés ci-dessous est localisé à Manhattan, mais pour prendre le pouls de New York, il est tout aussi recommandé de se balader dans ses autres *boroughs*, en particulier Brooklyn et le Queens. Quoi qu'il en soit, un séjour à New York est rarement de tout repos. Vous voilà prévenu…

133

BROOKLYN BRIDGE

Traversez le pont de Brooklyn pour des panoramas fantastiques sur Manhattan, surtout lorsque les *buildings* sont illuminés.

157

EMPIRE STATE BUILDING

Ce majestueux gratte-ciel, sans doute le plus emblématique de New York, offre des vues à couper le souffle sur Manhattan.

CENTRAL PARK

La bulle verte de New York est un lieu préservé et idéal pour se promener, faire du vélo, pique-niquer ou bouquiner au calme.

169

148

HIGH LINE

Les jardins suspendus de New York offrent une promenade agréable avec vue inédite sur l'Hudson et les *buildings* de Midtown.

METROPOLITAN MUSEUM OF ART (MET)

Ce musée, une véritable institution avec sa magnifique collection sur l'Egypte antique, est considéré comme le Louvre américain.

© EMIN KULIYEV - SHUTTERSTOCK.COM

© DIEGO GRANDI - SHUTTERSTOCK.COM

SUMMIT ONE VANDERBILT

Ce nouvel observatoire offre des vues époustouflantes et de magnifiques jeux de miroir pour une expérience en immersion.

© COURTESY OF THE MUSEUM OF MODERN ART © 2024

MUSEUM OF MODERN ART (MOMA)

Cet incroyable musée avec sa collection de 200 000 œuvres est un passage obligé pour les amateurs d'art moderne et contemporain.

TIMES SQUARE

Avec ses écrans géants, ses magasins, ses performances et ses personnages costumés, Times Square est un incontournable absolu.

© LUCA AMEDEI - SHUTERSTOCK.COM

STATUE DE LA LIBERTÉ

Cette grande dame est l'emblème de New York. Frissons garantis lorsque le bateau s'en approche pour accoster sur Liberty Island.

© MANU PADILLA - SHUTTERSTOCK.COM

© PAWEL.GAUL - SHUTTERSTOCK.COM

WASHINGTON SQUARE PARK

Ce parc urbain toujours vivant est le centre de Greenwich Village et le lieu de rencontre des étudiants, musiciens et artistes.

TOP 10

SE RÉGALER

Dans les films et séries qui se passent à New York, il n'est pas rare que les personnages aient des conversations mémorables autour d'un *breakfast* dans un *diner*, ou qu'une salle de restaurant devienne le décor d'une scène d'anthologie. Pendant votre séjour, vous comprendrez bien vite que la nourriture fait partie intégrante de l'expérience new-yorkaise, et qu'elle est incroyablement variée. Vous dînerez dans un *deli* juif, bruncherez à Brooklyn et avalerez de délicieux tacos à 2 heures du matin... Voici notre sélection des 10 restaurants immanquables et authentiquement new-yorkais !

© RUSS & DAUGHTERS

185

BUBBY'S

Restaurant offrant des tartes faites maison et l'un des brunchs les plus typiquement américains de New York.

© LA ESQUINA

185

LA ESQUINA

Ce restaurant mexicain propose de délicieux tacos à manger sur le pouce, et au sous-sol, un lounge à l'ambiance des plus branchées.

CHELSEA MARKET

Les halles de cette ancienne biscuiterie abritent une cinquantaine de stands. Au menu : crêpes, pizzas, poisson, viennoiseries...

© RAWF8 - SHUTTERSTOCK.COM

228

© ERIC MEDSKER

281

SUNDAY IN BROOKLYN

Le summum du brunch version Brooklyn, où l'on mange de délicieux pancakes recouverts d'un pralin de noisette. Riche à souhait...

© VESELKA RESTAURANT

EN PHOTO

VESELKA RESTAURANT 190

Ce *dîner* ukrainien, apparu dans de nombreux films et séries, est une institution où convergent tous les types de New-Yorkais.

198 GRAND CENTRAL OYSTER BAR

Le bar à huîtres le plus connu de New York offre un cadre hors du temps, avec son plafond voûté, et des fruits de mer très frais.

RUSS & DAUGHTERS CAFE 190

Ancien magasin d'un immigré polonais reconverti en café à la déco façon supérette juive, où l'on mange du poisson et des bagels.

204 JG MELON

D'aucuns prétendent que c'est dans cette institution de l'Upper East Side que sont servis les meilleurs burgers de la ville !

NOM WAH TEA PARLOR 187

Institution de Chinatown depuis 1920, Nom Wah Tea Parlor sert des dim sums authentiques dans un cadre historique et emblématique.

194 VIA CAROTA

Ca n'aurait pu être qu'un bon resto italien de quartier, mais ses plats, authentiques et délicieux, lui ont forgé une solide réputation.

TOP 5

FAIRE UNE PAUSE

Poussez la porte d'un *speakeasy*, pénétrez dans le *cocktail bar* du gratin new-yorkais, régalez-vous d'un *cannolo* à Little Italy ou laissez-vous tenter par un *happy hour* de folie à Brooklyn… Voici cinq endroits pour pimenter vos soirées new-yorkaises ou faire une pause entre deux visites !

© BENJAMIN HILL

EN PHOTO — THE CAMPBELL 218

Bar à cocktail au charme suranné et à l'atmosphère sombre et mystérieuse, qui propose des cocktails originaux et savoureux.

210 APOTHEKE

Poussez la porte secrète et pénétrez dans un lieu capitonné qui a su garder intacte l'atmosphère si particulière des *speakeasy*.

SUPERMOON BAKEHOUSE 213

Le *cruffin*, croisement entre le croissant et le muffin, est né dans cette boutique. C'est bon et riche à souhait !

218 THE SKYLARK

Vue sur l'Empire State Building et Times Square, cocktails de haute voltige… Le Skylark est un lieu de rendez-vous éblouissant.

SOGNO TOSCANO MARKET & WINE BAR 215

Epicerie italienne avec des planches de charcuterie, des verres de vin ou des pâtisseries à déguster avec un espresso bien serré !

TOP 5

(SE) FAIRE PLAISIR

Si vous avez l'intention de faire chauffer votre carte bleue pendant votre séjour, voici 5 lieux incontournables, typiques ou dans lesquels vous pourrez faire de bonnes affaires ! Vêtements, souvenirs, livres, cosmétiques, pensez à emporter une valise supplémentaire pour votre shopping…

© RICHARD CADAN

EN PHOTO — FAO SCHWARZ 227

Magasin de jouets légendaire fondé en 1862, avec ses objets incroyables et son piano gigantesque aperçu dans *Big*, avec Tom Hanks.

230 FLIGHT CLUB

Cette boutique vend des *sneakers* (baskets) des plus grandes marques, mais uniquement des paires originales et en édition limitée !

DYLAN'S CANDY BAR 228

Des confiseries du sol au plafond dans ce magasin coloré et ludique ! On y trouve des variétés de bonbons venues du monde entier.

232 MURE + GRAND

Un concept store pop et coloré qui propose des vêtements et des accessoires girly, fun et abordables, parfois faits main.

NEW YORK OR NOWHERE 227

Une marque de *streetwear* 100 % New York, remplie de clins d'œil à la Big Apple et de vêtements estampillés « New York or Nowhere ».

TOP 5

BOUGER & BULLER

Si vous en avez assez des musées et que vous avez arpenté la ville dans tous les sens, voici de quoi vous divertir, vous détendre et vous dépenser, même les jours de pluie. On ne saurait que trop vous conseiller d'assister à un match de l'une des équipes de la ville pendant votre séjour !

BATHHOUSE

Un spa design avec rooftop à Williamsburg, avec des forfaits journée pour profiter des bains, saunas et de la piscine avec vue.

© EGI – STOCK.ADOBE.COM

292

© ALEXANDRE TZIRIPOULOFF - SHUTTERSTOCK.COM

292

243

© EGI – STOCK.ADOBE.COM

QC NY SPA

Accessible en bateau, le spa de Governors Island propose saunas, hammams, piscine, massages et des vues grandioses sur Manhattan.

KAYAK - BROOKLYN BRIDGE PARK

Depuis Brooklyn, embarquement tout l'été pour une petite balade en kayak sur l'East River, au pied de l'iconique pont de Brooklyn.

CHELSEA PIERS

Ce gigantesque complexe sportif propose une foule d'activités, comme taper des balles de golf avec vue sur la Hudson River.

© NEW YORK YANKEES PARTNERSHIP

303

© VIRTUAL TOUR GROUP

240

YANKEE STADIUM

C'est ici que vous irez soutenir la légendaire équipe de baseball de la ville, les Yankees, aux côtés de New-Yorkais survoltés !

TOP 5

SORTIR

Sortir dans une boîte de nuit déjantée à Brooklyn, écouter du jazz dans un club réputé de Harlem, rire aux éclats face aux déboires d'un comédien qui s'épanche sur la scène d'un *comedy club*, courir après des fantômes dans une pièce de théâtre immersive… Voilà de quoi vous occuper !

© CAFE WHA

EN PHOTO

CAFE WHA ? 248

Ce bar qui existe depuis 1959 est un vétéran de la scène new-yorkaise. Jimi Hendrix et Bob Dylan y ont joué à leurs débuts !

293 HOUSE OF YES

Grand nom de la scène nocturne brooklynite, House of Yes est à la fois une boîte de nuit et un lieu de spectacle déjanté.

TOMI JAZZ 256

Discret et cosy, Tomi Jazz est un ancien club privé japonais où jazz et cuisine japonaise se mêlent dans une ambiance vintage.

251 COMEDY CELLAR

La scène de *stand-up* la plus célèbre des États-Unis accueille de jeunes talents et des grands noms dans une ambiance intimiste.

REVEREND VINCE ANDERSON & THE LOVE CHOIR ! 294

Chaque lundi dans un bar de Williamsburg, le révérend Vince Anderson électrise le public avec son *dirty gospel* spirituel et funky.

TOP 10

SE LOGER

Notre top 10 met en avant des hébergements uniques et tendances parmi les quelque sept cents hôtels disséminés aux quatre coins de la ville. Glamours pour certains, avec un rapport qualité-prix du tonnerre pour d'autres, tous sont au summum du confort. Tous les voyageurs, y compris les petits budgets, y trouveront leur compte ! Hormis notre sélection d'hébergements dans Manhattan, nous vous proposons deux adresses tendance à Brooklyn, ainsi qu'un *boutique hotel* dans le Queens, qui offre des vues incroyables sur les gratte-ciel… *without the hefty price tag* (sans payer le prix fort).

© 1 HOTEL BROOKLYN BRIDGE

1 HOTEL BROOKLYN BRIDGE

Un luxueux havre de paix qui donne la sensation d'être en pleine nature tout en offrant un panorama unique sur les gratte-ciel.

© DURSTON SAYLOR

TEMPO BY HILTON

Hôtel au cœur de New York avec une jolie décoration épurée, des équipements de qualité et une vue éblouissante sur Times Square.

CARLYLE

Hôtel de luxe qui accueille des têtes connues depuis 1930 et dont les chambres jouissent d'un splendide panorama sur Central Park.

© TEMPO

© EGI – STOCK.ADOBE.COM

EVEN HOTEL - TIMES SQUARE SOUTH

Excellente option dans le quartier central de Midtown, cet hôtel immaculé compte 150 chambres et met l'accent sur le bien-être.

© THE IROQUOIS

ACE HOTEL 321

Hôtel tendance aux 260 chambres pour tous les profils, de la plus petite aux lits superposés à l'espace résolument classe et cosy.

FREEHAND 322

Hôtel très tendance, au carrefour entre l'auberge et le boutique-hôtel, qui propose des chambres doubles et des lits en dortoir.

THE GREENWICH HOTEL 317

Hôtel 5 étoiles signé Robert de Niro, avec de sublimes chambres qui célèbrent l'artisanat et un spa luxueux avec piscine chauffée.

HOTEL CHELSEA 149

Le mythique, le décadent, l'incontournable Hôtel Chelsea a rouvert ses portes en 2022 et possède toujours autant de cachet.

EN PHOTO

THE IROQUOIS 325

Ce petit hôtel boisé et raffiné offre un luxe typiquement new-yorkais avec ses chambres douillettes et salles de bains de marbre.

ROXY HOTEL 317

Doté d'une touche Art déco et d'un petit supplément d'âme, ce boutique-hôtel nous plonge dans le New York des années 1950.

VIE QUOTIDIENNE

ALLO ?

Le code pays des États-Unis est le 1, et les indicatifs régionaux (*area codes*) varient selon les *boroughs*. Manhattan : 212 (le plus souvent), 646 et 917. Brooklyn, Queens, Bronx et Staten Island : 718 (le plus souvent), 646 et 347. Les indicatifs régionaux sont toujours indiqués quand on vous communique un numéro de téléphone. Pour les téléphones portables, l'indicatif régional est remplacé par les préfixes 917, 347 ou 646.

Tous les numéros commençant par 1 800, 1 888 et 1 877 (ex : 1 800 654 7777) sont des numéros gratuits mais ne peuvent pas être composés depuis la France. Il arrive que le numéro de téléphone soit donné sous forme de lettres : pour le composer, il suffit de composer les numéros correspondants aux lettres de votre clavier téléphonique. Par exemple pour le (212) 347-FARM, composez (212) 347 3276.

Pour appeler de la France vers New York : code appel international + code pays + indicatif régional + numéro local à 7 chiffres. Par exemple, pour téléphoner de Bordeaux à Manhattan : 00 + 1 + 212 + 123 4567.

Pour appeler de New York vers l'étranger : 011 (c'est le code d'appel international) + code pays + indicatif régional (ou indicatif portable) + numéro local. Pour la France, le code pays est le 33 et il ne faut pas composer le 0, premier chiffre du numéro. Exemples : Pour Paris : 011 + 33 + 1 + 49 87 65 43. Pour Toulouse : 011 + 33 + 5 + 69 87 65 43. Vers un portable : 011 + 33 + 6 + 12 34 56 78.

Tous les opérateurs français de téléphonie mobile ont des accords avec des opérateurs américains. Il est donc facile de se servir de son portable. Si vous souhaitez garder votre forfait français, il faudra avant de partir activer l'option internationale (généralement gratuite) en appelant le service clients de votre opérateur. Qui paie quoi ? La règle est la même chez tous les opérateurs. Lorsque vous utilisez votre téléphone français à l'étranger, vous payez la communication, que vous émettiez l'appel ou que vous le receviez. Dans le cas d'un appel reçu, votre correspondant paie lui aussi, mais seulement le prix d'une communication locale. Tous les appels passés depuis ou vers l'étranger sont hors forfait, y compris ceux vers la boîte vocale.

Une autre solution est d'acheter une carte SIM prépayée chez l'un des opérateurs locaux, à savoir T-Mobile, Verizon ou AT&T. C'est l'option la plus économique si vous avez l'intention de vous servir de votre téléphone fréquemment et de passer des appels locaux. Sachez cependant qu'en règle générale, un téléphone acheté chez un opérateur français est « bloqué » et n'accepte uniquement les cartes SIM provenant de celui-ci. Vous devez faire la demande de déblocage auprès de votre opérateur avant le départ (ce qui n'est pas toujours possible).

ACCESSIBILITÉ

À New York, tout (à l'exception du métro) a été pensé pour faciliter la vie aux personnes à mobilité réduite. Les trottoirs sont abaissés à toutes les intersections et, à Manhattan en particulier, les avenues et trottoirs sont tellement larges que les personnes en fauteuil roulant n'ont pas de mal à circuler. Il en va de même pour les commerces, magasins, banques ou encore restaurants, qui sont généralement dotés de portes automatiques. Les malvoyants peuvent s'aider des indications en braille qui se trouvent sur la vaste majorité des touches et boutons.

SANTÉ

En cas de maladie ou problème de santé, le bon réflexe est de contacter le consulat de France. Il se chargera de vous aider, de vous accompagner et vous fournira la liste des médecins francophones. En cas de problème grave, c'est aussi lui qui prévient la famille et qui décide du rapatriement. Pour connaître les urgences et établissements aux standards internationaux : consulter les sites www.diplomatie.gouv.fr et www.pasteur.fr.

URGENCES SUR PLACE

Il n'y a qu'un seul numéro pour les urgences aux États-Unis, il s'agit de 911 (prononcez *nine one one*). L'opérateur au bout du fil se charge ensuite de dispatcher les appels en fonction de leur nature.

SÉCURITÉ

New York a beau être une ville sûre, le visiteur doté d'un minimum de bon sens fera preuve de vigilance tout au long de son séjour. Les touristes peuvent notamment être la cible des *pickpockets*. Si quelqu'un vous bouscule violemment ou vous aborde sous un prétexte suspect, soyez sur vos gardes. De même, attention aux

© SBYTOVA MN - ISTOCKPHOTO.COM

bousculades en montant ou en descendant des transports en commun, un moment idéal pour les *pickpockets*. Si vous avez besoin de prévenir la police, composez le 911 en cas d'urgence et le 311 s'il ne s'agit pas d'une urgence.

LGBTQ

New York n'a pas grand-chose à envier à San Francisco, souvent considérée comme la ville la plus *gay-friendly* du monde. C'est ici, dans les années de militantisme, entre 1960 et 1970, qu'est né le mouvement d'affirmation et de revendication de la communauté gay et lesbienne. Les New-Yorkais sont ainsi plus tolérants que dans le reste des États-Unis et le mariage homosexuel y est autorisé depuis 2011.

AMBASSADE ET CONSULATS

L'ambassade de France aux États-Unis se trouve à Washington, D. C. (washington.consulfrance.org), mais New York possède un consulat qui s'occupe de tous les services aux citoyens français (https://newyork.consulfrance.org/).

POSTE

Les Post Offices (www.usps.com) ouvrent en semaine de 8h à 17h et le samedi de 9h à 14h. On trouve des bureaux de poste aux endroits stratégiques comme Grand Central Station, Macy's (dernier étage), Times Square, l'Empire State Building (entrée sur la 5th Avenue), le Rockefeller Center, etc. Vous pouvez également vous adresser à UPS pour votre courrier, une société privée.

Les boîtes aux lettres new-yorkaises sont bel et bien ces espèces de grands conteneurs métalliques bleus qui ressemblent à tout... sauf à des boîtes à lettres (selon nos critères français, *of course* !). Heureusement, on y voit le logo de la poste et l'inscription « U.S. Mail » dessus. Si vous avez l'intention d'écrire à votre famille et à vos amis, achetez vos timbres dans les bureaux de poste, c'est là que ça vous reviendra le moins cher. Le timbre pour une carte postale ou une lettre vers l'Europe vous coûtera au minimum 1,50 US$, selon le poids de l'enveloppe. Il faut compter trois à sept jours de délai pour que votre courrier arrive à destination. Pour vous épargner d'interminables files d'attente, soyez malin, utilisez les distributeurs. Attention aux valeurs déclarées qui risquent de faire bloquer votre paquet en douane et vous obligent à payer une taxe supplémentaire si sa valeur excède 50 US$. Pour les paquets urgents, Fedex est une bonne référence (www.fedex.com/us).

MÉDIAS LOCAUX

- **La presse** s'achète partout. Non seulement chez les marchands de journaux et dans les kiosques, mais aussi dans les supermarchés, dans les *drugstores*, dans les Starbucks... Grâce à la publicité et à des paginations impressionnantes, la presse quotidienne américaine est exemplairement bon marché.

Parmi les revues les plus populaires, citons le *New York Times*, l'équivalent du *Monde* qui représente la presse libérale, et *The New Yorker*, grand magazine hebdomadaire contemporain qui traite aussi bien de politique que de culture et pop-culture, également connu pour ses dessins très drôles !

À cette presse, s'ajoute celle des vingt et quelques communautés qui éditent leur journal quotidien dans leur propre langue. Comme en France, la presse gratuite a connu un essor dans les années 2000. Deux quotidiens sont distribués dans les grandes stations de métro chaque matin : *Am New York* et *Metro*. Autres gratuits qui vous renseigneront sur les événements culturels de la semaine et les séances de cinéma : *Village Voice* et *Time Out*. Pour ce qui est de la presse francophone, *France-Amérique*, le seul magazine bilingue (français-anglais) du pays, décortique l'actualité américaine et française dans son magazine mensuel, mais aussi sur son site Internet. D'ailleurs, c'est surtout sur le web que vous pourrez vous informer en français sur ce qui se passe à New York. *French Morning* (www.frenchmorning.com) s'adresse autant aux touristes qu'aux expats, à l'instar de *Voila New York* (www.voilanewyork.com), deux sites truffés d'infos pratiques sur la Big Apple.

Côté télévision, il existe une chaîne locale à New York, NY1. On y trouve des bulletins d'informations réguliers centrés sur l'actualité locale, la météo, des programmes sur l'art de vivre new-yorkais, et de nombreuses émissions sur les restaurants et bars de la ville. Sachez que, comme France 3, les grandes chaînes américaines ont toutes un décrochage local, notamment pour les informations. CBS, ABC, FOX, TBS proposent notamment un JT sur l'actualité new-yorkaise à 23h. Faits-divers glauques garantis !

La radio, pour finir, n'a pas une place très importante dans l'univers des médias à New York. Il y a bien sûr NPR, (appelé WNYC à New York, 93.9) la seule station gouvernementale, et également plusieurs stations locales : WNYU (89.1), la radio de l'université de New York avec musique et débats, WABC (770 AM), que l'on peut comparer à Europe 1, New York Weather (87.5) pour la météo, et ESPN NY (98.7) pour suivre en direct les matchs des différentes équipes de la ville. Pour la musique il y a l'embarras du choix WBLS (107.5) pour le R&B, WBEE (92.5) pour la country, Z100 (100.3) pour les hits du moment, HOT97 (97.1) pour le hip-hop.

LES PHRASES CLÉS

Bonjour, mon téléphone ne fonctionne pas, pouvez-vous m'aider s'il vous plait ?
Excuse me, my phone isn't working. Could you please help me?

Je ne me sens pas bien, pouvez-vous m'amener à l'hôpital le plus proche ?
I'm not feeling well. Could you take me to the nearest hospital?

Est-ce que vous avez un médecin qui parle français ?
Do you have a French-speaking doctor?

Je viens de me faire voler mes papiers, où est le poste de Police le plus proche ?
My documents have been stolen. Where is the nearest police station?

Est-ce un quartier dangereux ou je peux y aller sans crainte ?
Is it a dangerous neighborhood, or can I feel safe going there?

Avez-vous des timbres pour une carte postale à envoyer en France ? C'est combien ?
Do you have stamps to mail a postcard to France? How much is it?

DÉCOUVRIR

À force de voir New York à l'écran et sur les photos de vacances de vos amis, vous avez sans doute l'impression de connaître la ville avant même d'y avoir mis les pieds, et vous vous imaginez qu'elle ne pourra pas vous étonner… Détrompez-vous ! Cette ville aux multiples facettes vous réserve bien des surprises, tant par son histoire que par sa culture, sa cuisine, ses habitants et son énergie, indescriptible. C'est ici que sont nés le *street art*, le hip-hop, le punk rock, ici encore que s'est développée la littérature noire et qu'a émergé la Beat Generation. Décor de films, de séries, de romans, elle est inspirée et inspirante, épuisante car inépuisable. On ne prétendra pas qu'elle est la capitale du monde, de peur de tomber dans le cliché, mais on osera dire qu'elle en a l'étoffe.

BROADWAY FAIT SON SHOW

En 1866, Charles M. Barras, un imprésario new-yorkais qui cherche le moyen de remplir les 3 200 places de son théâtre le Niblo's Garden a une idée de génie. Apprenant qu'une troupe de danseuses françaises qui doit présenter un ballet féerique est au chômage, car le théâtre qui devait les accueillir a brûlé, il décide de les embaucher pour compléter sa pièce de théâtre gothique. Ainsi naît *The Black Crook*, un spectacle grandiose sous forme de mélodrame, qui raconte l'histoire de Rodolphe, un artiste sans le sou, qui tombe dans les mains d'un escroc, ancien maître de magie noire, mêlant allègrement intrigue théâtrale, machines, chansons et danse. L'innovation est totale. Le spectacle partira en tournée et tiendra l'affiche plus d'une année. *The Black Crook* sera repris huit fois au cours des décennies qui suivent. De nombreux producteurs vont lui emboîter le pas et proposer, à leur tour, des spectacles faisant toujours plus dans la démesure. L'histoire de la comédie musicale américaine est en marche. Si le *musical* est conçu pour divertir le plus grand nombre, il s'agit d'un art à part entière, avec son histoire, ses codes, son répertoire, ses chefs-d'œuvre et ses acteurs. Ce savant mélange d'art et de commerce, de divertissement et de réflexion, de comédie et de tragédie, de chant et de danse rencontre un succès croissant auprès d'un public toujours plus nombreux.

La naissance d'un mythe

Broadway fait référence à un lieu du quartier des théâtres situé à Manhattan, à New York. Ce quartier s'étend autour de Times Square, entre la 35e et la 50e rue, de part et d'autre de l'avenue la plus ancienne et la plus longue, qui traverse la ville en diagonale. La définition d'un « Broadway Theater » passe d'abord par sa taille, et non pas s'il se situe à un endroit en particulier ou en fonction de son style de spectacle. Il doit pouvoir accueillir 500 personnes ou plus. C'est le cas d'une quarantaine de théâtres. En deçà, on parle alors de « Off-Broadway Theater », et s'il en reçoit moins de 100, il s'agit d'un « Off-Off-Broadway Theater ». Les théâtres de Broadway rémunèrent également mieux les interprètes et les équipes techniques, principalement parce qu'ils peuvent vendre plus de places. Leurs grandes scènes permettent des productions plus élaborées, ce qui signifie un public plus large, mais aussi des billets plus chers. Au-delà de ce périmètre, environ 300 petits théâtres, installés dans des locaux les plus divers (hangars, lofts, garages, églises), proposent un répertoire en marge des succès confirmés.

Aux États-Unis, le théâtre a mis du temps à s'implanter, car il était regardé avec méfiance par les pionniers puritains. L'accent a tout d'abord été mis sur des numéros divertissants, sans paroles, qui s'adaptaient au plus grand nombre. La *variety*, tenait alors davantage du cirque ou de la foire que de la représentation théâtrale. Le *vaudeville*, un *variety* expurgé de ses vulgarités, puis les *minstrels shows*, des représentations composées de chansons, de danses et de sketchs qui mettaient en scène un groupe de musiciens noirs, incarnés par des artistes blancs aux visages noircis, qui imitaient l'accent des esclaves des plantations, ont fait évoluer le genre. Ces différentes formes contenaient les ingrédients principaux de la comédie musicale de façon éparse : l'intrigue théâtrale, la chanson, la danse, la farce. Au tournant du XXe siècle, de nouveaux noms sont apparus : Victor Herbert, qui balancera toute sa vie entre les propositions artistiques légères et classiques, George M. Cohan qui proposera l'hymne officieux du quartier des théâtres new-yorkais avec « Give My Regards To Broadway » et puis Florent Ziegfield, et ses *Ziegfield Follies* avec leur arme fatale les Ziegfeld Girls, incarnation de la beauté et de l'insouciance. Petit à petit s'est formé ce qui s'appelle le *Book Musical* : toutes les pratiques individuelles (claquettes, chant, danse) sont intégrées à l'intrigue dramatique. Plusieurs compositeurs émergent grâce aux chansons qu'ils écrivent pour les revues, tels Jerome Kern, George Gershwin ou Cole Porter. Pour Broadway, 1927 est une année charnière dans un monde où l'argent coule à flots pour la comédie musicale. Cette année-là, on construit 8 nouveaux théâtres et l'on crée une cinquantaine de nouveaux spectacles (le soir du 26 décembre, 11 premières ont eu lieu au même moment.) Malgré l'éclosion du cinéma parlant, le genre de la comédie musicale a très bien résisté à New York et a continué à attirer de plus en plus de curieux, jusqu'à atteindre son âge d'or au début des années 1950. Le premier *blockbuster* musical s'appelle *Oklahoma !* Il a été joué plus de 2 000 fois à New York et revient sur les planches de Broadway en 2019. Un petit tour au Museum of Broadway (p.164) et vous saurez tout sur le quartier des théâtres et le monde merveilleux des comédies musicales !

La folie Broadway

Broadway est un monde spécial. D'incroyables histoires y ont ainsi pris place, incarnant les extravagances new-yorkaises. Ainsi, fin 2018, certains fans étaient prêts à débourser la somme folle de 40 000 US$ pour un billet de *Springsteen on Broadway*, alors que l'artiste achevait sa résidence à Broadway, après 236 shows. Une Irlandaise, qui avait attendu 4 jours sur le trottoir à l'extérieur du Richard Rodgers Theatre pour acheter des billets pour voir *Hamilton*, s'est aperçue au dernier instant qu'il lui manquait 20 dollars, un officier de police new-yorkais lui a alors proposé les dollars manquants. Et il n'est pas rare de trouver des aficionados dans la file d'attente pour acheter des tickets, qui ont parcouru plusieurs milliers de kilomètres uniquement pour obtenir le précieux sésame. *Le Fantôme de l'opéra*, resté à l'affiche jusqu'en 2023 et quittant Broadway 36 ans après ses débuts, détient toujours le record de la comédie musicale la plus jouée sur Broadway. Les recettes mondiales ont dépassé les 5,6 milliards de dollars et Broadway à lui seul a généré plus de 845 US$ millions de ce succès. La reprise (*revival*) la plus ancienne de Broadway est *Chicago*, qui se produit toujours, depuis sa création en 1996. Il y a des dizaines de spectacles à l'affiche, donc choisissez bien... Et ne faites pas votre choix uniquement en fonction d'un artiste en particulier, car les acteurs changent souvent ou n'ont pas toujours le rôle phare. Pour découvrir les plus grands succès, fiez-vous aux résultats des Tony Awards, les Oscars pour les pièces de théâtre. N'ayez pas peur de ne pas comprendre les paroles en anglais : il est inutile d'être bilingue pour suivre le show, il suffit simplement de goûter le spectacle et de vous laisser transporter quelques heures. Toutefois, si vous ne comprenez pas bien l'anglais, évitez les spectacles qui doivent leur succès à leurs dialogues de génie plus encore qu'à leur mise en scène forcément spectaculaire, tels que *The Book of Mormon*. L'autre solution est de sélectionner les comédies musicales basées sur des films. Car le *revival* a la cote. Avec des œuvres qui ont fait leurs preuves, il permet ainsi un investissement moins lourd et une moindre prise de risque. Choisissez ensuite bien votre siège et arrivez au moins 30 minutes en avance. Vous pouvez aussi réserver votre restaurant en avance ! Ou alors choisissez de vivre à l'américaine, et optez pour un burger à 17h. Une fois le spectacle fini, ou lorsque votre acteur favori a terminé de jouer, tentez une approche vers les *stage doors*, pour solliciter les artistes avant leur départ et leur arracher un autographe.

© ANDREY BAYDA - SHUTTERSTOCK.COM

Intersection de Broadway et Times Square.

Bien choisir son show

Si vous optez pour un spectacle très populaire, il est impératif de réserver au préalable, sous peine de ne pas trouver de place le jour J. Il est toujours possible d'acheter son billet directement à un stand TKTS qui propose des prix très intéressants et défiant toute concurrence. Mais, même si cette solution est intéressante en termes de tarifs, cette dernière est moins pratique, car les places sont limitées et la demande est importante. Il est donc conseillé de se rendre au stand TKTS une heure avant son ouverture. Le stand de Times Square est situé sous les fameux escaliers rouges de la place Father Duffy Square. Le Richard Rodgers Theatre est pris d'assaut chaque soir pour assister au spectacle *Hamilton*, qui raconte l'ascension d'Alexander Hamilton, un immigré orphelin des Caraïbes que l'on suit de son enfance jusqu'à son engagement dans l'indépendance des États-Unis et sa nomination aux plus hautes fonctions de l'État. Lors de ses premières représentations, *Hamilton* a souvent été considéré comme révolutionnaire à cause de son style musical qui, pour la première fois dans l'histoire de la comédie musicale, lorgne (un peu) vers le hip-hop. Gagnant de onze Tony Awards, Prix Pulitzer 2016 pour le théâtre et cité à plusieurs reprises par Hillary Clinton dans ses discours officiels, ce spectacle connaît un énorme succès, la pièce est particulièrement demandée et les tickets restent globalement chers. Une application *Hamilton* existe permettant de participer à une loterie qui attribue des places pour la modique somme de 10 US$. Mis à part la loterie, pour obtenir les tarifs les plus avantageux, vous devez impérativement anticiper l'achat de votre ticket plusieurs semaines avant la date choisie ou, à défaut, attendre les éventuels désistements dans la file d'attente devant le théâtre.

© PIT STOCK - SHUTTERSTOCK.COM

L'intérieur du New Amsterdam theatre.

Depuis les années 1980, Walt Disney a investi le *Musical* dans lequel il exploite des histoires qui ont fait leurs preuves sur grand écran. Les 20 millions de dollars investis dans *Le Roi Lion* en 1997 ont été vite amortis. Récompensée aux Tony Awards, *Le Roi Lion - The Lion King* (p.256) est la comédie musicale la plus connue de Broadway et présente une parfaite adaptation du film de Disney. Le spectacle dure environ 2h45 et il a lieu au Minskoff Theater. Autre proposition Disney, la comédie musicale *Aladdin* (p.250) vous propose de vous plonger dans le monde des *Mille et Une Nuits.* S'il n'y a pas de perroquet ou de singe parlant sur scène, la mise en scène est somptueuse. À vous de deviner comment le tapis volant se déplace miraculeusement devant vos yeux… Ce spectacle dure 2h25 et il a lieu au New Amsterdam Theatre.

Le spectacle Chicago (p.251) raconte l'histoire de deux femmes emprisonnées pour cause de crimes passionnels, qui évoluent entre meurtre, corruption et show-biz. La comédie musicale a reçu six Tony Awards, un Grammy et deux Olivier Awards. Elle est présentée à l'Ambassador Theatre.

Les amateurs du *Magicien d'Oz* se précipiteront voir *Wicked* au Gershwin Theatre pour vivre l'histoire d'un nouveau point de vue, celui des sorcières du pays d'Oz. Femmes fortes, amitiés chamboulées et pouvoir fantoche, le succès de la pièce tient par les thèmes qu'elle aborde, par l'univers du *Magicien d'Oz* qu'elle reprend et par le bouche-à-oreille du public.

Si vous avez envie de voir un spectacle plus original, découvrez *Stomp*, une création chorégraphique et musicale acoustique, qui s'appuie sur les objets du quotidien pour les transformer en percussions. Le spectacle se joue dans une petite salle de l'Orpheum Theatre. Plus décapante encore, *The Book of Mormon*, la première comédie musicale écrite par Matt Stone and Trey Parker, les créateurs *de South Park,* à l'affiche depuis 2011, mais qui n'a rien perdu de sa truculence. L'histoire de deux missionnaires mormons, l'un sérieux et dévoué, l'autre maladroit et pourtant de bonne volonté, qui sont envoyés en Ouganda pour convertir les citoyens à la religion mormone. Lorsqu'ils arrivent en Afrique, ils découvrent alors une communauté aux prises avec la pauvreté, le sida et la violence. Gagnant de neuf Tony Awards, dont le prix du meilleur spectacle musical en 2011, cette comédie musicale hilarante est devenue un classique de Broadway. Le spectacle est proposé au Eugene O'Neill Theatre.

Autre spectacle, My Fair Lady, joué pour la première fois sur Broadway en 1956 et inspiré d'une pièce de George Bernard Shaw écrite en 1954, qui a également été adaptée au cinéma avec Audrey Hepburn dans le premier rôle. On y suit l'histoire d'Eliza Doolittle, une jeune femme issue d'un milieu pauvre au fort accent *cockney* qui fait la rencontre d'Henry Higgins, linguiste qui va tenter de la débarrasser de ses manières populaires pour la faire entrer la haute société londonienne. Enfin *Moulin Rouge ! The Musical*, (p.254) dont les premiers shows ont commencé en juillet 2019 et qui aligne pas moins de 70 hits, des années 1940 à nos jours, comprenant des chansons d'Elton John, de Sting, de Katy Perry, des Rolling Stones, de David Bowie ou de Bob Dylan.

Pour aller plus loin dans la découverte, poussez la porte des écoles de comédie musicale. La New York Film Academy propose des ateliers de danse et de chant de courte durée (1 à 4 semaines), animés par certains des artistes se produisant sur les scènes de Broadway. Le Broadway Dance Center (p.244) n'est pas réservé qu'aux danseurs aguerris. Cette école de danse, l'une des plus grandes écoles au monde, propose aussi une initiation pour débutants, dans tous les styles, qui vous permettra de vous retrouver pour quelques heures dans la peau d'un *performer* de Broadway.

DES LIEUX DE TOURNAGES ICONIQUES

La mer, le fleuve Hudson, l'East River qui la traversent, ses îles, ses péninsules et ses ponts, sans parler des gratte-ciel, auxquels on pense immédiatement quand on l'évoque, font de New York un décor de cinéma par excellence. Depuis sa fondation, elle a été la porte d'entrée de vagues de migrations venues du monde entier, comme on peut le voir dans *America, America* (Elia Kazan, 1963) ou *The Immigrant* (James Gray, 2013). Plusieurs villes s'y sont superposées, se greffant les unes aux autres, des immeubles en effaçant d'autres, jusqu'au traumatisme qu'a été le 11 Septembre, qui l'a privée d'un de ses symboles les plus reconnaissables. Mais New York, c'est d'abord un état d'esprit, le savant ballet des gens affairés dans les rues prenant soin de s'éviter, les iconiques taxis jaunes se débrouillant d'une circulation comme sempiternellement bouchée, environné de ces symboles de l'esprit industrieux américain que sont les gratte-ciel.

Manhattan, mille fois cartographié

Pour beaucoup, New York revient à dire Manhattan, ce qui semble réducteur, mais c'est là en effet que se trouvent concentrés nombre des lieux les plus iconiques de la ville, à commencer par l'**Empire State Building** (p.157) que la scène finale de *King Kong* (Merian C. Cooper, Ernest B. Schoedsack, 1933) a un peu plus imprimé dans les mémoires. *West Side Story* (Robert Wise, 1962) commence par une vue aérienne de l'île avant de nous plonger directement au sein de la rivalité qui oppose Jets et Sharks dans un New York fleurant encore bon les années 50. Dans l'adaptation de Spielberg sortie en 2021, de nombreuses scènes ont été tournées dans les quartiers où l'action est supposée se dérouler, en particulier l'Upper Manhattan. **Times Square** (p.165) et ses innombrables panneaux lumineux sont visibles entre autres dans *Midnight Cowboy* (John Schlesinger, 1969) ou *Taxi Driver* (Martin Scorsese, 1976), des films qui par ailleurs donnent une image authentique, âpre des rues new-yorkaises de l'époque. À quelques encablures de là, la **Trump Tower** (p.167), qui fait des apparitions au cinéma (*The Dark Knight Rises*, Christopher Nolan), jouit d'une notoriété qui s'est accrue récemment. Juste à côté, se trouve **Tiffany's** (p.232), devant lequel Audrey Hepburn fait du lèche-vitrine au début de *Diamants sur canapé* (1961).

On y trouve également Broadway et ses théâtres, **Wall Street** (p.141), quartier de la finance et des traders (*Wall Street* de Oliver Stone, 1987, *American Psycho* de Mary Harron, 2000, ou encore *Le Loup de Wall Street* de Martin Scorsese, 2013), et pas loin, la monumentale gare ferroviaire, **Grand Central Station** (p.123), toujours aussi fréquentée, de *La Mort aux trousses* (Alfred Hitchcock, 1959) à *Avengers* (Joss Whedon, 2012). Les huit rues de Little Italy ont été immortalisées dans *Le Parrain* ou *Mean Streets* (Martin Scorsese, 1973) tandis que Michael Cimino a donné une représentation controversée et nourrie de fantasmes de Chinatown dans *L'Année du dragon* (1985). Greenwich Village, le quartier de la bohème et des musiciens folks dans les années 60 a été dépeint avec nostalgie dans *Next stop, Greenwich Village* (Paul Mazursky, 1976) mais aussi plus récemment dans *Mad Men* (2005-2015) ou *Inside Llewyn Davis* (Ethan et Joel Coen, 2013). Une autre enclave célèbre de Manhattan, SoHo, connue pour avoir été le refuge des artistes et des musiciens, trouve une représentation particulièrement frappante dans *After Hours* (Martin Scorsese, 1985), qui organise l'affrontement quasi fantasmagorique entre les jeunes yuppies commençant à repeupler la ville et l'énergie chaotique et comme incontrôlable de sa vie nocturne. Tous genres de films se sont donné rendez-vous dans la bibliothèque la plus prestigieuse de la ville, la **New York Public Library** (p.159) sur la 42e rue, parmi ses grands escaliers, ses murs de marbres, ses chandeliers et ses fresques au plafond : la comédie fantastique loufoque *SOS Fantômes* (Harold Ramis, 1984), le film catastrophe *Le Jour d'après* (Roland Emmerich, 2004) ou encore *Sex and the city* (1998-2004), où elle est le théâtre d'un mariage qui tourne au désastre. C'est sur les escaliers du **Met** (p.178), que les héroïnes de *Gossip Girl* aiment se donner rendez-vous, tandis que la salle égyptienne du musée est le décor de la célèbre rencontre entre Harry et Sally (*Quand Harry rencontre Sally* de Rob Reiner, 1989). Non loin de là, c'est dans une institution de la gastronomie new-yorkaise, **Katz' Deli** (p.189), que Meg Ryan simule un orgasme dans une scène restée célèbre.

© RKO - WIKIMEDIA COMMONS

King Kong, 1933.

Enfin, il y a aussi ce puits de verdure qu'est Central Park (p.169), qui évidemment ne cesse de faire des caméos au cinéma, comme dans *Birth* (2004) de Jonathan Glazer, dont le postulat des plus étrange et la réalisation d'une précision maniaque en font le digne successeur de Kubrick, ou le premier rôle dans un documentaire spécialement qui lui est spécialement consacré de Fredrick Wiseman (1990).

Multitudes new-yorkaises

Le pont de Queensboro (p.177) entre Manhattan et le Queens se découpe en arrière-fond de la promenade nocturne que font Diane Keaton et Woody Allen, à Sutton Square, au bord l'East River dans *Manhattan* (1979). Le Queens est l'arrondissement où l'on trouve les Kaufman Astoria Studio, fondés en 1920, et qui sont toujours en activité aujourd'hui. On y tourne des séries populaires comme *Orange Is The New Black* (2013-2019). C'est dans le Queens qu'on trouve l'un des plus grands et plus anciens cimetières de New York, le Calvary Cemetery, que l'on peut voir dans *Le Parrain*. Le pont Verrazano-Narrows relie Staten Island et Brooklyn, et symbolise les espoirs d'ascension sociale du personnage joué par John Travolta dans *La Fièvre du samedi soir* (John Badham, 1979) à une époque d'avant la *gentrification*. Le Bronx et Harlem sont historiquement des quartiers peuplés par la population afro-américaine, mais c'est loin d'en résumer la diversité. Ainsi *Les Seigneurs* (Philip Kaufman, 1979) met en scène des adolescents d'origine italienne du Bronx. Dernièrement, le succès de *Joker* (Todd Philipps, 2019) a transformé en attraction touristique une volée d'escaliers (p.301) du Bronx où Joaquin Phoenix se livre à une danse des plus étranges. *American Gangster* (Ridley Scott, 2007) décrit la pègre qui s'est développée sur fond de trafic de drogue dans le quartier à la même époque. Autre film de mafia, *Little Odessa* (James Gray, 1994) est un premier film magistral dans le milieu de la communauté russe implantée dans le quartier de Brighton Beach, Brooklyn. La violence colle longtemps à la peau de la ville, comme en témoigne le film mythique – en partie grâce à la bande originale de Isaac Hayes – de la *blaxploitation*, *Shaft, les nuits rouges de Harlem* (Gordon Parks, 1971) : contrairement à ce que son titre indique, il montre assez peu Harlem, sauf pour ce qui est du mythique Apollo Theater (p.250). New York regorge de ponts devenus légendaires comme le pont de Brooklyn (p.133), protagoniste important de *An Autumn's Tale* (Mabel Cheung, 1987), film rare et sensible qui donne à voir un New York d'une rare authenticité à travers les yeux d'un couple d'immigrés chinois. Le Williamsburg Bridge (p.147), qui connecte le Lower Manhattan avec Brooklyn, est un autre, que l'on peut voir dans *La Cité sans voiles* (Jules Dassin, 1948). C'est à Brooklyn qu'on trouve aujourd'hui les studios les plus grands des États-Unis, après ceux d'Hollywood, les Steiner Studios, situés à l'endroit de l'ancien chantier naval Brooklyn Navy Yard, où fut tournée une scène de la comédie musicale *Un jour à New York* (Stanley Donen, 1949). Coney Island (p.275), île transformée en péninsule et partie résidentielle et balnéaire de Brooklyn, est l'endroit où le personnage principal de *Annie Hall* (Woody Allen, 1977) a passé son enfance. Woody Allen y est retourné encore récemment pour *Wonder Wheel* (2017), évocation forcément nostalgique de son parc d'attractions dans les années 60. *The Warriors* (Walter Hill, 1979) en fait une étape du périple de sa bande de jeunes voyous désireux d'en découdre. De nombreuses scènes de *Requiem For a Dream* (Darren Arofnosky), adapté de Hulbert Selby Jr, dont Brooklyn sert de cadre à la plupart des romans, y ont aussi été tournées. Pour une vision émouvante, estivale et distrayante de New York, on conseillera *Wackness* (Jonathan Levine, 2008) sur l'été légèrement oisif d'un adolescent légèrement paumé à New York.

UNE CAPITALE DU STREET ART

New York est connue pour être le berceau mondial du *street art* dans les années 1970. De la guerre des gangs aux messages politiques de Keith Haring, cet art est multiforme et multistyle. Il fut un temps où New York était la ville à visiter pour en voir, mais aujourd'hui il est devenu l'apanage des galeries d'art et les anciens sont désormais commercialisés. Quelques initiatives, pourtant, le font renaître à certains endroits de la ville et la voie des galeries n'est pas non plus entièrement à renier, car elle propose un nouveau cadre à des œuvres qui sont réalisées comme des tableaux et qui rivalisent d'inventivité avec les plus grands chefs-d'œuvre contemporains. On pourrait presque dire qu'aujourd'hui, pour voir de la peinture, il faut aller dans les galeries de *street art*. Partons donc à la découverte de l'histoire de cet art qui a commencé dans la clandestinité la plus totale, en acte de vandalisme et pure création artistique.

Les années 1970

C'est à New York que sont réellement nés le tag et le graffiti. Au tout début du hip-hop (milieu et fin des années 1970), c'est une véritable déferlante de peintres à la bombe aérosol qui s'abat sur New York. Les artistes peignent des rames entières de métro la nuit afin que leurs œuvres voyagent dans tout New York et que les *crews* (bandes) de South Bronx sachent que ceux de Franklin Avenue à Brooklyn sont plus talentueux et plus téméraires qu'eux. Se sont succédé pendant deux décennies des styles *wars* (guerres de style), au cours desquelles les *graffiti artists* rivalisèrent d'adresse, d'audace et de créativité pour développer de nouvelles techniques de peinture (lettrages, formes, espace, couleurs, etc.). La MTA (qui gère le métro new-yorkais) y laissa des fortunes en nettoyage et, surtout, ces « nuisances visuelles » furent totalement assimilées au climat d'insécurité sauvage qui planait sur New York à cette époque.

Keith Haring

Dans les années 1980, un personnage arrive sur la scène du *street art* aux côtés de Jean-Michel Basquiat. C'est Keith Haring qui peint pour la première fois en 1982 la fresque murale *Bowery*. Elle est longtemps restée l'un des lieux les plus emblématiques du *street art* et des graffitis à Manhattan. Goldman Properties a acheté le mur deux ans plus tard. La peinture murale est restée intacte jusqu'à la mort de Haring en 1990. Elle a finalement été repeinte. Dans la 2e avenue, il a aussi peint une fresque en 1986 sur le mur d'un terrain de handball afin de sensibiliser l'opinion à l'épidémie croissante de crack dans laquelle se trouve New York dans ces années-là.

Usine FivePointz.

UNE CAPITALE DU STREET ART

Et, pour remonter un peu dans le temps, au milieu des années 1960, le Germania Bank Building, 190 Bowery était l'immense domicile du photographe commercial Jay Maisel et de sa famille. Maisel, qui louait les étages de l'immeuble à des artistes tels que Roy Lichtenstein, était un ami des artistes et permettait à des graffeurs de taguer et peindre le bâtiment le long des rues Bowery et Spring. Le coin est rapidement devenu un lieu de prédilection des artistes de rue qui ont décoré régulièrement pendant plus d'un quart de siècle les grandes fenêtres obturées.

L'usine de Five Pointz

Située à Hunters Point dans le quartier du Queens (Long Island City), 5Pointz – Five Pointz ou 5 Pointz Aerosol Art Center, Inc – était aussi considéré comme « la Mecque du graffiti ». Implanté dans une usine désaffectée de compteurs d'eau de 20 000 m^2, cet immeuble a été mis à la disposition des street artistes en 1993 dans le cadre d'un programme public intitulé « Graffiti Terminators » qui a été instauré contre le vandalisme. Le nom de 5Pointz a été pensé pour cet immeuble en référence aux cinq arrondissements (*boroughs*) de la ville de New York. Ce lieu emblématique du street art à New York a marqué les graffeurs pendant deux décennies. À son arrivée à la mairie en 1994, Rudolph Giuliani déclare également une guerre sans pitié au graffiti (nettoyage immédiat, condamnations à des peines de prison, amendes astronomiques, patrouilles policières, etc.). Néanmoins, le LISA, le Little Italy Street Art Project, une association à but non lucratif, qui a élargi depuis sa liste de peintures murales au-delà de Mulberry Street, ainsi que dans SoHo, NoHo et le Lower East Side, a été créé en 2012 par Wayne Rada. Shepard Fairey produit plusieurs pièces pour la collection LISA, y compris une peinture murale en l'honneur de Debbie Harry de Blondie, sur Bleecker et Bowery. La peinture d'Audrey Hepburn sur Mulberry par Tristan Eaton est l'une des peintures murales les plus photographiées de New York.

Le phénomène Banksy

En octobre 2013, le célèbre et mystérieux *street artist* britannique Banksy débarque à New York pour y réaliser toute une série de graffitis et d'installations lors d'un véritable marathon artistique de plusieurs semaines baptisé *Better Out Than In* (« Mieux dehors que dedans »). Ses aventures new-yorkaises passionnent littéralement médias et opinion publique, grâce notamment à certains coups d'éclat, comme celui de ce stand éphémère : Banksy y fait vendre ses pochoirs de manière totalement anonyme pour 60 US$ pièce. Seulement trois clients seront intéressés. Sachant que la valeur marchande de ces œuvres peut atteindre le million d'euros, l'artiste a clairement voulu ironiser sur le marché de l'art et de la valeur démesurée de ses propres œuvres. Puis, triste nouvelle pour les amateurs de graffiti : dans la nuit du 18 au 19 novembre 2013, les murs bariolés de l'immense usine abandonnée de 5Pointz ont été repeints en blanc. Un an plus tard, les bâtiments sont rasés. Le site était en sursis depuis des années, les propriétaires voulant démolir ce site pour y dresser deux tours dans ce quartier en pleine *gentrification*, des tours qui ont vu le jour aujourd'hui. En 2014, Maisel a également vendu le bâtiment dont il était propriétaire et la plupart des graffitis ont depuis été nettoyés, mais les artistes continuent de laisser leur marque.

JR à New York

La même année, l'artiste français JR a créé une immense installation dans l'hôpital abandonné d'Ellis Island, placardant des photographies

Le quartier de Bushwick permet aux artistes de street art de s'exprimer.

© SEAN PAVONE - SHUTTERSTOCK.COM

Mural de l'artiste brésilien Kobra.

anciennes d'immigrants arrivant à New York. Récemment, les visages des personnages à l'extérieur du bâtiment ont été échangés. Bien qu'ils aient les corps de photographies des XIXe et XXe siècles, JR a superposé les visages de Syriens d'aujourd'hui qu'il avait photographiés alors qu'il se rendait dans un camp de réfugiés en Jordanie.

En outre, depuis 2014, dans le Lower East Side, East Harlem et Staten Island, un autre projet de street artistes a permis à des dizaines de graffeurs de peindre dans les rues. Les artistes vont des plus émergents aux plus établis, tels que l'artiste Kenny Scharf ou Buff Monster. Mais les plus beaux graffitis sont aujourd'hui à Brooklyn : à Williamsburg le long de Kent Avenue, et à Bushwick autour de l'arrêt Jefferson St., sur la ligne L, deux des derniers lieux où les artistes peuvent encore s'exprimer sans risquer d'amende et sans craindre de voir leurs œuvres repeintes le lendemain.

Le renouveau du street art à New York

Malgré une campagne de répression très dissuasive, quelques artistes se risquent encore aujourd'hui à apposer leurs tags çà et là. C'est le cas du Français Invader, ou encore de Shepard Fairey, le graffeur à l'origine du poster de campagne d'Obama en rouge et bleu intitulé « Hope ». Williamsburg, avec Wythe Street, reste encore un des seuls quartiers de New York où les graffitis ont repris leur droit sur les murs des bâtiments en briques rouges. Une balade dans East Village et dans quelques coins du Queens permet aussi d'admirer des graffitis d'artistes récents. Aussi, allez voir la plus grande galerie en plein air du monde : elle se trouve à Harlem et elle abrite les œuvres d'un certain Franco, artiste qui expose depuis l'Hudson River jusqu'à Harlem River sur les rideaux métalliques de la 125 th Street, laquelle rue porte le nom de Franco's Boulevard. Certains graffeurs repeignent les murs de la ville en toute légalité. C'est le cas des artistes du Bushwick Collective qui décorent les murs de Flushing Avenue et Wyckoff Avenue. Tous les deux ou trois mois, les graffitis sont remplacés par de nouveaux. Des graffeurs étrangers sont régulièrement invités pour présenter leur travail. Enfin, depuis sa destruction, l'usine 5Pointz n'avait pas dit son dernier mot : 21 des *street artists* qui avaient réalisé ces graffitis ont porté plainte devant la justice pour la destruction de leurs œuvres, et, début 2018, le jury leur donne raison et leur donne droit à 6,7 millions de dollars d'indemnités. Le procès suit toujours son cours, les propriétaires ayant fait appel de cette décision. Le graffiti est certes beaucoup moins présent dans les rues, néanmoins, nombreuses sont les boutiques qui commandent des fresques pour leur devanture. Enfin, bien sûr – les artistes ayant dû trouver d'autres supports – les galeries d'art ont depuis longtemps récupéré le phénomène. Si l'esprit d'origine du *street art* s'est un peu, voire beaucoup galvaudé, cela a aussi ouvert de nouvelles voies d'expression et de renouvellement pour cet art pictural.

NY ART NOUVEAU - NY ART DÉCO

Le début du XXe siècle est une période de grands bouleversements. Entrant pleinement dans la modernité, le monde se transforme… tout comme son architecture. S'éloignant des recours systématiques au passé, elle s'appuie au contraire sur les nouvelles et infinies possibilités que lui offre l'ère industrielle, à commencer par celles du fer. De cette effervescence vont naître deux styles différents, mais liés par un même refus de l'académisme et par un goût prononcé pour l'ornementation : l'Art nouveau et l'Art déco. À New York, le premier n'a laissé que de rares témoins… alors il vous faudra ouvrir l'œil pour n'en manquer aucune occurrence ! En revanche, le second a durablement marqué l'identité architecturale de la ville, la dotant de quelques-uns de ses plus célèbres emblèmes, à commencer par le Chrysler Building (p.155) et l'Empire State Building (p.157), indissociables de la mythique New York des années folles. Alors, partez sans plus tarder à leur découverte !

Art nouveau

Héritier du mouvement *Arts and Crafts* initié en Angleterre par William Morris, l'Art nouveau se fonde sur 4 grands principes : le refus de l'héritage esthétique, le rejet de l'académisme, l'abolition de la distinction entre arts majeurs et mineurs, et la revendication de la nature comme unique source d'inspiration. Il se caractérise par un usage répété de l'arabesque, de l'asymétrie et de lignes courbes associées à des éléments floraux et végétaux. Il renouvelle le langage décoratif en faisant coïncider forme, matériau et fonction. Ainsi ses formes légères et fluides s'adaptent très bien aux nouveautés industrielles. Le verre et l'acier sont associés aux briques et pierres traditionnelles dans un élan décoratif stylisé. Aux États-Unis, l'Art nouveau est appelé *Tiffany*, littéralement « tissu fin ». À New York, il s'est peu répandu, ce qui rend ses témoins encore plus étonnants. Parmi les beaux exemples Art nouveau, notons le Little Singer Building, daté de 1902 dont les encadrements de fenêtres en fer forgé finement travaillé attirent l'œil. Le New York Evening Post Building de 1907 en propose une version aux sinuosités plus modérées, à l'image de ses trois travées de fenêtres en vague. Le *CUNY Graduate Center* est très largement inspiré de ce style avec ses canopées de verre et métal incurvé. Mais on retrouve surtout l'Art nouveau dans de nombreux petits détails tels les lampadaires de *Central Park*, les ornements de façade comme cette Medusa de la Saint Mark's Place ou bien encore dans les enseignes de métro. Le plus bel intérieur Art nouveau de la ville, la *Wisteria Dining Room*, est exposé au Metropolitan Museum of Art (p.178).

© VIIPHOTOGRAPHY - SHUTTERSTOCK.COM

The American Radiator Building.

Art déco

En 1925 à Paris se tient la première Exposition Internationale des Arts Décoratifs célébrant l'alliance de l'art et de l'industrie. Héritier de l'Art nouveau, l'Art déco peut se penser comme l'art de la réconciliation, sorte de mélange de cubisme, d'expressionnisme, de modernisme et d'esthétique industrielle. C'est l'art de la modernité, du mouvement, de la vitesse, du jazz… c'est l'art des années folles et de *Gatsby le Magnifique* ! De même que l'Art nouveau abolissait la distinction entre arts majeurs et mineurs, l'Art déco fait la part belle aux savoir-faire artisanaux pour créer de superbes décors et mobiliers aux couleurs foncées et aux matières douces. Trésors de marqueterie, d'orfèvrerie ou de céramique, l'Art déco se cache dans tous les détails, y compris les poignées de porte et les sanitaires ! Alors, surtout dès que vous entrez dans

© LEE SNIDER PHOTO IMAGES - SHUTTERSTOCK.COM

Entrée du Comcast Building, Rockefeller Center.

un building Art déco, prenez le temps d'observer tous les détails… Ou mieux, optez pour unc visite guidée avec l'Art Deco Society of New York ! Le premier grand édifice Art déco est l'American Radiator Building (p.151), conçu en 1924 par Raymond Hood. Noir comme un morceau de charbon, il est couronné d'un majestueux sommet ambre et or. En 1929, un autre building amorce le succès de l'Art déco : le Chanin Building, dont on retiendra surtout les délicats bas-reliefs de sa base créés par René Chambellan et Jacques Delamarre avec des frises faisant alterner animaux et motifs végétaux. En 1930, William van Allen inaugure son Chrysler Building (p.155), splendeur architecturale mêlant les styles avec audace. Son hall Art déco fait dialoguer les bois exotiques avec le marbre et l'acier dans une lumière ambrée. Le plafond, lui, est décoré par une œuvre d'Edward Trumbull considérée comme l'une des plus grandes fresques au monde. Quant au placage des ascenseurs, il est fait de motifs de lotus égyptiens incrustés en frêne japonais, noyer oriental et prunier cubain. À mi-façade, on peut apercevoir 4 paires d'aigles en acier étincelants et de gigantesques enjoliveurs ailés rappelant les bouchons de radiateurs des voitures Chrysler. Au sommet, enfin, se trouve sa flèche de 56 m, reconnaissable entre toutes par ses cercles concentriques. Un an plus tard, surgit l'Empire State Building (p.157), dont la silhouette élancée rappelle celle des campaniles italiens, tandis que ses décorations de façade rappellent le gothique. Mais son hall, lui, est une symphonie tout en marbre et formes géométriques, baigné de cette lumière ambrée si caractéristique de l'Art déco. L'ornementation de l'entrée du Brill Building, construit en 1931, est un superbe exemple d'Art déco avec ses dorures aux formes géométriques. Le General Electric Building (p.161) frappe par l'originalité de sa flèche, sorte de dentelle de pierre, de céramique vernissée et de brique rehaussée d'or et dont les chevrons et éclairs représentent les ondes hertziennes transmises par la RCA, toute première propriétaire de l'édifice. Les immeubles résidentiels portent aussi la marque de l'Art déco, tel l'iconique Eldorado sur Central Park West… qui tient son nom de la couleur ocre de sa *terracotta*. Dynamisant la verticalité par un savant jeu de redents, l'immeuble impressionne par ses deux tours jumelles comme posées sur le bâtiment principal. La géométrie du mouvement caractérise l'Art déco qui trouve son apogée dans le style *Paquebot* ou style *Streamline Moderne*. Ses formes lisses et son mélange de longues lignes horizontales contrastant avec des surfaces verticales incurvées en font une sorte d'esthétique de l'aérodynamisme… d'où la référence au paquebot. Le Marine Air Terminal de l'aéroport de La Guardia en est un bel exemple, dont on peut souligner également les belles frises représentant des poissons volants. Autre représentant de ce courant, le Mcgraw Hill Building à la façade géométrique scandée de bandes de couleur bleue et surmontée de lettres géantes stylisées… que l'on retrouve tout en dorures juste au-dessus de l'entrée. Les hôtels ne sont pas en reste avec le Waldorf Astoria, l'un des lieux mythiques de la ville. On remarquera particulièrement son entrée surmontée du nom de l'hôtel inscrit dans un lettrage doré typiquement Art déco… Sa façade a été classée et est donc protégée, au même titre que son magnifique intérieur. Après 8 ans de travaux titanesques, le Waldorf Astoria a rouvert en juillet 2025. Loin d'avoir été dénaturé, il a retrouvé toute sa splendeur d'antan. Il suffit de voir la salle de bal et le *lobby* avec sa splendide mosaïque, restaurés dans leur état d'origine. En revanche, l'hôtel propose désormais 375 chambres spacieuses, contre plus de 1 400 auparavant (bien plus petites).

HISTOIRE

En quelques siècles, des territoires vierges du Nouveau Monde ont surgi des gratte-ciel, et l'une des cités les plus vibrantes des temps modernes est née. Plus que toute autre ville américaine, New York, riche de ses nombreux atouts, s'est forgé sa propre destinée. C'est là qu'ont convergé des millions d'immigrants en quête d'une vie meilleure. New York offrait alors une vie laborieuse, mais pleine d'opportunités à ceux qui entendaient les saisir. Son histoire fait écho aux grandes dates de l'Amérique, mais elle s'écrit à part, comme d'une autre plume. Devenue une capitale financière, touristique et culturelle mondiale au XXe siècle, elle n'a pourtant pas connu que des heures de gloire. Rongée par le crime organisé et la corruption, ébranlée par la crise économique de 1929, éprouvée par la criminalité des années 1980, meurtrie par les attentats du 11 Septembre, New York a dû affronter bien des épreuves, mais a toujours su se relever.

IXe SIÈCLE AV. J.-C.

Période précolombienne et les peuples anciens

Venus depuis l'Asie via le détroit de Béring encore gelé il y a des dizaines de milliers d'années, les premiers habitants du continent américain ont progressivement colonisé les terres, avec des cultures variées et passionnantes. Les Amérindiens ont construit des empires, des villes sophistiquées ainsi que des réseaux commerciaux élaborés et des systèmes sociaux complexes. Aujourd'hui, le Texas reconnaît officiellement trois tribus amérindiennes alors que plus d'une cinquantaine de tribus y auraient vécu. Un nombre contrasté avec celui du Nouveau-Mexique, qui reconnaît aujourd'hui 23 tribus différentes. Certaines des tribus les plus connues du Texas sont la tribu Caddo (Nord-Est), Karankawa (Gulf Coast), Tonkawa (centre), Wichita (Nord), Comanche et Apache (Nord-Ouest). Les sociétés amérindiennes étaient principalement agricoles (maïs, poivre) ou des cultures de chasseurs-cueilleurs, ce qui a été la source de leur développement social. Les peuplements, en constante évolution, n'ont jamais vraiment été statiques. Les Comanches par exemple, étaient d'abord installés dans le Wyoming. Ils ont ensuite migré vers l'Oklahoma puis vers le Texas. Certaines théories retracent leurs origines aux alentours de la vallée du Mexique, faisant d'eux une branche descendant des Aztèques.

1524

Missionné par François Ier, le marin florentin Giovanni da Verrazzano est le premier Européen à explorer la baie de New York. Il rencontre les tribus d'Algonquins locales et explore le site qu'il nomme Nouvelle-Angoulême. Il plante le drapeau du roi de France avant de poursuivre son voyage vers le nord.

1570

Naissance d'Henry Hudson en Angleterre.

© EVERETT HISTORICAL - SHUTTERSTOCK.COM

(1570-1611) **Henry Hudson**

En 1609, à l'occasion d'une expédition pour le compte de la Compagnie néerlandaise des Indes orientales, ce navigateur anglais remonte le fleuve qui portera son nom, et revendique le site de la future New York au nom de la Hollande. De retour en Angleterre, il est arrêté pour avoir navigué pour le compte d'une puissance étrangère. Désormais, il est tenu de naviguer sous pavillon anglais. En 1610, c'est donc financé par une compagnie anglaise qu'il repart à la recherche du passage du Nord-Ouest. Aux commandes du *Discovery*, il atteint la baie d'Hudson, mais le navire est pris dans la glace et l'équipage est contraint de passer l'hiver à terre. Au printemps, Hudson décide de poursuivre l'expédition, mais ses hommes n'ont qu'une idée en tête : rentrer en Angleterre. Une mutinerie s'ensuit et Hudson est abandonné sur une chaloupe en compagnie de son fils et sept membres de l'équipage. Le *Discovery* fera son retour en Angleterre, mais sans son capitaine, qui ne sera jamais retrouvé.

1625 Des familles néerlandaises font leur arrivée et s'installent à la pointe de l'île de Manhattan. Les premiers esclaves sont débarqués dès l'année suivante, amenés par la Compagnie néerlandaise des Indes occidentales.

1626 En échange de quelques babioles, les Algonquins qui occupent l'île de Manhattan cèdent leur territoire. La construction de Fort Amsterdam, qui doit protéger la colonie contre les attaques des autres puissances, débute et La Nouvelle-Amsterdam voit officiellement le jour.

1664 Les Anglais s'emparent de La Nouvelle-Amsterdam. Cet événement s'inscrit dans le contexte des guerres anglo-néerlandaises, conflit qui oppose les deux puissances pour le contrôle des routes commerciales maritimes. Le roi d'Angleterre Charles II fait don de la colonie à son frère le duc de York, et la rebaptise New York.

1673 Les Néerlandais reprennent la colonie, avant de la céder définitivement aux Anglais l'année suivante, avec la signature du Traité de Westminster.

1700 Au début du XVIIIe siècle, la population de New York, déjà cosmopolite, atteint presque 5 000 habitants. Une épidémie de fièvre jaune provoque la mort de 500 personnes.

1712 Plus de 40 % des habitants de New York sont propriétaires d'esclaves. Établi à Wall Street, le marché aux esclaves permet à la ville, qui perçoit des taxes sur chaque vente, de s'enrichir. Vingt-trois esclaves décident de se rebeller : la Révolte des esclaves fait neuf morts parmi les colons. Vingt et un esclaves sont condamnés à mort pour leur rôle dans la révolte. Suite à cet incident, les restrictions envers les Noirs, même affranchis, sont encore durcies. Ils n'ont plus le droit de se réunir et encourent désormais la peine de mort pour certains crimes, y compris l'atteinte à la propriété. Les esclaves affranchis n'ont, quant à eux, plus le droit de posséder des terres. Enfin, les colons souhaitant affranchir leurs esclaves doivent s'acquitter d'un impôt supérieur à celui du prix d'achat d'un esclave.

DÉCOUVRIR

1754-1763 — La guerre de la Conquête oppose les Français et les Britanniques, respectivement épaulés par leurs alliés amérindiens, pour la domination coloniale de l'Amérique du Nord. New York sert de base aux opérations britanniques. Ce conflit donne aux colons le sentiment qu'ils sont capables de se défendre sans le soutien de l'armée britannique. Les premières graines de la révolution sont semées.

1765 — Les taxes mises en place dans les colonies par la couronne britannique afin d'amortir le coût des guerres provoquent la colère des colons. Le Stamp Act Congress, qui voit s'affronter colons et autorités britanniques au Federal Hall, marque les prémices de la Révolution américaine. Ce débat entraîne la création des Fils de la Liberté (*Sons of Liberty*), organisation rebelle qui s'oppose à la couronne britannique.

1775-1783 — La guerre entre la couronne britannique et ses colonies est déclarée. Menée par George Washington, l'armée continentale essuie plusieurs défaites dans la région de New York, notamment lors de la bataille de Long Island. Cette bataille est la plus importante et la plus sanglante de toutes celles livrées lors de la révolution américaine pour l'indépendance du pays. Washington bat en retraite dans le New Jersey et les Anglais s'emparent de la ville, où ils resteront jusqu'à la fin de la guerre. New York devient un bastion loyaliste où se joue une grande partie des opérations politiques et militaires britanniques. Les Anglais mettent la ville à mal et maltraitent sa population. Ils utilisent de vieux navires vermoulus comme prisons, dans lesquelles ils enferment les combattants américains dans des conditions inhumaines.

25 NOVEMBRE 1783 — Les colons ont déclaré leur indépendance le 4 juillet 1776 et remporté la guerre. Washington entre en vainqueur dans New York alors que les dernières troupes britanniques évacuent la ville.

1785-1790 — New York devient la première capitale fédérale des États-Unis sous la Constitution. George Washington, le premier président américain, est intronisé au Federal Hall.

1789 — Création du Tammany Hall, organisation affiliée au parti démocrate qui va faire la pluie et le beau temps de la vie politique new-yorkaise pendant sept décennies. L'organisation se fait tout d'abord le porte-parole des immigrants privés de droits civiques, à qui elle vient en aide et qui lui offrent en retour un soutien inébranlable. Puissante et de plus en plus corrompue, elle jouit d'une influence qui dépasse le monde politique et s'étend jusqu'à la presse, la justice et la police. Cette machine politique ira plus tard jusqu'à s'associer à la mafia et utilisera des méthodes de plus en plus musclées pour parvenir à ses fins. Ce sera particulièrement le cas pendant le règne de William « Boss » Tweed, à partir des années 1850. Il faudra attendre l'arrivée au pouvoir du maire Fiorello La Guardia pour que pour l'influence du Tammany Hall commence à diminuer.

1792 — Vingt-quatre agents de change de New York se réunissent à l'ombre du platane sous lequel financiers et spéculateurs ont l'habitude de commercer, lieu qui correspond à l'actuel 68 Wall Street. Ils signent l'accord de Buttonwood, qui donne naissance à la bourse de New York.

1825 Le canal Érié, qui établit une voie fluviale entre l'océan Atlantique et les Grands Lacs, est inauguré. L'impact économique est retentissant, New York confirme sa position de capitale commerciale et occupe une place de plus en plus prédominante dans le Nouveau Monde.

1827 Suite à une série de lois mise en place à partir de 1799, l'État de New York, tout d'abord réfractaire à l'abolition de l'esclavage à cause de ses liens commerciaux avec le Sud, libère ses derniers esclaves.

1857 Central Park, le parc le plus vaste de la ville, voit le jour. C'est à Frederick Law Olmsted et Calvet Vaux, deux architectes paysagistes qui rêvaient d'un espace vert dans lequel chacun pourrait trouver son bonheur, que l'on doit sa conception.

© AGATHA KADAR - SHUTTERSTOCK.COM

13 JUILLET 1863 Alors que le pays se déchire au sujet de l'esclavage et s'enfonce dans la guerre de Sécession, des émeutes éclatent à New York, en réponse à une nouvelle loi exemptant les personnes fortunées de toute obligation militaire. La classe ouvrière se rebelle, des Noirs sont assassinés en pleine rue et des bâtiments sont incendiés. Lincoln envoie des régiments de milices pour reprendre le contrôle de la ville et mettre fin à l'insurrection, qui dure trois jours.

1883 Fin de la construction du Brooklyn Bridge, qui relie Manhattan à la ville de Brooklyn.

28 OCTOBRE 1886 Offerte par la France pour célébrer le centenaire de la déclaration d'indépendance des États-Unis, la Statue de la Liberté est inaugurée.

1898 New York ne se limite plus à la seule île de Manhattan : les anciens comtés de Brooklyn, du Queens, du Bronx et de Staten Island sont intégrés à la ville, dont la population double.

1902 La construction du Flatiron Building, qui culmine à 86 mde haut, s'achève. L'architecture de Manhattan devient de plus en plus verticale.
C'est grâce à l'invention révolutionnaire de l'ascenseur par un certain Elisha Otis, cinquante ans plus tôt, que New York peut gagner en hauteur l'espace qui lui fait tant défaut.

1904 Pour faciliter les déplacements dans une ville devenue gigantesque, le métro new-yorkais est créé. Le *subway* est l'une des expressions de l'intense industrialisation que le pays connaît depuis le milieu du XIXe siècle.

1920 Pour lutter contre l'alcool et son cortège de violences, délits et corruption, la Prohibition est instituée à l'échelle nationale. Les *speakeasies*, ces bars clandestins contrôlés par la mafia, fleurissent à New York, tandis qu'un vaste réseau de contrebande se développe.

24 OCTOBRE 1929 La bulle spéculative éclate et les cours de la bourse de Wall Street s'effondrent. Le plus long krach boursier de l'histoire plonge l'Amérique, puis le monde entier, dans la Grande Dépression.

ANNÉES 1930 Les années 1930 sont marquées par la plus grande crise économique du XXe siècle. Un tiers des New-Yorkais est au chômage et Central Park, avec ses cabanes de fortune, a des allures de bidonville.

1931 L'Empire State Building devient le plus haut gratte-ciel de New York, devant le Chrysler Building.

Fiorello H. La Guardia (1882-1947)

Souvent considéré comme le meilleur maire de New York, La Guardia était un homme de petite taille à la personnalité flamboyante. Issu d'un père italien et d'une mère juive hongroise, Fiorello La Guardia est polyglotte et travaille comme interprète à Ellis Island entre 1907 et 1910, en parallèle de ses études de droit. En 1934, il devient le 99e maire de New York. Durant ses trois mandats, il doit faire face aux conséquences de la Seconde Guerre mondiale et de la Grande Dépression. La Guardia règne sur une ville gangrénée par la pauvreté, la corruption et le crime organisé. Il a particulièrement en horreur les mafieux, qui donnent une mauvaise image de la communauté italienne, et fait arrêter Lucky Luciano, redoutable parrain de l'une des familles de la Cosa Nostra. Il compte parmi ses alliés le président Franklin D. Roosevelt, dont le soutien financier lui permet de lancer une campagne massive de travaux publics, afin de moderniser les infrastructures de la ville et de créer des emplois.

1939-1940 L'Exposition Universelle de New York attire plus de 44 millions de visiteurs et renforce la position de New York comme pôle culturel.

1939-1945 Pendant la Seconde Guerre mondiale, Les États-Unis occupent la première place dans tous les domaines de l'économie. La ville de New York prospère grâce à son port et ses nombreuses usines..

ANNÉES 1950 Le boom économique qui succède à la Seconde Guerre mondiale change la face de Midtown, où les tours de verre et d'acier poussent comme des champignons. La même chose se produit dans le Lower Manhattan à partir des années 1960.

ANNÉES 1970

Une grave crise fiscale met New York au bord de la banqueroute. La situation économique et sociale se dégrade, la ville devient notoire pour son taux de criminalité élevé. Recouvert de graffitis, le métro new-yorkais obtient le surnom de *Muggers Express* (*mugger* se traduit par agresseurs), tant les chances de se faire agresser sont élevées lorsqu'on l'emprunte. Le quartier de Times Square est surtout fréquenté par les prostituées et leurs proxénètes, tandis que Central Park devient le lieu de viols et d'agressions quotidiens. Une vaste enquête pour corruption est lancée au sein du New York Police Department, suite aux dénonciations du policier Frank Serpico.

13 JUILLET 1977

New York est plongée dans le noir suite à une panne de courant. Pendant deux jours, le chaos le plus complet s'empare de la ville. Les pillages, émeutes et désordres sociaux se multiplient et entraînent l'arrestation de près de 4 000 personnes.

ANNÉES 1980

La bourse de New York retrouve son statut de leader économique et financier mondial, malgré le krach de 1987 qui entraîne des licenciements en masse.

1985-1991

La consommation de crack explose à New York et dans le reste des États-Unis. Un climat de violence s'installe, New York devient une ville dangereuse et délabrée où les gangs font la loi. Un tragique record est atteint en 1990, lorsque 2 245 meurtres sont commis.

26 FÉVRIER 1993

Le World Trade Center est visé par une attaque terroriste qui fait six morts.

1994-2001

Après une campagne axée sur la lutte contre la criminalité et la baisse du chômage, Rudolph Giuliani devient le 107e maire de New York. Pour nettoyer la ville, il emploie des méthodes radicales : tolérance zéro, forte répression et présence policière accrue. La sécurité revient à New York, mais on reproche à Giuliani son autoritarisme et sa politique brutale.

11 SEPTEMBRE 2001

Ce mardi matin, deux avions viennent percuter les tours jumelles du World Trade Center, faisant plus de 2 600 morts et des centaines de blessés. Un nuage de poussière recouvre le sud de la ville, envahie par les débris. Il faut retrouver les disparus, ramasser les corps, puis reconstruire. Même si elle finit par se relever de cette épreuve, New York ne sera plus jamais la même. La ville entre dans une nouvelle ère, celle de l'après-11 septembre. Le processus de guérison prendra des années, et la riposte de l'Amérique, frappée en plein cœur, sera terrible. Presque vingt ans plus tard, les conséquences sanitaires des attentats sont nombreuses et durables. L'ombre du cancer plane sur ceux qui ont respiré le nuage toxique provoqué par l'effondrement des tours. On estime aujourd'hui que ce nuage de débris rempli de polluants dangereux tels que l'amiante, le plomb et le mercure, aurait fait 2 000 morts supplémentaires.

2009

Michael Bloomberg, maire de New York depuis 2002, décroche un troisième mandat. Durant ses onze ans à la mairie de la ville, il fait de la santé l'une de ses priorités, notamment la lutte contre le tabac et l'obésité. Il mise également sur l'écologie et met en place de grands projets environnementaux. La criminalité continue de chuter, en partie grâce à la politique controversée du *stop and frisk*. Milliardaire, Bloomberg se voit reprocher d'avoir attiré les riches au détriment des New-Yorkais les plus pauvres, aggravant la fracture des inégalités.

29 OCTOBRE 2012 L'ouragan Sandy ravage la côte Est. La montée des eaux inonde le Lower Manhattan, Brooklyn et Staten Island. Le sud de Manhattan est privé d'électricité pendant plusieurs jours et, fait historique, la bourse de Wall Street cesse son activité pendant 48 heures. Le lendemain, à l'heure du bilan, on apprend que l'ouragan a fait 43 morts rien qu'à New York. Il s'agit de la plus importante catastrophe naturelle dans l'histoire de la ville, qui découvre qu'elle n'est absolument pas préparée pour faire face à ce genre d'événements.

2013 Bill de Blasio est élu maire de New York. Ce maire démocrate n'est pas très populaire auprès des New-Yorkais, mais son bilan plutôt positif et l'absence d'un réel adversaire lui permettent de remporter un second mandat en 2019.

2014 Eric Garner décède après une arrestation musclée à Staten Island. Le débat sur les violences policières envers les Afro-Américains est relancé.

2014 La tour du One World Trade Center, érigée là où les tours jumelles se sont effondrées, ouvre ses portes. À ses pieds se trouve le mémorial du 11 septembre, deux bassins sur lesquels ont été gravés les noms des victimes. Le 9/11 Memorial a été inauguré en 2011, en commémoration des 10 ans des attentats.

8 NOVEMBRE 2016 Donald Trump est élu président des États-Unis. Pendant plusieurs mois, des manifestations anti-Trump auront lieu au pied de sa tour, la Trump Tower, sur la 5e avenue.

2018 La ville enregistre son taux de meurtres le plus bas depuis 1944, avec seulement 289 homicides.

MARS 2020 New York devient l'une des villes les plus touchées au monde par la pandémie de Covid-19. L'état d'urgence est déclaré par le gouverneur de l'État, Andrew Cuomo, le 7 mars, et la ville entre en *lockdown* (confinement) dès la mi-mars, avec la fermeture des écoles et des commerces non essentiels. Des centaines de milliers de New-Yorkais perdent leur travail et la ville se vide d'une partie de ses habitants. La réouverture progressive de New York est mise en place à partir de juin 2020.

MAI 2020 Après la mort à Minneapolis de George Floyd aux mains du policier Derek Chauvin, une vague d'indignation s'élève dans le pays et remet au coeur du débat la question de la violence policière et du traitement des Noirs aux Etats-Unis. Des manifestations pacifistes, portées par le mouvement politique Black Lives Matter, et quelques émeutes ont lieu dans tout le pays, notamment à New York, où le gouverneur Andrew Cuomo met en place, dans le contexte particulier de la crise sanitaire du Covid-19, un couvre-feu qui s'étendra du 1er au 7 juin. La ville n'avait pas connu de couvre-feu depuis 1943.

AOÛT 2021 Accusé de harcèlement sexuel par plusieurs femmes, le gouverneur de l'État de New York Andrew Cuomo quitte ses fonctions et est remplacé par son bras droit Kathy Hochul, qui devient la première femme à occuper ce poste.

JANVIER 2022

Après avoir remporté les primaires démocrates et vaincu sans peine le candidat républicain Curtis Sliwa, Eric Adams succède à Bill de Blasio et devient le 110e maire de New York. Natif de Brooklyn, cet ancien officier de police de la NYPD devient le second maire afro-américain de la ville.

24 JUIN 2022

La Cour suprême américaine révoque son arrêt *Roe v. Wade*, qui garantissait depuis 1973 le droit des Américaines à avorter. Cette décision laisse à chaque État la liberté d'interdire, de restreindre ou d'autoriser sous certaines conditions l'avortement. Cet événement, qui provoque un tollé dans tout le pays mais surprend finalement peu de monde, est l'une des conséquences indirectes du mandat de Donald Trump, l'ancien président ayant nommé trois des juges qui ont voté pour l'abrogation de *Roe v. Wade*.

JUILLET 2024

Les montagnes de sacs-poubelle qui font partie du décor new-yorkais seront bientôt de l'histoire ancienne. Pour nettoyer les rues et limiter la prolifération des rats, le maire Eric Adams lance un programme pour faire la guerre aux déchets. Désormais, les New-Yorkais sont tenus de déposer leurs détritus dans des conteneurs dédiés. Une petite révolution pour cette ville qui produit plus de 6 millions de tonnes de déchets par an.

5 NOVEMBRE 2024

Donald Trump remporte la présidence des États-Unis, face à la démocrate Kamala Harris. Bien que Harris ait remporté la ville de New York avec environ 55 % des voix contre 43 % pour Trump, ce dernier a réalisé une progression notable par rapport à l'élection de 2016, où il avait recueilli 37,5 % des voix face à Joe Biden. La seconde présidence du républicain débute le 20 janvier 2025, dans un climat particulièrement tendu.

JUIN 2025

Zohran Mamdani, candidat affilié au Democratic Socialists of America (DSA), remporte haut la main la primaire démocrate pour la mairie de New York, devançant l'ancien gouverneur de l'État de New York Andrew Cuomo, pourtant donné favori. Soutenu par l'aile progressiste, il affrontera le candidat républicain en novembre.

Zohran Mamdani.

DÉCOUVRIR

ELLIS ISLAND

LA PORTE D'ENTRÉE DE L'AMÉRIQUE (1892-1954)

Le 1er janvier 1892, Annie Moore est la première personne à être accueillie par les services d'immigration d'Ellis Island. Accompagnée de ses deux jeunes frères, cette Irlandaise de dix-huit ans a traversé l'océan Atlantique à bord du bateau à vapeur le *Nevada* pour rejoindre ses parents ayant immigré quatre ans plus tôt.

Durant les six décennies qui vont suivre, ce sont des millions d'immigrants qui, comme Annie Moore, transiteront par Ellis Island à la recherche d'une vie meilleure. Des Irlandais, mais aussi des Italiens, des Allemands, des Polonais, des Hongrois qui quittent leur pays pour échapper à la pauvreté, au chômage ou, comme les Pères pèlerins arrivés au Nouveau Monde quelques siècles plus tôt, à la persécution religieuse ou politique. Tous ne sont pas Européens, certains viennent d'Afrique du Nord et du Proche-Orient : mais pour chacun, les États-Unis font figure de terre promise.

La plupart des immigrants qui arrivent à Ellis Island sont des paysans et des ouvriers, qui ont pour toute richesse le contenu de leurs bagages. Ces travailleurs et leurs familles doivent se soumettre à une série de contrôles, tandis que les passagers de première et seconde classes débarquent directement à Manhattan sans avoir à passer par les bureaux de l'immigration.

Pour les passagers sans le sou, l'arrivée en Amérique commence donc par une longue attente. La visite médicale permet de repérer les personnes malades ou trop faibles pour travailler et gagner leur vie. Celles-ci doivent affronter des examens supplémentaires, sont envoyées à l'hôpital d'Ellis Island pour recevoir des soins et, dans de rares cas, sont déportées. Les autres doivent présenter leurs documents à l'officier chargé de l'immigration et répondre à une série de questions réglementaires, souvent à l'aide d'un interprète. Une fois en possession de leur autorisation d'entrer sur le territoire, les immigrants qui souhaitent rester sur place montent à bord du ferry pour Manhattan. Quant à ceux dont New York n'est pas la destination finale, ils sont transportés dans les gares du New Jersey, où ils prennent des trains pour aller grossir les populations des autres villes américaines.

New York est une ville prospère, qui offre du travail, mais aussi un sens de la communauté à des gens qui ont quitté leur patrie, qui bien souvent ne parlent pas la langue et ignorent tout des usages de leur nouveau pays. Les opportunités ne manquent pas, on embauche à tour de bras dans la construction, les usines, sur les chantiers navals, dans les magasins, mais les emplois mis à la disposition de ces nouveaux arrivants sont difficiles et mal payés. Ainsi, de nombreux immigrants n'ont pas d'autre choix que de s'installer dans le quartier du Lower East Side, où ils vivent dans des *tenements*, ces appartements minuscules et bondés au loyer peu élevé, dans lesquels cohabitent souvent plusieurs familles.

Les *new immigrants*, comme on les appelle, se fondent dans la masse des *old immigrants*, qui sont arrivés aux États-Unis entre 1810 et 1850, déjà en quête de meilleures conditions de vie et d'opportunités économiques. Les immigrants venus à New York sans famille trouvent du réconfort en s'installant dans les quartiers déjà peuplés par leurs compatriotes. De véritables enclaves ethniques se forment, et certains quartiers new-yorkais ressemblent à des reproductions de villages européens. C'est particulièrement vrai en ce qui concerne la communauté italienne : à Little Italy, dans le sud de Manhattan, flotte un air napolitain, tandis que l'Italian Harlem, dans l'Upper Manhattan, a des allures de village sicilien. La mafia aussi a fait le voyage depuis l'Italie.

Chaque jour, les immigrants sont plus nombreux. En 1900, New York compte 3,5 millions d'habitants, dont 1,3 million d'entre eux sont nés à l'étranger. Au total, entre 1892 et 1954, près de 12 millions de personnes passent par Ellis Island. 1907 est une année record, pendant laquelle on enregistre plus d'un million de nouveaux arrivants. Au cours de ces six décennies, seuls 2 % des immigrants qui arrivent à Ellis Island se voient refuser l'accès au territoire américain et sont renvoyés dans leur pays.

En 1924, les autorités fédérales instaurent des quotas restrictifs qui marquent la fin de l'immigration de masse aux États-Unis. Désormais, les contrôles se font dans le pays d'origine, et les autorisations sont accordées par les ambassades. Le centre d'immigration d'Ellis Island reste ouvert jusqu'en 1954, mais seuls les déportés et les réfugiés de guerre y transitent encore. Ellis Island devient un centre d'expulsion, un lieu de détention, un centre de formation et même un hôpital de guerre pendant la Seconde Guerre mondiale.

Aujourd'hui, plus de 100 millions d'Américains, soit 40 % de la population, comptent parmi leurs ancêtres au moins une personne ayant immigré aux États-Unis par Ellis Island. Depuis 1990, leur histoire est racontée à l'Immigration Museum d'Ellis Island.

TOP 10

PERSONNAGES HISTORIQUES

New York ne serait pas telle que nous la connaissons sans ces explorateurs, politiques, artistes ou hommes d'affaires qui l'ont façonnée à travers les siècles. De tous les milieux et de toutes les origines, ces illustres personnages ont changé le cours de l'histoire et contribué à faire de New York une ville de premier plan.

WILLIAM M. TWEED

Cet homme politique est le *boss* du Tammany Hall jusqu'à son arrestation pour corruption en 1871.

GIOVANNI DA VERRAZZANO

Missionné par François Ier, cet explorateur italien découvre la baie de New York en 1524.

GEORGE WASHINGTON

C'est à New York, capitale provisoire du pays, que le premier président américain est investi en 1789.

CORNELIUS VANDERBILT

Ce richissime homme d'affaires et magnat des chemins de fer crée la gare Grand Central en 1871.

HENRY HUDSON

En 1609, ce navigateur anglais remonte le fleuve qui portera son nom pour une compagnie néerlandaise.

GEORGE CLINTON

Cet indépendantiste qui s'est battu aux côtés de Washington devient en 1777 le premier gouverneur de l'État.

THEODORE ROOSEVELT

Le 26e président du pays a d'abord été le chef de la police de New York et le gouverneur de l'État.

PETER STUYVESANT

Il est l'un des directeurs de La Nouvelle-Amsterdam à l'époque où New York est une colonie néerlandaise.

WASHINGTON IRVING

Ce New-Yorkais, auteur de *La Légende de Sleepy Hollow*, est considéré comme le premier homme de lettres américain.

FIORELLO LA GUARDIA

Maire emblématique de New York entre 1934 et 1945, il s'attaque à la mafia, à la corruption et au chômage.

LA VILLE VERTE

New York fait partie des grandes villes américaines qui ont décidé coûte que coûte de contribuer à la réduction des émissions de gaz à effet de serre, l'objectif étant de les réduire de 80 % d'ici à 2050 par rapport à 2005. Il faut dire que la situation géographique de la ville la rend vulnérable aux dérèglements climatiques. En 2012, l'ouragan Sandy a tué 44 personnes et causé 19 milliards de dollars de dégâts. La ville est sujette à des inondations de plus en plus fréquentes – parmi les plus récentes, celles de 2021 ont fait 13 morts à New York – et a dû investir dans la construction d'un mur et d'un barrage mobile, à Manhattan, pour se protéger de la montée des eaux. Cependant, grâce à son vaste système de transport en commun, l'empreinte carbone par New-Yorkais est inférieure à celle des autres grandes villes des États-Unis. Mais la densité de population et l'urbanisation sont un vrai défi pour remplir ces objectifs *green*.

La mégalopole à l'épreuve du climat

New York s'est engagée à atteindre la neutralité carbone d'ici à 2050, tout comme l'État du même nom. Cela passe par un plan de réduction massif de la consommation énergétique des bâtiments, l'approvisionnement en électricité verte et l'utilisation de véhicules moins polluants par la municipalité. Mais comme pour la plupart des métropoles occidentales, New York lutte contre un trafic automobile infernal. Dans certains secteurs de Manhattan, la vitesse moyenne des voitures est de 7,5 km/h. Après avoir été repoussé à maintes reprises, le système de péage urbain pour les automobilistes se rendant à Manhattan a été mis en place en janvier 2025 pour décongestionner le quartier. Les automobilistes doivent désormais s'acquitter de 9 US$ pour entrer dans le Sud de Manhattan en journée. D'après des analyses publiées en juin 2025, cette mesure aurait entraîné une diminution importante du trafic (jusqu'à 70 000 véhicules en moins par jour) et une circulation jusqu'à 20 % plus rapide des bus de ville. Les bénéfices générés doivent être utilisés pour améliorer le métro new-yorkais, qui n'a qu'un taux de ponctualité de 65 % en semaine. Affaire à suivre...

Le nombre de trajets effectués à vélo a été multiplié par trois depuis le début des années 2000. Il y a actuellement 2 000 kilomètres de pistes cyclables à New York, dont 772 kmphysiquement séparés des voitures. Le réseau public de vélos en libre-service, **Citi Bike** (p.124), est en pleine expansion, avec l'objectif d'atteindre une flotte de 40 000 véhicules installés dans l'ensemble des cinq arrondissements dans les prochaines années. Pour autant, après une série d'accidents mortels de cyclistes en 2019, la mairie a dû annoncer un nouveau plan de sécurité, et la construction de nouveaux aménagements se fait progressivement dans toute la ville.

© FERRANTRAITE - ISTOCKPHOTO.COM

Une riche faune urbaine

Il y a 121 km² d'espaces verts à New York, ce qui représente 14 % de la surface totale de la ville, répartis dans 1 942 parcs et jardins. On trouve plus de 3 000 espèces de plantes dans la ville. Le **Brooklyn Botanical Garden** (p.274) est l'un des espaces où l'on peut observer le plus de diversité de plantes. Ce parc de 21 hectares abrite de magnifiques cerisiers du Japon ainsi que de jolies roseraies. Le plus grand parc, **Central Park** (p.169), de 337 hectares, offre de magnifiques pelouses, mais aussi des espèces rares, comme le dernier grand peuplement d'Ormes d'Amérique. Ce parc est par ailleurs prisé des ornithologues pour l'observation des faucons pèlerins (*Falco peregrinus*) qui nidifient dans les bâtiments situés le long du parc. Des visites guidées autour de la flore et la faune sont organisées régulièrement. Rendez-vous sur le site

© MICHAEL URMANN - SHUTTERSTOCK.COM

High Line.

Internet de Central Park pour en savoir plus. La population de certains animaux comme les cerfs est surveillée de près. Il est recommandé de ne pas les nourrir. Même chose pour les coyotes que l'on peut parfois croiser dans le Bronx.

Les nouveaux projets de parcs

Malgré cette biodiversité riche, la pollution n'est pas sans effet. La ville a ainsi perdu environ 24 espèces d'orchidées par rapport à 1990, en raison de la dégradation des sols. La création de nouveaux îlots de verdure est alors plus que bienvenue. Le désormais incontournable High Line Park (p.148), construit sur d'anciennes voies ferrées, la portion sud désaffectée de la West Side Line, dans le quartier de Manhattan, est un bel exemple de conversion. Ces jardins suspendus inspirés de la coulée verte à Paris sont un lieu idéal pour se balader ou se relaxer. Toujours dans le Meatpacking, les parcs publics de Little Island (p.149) et Gansevoort Peninsula (p.148), inaugurés respectivement en 2021 et 2023, apportent un peu de verdure et de fraîcheur à ce quartier auparavant très industriel. Autre projet de conversion intéressant : l'ancienne immense décharge de Fresh Kills, qui a notamment accueilli les débris du 11-septembre, est en train d'être transformée en parc. Le site, dont certaines portions sont déjà accessibles, sera à terme trois fois plus grand que Central Park.

La Manhattan Waterfront Greenway est une voie pour cyclistes et piétons de 51 kilomètres autour de l'île de Manhattan. Plus ou moins aménagée par endroit, cette piste comporte trois sections principales : Hudson River Greenway, la portion la plus agréable, la East River Greenway dont certaines portions sont en cours d'aménagement, et la Harlem Greenway, qui doit aussi faire l'objet de quelques travaux.

Manger responsable

Comme dans d'autres grandes villes américaines, les habitants sont de plus en plus sensibles aux questions environnementales. En témoigne le nombre de *farmer's markets* où l'on peut s'approvisionner en produits locaux. Il y en a aujourd'hui une cinquantaine, dont le plus connu est celui d'Union Square (p.166). Le deuxième plus grand marché fermier est celui qui se tient tous les dimanches sur la Grand Army Plaza. Il est aussi possible d'acheter des produits directement à la ferme, à l'Eagle Street Rooftop Farm, une ferme située sur un bâtiment de Brooklyn. La chaîne de supermarchés bio la plus répandue est Whole Foods. Il y a de nombreux restaurants végétariens, de toutes sortes (asiatiques, fast-foods, italiens…) et dans la plupart des restaurants il y a généralement au moins une option végétarienne.

Objectif « Zéro déchet »

L'objectif du plan « Zéro déchet » mis en place par l'ancien maire Bill de Blasio pour réduire de 90 % le nombre de déchets enfouis est loin d'être atteint au terme de son mandat, bien que son successeur Eric Adams se soit fixé de l'atteindre d'ici à 2030. L'expérimentation de la collecte de déchets organiques, en particulier, patine. L'utilisation des poubelles marron mises à disposition dans certains immeubles peine à rentrer dans les habitudes. En parallèle, dans le cadre du « NYC Compost Project », des composteurs ont été installés dans différents parcs, avec des ateliers de sensibilisation autour du sujet. On en trouve notamment au Brooklyn Botanic Garden (p.274), au New York Botanic Garden (p.302) dans le Bronx, au Queens Botanic Garden ou encore au Snug Harbor Cultural Center & Botanic Garden, sur Staten Island. La ville encourage à acheter d'occasion et à réduire l'utilisation de plastique, notamment les emballages.

ARCHITECTURE

Difficile de résumer l'incroyable architecture de celle qui représente à elle seule la quintessence même de la Ville. Sa légendaire *skyline* de gratte-ciel découpant l'azur est inscrite dans toutes les mémoires. Il faut dire que la ville en possède des centaines… dont plusieurs de plus de 300 m ! Cette verticalité est le moyen qu'a trouvé New York pour transcender son insularité et exploiter au maximum la densité… certains critiquent cette congestion urbaine, cependant force est de constater qu'elle a été le moteur d'une architecture étonnante qui s'est quasiment érigée au rang de religion dès le XIXe siècle. Mais ce serait une erreur de ne résumer New York qu'à ses géants de verre. Héritage colonial et styles « néo » et Beaux-Arts ont, eux aussi, contribué à dessiner l'identité de la ville, la dotant de somptueux édifices. Alors sans plus tarder, embarquez pour un voyage à travers le patrimoine architectural de la cité qui ne dort jamais !

DÉCOUVRIR

De l'influence coloniale au style Federal

Les témoins de l'époque coloniale sont rares… et donc à ne surtout pas manquer ! De la période hollandaise, on peut encore voir, à Brooklyn, la Wyckoff House, bâtie en 1652 et de fait la plus ancienne maison de la ville : et au Nord, la Dyckman House (p.179), seul exemple de ferme du XVIIIe siècle conservé. Leur architecture est modeste et très fonctionnelle, et se distingue par le célèbre *gambrel roof* ou toit mansardé recouvert de bardeaux de bois. Les colons britanniques ont, eux, laissé une architecture plus élaborée, largement inspirée du style géorgien palladien. Le plus beau témoin de cette période est la Morris-Jumel Mansion (p.180), résidence campagnarde construite vers 1765 et reconnaissable à son portique soutenu par quatre colonnes doriques. La Chapelle Saint-Paul, bâtie en 1766, est, quant à elle, le seul exemple d'édifice prérévolutionnaire à n'avoir jamais été modifié depuis sa création. Son portique ionique et sa tour-clocher sont particulièrement remarquables.

Libérée du joug colonial, la toute jeune république va se doter de très beaux bâtiments inspirés du néoclassicisme anglais : c'est le style *Federal*. Parmi les témoins de ce style élégant et raffiné, notons la Gracie Mansion (p.175), bâtie en 1799, possédant un très beau porche recouvert d'une terrasse et la James Watson House, de 1793, qui se caractérise par une importance donnée à l'entrée avec porte à colonnettes, impostes en éventail et encadrées de jours latéraux : par l'usage de la brique : et par la présence de frontons sur les toits à deux versants percés de lucarnes. Mais le plus bel exemple reste le City Hall (p.134) de 1812, étonnant car porteur d'une double identité de style : Joseph-François Mangin lui a donné une forme Renaissance française, tandis que John McComb lui a donné son style américain *Federal*. Le City Hall doit magnifier le pouvoir de la ville, voilà pourquoi ses architectes l'ont pourvu d'un majestueux portique ionique, d'un escalier à double volée et surtout d'une impressionnante rotonde.

C'est à cette époque que la ville se dote de son premier grand plan d'urbanisme, le *grid*, qui permet l'extension de la ville vers le Nord selon un plan quadrillé très précis : 12 avenues Nord/Sud croisent 155 rues Est/Ouest, formant des *blocks* de 60 mde large et 140 mde long. Ce plan de contrôle du développement urbain de la ville sera complété avec la création de Central Park. (p.169)

© SEAN PAVONE - SHUTTERSTOCK.COM

Interieur du City Hall et sa rotonde.

Du Revival aux Beaux-Arts

Après le style *Federal*, c'est vers les canons antiques que se tourne la jeune république pour symboliser sa puissance. Les structures néo-grecques vont ainsi se multiplier dans la ville, qu'il s'agisse d'édifices publics ou de maisons particulières. Parmi les grandes réa-

© TTSTUDIO - SHUTTERSTOCK.COM
Le Pont de Brooklyn.

lisations notons le **Federal Hall** (p.141), tout en marbre blanc et construit sur le modèle du Parthénon : 13th Church Street et sa façade de temple antique ou bien encore les *row-houses* de Washington Square dont on admire les colonnades et les volutes des grilles en fonte. Au néo-grec succède le néo-roman, puissant et massif, caractérisé par des arcades en plein cintre, des appareillages de moellons, des parements de granit et des décors faits d'entrelacs et sculptures végétales. Mais c'est sans aucun doute le néogothique qui a le plus marqué la ville avec sa profusion de gargouilles, pignons ouvragés, tourelles à meurtrières et crénelures. Des forteresses modernes fleurissent partout dans la ville à l'image de la **Cathédrale Saint-Patrick** (p.164), la **Trinity Church** (p.137) ou bien encore le légendaire **Brooklyn Bridge** (p.133), chef-d'œuvre d'ingénierie dont les deux piles néogothiques ancrent ce pont long de près de 2 kmet d'une portée record de 487 m. Suivront ensuite de nombreux autres styles *Revival* : gothique vénitien (Montauk Club de Brooklyn), néo-roman byzantin (**synagogue d'Eldridge Street** (p.135)) et bien sûr néo-Renaissance française (**Jewish Museum** (p.177)) et italienne. Les meilleures représentantes de ce dernier style sont évidemment les mythiques *Brownstones Houses*, maisons bourgeoises construites dans du gré brun-rouge extrait des carrières du Connecticut et du New Jersey. Inspirées des palais vénitiens, elles se distinguent par leur entrée surélevée, précédée d'une volée de marches.

Dès la deuxième moitié du XIXe siècle, New York connaît son âge d'or. Consciente de sa puissance économique et culturelle, la ville veut que son architecture reflète cette richesse. C'est l'avènement du style Beaux-Arts. Théâtral, grandiloquent et profondément historiciste, ce style a produit parmi les plus beaux édifices de la ville, à commencer par les Villard Houses dont la symétrie et l'élégance rappellent celle du Palais de la *Cancelleria* à Rome. Les **Cloisters** (p.180) du Metropolitan Museum en sont aussi un très bel exemple : la chapelle et les cloîtres ont été reconstitués à partir de pièces provenant de l'Europe romane et rebâtis pierre par pierre. La Bourse de New York et sa façade colossale en forme de temple corinthien, la gare **Grand Central** (p.156), la branche centrale de la **New York Public Library** (p.159) et le Washington Centennial Memorial Arch comptent aussi parmi les plus belles réalisations de style Beaux-Arts.

Modernité et verticalité

À la fin du XIXe siècle, des édifices d'un nouveau genre font leur apparition dans les rues de la ville : ce sont les *cast-iron buildings* ou structures en fonte. Si les murs sont toujours en briques, la façade, elle, est dotée d'une armature en fonte légère sur laquelle viennent s'empiler ou se juxtaposer des éléments décoratifs très travaillés (dans des styles italianisants ou Second Empire) qui peuvent être ainsi reproduits à l'infini. Les charges n'étant plus portées par un mur porteur continu, mais par les poutres et poteaux d'acier, les immeubles peuvent gagner en hauteur et aussi en luminosité grâce à la multiplication des fenêtres. Dans Greene Street à Soho, ne manquez pas l'étonnante enfilade de maisons aux colonnades corinthiennes et larges fenêtres. Le Haughwout Building, avec sa façade d'inspiration italienne et ses larges surfaces vitrées, est souvent considéré comme l'ancêtre des gratte-ciel new-yorkais. C'est d'ailleurs dans cet immeuble qu'Elisha Otis installa le tout premier ascenseur… invention qui, avec la légèreté et la puissance des ossatures métalliques, permettra toutes les folies verticales.

La population new-yorkaise s'accroît... mais l'espace, lui, se fait de plus en plus rare... une seule solution : construire en hauteur. En 1898, Louis H. Sullivan, grand représentant de l'École de Chicago qui a théorisé cette architecture de la verticalité, construit le Bayard Building. Pour souligner la hauteur, Sullivan emploie des piliers de terre cuite dont le mouvement ascendant s'achève sur des figures de cariatides ailées... symbole de réussite et de puissance. Mais c'est le **Flatiron Building** (p.154) que l'on considère véritablement comme le père de tous les gratte-ciel new-yorkais. Sa forme étroite et triangulaire s'explique par le fait qu'il occupe l'angle aigu joignant Broadway à la 5e Avenue. Ses 91 m d'ossature d'acier aux décors rappelant les palais italiens en ont fait, jusqu'en 1909, le plus haut building du monde. Ces nouvelles cathédrales d'acier répondent à la monumentalité des styles « néo » dans un dialogue architectural étonnant. À l'image du **Woolworth Building** (p.142), véritable cathédrale du commerce, qui impressionne par son allure néogothique avec gargouilles, et hall revêtu de marbre et de mosaïques d'inspiration byzantine. Si les gratte-ciel se concentrent principalement dans le sud de Manhattan, c'est parce que son socle rocheux offre à ces géants une assise solide... comme pour l'Equitable Building et ses 160 m de haut sans retrait. Mais la multiplication de ces gratte-ciel crée de véritables canyons urbains empêchant air et lumière de bien circuler. En 1916, une loi de zoning est alors créée afin d'en encadrer la construction. Tous ceux qui se trouvent en limite de parcelle doivent présenter des retraits à certains niveaux. Voilà qui explique l'aspect pyramidal et zigzagant de certains gratte-ciel de l'époque. En revanche, les retraits ne sont pas obligatoires pour les immeubles n'occupant que 25 % ou moins de la parcelle... rien n'empêche plus alors les hauteurs les plus folles ! Symboles de réussite, les gratte-ciel deviennent les premiers supports promotionnels de la puissance des grands empires capitalistes et la course à la hauteur, le pendant de la concurrence commerciale acharnée qu'ils se livrent. Le **Chrysler Building** (p.155) et l'**Empire State Building** (p.157), chefs-d'œuvre de l'Art déco, en sont les plus beaux représentants.

Style international

À partir des années 1940, un puissant courant moderniste se fait jour, refusant tout emprunt à l'histoire et prônant une architecture caractérisée par des volumes lisses, une absence de décoration de façade et une dissymétrie d'ensemble : c'est le style international. La façade principale tout en planéité et horizontalité affirmées du **Museum of Modern Art** (p.160) en est l'un des tout premiers exemples. Mais c'est surtout dans les années 50 que New York va se doter des plus illustres représentants de ce style. En 1952, Gordon Bunshaft construit la Lever House, étonnant parallélépipède de verre et d'acier posé sur une plateforme qui, pour la première fois, libère de l'espace au sol. La même année, sous l'impulsion d'un comité d'architectes composé notamment du Suisse Le Corbusier et du Brésilien Oscar Niemeyer, les **Nations-Unies** (p.167) se dotent d'un nouveau bâtiment pour leur Secrétariat. Véritable mur de verre, il représente l'importance donnée, par les représentants du style international, à la lisibilité des structures permise par la transparence des pans de verre. Mais c'est à Mies van der Rohe que l'on doit la plus célèbre réalisation de l'époque : le Seagram Building, brillante alliance du béton, du verre et de l'acier, aux proportions parfaites et à la façade très sobre dont les meneaux en bronze soulignent la structure porteuse. En 1963, Walter Gropius (le fondateur du Bauhaus) participe à l'élaboration du Pan Am Building (aujourd'hui Met Life Building) érigé au-dessus de Grand Central Terminal. Totalement en rupture avec son environnement et représentatif d'une certaine uniformisation du style international, ce *building* suscite de fortes critiques. Certains bâtiments vont alors tenter de se singulariser comme la Ford Foundation, grande serre cubique abritant un jardin public au cœur du bâtiment : ou bien encore la CBS Tower d'Eero Saarinen dont les piliers en béton et le revêtement en granit noir donnent un aspect sculptural à la façade.

Dans les années 50, New York se dote d'un édifice à nul autre pareil et devenu l'un de ses symboles : le **musée Guggenheim** (p.176), réalisé par l'inclassable Frank Lloyd Wright, qui refusa longtemps de construire à New York, tant il en rejetait l'urbanité outrancière. Aspiré par un ascenseur, le visiteur descend ensuite la rampe en spirale où se déroule devant lui la bobine de l'Histoire de l'Art. Cette architecture sculpturale est l'image même de la société américaine : toujours en mouvement.

Postmodernisme et architecture contemporaine

Dès les années 1960, les critiques s'élèvent contre le style international dont on remet en question la rigueur et le dépouillement. Nombreux sont alors les architectes à revendiquer un décor surajouté et les références historiques. C'est le cas avec le **Lincoln Center** (p.173) et ses imposants édifices à colonnades recouverts de travertin ou bien encore avec l'AT&T Building (aujourd'hui Sony Building), avec sa base qui s'impose par la démesure de ses arcs néoromans, son sommet profilé en triangle rappelant les frontons antiques et son revêtement en granit rose dissimulant l'ossature métallique. Tous deux sont l'œuvre de Philip Johnson, ancien adepte du minimalisme, devenu le pape du postmodernisme. Dans les années 1980, César Pelli étonne avec les 4 tours du World Financial Center à Battery Park. Toutes coiffées de motifs différents et animées de redents, elles ne sont pas sans rappeler les splendeurs de l'Art déco. Leurs façades de verre reflètent l'eau et la lumière, changeant ainsi perpétuellement d'aspect.

À partir des années 2000, New York accueille les réalisations de ceux que l'on appelle les *starchitects*, les grands noms de l'architecture devenus superstars. En 1999, Christian de Portzamparc crée la tour LVMH, dont les pans de verre semblent s'enrouler sur eux-mêmes. En 2006, Norman Foster impressionne avec la **Hearst Tower** (p.156). Une première tour avait été commencée en 1928, mais seule une base Art déco vit le jour. C'est sur ce socle que Foster a érigé sa superbe tour d'acier, joyau de l'architecture contemporaine et modèle d'architecture durable (minimisation de l'impact environnemental, emploi d'acier à 90 % recyclé...). Autre édifice durable : la Bank of America Tower qui possède sa propre centrale de cogénération électrique produisant 65 % de l'électricité nécessaire à son fonctionnement. C'est à Renzo Piano que l'on doit le renouveau du **Whitney Museum** (p.150) en 2015. Sa structure asymétrique, son acier bleu-gris et son parc surélevé en font un bâtiment à part. Jean Nouvel, lui, est aux commandes du 100 11th Avenue, tout en angles et en figures découpées. Frank Gehry a réalisé la Beekman Tower, silhouette drapée d'une cascade d'acier brossé d'aluminium, et le New-York by Gehry, complexe regroupant habitations, école et hôpital. Enfin, notons le 520 West 28th St, construction futuriste aux courbes voluptueuses imaginée par l'architecte Zaha Hadid.

Parmi les réalisations contemporaines, une prend une place toute particulière : le nouveau World Trade Center dont l'élément clé est la tour du **One World Trade Center** (p.144), symbole de renaissance. Signée David M. Childs, sur les plans de Daniel Liebeskind, cette tour s'élève à plus de 540 mètres, soit 1 776 pieds... clin d'œil à l'année où l'Amérique célébra son indépendance. L'empreinte au sol de la tour est égale à celle des tours jumelles. Son socle de plus de 60 mètres est fait pour résister aux explosions. Non loin de là, Santiago Calatrava a remanié le design de la plateforme de correspondance du World Trade Center. Son **Oculus** (p.144) représente une colombe prenant son envol. Tout ici est donc symbole de paix et de résilience. En 2021, l'île artificielle de Little Island, parc sur pilotis ayant coûté 260 millions de dollars, a émergé le long de la Hudson River.

La course à la verticalité, elle, bat toujours son plein. En septembre 2019, a été inaugurée la Central Park Tower, haute de 472 mètres, soit la plus grande tour résidentielle du monde.

© JUMIS - SHUTTERSTOCK.COM

Brownstone Houses dans le quartier de Brooklyn.

La nouvelle Steinway Tower, dont la construction s'est achevée en 2021, est le dernier des gratte-ciels ultra fins qui ne cessent de pousser à Manhattan. Ces dernières années, enfin, le projet Hudson Yards a également vu le jour avec deux structures déjà emblématiques : **Vessel** (p.165) et **Edge** (p.153). La légendaire *skyline* de New York n'a pas fini de se transformer !

New York et ses jardins

Central Park (p.169)est le « poumon vert » de New York. Achevé en 1873 par Calvert Vaux et Frederick Law Olmsted, le plus célèbre jardin public au monde est un modèle d'architecture paysagère... et politique. En effet, ses créateurs y voyaient l'occasion d'y appliquer les grands idéaux démocratiques et d'en faire un lieu de mixité sociale. Mais il n'est qu'un des représentants du visage vert de New York. Grâce aux dons de généreux mécènes et à la passion de bénévoles défenseurs de la nature, de nombreux espaces abandonnés ont pu être requalifiés et transformés en espaces verts pensés pour tous : les fameux *Community Garden* qui se comptent par centaines. Mais la grande originalité de New York ce sont sans aucun doute ses toits-terrasses. Pour Ralph Hancock, paysagiste de renom, « un architecte ne peut pas plus ignorer les toits en milieu urbain que les plantations autour d'une maison à la campagne ». Dans une ville aussi dense, lumière et terre sont un luxe. Pas évident donc de faire surgir la nature dans une jungle de béton... pourtant des architectes-paysagistes du monde entier vont rivaliser d'ingéniosité pour faire naître les jardins les plus étonnants. Retour sur le visage vert de New York en trois jardins phares.

DÉCOUVRIR

© MIHAI_ANDRITOIU - SHUTTERSTOCK.COM

Skyline de New York avec la One World Trade Center.

Rockefeller Rooftops

Érigé entre 1930 et 1939, le Rockefeller Center (p.162) est un édifice pionnier. Sous l'impulsion de John D. Rockefeller et grâce à l'inventivité de l'architecte Raymond Hood, se crée un complexe unique composé de 14 immeubles conçus comme une seule et même entité architectonique. Tous ont un plan de base rectangulaire qui s'étire en longueur et qui ne compte que 7 étages de manière à profiter au maximum de la lumière. Dès le lancement du projet, la présence des jardins sur les toits est mentionnée… et pas n'importe quels jardins… de véritables étendues de terre d'une épaisseur de 60 cm… jamais une telle épaisseur n'avait été atteinte sur un toit-terrasse. Au total, ce sont 4 jardins Art déco qui ont été aménagés par l'architecte-paysagiste anglais Ralph Hancock. Et ces jardins sont à l'origine d'une tradition désormais établie à New York : les garden for the view… les jardins pour la vue. Il ne faut pas oublier que le Rockefeller Center est entouré de gratte-ciel… et ce sont plus de 100 000 fenêtres qui donnent sur les jardins. Hancock a donc choisi un design géométrique rigoureux conçu pour la vue à distance. En hauteur, le vert sombre du gazon, le rose vif des plantes et le bleu des bassins créent une harmonie étonnante. Projet architectural autant qu'urbain, le Rockefeller Center possède une plaza centrale reliée à la 5e Avenue par les Channel Garden dont l'aménagement floral change régulièrement.

MoMA Roof Garden

Au début des années 2000, l'architecte Yoshio Taniguchi réalise l'extension du musée d'Art moderne (p.160) de la ville : la New Gallery. Haute de seulement 6 étages, cette nouvelle galerie doit également accueillir sur son toit un jardin, dont on confie la réalisation à Ken Smith, célèbre architecte-paysagiste. Une tâche qui s'avère semée d'embûches… en effet, le toit ne peut pas supporter de lourdes charges et il est impossible d'utiliser de l'eau, au risque d'endommager les œuvres exposées aux étages inférieurs… ainsi donc Ken Smith ne peut-il employer ni terre ni végétaux vivants. Et il doit également faire face aux remarques et objections des voisins qui veulent protéger leur vue… Smith va donc opter pour « une illusion orchestrée aux surfaces déterminées graphiquement ». Le verre pilé scintillera comme l'eau d'un bassin. Le caoutchouc sera aussi sombre que la terre. La fibre de verre aura l'aspect d'une prairie et les buis en plastique ne s'altéreront jamais. Ce jardin, qui se voulait camouflé, est en réalité une intéressante mise en abîme de la ville et de sa dénaturation.

High Line

Construite dans les années 1930, cette voie ferrée desservait le légendaire et quelque peu malfamé quartier des abattoirs (aujourd'hui très couru !). Mais le transport routier prenant toujours plus d'importance, notamment sous l'impulsion de Robert Moses qui conçut un vaste et complexe réseau de routes reliant les différents quartiers de la ville, la voie ferrée tombe en désuétude. Beaucoup souhaitent alors sa destruction. Mais c'était sans compter sur l'engagement de l'association des Friends of the High Line qui depuis 1999 œuvre à la reconversion du site… dont elle a conservé les rails rouillés pour garder l'aspect nature. Aujourd'hui, la High Line (p.148) est une promenade très appréciée des New-Yorkais qui peuvent ainsi profiter d'un long espace de verdure 10 m au-dessus de routes très fréquentées…

BEAUX-ARTS

Si l'histoire de l'art new-yorkaise remonte aux Amérindiens et si, depuis quelques décennies, la culture afro-américaine, qui a longtemps été en quête de reconnaissance, est redécouverte et exposée, la « Grosse Pomme » a également vu naître des courants incontournables, du pop art au minimalisme. New York est une ville complète qui a su se renouveler, l'épicentre du marché de l'art mondial actuel et le lieu de résidence de nombreux artistes internationaux. Des méga-galeries, d'immenses musées, des maisons de vente extravagantes, des lieux alternatifs, tout y est pour tous les goûts, et tous se ruent vers la gloire avec plus ou moins de succès. En outre, New York est aujourd'hui une ville bien à part aux États-Unis, où se trame toute la vie intellectuelle et artistique de la côte Est américaine. Voici quelques repères artistiques pour mieux comprendre les différentes écoles qui ont profondément influencé l'art mondial.

Des Amérindiens à George Bellows

Non, l'histoire de l'art à New York ne commence par avec la boîte de soupe Campbell peinte par Andy Warhol en 1962 ! Sans remonter jusqu'aux Algonquins – cette tribu indienne qui longtemps peupla l'île de Manhattan, connue pour son art de la vannerie et son travail des perles –, il faut revenir à la seconde moitié du XIXe siècle, quand James Whistler, précurseur de l'impressionnisme américain, peignait de vastes symphonies picturales. Il faut encore citer le portraitiste John Singer Sargent et une certaine Mary Cassatt, aujourd'hui considérée comme la première femme peintre américaine, née en 1844 dans l'État de Pennsylvanie.

Il faut attendre le début du siècle suivant pour assister à l'éclosion d'une véritable école picturale américaine, dépassant alors le traditionnel portrait et les douceurs du paysage romantique chères à l'*Hudson River School*. Combats de boxe, scènes populaires, laissés-pour-compte… Le groupe The Eight et l'*Ash Can School*, que l'on traduit par « école de la poubelle », prennent alors la relève dans un style férocement réaliste, illustrant la violence urbaine et le quotidien des bas quartiers. Robert Henri (1865-1929), chantre du réalisme américain, en est la clé de voûte, autour duquel gravitent entre autres les peintres et illustrateurs John French Sloan, George Luks, William Glackens, Everett Shinn, Maurice Prendergast ou encore George Bellows (1882-1925), qui en est l'un des représentants les plus incisifs : on pourra admirer quelques tableaux, dessins et gravures au Metropolitan Museum of Art (p.178).

New York par Georges Bellows, 1911, huile sur toile.

L'Armory show de 1913

Mais si l'on ne devait retenir qu'une date pour résumer New York, épicentre de l'art américain, ce serait 1913, année de la fameuse exposition d'art moderne, connue sous le nom d'« Armory Show » (*The International Exhibition of Modern Art*). Cette année-là, du 17 février au 15 mars, l'histoire bascule. Grâce à quelques grands donateurs, comme seule l'Amérique sait en produire – de Gertrude Vanderbilt Whitney à Alfred Stieglitz, le photographe et célèbre marchand d'art –, l'exposition offre au public new-yorkais plus de 1 200 tableaux et sculptures issus de l'avant-garde européenne et américaine. Les tendances les plus audacieuses de l'époque y sont présentées, fauvisme et cubisme, avec en prime une toile de Marcel Duchamp, *Nu descendant un escalier n° 2*, qui provoque le scandale. Il n'en fallait pas plus : l'art moderne prend définitivement ses quartiers aux États-Unis.

Un cubo-réalisme teinté de futurisme

C'est lui encore qui quelques années plus tard, à partir de 1920, jouera un rôle décisif dans la diffusion d'un mouvement singulier, le précisionnisme. Le style précisionniste est une sorte de cubo-réalisme teinté de futurisme, inspiré des paysages industriels et de l'univers urbain new-yorkais. On croise là les tableaux de Charles Demuth, Elsie Driggs ou Charles Sheeler. Des silos à grains, des zones portuaires, des cheminées d'usines… Emmenés par Preston Dickinson, les pionniers du courant précisionniste vont tout à coup sublimer l'épopée économique américaine.

Plus éloigné des sujets liés à la classe ouvrière, le peintre Edward Hopper est l'une des figures majeures de cette nouvelle scène. Fasciné par les grands motifs de l'*American way of life*, Hopper brosse l'infini désespoir des classes moyennes, une certaine mélancolie, voire une franche dépression. Des motels sans charme, des rues désertes, simplement zébrées de néons publicitaires… Sous le pinceau d'Edward Hopper, le réveil d'après le krach de 1929 laisse un goût amer. Pour résumer l'ambiance, on renverra au tableau le plus connu de l'artiste, *Nighthawks*, une œuvre de 1942 aujourd'hui accrochée sur les cimaises de l'Art Institute of Chicago. *Nighthawks*, ce sont ces oiseaux de nuit qui hantent les bars en fin de soirée, ces clients accablés de solitude, échoués au comptoir des *diners* américains. Et pourtant, Hopper sera consacré, en 1933, avec la première rétrospective de son œuvre, au Museum of Modern Art (p.160). On peut aujourd'hui admirer quelques-unes de ses œuvres au Whitney Museum of American Art (p.150).

De l'American Scene Painting à l'Ecole de New York

C'est justement dans les années 1930 qu'émerge un large mouvement pictural, l'American Scene Painting, dont relève d'ailleurs Edward Hopper, aux côtés de Jack Levine et de Grant Wood. Ce dernier est l'auteur d'une œuvre emblématique signée en 1930 et dont le titre, *American Gothic*, laisse peu de doutes sur l'ancrage régionaliste et social : un couple pose devant une ferme, l'homme tenant une fourche à la main. Icône ultraréaliste de la ruralité américaine, typiquement Midwest, le tableau deviendra le symbole de l'Amérique profonde. En dépit de sa popularité, l'American Scene, qui s'était créée en réaction à la veine expressionniste issue de l'avant-garde européenne (avec des artistes tels qu'Arshile Gorky ou Max Weber), sera balayée à partir du milieu des années 1940 par les tenants de l'expressionnisme abstrait.

The Big Apple s'impose alors comme le spot le plus éclatant de la créativité mondiale. Aussi radical qu'informel, ce mouvement sera très vite baptisé « École de New York » et connaîtra une gloire sans précédent jusqu'aux années 1970. La figuration est écartée, les toiles sont souvent de très grand format, parfois réalisées selon la technique du *all-over*, la peinture recouvrant alors toute la surface du tableau. Deux courants se distinguent… L'Action painting mise sur la gestualité et l'énergie, dans une pratique que l'on pourrait qualifier de « pulsionnelle ».

Cette manière est illustrée par les travaux de Franz Kline, de Willem de Kooning ou encore de Jackson Pollock – qui avait pour habitude de peindre au sol, ses toiles posées à plat, avec un bâton laissant goutter la peinture (la fameuse technique du *dripping*). Le style Color Field painting, brillamment théorisé par le critique d'art Clement Greenberg, est beaucoup plus méditatif. Ici, la couleur devient le sujet même de la peinture, les plans sont vastes, déployés en de larges étendues chromatiques. Parmi les maîtres incontestés de cette picturalité « en champs de couleur », citons Mark Rothko, Barnett Newman, Clyfford Still et Robert Motherwell.

Du pop art au minimalisme

La suite de cette chronologie est à la mesure de New York : démesurée et iconique. Dans le rôle-titre, celui qui deviendra la légende vivante du pop art, la coqueluche du Manhattan chic. Andy Warhol, l'éternel dandy surgi des limbes de Pennsylvanie, cultive des orchidées blanches et porte une perruque couleur platine. Né en 1928 à Pittsburgh, il est aussi celui par qui la scène new-yorkaise va entrer en ébullition à partir des années 1960. À mi-chemin de l'art et de la consommation, c'est dans la culture populaire américaine que Warhol va trouver son inspiration. Le paquet de lessive Brillo, la bouteille de Coca-Cola ou encore la boîte de soupe Campbell… C'est dans cette liste de courses qui submerge le marché yankee que l'artiste va puiser, dans un art du recyclage compulsif, mêlant avec le plus grand naturel les effigies de Marilyn et les portraits de Mao Zedong, des images de chaises électriques, des fleurs, une émeute raciale, le sourire de Mickey Mouse… À la même époque, Jasper Johns peint des drapeaux américains, Roy Lichtenstein reproduit inlassablement des planches de BD, Claes Oldenburg réalise des hamburgers géants…

La tendance est à l'excès. Comme souvent, la réaction ne se fait pas attendre. Elle prendra pour nom « Minimalisme », avec un credo réduit à l'essentiel : le dépouillement formel. Cela donne, en pratique, les *Wall drawings* de Sol LeWitt (une série initiée en 1968), les monochromes noirs d'Ad Reinhardt, les *Shaped canvas* aux formes libres de Frank Stella…

Notons que le Minimal Art couvre aussi le champ de la sculpture contemporaine, avec Carl Andre, Donald Judd, Richard Serra ou Dan Flavin, grand maître du tube fluorescent. Les années passent, les styles se succèdent, balançant de l'art conceptuel au néo-expressionnisme. Et puis, tout s'accélère.

Keith Haring et Jean-Michel Basquiat

C'est encore une fois autour d'Andy Warhol que la nouvelle vague *arty* se cristallise, et plus précisément dans son atelier, la Factory, alors situé au 33 Union Square West. C'est là qu'au début des années 1980 se croisent Keith Haring et Jean-Michel Basquiat.

New York, à l'époque, est un volcan au bord duquel dansent les génies foudroyés. Haring signe sa première exposition personnelle en 1982 chez Tony Shafrazi, à SoHo, fréquente assidûment le Club 57 et crée *Radiant Baby*, son pictogramme le plus diffusé dans le monde. C'est l'âge d'or du graffiti new-yorkais, sauvage ou abstrait, hardcore et poétique…

La pratique urbaine du *tag* se transforme peu à peu. Kenny Scharf, Rammellzee, Crash et Dondi White, ou encore Seen, comptent aujourd'hui parmi les street artistes de légende. Une place à part doit être faite à Jean-Michel Basquiat, étoile filante de la scène culturelle new-yorkaise. Son histoire commence en décembre 1960, à Brooklyn. Né d'un père haïtien et d'une mère portoricaine, Basquiat démarre sa carrière de peintre en pleine culture *underground*. Ce sont tout d'abord des graffitis à la bombe, tagués dans la rue ou sur les rames du métro. À cette époque, l'artiste signe « Samo », un raccourci désabusé pour « *SAMe Old shit* ».

Et puis, tout à coup, sa notoriété explose. Basquiat s'affiche dès 1982 sur les murs de la galerie Bischofberger, puis chez Larry Gagosian, Mary Boone, Michael Werner… Comète incandescente de ce qu'on appellera le Bad Painting (une peinture faussement négligée, mais véritablement subversive), Basquiat sera définitivement consacré en février 1985, à la une du *New York Times*. Il meurt d'une overdose trois années plus tard, à l'âge de 27 ans, laissant une œuvre de plus de 800 tableaux et 1 500 dessins, le tout brossé dans un style néo-expressionniste d'une rare puissance.

La photographie contemporaine à New York

Vivian Maier (1926-2009), Robert Frank (1924-2019), Joel Meyerowitz (1938)… Tous ont photographié New York avec passion, chacun dans leur style et suivant leur histoire personnelle. On retient particulièrement le New York post-apocalyptique des attentats du 11 septembre 2001 de Meyerowitz où il saisit toute l'ampleur du drame qu'il observe, traumatisé. Et puis l'incroyable gloire posthume de la *street photographer* Vivian Mayer qui fait l'objet d'expositions dans le monde entier.

Impossible également de ne pas évoquer Helen Levitt (née à New York en 1913 et décédée dans la même ville en 2009), la Doisneau new-yorkaise, qui fut l'objet de l'exposition phare des Rencontres d'Arles en 2019. Autodidacte, et influencée par des photographes comme Walker Evans et Henri Cartier-Bresson, elle photographie les quartiers défavorisés de New York (Harlem, Brooklyn, Lower East Side) à partir des années 1930. Son thème de prédilection est celui de l'enfance, dont elle capture tous les instants.

Enfin, Cindy Sherman (1954) est aujourd'hui, sans doute, la mieux implantée dans le milieu de l'art contemporain et de la photographie. Elle vit et travaille à New York et elle a consacré sa vie entière à se mettre en scène, d'abord en noir et blanc puis en couleur, et continue son travail acharné autour de sa propre féminité. Allant du romantisme au grotesque le plus outré, elle fait partie de ces grands photographes new-yorkais qui ont su situer leur travail aux frontières de plusieurs arts tels que la peinture, le cinéma ou la mode. Ses photographies se réinventent au fil des années, sans jamais se répéter. Sa dernière série fait référence aux années 1920, l'entre-deux-guerres des années folles et leur transposition aux États-Unis.

MUSIQUES ET SCÈNES

Berceau des modes, des tendances et de l'underground avant qu'ils ne se propagent et deviennent populaires, la ville qui ne dort jamais connaît un bouillonnement artistique incessant. C'est à New York que certains des artistes les plus célèbres au monde ont commencé leur carrière, de Michael Jackson à Debbie Harry en passant par Lou Reed, Ella Fitzgerald ou encore Bob Dylan. Le hip-hop, le punk et le disco sont nés ici. Le jazz, le blues et le folk s'y sont exprimés mieux qu'ailleurs. De Greenwich Village, repaire des artistes folk dans les années cinquante, à Harlem et ses chants gospel, en passant par Brooklyn, capitale rock où les groupes se sont réfugiés lorsque Manhattan est devenu trop cher, New York bat au rythme d'une musique populaire qui s'est mondialisée. Et puis la ville de New York est aussi célèbre pour héberger les salles de concert les plus célèbres et les plus belles du monde, avec le Carnegie Hall, et sa petite sœur du Radio City Music-Hall. La célèbre avenue de Broadway a vu naître dans ses théâtres le genre de la comédie musicale, accueillant tous les plus grands spectacles du genre, de *West Side Story* aux productions actuelles, en passant par *Cabaret* ou *Cats*.

Une identité pour la musique classique américaine

Lorsque les colons européens ont accosté sur la terre d'Amérique, ils ont apporté dans leurs bagages la variété de leurs traditions musicales. Dans les années 1700, les prémices d'une vie musicale avaient vu le jour avec l'arrivée des premiers orgues, en provenance d'Allemagne. À partir des années 1870, les grandes universités américaines, Harvard et Yale en tête, vont ouvrir des chaires consacrées à la composition et offrir ainsi un terrain d'expérimentation et de soutien à la création musicale. C'est ainsi que la recherche d'une identité propre par les compositeurs américains passera aussi au milieu du XIXe siècle par l'intérêt pour les musiques locales ou les chants des congrégations des premiers colons. Antonin Dvorak, installé aux États-Unis de 1892 à 1895 et directeur du conservatoire de New York, focalise l'attention de ses élèves et du public sur la richesse des traditions des populations noires du Sud des États-Unis et s'en inspire lui-même dans sa *Symphonie n° 9* dite « *Du Nouveau Monde* ». Au début du XXe siècle, le pays a aussi été la terre d'accueil de nombreux musiciens fuyant l'Europe pour des raisons politiques : Schoenberg, Prokofiev, Hindemith, Rachmaninov, Stravinsky, Bartók, Martinu composeront durant leur exil américain des œuvres alimentées par l'extraordinaire vitalité de leur pays d'accueil. George Gershwin propose, lui, un agencement musical parmi les plus originaux, entre le jazz et le ragtime des années 1920 et la composition classique. Il avait découvert la musique dans le mythique quartier de Tin Pan Alley, entre la Cinquième et la Sixième Avenue, où les tout premiers éditeurs musicaux s'étaient installés au début du XXe siècle. C'est là qu'il rencontre Fred Astaire, avec qui il se lie d'amitié, mais aussi Jerome Kern et Irving Berlin. Ses œuvres majeures *Rhapsody in blue*, *Un Américain à Paris* ou encore *Porgy and Bess* sont devenues des standards de la musique américaine. Compositeur, mais aussi très bon pianiste, Leonard Bernstein a acquis sa renommée en composant la bande originale de la comédie musicale *West Side Story*. L'affrontement des Jets et des Sharks, qui mêle passion, lyrisme et satire sociale est devenu un classique. Bernstein a surtout dirigé l'Orchestre philharmonique de New York avec maestria et cher-

George Gershwin.

ché inlassablement à faire éclater les frontières musicales, piochant indifféremment dans tous les répertoires, sans hiérarchie. Après Gershwin et Bernstein, ce sera au tour de Charles Ives de donner une teinte particulière à la musique classique américaine, avec son *Unanswered Question* par exemple, puis viendront Samuel Barber et son célèbre *Adagio pour cordes*, Milton Babbit, Elliott Carter, Ruth Crawford Seeger, Morton Feldman ou encore John Cage, un des grands penseurs de la musique américaine, pionnier du *happening* moderne et l'un des inventeurs de la musique concrète.

Les mélomanes suivront attentivement la programmation du prestigieux Carnegie Hall (p.154), antre de la musique classique à New York, mais aussi des Metropolitan Opera (p.253) et New York Philharmonic (p.253), hébergés au sein du Lincoln Center (p.173).

Les débuts du ballet à New York

Dans les années 1930, New York est le centre de différentes expérimentations chorégraphiques, incarnées notamment par Martha Graham, mais les États-Unis sont encore un désert en matière de ballet classique, qui exige une tradition dont l'Amérique est dépourvue. Avec à sa tête le génial George Balanchine, un émigré russe formé à Saint-Pétersbourg et ancien danseur du Ballet impérial de Russie, la compagnie du New York City Ballet va réussir le tour de force de devenir l'une des toutes premières troupes mondiales, sans grands moyens financiers ni subventions d'État. Avec tout d'abord la création en 1934 de la School of American Ballet, une école visant à former des danseurs, qui existe encore aujourd'hui et fournit la majeure partie des artistes du New York City Ballet, puis la création d'une chorégraphie novatrice, adaptée de l'école russe de Saint-Pétersbourg. Le New York City Ballet, tout comme la Juilliard School, dédiée à tous les métiers du spectacle, ou encore le Metropolitan Opera (p.253), sont situés au Lincoln Center (p.173), l'épicentre des arts vivants de la ville. New York est ainsi devenu une place centrale de la danse contemporaine où des chorégraphes de renom, tels que Martha Graham, Merce Cunningham, Alvin Ailey, ou Trisha Brown ont développé leur art. Si aujourd'hui les compagnies émergentes ont beaucoup de mal à se financer, le Martha Graham Studio Theater, où un pan de l'histoire de la danse contemporaine s'est écrit, propose toujours des spectacles inédits.

Le Jazz, école d'éclectisme et de renouvellement

En débarquant de l'avion qui le ramenait pour la première fois à New York, Jean-Paul Sartre aurait lancé cette fameuse phrase : « Le jazz, c'est comme les bananes, ça doit se consommer sur place. » Et pour l'amateur habitué aux ambiances feutrées des clubs parisiens, ceux de Manhattan offrent une ambiance déconcertante : on y consomme les notes plus qu'on ne les écoute, car de nombreux clubs sont aussi des restaurants. Mais aucune ville au monde ne détient une offre aussi pléthorique. Si La Nouvelle-Orléans a bien été le berceau du jazz, New York en est devenu la pépinière depuis les années vingt et a reçu son hymne, *New York, New York*, de la voix du plus célèbre *crooner* de l'histoire, Frank Sinatra. Plusieurs clubs focalisent tous les regards : le Cotton Club, le Kentucky Club ou encore le Savoy Ballroom. C'est là que Duke Ellington ou Count Basie et leurs big bands proposent le swing, la nouvelle musique à la mode, pendant que Louis Armstrong ou Billie Holiday deviennent les meilleurs ambassadeurs du jazz. Puis, dans les années 1940, certains jazzmen accélèrent le rythme et développent l'harmonie de leurs compositions. La musique, plus complexe, n'est plus faite pour danser. Les artistes combinent de longues improvisations virtuoses avec l'introduction de la dissonance. C'est l'invention du be-bop, avec pour musiciens emblématiques le saxophoniste Charlie Parker, le trompettiste Dizzy Gillespie et les pianistes Thelonious Monk et Bud Powell.

D'autres monstres sacrés tels que John Coltrane, Sonny Rollins et Art Blakey renouvelleront aussi le genre, poussant encore plus loin l'improvisation et la recherche. Les plus fameux clubs de jazz se trouvent à Greenwich Village, en bordure de la 7e avenue. Dernier lieu historique encore intact, très touristique, le Village Vanguard (p.256) (au 178) est toujours hanté par les ombres de Miles Davis et de Coltrane. Né en 1981, le Blue Note (p.250), qui a désormais essaimé un peu partout dans le monde, est devenu la référence new-yorkaise et accueille la crème de la spécialité. En parallèle à ce *jazz business*, il est possible de se frotter à une musique plus underground et écouter les dernières tendances de l'avant-garde à la Knitting Factory (47 Est Houston), là où toute une nouvelle génération de musiciens a émergé autour de John Zorn, The Lounge Lizards ou encore Bill Frisell. Pour les aficionados, il est aussi possible de faire un pèlerinage au Woodlawn Cemetery (p.303), un cimetière au nord du Bronx où de nombreux jazzmen (Miles Davis, Coleman Hawkins, Duke Ellington, Tito Puente, Lionel Hampton) ont une stèle, ou bien préférer le Queens pour visiter le Louis Armstrong House Museum (p.298).

Pour une expérience plus vivante, on pourra se rendre à Harlem le dimanche pour assister à un office rythmé par les chœurs de musique gospel. La Canaan Baptist Church (p.179) ou la First Corinthian Baptist Church (p.179) sont un bon choix, mais on pourra préférer une visite guidée sur le thème avec l'agence Harlem Spirituals, Gospel & Jazz Tours.

Un esprit rock et bohème

Depuis le début du XXe siècle, le sud de Manhattan a été un centre important pour les arts. Dans la culture populaire, Downtown à Manhattan a toujours représenté un endroit où l'on pouvait oublier ses soucis et s'amuser, tel que le chantait déjà Petula Clark en 1964 « *We can forget all our troubles, forget all our cares. So go Downtown* ». Greenwich Village est connu dans le monde comme un des bastions de la culture artistique et du mode de vie bohème. En 1961, la première apparition publique d'un certain Bob Dylan qui allait révolutionner la musique et les consciences de la jeunesse américaine, s'effectua dans ce quartier, au **Café Wha** (p.248) (au 115 MacDougal Street). Dans ses mémoires, ce dernier décrit le cirque humain des bouges du Village peuplé de « littéraires à barbe noire (...) d'une ribambelle bariolée de filles, pas du genre à fonder un foyer ». Simon et Garkunkel y ont leurs habitudes avant de rencontrer le succès, avec *The Sound of Silence*. C'est aussi là que Chas Chandler des Animals a entendu Jimi Hendrix et l'a encouragé à le rejoindre à Londres. Le guitariste avait fait l'acquisition du Generation Club (8th West Street), au cœur de Greenwich Village, avec l'idée initiale d'en faire un *night-club*. L'endroit deviendra l'Electric Lady, le premier studio d'enregistrement à appartenir à un musicien. Pendant ce temps, sur la 47e rue, Andy Warhol ouvre la Factory, un loft reconverti en atelier artistique qui servait en même temps de studio d'enregistrement. C'est surtout un lieu où l'on croisait toutes les figures de la vie underground new-yorkaise. Warhol y réalisait aussi des films et catalysait l'activité artistique locale. Il s'intéressait aussi à la musique et va prendre en main la carrière du Velvet Underground, attiré par leur attitude et leurs mélodies vénéneuses. Le groupe de Lou Reed et John Cale est aujourd'hui devenu une référence pour toute la scène alternative alors qu'à l'époque leur premier album avait surtout reçu un succès d'estime.

Pour les musiciens et les artistes, dès la fin des années 1960, Greenwich Village était devenu touristique et trop cher et ils ont alors choisi d'émigrer vers le sud, à SoHo et vers l'est, dans l'East Village. Ce quartier était à l'abandon et les loyers y étaient encore bon marché. À l'époque, de nombreux quartiers de New York offraient ainsi un spectacle de désolation : rues pleines d'ordures, immeubles à l'abandon, terrains vagues en décrépitude. Sur ce fond de banqueroute et de crise sociale, une scène protéiforme a donné naissance au punk rock.

Le CBGB et la scène punk rock new-yorkaise

Décembre 1973, le CBGB ouvre ses portes au 315 Bowery Street. Le quartier est réputé difficile. Un dicton célèbre rappelle qu'il ne faisait pas bon s'aventurer au-delà de l'Avenue A « *Avenue A, you're Alright, Avenue B, you're Brave, Avenue C, you're Crazy, Avenue D, you're Dead* ». Malgré tout, le club va devenir l'épicentre de la vie nocturne underground de New York. Les Ramones s'y produisent pour la première fois en avril 1974. Mais c'est avec la venue du Patti Smith Group que le club conquiert sa renommée. Lorsqu'elle débarque au CBGB au début du printemps 1975, Patti Smith a déjà acquis une certaine gloire dans les milieux underground. Elle se produit pour l'occasion avec Television en première partie. Deux mois plus tard, ce sont les Talking Heads qui débutent au CBGB. En août 1975, Debbie Harry et Chris Stein ont emménagé dans un loft sur Bowery, au-dessus d'un magasin clandestin de vins et spiritueux, à proximité du club. Avec leur groupe Blondie, ils feront partie de la programmation du premier festival organisé au CBGB, avec aussi à l'affiche les Ramones, Television, Talking Heads, Mink DeVille, les Shirts et les Heartbreakers. Aujourd'hui le club a été racheté par John Varvatos qui l'a transformé en boutique de fringues. L'endroit est malgré tout resté baigné de rock'n'roll : un espace vinyles côtoie les vêtements et une scène, qui a eu l'honneur d'accueillir Eric Burdon ou Paul Weller, trône au milieu de la boutique. Continuez votre route vers St. Mark's Place où les tatoueurs et autres magasins de vêtements plus ou moins originaux sont légion avec notamment les magasins Trash and Vaudeville, véritables institutions de la mode alternative new-yorkaise. La légende raconte que c'est ici que Dee Dee Ramone acheta son célèbre blouson en cuir. Dans l'East Village, faites un détour vers **A-1 Record Shop** (p.235), le seul magasin de disques du quartier à avoir survécu à la grande traversée du désert du vinyle.

Après cette première vague punk, les apôtres de la dissonance intégreront ensuite la scène no wave, un mouvement qui sera le réceptacle des mutations et des expérimentations artistiques de l'époque, avec Lydia Lynch ou James Chance comme artistes emblématiques et sur lequel Sonic Youth prendra son envol pour devenir la référence du rock *arty* new-yorkais.

Disco pop

Le Studio 54 a ouvert ses portes le 26 avril 1977 à l'emplacement d'un ancien opéra, le Gallo Opera House. Glamour et iconique, le club va attirer la jet-set mondiale en proposant des soirées plus délirantes les unes que les autres. Les photos de Bianca Jagger, chevauchant à cru un cheval blanc, accompagnée par des domestiques nus, dont le corps a été recouvert de peinture dorée, ont fait le tour du monde. New York est une ville de fête, ou la culture pop focalise tous les regards. Dans les années 1980, Madonna

© JSTONE - SHUTTERSTOCK.COM

Debbie Harry du groupe Blondie, 2014.

est devenue un phénomène planétaire, avec sa disco-pop et son look repris par les jeunes filles du monde entier, celle-ci s'était composé un personnage, mélange provoquant de toc et de sexy, de sport et de punk, jouant avec tous les codes vestimentaires sans en adopter aucun. Plus récemment, Lady Gaga s'est inscrite dans ses pas et continue de fasciner pour ses musiques parfois expérimentales et pour ses tenues toujours plus déjantées.

Nostalgie rock

Pour les plus nostalgiques, une nuit au Chelsea Hotel permettait, il y a encore quelques années, de toucher un peu de l'histoire du rock. Cet hôtel a accueilli, et même abrité, certains des talents artistiques les plus célèbres du XXe siècle. Des écrivains comme Arthur Miller, Allen Ginsberg et Dylan Thomas, mais surtout des musiciens Patti Smith, Leonard Cohen, Janis Joplin et Iggy Pop. Et s'il vous reste un peu de temps, faites un détour par le **Dakota Building** (p.173), sur la 72e rue en bordure de Central Park West. Ce fut la dernière résidence de John Lennon puisqu'il fut assassiné devant chez lui le 8 décembre 1980, alors qu'il descendait d'un taxi. Yoko Ono y habite toujours aujourd'hui. Pour rendre hommage à Lennon, elle a travaillé avec l'architecte paysagiste Bruce Kelly et Central Park Conservancy pour l'aménagement d'une section de Central Park, renommée « Strawberry Field », d'après le nom de l'une des chansons emblématiques des Beatles. Une mosaïque y a été installée et porte comme titre « Imagine », titre d'une autre chanson de Lennon.

La vigueur du rock indie

Au début des années 2000, The Strokes, TV on the Radio, Yeah Yeah Yeahs, Interpol, The Rapture et The Killers ont incarné le renouveau post-punk, prouvant la vitalité de la scène new-yorkaise. Aujourd'hui c'est à Brooklyn que l'épicentre de la musique indépendante s'est déplacé. Après MGMT et Vampire Weekend, Parquet Courts ou Bodega en sont devenus les étendards. C'est entre le chantier naval et Greenpoint que l'on trouve les salles de concert les plus excitantes du *borough*, comme le **Baby's All Right** (p.293) ou le Muchmore's. Installée dans une ancienne aciérie du quartier de Williamsburg, Brooklyn Steel, une nouvelle salle de concert, au cachet tout brooklynien, avec briques brunes et architecture industrielle, a été inaugurée en 2017 par LCD Soundsystem, qui y a joué cinq soirs de suite.

La suprématie du hip-hop

À la fin des années 1960, New York offrait un spectacle de désolation et le Bronx était alors l'un des endroits les plus pauvres et les plus dangereux de la ville. La musique noire avait commencé à affirmer son mode d'expression par l'intermédiaire d'artistes tels que James Brown, Sly and the Family Stone ou The Last Poets. La soul et le funk étaient déjà devenus des vecteurs privilégiés de revendication et d'émancipation. Le hip-hop s'est appuyé sur ces fondations pour prendre son essor dans les rues du South Bronx, lors de fêtes de quartiers organisées dans le ghetto.

Entre funk, disco, dub, talk-over et sons jamaïcains, les DJ ont déconstruit la musique pour en faire émerger un nouveau rythme. La culture populaire américaine a toujours fait une large ouverture aux modes d'expression artistiques des classes populaires. Après le Bronx, Harlem puis Brooklyn ont ensuite cédé également à la fièvre des *blocks parties*.

Après s'être développé et fortifié, le hip-hop a émergé de son ghetto pour devenir aujourd'hui la culture dominante. Et c'est tout naturellement à New York que sont nés de grands noms du hip-hop. Parmi eux, RZA, né à Brownsville, un quartier très défavorisé de Brooklyn. Son groupe, le Wu-Tang Clan, s'est formé en 1992 à Staten Island et a eu une influence considérable sur la scène rap mondiale. Le rap new-yorkais a produit nombre d'artistes hip-hop entrés dans l'histoire, de Grandmaster Flash aux Beastie Boys, en passant par Nas, Public Enemy ou Notorious B.I.G. Aujourd'hui, le hip-hop s'incarne à travers de Max B & French Montana, d'A$AP Rocky, d'Azealia Banks ou de Nicki Minaj. Et puis l'incontournable Jay-Z, artiste et financier hors pair, demeure la star incontestée des jeunes New-Yorkais, lui qui détaillait le culte qu'il voue à la ville de tous les possibles dans son premier succès planétaire *Empire State of Mind*.

Le quartier de Flatbush, à Brooklyn, propose de nombreuses boîtes de nuit comme Social Butterfly ou de restaurants comme The Safari Room at El Cortez qui programment du hip-hop. Mais la culture hip-hop trouve d'abord ses racines dans les rues du Bronx. Il n'existe aucun musée, mais certains endroits sont devenus cultes : la fresque murale à l'angle de Grand Concourse et de la 166e Rue réalisée pour rendre hommage au DJ Kool Herc, la légende du hip-hop qui a développé la technique du *sample*, le terrain de basketball à l'angle de la 106e Rue et de Park Avenue, connu pour ses concours de *breakdance* et le Bronx Walk of Fame, à l'angle de Grand Concourse et de la 161e Rue.

L'expérience d'un spectacle à New York

Il est difficile de résister à l'appel de Broadway pour voir un spectacle à New York. Pas de salle en particulier, mais un véritable quartier dédié aux comédies musicales, Theater District, entre la 40e et la 54e West. À New York, la comédie musicale est une véritable institution. Un spectacle tient souvent le haut de l'affiche pendant des années, avec plusieurs représentations par jour. Les producteurs rivalisent d'imagination pour créer des spectacles de plus en plus originaux. Si vous désirez avant tout découvrir le prochain grand succès, Le MaMa Experimental Theatre Club, dans l'East Village, accueille des productions plus innovantes. Philip Glass et Amy Sedaris ont commencé à La MaMa.

Le choix sera difficile entre le **Metropolitan Opera** (p.253), le **Lincoln Center**, (p.173) le **Carnegie Hall** (p.154)ou encore la **Brooklyn Academy of Music** (p.294). Toutes ces salles de concert comptent parmi les meilleures au monde. Le Metropolitan Opera de New York propose ainsi, pour sa saison 2021-2022, le fameux opéra de Gershwin, *Porgy & Bess*, mais aussi *La Bohème* de Giacomo Puccini ou encore le *Hamlet* du compositeur australien Brett Dean. La liste des stars qui se sont produites au Carnegie Hall est à la fois complète et très diverse – de Judy Garland à David Bowie en passant par Jay-Z. Si vous n'êtes pas assez chanceux pour obtenir des billets pour expérimenter la superbe capacité acoustique de la salle, une visite au Rose Museum est un vrai régal, avec des extraits de l'histoire du lieu : la clarinette de Benny Goodman, les verres d'Ella Fitzgerald et un Programme des Beatles dans lequel Paul McCartney est étiqueté à tort « John McCartney ». **Radio City Music Hall** (p.255), sa petite sœur a également accueilli depuis son ouverture en 1932 une brillante liste d'artistes, qui va de Frank Sinatra à Ray Charles, ou plus récemment Beyoncé et Britney Spears.

Apprendre à danser

Et pourquoi ne pas profiter d'être à New York pour y suivre quelques cours de danse ? L'offre est large et d'accès facile. Visez les « Open-classes » ou « drop-in classes » des studios de danse, c'est-à-dire les cours qui ne nécessitent pas une inscription continue. L'**Alvin Ailey American Dance Center** (p.244)est une référence et propose des cours pour tous les niveaux, de niveau débutant à intermédiaire. À deux pas d'Union Square, au cœur de New York, le Peridance Capezio Center possède une localisation idéale. Le centre occupe un magnifique bâtiment historique et propose des installations ultramodernes. La **Juilliard School** (p.253) propose des formations de très haut niveau dans plusieurs domaines : la danse, la musique et l'art dramatique, avec pour seul credo artistique l'excellence. À défaut d'intégrer l'école, il est aussi possible d'assister aux spectacles proposés par les élèves. Le **Broadway Dance Center** (p.244) et le Steps on Broadway possèdent également une offre assez large de cours délivrés par des artistes de Broadway, accessibles aux débutants.

Le théâtre à New York

Depuis sa création en 1947 par Lee Strasberg, Cheryl Crawford et Bobby Lewis, l'Actors Studio a acquis une réputation internationale avec sa fameuse méthode sur le jeu d'acteur : une préparation intense au cours de laquelle l'acteur doit chercher au plus profond de l'intime pour trouver son mode d'expression. Les grands dramaturges américains, de Tennessee Williams à Arthur Miller, tout comme des acteurs tels que Robert de Niro, Dustin Hoffman ou Al Pacino sont passés par cette institution.

TOP 10

MUSIQUE

Peu importe le nom que vous lui donnez : « la Grosse Pomme », « la ville qui ne dort jamais », « la ville debout », New York est caractérisée par son effervescence. Elle est le berceau de nombreux artistes qui ont produit des disques majeurs. Le choix a été particulièrement difficile, mais voici 10 de nos favoris qui capturent parfaitement l'esprit de la ville.

PATTI SMITH

Horses. Le côté plus artistique et littéraire de la contre-culture new-yorkaise, qui combine poésie rythmée et rock brut.

© DR

THE VELVET UNDERGROUND

Avec Andy Warhol à la manœuvre, le premier album sombre du groupe, qui a influencé toute une génération.

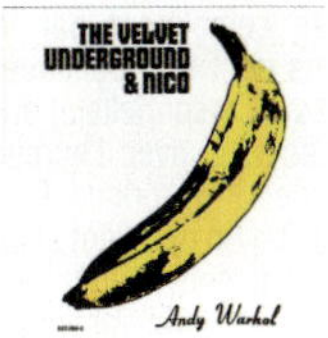

© DR

BOB DYLAN

The Freewheelin' Bob Dylan. Un disque majeur sur lequel le Rimbaud de Greenwich Village propose ses plus belles *folk songs*.

© DR

LEONARD BERNSTEIN

West Side Story. Une des comédies musicales les plus célèbres au monde, un classique de la musique américaine du XXe siècle.

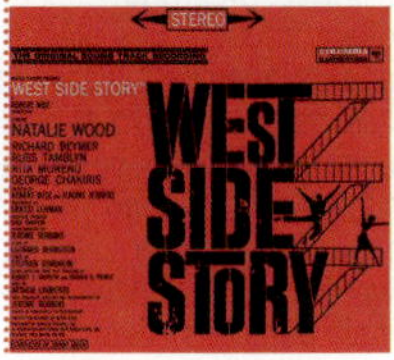

© DR

BLONDIE

Parallel Lines. Du rock, de la pop, et surtout des tubes avec Sunday Girl, *Hanging On the Telephone* et *Heart of Glass*.

© DR

THE RAMONES

The Ramones . Une cavalcade de morceaux punk qui ne dépassent pas 2 minutes. La quintessence du groupe.

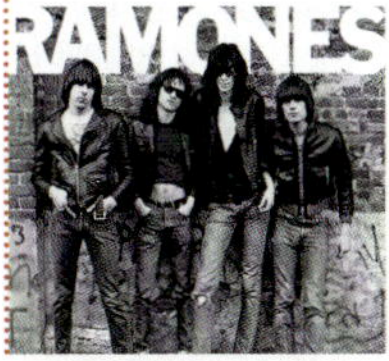

© DR

JAMES BROWN

Live At The Apollo. Le « Godfather of soul » a joué plus de deux cents fois à l'Apollo. Un disque d'anthologie.

© DR

THE STROKES

Is This It . Le premier album de The Strokes, qui a remis les guitares à l'honneur au début des années 2000.

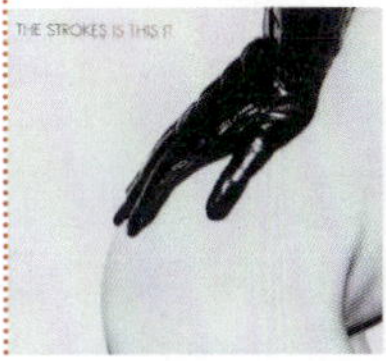

© DR

JAY-Z

Reasonable Doubt . Un classique où Jay-Z étale ses références, qui ont contribué à façonner l'image qu'on lui connaît aujourd'hui.

© DR

WU-TANG CLAN

Enter the Wu-Tang. Des structures expérimentales et une production rugueuse pour ce groupe de hip hop culte.

© DR

Pendant qu'Arthur Miller conçoit son œuvre sur une critique des injustices du système capitaliste et du conservatisme politique comme dans *Mort d'un commis voyageur*, les pièces de Tennessee Williams fondent leur ressort dramatique sur le conflit qui oppose la transgression de l'interdit sexuel et les contraintes imposées par la société, à l'image *d'Un tramway nommé désir*. Avec *Qui a peur de Virginia Woolf ?* Edward Albee est le plus illustre des auteurs américains du théâtre de l'absurde, critiquant fortement le mode de vie moderne aux États-Unis. De tous les dramaturges de la nouvelle scène américaine de la génération suivante, David Mamet à l'humour cinglant est considéré comme le chef de file. Avec *Glengarry Glenn Ross*, il avait lui aussi mis en avant les tares de notre société, folle d'ambition et de cupidité.

La diversité culturelle de New York se retrouve aussi dans la profusion de salles de spectacle de la ville. Broadway et son Theater District proposent souvent des pièces plus commerciales pendant que l'East Village cherche au contraire à se démarquer. Vous n'aurez que l'embarras du choix. Le Schubert Theatre propose ainsi *To kill a mockingbird (Ne tirez pas sur l'oiseau moqueur)* d'Harper Lee, qui a remporté le Tony Award en 2019, avec Jeff Daniels et Atticus Finch dans les rôles principaux. Co-proposée par le Lincoln Center Theater et le Williamstown Theatre Festival, *The Sound Inside* est une toute nouvelle pièce présentée au Studio 54, écrite par le finaliste du prix Pulitzer, Adam Rapp et mise en scène par David Cromer qui vous tiendra en haleine du début à la fin. Pour une soirée plus originale, réservez au Theater for the New City, l'un des principaux théâtres Off-Off-Broadway de la ville. Vous y trouverez des pièces plus politiques et engagées.

Si vous possédez un bon niveau d'anglais, faites l'expérience d'un spectacle de *Stand up*, un classique de New York. Il existe une multitude de Comedy Clubs où, chaque soir, quatre à cinq comédiens se produisent. Les tarifs ne sont généralement pas très élevés et, le plus souvent, on vous demandera simplement de consommer. À Manhattan, Comedy Cellar (p.251) est le plus réputé et propose un spectacle différent chaque soir.

Alors, soyez à l'heure au risque d'être mal placé, ou de ne pas avoir de place du tout. Les comédiens Chris Rock et Louis CK y ont proposé des soirées mémorables. Si vous désirez passer quelques instants aux côtés d'un humoriste, montez à l'étage après le show au restaurant The Olive Tree Cafe, où les artistes ont leurs habitudes. Dans l'Upper West Side se trouve Stand Up, une référence qui a vu les débuts de Jerry Seinfeld. Deux séances, d'un niveau assez élevé, sont proposées chaque soir. Les organisateurs varient leur programmation, associant plusieurs talents qui se complètent par les thèmes abordés. Certains sont très politiques, d'autres plus axés sur la vie personnelle et auscultent les thèmes de société, avec l'humour cynique caractéristique des New-Yorkais. Carolines sur Broadway est aussi un excellent choix. Ses programmateurs produisent notamment le New York Comedy Festival, qui rassemble chaque hiver la crème des comiques. Le Broadway Comedy Club à Midtown invite les comédiens en devenir avant qu'ils ne se retrouvent sur des scènes plus réputées. Vous y découvrirez les étoiles montantes avant tout le monde. Dans le quartier de Chelsea, Gotham Comedy Club (p.251) accueille aussi de grands noms de la comédie comme Lewis Black, Colin Quinn ou Dave Chappelle.

Radio City Music Hall.

LITTÉRATURE

New York a cela d'étonnant qu'elle est le fruit de diverses influences, du fait des populations qu'elle a tour à tour accueillies, mais qu'elle jouit pourtant, dans cette multiplicité, d'une unité et d'un sentiment d'appartenance qui lui sont propres. Cette union se retrouve dans sa littérature, qui vise toujours un désir de réalisme, mais qui s'autorise, dans le même temps, des approches et des voix extrêmement personnelles. Si la nature a été source d'inspiration, par le biais du mouvement Transcendantaliste au XIXe siècle, très vite la mégalopole s'instaure comme un décor unique et inévitable. Ses écrivains la quittent, rejoignent Paris durant l'entre-deux-guerres, sillonnent l'Europe ou les routes du grand Ouest américain, mais lui restent toujours fidèles, la sondent, la décrivent quand elle s'enflamme, que ce soit dans *Le Bûcher des Vanités* ou dans le remarquable *City of Fire* de Garth Risk Hallberg, écrit bien des décennies après le classique de Tom Wolfe. Et quand la réalité dépasse la fiction, à nouveau la littérature reprend ses droits et naît alors le roman post 9/11, tels que *La Belle vie de Jay McInerney*, *Extrêmement fort et incroyablement près* de Jonathan Safran Foer, *Un désordre américain* de Ken Kalfus ou *Netherland* de Joseph O'Neill.

Les origines

La coïncidence est trop belle pour ne pas la souligner. Si 1783 marque l'indépendance de New York, libérée par les Britanniques après la signature du traité de Paix à Paris, la ville voit également naître, cette même année, Washington Irving, certainement le premier romancier de cette jeune République américaine. Avocat de formation, puis journaliste, son *Histoire de New York racontée par Dietrich Knickerbocker* paraît en 1809 sous pseudonyme. D'un humour irrésistible, cette satire rencontre un succès important, à tel point que le patronyme du héros reste aujourd'hui le surnom donné aux descendants des premiers colons hollandais et, par extension, aux plus vieilles familles new-yorkaises. Sous le nom de Geoffrey Crayon, il publiera ensuite un recueil de nouvelles, *Le Livre des croquis*, fortement influencées par les contes allemands, dont *The legend of Sleepy Hollow* éveillera quelques souvenirs chez les plus cinéphiles.

Outre la littérature fécondée par les vagues de colonisation qui se sont succédé aux États-Unis, le XIXe siècle rime avec l'apparition du Transcendantalisme. Ce mouvement littéraire, entériné par l'essai *Nature* (1836) de Ralph Waldo Emerson, a comme figure de proue Henry David Thoreau et prône la relation à la nature définie comme entité divine. Il influencera, plus ou moins directement, bien des écrivains, dont Herman Melville, né en 1819 au sud-est de Manhattan. L'auteur se souvient de ses années aventureuses dans le Pacifique pour écrire ses premiers livres à son retour sur le sol américain. *Taïpi* est achevé en 1845, mais n'est publié à Londres que l'année suivante, puis paraissent *Omoo*, *Mardi*, *Redburn*, et surtout le magistral *Moby-Dick* qui ne rencontre pas à sa sortie, en 1851, le succès escompté. Si le capitaine Achab fait désormais partie de nos références, il coûte à Melville une telle désillusion qu'il finira par s'enfermer, après une dernière tentative, elle aussi mal comprise (*Pierre ou les Ambiguïtés*, 1852), dans un profond silence. Peu de succès également pour son contemporain Walt Whitman qui auto-publie en 1855 *Leaves of Grass*. Il fallut attendre 1881 et la sixième version de ce célèbre recueil, *Feuilles d'herbe* dans sa traduction française, pour que les droits lui permettent de s'acheter une maison. Il est aujourd'hui considéré comme l'un des pères de la poésie américaine.

D'autres courants littéraires animent la fin du XIXe siècle, notamment le Naturalisme qui s'illustre sous les traits de *Maggie, fille des rues*, premier roman de Stephen Crane (1871-1900) et fresque peu gaie prenant le quartier de la Bowery comme décor. Réalisme aussi du côté d'Henry James qui naît à New York en 1843. Fils d'intellectuel, petit-fils d'immigré irlandais, l'homme trouve très vite matière à sa vocation d'homme de lettres dans ses lectures et ses multiples voyages qui l'amèneront à parcourir l'Europe. Son premier succès international, *Daisy Miller*, est d'ailleurs tout d'abord publié à Londres, à partir de juin 1878, sous forme de feuilleton dans la revue *Cornhill Magazine*. Prolixe, l'écrivain reste célèbre pour ses nouvelles, parfois fantastiques comme *Le Tour d'écrou*, et pour ses multiples romans, tels que *Portrait de femme* (1881), *Ce que savait Maisie* (1897) ou *La Coupe d'or* (1904). Sa façon toute particulière d'adopter le point de vue d'un personnage, quitte à laisser place à des non-dits, augure le courant de perception et de conscience qui caractérisera tant le Modernisme qui peu à peu remplacera le Réalisme au début du XXe siècle.

De la Génération perdue à la Beat Generation

C'est à Paris pendant l'entre-deux-guerres que se retrouvent certains de ces auteurs modernistes. Regroupés sous le nom de Génération perdue, selon la formule de Gertrude Stein, ils ont pour chef de file Ernest Hemingway à qui Francis Scott Fitzgerald fait lire le manuscrit de *Gatsby le Magnifique* sur la terrasse de la Closerie des Lilas. Ce roman (1925) prend place dans le New York des années folles, il raconte l'amour éperdu et vain d'un millionnaire charismatique et mystérieux. *Manhattan Transfer*, de leur ami John Dos Passos, paraît la même année. Cette œuvre polyphonique s'essaye à l'écriture expérimentale que l'auteur développera ensuite dans sa trilogie *U.S.A.* Peu de temps après arrive dans la capitale française le new-yorkais Henry Miller. Au 18 Villa Seurat, il écrit en 1931 son *Tropique du Cancer* qui lui vaudra, comme la plupart de ses récits semi-autobiographiques, procès sur procès pour obscénité aux États-Unis. Il faudra attendre 1964 pour que la Cour Suprême mette fin à la censure. Période féconde, l'entre-deux-guerres l'est aussi de l'autre côté de l'océan Atlantique. Le mouvement Harlem Renaissance est en pleine effervescence et marque un tournant dans la littérature noire américaine qui s'offre à d'autres publics. Porté par l'article *Harlem : Mecca of New Negro* qu'Alain Locke publie dans *Survey Graphic*, ce courant voit converger vers son berceau new-yorkais bon nombre d'auteurs. Zora Neale Hurston, l'auteure du remarquable *Mais leurs yeux dardaient sur Dieu* retraduit en français avec brio par Sika Fakambi (éditions Zulma, 2018), prend part à la rédaction du magazine *Fire !* avec Wallace Thurman, Aaron Douglas ou encore Countee Cullen. La réception est mitigée et un seul numéro sort, mais les vannes littéraires sont ouvertes. Jean Toomer publie *Cane* en 1923, Langston Hugues son premier recueil de poèmes en 1926 (*The Weary Blues*) et Dorothy West fondera en 1934 *Challenge* qui accueillera entre ses pages de nombreux auteurs afro-américains.

Harlem attire aussi les musiciens qui peu à peu la préfèrent à Chicago. L'amour du jazz réunit une bande de copains, la Beat Generation va voir le jour. C'est à New York dans les années 40 que se rencontrent ses trois membres fondateurs, Jack Kerouac, Allen Ginsberg et William Burroughs. En 1947, débarque le flamboyant Neal Cassady et sa jeune épouse LuAnne Henderson. Charismatique, épris de liberté, jouisseur invétéré, l'homme exerce un magnétisme certain sur tous ceux qu'ils fréquentent, notamment sur Kerouac qu'il entraînera parcourir les États-Unis. Une folle épopée qui inspirera à ce dernier le mythique *Sur la route*, écrit d'une traite du 2 au 22 avril 1951 sur un rouleau de 36,50 mde long. Cette année-là paraît l'histoire d'une autre fugue, celle d'Holden Caulfield. Si *L'Attrape-cœurs* du New-Yorkais J. D. Salinger trouve peu à peu son public, avant de devenir le classique qu'il est aujourd'hui, Kerouac de son côté rencontre bien des difficultés à se faire publier. Les refus sont nombreux. Il lui faut attendre 1957 pour qu'un éditeur l'accepte, au prix de nombreuses compromissions. L'année précédente, son ami Allen Ginsberg avait fait paraître *Howl*, un long poème qui lui valut quelques soucis avec la justice, mais qui reste un autre incontournable de la Beat Generation. Quant à Burroughs, c'est à Paris qu'est publié son *Naked Lunch* (*Le Festin nu*) en 1959. Écrit sous l'influence de drogues, cette œuvre est composée de fragments assemblés selon la technique du *cut-up*. La littérature s'affirme toujours dans sa volonté à décrire la réalité, mais elle n'hésite plus à en démontrer le chaos, c'est l'ère du Postmodernisme.

Le Postmodernisme

Nombreux sont les auteurs qui appartiennent à ce courant et dont les noms nous sont familiers, et rares sont les spectateurs qui n'ont pas été marqués par *Requiem for a dream*, adaptation cinématographique du quatrième roman d'Hubert Selby Jr. (1928-2004). Que dire aussi de son premier livre, *Last Exit to Brooklyn*, qui a littéralement eu l'effet d'une bombe à sa parution en 1964, selon la prédiction d'Allen Ginsberg. Selby possède un rythme bien à lui, se passe de ponctuation et surtout décrit son quartier natal dans toute sa violence. Une brutalité que l'on retrouve chez Kurt Vonnegut, décédé à New York en 2007, dans son chef-d'œuvre *Abattoir 5* où il est question de la guerre sous couvert de science-fiction. Les écrivains s'épanouissent dans tous les styles et E.L. Doctorow n'hésite pas à ajouter une pointe d'humour à sa tragi-comédie nostalgique *Ragtime* (1975) qui fut adaptée quelques années plus tard au cinéma par Miloš Forman. Philip Roth (1933-2018), quant à lui, s'essaye à la satire, se prend de passion pour Kafka puis revient à une écriture plus intime avec son cycle consacré à son double littéraire, Nathan Zuckerman. *Pastorale américaine* sera couronné par le Prix Pulitzer en 1998. Un autre écrivain marquant de cette seconde partie du XXe siècle, et pourtant quasiment invisible dans les médias qu'il a fuis durant plusieurs décennies est Thomas Pynchon. Si le mystère plane au-dessus de l'homme, ses romans n'en finissent pas non plus d'interroger, mêlant intrigues diffuses, thèmes éminemment politiques et surprenantes associations dans les références culturelles (*Vente à la criée du lot 49*, 1966 : *L'Arc-en-ciel de la gravité*, 1974 : *Vineland*, 1990). Son contemporain, Don DeLillo, né dans le Bronx en 1936, se fait connaître en 1971 avec *Americana*. Il continuera de porter un regard acéré et distancié sur son monde dans *Bruit de fond* (1985), *Outremonde* (1997) ou encore *Cosmopolis* (2003). Autre figure majeure, Paul Auster dont la *Trilogie new-yorkaise* demeure un incontournable.

TOP 10

LECTURE

New York est une mégalopole cosmopolite dont les rues sont hantées de jour comme de nuit par le destin unique de chacun de ses habitants. Mais New York est également un personnage à part entière pour tous les romanciers, et ils sont vraiment nombreux, qui se décident à la prendre comme décor. Florilège très peu exhaustif, mais vrais coups de cœur.

RÉCITS INITIATIQUES

© ÉDITIONS BABEL

Les Yeux bandés. Quatre nouvelles qui ont pour point commun l'étrange Iris Vegan qui pendant les nuits new-yorkaises devient un autre, Klaus.
Siri Hustvedt – Éditions Babel.

LONGUES MARCHES

© ÉDITIONS 10-18.

Open City. Les longues déambulations d'un jeune interne d'origine nigériane et une célébration de New York dans toute sa richesse multiculturelle.
Teju Cole – Éditions 10-18.

ROMAN DE L'ÉQUILIBRE

© ÉDITIONS 10-18

Et que le vaste monde poursuive sa course folle. Le 7 août 1974, le funambule Philippe Petit décide de rallier les deux tours du Word Trade Center sur un fil. À ses pieds, la vie continue.
Colum McCann – Éditions 10-18

UN BEST-SELLER

© LE LIVRE DE POCHE

Le Bûcher des vanités. Un Golden Boy se trompe de route et se retrouve dans le Bronx. Pris de panique, il renverse un jeune Noir. Un très grand roman sur le racisme.
Tom Wolfe – Éditions Le Livre de Poche.

PHOTOGRAPHIES

© COURTOISIE TASCHEN

New York, portrait d'une ville. Une anthologie de plus de cinq cents pages qui offre une belle découverte de New York à travers de nombreuses photographies.
Éditions Taschen.

ROMAN POLICIER

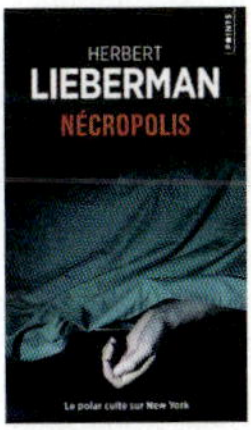

© ÉDITIONS POINTS

Nécropolis. Paru en 1976, Nécropolis est toujours un classique. Paul Konig est le chef de la médecine légale de New York, il recherche aussi sa fille disparue.
Herbert Lieberman – Éditions Points.

UN DICTIONNAIRE

© ÉDITIONS PLON

Dictionnaire amoureux de New York. Ville-cinéma, capitale des inégalités et de la démesure, une plongée amoureuse dans le New York personnel du journaliste français.
Serge July – Éditions Plon.

ROMAN DE L'IMMIGRATION

© ÉDITIONS POCKET

Le gang des rêves. Dans les années 20, New York rime encore avec rêve américain. Ce gros roman suit les pas du fils d'une prostituée italienne.
Luca Di Fulvio – Éditions Pocket.

FRESQUE CONTEMPORAINE

© ÉDITIONS POINT

Trente ans et des poussières. Premier opus de la série suivant la vie d'un couple de New-Yorkais, les Calloway. Nous sommes à la fin des 80's, pour l'instant tout va bien.
Jay McInerney – Éditions Points.

UNE AUTOBIOGRAPHIE

© ÉDITIONS GALLIMARD - FOLIO

Just Kids. La folle histoire d'amour entre Patti Smith et Robert Mapplethorpe, et une immersion unique dans l'effervescence des années 60 et 70.
Patti Smith – Éditions Folio.

© JAGUAR PS - SHUTTERSTOCK.COM

Stan Lee.

Né en 1947 dans le New Jersey, amoureux de la France où il vivra à plusieurs reprises, l'homme débute sa carrière par la traduction d'auteurs français. Essayant en vain de se faire publier, quitte à prendre un pseudonyme, il lui faudra attendre ses 40 ans pour que le premier livre portant son nom paraisse : *In the country of last things* (*Le Voyage d'Anna Blum*, Actes Sud, 1989). Puis se succèdent *Moon Palace*, *La Musique du hasard*, *Léviathan*, *Mr. Vertigo*… autant de titres que de succès qui apportent à Paul Auster la reconnaissance tant méritée. Pur représentant de la Génération X, Bret Easton Ellis est lui repéré dès son premier roman, *Moins que Zéro* (1985), mais c'est surtout avec *American Psycho,* commande qui lui aurait été faite par son éditeur pour plusieurs centaines de milliers de dollars, qu'il accède au sommet de la gloire. Son personnage, Patrick Bateman, a tout pour plaire, conseiller en gestion à Wall Street, il est beau, jeune, riche. Un joli vernis qui cache de moins en moins bien sa vraie nature, celle d'un véritable *serial killer*. Un ouvrage subversif qui n'en finit pas de faire parler, et qui donne une bien autre image de New York.

Les journaux, lieu de créativité

Une autre facette du postmodernisme se révèle dans le Nouveau journalisme, selon l'expression de Tom Wolfe. Littéraire dans *Le Bûcher des vanités* (1987), terrible plongée dans une ville rongée par le racisme, il ne l'est pas moins dans *Acid Test* (1968) ou dans son reportage sur l'aéronautique, sous fond de Guerre froide, *L'Étoffe des héros* (1979). À son égal, Truman Capote (*De sang-froid*) et Norman Mailer (*Les Nus et les Morts* : *Le Chant du bourreau*) passent des romans à la non-fiction au gré de leurs écrits, et toujours avec le même talent.

Outre les articles avisés des écrivains journalistes, le plus célèbre des magazines de The Big Apple, le *New Yorker*, s'étoffe de dessins humoristiques dès sa création en 1925. En France, les éditions Les Arènes ont d'ailleurs publié une anthologie de ces savoureux croquis. Néanmoins, le coup de crayon new-yorkais est surtout associé aux *comics*, car la ville a vu naître bon nombre de super-héros et héberge toujours et depuis les années 1930 les bureaux des géants DC Comics et Marvel. L'histoire de la bande dessinée américaine débute dans les journaux puis se décline au début du XXe siècle sous forme de *pulps*, des publications de faible coût, mais de piètre qualité, qui deviennent rapidement très populaires. Au milieu des années 30 apparaissent les premiers *comics books*. Ces fascicules sont d'abord des recueils des *comics strips* parus dans les périodiques avant que ne soient lancées des séries inédites. En 1938, le mythique *Superman*, imaginé par Jerry Siegel et Joe Shuster, fait sa première apparition, l'histoire ne demandait qu'à s'écrire, et c'est ce qu'elle va faire, malgré la tentative de diabolisation lancée par le psychiatre Frederic Wertham en 1954. Au fil des décennies, les *comics* perdent de leur naïveté et n'hésitent pas à se montrer plus tragiques ou, simplement, réalistes. Stan Lee, disparu en 2018 à l'âge de 95 ans, était un pionnier du genre et l'un de ses représentants les plus notables. Avec son acolyte Jack Kirby, rencontré dans les bureaux de Timely Comics (l'ancêtre de Marvel) à New York, il révolutionna l'univers des *comics*. Ensemble, Lee et Kirby donnèrent vie à plusieurs centaines de personnages, des héros complexes et faillibles devenus de véritables icônes de l'univers Marvel, à grand renfort de dialogues irrévérencieux et remplis d'humour qui s'éloignent des clichés du genre. Spider-Man, Hulk, Iron-Man, Black Panther, Thor, mais aussi les X-Men, sont leurs créations. Autant de personnages qui ont depuis été repris sur le grand écran, et qui continuent à nourrir les imaginaires.

A L'ÉCRAN

« Si je peux y arriver ici, je peux y arriver partout », chantaient Frank Sinatra et Liza Minnelli dans *New York, New York*, corroborant l'idée selon laquelle la ville peut être alternativement un havre ou un lieu de perdition, ainsi qu'une incarnation du rêve américain. Pourtant la ville s'est rapidement fait délester du gros de l'industrie cinématographique américaine : partie à Hollywood pour éviter de payer des redevances, elle s'y est fixée, ayant trouvé sur la côte Ouest un climat favorable et une lumière propice à des tournages toute l'année. L'usine à rêves était en marche, laissant New York devenir le centre de la finance, de la presse, la capitale culturelle des États-Unis, en un mot, une ville-monde, rendue emblématique par ses gratte-ciel et son activité prodigieuse. Elle a longtemps constitué la porte d'entrée du rêve américain, des espoirs, déçus ou non, qui le nourrissent, et un réservoir inépuisable d'histoires.

Des débuts à la marge au Nouvel Hollywood : un esprit à part

Pendant longtemps, les tournages se dérouleront uniquement en studio, sauf pour quelques prises de vue destinées à ancrer le film dans une réalité par ailleurs intégralement reconstituée – le western à l'évidence constitue une exception. New York, c'est donc d'abord au cinéma un état d'esprit, leste, prompt aux bons mots et aux dialogues cinglants, à l'image de *The Thin Man* (W.S. Van Dyke, 1934), adapté de Dashiell Hammett, ou de ce chef-d'œuvre de la *screwball comedy*, *His Girl Friday* (Howard Hawks, 1940), satire plaisante du milieu de la presse et des relations homme-femme dont les dialogues sont débités à cent à l'heure. En 1948, Jules Dassin choisit de tourner *La Cité sans voiles* – le titre français en dit long – dans New York même, avec l'ambition d'offrir en filigrane de l'intrigue un portrait presque documentaire de la ville. Un verrou saute : l'année suivante, la comédie musicale investit la ville et ses lieux célèbres – le pont de Brooklyn, Manhattan, Central Park, etc. – avec *Un jour à New York* dans le style survitaminé propre à Stanley Donen. Mais ce ne sont que de timides augures, la plupart des classiques de l'époque privilégient encore le studio. C'est le cas de *Mark Dixon, Détective* (Otto Preminger, 1950) ou de *La Cinquième victime* (Fritz Lang, 1956), exploration au scalpel sous la forme du film noir du milieu de la presse new-yorkaise. *La Garçonnière* (Billy Wilder, 1960), comédie romantique au ton doux-amer, clôt de manière sublime une décennie riche en chefs-d'œuvre tout en préfigurant une écriture et des angoisses modernes. *Diamants sur canapés* (Blake Edwards, 1961) et Holly Golightly, à qui Audrey Hepburn offre une interprétation délicieuse, recèle une mélancolie analogue sous des airs guillerets. Dans le même temps, le film documentaire a pris de l'importance, préparant le terrain de changements à venir : *On The Bowery* (Lionel Rogosin, 1956), tableau de la rue du même nom et de sa cohorte de marginaux et d'alcooliques, en est l'un des actes fondateurs. En réalisant *Shadows* (1959), dont la bande originale est signée Charles Mingus, John Cassavetes montre qu'il est possible de faire du cinéma en dehors des grands studios. Son œuvre, qui se caractérisera par de longues séquences étirées presque à l'infini et la place réservée aux personnages jouée par son épouse, Gena Rowlands, est indissociable de la ville de New York et servira d'inspiration à quantité de réalisateurs.

Les cinéastes du Nouvel Hollywood s'engouffrent dans cette brèche, rénovant par la même occasion les genres canoniques du cinéma américain. *Le Propriétaire* (1970) de Hal Ashby est un classique qui mérite d'être redécouvert, abordant un sujet inhabituel pour l'époque : celui des rapports entre Blancs et Noirs sur fond de *gentrification*. Martin Scorsese, qui n'aura de cesse de filmer sa ville natale sous toutes les coutures et à travers les âges, fait une entrée fracassante, au son des Ronettes et des Rolling Stones, avec *Mean Streets* (1973), révélant Robert De Niro par la même occasion. Pauline Kael, qui écrit alors dans le *New Yorker*, défend avec passion cette nouvelle génération de cinéastes qui exprime une préférence marquée pour New York, comme pour se soustraire à l'influence trop contraignante des studios.

Entre désillusions et liberté créatrice

La ville apparaît alors comme une ville-monde, séparée en territoires distincts, souvent hermétiquement clos. Le mouvement hippie a disparu pour laisser place à un tableau désolé, pour ne pas dire apocalyptique, où perce néanmoins une certaine ironie, comme dans *Taxi Driver* (Scorsese, 1976), allégorie sur les plaies américaines laissées par le Viêtnam qui nous emmène visiter les bas-fonds de cette Babylone moderne.

New York nourrit alors une sorte de psychose sécuritaire, qui fait que les classes les plus aisées la désertent pendant un moment, et dont rend compte le cinéma à travers *Un justicier dans la ville* (Michael Winner, 1974). *Les Guerriers de la nuit* (Walter Hill, 1979), vision fantasmagorique d'une ville fantomatique livrée aux bagarres entre bandes, ou encore *New York 1997* (John Carpenter, 1981), où Manhattan est devenue une immense prison à ciel ouvert, jouent non sans ironie sur les fantasmes que suscite alors une ville minée par la criminalité.

Une veine nostalgique et réaliste fait aussi florès dans *Les Seigneurs* (Philip Kaufman, 1979), à propos d'une bande d'adolescents d'origine italienne dans le Bronx des années 60, ou *Next Stop, Greenwich Village* (Paul Mazursky, 1976), qui témoigne de cette époque où la bohème a élu domicile à Greenwich Village, avant que les frères Coen y reviennent dans *Inside Llewyn Davis* (2013).

Woody Allen, avec *Annie Hall* (1977) et *Manhattan* (1979), son ode avouée à la ville, fixe avec humour sur pellicule le New York intello, nourri de culture européenne et perclus de névroses.

Le cinéma des années 80 reflète les changements de la ville et de la société : la remise en cause des valeurs passe davantage par des comédies volontiers régressives comme *SOS Fantômes* (Harold Ramis, 1984) qui surfent sur une mode nouvelle pour les films fantastiques. Un nouvel archétype fait son apparition, le *yuppie*, que l'on retrouve dans *After Hours* (Martin Scorsese, 1985), en butte aux forces irrationnelles au cours d'une nuit cauchemardesque à travers SoHo, quartier des artistes, symbole d'une ville qui n'est pas encore domestiquée : dans *Wall Street* (Oliver Stone, 1987) qui se veut une dénonciation de la cupidité carnassière qui sévit dans les milieux de la finance, mais déclenchera sans doute bon nombre de vocations de *traders* : ou encore *Liaison fatale* (Adrian Lyne, 1987) qui lance la mode des thrillers érotiques. *Il était une fois en Amérique* (Sergio Leone, 1984) n'est pas un énième film de gangsters, mais une vaste fresque alors sans équivalent qui ressuscite le New York de la prohibition. Abel Ferrara, dont la sensibilité, à fleur de peau et douloureusement catholique, s'inscrit dans la continuité de celle de Scorsese, ou Jim Jarmusch font figure de francs-tireurs avant que n'émerge, à la fin de décennie, un nouveau cinéma indépendant, représenté par de jeunes réalisateurs brillants comme Hal Hartley, Whit Stillman, Todd Solondz, ou Spike Lee, qui avec *Do The Right Thing* (1989) dresse un état des lieux stylisé et brûlant des tensions raciales qui refont alors surface.

Les Derniers jours du disco (1998) de Whit Stillman, qu'on pourrait décrire comme du « Jane Austen disco », ranime le New York chic du début des années 80 et ses boules à facettes, bien loin du Brooklyn populaire de *La Fièvre du samedi soir* (John Badham, 1977). Le cinéma populaire met aussi la ville à l'honneur, comme dans *Quand Harry rencontre Sally* (Rob Reiner, 1989), qui annonce la mode prochaine des comédies romantiques, et rend iconique un New York automnal semé de feuilles rouges et jaunes.

The Thin Man.

TOP 10

CINÉMA

Est-il utile de préciser qu'il est impossible de circonscrire la ville en une dizaine de films ? C'est comme si plusieurs siècles de cinéma s'y étaient déjà déroulés, avec énergie et créativité pour mots d'ordre. Cinéma à la mesure des rêves que la ville engendre, grandioses ou désabusés, et des millions d'anonymes et de célébrités qui la peuplent.

IN JACKSON HEIGHTS

Docu sur ce quartier populaire et multicommunautaire. Un poème à la ville et ses multitudes. F. Wiseman, 2015.

© DR

DIAMANTS SUR CANAPÉ

La quintessence de New York avec la sophistication d'Audrey Hepburn et les dialogues de T. Capote. Blake Edwards, 1961

© DR

IL ÉTAIT UNE FOIS EN AMÉRIQUE

Un monument définitif sur le New York de la prohibition et son cortège de violences. Sergio Leone, 1984.

© DR

MANHATTAN

Un des films les plus stylisés de Woody Allen pour immortaliser sa ville bien-aimée. Woody Allen, 1979.

© DR

TAXI DRIVER

Plongée dans les bas-fonds d'une ville qui n'existe plus aux côtés d'un Robert de Niro magistral. Martin Scorsese, 1993.

© DR

THE WARRIORS

Odyssée nocturne dans une ville déréalisée dont la décrépitude et la menace sont extrêmement stylisés. Walter Hill, 1979.

© DR

RECHERCHE SUSAN DÉSESPÉRÉMENT

Un classique de la comédie où Madonna fait preuve d'une énergie indomptable. Susan Seidelman, 1985.

© DR

DO THE RIGHT THING

Spike Lee passe au grill les tensions communautaires de Brooklyn en proie à une chaleur accablante. Spike Lee, 1989.

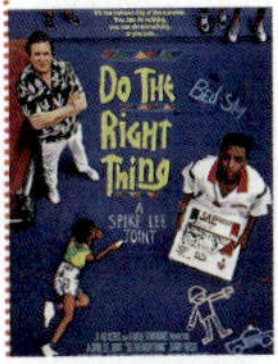

© DR

LA GARÇONNIÈRE

Histoire d'amour entre deux employés d'une société d'assurance. Chef-d'œuvre de sensibilité et de mélancolie. Billy Wilder, 1960.

© DR

WEST SIDE STORY,

Les noces réussies de la ville et de la comédie musicale sur fond de rivalités entre bandes et d'amants maudits.

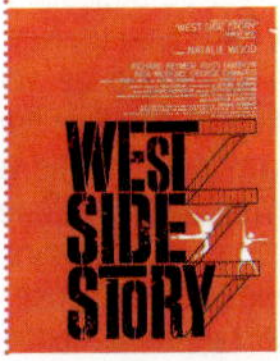

© DR

Le tournant du siècle

La musique – le hip-hop de RZA du Wu-Tang Clan qui signe la bande originale – tient aussi un rôle primordial dans *Ghost Dog : La Voie du Samouraï* (1999), dans lequel Jarmusch croise l'obsession du groupe pour le cinéma d'arts martiaux et son propre goût pour Melville. *American Psycho* (Mary Hannon, 2000), adaptation du *best-seller* de Bret Easton Ellis, rend évidente, à ceux qui l'auraient manquée dans le film d'Oliver Stone, la charge satirique dirigée contre l'âpreté au gain qui caractérisait les années Reagan, ce que Scorsese fera à son tour dans *Le Loup de Wall-Street* (2013), pendant dans le monde de la finance de ses fresques sur la mafia. Encore plus sanglant, *Gangs of New York* (2002), projet couvé de longue date par Scorsese, évoque la naissance douloureuse de la ville, ravagée par des guerres entre gangs d'immigrants irlandais et anglais.

L'heure n'est pas aux réjouissances alors que New York est traumatisée par les attentats du 11 septembre 2001, sur lesquels le cinéma reviendra peu à peu dans des films non exempts d'une pompe qu'on serait sans doute mal avisé de leur reprocher : il faut citer *La 25e heure* (Spike Lee, 2002), ou *World Trade Center* (Oliver Stone, 2006), hommage à la ville et au courage des pompiers qui ont œuvré parmi ses ruines. Des films catastrophes ou de science-fiction font état d'un certain pessimisme : dans *Le Jour d'après* (Roland Emmerich, 2004), la ville est noyée sous les eaux après une catastrophe climatique, tandis que *Je suis une légende* (Francis Lawrence, 2007) offre le tableau frappant d'une ville désolée, ravagée par un virus.

Petit à petit, les plaies sont pansées et la ville semble recouvrer ses droits, entre rêves et réalités. La quête de la perfection – artistique – et les sacrifices insensés qu'elle semble parfois requérir sont au centre de *Black Swan* (Darren Aronofsky, 2010), plongée aux accents horrifiques dans le milieu des danseuses étoiles et de *Whiplash* (Damien Chazelle, 2014), sur la relation entre un élève et son maître dans une prestigieuse école de jazz. Sur un registre plus doux, Ira Sachs dans *Brooklyn Village* (2016) examine le phénomène de *gentrification* qui n'a cessé de croître depuis la fin des années 80. *Good Time* (2017) des frères Josh et Benny Safdie, qui ont pour habitude d'explorer les recoins les moins reluisants de la ville, capte avec l'énergie du désespoir à travers la cavale de Robert Pattinson un New York qu'on n'a plus beaucoup l'habitude de voir au cinéma, celui des marginaux, des *dive bars* et des tripots minables. Dans cette même veine, *Anora* (2024), film oscarisé de Sean Baker, dépeint un New York méconnu et populaire à travers l'histoire d'une jeune strip-teaseuse de Brighton Beach, un quartier rarement montré à l'écran.

La ville qui ne dort jamais : l'explosion des séries

L'explosion de certaines séries dans les années 1990, désormais entrées dans la culture populaire, semble être un nouveau phénomène. *Friends*, bien que tourné à Los Angeles, s'est proposé de distiller pendant dix ans une quintessence d'esprit new-yorkais, à la sauce sitcom, tout comme *Seinfeld* (1989-1998). S'y ajoute *Sex and the City* (1998-2004), phénomène de société dont il est très difficile de mesurer l'influence. D'ailleurs, la page n'a jamais été véritablement tournée puisqu'en 2021, un revival de *Sex and the City* est annoncé avec *And Just Like That*. La relève au XXIe siècle passe aussi par la série *Louie* (2010-2015) de Louis CK, dont la fantaisie, la liberté de ton et de narration ne connaît que peu d'équivalents, ou *Girls* (2012-2017) de Lena Dunham. Névroses, humour, ainsi qu'une certaine tendance à l'impudeur en sont les invariables ingrédients. *Broad City* (2014-2019), qui table sur la crudité des dialogues et des situations, et *Two Broke Girls* (2011-2017) creusent cette veine comique et sarcastique à travers des personnages féminins hauts en couleur. *Master of None* (2015-2017), *Bored To Death* (2009-2011), sur un jeune écrivain oisif qui s'improvise détective privé, ou *Mozart In The Jungle* (2014-2018), qui nous plonge dans le monde de la musique classique avec une cocasserie héritée de Wes Anderson, donnent une idée de la jeunesse branchée qui a élu domicile à New York et à Brooklyn en particulier. *Only Murders in the Building*, dont le premier épisode sort aux États-Unis en 2021, est un thriller humoristique dont l'intrigue se déroule principalement dans un bâtiment emblématique de l'Upper West Side.

Les séries policières ou dramatiques quant à elles ne sont pas en reste dans cette explosion sans précédent, alors que le format menaçait de tomber dans la routine et l'absence de progression dramatique selon le modèle des *Experts Manhattan*, *NYPD Blues*, *New York*, ou *Unité Spéciale*.

Mad Men (2005-2015) est peut-être la série qui a le plus contribué à renouveler le format de fond en comble : elle ressuscite durant sept saisons, sur un mode mi-fantasmé, mi-soucieux de vérité historique le New York des années 1960, passant en revue avec brio les changements dans la société dont la ville a été le théâtre à travers les yeux de Don Draper, publicitaire de Madison Avenue. Parmi les séries grand public, *Gossip Girl* (2007-2012), l'adaptation d'un roman *young adult*, qui donne un aperçu du quotidien de la jeunesse dorée de l'Upper East side, semble calibrée pour être le *nec plus ultra* du plaisir coupable, révélant dans l'intervalle une pléiade de jeunes premiers. Parmi eux, on trouve un certain Penn Badgley qui a joué un libraire enjôleur dans *You*, produit par Netflix, cachant en fait un dangereux psychopathe.

GASTRONOMIE

Ville cosmopolite, porte d'entrée sur le Nouveau Monde et vitrine de l'Amérique, New York a une gastronomie à sa mesure. La cuisine de la Grosse Pomme est à la fois typique de la côte Est et des USA en général, mais possède également ses propres traditions héritées des vagues successives d'immigration. Car New York a attiré tout au long de son histoire un flot ininterrompu d'étrangers des quatre coins du monde, de l'Italie à la Chine, qui ont apporté dans leurs valises des habitudes culinaires qui font aujourd'hui partie intégrante de l'âme de la ville. De nombreuses spécialités ont vu le jour ou ont été popularisées à New York, comme le concept du brunch qui est une succulente et copieuse manière de commencer la journée. La métropole, bien sûr, offre tout ce dont on rêve en matière de cuisine américaine, des *ribs* à l'*apple pie*, en passant par les *hot dogs* ou les *hamburgers* créés dans la ville par les immigrants allemands.

Bruncher à New York City

Si le concept du brunch est apparu en Grande-Bretagne au XIXe siècle, c'est bien aux USA qu'il a fleuri à partir des années 1930. C'est d'abord à Chicago qu'il connaît son heure de gloire, principalement car la ville est alors une escale fréquentée par des stars du show-biz hollywoodien qui font la route entre Los Angeles et New York. Chicago permet donc à cette classe fortunée de s'arrêter pour prendre un petit déjeuner tardif, généralement dans les palaces, car à cette époque les restaurants étaient souvent fermés le dimanche pour des raisons religieuses. Pourtant c'est bien à New York que le concept va se populariser au point même que le très prestigieux *Food & Wine magazine* sacre New York comme la meilleure ville où bruncher aux États-Unis. Ce repas, servi entre 11h et 16h le week-end, est très populaire et il n'est pas rare de devoir attendre entre 30 minutes et une heure pour être assis. La réservation est la plupart du temps impossible pour le brunch.

Parmi les spécialités dignes d'un vrai brunch, citons les œufs Bénédicte. Le restaurant Delmonico's à Manhattan assure que ce plat figurait à sa carte dès 1860. D'autres sources disent qu'il aurait été créé en 1894 à l'hôtel Waldorf, par le maître d'hôtel Oscar Tschirky après qu'un client lui commanda des toasts beurrés, couverts d'œufs pochés, de bacon et de sauce hollandaise. Dans les deux cas, cette recette est typiquement new-yorkaise. Les œufs plus largement sont un des éléments centraux d'un brunch : brouillés, au plat, à la coque, pochés ou encore en omelette, ils sont souvent accompagnés de bacon ou de petites saucisses grillées. On retrouve également diverses préparations à base de pomme de terre comme le *hash brown* qui ressemble à de petites galettes de pommes de terre râpées et frites. Ou encore les *potatoes O'Brien*, sorte de jardinière de pommes de terre sautées avec des oignons et des poivrons dont la paternité est disputée entre New York et Boston.

DÉCOUVRIR

© BLUEORANGE STUDIO - SHUTTERSTOCK.COM

Œufs Benedict.

Cependant, un brunch peut compter une infinie diversité de plats salés et sucrés. On déguste, entre autres, diverses viennoiseries, des quiches, des crudités, du saumon fumé ainsi que des fromages – tels que le Vermont cheddar, le Humboldt Fog au lait de chèvre ou encore le Monterey Jack, parfumé au piment. Côté sucré, on consomme souvent des spécialités similaires à un petit déjeuner américain typique : crêpes, pancakes, gaufres, pain perdu, muffins, etc.
Et pour bien sûr s'hydrater après un tel festin, thé, chocolat ou café sont abondamment consommés. Le brunch étant un repas plus tardif que le traditionnel *breakfast*, il est convenable également d'y servir des boissons alcoolisées. Parmi les trois cocktails les plus emblématiques, il faut en citer trois : le Mimosa, préparé à partir de champagne et de jus d'orange ou son cousin le Bellini, d'origine italienne, mais incroyablement populaire aux USA, qui se compose de coulis de pêche et de *prosecco*. Enfin, le Bloody Mary serait né à Paris et plus précisément au Harry's New York Bar, créé en 1921 par le barman Fernand Petiot, même si l'Hôtel Ritz, place Vendôme en revendique aussi l'invention. Son nom lui viendrait de la reine Marie Ire d'Angleterre, surnommée Bloody Mary, « Marie la sanguinaire », connue pour sa politique de persécution des anglicans durant son règne au XVIe siècle. Ce cocktail se compose d'un mélange de vodka, de jus de tomate, de jus de citron, de poivre et de tabasco, avec une branche de céleri pour la décoration.

Les immanquables de la cuisine made in USA

S'il est difficile de définir une cuisine purement new-yorkaise tant la ville a attiré de populations des quatre coins des États-Unis et du monde, il existe quelques mets locaux parfois peu connus, qui cohabitent avec des spécialités emblématiques du reste des États-Unis. En entrée, on retrouve plusieurs variétés de salades comme la salade Caesar à base de laitue romaine, de petits croûtons et d'une riche sauce aux anchois et au parmesan. Certes si cette entrée est originaire de Tijuana, au Mexique, elle s'est depuis démocratisée au point d'être bien plus populaire aux USA que dans son pays d'origine. La salade Waldorf est un mélange de pomme, de céleri, de raisins frais et de noix, servi avec une vinaigrette crémeuse à base de mayonnaise. Elle fut imaginée vers 1893 à l'Hôtel Waldorf et contient parfois du poulet dans sa version plus moderne. Autre en-cas typiquement new-yorkais, le Club sandwich garni de jambon ou de volaille, de tomate, de laitue et de mayonnaise aurait été élaboré au Union Club de New York City à la fin du XIXe siècle.
La Grosse Pomme a souvent été le lieu de création de recettes devenues des icônes de la culture américaine comme par exemple le *hot dog*. S'il est difficile d'en déterminer la paternité exacte, on sait que la recette de la saucisse de Francfort (*frankfurter*) est arrivée aux États-Unis avec les premiers immigrants allemands. Ce serait Charles L. Feltman, un boulanger allemand de Brooklyn, qui le premier en 1867 vendit à Coney Island à l'aide d'un chariot mobile, des Francforts grillées dans des petits pains chauds. Il ouvrit son premier restaurant en 1871, le Feltman's Ocean Pavilion. En 1910, il avait bâti un empire et vendait jusqu'à 40 000 *hot dogs* par jour dans ses neuf restaurants. Toujours à Coney Island, le Nathan's Famous (p.286), ouvert en 1916, porte aujourd'hui le flambeau et organise tous les 4 juillet un célèbre concours de mangeurs de *hot dogs*.
Autre emblème des États-Unis, le *hamburger* a été inventé à Hambourg, en Allemagne, où il était communément servi à bord des bateaux de la compagnie maritime hambourgeoise Hapag, reliant Hambourg à New York. Avec la vague migratoire, ce plat s'est imposé aux USA. Le hamburger moderne accompagné de fromage, crudités et

© ONEINCHPUNCH - SHUTTERSTOCK.COM

DÉCOUVRIR

autre ketchup reste par contre une interprétation américaine de cette recette initialement allemande. Si les *BBQ ribs* – travers de porc grillés sauce barbecue – sont plutôt originaires d'États du Midwest comme le Kansas ou le Kentucky, ils restent évidemment très populaires à New York, aux côtés d'autres plats pour les amateurs de viande comme le ***sirloin steak***, le faux-filet de bœuf ou le *T-bone*, généralement servis avec des frites, un gros cornichon et du *coleslaw*, une salade crémeuse de chou blanc et de carottes râpées. Plus classieux, le homard Newberg est nappé d'une sauce onctueuse au cognac relevé d'une pointe de piment de Cayenne. Il fut inventé pour le restaurant new-yorkais Delmonico's en 1876.

Côté desserts, la liste est longue. On se pâme devant l'immanquable *New York-style cheesecake*, qui est préparé avec du *cream cheese* et de la crème aigre, d'où sa texture incroyablement fondante. S'il existe des variantes de ***cheesecakes*** dans le monde entier, le ***brownie*** au chocolat est une invention bien américaine. À déguster avec une boule de glace à la vanille et un filet de ***butterscotch sauce***, l'équivalent de notre caramel au beurre salé. Sinon, pourquoi ne pas se laisser tenter par une part d'*apple pie*, cette tourte aux pommes généreusement parfumée à la cannelle, souvent servie avec de la crème glacée également. La *pecan pie* avec sa riche garniture au sirop d'érable et aux noix de pécan est une spécialité plutôt traditionnelle du Sud des USA, mais dont se délectent les New-Yorkais. La *pumpkin pie* est fourrée d'une purée de citrouille parfumée à la cannelle, au gingembre et à la noix de muscade. On la sert généralement avec de la crème fouettée, le plus souvent pour *Thanksgiving*. Pour ceux qui préfèrent un en-cas sur le pouce, passez à la Magnolia Bakery (p.214), spécialisée dans les *cupcakes*, ces petits gâteaux généreusement nappés de crème au beurre de toutes les couleurs. Enfin le *cronut* n'est pas une recette traditionnelle, mais fait le *buzz* depuis sa création en 2013 par Dominique Ansel à New York. Ces beignets en pâte feuilletée garnis de crème pâtissière sont si populaires qu'il y a parfois plusieurs heures de queue devant sa boulangerie du sud de Manhattan.

New York multiculturel

Tout au long de son histoire, New York a été la porte d'entrée principale des États-Unis et a vu défiler des dizaines de millions d'immigrés faisant de la Grosse Pomme une des villes les plus cosmopolites du monde. Des immigrés qui ont apporté avec eux leurs spécialités et qui ont réussi à la fois à préserver leur savoir-faire tout en les transformant, faisant de New York un lieu de prédilection pour la cuisine fusion.

Si certains plats comme le *hot dog* ou le *hamburger* sont différents de leurs versions d'origine, d'autres recettes sont arrivées et sont popularisées aux USA sans pour autant trop être

© DRONG - SHUTTERSTOCK.COM

Sandwich au pastrami.

altérées. C'est le cas du *bagel*, venu d'Europe centrale, qui trouve son origine chez la communauté juive de Cracovie en Pologne, dont les premières sources remontent au début du XVIIe siècle. Les Juifs ashkénazes l'ont importé aux USA et aujourd'hui ce pain brioché en forme d'anneau souvent couvert de graines de sésame ou de pavot est un des éléments centraux de *deli* ou *delicatessen*. Cette véritable institution juive new-yorkaise sert par exemple le fameux *bagel* tartiné de fromage frais et de moutarde avant de le garnir de jambon, de poulet, de saumon fumé ou encore de *pastrami*. Cette charcuterie dont le nom vient du roumain *pastramă* est d'abord traitée dans de la saumure avant d'être épicée et fumée. C'est l'emblème même de la cuisine du *deli* même si on trouve d'autres produits : légumes marinés, olives, saucisses et poissons fumés. Très peu de *delis* offrent la possibilité de manger sur place, à l'exception de certains très réputés comme Katz's (p.189) (dans le Lower East Side) et Carnegie Deli (à Midtown).

Avec une diaspora estimée à presque 900 000 personnes, New York possède la plus grande population chinoise hors d'Asie. Si de nos jours, le public américain est de plus en plus avide de cuisine chinoise traditionnelle, il existe de délicieux plats sino-américains que l'on trouve facilement dans les restaurants du quartier de Chinatown. On peut par exemple déguster plusieurs spécialités de poulet frit comme le *General Tso chicken* avec sa sauce aigre-douce au piment et à l'ail ou de l'*orange chicken*, enduit d'une sauce à l'orange et au vinaigre de riz. Le *chop suey* est l'un des plus anciens plats sino-américains et consiste en un mélange de légumes et de viande, émincés et rapidement sautés. Servi avec du riz ou des nouilles, il fut créé par les premiers immigrants chinois qui mélangèrent les ingrédients qu'ils purent trouver en arrivant sur le sol américain au XIXe siècle. Le *egg roll* ressemble légèrement à un *nem* vietnamien.

Contrairement à la version asiatique, la pâte qui l'entoure est beaucoup plus épaisse et croustillante. Enfin le biscuit chinois ou *fortune cookie* en anglais est également une invention américaine conçue après la Seconde Guerre mondiale. Inspirés par le *o-mikuji* japonais, ils furent créés par les restaurateurs chinois pour proposer un en-cas sucré, à déguster avec un thé, pour clore le repas, le concept de dessert n'étant alors pas une habitude en Chine.

S'il y a également une communauté qui a marqué New York par sa cuisine, c'est bien la diaspora italienne, qui s'installa dans le quartier aujourd'hui connu sous le nom de *Little Italy*. Principalement venus de Sicile et de la région de Naples ils emportèrent avec eux de nombreuses recettes typiques du sud de l'Italie comme les pâtes et la pizza qui connurent un immense succès et furent réinterprétées avec les produits disponibles aux États-Unis. La *New York-style pizza*, issue de la pizza napolitaine, est simplement nappé de sauce tomate et de mozzarella et vendue généralement en parts. En effet elle fait souvent entre 45 et 60 cmde diamètre avec une croûte fine et croustillante qui permet de la tenir d'une main avant de l'engloutir sur le pouce. Parmi les nombreux plats de pâtes dont se régalent les New-yorkais on peut citer les *penne alla vodka* créées dans les années 1980 avec une sauce tomate à la crème parfumée à la vodka ou les *fettuccine Alfredo*, inspirées d'une recette de la région de Rome, nappées d'une riche crème au parmesan et parfois garnies de bacon, de poulet ou même de crevettes. Enfin les *spaghetti marinara* sont servis avec des fruits de mer cuits dans une sauce tomate au vin blanc.

Mais bien sûr New York ne se limite pas à ces exemples et présente un véritable *melting-pot* culinaire, allant de cuisines bien connues – mexicaine, thaïe, japonaise, grecque – à des gastronomies plus inattendues – iranienne, afghane, éthiopienne, cubaine.

Alcools et nouvelles tendances

Si les vins se sont démocratisés depuis plusieurs décennies et que l'on trouve d'excellents crus, notamment originaires de Californie, la bière reste la boisson alcoolisée la plus consommée aux USA.

Si la Californie représente environ 90 % de la production viticole aux États-Unis, le nord-est possède aussi des vignobles. La région viticole des Finger Lakes, dans l'État de New York, propose d'excellents vins blancs issus des cépages riesling ou chardonnay, et des rouges fins à base de pinot noir et de cabernet franc. La vallée de l'Hudson et le nord de Long Island sont les deux autres régions viticoles de l'État.

Parmi les bières américaines les plus connues, on retrouve la Budweiser, la Miller, la Coors ou encore la Pabst Blue Ribbon (PBR). Ces bières sont certes rafraîchissantes, mais moins fortes et riches en goût que les bières européennes en moyenne plus alcoolisées. La très locale Brooklyn Lager est produite dans le quartier de Williamsburg, à Brooklyn. La *pumpkin ale*, vendue en automne et notamment à Halloween, peut surprendre avec son arrière-goût de citrouille.

Malbouffe oblige, les New-yorkais et les Américains en général semblent prendre depuis un certain nombre d'années les devants. *Organic* (bio), *Vegan* (végétalien) et *Gluten-Free* (sans gluten). Trois mots que vous apercevrez souvent sur les menus des restaurants et sur les emballages dans les supermarchés. Comme le reste des pays anglo-saxons, les USA offrent de nombreuses alternatives aux personnes ne consommant pas de laitage, de viande, de gluten ou d'œufs, sans compter les allergènes. Ainsi nombre de ces produits sont *low fat*, *fat free*, *sugar free*, *low sodium*, *diet*, *cholesterol free*, etc. Et chacun signale scrupuleusement à l'acheteur son apport calorique, protidique, glucidique, lipidique, vitaminique, etc. Et cela concerne également l'étiquetage des boissons alcoolisées.

Little Italy.

AGENDA

Quelle que soit la période de votre visite, vous ne manquerez certainement pas d'occupation… Tout au long de l'année, des événements à la renommée parfois internationale sont organisés aux quatre coins de la ville. C'est bien sûr Manhattan qui, le plus souvent, se trouve au cœur des festivités. On y célèbre le cinéma, avec le New York Film Festival ou le Tribeca Film Festival, ou bien encore la musique, avec les concerts gratuits du Lincoln Center ou le Chelsea Music Festival. On peut admirer l'inventivité sans limite des New-Yorkais lors des défilés qui célèbrent la communauté irlandaise, l'héritage mexicain, Thanksgiving, la communauté LGBT, Halloween... Et que les petits budgets se rassurent : beaucoup de ces événements sont gratuits. New York, enfin, fête le passage à la nouvelle année comme aucune autre ville, avec son légendaire Times Square Ball Drop.

NOUVEL AN CHINOIS

Fin janvier ou début février.

La communauté chinoise de New York célèbre le Nouvel An, la fête la plus importante du calendrier chinois. Pour l'occasion, des festivités sont organisées et sont à découvrir dans tous les recoins de Chinatown. La célébration dure environ deux semaines, on commence par aller faire exploser des pétards à la Firecracker Ceremony afin d'effrayer les mauvais esprits, puis on assiste, généralement un dimanche, à la parade pour le Lunar New Year, avec plein de costumes et de danses du dragon. Parfois un peu kitsch mais assurément dépaysant.

RESTAURANT WEEK

www.nycgo.com/restaurantweek

Mi-janvier, début février.

Une formule qui a lieu chaque hiver, en janvier-février, et qui permet de tester parmi les meilleures tables de la ville pour seulement 30 US$ le midi et 45 US$ ou 60 US$ le soir. Une session estivale se tient également vers fin juillet et durant tout le mois d'août. Un événement à ne pas manquer si votre budget ne vous permet pas en temps normal de découvrir les plats raffinés des plus prestigieux restaurants de la ville. Plusieurs centaines de restaurants y participent chaque année ! Réservation fortement conseillée, surtout pour le dîner.

SAINT PATRICK'S DAY

nycstpatricksparade.org

Le 17 mars.

La Saint-Patrick est l'occasion d'une parade dans toute la ville, et ce depuis 1762 ! Si les immigrés irlandais ne sont plus très nombreux aujourd'hui, New York reste attachée à cette célébration festive. Une grande parade se tient sur la Cinquième avenue. Au programme : des kilts, des cornemuses, des vétérans à qui l'on rend hommage et des majorettes. Le soir, la ville connaît une de ces nuits sans fin où les New-Yorkais chantent et dansent jusqu'au petit matin, bien aidés par la Guinness qui, il faut bien le dire, coule à flots.

WEEKENDS IN BLOOM

990 Washington Ave
NEW YORK (BROOKLYN)

www.bbg.org

De fin avril à début mai.

Dans tous les parcs à travers la ville, les cerisiers du Japon fleurissent, offrant aux promeneurs des moments de grâce. La floraison des cerisiers est l'occasion d'un festival célébrant la culture japonaise au Brooklyn Botanical Garden. Les festivités varient selon les années (danses de geisha, démonstrations d'arts martiaux, *cosplay*...), mais le nombre de tickets mis en vente est limité et l'événement très populaire, il est donc conseillé de faire sa réservation en avance. Un simple billet pour le jardin botanique donne accès à l'ensemble des festivités.

CINCO DE MAYO

Le 5 mai.

Le 5 mai, New York se pare de rouge et de vert pour Cinco de Mayo, qui célèbre une victoire mexicaine sur des forces françaises. Ce jour, symbole de la liberté et de la souveraineté du Mexique, est fêté aux Etats-Unis où l'on célèbre l'héritage mexicain du pays. De nombreux défilés ont lieu à Manhattan (le plus souvent sur la Cinquième avenue) et à Brooklyn. Danses en costumes traditionnels, musique, drapeaux mexicains et sombreros... Et dans les restaurants mexicains de la ville, on fait des affaires sur les tacos et les margaritas !

MEMORIAL DAY

Tous les ans, le dernier lundi de mai.

Célébré le dernier lundi de mai, *Memorial Day* est le jour du souvenir. Ce jour férié a été officialisé au niveau fédéral en 1967, mais il a vu le jour dès 1865, à la fin de la guerre de Sécession. A l'origine, il fut proclamé en hommage aux hommes qui périrent lors de faits militaires durant la guerre civile. Aujourd'hui, il rend hommage à tous les membres des Forces armées américaines morts au combat. Un grand défilé est organisé sur la Cinquième Avenue. Ce jour marque également le début de la saison estivale aux Etats-Unis.

MET GALA

Le premier lundi de mai.

Chaque année au printemps, une ribambelle de stars, vêtues de leurs plus beaux habits de lumière selon un thème choisi, se réunissent au Metropolitan Museum. Sans doute l'événement le plus glamour de l'année ! C'est la papesse de la mode et rédactrice en chef de *Vogue* Anna Wintour qui organise le Met Gala, fondé en 1946. Rihanna, les sœurs Hadid, Diana Ross, Naomi Campbell, Cher et Kanye West font partie des habitués. La soirée la plus exclusive de l'année permet de récolter des fonds pour financer le Costume Institute du Met, qui comprend près de 30 000 costumes.

TRIBECA FILM FESTIVAL

www.tribecafilm.com

Une dizaine de jours en mai ou juin.

Une idée de Robert De Niro et Jane Rosenthal, pour aider à la renaissance de ce quartier du Lower Manhattan touché par les événements du 11 septembre 2001. Le défi est relevé, puisque les retombées économiques de l'événement sont estimées à 50 millions de dollars. Ce festival du film indépendant est organisé chaque année depuis 2002 et propose notamment de nombreux films indépendants français. Sa renommée est encore loin d'atteindre celles de Sundance, Cannes ou Berlin, mais le festival fait tout de même beaucoup parler de lui.

CHELSEA MUSIC FESTIVAL

www.chelseamusicfestival.org

Deux semaines, en juin.

Chaque mois de juin, le Chelsea Festival comble les oreilles, autant que les yeux et les papilles. De nombreux artistes internationaux sont invités à se produire dans le très dynamique quartier de Chelsea, que ce soit dans les parcs, les galeries d'art ou au bord de l'Hudson River. Originalité de ce festival fondé en 2010, la mise en relation entre la musique, qu'elle soit classique ou jazz, avec des performances visuelles ou encore des préparations culinaires. Et que les petits budgets se rassurent, la plupart des concerts sont gratuits.

GOVERNORS BALL MUSIC FESTIVAL

Randall's Island Park

www.governorsballmusicfestival.com

Début juin.

Le Governor's Ball s'est imposé comme l'un des plus importants festivals aux Etats-Unis. On y retrouve chaque année les plus grands artistes rock, folk, électro et hip-hop. Kanye West, Jack White, Outkast, Interpol, Phoenix, Beck, Kid Cudi, Guns N' Roses ou encore les Strokes se sont succédés sur scène. Le festival s'étend sur trois jours et la musique commence dès midi. Pas d'atmosphère hipster comme à Coachella (Californie), mais une ambiance survoltée pour les 12 000 spectateurs.

MERMAID PARADE

www.coneyislandusa.com

Mi-juin.

La parade des Sirènes de Coney Island se tient traditionnellement le dernier ou avant-dernier week-end de juin. Le but avoué consiste à élire la plus belle sirène après les défilés en char, voiture ou autre attelage. Ce *show*, à la fois burlesque, érotique et ringard, est prétexte à l'amusement dans une ambiance de fête foraine d'un autre temps ! Plus de 3 000 personnes participent au défilé chaque année. Hommes, femmes, enfants, tout le monde est le bienvenu, alors pourquoi ne pas vous laisser tenter ? Déguisements loufoques, musique et bonne humeur assurés !

NEWFEST

139 Fulton Street

✆ +1 212 571 2170

newfest.org

Début juin.

Pendant 10 jours au début du mois de juin (qui est le mois consacré à la célébration de la communauté LGBT à New York), et ce depuis 1988, le New Festival offre un panorama mondial des longs-métrages gay, lesbiens, transgenres et bisexuels, et de ceux proches de leurs univers. Particuliers et professionnels (producteurs, distributeurs) se retrouvent pour y découvrir les productions des grands studios, des petits films indépendants, insolites ou expérimentaux, des documentaires, etc. Chaque année, le prix du Grand Jury est remis à un film participant.

PRIDE MARCH

154 Christopher Street

✆ +1 212 807 7433

www.nycpride.org

Le dernier dimanche de juin.

Les *sound-systems* déversent toutes les musiques sur une foule aux peaux multicolores. Que de déguisements, de paillettes, de froufrous, de cuirs, de bijoux et de maquillages ! La parade est un carnaval, un vrai, et l'occasion d'un défoulement géant. Ici, la provocation est reine, et les hétéros se mêlent allègrement au cortège. Un million de personnes se joignent à la parade qui part de Midtown pour descendre jusqu'à Washington Square puis Christopher Street dans le Village, symbole des premiers combats de la communauté LGBT aux Etats-Unis.

SUMMER RECITALS

www.metopera.org

Mi-juin.

Si vous avez toujours rêvé d'assister à un opéra mais que vous n'avez pas le budget pour, voici un festival qui vous ravira ! A partir de mi-juin et pendant une dizaine de jours, vous pourrez assister à des concerts gratuits un peu partout dans la ville, organisés par le Metropolitan Opera. Les plus grands chanteurs d'opéra, généralement accompagnés d'un pianiste, se produisent dans les parcs de New York, à Central Park, au Brooklyn Bridge Park mais aussi dans le Queens, au Socrates Sculpture Park et à Staten Island, au Clove Lakes Park.

BROADWAY IN BRYANT PARK

www.bryantpark.org

De mi-juillet à mi-août.

Chaque jeudi à 12h, les comédies musicales de Broadway présentent une partie de leur spectacle sur la scène en plein air de Bryant Park, avec les buildings de Midtown en toile de fond. L'occasion de voir *Chicago, Jersey Boys, Beetlejuice* ou *Pretty Woman*. Quatre ou cinq comédies musicales sont jouées chaque jeudi, pour une durée de 15 à 20 minutes chacune, avec les véritables acteurs. La bonne nouvelle, c'est que c'est entièrement gratuit. La mauvaise, c'est que vous aurez forcément envie d'aller voir un spectacle en entier sur Broadway après ça !

BRYANT PARK MOVIE NIGHTS

Le lundi soir, de début juin à fin août.

Les lundis d'été, la pelouse de Bryant Park se remplit de spectateurs venus regarder des classiques du cinéma sur écran géant. La programmation est très bien choisie, entre les films cultes qui se déroulent à New York (*Ghostbusters*, *Les Affranchis*, *Quand Harry rencontre Sally*), ceux que l'on connaît par cœur (*Dirty Dancing*, *Jurassic Park*), et les comédies et films plus récents. Lorsque la pelouse ouvre, à 17h, une marée humaine équipée de couvertures envahit les lieux. Il faut ensuite patienter jusqu'à 20h au minimum, pensez à apporter de quoi vous occuper. Unique !

petit futé

Marre de passer des heures sur internet pour trouver des bons plans ?
my petit fute
M'A FAIT GAGNER UN TEMPS FOU AVEC SES RECOMMANDATIONS D'ITINÉRAIRES ET SES BONS PLANS TESTÉS PAR DES RÉDACTEURS LOCAUX.
© VIKTOR GL - ISTOCKPHOTO.COM
VOTRE GUIDE NUMÉRIQUE SUR MESURE EN MOINS DE 5 MINUTES POU
2,99 €
mypetitfute.fr

CELEBRATE BROOKLYN !

Prospect Park, Park Slope
NEW YORK (BROOKLYN)
✆ +1 718 855 7882
www.celebratebrooklyn.org
Tout l'été.

L'équivalent, à Brooklyn, du Summerstage de Manhattan ! Ce festival organisé par BRIC (Brooklyn Information & Culture) dure tout l'été et propose un programme varié de musique, danse et théâtre. Chaque semaine est consacrée à un thème et inclut pop, jazz, gospel, musique classique, latino, africaine, caribéenne, mais aussi danse moderne, ethnique et classique. Enfin, la Kings County Shakespeare Company présente, pendant une semaine, plusieurs pièces du maître de Stratford. Bien que l'entrée soit gratuite, une donation de 3 US$ est fortement conseillée.

BASTILLE DAY

Rumsey Playfield
www.newyork.consulfrance.org
Le 14 juillet.

Chaque année, depuis 2021, le Consulat général de France à New York organise un grand festival au cœur de Central Park pour célébrer la France et l'amitié franco-américaine. Entièrement gratuit et ouvert à tous, l'événement accueille environ 9 000 personnes. La programmation est souvent impressionnante pour un concert gratuit : en 2025, Patrick Bruel, BigFlo & Oli et Bob Sinclar étaient de la partie. Rendez-vous au Rumsey Playfield pour célébrer la fête nationale dans une ambiance festive, entouré de Français et francophiles !

INDEPENDENCE DAY

Le 4 juillet.

Des festivités ont lieu à travers tous les États-Unis à l'occasion de la fête nationale américaine. Le 4 juillet 1776, la version finale de la Déclaration d'Indépendance fut validée et son adoption fut votée, marquant l'indépendance du pays vis-à-vis de la Grande-Bretagne. À New York, beaucoup portent des vêtements rouges, blancs et bleus et se préparent à assister aux feux d'artifice lancés depuis Manhattan, le plus souvent depuis la East River (sauf en 2024, où ils ont été lancés depuis la Hudson River au grand dam des habitants de Queens et Brooklyn).

SUMMER FOR THE CITY

10 Lincoln Center Plaza
www.lincolncenter.org
De mi-juin à mi-août.

Des performances artistiques, événements pour toute la famille et concerts, totalement gratuits, sont organisés tout l'été par le Lincoln Center. Ils se produisent pour la plupart au Damrosch Park, juste à côté de la Metropolitan Opera House et du David H. Koch Theatre. L'abri d'orchestre, comme une coquille incurvée sur la scène, est utilisé pour l'acoustique. Chaque année, sont accueillis des musiciens (Patty Griffin, Jeff Tweedy), des comédiens de stand-up (Roy Wood Jr. en 2019), mais aussi des diffusions de films et des performances d'art contemporain.

NATHAN'S FAMOUS HOT DOG EATING CONTEST

1310 Surf Avenue
NEW YORK (BROOKLYN)
www.nathansfamous.com
Le 4 juillet.

Le jour de la fête nationale, et ce depuis 1916, Nathan's Famous, le roi du hot-dog de Coney Island, organise un concours géant de mangeurs… de hot-dogs. Le record est détenu par un certain Joey «jaws» Chestnut qui a réussi en 2021 la prouesse d'avaler pas moins de 76 hot-dogs en 10 minutes ! C'est d'ailleurs le record du monde. Chez les femmes, c'est la New-Yorkaise Miki Sudo qui l'a emporté en 2020 après avoir avalé 48 hot-dogs. Unique et kitsch !

SUMMERSCREEN

McCarren Park
NEW YORK (BROOKLYN)
summerscreen.org
Les projections sont gratuites. Stands de boissons et sandwiches sur place.

Tous les étés durant les mois de juillet et août, des projections de films sont organisées au McCarren Park. Brooklyn oblige, ce sont souvent des films déjantés, *has-been* mais cultes, qui sont proposés. Des longs-métrages généralement inconnus des Français mais célèbres aux Etats-Unis. Alors si vous êtes fans de *Dazed and Confused, Wet Hot American Summer, Clueless* et *Ferris Bueller*, ce festival est pour vous.

Pensez-bien à prendre un coussin ou une serviette de plage car deux heures assis sur du goudron, ça peut faire mal !

ELECTRIC ZOO FESTIVAL

www.electriczoofestival.com

Le week-end du Labor Day.

L'électro tient encore une place importante à New York grâce au festival Electric Zoo, lancé en 2009. Tous les plus grands DJs et artistes électro de la planète se retrouvent début septembre pour faire faire danser 150 000 fans pendant trois jours. Devenu un incontournable de la scène électro, le festival a été la cible de critiques en 2013 suite au décès par *overdose* de deux festivaliers. Le dernier jour du festival avait finalement été annulé par les organisateurs à la demande de la mairie. Le *line-up* n'en demeure pas moins assez exceptionnel.

CHELSEA FILM FESTIVAL

Regal Theatres Union Square

www.chelseafilm.org

Mi-octobre.

Ce festival international de cinéma projette des films indépendants venus du monde entier, et offre une plateforme aux réalisateurs émergents. Il se déroule chaque année au mois d'octobre, dans le quartier de Chelsea. Le festival se démarque par sa diversité culturelle et artistique. Depuis sa création en 2013, le Chelsea Film Festival est devenu l'un des plus importants festivals de cinéma des États-Unis. Et pour l'anecdote, le festival a été fondé par un duo mère-fille d'actrices françaises, Ingrid et Sonia Jean-Baptiste !

NEW YORK FILM FESTIVAL

70 Lincoln Center Plaza

www.filmlinc.com/nyff

De fin septembre à la mi-octobre.

Le NYFF est le grand événement cinématographique de New York. Là ou le TriBeCa Film Festival met en avant beaucoup de jeunes films indépendants, le NYFF accueille tous les plus grands réalisateurs américains et le meilleur du cinéma étranger. Fréquemment, les films présents aux Oscars font leur avant-première au festival. Si beaucoup de séances sont réservées à la presse, il est possible de voir la plupart des films en réservant les places à l'avance. On peut alors assister à la diffusion des films en avant-première aux côtés des acteurs et du réalisateur.

TOMPKINS SQUARE HALLOWEEN DOG PARADE

500 East 9th Street

www.tompkinssquaredogrun.com

Un dimanche fin octobre.

Le samedi d'avant Halloween, les chiens défilent déguisés à Tompkins Square, depuis plus de 30 ans. Les chiens et leurs maîtres portent un costume assorti. Vous verrez des centaines de chiens aux costumes les plus inventifs les uns que les autres, chien à trois têtes, chien superman, chihuahua mariachi, il y en a pour tous les goûts ! Le défilé a lieu entre midi et 15 heures. Des prix sont remis aux plus beaux costumes et une quête est organisée pour les œuvres de charité.

COLUMBUS DAY

Deuxième lundi d'octobre.

Ce jour férié commémore l'arrivée de Christophe Colomb dans le Nouveau-Monde, en octobre 1492. A New York, la communauté italienne fait la fête et défile sur la Cinquième Avenue pour célébrer le navigateur, considéré comme un héros national. La célébration rencontre néanmoins une vive opposition de la part des défenseurs des populations indigènes, pour qui fêter Columbus Day revient à célébrer les massacres perpétués par les colons sur les Amérindiens. De nombreuses villes célèbrent Indigenous Peoples Day à la place, ça n'est pas (encore) le cas de New York.

VILLAGE HALLOWEEN PARADE

6th Avenue, de Spring Street à 16th Street

www.halloween-nyc.com

Le 31 octobre.

Attention à ne pas traîner trop tard dans les rues le 31 octobre. Zombies, monstres et sorcières se mélangent aux New-Yorkais une fois la nuit tombée. Complètement déjanté, le défilé géant d'Halloween à Greenwich Village est une preuve de plus de l'inventivité des Américains. Du *trader* de Wall Street aux *hipsters* de Williamsburg, tout New York se déguise, et parfois dès le matin pour aller au bureau. Pour faire la fête, baladez-vous dans les quartiers résidentiels de Manhattan et de Brooklyn où d'innombrables *dance parties* chez l'habitant sont organisées.

MARATHON DE NEW YORK

9 East 89th Street
✆ +1 212 423 2249
www.tcsnycmarathon.org
Le premier dimanche de novembre.

Chaque premier dimanche du mois de novembre, près de cinquante mille coureurs du monde entier se regroupent pour le départ du plus célèbre marathon du monde sur le pont Verrazano-Narrows. Tout le long des 42,195 km, les coureurs sont soutenus par une foule enthousiaste qui encourage les participants. Un véritable show à l'américaine : des stands gigantesques, des rues décorées et des *speakers* qui commentent en direct dans la rue. Douze mille bénévoles, deux millions de spectateurs le long du parcours et des dizaines de millions de téléspectateurs dans le monde.

THANKSGIVING

Quatrième jeudi de novembre.

Cette fête familiale typiquement américaine, la plus importante de l'année, commémore le repas donné par les premiers immigrants - les pères Pèlerins - en remerciement à Dieu et aux Autochtones pour leur avoir permis de survivre au premier hiver dans le Nouveau Monde. Au menu : dinde, purée, sauce à la canneberge, pain de maïs, tarte aux pommes et à la noix de pécan. Une immense parade, suivie par des millions d'Américains à la télévision, a lieu chaque année de la 77e rue sur Central Park West jusqu'à Macy's, devant un parterre de stars.

VETERANS DAY

Le 11 novembre.

Le 11 novembre, pendant que l'on fête l'armistice en France, Veterans Day est célébré aux Etats-Unis. Ce jour férié, à l'origine appelé Armistice Day, a été instauré par le président Woodrow Wilson en 1919, pour célébrer la fin de la Première Guerre mondiale. Depuis, cette commémoration a pris un sens plus large, et elle rend désormais hommage à tous les anciens combattants. Les vétérans de toutes les guerres dans lesquelles les soldats américains se sont battus sont mis à l'honneur lors d'un grand défilé sur la Cinquième Avenue.

CHRISTMAS DAY

Le 25 décembre.

Dès la fin novembre, la ville se pare de ses plus beaux habits. Marchés de Noël à Bryant Park, Union Square et Williamsburg, odeur de chocolat chaud à la cannelle, vitrines de la 5e avenue décorées, sapin géant à Rockefeller Center, New York ne fait pas les choses à moitié lorsqu'arrive Noël. Parmi les activités recommandées le soir de Noël : le spectacle *The Rockettes* au Radio City Music Hall, le ballet *Casse-Noisette* au Lincoln Center, la visite des maisons magnifiquement illuminées de Dyker Heights à Brooklyn et la messe à la cathédrale Saint-John the Divine.

TIMES SQUARE BALL DROP

Times Square
31 décembre.

A l'occasion du passage à la nouvelle année, environ 1 million de personnes se réunissent à Times Square pour assister au *Ball Drop* : à 23h59, la boule suspendue au mât perché sur le toit du gratte-ciel One Times Square descend de 43 mètres en 60 secondes. Lorsqu'elle termine sa chute, il est minuit pile et c'est le début de la nouvelle année, marqué par un superbe feu d'artifice. A éviter si vous détestez la foule, le froid et le fait de ne pas pouvoir faire pipi pendant dix heures !

SE REPÉRER / SE DÉPLACER

New York est une ville gigantesque (grande comme sept fois Paris !), qui se découvre toutefois très bien à pied. Dans votre valise, pensez à prendre vos chaussures de marche les plus confortables, car à Manhattan, on enchaine les kilomètres sans s'en rendre compte. La bonne nouvelle, c'est qu'il est très facile de se repérer sur l'île, divisée en 220 rues sur sa longueur et 15 avenues sur sa largeur, la plupart étant numérotées. Si vos pieds commencent à chauffer, c'est qu'il est temps de vous rabattre sur l'un des autres modes de transports disponibles. Le métro est l'option la plus économique et la plus pratique, mais New York est également dotée d'un bon réseau de bus, de *ferries* et de vélos en libre-service. Enfin, pour prendre un mythique *yellow cab*, il vous suffira de lever le bras…

500M
UPPER WEST SI
ET CENTRAL PA
AMERICAN MU
NATURAL H
TIMES SQUARE ET MIDTOWN
CARNEGIE HALL
MUSEUM OF MODE
TOP OF THE ROCK
ROCKEFELLER CENTER
Bryant Park
SAINT PATRICK'S CA
Washington Square
GRAND CENTRAL TERMINAL
EMPIRE STATE BUILDING
CHRYSLER BUILDING
High Line
FLATIRON BUILDING
Union Square
GREENWICH VILLAGE, WEST VILLAGE ET MEATPACKING DISTRICT
FINANCIAL DISTRICT SOHO ET CHINATOWN
9/11 MEMORIAL
ONE WORLD TRADE CENTER - ONE WORLD OBSERVATORY
WORLD TRADE CENTER SITE
9/11 TRIBUTE MUSEUM
EAST VILLAGE, LOWER EAST SIDE ET ALPHABET CITY
BROOKLYN BRIDGE

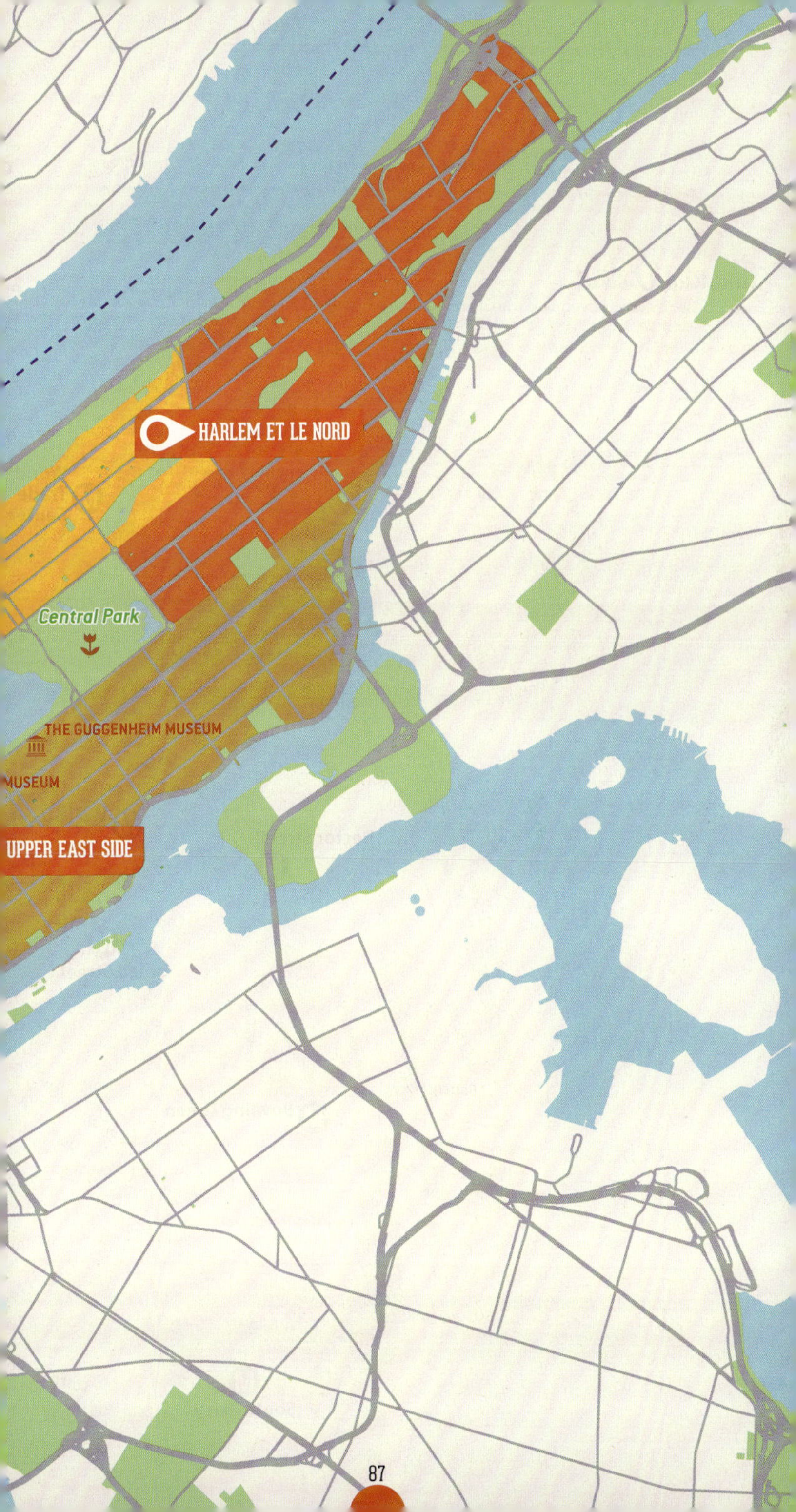
HARLEM ET LE NORD
Central Park
THE GUGGENHEIM MUSEUM
MUSEUM
UPPER EAST SIDE

Financial District
Lily Pond
VESEY GREEN
Murray Street
North End Avenue
West Street
Warren Street
Chambers Street
Murray Street
Vesey Street
Barclay Street
Park Place
Vesey Street
West Broadway
BROOKFIELD PLACE
ONE WORLD TRADE CENTER - ONE WORLD OBSERVATORY
PERELMAN PERFORMING ARTS CENTER (PAC NYC)
Church Street
Memorial North Pool
THE ESPLANADE
WORLD TRADE CENTER SITE – GROUND ZERO
THE OCULUS - WORLD TRADE CENTER TRANSPORTATION HUB
World Trade Center
Fleuve Hudson
WTC 3
9/11 MUSEUM
9/11 MEMORIAL
Memorial South Pool
Dey Street
Battery Park City Greenway
Cedar Street
LIBERTY PARK
SAINT NICHOLAS GREEK ORTHODOX CHURCH
MERCER LABS : MUSEUM OF ART AND TECHNOLOGY
South End Avenue
WORLD CENTER HOTEL
Cortlandt
NEW YORK MARRIOTT DOWNTOWN
Rector Place
Washington Street
Greenwich Street
Cedar Street
Broadway
West Thames Street
Trinity Place
TRINITY CHURCH
Wall Street
Rector Street
3rd Place
Little West Street
FEDERAL HALL NATIONAL MEMORIAL
NEW YORK STOCK EXCHANGE
Battery Place
MUSEUM OF JEWISH HERITAGE
Morris Street
Broad Street
WAGNER PARK
Washington Street
Greenwich Street
Broadway
Battery Place
CHARGING BULL
Bowling Green
South William Street
Stone Street
BATTERY PARK
THE MUSEUM OF THE AMERICAN INDIAN
STONE STREET
CASTLE CLINTON
FRAUNCES TAVERN RESTAURANT
FRAUNCES TAVERN MUSEUM
THE DEAD RABBIT
State Street
Bosque Fountain
Reflecting Fountain
BOSQUE GARDENS
Battery Bikeway
SEAGLASS CAROUSEL
East River Greenway
South Ferry
Vers STATUE DE LA LIBERTÉ

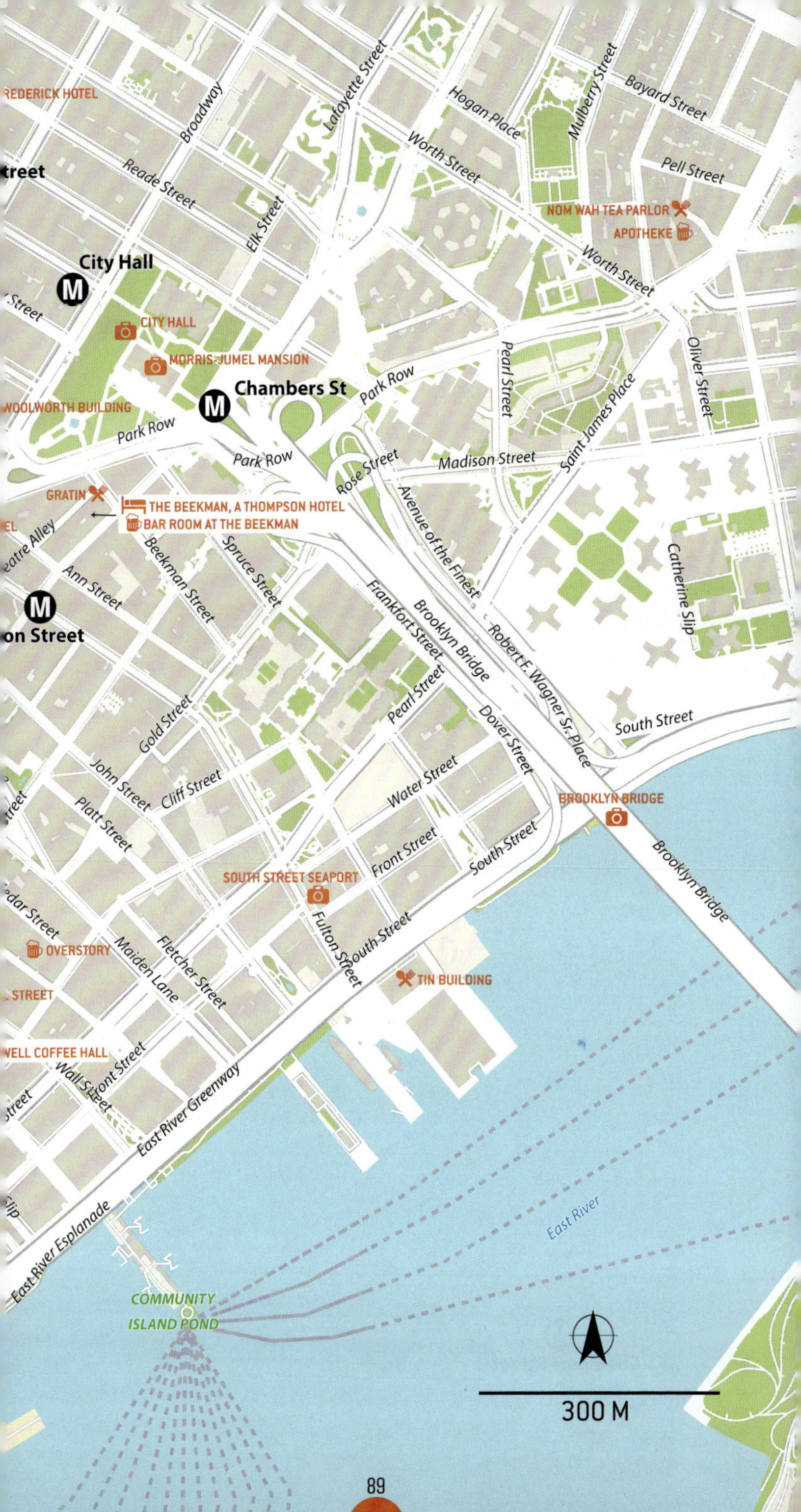

REDERICK HOTEL
treet
Broadway
Reade Street
Lafayette Street
Hogan Place
Worth Street
Mulberry Street
Bayard Street
Pell Street
NOM WAH TEA PARLOR
APOTHEKE
Worth Street
Elk Street
City Hall
Street
CITY HALL
MORRIS-JUMEL MANSION
Chambers St
WOOLWORTH BUILDING
Park Row
Park Row
Park Row
Pearl Street
Oliver Street
Saint James Place
Madison Street
Rose Street
GRATIN
THE BEEKMAN, A THOMPSON HOTEL
BAR ROOM AT THE BEEKMAN
EL
eatre Alley
Ann Street
Beekman Street
Spruce Street
Avenue of the Finest
Catherine Slip
on Street
Frankfort Street
Brooklyn Bridge
Robert F. Wagner Sr. Place
Pearl Street
Dover Street
South Street
Gold Street
John Street
Cliff Street
Water Street
Platt Street
BROOKLYN BRIDGE
Brooklyn Bridge
Front Street
South Street
SOUTH STREET SEAPORT
dar Street
Fulton Street
South Street
OVERSTORY
Maiden Lane
Fletcher Street
TIN BUILDING
STREET
WELL COFFEE HALL
Wall Street
Front Street
treet
East River Greenway
Slip
East River Esplanade
East River
COMMUNITY
ISLAND POND
300 M

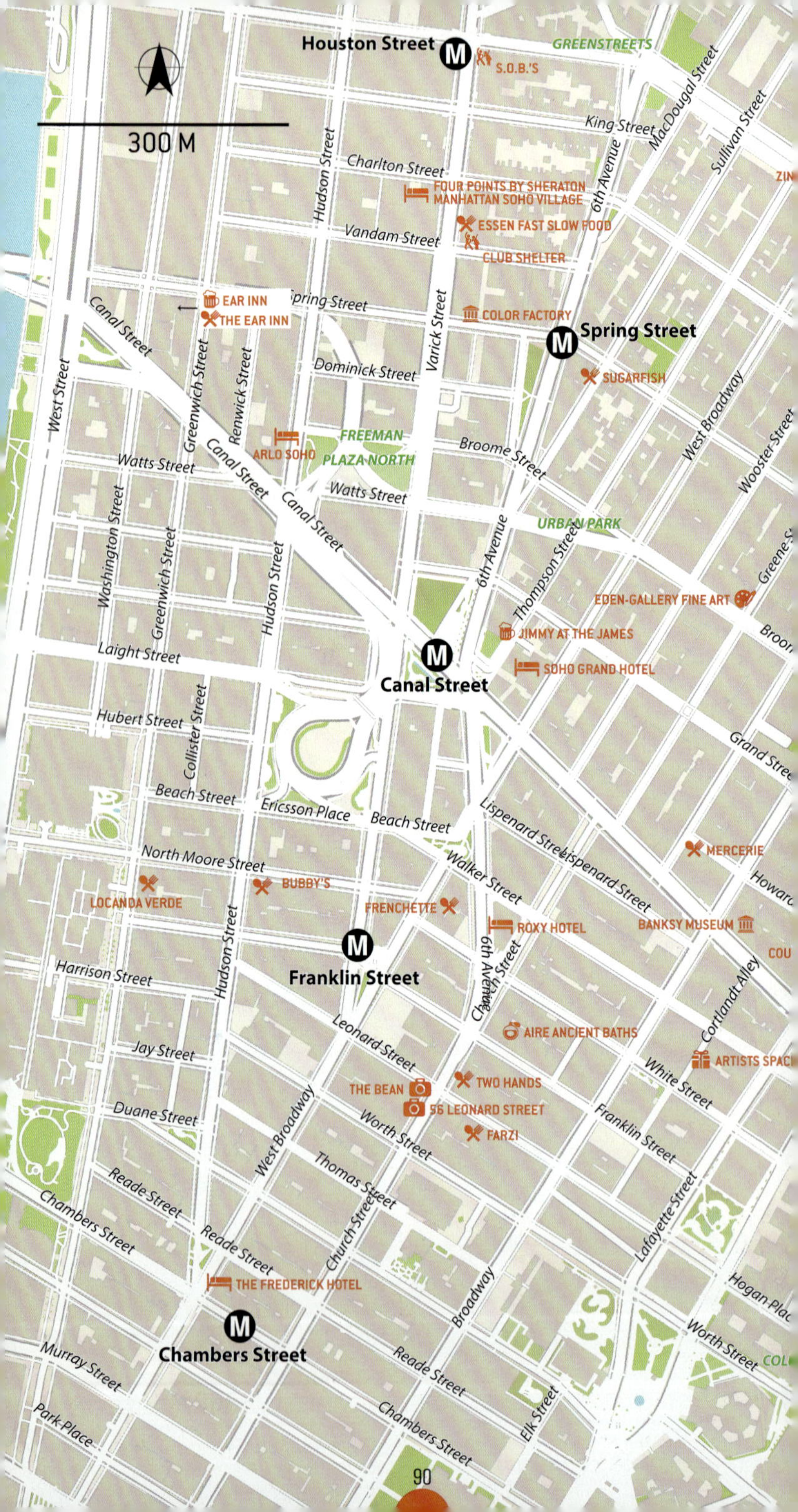
300 M
Houston Street
S.O.B.'S
GREENSTREETS
King Street
MacDougal Street
Sullivan Street
Charlton Street
Hudson Street
FOUR POINTS BY SHERATON MANHATTAN SOHO VILLAGE
6th Avenue
Vandam Street
ESSEN FAST SLOW FOOD
CLUB SHELTER
EAR INN
THE EAR INN
Spring Street
Varick Street
COLOR FACTORY
Spring Street
Canal Street
SUGARFISH
Dominick Street
West Street
Greenwich Street
Renwick Street
ARLO SOHO
FREEMAN PLAZA NORTH
Broome Street
West Broadway
Wooster Street
Watts Street
Canal Street
Watts Street
Canal Street
URBAN PARK
Washington Street
Greenwich Street
Hudson Street
6th Avenue
Thompson Street
EDEN-GALLERY FINE ART
JIMMY AT THE JAMES
Laight Street
Canal Street
SOHO GRAND HOTEL
Hubert Street
Collister Street
Grand Street
Beach Street
Ericsson Place
Beach Street
Lispenard Street
Lispenard Street
Walker Street
MERCERIE
North Moore Street
BUBBY'S
LOCANDA VERDE
FRENCHETTE
ROXY HOTEL
BANKSY MUSEUM
Hudson Street
6th Avenue
Church Street
Franklin Street
Harrison Street
Cortlandt Alley
Leonard Street
AIRE ANCIENT BATHS
Jay Street
ARTISTS SPACE
TWO HANDS
White Street
THE BEAN
56 LEONARD STREET
Duane Street
West Broadway
Worth Street
FARZI
Franklin Street
Thomas Street
Reade Street
Lafayette Street
Chambers Street
Church Street
Reade Street
Hogan Place
Broadway
THE FREDERICK HOTEL
Worth Street
Chambers Street
Murray Street
Reade Street
Elk Street
Park Place
Chambers Street

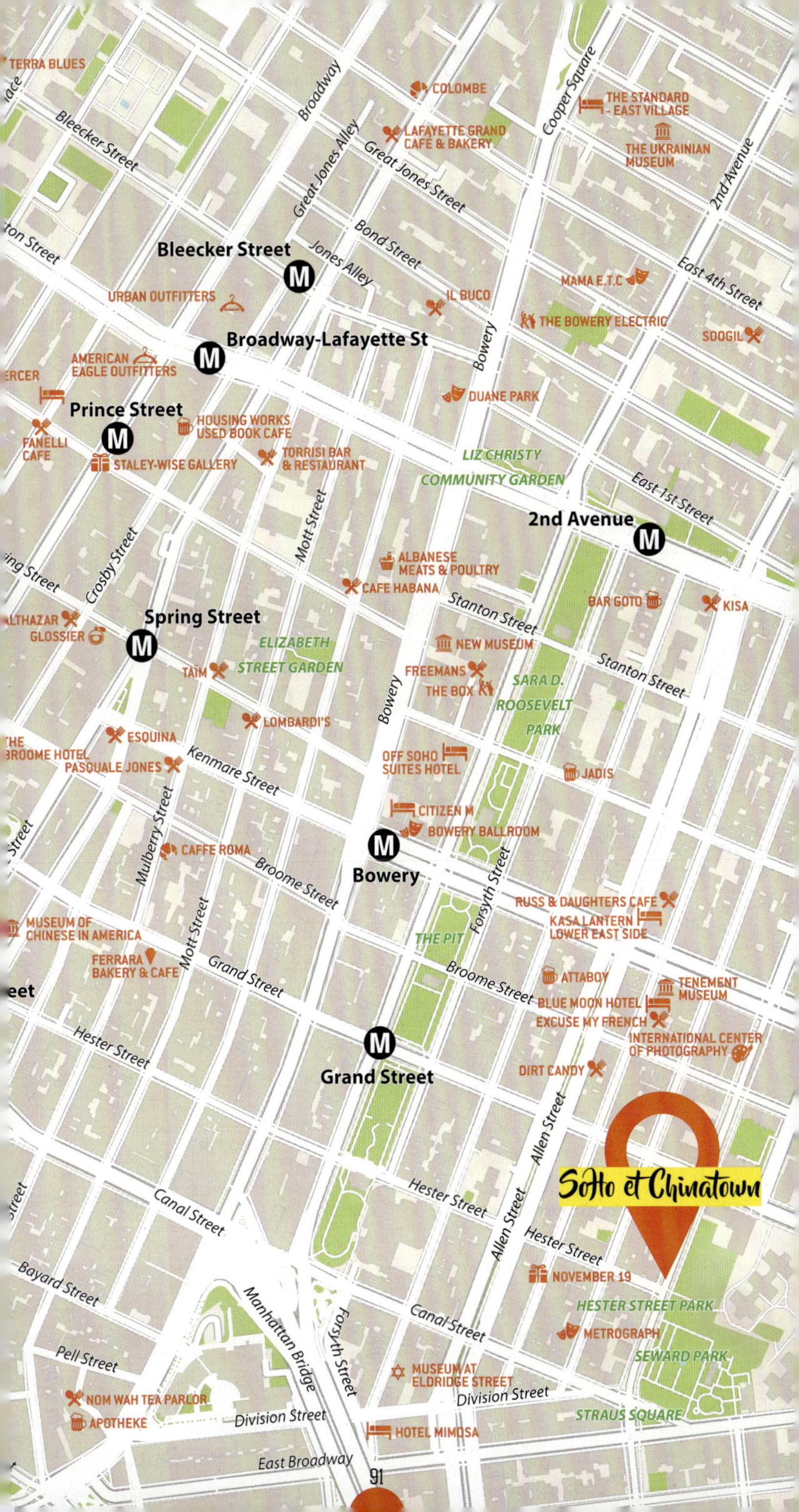

SoHo et Chinatown
Bleecker Street
Broadway-Lafayette St
Prince Street
Spring Street
2nd Avenue
Bowery
Grand Street
TERRA BLUES
COLOMBE
LAFAYETTE GRAND CAFE & BAKERY
THE STANDARD - EAST VILLAGE
THE UKRAINIAN MUSEUM
MAMA E.T.C
IL BUCO
THE BOWERY ELECTRIC
SOOGIL
URBAN OUTFITTERS
AMERICAN EAGLE OUTFITTERS
DUANE PARK
HOUSING WORKS USED BOOK CAFE
FANELLI CAFE
STALEY-WISE GALLERY
TORRISI BAR & RESTAURANT
LIZ CHRISTY COMMUNITY GARDEN
ALBANESE MEATS & POULTRY
CAFE HABANA
BAR GOTO
KISA
GLOSSIER
NEW MUSEUM
ELIZABETH STREET GARDEN
TAÏM
FREEMANS
THE BOX
SARA D. ROOSEVELT PARK
LOMBARDI'S
ESQUINA
PASQUALE JONES
OFF SOHO SUITES HOTEL
JADIS
CITIZEN M
BOWERY BALLROOM
CAFFE ROMA
RUSS & DAUGHTERS CAFE
KASA LANTERN LOWER EAST SIDE
MUSEUM OF CHINESE IN AMERICA
THE PIT
FERRARA BAKERY & CAFE
ATTABOY
TENEMENT MUSEUM
BLUE MOON HOTEL
EXCUSE MY FRENCH
INTERNATIONAL CENTER OF PHOTOGRAPHY
DIRT CANDY
NOVEMBER 19
HESTER STREET PARK
METROGRAPH
SEWARD PARK
MUSEUM AT ELDRIDGE STREET
NOM WAH TEA PARLOR
APOTHEKE
HOTEL MIMOSA
STRAUS SQUARE
Bleecker Street
Broadway
Great Jones Alley
Great Jones Street
Cooper Square
Bond Street
Jones Alley
2nd Avenue
East 4th Street
Bowery
East 1st Street
Mott Street
Crosby Street
Stanton Street
Kenmare Street
Mulberry Street
Broome Street
Forsyth Street
Grand Street
Hester Street
Allen Street
Canal Street
Bayard Street
Manhattan Bridge
Pell Street
Division Street
East Broadway

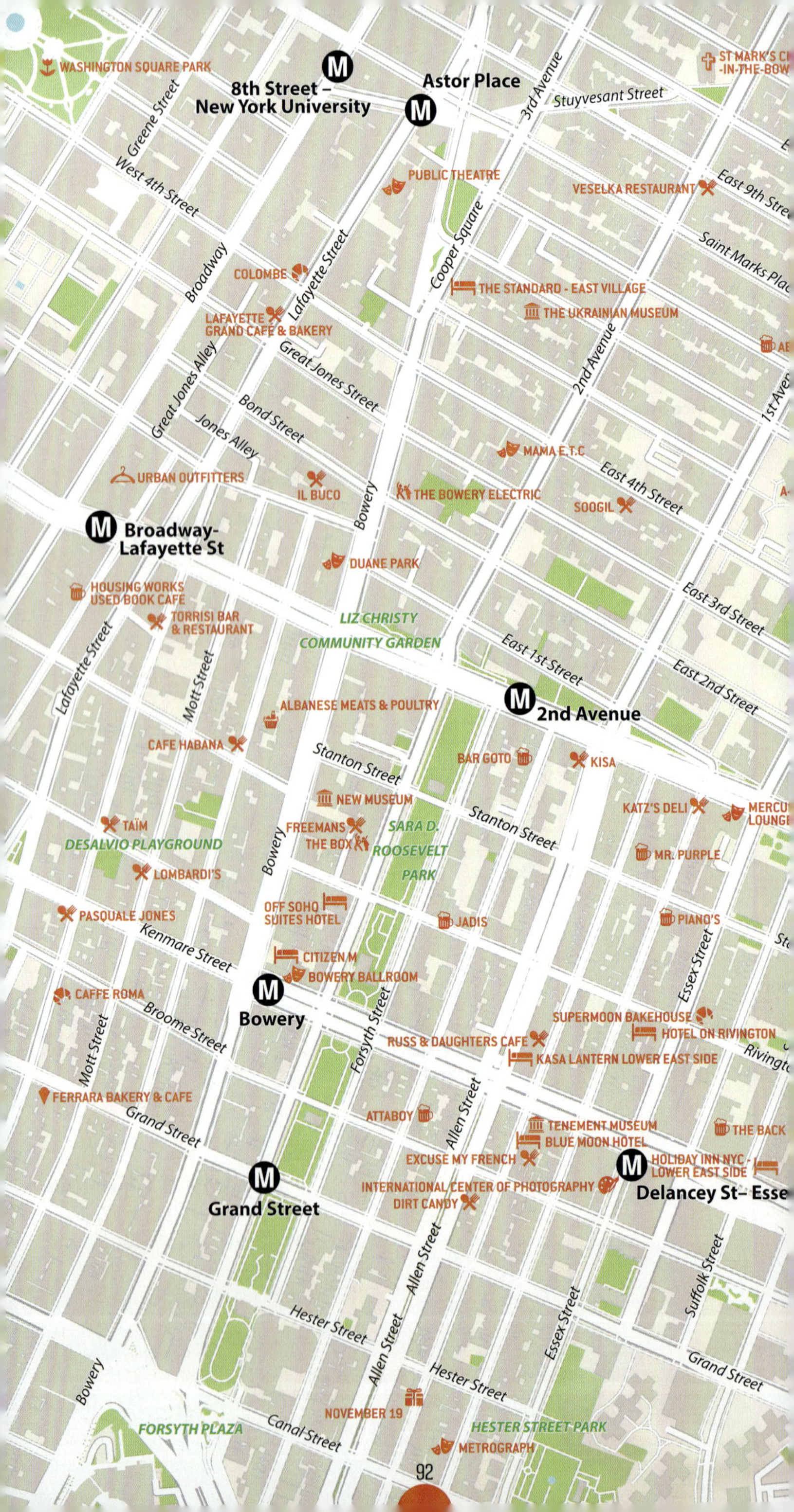
WASHINGTON SQUARE PARK
8th Street – New York University
Astor Place
ST MARK'S CH-IN-THE-BOW
Stuyvesant Street
3rd Avenue
Greene Street
West 4th Street
PUBLIC THEATRE
VESELKA RESTAURANT
East 9th Street
Saint Marks Place
Cooper Square
Broadway
Lafayette Street
COLOMBE
THE STANDARD - EAST VILLAGE
THE UKRAINIAN MUSEUM
LAFAYETTE GRAND CAFE & BAKERY
Great Jones Street
2nd Avenue
1st Avenue
Great Jones Alley
Bond Street
Jones Alley
MAMA E.T.C
East 4th Street
URBAN OUTFITTERS
IL BUCO
Bowery
THE BOWERY ELECTRIC
SOOGIL
Broadway-Lafayette St
DUANE PARK
HOUSING WORKS USED BOOK CAFE
TORRISI BAR & RESTAURANT
LIZ CHRISTY COMMUNITY GARDEN
East 3rd Street
East 1st Street
East 2nd Street
Lafayette Street
Mott Street
2nd Avenue
ALBANESE MEATS & POULTRY
CAFE HABANA
Stanton Street
BAR GOTO
KISA
NEW MUSEUM
KATZ'S DELI
MERCURY LOUNGE
TAÏM
FREEMANS
SARA D. ROOSEVELT PARK
Stanton Street
DESALVIO PLAYGROUND
THE BOX
MR. PURPLE
LOMBARDI'S
Bowery
OFF SOHO SUITES HOTEL
PASQUALE JONES
JADIS
PIANO'S
Kenmare Street
Essex Street
CITIZEN M
BOWERY BALLROOM
CAFFE ROMA
Bowery
Broome Street
Forsyth Street
SUPERMOON BAKEHOUSE
HOTEL ON RIVINGTON
RUSS & DAUGHTERS CAFE
Rivington
KASA LANTERN LOWER EAST SIDE
Mott Street
FERRARA BAKERY & CAFE
Grand Street
ATTABOY
Allen Street
TENEMENT MUSEUM
THE BACK
BLUE MOON HOTEL
EXCUSE MY FRENCH
HOLIDAY INN NYC - LOWER EAST SIDE
INTERNATIONAL CENTER OF PHOTOGRAPHY
DIRT CANDY
Grand Street
Delancey St– Esse
Allen Street
Suffolk Street
Hester Street
Essex Street
Allen Street
Grand Street
Bowery
Hester Street
NOVEMBER 19
FORSYTH PLAZA
Canal Street
HESTER STREET PARK
METROGRAPH

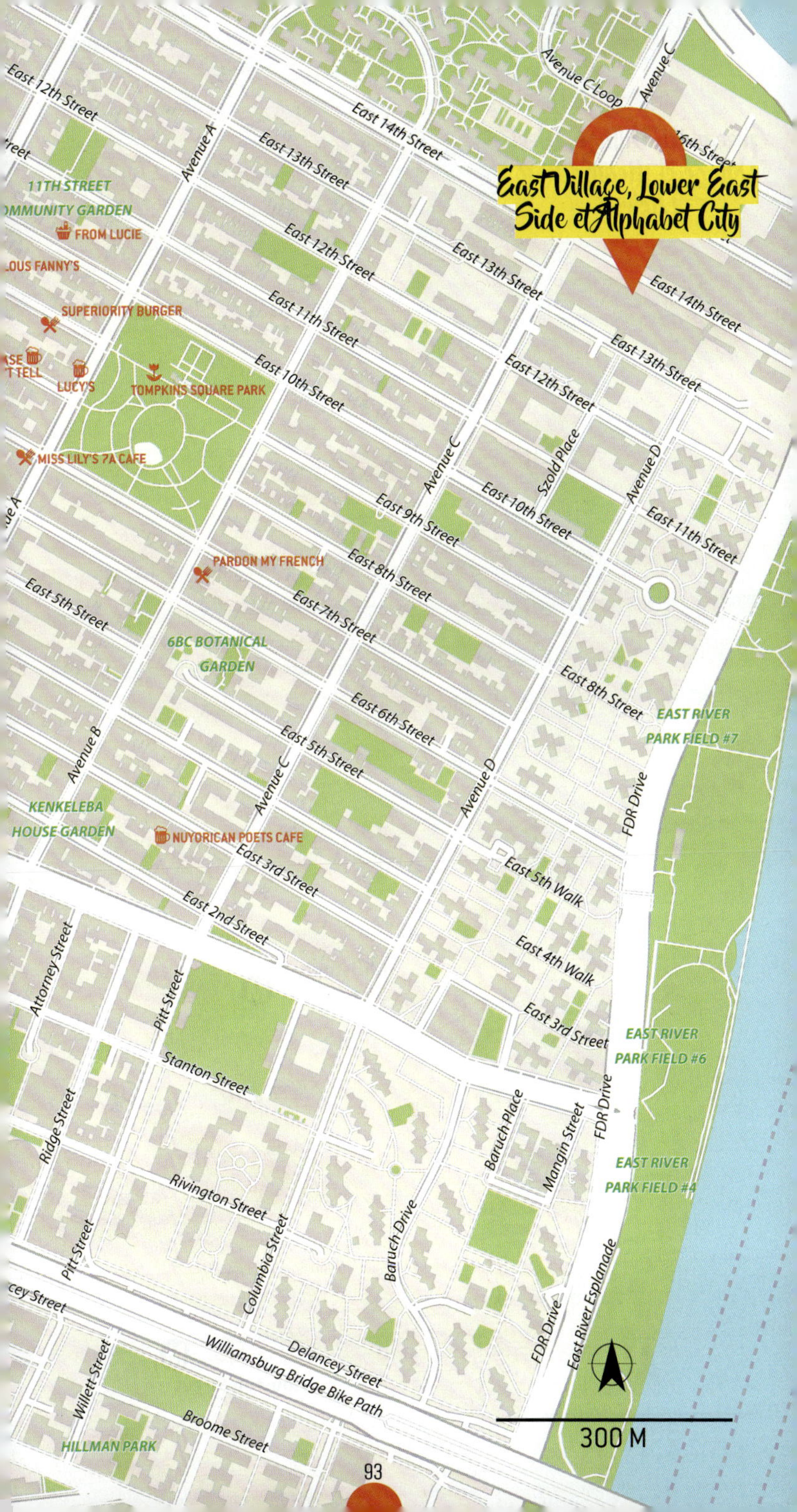
East Village, Lower East Side et Alphabet City
11TH STREET
COMMUNITY GARDEN
FROM LUCIE
SUPERIORITY BURGER
LUCY'S
TOMPKINS SQUARE PARK
MISS LILY'S 7A CAFE
PARDON MY FRENCH
6BC BOTANICAL GARDEN
KENKELEBA HOUSE GARDEN
NUYORICAN POETS CAFE
EAST RIVER PARK FIELD #7
EAST RIVER PARK FIELD #6
EAST RIVER PARK FIELD #4
HILLMAN PARK
East 14th Street
East 13th Street
East 12th Street
East 11th Street
East 10th Street
East 9th Street
East 8th Street
East 7th Street
East 6th Street
East 5th Street
East 3rd Street
East 2nd Street
East 5th Walk
East 4th Walk
Avenue A
Avenue B
Avenue C
Avenue D
Avenue C Loop
Szold Place
FDR Drive
Attorney Street
Pitt Street
Ridge Street
Stanton Street
Rivington Street
Columbia Street
Baruch Drive
Baruch Place
Mangin Street
East River Esplanade
Delancey Street
Williamsburg Bridge Bike Path
Willett Street
Broome Street
300 M

Greenwich Village, West Village et Meatpacking District
LITTLE ISLAND
MAIN LAWN
GENESIS HOUSE
BAIN
Hudson River Greenway
10th Avenue
West 17th Street
West 16th Street
West 15th Street
ANTHROPOLOGIE
EAT OFFBEAT
CHELSEA MARKET
High Line
West 14th Street
9th Avenue
STARBUCKS RESERVE
West 13th Street
Little West 12th Street
Bloomfield Street
GANSEVOORT PENINSULA
West Street
10th Avenue
RH ROOFTOP RESTAURANT
GANSEVOORT HOTEL
MUSEUM OF ILLUSIONS
Gansevoort Street
WHITNEY MUSEUM OF AMERICAN ART
Hudson Street
Horatio Street
Jane Street
Jane St
Hudson River Park Esplanade
Fleuve Hudson
INCENTRA VILLAGE HOUSE
West 12th Street
BONBONNIERE
8th Avenue
MALAPARTE
Bank Street
WAVERLY
Washington Street
West Street
SOGNO TOSCANO MARKET & WINE
MAGNOLIA'S BAKERY
West 11th Street
WHITE HORSE TAVERN
RICHAUD PETITE BAKERY
SANT'AMBROEUS
Perry Street
Bleecker Street
Charles Lane
Charles Street
PIER 46
KATANA KITTEN
FAIRFAX
CELLAR DOG
MARIE'S CRISIS CAFÉ
ARTHUR'S TAVERN
PIER 45
Christopher Street
M
VIA CAROTA
West Street
FRIENDS BUILDING
Barrow Street
Commerce Street
Bleecker Street
Morton Street
MURRAY'S CHEESE SHOP
Leroy Street
Leroy Street
NAMI NORI
PIER 40
Clarkson Street
CHÊNE
Bedford Street
West Houston Street
M
S.O.B.'S
Houston Street
West Street
West Street
Washington Street
300 M

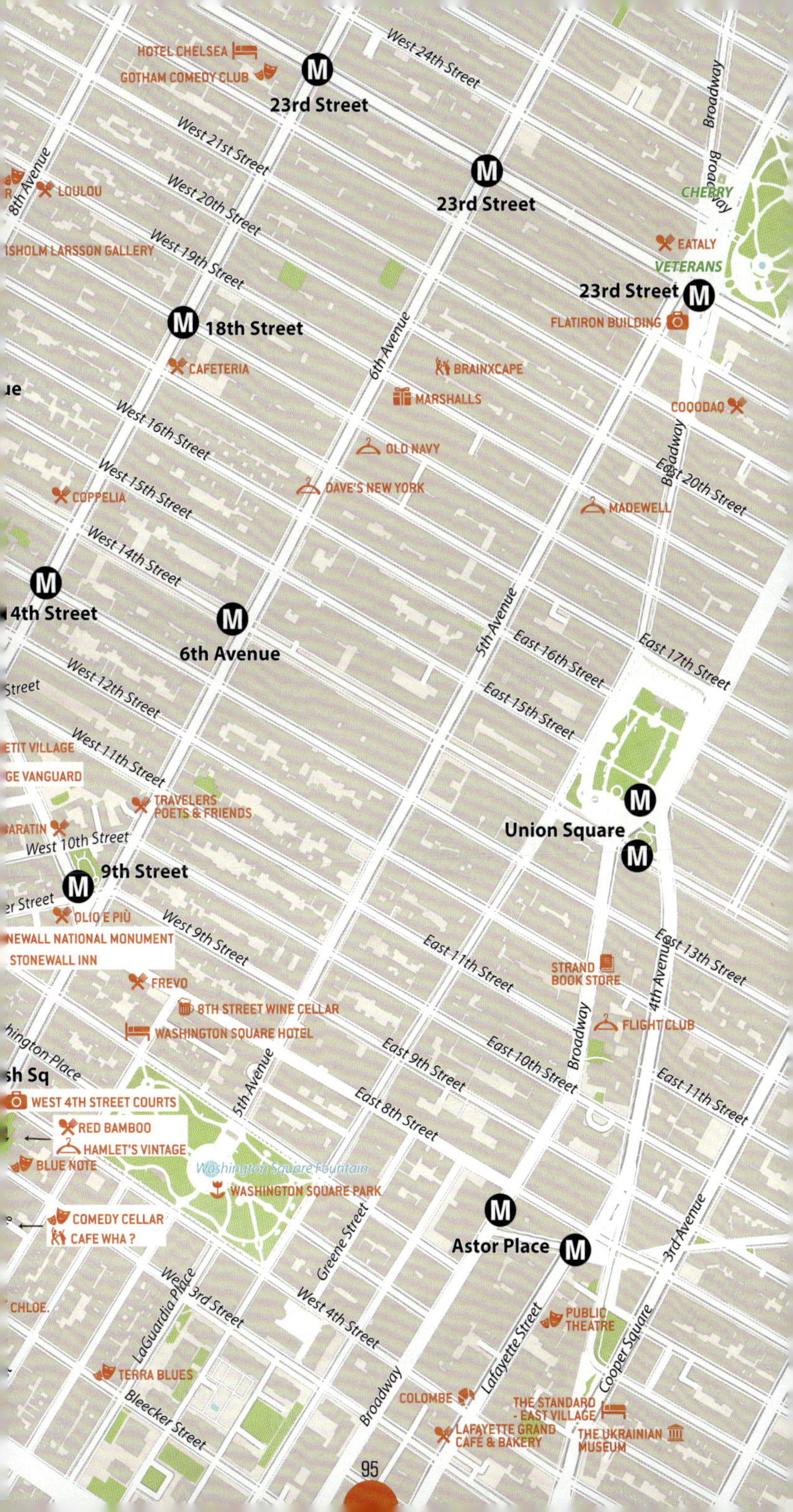
HOTEL CHELSEA
GOTHAM COMEDY CLUB
23rd Street
West 24th Street
West 21st Street
West 20th Street
West 19th Street
8th Avenue
LOULOU
ISHOLM LARSSON GALLERY
23rd Street
Broadway
Broadway
CHERRY
EATALY
VETERANS
23rd Street
FLATIRON BUILDING
18th Street
CAFETERIA
6th Avenue
BRAINXCAPE
MARSHALLS
COQODAQ
West 16th Street
OLD NAVY
West 15th Street
DAVE'S NEW YORK
COPPELIA
Broadway
East 20th Street
MADEWELL
West 14th Street
4th Street
6th Avenue
5th Avenue
East 16th Street
East 17th Street
Street
West 12th Street
East 15th Street
ETIT VILLAGE
West 11th Street
GE VANGUARD
TRAVELERS
POETS & FRIENDS
Union Square
ARATIN
West 10th Street
9th Street
er Street
OLIO E PIÙ
West 9th Street
NEWALL NATIONAL MONUMENT
STONEWALL INN
East 11th Street
East 13th Street
STRAND
BOOK STORE
4th Avenue
FREVO
8TH STREET WINE CELLAR
WASHINGTON SQUARE HOTEL
Broadway
FLIGHT CLUB
East 10th Street
East 9th Street
East 11th Street
hington Place
sh Sq
5th Avenue
East 8th Street
WEST 4TH STREET COURTS
RED BAMBOO
HAMLET'S VINTAGE
BLUE NOTE
Washington Square Fountain
WASHINGTON SQUARE PARK
COMEDY CELLAR
CAFE WHA ?
Greene Street
Astor Place
3rd Avenue
West 3rd Street
West 4th Street
CHLOE.
LaGuardia Place
Lafayette Street
PUBLIC
THEATRE
Cooper Square
TERRA BLUES
Bleecker Street
Broadway
COLOMBE
THE STANDARD
- EAST VILLAGE
LAFAYETTE GRAND
CAFÉ & BAKERY
THE UKRAINIAN
MUSEUM

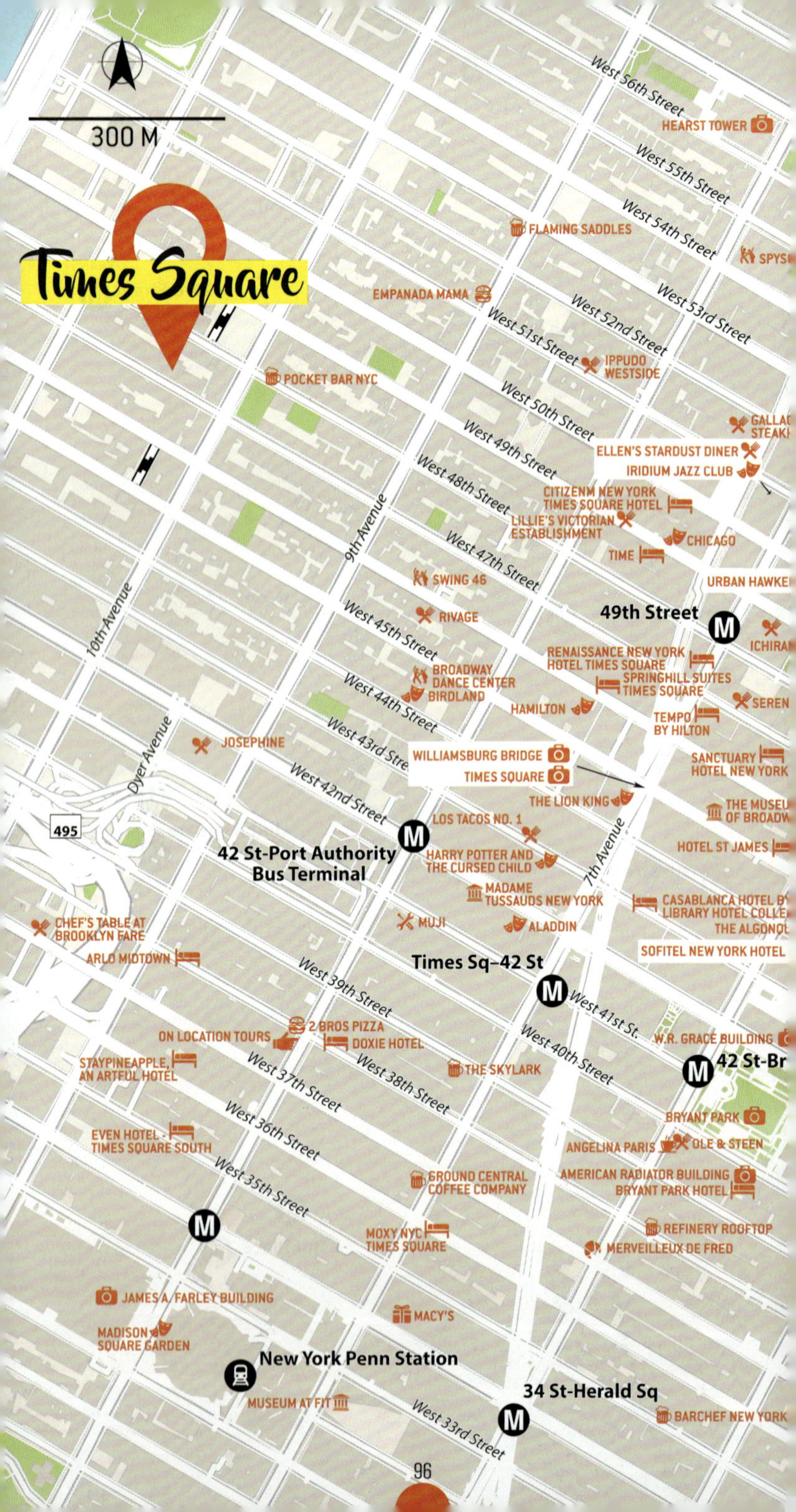

300 M
Times Square
West 56th Street
HEARST TOWER
West 55th Street
West 54th Street
FLAMING SADDLES
West 53rd Street
EMPANADA MAMA
West 52nd Street
West 51st Street
IPPUDO WESTSIDE
POCKET BAR NYC
West 50th Street
ELLEN'S STARDUST DINER
IRIDIUM JAZZ CLUB
West 49th Street
West 48th Street
CITIZENM NEW YORK TIMES SQUARE HOTEL
LILLIE'S VICTORIAN ESTABLISHMENT
CHICAGO
9th Avenue
West 47th Street
TIME
SWING 46
URBAN HAWKE
49th Street
10th Avenue
RIVAGE
West 45th Street
RENAISSANCE NEW YORK HOTEL TIMES SQUARE
SPRINGHILL SUITES TIMES SQUARE
BROADWAY DANCE CENTER
BIRDLAND
West 44th Street
HAMILTON
TEMPO BY HILTON
West 43rd Stre
JOSEPHINE
Dyer Avenue
WILLIAMSBURG BRIDGE
TIMES SQUARE
SANCTUARY HOTEL NEW YORK
West 42nd Street
THE LION KING
495
LOS TACOS NO. 1
7th Avenue
42 St-Port Authority Bus Terminal
HARRY POTTER AND THE CURSED CHILD
HOTEL ST JAMES
MADAME TUSSAUDS NEW YORK
CHEF'S TABLE AT BROOKLYN FARE
MUJI
ALADDIN
ARLO MIDTOWN
SOFITEL NEW YORK HOTEL
Times Sq–42 St
West 39th Street
West 41st St.
2 BROS PIZZA
ON LOCATION TOURS
DOXIE HOTEL
W.R. GRACE BUILDING
West 40th Street
STAYPINEAPPLE, AN ARTFUL HOTEL
West 38th Street
THE SKYLARK
West 37th Street
BRYANT PARK
West 36th Street
EVEN HOTEL - TIMES SQUARE SOUTH
ANGELINA PARIS
OLE & STEEN
West 35th Street
GROUND CENTRAL COFFEE COMPANY
AMERICAN RADIATOR BUILDING
BRYANT PARK HOTEL
MOXY NYC TIMES SQUARE
REFINERY ROOFTOP
MERVEILLEUX DE FRED
JAMES A. FARLEY BUILDING
MACY'S
MADISON SQUARE GARDEN
New York Penn Station
34 St-Herald Sq
MUSEUM AT FIT
BARCHEF NEW YORK
West 33rd Street

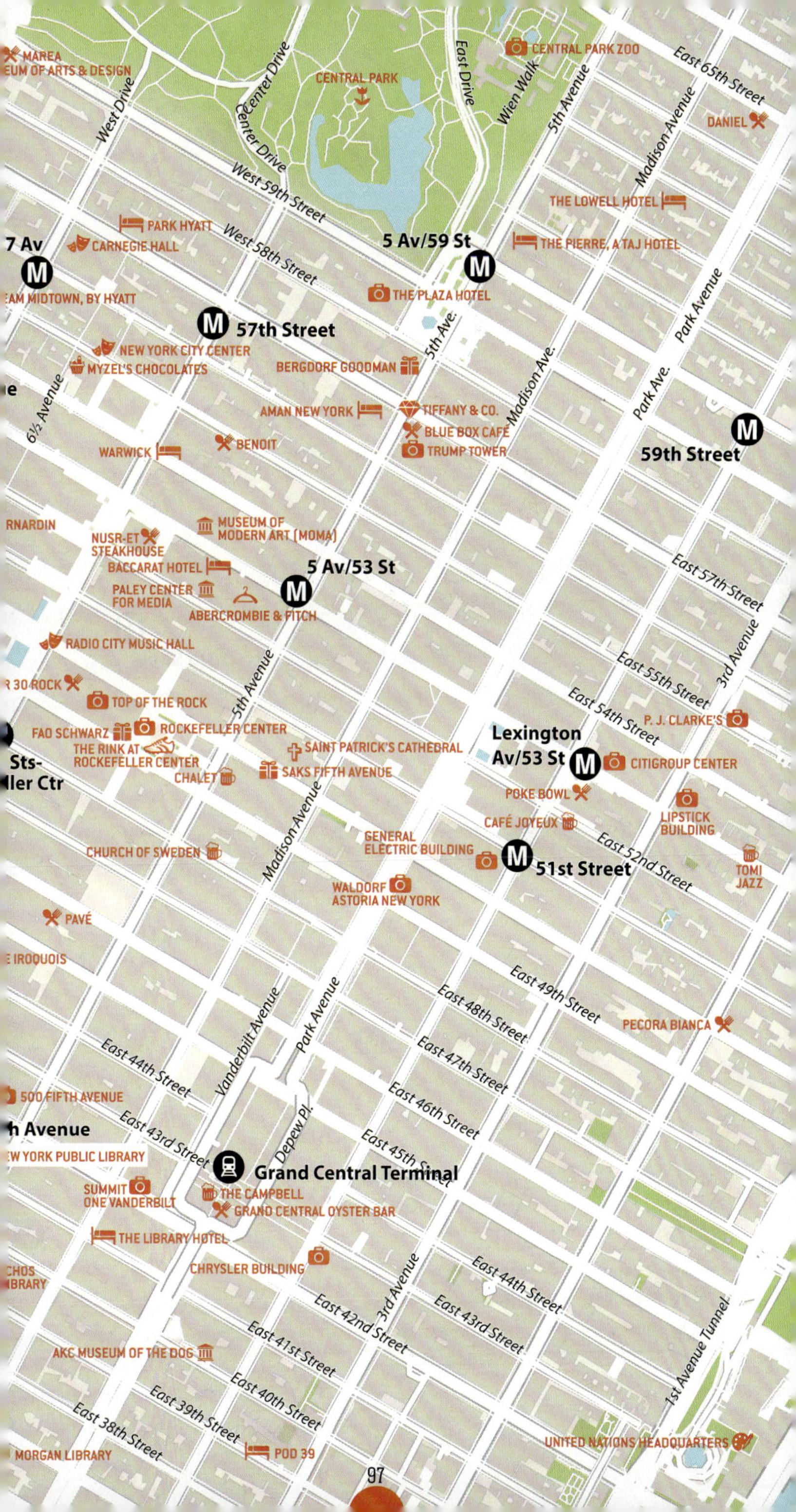

MAREA
EUM OF ARTS & DESIGN
CENTRAL PARK
CENTRAL PARK ZOO
East 65th Street
DANIEL
West Drive
Center Drive
East Drive
Wien Walk
5th Avenue
Madison Avenue
West 59th Street
THE LOWELL HOTEL
PARK HYATT
West 58th Street
5 Av/59 St
THE PIERRE, A TAJ HOTEL
7 Av
CARNEGIE HALL
EAM MIDTOWN, BY HYATT
THE PLAZA HOTEL
57th Street
5th Ave.
Park Avenue
NEW YORK CITY CENTER
MYZEL'S CHOCOLATES
BERGDORF GOODMAN
Madison Ave.
6½ Avenue
AMAN NEW YORK
TIFFANY & CO.
BLUE BOX CAFÉ
TRUMP TOWER
Park Ave.
WARWICK
BENOIT
59th Street
RNARDIN
MUSEUM OF MODERN ART (MOMA)
NUSR-ET STEAKHOUSE
BACCARAT HOTEL
5 Av/53 St
East 57th Street
PALEY CENTER FOR MEDIA
ABERCROMBIE & FITCH
RADIO CITY MUSIC HALL
3rd Avenue
East 55th Street
R 30 ROCK
TOP OF THE ROCK
East 54th Street
P. J. CLARKE'S
FAO SCHWARZ
ROCKEFELLER CENTER
Lexington Av/53 St
THE RINK AT ROCKEFELLER CENTER
SAINT PATRICK'S CATHEDRAL
CITIGROUP CENTER
Sts-
ller Ctr
CHALET
SAKS FIFTH AVENUE
POKE BOWL
CAFÉ JOYEUX
LIPSTICK BUILDING
GENERAL ELECTRIC BUILDING
East 52nd Street
CHURCH OF SWEDEN
51st Street
TOMI JAZZ
Madison Avenue
WALDORF ASTORIA NEW YORK
PAVÉ
E IROQUOIS
East 49th Street
East 48th Street
PECORA BIANCA
Vanderbilt Avenue
Park Avenue
East 47th Street
East 44th Street
East 46th Street
500 FIFTH AVENUE
East 45th Street
h Avenue
East 43rd Street
Depew Pl.
EW YORK PUBLIC LIBRARY
Grand Central Terminal
SUMMIT ONE VANDERBILT
THE CAMPBELL
GRAND CENTRAL OYSTER BAR
THE LIBRARY HOTEL
CHRYSLER BUILDING
CHOS
IBRARY
East 44th Street
3rd Avenue
East 42nd Street
East 43rd Street
1st Avenue Tunnel
East 41st Street
AKC MUSEUM OF THE DOG
East 40th Street
East 39th Street
East 38th Street
POD 39
MORGAN LIBRARY
UNITED NATIONS HEADQUARTERS

MERCADO LITTLE SPAIN
FRYING PAN
Hudson River Park Esplanade
West 28th Street
West 27th Street
West 26th Street
West 24th Street
West 25th Street
High Line
10th Avenue
West 30th Street
West 27th Street
West 27th Dr.
West 29th Street
West 28th Street
GAGOSIAN
West 26th Street
West 25th Street
CITIZENS OF CHELSEA
West 23rd Street
CHELSEA PIERS
11th Ave.
West 22nd Street
10th Ave.
HIGH LINE
West 24th Street
West 21st Street
West 20th Street
LEO HOUSE
BROOKLYN BAGEL & COFFEE COMPANY
TRAILER PARK LOUNGE
23rd Street
9th Avenue
11th Avenue
10th Avenue
HOTEL CHELSEA
GOTHAM COMEDY CLUB
West 17th Street
West 21st Street
ANTHROPOLOGIE
EAT OFFBEAT
West 15th Street
JOYCE THEATER
LOULOU
8th Avenue
CHELSEA MARKET
THE MARITIME HOTEL
7th Avenue
West 14th Street
9th Avenue
CHISHOLM LARSSON GALLERY
GENESIS HOUSE
STARBUCKS RESERVE
18th Street
BAIN
Hudson River Park Esplanade
Little West 12th Street
West 13th Street
CAFETERIA
14 St / 8 Av
RH ROOFTOP RESTAURANT
GANSEVOORT HOTEL
West 16th Street
WHITNEY MUSEUM OF AMERICAN ART
Gansevoort Street
MUSEUM OF ILLUSIONS
COPPELIA
DAVE'S NEW YOR
Horatio Street
Jane Street
Jane Street
INCENTRA VILLAGE HOUSE
West 12th Street
BONBONNIERE
14th Street
14th Str
8th Avenue
Bethune Street
Bank Street
MALAPARTE
WAVERLY INN
West 12th St.
Bank Street
West 11th Street
MAGNOLIA'S BAKERY
VILLAGE VANGUARD
PETIT VILLAGE
West 11th Street
WHITE HORSE TAVERN
SOGNO TOSCANO MARKET & WINE BAR
RICHAUD PETITE BAKERY
Bleecker Street
SANT'AMBROEUS
West 11th Street
Perry Street
Charles Street
TRAVELERS POETS & FRIENDS
BARATIN
West 10th Street

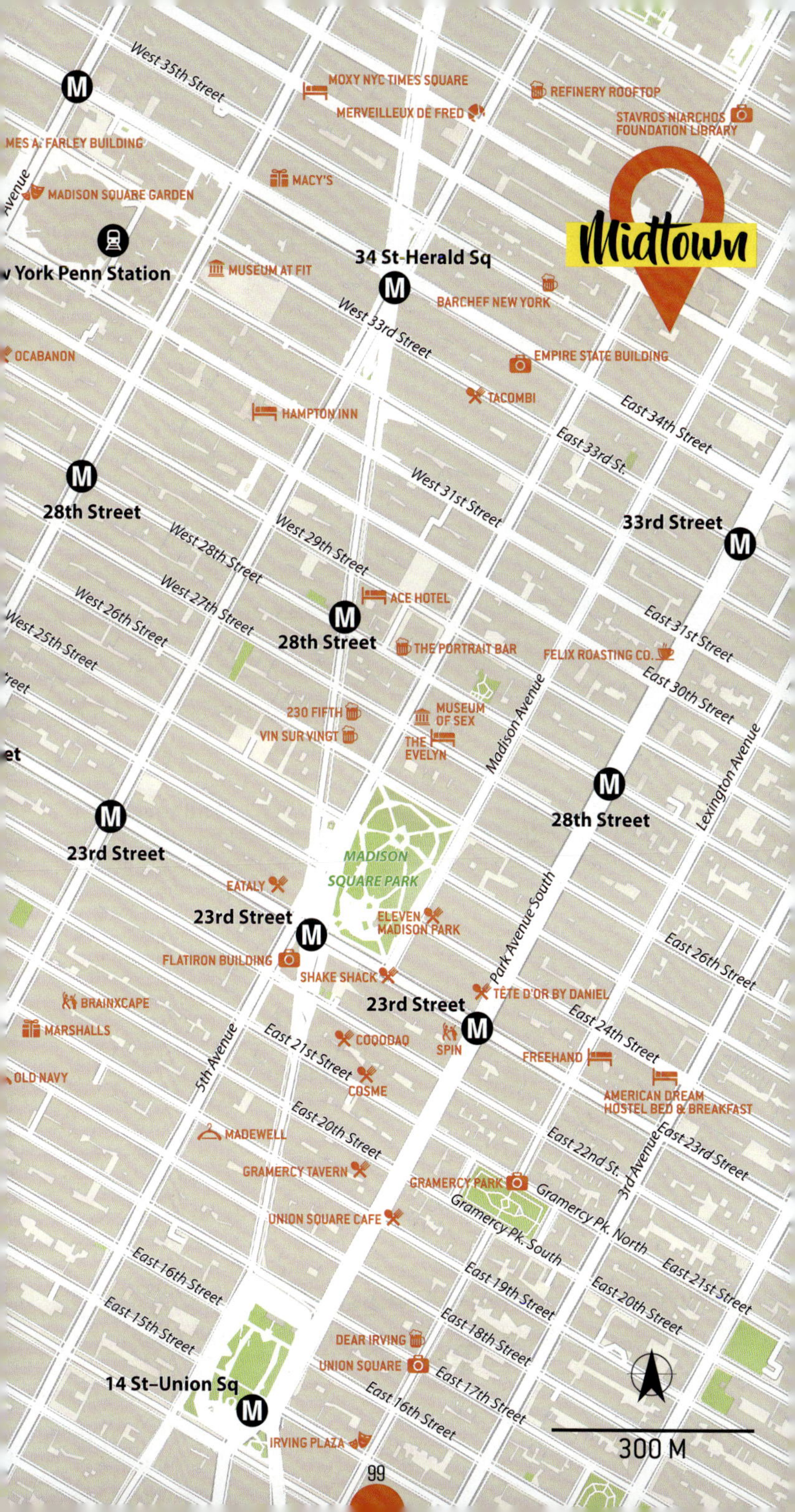
Midtown
West 35th Street
MOXY NYC TIMES SQUARE
REFINERY ROOFTOP
MERVEILLEUX DE FRED
STAVROS NIARCHOS FOUNDATION LIBRARY
MES A. FARLEY BUILDING
MACY'S
MADISON SQUARE GARDEN
Avenue
34 St-Herald Sq
y York Penn Station
MUSEUM AT FIT
BARCHEF NEW YORK
West 33rd Street
OCABANON
EMPIRE STATE BUILDING
TACOMBI
HAMPTON INN
East 34th Street
East 33rd St.
West 31st Street
28th Street
West 28th Street
West 29th Street
33rd Street
ACE HOTEL
West 27th Street
West 26th Street
28th Street
West 25th Street
THE PORTRAIT BAR
FELIX ROASTING CO.
East 31st Street
East 30th Street
Madison Avenue
230 FIFTH
MUSEUM OF SEX
VIN SUR VINGT
THE EVELYN
28th Street
Lexington Avenue
23rd Street
MADISON SQUARE PARK
EATALY
23rd Street
ELEVEN MADISON PARK
FLATIRON BUILDING
SHAKE SHACK
Park Avenue South
TÊTE D'OR BY DANIEL
East 26th Street
23rd Street
BRAINXCAPE
MARSHALLS
East 21st Street
COQODAQ
SPIN
East 24th Street
FREEHAND
5th Avenue
OLD NAVY
COSME
AMERICAN DREAM HOSTEL BED & BREAKFAST
East 20th Street
East 22nd St.
3rd Avenue
East 23rd Street
MADEWELL
GRAMERCY TAVERN
GRAMERCY PARK
Gramercy Pk. North
Gramercy Pk. South
UNION SQUARE CAFE
East 16th Street
East 19th Street
East 20th Street
East 21st Street
East 15th Street
East 18th Street
DEAR IRVING
UNION SQUARE
East 17th Street
14 St–Union Sq
East 16th Street
IRVING PLAZA
300 M

500 M
Upper West Side
et Central Park nord
Fleuve Hudson
Cherry Walk
Riverside Drive
116 St -
Univers
West 115th
West 114th
West 112th
Cathedral Pkwy (110 St)
West 110th
MARLOW BISTR
Broadway
West 104th Street
West 105th Str
103rd Street
HI NEW YO
9A
Riversd. Dr.
West 99th Street
West 98th Street
West 100th Street
West 95th Street
West 97th Street
96th Street
Riverside Walk
Amsterdam Avenue
Columbus Avenue
96th
Central Park West
West 90th Street
West 89th Street
West 88th Street
West 87th Street
86th Street
THE BELNORD
BARNEY GREENGRASS
RIVERSIDE PARK
West Drive
West 84th Street
JACOB'S PICKLES

MAISON HARLEM
IVERSIDE
HURCH
West 122nd Street
Amsterdam Avenue
125th Street
SYLVIA'S
West 130th Street
West 129th Street
West 127th Street
West 126th Street
West 128th Street
120th Street
SOUL FOOD (MONT MORRIS)
APOLLO THEATRE
ALOFT HARLEM
SIENNA
THE HARLEM
FLOPHOUSE
RED ROOSTER
125th Street
LOW MEMORIAL
LIBRARY
ST. PAUL'
S CHAPEL
UMBIA UNIVERSITY
Morningside Drive
Frederick Douglass Boulevard
FLAMEKEEPERS
HAT CLUB
HARLEM SHAKE
TLER LIBRARY
Giraffe Pt.
Morningside Avenue
Manhattan Avenue
Adam Clayton Powell Jr. Boulevard
THE INTERNATIONAL
COZY INN
LEVAIN BAKERY
116th Street
BARAWINE
Mt. Morris Pk. West
THE CATHEDRAL CHURCH OF ST. JOHN THE DIVINE
ARIAN PASTRY SHOP
FIRST CORINTHIAN
BAPTIST CHURCH
MELBA'S
PETIT PARISIEN
BETHEL GOSPEL
ASSEMBLY
CANAAN BAPTIST CHURCH
AMY RUTH'S
West 113th Street
West 114th Street
West 115th Street
116th Street
Morningside Drive
Madison Avenue
Cathedral Pkwy (110 St)
West 112th Street
West 111th Street
Central Park North
(110 St)
5th Avenue
Central Pk. West
North Woods
THE CHARLES A.
DANA DISCOVERY CENTER
Park Avenue
West Drive
Harlem Meer
Great Hill Oval
Madison Ave.
East 112th Street
03rd Street
Central Park Outer Loop
Park Ave.
North Woods
102nd Street Crossing
110th Street
Madison Avenue
East 107th Street
MUSEUM OF THE CITY OF NEW YORK
3rd Ave.
East Drive
5th Avenue
Park Avenue
East 105th Street
East 104th St.
103rd Street
Transverse
97th Street Transverse
EAST MEADOW
East 97th St.
East 100th Street
East 101st Street
East 98th Street
East 99th Street
RESERVOIR JACQUELINE KENNEDY ONASSIS

Upper West Side et Central Park sud
Fleuve Hudson
Riverside Walk
Hudson River Greenway
Riverside Drive
Broadway
ZABAR'S
BARACHOU
West 80th Street
79th Street
DUBLIN HOUSE
INSOMNIA COOKIES
West 77th Street
ARTHOUSE HOTEL
West 76th Street
RIVERSIDE PARK
West 74th Street
HOTEL BEACON
GRAND BA
ANSONIA
GRAY'S PAPAYA
72nd Street
West 70th Street
Freedom Place
Riverside Boulevard
DAKOTA BUILDING
West End Avenue
Amsterdam Avenue
Columbus Avenue
Central Park West
West 64th Street
West 63rd Street
LINCOLN CENTER FOR THE PERFORMING ARTS
THE JUILLIARD SCHOOL
66th Street–Lincoln Center
AMERICAN BALLET THEATRE
TATIANA BY KWAME ONWUACHI
West 61st Street
METROPOLITAN OPERA
NEW YORK PHILHARMONIC
ROSETTA BAKERY
NEW YORK CITY BALLET
THE EMPIRE ROOFTOP BAR & LOUNGE
THE EMPIRE HOTEL
CAFE FIORELLO
DAVID RUBENSTEIN ATRIUM AT LINCOLN CENTER
West 60th Street
West 62nd Street
WEST SIDE YMCA
Central Park Outer Loop
HECKSCHER BALLFIELDS
West 58th Street
NOUGATINE AT JEAN-GEORGES
TRUMP INTERNATIONAL HOTEL
PER SE
J.CREW
59th Street–Columbus Circle
MAREA
West Drive
300 M

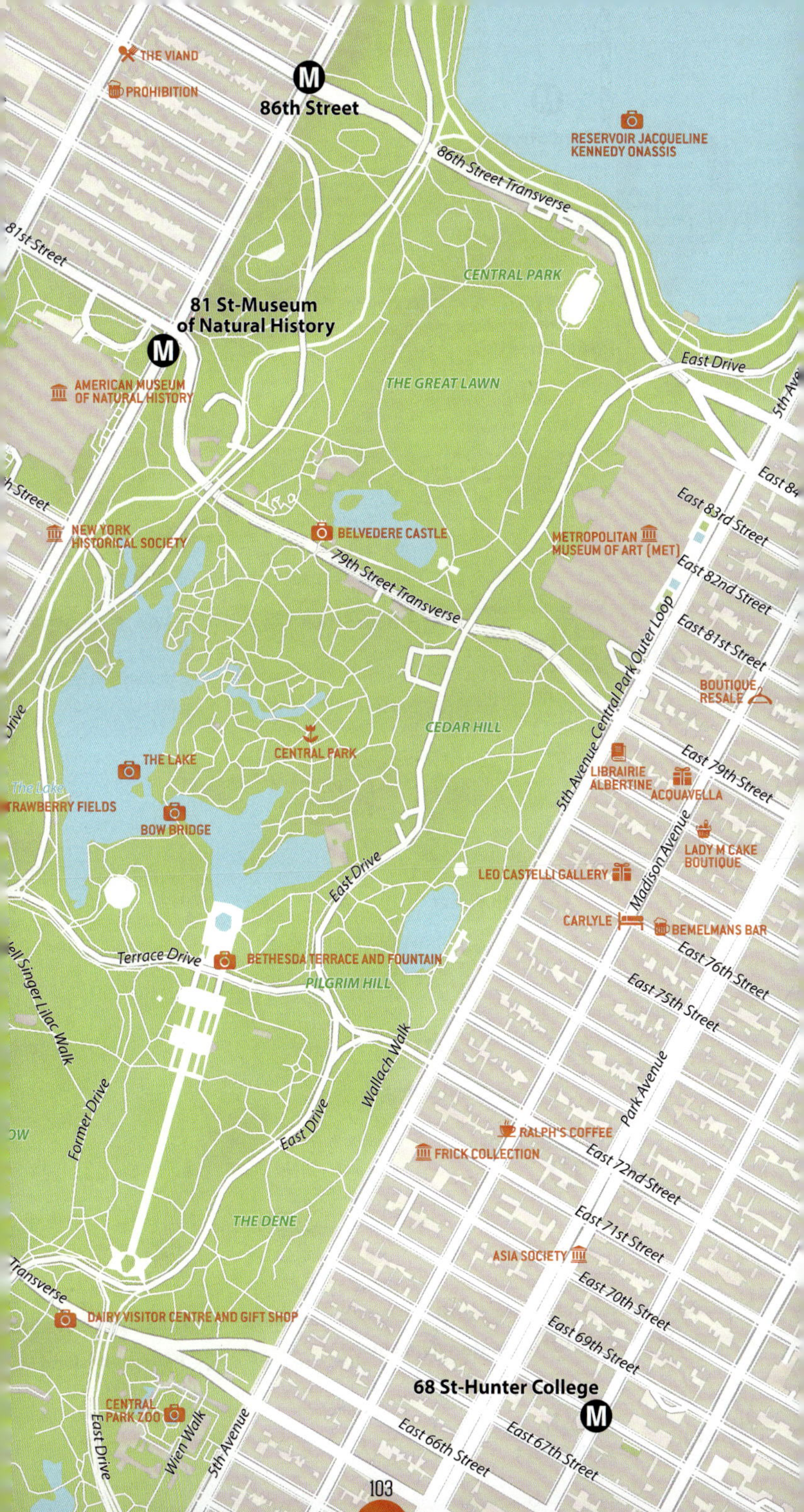
THE VIAND
PROHIBITION
86th Street
RESERVOIR JACQUELINE KENNEDY ONASSIS
86th Street Transverse
81st Street
CENTRAL PARK
81 St-Museum of Natural History
THE GREAT LAWN
AMERICAN MUSEUM OF NATURAL HISTORY
East Drive
5th Ave
East 84
East 83rd Street
NEW YORK HISTORICAL SOCIETY
BELVEDERE CASTLE
METROPOLITAN MUSEUM OF ART (MET)
79th Street Transverse
East 82nd Street
East 81st Street
BOUTIQUE RESALE
CEDAR HILL
5th Avenue Central Park Outer Loop
CENTRAL PARK
THE LAKE
The Lake
LIBRAIRIE ALBERTINE
ACQUAVELLA
East 79th Street
BOW BRIDGE
LADY M CAKE BOUTIQUE
Madison Avenue
East Drive
LEO CASTELLI GALLERY
CARLYLE
BEMELMANS BAR
Terrace Drive
BETHESDA TERRACE AND FOUNTAIN
PILGRIM HILL
East 76th Street
East 75th Street
Wallach Walk
Former Drive
East Drive
Park Avenue
RALPH'S COFFEE
FRICK COLLECTION
East 72nd Street
THE DENE
East 71st Street
ASIA SOCIETY
Transverse
East 70th Street
DAIRY VISITOR CENTRE AND GIFT SHOP
East 69th Street
68 St-Hunter College
CENTRAL PARK ZOO
East Drive
Wien Walk
5th Avenue
East 66th Street
East 67th Street

Upper East Side
500 M
Wards I. Br.
MUSEUM OF THE CITY OF NEW YORK
103rd Street
East 100th Street
East 99th Street
East 98th Street
96th Street
1st Avenue
MILL ROCK PARK
Madison Avenue
Central Park Outer Loop
East 93rd Street
East 92nd Street
JEWISH MUSEUM
East 91st St.
RESERVOIR JACQUELINE KENNEDY ONASSIS
East 90th Street
KAIA WINE BAR
COURTYARD NEW YORK MANHATTAN/UPPER EAST SIDE
East 91st Street
East 90th Street
East 89th Street
PÂTISSERIE VANESSA
East 89th Street
GUGGENHEIM MUSEUM
East 88th Street
East 88th Street
GRACIE MANSION
East 87th Street
East 87th St.
VOCO THE FRANKLIN NEW YORK
86th Street
York Avenue
East Drive
5th Avenue
NEUE GALERIE
86th Street
FONY MEMORIAL WALL
CARL SCHURZ PARK
HOME KITCHEN
LIGHTHOUSE PARK
East End Avenue
East 83rd Street
METROPOLITAN MUSEUM OF ART (MET)
Park Avenue
Lexington Avenue
THE PENROSE
A.O.C. EAST
East 82nd Street
East 81st Street
East 81st Street
3rd Avenue
BOUTIQUE RESALE
DESIGNER REVIVAL
West Road
East 80th Street
2nd Avenue
East 79th Street
ACQUAVELLA
LIBRAIRIE ALBERTINE
LADY M CAKE BOUTIQUE
LEO CASTELLI GALLERY
77th Street
1st Avenue
JOHN JAY PARK
CARLYLE
BEMELMANS BAR
East 76th Street
East 75th Street
ORSAY
CENTRAL PARK
2ND AVENUE DELI
East 74th Street
JG MELON
East 74th Street
York Avenue
East River
East 73rd Street
East 73rd St.
Wallach Walk
East 72nd Street
RALPH'S COFFEE
Roosevelt I. B.
East 71st Street
72nd Street
East 71st Street
FRICK COLLECTION
ASIA SOCIETY
Main Street
East Road
68 St-Hunter College
East 69th Street
THE DENE
East 68th Street
East 67th Street
Roosevelt Island
Wien Walk
5th Avenue
Madison Avenue
East 66th Street
East 66th Street
East 65th St.
East 65th Street
DANIEL
CENTRAL PARK ZOO
PAIN QUOTIDIEN
MAYA
East 64th St.
BOTANISTE
THE GARDENS SONESTA ES SUITES NEW YORK
East 63rd Street
Lexington Av/63 St
Roosevelt Island
THE LOWELL HOTEL
Park Avenue
SWEETGREEN
East 61st Street
THE PIERRE, A TAJ HOTEL
East 60th Street
ROOSEVELT ISLAND TRAM
QUEENSBORO BRIDGE
5 Av/59 St
59th Street

Harlem et le nord
Fleuve Hudson
LITTLE RED LIGHTHOUSE
West 180th Street
West 179th St.
West 177th St.
West 177th St.
Riverside Drive
175 St
Haven Avenue
Saint Nicholas Avenue
Audubon Avenue
9A
Fort Washington Avenue
West 168th St.
168 St
EDGE HOTEL
Jumel Pl.
Riverside Drive
West 164th Street
West 162nd Street
163 St-Amsterdam Av
Sedgwick Avenue
157 St
Broadway
West 158th Street
Summit Avenue
Harlem R. Dwy.
155 St
West 153rd Street
West 152nd Street
West 155th Street
Riverside Drive
West 150th Street
West 149th Street
West 148th Street
West 147th Street
West 146th Street
St. Nicholas Pl.
Edgecombe Avenue
87
Yankees– East 153 St
Bradhurst Avenue
HAMILTON GRANGE NATIONAL MEMORIAL
RIVERBANK STATE PARK
West 144th Street
145 St
Harlem-148 St
Harlem River
Broadway
West 147th Street
West 146th Street
West 145th Street
West 144th Street
137 St-City College
West 138th Street
West 136th Street
West 135th Street
Convent Avenue
Saint Nicholas Avenue
THE EDGE HARLEM
145th Street Br.
Exterior Street
Marginal St.
Broadway
Saint Nicholas Terrace
135 St
West 140th Street
West 139th St.
Malcolm X Boulevard
Frederick Douglass Boulevard
DEAR MAMA
Adam Clayton Powell Jr. Boulevard
West 129th Street
La Salle Street
SHRINE
BILL'S PLACE
Madison Ave. Br.
RIVERSIDE CHURCH
MAISON HARLEM
SYLVIA'S
West 130th Street
5th Avenue
West 121st Street
SOUL FOOD (MONT MORRIS)
APOLLO THEATRE
THE HARLEM FLOPHOUSE
SIENNA
East 131st Street
East 130th Street
LOW MEMORIAL LIBRARY
ALOFT HARLEM
ST. PAUL'S CHAPEL
RED ROOSTER
125 St
East 127th St.
Third Avenue Bridge
COLUMBIA UNIVERSITY
FLAMEKEEPERS HAT CLUB
HARLEM SHAKE
THE INTERNATIONAL COZY INN
BUTLER LIBRARY
116 St
LEVAIN BAKERY
FIRST CORINTHIAN BAPTIST CHURCH
Harlem-125th Street
HUNGARIAN PASTRY SHOP
BARAWINE
THE CATHEDRAL CHURCH OF ST. JOHN THE DIVINE
East 123rd Street
East 122nd Street
MELBA'S
PETIT PARISIEN
HARLOW BISTRO
CANAAN BAPTIST CHURCH
AMY RUTH'S
BETHEL GOSPEL ASSEMBLY
500 M

SE REPÉRER / SE DÉPLACER

DE L'AÉROPORT AU CENTRE-VILLE

New York est desservie par trois aéroports : John F. Kennedy International Airport (JFK), LaGuardia Airport (LGA) et Newark Liberty International Airport (EWR).

▶ **Pour rejoindre Manhattan en métro depuis JFK**, l'aéroport international qui se trouve dans le Queens, il vous faudra tout d'abord prendre le AirTrain (8,50 US$ + 1 US$ pour la carte), qui circule 24h/24. Il existe deux lignes de AirTrain, qui vous emmèneront à deux stations : Howard Beach Station, où vous pourrez emprunter la ligne de métro A : et Jamaica Station, où se trouvent les lignes de métro E, J et Z. Elles se rendent toutes dans Manhattan. À la sortie du AirTrain, il vous faudra acheter votre carte de métro. Le trajet à l'unité, même depuis l'aéroport, est de 2,90 US$. Le Long Island Railroad (LIRR), train rapide qui dessert la gare de Penn Station, part également de Jamaica Station (trajet de 7 à 10,75 US$ selon l'heure où vous prenez le train).

▶ **Si vous êtes fatigué après votre voyage,** vous aurez évidemment la possibilité d'emprunter un mythique *yellow cab* dès votre arrivée à l'aéroport. Il vous suffira de suivre le panneau « Ground Transportation » depuis votre terminal d'arrivée, puis le panneau « Taxi », où vous rejoindrez la file d'attente. Un agent en uniforme vous demandera votre destination, qu'il indiquera lui-même au chauffeur. Le prix forfaitaire d'un trajet de JFK à Manhattan est de 70 US$ (sans compter les péages, les pourboires et le supplément de 5 US$ en heure de pointe). Pour Brooklyn, il faut compter entre 63 et 78 US$, pour le Queens de 30 à 43 US$, pour le Bronx de 70 à 78 US$ et, pour Staten Island, de 95 à 103 US$. Ces tarifs sont valables quel que soit le nombre de passagers (jusqu'à 4 passagers dans un taxi ordinaire, 5 dans les vans).

▶ **Depuis LaGuardia,** aéroport qui accueille principalement des vols domestiques, il vous faudra emprunter l'une des lignes de bus du réseau MTA (le métro ne circule pas jusqu'à cet aéroport). Certains bus vous déposeront aux stations de métro les plus proches, c'est le cas du Q47, du Q72 et du Q48 qui vous permettront de rejoindre les lignes 7, E, F, met R du métro. Le M60 et le Q70 vous emmèneront jusqu'à Manhattan. Si vous empruntez un *yellow cab* depuis LaGuardia, sachez qu'il n'y a pas de tarif forfaitaire, le compteur défilera et le prix de la course dépendra donc de votre destination.

▶ **Depuis Newark, l'aéroport du New Jersey,** il est possible de rejoindre Penn Station en empruntant le train du New Jersey Transit. Il se prend à la station Newark Liberty International Airport Station, à laquelle vous accéderez en AirTrain depuis votre terminal d'arrivée. Le prix combiné du AirTrain et du train revient à 10,75 US$. Le trajet en taxi depuis l'aéroport de Newark vous coûtera entre 50 et 75 US$ pour Manhattan, et au-delà de 80 US$ pour Brooklyn et le Queens (sans compter les péages, les pourboires et le supplément en heure de pointe).

ARRIVÉE EN TRAIN

Si, avant votre séjour à New York, vous avez vadrouillé ailleurs sur la côte Est des États-Unis, il y a des chances que vous empruntiez le train ! La ville possède deux grandes gares, toutes deux situées à Manhattan, dans le quartier central de Midtown :

▶ **Grand Central Terminal,** la légendaire gare new-yorkaise qui est l'une des plus vieilles du pays encore en activité. Elle dessert aujourd'hui les banlieues nord avec le Metro North Railroad (www.mta.info/mnr), le nord-est de l'État de New York et le Connecticut. Une expansion, Grand Central Madison, est inaugurée début 2023 et est desservie par le Long Island Rail Road.

▶ **Pennsylvania Station** est aujourd'hui la principale gare de New York. C'est ici que s'arrêtent les trains du réseau Amtrak (www.amtrak.com), la compagnie ferroviaire nationale, du Long Island Rail Road (www.mta.info/lirr) et du New Jersey Transit (www.njtransit.com). En janvier 2021,

1912 kgCO_2e / personne

Aller-retour Paris-New York

→ Le calcul de cette consommation CO_2 est fait à partir de Paris. L'idée est ici de montrer concrètement l'empreinte carbone de ce trajet, même s'il n'existe pas d'autre alternative que l'avion pour se rendre dans cette destination de manière directe.

le Moynihan Train Hall, une expansion de Penn Station située entre les 8e et 9e avenues, a été inauguré après onze ans de travaux.

Depuis Montréal, si vous empruntez la ligne Adirondack du réseau Amtrak pour rejoindre New York, c'est justement à Penn Station que vous arriverez. Le train marque près d'une vingtaine d'arrêts, presque tous dans l'État de New York. Il faut compter entre 10 et 12 heures de trajet, en fonction du temps que prend le passage de la douane à la frontière (les douaniers américains montent à bord du train pour vérifier les papiers de tous les passagers). C'est long mais économique (à partir de 70 US$ l'aller simple) et les paysages sont agréables.

ARRIVÉE EN BATEAU

Saviez-vous que quatre des cinq *boroughs* de New York sont des îles ? Seul le quartier du Bronx est raccroché au continent ! Dès son arrivée au pouvoir en 2010, l'ancien maire Bill de Blasio a tenté de mettre cette spécificité géographie au service des New-Yorkais… et depuis 2017, c'est chose faite avec la mise en place de NYC Ferry. Ce réseau relie tous les *boroughs* à l'exception de Staten Island, doté de sa propre ligne de ferry. S'il est généralement plus facile et rapide de se déplacer en métro, il peut être agréable de prendre le temps de monter à bord des *ferries* qui relient les différents quartiers de la ville avec, en bonus, une vue panoramique sur la *skyline de* Manhattan.

NYC Ferry (www.ferry.nyc) compte 7 lignes (dont certaines sont saisonnières) qui desservent une vingtaine de terminaux dans Manhattan, Brooklyn, Queens et le Bronx. L'avantage, outre sa rapidité pour relier les différents arrêts, est son prix modique : un aller simple coûte 4 US$, et un *pass* pour dix trajets revient à seulement 27,50 US$!

Le Staten Island Ferry (www.siferry.com) relie Manhattan à Staten Island. Il présente l'intérêt de passer tout près de la Statue de la Liberté et, la bonne nouvelle, c'est qu'il est totalement gratuit !

TRANSPORTS EN COMMUN

Chaque jour plus de 4 millions de personnes empruntent le *subway* new-yorkais ! Il va sans dire que vous aussi, vous l'utiliserez beaucoup pour vous déplacer dans New York.

Le métro new-yorkais, plus que centenaire, compte 28 lignes, indiquées par des lettres ou des numéros, qui relient 472 stations. Imaginez un peu ! Le métro fonctionne 24h/24, 7j/7, avec une périodicité de 3 à 6 minutes en heures de pointe, de 6 à 10 minutes en journée. Passé minuit, il faut parfois l'attendre une trentaine de minutes. Géré par la Metropolitan Transportation Authority (MTA) - www.new.mta.info -, c'est beaucoup de choses à la fois. Il est tentaculaire, complexe, monstrueux… mais tellement pratique. Les New-Yorkais pestent contre ses installations vieillissantes qui provoquent de nombreux retards, mais le fait est qu'il n'y a pas de meilleur moyen de se déplacer à New York. Petite spécificité du métro new-yorkais, une même ligne peut être locale ou express (les express ne s'arrêtent que toutes les trois ou quatre stations, leurs arrêts sont représentés sur les plans par des ronds blancs et annoncés par le conducteur au moment d'embarquer). Bon à savoir également, certaines entrées de stations affichent « *Downtown only* » ou « *Uptown only* ». Une bouche de métro « *Uptown only* » ne donnera accès qu'au quai en direction d'Uptown (vers le nord), ce qui est embêtant quand on souhaite aller vers Downtown (vers le sud). Regardez alors autour de vous, aux autres coins du carrefour, l'entrée donnant accès à la direction souhaitée n'est pas loin.

Les bus, également gérés par la MTA, fonctionnent de la même manière que le *subway* : on peut payer son trajet avec la Metrocard (les bus sont équipés des machines adéquates), les transferts gratuits s'appliquent (même entre les bus et les métros), les tarifs sont exactement les mêmes, et l'abonnement illimité à la semaine ou au mois est valable sur le réseau de bus. Si vous n'avez pas de Metrocard, vous pouvez payer en monnaie, mais attention : il faut l'appoint et seuls les *quarters* sont acceptés. Souvent lents à cause du trafic, les bus sont néanmoins très pratiques lorsque l'on souhaite traverser Manhattan d'est en ouest, car les lignes de métro sont limitées dans cette direction.

Pour payer son trajet, deux options :

La MetroCard, à acheter aux bornes installées à chaque station. Un trajet simple coûte 2,90 US$ et donne droit à un transfert gratuit pendant 2 heures. Possibilité de payer à l'unité en rechargeant votre carte avec le montant correspondant au nombre souhaité de trajets. Quant aux abonnements illimités, ils sont de 34 US$ pour 7 jours et 132 US$ pour 30 jours.

▶ **OMNY** : C'est le système qui remplace progressivement celui, daté, de la MetroCard. Cette dernière est d'ailleurs vouée à disparaître courant 2025. OMNY fonctionne comme un paiement sans contact classique, en passant votre carte bancaire ou votre smartphone (si celui-ci est lié à un compte Apple Pay ou Google Pay) sur la borne OMNY, installée devant chaque tourniquet à l'entrée du métro. Si vous ne souhaitez pas utiliser le paiement sans contact, possibilité également d'acheter une carte OMNY dans un point de vente ou l'une des stations équipées de ces nouveaux distributeurs. Sachez néanmoins que la carte coûte 5 US$ à elle seule. L'avantage avec OMNY : sur 7 jours, au-delà de 12 trajets effectués, les suivants sont automatiquement gratuits (attention, pour que cela s'applique, il faut impérativement utiliser un seul et même téléphone ou carte).

VÉLO, TROTTINETTE & CO

En mai 2013, New York s'est dotée de son réseau de vélos en libre-service, Citi Bike (www.citibikenyc.com/), qui compte des milliers de vélos et stations à travers Manhattan, Brooklyn et le Queens. C'était une option économique mais les tarifs ont augmenté ces dernières années : un trajet unique de 30 minutes ou moins coûte désormais 4,99 US$. Le forfait journée à 25 US$ donne accès à un nombre illimité de trajets de 30 minutes. C'est lorsque l'on reste plus de 30 minutes sur le vélo que la note devient vraiment salée, puisque chaque minute supplémentaire est facturée 0,38 US. Il y a également des vélos électriques aux bornes (nouveau supplément de 0,38 US$ par minute par rapport aux vélos normaux).

La location de vélos auprès de compagnies spécialisées reste l'option la plus intéressante pour les trajets longs. Si vous voulez passer l'après-midi à pédaler à Central Park ou dans Manhattan sans vous soucier de l'heure, le mieux est encore de louer un vélo pour la demi-journée (à partir de 25 US$ pour 2 heures et 45 US$ la journée entière). Bike Rental Central Park (www.bikerentalcentralpark.com) possède deux points de location autour du parc, tand que Bike Rent NYC (www.unlimitedbiking.com) compte 5 adresses à travers différents quartiers de Manhattan.

Côté sécurité, les pistes cyclables sont de plus en plus nombreuses à New York, mais elles ne sont pas toujours séparées de la route où circulent les voitures. La prudence est de mise. D'ailleurs, si les trottinettes en libre-service n'ont pas encore été mises en place à New York, c'est à cause du bazar certain qu'elles entraîneraient, dans une ville où la circulation est déjà chaotique !

AVEC UN CHAUFFEUR

Monter à bord d'un *yellow cab* n'est pas seulement pratique, c'est une expérience souvent inoubliable ! Installez-vous sur la banquette arrière et regardez défiler la ville… Quelle que soit l'heure, vous n'aurez aucun mal à héler un taxi dans Manhattan. Postez-vous sur une avenue bien fréquentée pour augmenter vos chances d'être pris rapidement. En période de pointe ou lorsqu'il fait mauvais, les *yellow cabs* peuvent tarder à s'arrêter, auquel cas nous vous recommandons de rejoindre la file d'attente d'un grand hôtel ou de la gare la plus proche.

▶ **Les taxis new-yorkais** sont très sûrs, l'identité des chauffeurs et le numéro de leur licence sont mis bien en évidence, il n'est donc pas dans leur intérêt de vous arnaquer. À l'arrière, les taxis sont équipés d'un écran sur lequel vous pourrez regarder la télé ou suivre le trajet grâce au GPS intégré. Côté tarif, il faut compter 3 US$ pour la prise en charge, puis 70 cts par cinquième de *mile*. À cela s'ajoutent des surcoûts divers : 1 US$ pour un trajet de nuit (entre 20h et 6h), 2,50 US$ du lundi au vendredi entre 16h et 20h (sauf jours fériés), 70 cents par tranche de 60 secondes d'immobilité due à un feu ou à un embouteillage. Le prix des tunnels et des ponts (*tolls*) est à votre charge. S'ajoutent également la New York State Congestion Surcharge à 2,50 US$ pour les taxis jaunes et, sur certains trajets, le nouveau MTA Congestion Pricing Toll de 0,75 $, qui vise à réduire le trafic dans le centre de Manhattan.

Les *yellow cabs* acceptent les paiements en liquide et en carte bleue. Puisqu'il s'agit d'un service, vous devrez laisser un pourboire, de l'ordre de 15 à 20 %.

▶ **Côté VTC,** Uber et Lyft sont les deux applications mobiles les plus populaires à New York. La seconde est souvent moins chère que la première, mais il y a aussi moins de chauffeurs. Les tarifs sont sensiblement les mêmes que les taxis jaunes, à la différence près qu'ils fluctuent énormément en fonction des heures de pointe et des événements. N'hésitez pas à jeter un œil sur les applications Uber et Lyft dans un premier temps et, si le tarif vous paraît excessif, hélez un taxi. Avec les applications mobiles, il n'est pas possible de payer en liquide, votre carte

© CURIOSO.PHOTOGRAPHY - STOCK.ADOBE.COM

bancaire doit être obligatoirement liée à votre profil. Sans cela, vous ne pourrez pas réserver de chauffeur pour votre trajet. Au final, c'est plutôt pratique : une fois arrivé à destination, il n'y a pas besoin de sortir son porte-monnaie, le paiement se fait automatiquement par le biais de l'application ! Autre bonne nouvelle, les pourboires ne sont pas obligatoires lorsque l'on prend Uber ou Lyft.

Les taxis jaunes et les applications mobiles ont chacun leurs avantages et leurs inconvénients. Les véhicules Uber et Lyft sont plus confortables, mais il faut généralement les attendre un peu plus longtemps (entre 5 et 15 minutes). Si vous êtes dans Manhattan et que vous êtes pressé, le taxi sera sans doute votre meilleure option : en revanche, si vous sortez d'une soirée au fin fond de Brooklyn et qu'il n'y a pas de taxi à l'horizon, Uber sera votre meilleur allié !

EN VOITURE

Vouloir conduire pendant votre séjour à New York, en voilà une idée farfelue ! La ville est si bien desservie en transports en commun qu'il n'y a aucun intérêt à louer une voiture lorsqu'on ne compte pas en sortir. Avec les embouteillages, le temps gagné sur un trajet en métro est dans la plupart des cas vraiment minime. Sans parler des sueurs froides qui, elles, sont garanties ! Ce n'est pas tant le code de la route qui représente une difficulté que la conduite agressive des autres usagers, qui usent du klaxon à tout-va et doublent de tous les côtés. De surcroît, le parking dans la rue étant difficile à trouver, il faut généralement se rabattre sur les parkings couverts, bien plus chers – plus de 20 US$ par heure à Manhattan, contre 2 à 6 US$ dans la rue.

Si, alors que vous cherchez à vous garer dans la rue, vous tombez d'emblée sur une belle place de parking bien large, ne criez pas victoire trop tôt : il y a fort à parier qu'une bouche à incendie se trouve sur le trottoir. À New York, il est formellement interdit de se garer à moins de 4,5 mètres de ces fameux *fire hydrants*. Ne prenez pas le risque, même pour quelques minutes – votre voiture de location se fera embarquer en moins de deux.

Parmi les autres dépenses à prendre en compte lorsque l'on conduit à New York, il y a les péages, mis en place au niveau de certains tunnels et ponts qui relient les *boroughs* entre eux. Ils coûtent de 9 à 15 US$. En revanche, l'essence, plus chère à New York que dans la plupart des autres villes américaines, reste très bon marché par rapport à la France.

ACCESSIBILITÉ

Tous les bus du réseau MTA sont équipés d'un élévateur pour fauteuil roulant, et disposent d'un espace réservé. Les malvoyants peuvent s'aider des indications en braille qui se trouvent sur la vaste majorité des touches et boutons. D'une manière générale, à New York tout a été fait pour faciliter la vie des personnes en situation de handicap. Le métro représente malheureusement la seule exception notable à cette règle. Toutes les stations ne sont pas équipées d'ascenseurs, loin s'en faut, en particulier en dehors de Manhattan. Les personnes à mobilité réduite qui circulent en métro doivent se référer au plan du réseau MTA à la recherche de la petite icône qui indique les stations accessibles aux handicapés. Sur le site internet (www.new.mta.info/), une page est également dédiée au sujet, avec une foule de détails utiles.

LES ATTRAPE-TOURISTES

A l'aéroport, n'empruntez que les *yellow cabs*. Les chauffeurs qui alpaguent les voyageurs à la sortie des terminaux conduisent des *gypsy taxis* et n'ont pas la licence leur permettant d'exercer cette profession légalement. Ces faux taxis sont souvent postés à la sortie des gares, également.

LES PHRASES CLÉS

Bonjour, comment puis-je me rendre à…
Excuse me, how can I get to…

Est-ce loin à pied ? Y a-t-il le métro ou un bus... pour y aller ?
Is it far to walk? Is there a subway or a bus that goes there?

Pouvez-vous me montrer cet endroit sur la carte s'il vous plait ?
Can you please show me this place on the map?

Où puis-je acheter les tickets de transport ? Est-ce que je peux payer en carte de crédit ?
Where can I buy transit tickets? Can I pay with a credit card?

Où est la sortie ? A gauche, à droite ou tout droit ?
Where is the exit? Is it on the left, the right, or straight ahead?

Je suis perdu et je suis en retard, s'il vous plait, aidez-moi ! Merci beaucoup !
I'm lost and running late. Could you please help me? Thank you very much!

QUARTIERS DE MANHATTAN

Il y a tellement de quartiers dans Manhattan qu'il est difficile de ne pas tout mélanger. L'île est divisée en une cinquantaine de quartiers géographiques et communautaires plus ou moins bien définis, mais tous avec des caractéristiques bien distinctes. Manhattan peut se découper en quatre grandes parties : la partie haute au nord ou Uptown, Central Park, la partie centrale ou Midtown, la partie basse au sud ou Downtown. Il y a 220 *Streets*, leurs noms sont des numéros croissants du sud au nord, à l'exception du Lower Manhattan, où les rues sont tortueuses et portent des noms. Les 15 *Avenues* traversent la ville du sud au nord et sont numérotées, dans l'ordre croissant, d'est en ouest : trois de ces avenues portent un nom (Lexington Avenue, Park Avenue, Madison Avenue). Il est très facile de s'orienter dans Manhattan en comptant les *blocks*, ces rectangles formés par l'intersection de deux *streets* et de deux *avenues*.

Financial District, SoHo et Chinatown

Wall Street, la statue de la Liberté, Ellis Island, etc. Berceau du New York historique, il s'agit de la zone la plus emblématique de la ville. En effet, c'est ici, tout au sud de Manhattan, qu'est né New York, qui ne fut pas habité au-delà de ses limites avant le XIXe siècle. C'est encore ici que débarquèrent les vagues successives d'immigrants arrivés d'Ellis Island jusqu'à la moitié du XXe siècle. Les Twin Towers ne dressent plus leur immensité démesurée au-dessus de la *skyline*, et le Lower Manhattan est aujourd'hui un curieux mélange de quartier d'affaires et de bâtiments historiques. Depuis le 11 septembre 2001, la physionomie de Wall Street a bien évidemment changé, même si les promoteurs immobiliers et la ville de New York ont bien réhabilité le quartier. Downtown New York est un quartier encore en chantier avec de nombreux échafaudages et barricades autour de la zone où se trouvait autrefois le World Trade Center. Wall Street mérite une visite pour son ambiance, ses monuments aux érections mégalomanes qu'ils soient récents ou des années 1960, ses vieilles cathédrales, ses rues en *cobblestone* (pavés) ou encore pour sa promenade le long de l'Hudson, au sud du Financial District.

Un séjour à New York peut commencer au Financial District, car c'est d'ici que l'on peut prendre le bateau en direction de deux symboles de la ville, la Statue de la Liberté et Ellis Island. Le quartier abrite aussi les symboles de la puissance économique américaine avec Wall Street et la réserve fédérale. C'est aussi un lieu où l'on peut faire de magnifiques balades, sur le pont de Brooklyn, autour de South Street Seaport, vieux port de New York réaménagé en site touristique, ou encore le long de l'Hudson dans la partie ouest.

Le Financial District est situé à vingt bonnes minutes à pied de SoHo et de TriBeCa, autres quartiers de Downtown – non moins emblématiques –, riches en boutiques, bars et restaurants *trendy*. Dans ces deux secteurs, les *buildings* verticaux cèdent la place à des immeubles plus petits, zébrés d'échelles de secours sur les façades. Ce sont les fameux bâtiments industriels en fonte (*cast iron*), investis par les artistes dans les années 1980… Depuis, les choses ont bien changé, et le paradis SoHo (South of Houston) a bien gagné ses galons de *shopping mall*. TriBeCa (Triangle Below Canal Street) étend son triangle orienté vers le nord entre Canal et Chambers d'une part, West Street (le long de l'Hudson River) et Broadway de l'autre. TriBeCa partage avec SoHo le privilège d'avoir fait l'objet d'une rénovation majeure qui l'a catapulté sur le devant de la scène artistique, gastronomique et immobilière. Inconnu il y a vingt ans de la plupart des habitants de la ville, alors réservé aux artistes sans le sou qui squattaient des lofts sans électricité, ce quartier est aujourd'hui hors de prix et furieusement prisé pour ses restaurants ciblés. Un repaire de New-Yorkais pur jus, plutôt *upper class*. Avec leurs rues pavées, et la relative parcimonie de *buildings* modernes, ces deux quartiers ont gardé de leur charme d'antan. Alors, n'hésitez pas à vous y perdre ! Si TriBeCa est plutôt calme en journée comme en soirée, SoHo vibre de 7h à 20h, jusqu'à ce que les commerces ferment.

Juste au nord du quartier d'affaires, à l'est de TriBeCa et SoHo, commencent Chinatown et le Little Italy. Ces deux quartiers, qui coexistent sur le même petit îlot de rues, ont connu ces vingt dernières années des évolutions contraires, mais extrêmement liées. Avec Mott Street, Canal Street est l'artère principale de Chinatown : son nom vient du canal qui permit de vider un étang immense qui se tenait là.

QUARTIERS DE MANHATTAN

© IM_PHOTO - SHUTTERSTOCK.COM

Vue sur le pont de Brooklyn et sur Manhattan.

Presque inexistant jusqu'au milieu du XXe siècle, Chinatown connaît actuellement une extension en forme de pales de ventilateur : le quartier remonte sur East Broadway et sur les rues parallèles à travers le Lower East Side, où sont passés tant d'immigrants juifs, et, au nord, Chinatown traverse Canal Street et s'implante dans Little Italy, aujourd'hui réduit à la portion congrue recroquevillée sur la seule Mulberry Street (drapeaux italiens et attrape-touristes à gogo), haut lieu de la mafia new-yorkaise, italienne en son temps. Chinatown envoûte par le labyrinthe de ses rues étroites et animées, qui lui valut cette boutade assez célèbre de Woody Allen : « Je suis abasourdi par le nombre de personnes qui veulent "connaître" l'univers, alors qu'il est déjà suffisamment difficile de se repérer dans le quartier chinois de New York ! » Voici en tout cas deux des quartiers « ethniques » les plus chargés d'histoire à New York, dont il fait bon respirer les ambiances contrastées, particulièrement les jours de fêtes chinoises. Et si Little Italy a perdu de son charme et est devenu uniquement une destination touristique, celui-ci s'est répercuté sur un quartier attenant : NoLIta. Petit coin niché juste à côté de Little Italy, entre Houston et Broome Streets, NoLIta (North of Little Italy) s'étale sur un mini-périmètre centré autour d'Elizabeth Street. Boutiques fashion et cafés branchés s'y disputent la place. Chinatown, Little Italy, NoLIta, SoHo, TriBeCa, autant de quartiers où il y a assez peu de monuments à admirer, mais où il fait bon se perdre entre petites ruelles au calme, et avenues bondées de monde.

Financial District. Tout au sud de l'île. Cette célèbre crête de gratte-ciel entassés les uns sur les autres à l'extrémité sud de Manhattan, face à la monumentale baie de l'Hudson, représente la quintessence visuelle de New York : l'image se confond avec la ville et elle a fait le tour du monde. En 1624, le comptoir hollandais de Nieuw Amsterdam a été fondé à cet endroit, il allait, quelques années plus tard, sous la domination anglaise, changer de nom et devenir New York, en l'honneur du Duke of York and Albany. Ici est née la plus grande ville du continent nord-américain et avec elle a commencé l'histoire de l'Amérique. Ici, on peut respirer l'outrance du capitalisme. L'animation y est formidable en semaine aux heures ouvrables (de 8h à 18h). Observer la Bourse et ceux que l'on nomme les *golden boys* en pleine action est un véritable spectacle. Dans les rues de ce quartier, les touristes dénotent au milieu de ces hordes de jeunes loups en costume cravate, lisant le *Wall Street Journal*, et de femmes en tailleur et stilettos. Les rues sont très animées, des marchands ambulants opèrent des transactions de *hot dogs* et de fausses Rolex pendant que les cireurs de chaussures travaillent d'arrache-pied. Ce quartier est une ville dans la ville, avec plus de 50 000 personnes qui viennent y travailler chaque jour. La nuit et le week-end, ces rues vides, étroites, sombres et venteuses impressionnent par leurs allures fantomatiques, à l'ombre des monstres bureaucratiques ! Pour l'instant, le quartier de Wall Street mérite une visite pour son ambiance durant les heures de bureau, ses monuments ou encore pour sa promenade au grand air le long de l'Hudson, au sud du Financial District. Le quartier, très bruyant à cause des nombreuses constructions et des trottoirs bondés, n'est pas le plus agréable pour une petite balade dans New York. Une fois les incontournables visités, rien ne sert de s'y attarder.

Battery Park City. Battery Park City est une petite portion de terre située tout au bout de l'île. Ce quartier abrite un grand espace vert aménagé qui offre un superbe panorama depuis les quais. En se promenant sur le port, on aperçoit la statue de la Liberté, toute petite au loin. Les quais de Battery Park abritent le terminal du ferry qui permet de rejoindre Staten Island et Ellis Island avec son musée de l'Immigrant.

South Street Seaport et Civic Center. South Street Seaport est le port historique de New York, il date des années 1600. Le quartier réaménagé est devenu un site très touristique avec un centre commercial sur l'ancien dock Pier 17 et beaucoup de petits restaurants. Une terrasse sur les toits permet de s'installer confortablement dans un transat pour admirer la vue sur le pont de Brooklyn et le contraste entre l'architecture du Financial District et les vieux bateaux. Bon nombre des anciens entrepôts du vieux port de New York au bord de l'East River, souvenirs du passé maritime de l'île, ont été transformés. Six anciens voiliers entièrement restaurés sont amarrés en permanence sur les quais et peuvent être visités. Deux musées relatifs au monde maritime sont implantés sur ce même site : le Museum of Historic Ships et le South Street Seaport Museum. On peut voir encore, sur les vieux docks, le Fulton Fish Market qui a su garder un air pittoresque. À quelques pas des entrepôts, on peut se promener à pied ou à vélo, sur le mythique pont de Brooklyn inauguré en 1883. Pour encore mieux l'apprécier, il faut d'abord prendre le métro jusqu'à Brooklyn (station High Street, lignes A et C), puis marcher sur le pont en revenant vers Manhattan, le panorama est véritablement exceptionnel. Au pied du pont, le long de Chambers Street, le Civic Center abrite un ensemble de bâtiments officiels comprenant l'hôtel de ville (City Hall), la Cour de justice fédérale, la Cour criminelle, etc. Là encore, Sandy a fait d'énormes dégâts détruisant tous les commerces et restaurants de bord de l'eau en 2013, mais la zone a retrouvé son dynamisme depuis.

Little Italy. Curieusement accolées par les hasards de l'histoire et de la géographie, l'enclave italienne (Little Italy) et l'enclave chinoise (Chinatown) ont réussi à cohabiter avec plus ou moins de succès pendant plusieurs décennies. Mais voilà que la situation a changé au profit de Chinatown dont l'expansion menace les limites mêmes de Little Italy, le plus vieux quartier ethnique de New York. Situé entre Houston Street et Canal Street, d'une part, entre Broadway et Bowery de l'autre, Little Italy est assurément un joli quartier, réputé le plus sûr de Manhattan, parce que gardé par la Mafia. Mais la jeune génération d'Italiens est allée prospérer ailleurs, les parrains habitent au sud-ouest de Brooklyn (nombreuses scènes du film *Le Parrain* ont été tournées dans ce quartier), et, même si les familles se retrouvent réunies dans l'enclave historique pour les grandes occasions, noces, baptêmes et enterrements, Little Italy ressemble de plus en plus à un musée, avec ses petites boutiques, sa vieille cathédrale Saint Patrick, l'ancien QG de la police (admirable édifice d'architecture néoclassique, transformé en appartements privés) et ses rues, Mulberry, Grand et Broome, bordées de restaurants touristiques, de cafés et de pâtisseries. À sa manière, Little Italy est un peu le Montmartre de New York. Pour de la bonne cuisine italienne, on ne conseille plus de se rendre dans le Little Italy.

NoLIta. Un petit coin niché juste à côté de Little Italy, entre Houston et Broome Streets. NoLIta (North of Little Italy) s'étale sur un mini-périmètre centré autour d'Elizabeth Street, une rue jalonnée de luxueux magasins d'antiquités et de meubles. NoLIta fait partie de ces quartiers qui n'existaient pas il y a encore quelque temps à New York, ce qui n'enlève rien à son charme. Dans La Mecque du shopping branché, truffée de boutiques vintage et de petits restaurants, les top-modèles et fashionistas se laissent observer nonchalamment…

Chinatown. Tandis que Little Italy débouche sur SoHo, au sud s'étend Chinatown, immédiatement repérable. Avec une population estimée à 150 000 résidents, plusieurs journaux, quelque 300 ateliers de confection, deux ou trois centaines de restaurants qui sont parmi les meilleurs et les moins chers de New York et une impressionnante série de banques. Chinatown, en dépit de son identité affichée, dissimule soigneusement sa réalité profonde derrière sa façade de prospérité laborieuse et son exotisme garanti. Moins grand que celui de San Francisco, le Chinatown de New York est, avec Harlem, la seule enclave ethnique authentique de New York. La langue aidant, tout est affaire de famille, et le mystère n'est pas prêt de s'éclaircir avec l'afflux d'immigrants venus de Hong Kong, de Corée, de Chine et du Vietnam, et dont les rivalités sanglantes sous forme de gangs, de rackets, de maisons de jeux et de prostitution sont en train de brouiller les pistes de la police (dont le QG n'est pas éloigné) et de défrayer la chronique. C'est ici, dans la foulée des immigrants irlandais, allemands, juifs puis italiens, que sont arrivés les premiers Chinois. Ils venaient de l'Ouest, où ils avaient travaillé dans la construction des chemins de fer ou dans les mines d'or, et ne souhaitaient que gagner au plus vite de l'argent pour rentrer au pays. Ils sont restés… Après des décennies de violence et de discrimination, la communauté chinoise a réussi à se regrouper et à fructifier. Si l'histoire de la civilisation chinoise vous passionne, le Museum of Chinese in America (70 Mulberry Street et Bayard Street, 2e étage) retrace l'histoire de l'immigration chinoise à New York. Chinatown offre le visage d'une Asie prospère.

© RYAN DEBERARDINIS - SHUTTERSTOCK.COM

Immeubles à Tribeca.

TriBeCa. TriBeCa (Triangle Between Canal Street) étend son triangle orienté vers le nord entre Canal et Chambers d'une part, West Street (le long de l'Hudson River) et Broadway de l'autre. TriBeCa partage avec SoHo le privilège (plus tardivement obtenu) d'avoir fait l'objet d'une rénovation majeure qui l'a catapulté sur le devant de la scène artistique, gastronomique et immobilière. Auparavant inconnu de la plupart des habitants de la ville, réservé aux artistes sans le sou qui squattaient des lofts sans électricité, ce quartier est aujourd'hui à la mode, non seulement pour ses logements spacieux et hors de prix, mais aussi pour ses restaurants, très prisés. Robert De Niro, qui y a une résidence, a ouvert quelques restaurants haut de gamme dans cet agréable quartier devenu *in*, inscrivant ses grands bâtiments (guère différents de ceux de SoHo) dans une atmosphère plutôt privilégiée. Un repaire de New-Yorkais pur jus, plutôt *upper class*. Le TriBeCa Film Festival (www.Tribecafilm.com/festival) s'y déroule chaque année depuis 2002 : une idée de Robert De Niro et Jane Rosenthal, pour aider à la renaissance de ce quartier du Lower Manhattan touché par les événements du 11 septembre 2001. Les rues près de l'Hudson, embaumées par une douce odeur d'océan, sont parmi les plus calmes de Manhattan.

SoHo. Lofts, magasins chics et rues pavées… SoHo (South of Houston Street) s'étend entre la 6th Avenue, à l'ouest, Canal Street au sud, Broadway à l'est et Houston Street au nord. SoHo, où la fête de l'art épouse les rêves du business, est souvent comparé à la rive gauche de Paris pour son atmosphère créative qui s'est embourgeoisée. SoHo était jadis connu sous le nom de Cast Iron District, *cast iron* signifie « fonte ». La fonte était, en effet, le matériau de base, économique et résistant, qui servit à la construction de ces dizaines d'usines et d'entrepôts dont les belles et audacieuses façades, désormais classées par les Monuments historiques, s'étendent le long des rues. La fonte permettait de supporter de lourdes charges et autorisait la création de larges espaces. Au lendemain de la guerre, ces immeubles (*loft factories*) étaient inoccupés et SoHo semblait voué à l'abandon, sinon à la destruction, lorsque des artistes, conscients des possibilités inouïes du quartier, s'installèrent subrepticement dans des espaces monumentaux pour y travailler à l'aise et y exposer leurs œuvres. La bataille contre les propriétaires allait durer plus de dix ans. En 1968, Paula Cooper, une entreprenante marchande d'art, ouvrait la première galerie de SoHo dans un loft de 1 500 m². Jusqu'alors, l'art contemporain occupait des poches dans les galeries de la 57th Street. Grâce à Paula Cooper, bientôt suivie par Leo Castelli, le vétéran des *art dealers* new-yorkais, le marché de l'art contemporain se déplaçait Downtown.

En 1971, la municipalité de New York ayant déclaré que les artistes (ils avaient durement lutté) pouvaient travailler dans les lofts sans risques d'expulsion, SoHo devenait rapidement le centre mondial de l'art contemporain. En 1975, on comptait 84 galeries à SoHo et, en 1990, plus de 200. Si les années 1980 ont été la période faste de SoHo (Wall Street investissait dans la peinture…), aujourd'hui le marché de l'art s'est tourné vers d'autres quartiers, aux loyers moins élevés : Chelsea et le Lower East Side. Aujourd'hui, les boutiques, restaurants et bars-terrasses ont cédé la place aux galeries.

East Village, Lower East Side et Alphabet City

East Village. À l'est de Broadway, entre 14th Street et Chinatown, se nichent deux quartiers bien distincts du reste de Manhattan. Si l'East

Village, au nord de Houston Street (prononcez « how-ston », au risque d'être estampillé touriste en moins de deux minutes !) et le Lower East Side, au sud, ont en commun cet esprit rock et traditionnel, ils sont néanmoins assez différents. Et s'ils ont conservé leur âme, leur physionomie a quelque peu changé ces dix dernières années, en ce sens qu'ils sont devenus sûrs et fréquentés à toute heure de la nuit. De hauts lieux de la nuit new-yorkaise… Avant de devenir un quartier rock et marginal dans les années 1980, l'East Village a logé des artistes aussi divers que Charlie Parker, Iggy Pop et Jimi Hendrix, le peintre Basquiat, Andy Warhol, des poètes comme Allen Ginsberg, mais aussi Léon Trotski. Difficile d'imaginer que le joli parc de Tompkins Square – Avenue A entre 7th et 10th Streets –, aujourd'hui plein d'enfants et de promeneurs, fut un jour une plaque tournante de la drogue et un lieu d'émeutes de sans-abri. Non loin de la statue de Tompkins, les sans-abri jouent encore aux échecs au coin sud-ouest du parc, et les églises du quartier y organisent souvent des collectes, mais la situation est sans comparaison avec le passé. Quartier d'élection des immigrants juifs d'Europe de l'Est, des Grecs, des Ukrainiens – sur 7th Street entre 3rd et 2nd Avenues –, des Polonais, des Portoricains ou des Philippins au fil de la longue histoire de l'immigration new-yorkaise, la zone sud-est est toujours ce quartier populaire, vivant, un peu anarchique et extrêmement attachant. St Marks Place (la huitième rue) en venant de la station Astor Place (ligne 6), avec ses magasins de disques, de tatouages et ses petites boutiques *vintage*, est l'artère principale de l'East Village. Autour, gravitent de nombreux bars, restaurants, petits clubs et petites boutiques de décoration, dans une ambiance qui tend vers le branché…

Alphabet City. À l'est d'East Village, vous remarquerez que la zone qui s'étend vers l'East River porte des lettres et non des numéros, Avenue A, B, C, D… D'où le surnom d'Alphabet City. Là aussi, difficile d'imaginer que cette enclave était ce véritable coupe-gorge dans les années 1990, décrit par les rares New-Yorkais qui s'y hasardaient. Symbole de l'image violente qui collait au quartier, *Alphabet City* est le titre d'un film de gangsters sorti en 1984 ! Aujourd'hui, les bars fleurissent comme ailleurs, essentiellement jusqu'à l'avenue C. Et l'ambiance reste furieusement authentique, le danger en moins… Bref, un quartier résidentiel peu touristique qui prend de la valeur au fil des années. À noter que le nom du quartier ne date que des années 1980. Auparavant, les avenues A, B, C et D faisaient tout simplement partie du Lower East Side.

Lower East Side. Au-dessous de Houston Street donc, le Lower East Side, quartier historique d'immigration, mais aussi ancien quartier juif de New York. Aujourd'hui délivré de la criminalité omniprésente qui a longtemps sclérosé son développement, le Lower East Side est aujourd'hui le quartier de Manhattan le plus animé la nuit. Des restos là-aussi, des terrasses, et des bars ciblés ou authentiques, c'est selon. Le New York fou des années 1980, c'est dans le Lower East Side qu'on le retrouve encore.

Outre les bars branchés, on retrouve encore quelques salles de concert underground, des galeries d'art qui n'ont pas le chic de celles de Chelsea. Ici, on est loin des tours et des buildings, les immeubles en briques rouges sont essentiellement horizontaux – même si quelques tours sont venues semer la panique ces dernières années –, les maisons sont belles, un peu décrépies, bref, on entre dans des quartiers géniaux, mais moins touristiques.

© RYAN DEBERARDINIS - SHUTTERSTOCK.COM

East village.

© SEAN PAVONE - SHUTTERSTOCK.COM

Bethesda Terrace, Central Park.

Le Lower East Side est un des quartiers de Manhattan qui a le moins changé dans son architecture, malgré une *gentrification* évidente de sa population. Bordé au nord par l'East Village, contenu, à l'ouest, par la 2nd Avenue et le Bowery, à l'est par l'East River et le Williamsburg Bridge, le Lower East Side comprend deux territoires : l'un, au sud, avec encore une forte influence juive, l'autre, au nord-est, avec sa population latine, noire. Les vestiges du passé de la plus grande communauté juive demeurent sur Orchard Street et forment ce qu'on appelle le Historic Orchard Street Shopping District. On peut encore y faire quelques affaires en tissu et vêtements.

Bowery. Dans la partie ouest du Lower East Side, Bowery est un minuscule quartier tout en longueur. Il est délimité par Allen Street à l'est et Bowery à l'ouest, tandis que 5th Street et Hester Street constituent ses frontières nord et sud. Auparavant malfamé comme le reste du Lower East Side, il connaît une revitalisation depuis les années 1990. Signes évidents de son embourgeoisement, les tours y poussent, de plus en plus hautes, abritant des condos de luxe. Malgré cela, Bowery est toujours teinté d'authenticité et rares sont les touristes qui viennent s'y perdre.

Les bars et restaurants y sont légion et le *street art* s'étale toujours sur ses murs, notamment le *Bowery Mural* dont les fresques changent fréquemment.

Greenwich Village, West Village et Meatpacking District

Greenwich Village, West Village. 1916 : Marcel Duchamp, poète surréaliste, proclame solennellement la naissance de l'« État de Nouvelle Bohème ». Le tout perché sur le sommet de l'arche de Washington Square… Tout un symbole… Ce quartier mythique de la bourgeoisie puis de la bohème artistique dans les années 1960 se mérite.

Jusqu'à la Grande Guerre, le Village fut le repaire d'anticonformistes notoires, à l'image de la poétesse Edna Saint-Vincent Millay, dont les nombreuses liaisons amoureuses étaient légendaires, de l'auteur dramatique Eugène O'Neill, de l'écrivain voyageur Mark Twain, du journaliste John Reed, témoin de la révolution bolchevique, ou du poète maudit Dylan Thomas, mort d'une crise d'éthylisme devant la White Horse Tavern. Le Village fut aussi le berceau de la communauté gay, et Christopher Street demeure leur centre de ralliement. Compris entre Chelsea au nord et SoHo au sud, le Village ne constitue pas un ensemble homogène, mais se trouve bel et bien constitué de différents villages aux subtiles frontières : hauts immeubles distingués de la 5th Avenue, entre la 8th et la 13th Street : bars gay de Christopher Street jusqu'à l'Hudson River : West Village entre Hudson Street et l'Hudson River : Meatpacking District au bout de Bleecker Street, avec ses entrepôts de viande convertis en restaurants, bars et boutiques branchés… Entre la 14th Street au nord et Houston (prononcez « how-ston ») Street au sud, la géométrie de Manhattan se brouille : les ruelles entretiennent des rapports confus et ne portent plus ces numéros si rassurants de Midtown. Les numéros cèdent la place aux noms : Hudson Street, Greenwich Street, Bleecker Street, Mercer Street, Charles Street, etc. Enfoncez-vous dans ses rues tortueuses après la 7th Avenue. Découvrez la 12th Street, Perry Street, Charles Street, Bethune Street et le petit périmètre des 9th et 10th Streets compris entre Greenwich Avenue et Hudson Street. À mesure que vous vous éloignez, l'atmosphère touristique disparaît, vous redécouvrez un quartier authentique, des maisons sublimes, ombragées (et hors de prix), d'adorables petits jardins et la tranquillité d'un village. Le Village conserve plus que jamais son aura de villégiature urbaine et son cachet d'oasis pour *happy few*, et force est de constater que le quartier s'est fortement embourgeoisé au cours des dix à quinze dernières années. Le temps de la bohème est révolu, mais le Village dégage toujours cette atmosphère décontractée qui le caractérise. Ce périmètre concentre un nombre inouï de restaurants, bars, pubs, cafés, clubs de jazz, boîtes de nuit, boutiques, cinémas, théâtres et librairies. Tout ceci dans un quartier résidentiel, repu de très jolies maisons. Si l'ambiance n'est pas des plus calme en semaine, elle l'est encore moins le week-end. L'atmosphère devient électrique, quand ses jolies rues bordées d'arbres et de maisons particulières se retrouvent envahies de touristes et d'étudiants. Les nombreux bancs de Washington Square, qui signe le cœur du quartier, attirent chaque jour des promeneurs, des poussettes ou des joueurs d'échecs. Construit en 1895 dans le style Beaux-Arts, l'arc de triomphe, symbole du passage vers Greenwich Village, est le lieu de rencontre par excellence des *blind dates*, depuis l'époque où Fred Astaire dansait à son sommet dans le film *The Belle of New York*. Derrière l'arche, the Row. Ce bel alignement d'hôtels particuliers (*townhouses*) de style *greek revival*, et construit vers 1830, témoigne du temps où les plus riches familles new-yorkaises habitaient en bordure du parc. Le décor de chacune des façades suit un plan d'ensemble, contrôlant la largeur du perron et la hauteur des fenêtres. Au n° 3, vécurent le peintre Edward Hopper – 1882-1967 – et l'écrivain John Dos Passos, qui y rédigea *Manhattan Transfer* – 1925. Tout autour du parc, de jolies maisons, dont celle d'Henry James et d'Eleanor Roosevelt. Et bien sûr, la prestigieuse New York University (NYU) – 1831 –, plus grande université privée des États-Unis, qui participe largement à l'ambiance du quartier. Il fait bon vivre à Greenwich Village. Mais pour acheter, ou louer, il faut avoir un compte en banque bien fourni : on s'en apercevra aisément en arpentant, entre la 5th et la 6th Avenue, les 10th, 11th et 12th Streets, mais aussi Grove Street, Bank Street ou 4th Street.

Meatpacking District. Le New York industriel devenu branché ! Et dire que l'ancien maire de New York Michael Bloomberg n'aimait pas le projet de la High Line, une voie verte suspendue comparable à la Coulée verte de Paris. Incontestablement, la High Line, ouverte en 2009, a transformé le quartier. Le rendant plus attrayant pour les commerces et les touristes et plus beau. Le Meatpacking District occupe la zone située entre Chelsea et West Village, entre Greenwich Avenue, Gansevoort Street et la 14th Street. L'ancien quartier des abattoirs abrite encore quelques entrepôts frigorifiques de viande (les bouchers la découpent en morceaux avant de l'expédier vers les distributeurs), mais aujourd'hui, les grossistes ont largement cédé la place aux fashionistas. En l'espace de quelques années, le coin est devenu branché (voire bling-bling), et les boutiques chics des grands designers contemporains et inabordables pour le commun des mortels ont investi les anciens entrepôts. Preuve de la transformation rapide du Meatpacking District, le Whitney Museum s'y est installé au printemps 2015 et a changé encore un peu plus l'ADN du quartier en attirant de nombreux touristes et en précipitant le départ des derniers entrepôts industriels encore présents.

Dans ce quartier de petites rues pavées, tout semble s'éveiller au coucher du soleil. Il séduira les amoureux de la vie nocturne : bars, restaurants et clubs de qualité occupent désormais les anciens entrepôts de viande rouge. Les noctambules se rendent au diner huppé Bubby's ou sur la terrasse de l'hôtel Gansevoort au coucher du soleil, après avoir arpenté la High Line… Contrairement au Lower East Side, l'autre quartier de la nuit à New York, ici les entrées en boîtes de nuit et dans les bars sont très sélectives, et les restaurants ne proposent pas des parts de pizza à 3 US$. Mais avec un peu de chance, vous danserez avec Pharrell Williams ou Kate Moss.

Times Square et Midtown

L'endroit le plus symbolique de New York. Des buildings et encore des buildings ! Midtown couvre à lui seul un immense noyau de la ville et offre autant de colorations que son espace peut en contenir. Par Midtown, comprenez Midtown East, Midtown West, Chelsea et, au cœur de l'ensemble, Times Square l'illuminé ! Si Central Park représente la limite nord de Midtown, les avis divergent sur sa frontière sud, située tantôt à hauteur de la 23rd Street, tantôt à partir de la 34th Street. Nous avons cependant inclus Chelsea, le Flatiron District ou Gramercy Park dans Midtown pour des raisons de logique en termes de déplacement. De même, nous avons clairement distingué Midtown West et son empire de l'entertainment (Times Square bien sûr) et Midtown East, institutionnel, marchand, mais aussi plus secret.

Midtown East. Le centre des affaires de Manhattan et le plus grand magasin du monde. L'un des quartiers où New York a le mieux exprimé son gigantisme, sa puissance et sa démesure. C'est ici que sont réunis les grandes institutions, les boutiques les plus élégantes et les bâtiments les plus audacieux. Grands magasins (*Department stores*), grandes galeries de peinture, grandes boutiques de mode, grands restaurants, grands hôtels, grandes entreprises internationales se succèdent sur Madison, Park, Lexington et la 5e avenue. C'est d'ailleurs sur la fameuse fifth avenue que se trouve la deuxième plus haute tour de New York, le célèbre Empire State Building.

Murray Hill, Flatiron District et Gramercy. Tout à l'est, les enclaves de Murray Hill, mais surtout Sutton et Tudor, rassemblent ce que l'on fait de plus fermé et de plus sélect à New York. Gramercy, Flatiron District et Murray Hill : ces trois petits quartiers qui ont poussé à l'est de la 6th Avenue, entre la 14th et la 40th Streets, jouissent d'une constance remarquable. Toujours bien famés (sans être snobs), ils présentent une richesse architecturale remarquable, symbolisée par deux des plus beaux (à défaut d'être les plus récents) *buildings* de New York : le Chrysler Building et le Flatiron. Encore plus attrayant, Gramercy Park, point de départ de Lexington Avenue entre la 21st et la 22nd Street, est bordé d'immeubles très élégants et de maisons particulières, abominablement chères (le prix médian de l'appartement est à 1,225 million de dollars !). C'est le seul parc privé de Manhattan : n'y ont accès que les propriétaires pourvus d'une clef. Cette oasis diffuse sa tranquillité sur l'ensemble du quartier, et les amateurs de beauté et de branchitude choisiront le Gramercy Park Hotel à l'allure européenne. Autre explication à cette ambiance si peu new-yorkaise : l'absence de métro. C'est ici qu'ont trouvé refuge de nombreux auteurs – John Steinbeck, Oscar Wilde, Edward Sheldon – et où résident encore quelques célébrités qui cherchent le peu de tranquillité que New York a à offrir, parmi lesquelles l'actrice Uma Thurman et la star de la série *Big Bang Theory*, Jim Parsons.

Midtown West. Si l'on se tourne franchement vers l'ouest, entre les 45th et 55th Streets et entre la 6th et la 8th Avenue, Midtown devient une autre ville, avec ses grands immeubles de bureaux, ses énormes hôtels, ses restaurants pour visiteurs, ses bars, ses boutiques de matériel électronique, ses cinémas, ses théâtres de music-hall, ses boutiques pornos, ses boîtes de nuit, ses *peep-shows* et ses magasins de souvenirs « I love New York ». Les 7th et 8th avenues sont très bruyantes et incroyablement éclairées, de jour comme de nuit. Les 9th et 10th sont de simples quartiers résidentiels où il n'y a rien de particulier à voir.

Plus à l'est, le légendaire Rockefeller Center, en plein cœur de Midtown, est un immense complexe de vingt et un gratte-ciel situés entre la 46th Street et la 50th Street et entre la 6th Avenue et la 7th Avenue. Chaque fin d'année, un sapin gigantesque s'illumine sur la place centrale, et l'esplanade centrale devient patinoire. Un peu plus au sud, on trouve Korea Town avec ses restaurants coréens et ses karaokés.

Times Square. Des néons ! Quartier emblématique de New York, devenu zone piétonnière en 2009, ce temple du music-hall et du shopping jouit d'une renommée internationale. Situé entre 40th Street et 57th Street (entre 6th Avenue et 8th Avenue), il fut dans les années 1970, symbole universel du vice à l'américaine. Qui ne se souvient pas des scènes de nuits chaudes vues du taxi de Robert De Niro dans *Taxi driver* ? La corruption et le crime y régnaient, et les choses ont bien changé. Times Square, c'est aussi Broadway et le Theater District, avec plus de cinquante théâtres situés sur Broadway et les rues avoisinantes. Chaque fin d'année, les fameuses comédies musicales font salle comble tous les soirs. Le quartier doit son nom au *New York Times*. En effet, en 1904, le quotidien de renom installa ses bureaux sur le côté sud du square, alors en pleine jeunesse (aujourd'hui la toute nouvelle tour du *New York Times* se trouve sur la 41st Street). Impossible cependant de visiter New York pour la première fois sans prendre un grand bain de foule parmi la masse des badauds !

Hell's Kitchen. Vers la 10th Avenue, entre la 34th et la 46th Street, s'étend l'ancien quartier nommé Hell's Kitchen (HK, « la cuisine de l'enfer »), célèbre pour sa pauvreté, sa violence et sa criminalité au début du XXe siècle : un quartier désormais rempli de petits restos ethniques et bon marché, imprégné d'une sacrée atmosphère. Les temps changent plus vite qu'ailleurs à New York et le quartier ne tardera pas à devenir un des prochains hauts lieux de la « branchitude » mondiale. Les signes annonciateurs sont même déjà là : le marché aux puces du week-end a déménagé de Chelsea jusqu'à HK (sur 39th Street, entre 9th et 10th Avenues) et les petits restos turcs, africains ou marocains de 46th Street attirent de plus en plus de monde. Assez peu animé en journée, le quartier se transforme à la tombée de la nuit et n'est jamais aussi bruyant que vers 22h, lorsque les spectateurs de Broadway sortent des théâtres et affluent dans les restaurants.

Au sud du quartier, le gigantesque complexe d'Hudson Yards est sorti de terre pour redynamiser cette zone entre Hell's Kitchen et Chelsea. On y trouve d'immenses tours avec des bureaux

© KRISTI BLOKHIN - SHUTTERSTOCK.COM

Chelsea Market.

et des appartements (dont 30 Hudson Yards où se trouve l'observatoire Edge), un centre commercial (The Shops & Restaurants at Hudson Yards) et la structure The Vessel.

Chelsea. Chelsea commence au sud de Hell's Kitchen, au niveau de la 34e rue, à l'ouest du Flatiron District, et s'étire sur vingt *blocks* jusqu'à la 14e, au nord de Greenwich Village. Sa partie ouest longe l'Hudson River. Ce paisible quartier a vu ces dernières décennies l'arrivée massive de galeries d'art – fuyant les loyers élevés de SoHo – et de la communauté gay, de plus en plus présente hors de Greenwich Village. C'est aujourd'hui l'un des endroits où il fait le mieux vivre, où la population est la plus diverse en âge, origine et milieu social. L'on se rend à Chelsea pour la High Line bien sûr, superbe promenade surélevée, pour ses galeries, ses restaurants et ses clubs (ambiance gay sur la 8e avenue) : la plupart des galeries se trouvant entre 10th et 11th Avenues et entre 21th et 27th Streets. Pour faire quelques courses, faites un tour au Chelsea Market, installé dans un curieux bâtiment Art déco, entre 15th et 16th Streets sur 9th Avenue. Enfin, l'immense complexe de Chelsea Piers, au bord de l'Hudson River, attire beaucoup de sportifs de la ville. S'offrir une balade sur les bords de l'Hudson au coucher du soleil est un moment de pure détente.

Upper West Side et Central Park

L'Upper Manhattan débute à hauteur de l'importante 57th Street, le faubourg Saint-Honoré de New York, et se divise de part en part de Central Park, comme les deux bras d'un fleuve urbain, en deux entités énormes : l'Upper East Side et l'Upper West Side. Lorsque vous aurez épuisé les plaisirs de Downtown, n'hésitez pas à vous embarquer pour l'Upper West Side. Vous y découvrirez un Manhattan moins couru, mais non moins captivant. Et lorsque vos jambes ne vous supporteront plus, vous aurez toujours le loisir de vous étendre sur une pelouse de Central Park… Quartier de prédilection de l'intelligentsia new-yorkaise, il n'en demeure pas moins si complexe et hétéroclite que l'on pourrait passer sa vie à le décoder. Il n'existe aucun quartier comme l'Upper West Side, où le sublime hôtel Excelsior voisine avec le non moins sublime Mayflower dans une alchimie à nulle autre pareille avec l'une des plus qualitatives concentrations d'hôtels à petits prix de New York. Sans doute le plus complexe, mais aussi parmi les quartiers les plus intéressants et agréables de New York, l'Upper West Side est un monde à part avec ses fans, qui ne voudraient vivre ailleurs pour rien au monde. La notion de *block* y existe toujours, au point que, d'une rue à l'autre, l'ambiance peut changer radicalement. Sur ce territoire aussi vaste qu'hybride, qui ressemble à un 16e arrondissement parisien mâtiné de 11e, le luxe et la pauvreté ne sont jamais très éloignés. Ici cohabitent artistes, étudiants, écrivains, professions libérales, acteurs (nombreux), musiciens, *yuppies*, millionnaires, retraités, travailleurs et *homeless* (non moins nombreux).

L'Upper West Side s'étend du Lincoln Center, au sud, à Morningside Heights, au nord, du territoire de la Columbia University et de Central Park, sur son flanc est, au Riverside Park, à l'ouest, audelà de l'énorme West End Avenue.

Pour l'histoire, on rappellera que le Lincoln Center a été bâti sur le site du quartier populaire qui sert de cadre au film *West Side Story*. De tous les bâtiments prestigieux qui flanquent Central Park West, et dont on peut admirer le panorama depuis le parc, le Dakota Building n'est pas le plus haut, mais il est le plus ancien. C'est au pied de cette forteresse palatiale de style Renaissance néogermanique, construite en 1884 et dont les appartements comptaient originellement jusqu'à vingt chambres, qu'a été assassiné John Lennon, c'est dans cette grande bâtisse sombre qu'a été tourné le film *Rosemary's Baby* de Polanski, et c'est encore ici que vécurent Lauren Bacall ou l'ancien maire de New York, John V. Lindsay. Un immeuble qui, par son glamour, son luxe et ses drames, appartient à la mythologie new-yorkaise. Au tout début du XXe siècle, 20 ans après la construction du Dakota, qui se dressait solitaire face à Central Park, l'ouverture du métro allait stimuler l'urbanisation de l'Upper West Side. De nombreux juifs aisés (aujourd'hui encore, l'Upper West Side est le principal quartier juif de Manhattan) se trouvaient à l'étroit dans le Lower East Side et ils restaient *persona non grata* dans l'Upper East Side, quartier des riches WASP (White Anglo-Saxon Protestant). Ils avaient de l'argent et de l'ambition et s'installèrent à l'ouest de Manhattan, lui donnant un formidable essor économique et s'inspirant pour l'architecture du gothique et du baroque, mais surtout du style haussmannien. Et c'est bien ce qui pourra vous frapper du côté de la 72nd Street et de Broadway : la démesure new-yorkaise d'un style familier. C'est pourquoi l'Upper West Side, trop peu visité par les touristes, garde un air si européen. Au début des années 1920, Broadway voulait rivaliser avec les Champs-Élysées. La mode n'a pas suivi. Désormais, Columbus Avenue, située entre les 70th et 80th Streets (près du Museum of Natural History) tient le haut du pavé, avec ses boutiques, ses restaurants romantiques dans le genre du Village, ses bars et ses cafés pleins de jeunes et d'habitués. Et n'oubliez pas de regarder vers le ciel pour apercevoir la belle architecture des toits de quelques vieux *buildings*, avec leurs gargouilles, leur petit donjon et leurs sculptures. Si vous cherchez une sorte de Downtown revisité, mais Uptown, nous vous conseillons résolument l'Upper West Side. Lors de votre visite dans l'Upper West Side, n'oubliez pas de monter jusqu'à la 110e rue pour découvrir le magnifique campus de la prestigieuse Columbia University. Réservé aux piétons et donc très calme, le campus est ouvert au public. Vous y découvrirez tous les clichés des campus aperçus dans les séries américaines : des étudiants assis dans la pelouse en train de réviser, d'autres discutant sur les marches de la bibliothèque (dont certaines salles sont ouvertes aux non-étudiants), des Starbucks à tous les coins de rue, etc.

Upper East Side

Depuis que New York existe, c'est le quartier chic par excellence. Celui des grandes familles, des dynasties économiques et intellectuelles, et des valeurs traditionnelles. En témoignent les petits groupes d'enfants en uniformes scolaires ou les gardiens d'immeubles en gabardine de parade et chapeau qui accueillent les propriétaires et refoulent les importuns qui n'ont pas été annoncés. Quartier fortuné et de tradition, le très *upper class* Upper East Side, situé dans la partie nord-est de Manhattan, entre Central Park est et l'East River, réunit le long de Central Park certains des hôtels les plus majestueux de New York, summum du luxe urbain de bon goût. Dans l'Upper East Side, où les avenues sont plus ou moins élégantes selon un ordre correspondant à leur éloignement par rapport à Central Park, les *blocks* expriment de ce fait le prestige réel d'une situation. C'est là que se sont installés, dans les années 1880, les Astor, les Carnegie, les Whitney, les Frick, les Morgan, les quatre cents noms de l'aristocratie new-yorkaise, leurs émules et des *outsiders* prestigieux. Ici vivent ou vécurent Greta Garbo (450 East 52nd Street), Paul Newman (230 East 50th Street), Shirley MacLaine (400 East 52nd Street), Lillian Gish (430 East 57th Street), Marylin Monroe (444 East 57th Street), Montgomery Clift (217 East 61st Street), Tallulah Bankhead (230 East 62nd Street), Joan Crawford (2 East 70th Street), Pola Negri (907 5th Avenue), Gloria Swanson (920 5th Avenue), Marlène Dietrich (993 Park Avenue), Woody Allen, Robert Redford, Liza Minelli, Madonna et d'autres encore... Vous serez certainement séduits par l'enfilade de nobles bâtiments qui bordent tout le versant est de Central Park. Avec ses hôtels particuliers, ses petits immeubles d'habitation élégants ou ses forteresses bourgeoises dominant la majestueuse Park Avenue, l'équivalent de l'avenue Foch, l'Upper East Side est, pour l'œil, un plaisir des formes et des perspectives. Du côté des 60th et 65th Streets et Madison, on est à Neuilly : ailleurs, à hauteur des 90th, à Passy : de jolies maisons particulières bordent des rues ombragées l'été. Depuis les terrasses privilégiées, la vue sur Central Park est sublime. Tout à l'est, entre les 79th et 96th Streets, s'ordonnent des rues d'immeubles massifs : c'est le quartier de Yorkville, à l'influence allemande persistante – ses restaurants, ses pâtisseries, ses fêtes locales fleurent bon la Bavière. En été, les bancs du Carl Schurz Park à l'extrémité de la 84th Street (jusqu'à la 89th Street), fort tranquille et bien orienté à l'est, permettent de pique-niquer tout en regardant passer les bateaux sur l'East River.

L'Upper East Side est un mix des 16e et 8e arrondissements parisiens : sur Madison s'alignent les boutiques les plus élégantes de la mode américaine, européenne et japonaise, les antiquaires les plus chers, les restaurants les plus sélects, les hôtels les plus secrets, et les secrets les mieux gardés. Car l'Upper East Side se montre, il ne se révèle pas. Ce n'est pas un quartier jeune, encore que l'installation des *yuppies* et des *golden boys* (Wall Street est sur la ligne directe du métro) ait changé le paysage. En semaine, les dîneurs affluent dans les restaurants qui se succèdent sur les 2nd et 3rd Avenues, entre les 70th et 75th Streets. Le week-end, l'intéressante 86th Street sert de point de ralliement aux banlieusards. On vit entre voisins et en bon voisinage. L'Upper East Side abrite aussi l'élite des musées new-yorkais, le long d'un des plus fabuleux parcours culturels de la planète : le Museum Mile. L'un des plus denses aussi. Sur la 5th Avenue, de la 82nd à la 104th Street, ce sont plus d'une dizaine de musées aussi divers que le Museo del Barrio, le musée de la ville de New York, le Jewish Museum, le Guggenheim, la Neue galerie ou… le Metropolitan. Une sensation grisante que d'enfiler comme des perles les musées les plus sublimes du monde, en quelques enjambées. Autant de lieux où les collections sont synonymes d'excellence…

Harlem et le nord

Harlem. Le nom de Harlem vient du néerlandais Nieuw Haarlem ou « Nouvelle-Haarlem », Haarlem étant une ville des Pays-Bas. Urbanisé à partir de 1880, le quartier fut d'abord le lieu de résidence et de villégiature d'une classe plutôt aisée d'immigrants d'Europe du Nord et de l'Est. C'est véritablement à partir de 1910, suite à l'expansion de la ville, que les Noirs américains commencent à s'installer dans ce quartier. Il devient tout à la fois centre de la lutte pour l'égalité des droits civiques et foyer de la culture afro-américaine : des caractéristiques qui font aujourd'hui sa renommée mondiale. Les frontières de Harlem sont délimitées au sud par la 96e rue et Washington Heights. Toutefois, l'espace est officieusement délimité par la 110e rue au sud et par la 155e rue au nord. Longtemps considéré comme un ghetto, Harlem est aujourd'hui plus dynamique que jamais. Le fait que Bill Clinton a choisi d'y installer ses bureaux en 2001, sur l'emblématique 125th Street – à 5 minutes de l'Apollo –, traduit bien cette mutation urbaine. Passer la 96th Street en direction du nord, à pied, en voiture ou en bus, donne encore la sensation de franchir une frontière sociale. Harlem s'est cependant grandement assagi avec les années « Tolérance Zéro » et la hausse des loyers. De nombreux bâtiments, laissés à l'abandon pendant deux décennies (fenêtres brisées, cages d'escalier incendiées, électricité coupée), ont été réhabilités, et la bourgeoisie blanche redécouvre le charme de ses vieilles demeures en *brownstones* et de ses quartiers résidentiels arborés… Mais, changement de noms des avenues à l'appui, Harlem demeure le symbole et la mémoire de l'histoire mouvementée des Noirs américains. En témoignent les gospels incarnés, chantés dans les quatre cents paroisses de Harlem chaque semaine… Des cités de East Harlem aux *brownstones* de Striver's Row, vous ressentirez l'esthétique brute d'un quartier où tout est plus dur et plus beau. De l'Apollo Theatre au Schomburg Centre, vous y verrez de belles cicatrices et expérimenterez la splendeur issue du sang, de la sueur et des larmes. Harlem est à la fois symbole du malaise racial en Amérique, frontière géographique et mentale que les New-Yorkais blancs hésitent encore à franchir, et fleuron touristique très prisé des visiteurs du monde entier, au grand étonnement des Américains. Les week-ends et la journée sont donc les moments les plus propices à une excursion individuelle, et les visites organisées restent d'excellentes occasions de voir ce qui mérite d'être vu, apprécié, aimé et deviné. Le programme idéal : un gospel dominical vers 11h, un déjeuner chez Amy Ruth's ou Sylvia's, une balade autour de Columbia University – même si le campus est plus animé en semaine –, suivie d'une soirée au Bill's Place, l'un des clubs de jazz les plus authentiques de la ville. Une approche certes un peu balisée, mais qui constitue peut-être l'une des meilleures formules pour goûter à la magie de ce quartier…

Washington Heights et Inwood. Au nord d'Harlem, au-dessus de la 155e rue se trouve Washington Heights. Le quartier a été nommé d'après Fort Washington, une bâtisse fortifiée située sur le point culminant de Manhattan. Construit par l'armée durant la révolution, ce fort avait été conçu pour apercevoir au loin les possibles flottes anglaises. Le quartier a accueilli différentes vagues d'immigration successives. Au début du XXe siècle, les Irlandais s'y sont installés, bientôt remplacés par les juifs européens fuyant le nazisme dans les années 1930-40. Des immigrés grecs, puis dominicains se sont ensuite établis à Washington Heights. Ces derniers peuplent toujours en grande partie le quartier. Une attraction touristique vaut le détour à Washington Heights : The Cloisters (le cloître), une enceinte construite avec des fragments de cloîtres français qui abrite des œuvres d'art médiévales venant d'Europe et notamment de France. À noter que, très régulièrement, des films sont tournés dans ce quartier, car les rues sont assez peu peuplées et il est beaucoup plus facile et moins coûteux de fermer un *block* entier de Washington Heights que de SoHo. Parmi les films tournés dans le quartier, *Une Journée en enfer* et *American Gangster*. Le quartier le plus au nord de l'île de Manhattan est Inwood. Tout comme Washington Heights, Inwood accueille aujourd'hui une très forte communauté dominicaine.

LES PETITES ÎLES

ELLES SONT UNE POIGNÉE DANS L'UPPER NEW YORK BAY

Governor's Island

Vous verrez l'île sur votre gauche, en allant vers Staten Island. Accessible par ferry ou en water taxi depuis Battery Park, l'île était jusqu'à récemment entièrement occupée par le gouvernement fédéral et utilisée comme base des garde-côtes et quartier général de la Première Armée. Désormais, un plan de restructuration urbanistique est en cours d'aboutissement et Governor's Island accueille des événements culturels, expos ou concerts… De plus en plus populaires, ils ont lieu essentiellement en été et le week-end. La programmation est à découvrir dans le Time Out ou le Village Voice. Par ailleurs, une jolie façon de découvrir cette petite île dépourvue de voitures consiste à louer des vélos. C'est gratuit le vendredi, vous pouvez faire un tour pendant une heure, et les premiers arrivés sont les premiers servis. *First come, first served* ! Enfin, Governor's Island, ce sont aussi plusieurs kilomètres de plage. Ce n'est pas encore le sable fin de la Floride, mais c'est suffisant pour une partie de beach-volley. Attention, il est en revanche interdit de se baigner pour des raisons de sécurité.

Liberty Island

Autrefois Bedloes Island, c'est ici que se trouve la statue de la Liberté. Il est bien sûr possible de s'y rendre en bateau.

Ellis Island

La porte d'entrée pour des millions d'immigrants de 1892 à 1954. La voisine de Liberty Island abrite le musée de l'Immigration ainsi qu'un complexe d'hôpitaux désaffectés.

Roosevelt Island

Sur l'East River, entre Manhattan et Queens, c'est l'ancienne Welfare Island et, encore auparavant Blackwells Island. Compte tenu de son relatif isolement, en particulier à l'époque où l'East Side de Manhattan était un quartier de taudis, d'entrepôts de gaz et de brasseries, l'île servit de prison et d'hôpital pour les tuberculeux. La prison fut transportée ailleurs, de nouvelles administrations s'installèrent et l'île fut baptisée Welfare Island. Puis vinrent les promoteurs qui en ont fait une petite ville de tours à part entière (interdite aux animaux), une cité monolithique froide et pourtant fascinante par son silence et ses rues vides. Depuis 2017, l'Université Cornell y a installé un de ses campus, apportant un peu de jeunesse. En voiture, il faut prendre le Queensboro Bridge pour entrer dans Manhattan. Sinon, on emprunte le téléphérique, toujours en usage, malgré quelques accidents spectaculaires dans le passé, et sauvé de la démolition grâce à la pression populaire. La vue du téléphérique sur l'est de Manhattan est magnifique. Et, bonne nouvelle, une carte de métro suffit pour prendre le téléphérique ! Une station de métro Roosevelt Island (ligne F) construite avec, dit-on, d'énormes quantités de ciment vendues par la Mafia permet aussi de se rendre sur l'île. Chaque année au mois d'avril, l'île se pare de couleurs magnifiques pendant la floraison des cerisiers du Japon.

Randall's Island

Plus haut, sur l'East River, l'île fait face à la 125th Street. Elle abrite un grand stade et des installations sportives et est le point de rencontre des eaux du Long Island Sound, de l'East River et de la Harlem River. Ce passage tumultueux et excessivement dangereux, connu sous le nom de Hell's Gate (porte de l'Enfer), fut le théâtre du naufrage dramatique du General Slocum en 1904, un bateau à vapeur chargé de pique-niqueurs qui prit feu et sombra. Un millier de passagers y ont trouvé la mort, ce qui en fait la catastrophe new-yorkaise la plus meurtrière après les attentats du 11 septembre 2001.

Rikers Island

Parmi les autres îles entre le Bronx et Queens, citons Rikers Island, la plus grande prison de la ville qui devrait fermer d'ici 2026.

North Brother Island

North Brother Island, le cimetière des pauvres, où des cercueils anonymes sont enterrés à six pieds sous terre par des prisonniers de l'île voisine et des *homeless*. Située entre le Bronx et Riker's Island, cette île de 400 mètres sur 250 mètres est complètement abandonnée ! Après avoir accueilli des tuberculeux au XIXe siècle, des vétérans de la Seconde Guerre mondiale, des adolescents accros aux drogues, l'île est désormais inhabitée, et ce depuis 50 ans ! Des photos incroyables de l'hôpital désaffecté ont été publiées en 2013 grâce à un photographe qui s'est rendu sur l'île en kayak. Aujourd'hui refuge pour oiseau, cet endroit est interdit d'accès. Et n'essayez pas de vous y aventurer, le NYPD surveille l'activité sur l'île, à cause de sa proximité avec la prison de Riker's Island, l'aéroport LaGuardia et une centrale nucléaire.

City Island

Flottant à l'est du Bronx, City Island est une toute petite île que l'on viendra découvrir à la faveur d'une belle journée de soleil. La pointe sud donne sur le Queens et compte quelques très bons restaurants de poissons et fruits de mer, tandis que son flanc est fait face à l'immense baie filant vers l'océan Atlantique. Difficile à croire, mais vous êtes toujours à New York, quasiment en pleine mer.

JOHN F. KENNEDY INTERNATIONAL AIRPORT (JFK)

✆ +1 718 244 4444

Construit en 1948 sous le nom de New York International Airport, l'aéroport est rebaptisé en 1963 suite à l'assassinat du président américain. Avec 35 000 employés, c'est le plus grand des trois aéroports de New York. Il subit depuis 2022 un grand projet de réaménagement de 19 milliards de dollars. À votre arrivée à l'aéroport, dirigez-vous vers le Ground Transportation Desk (bureau des transports terrestres) près des livraisons de bagages, pour toute demande d'information.

GRAND CENTRAL TERMINAL

East 42nd Street

✆ +1 212 935 3960

https://nyc.docentour.com/

Grand Central est l'une des plus vieilles gares des États-Unis encore en activité (construite entre 1903 et 1913), au cœur de Midtown. Mythique, elle vaut une visite à elle toute seule. Elle faillit pourtant être détruite et il fallut tout le poids de Jacqueline Kennedy Onassis pour garder et rénover cette gare. Elle dessert aujourd'hui les banlieues nord (MetroNorth), le nord-est de l'État de New York et le Connecticut. Le LIRR y circule également, dans la nouvelle aile Grand Central Madison. Pendant les heures de pointe, il y règne une incroyable agitation !

LAGUARDIA AIRPORT

✆ +1 718 533 3400

www.laguardiaairport.com

Situé dans le nord du Queens, c'est le troisième aéroport de la ville de New York. On y compte peu de vols internationaux, mais si vous prenez une connexion aux États-Unis avant d'arriver à New York, il y a toutes les chances que vous atterrissiez ici. Le bus Q48 vous amène à la ligne 7 qui dessert Times Square, le Q70 à la ligne E qui traverse le Queens, Manhattan et Brooklyn. Longtemps considéré comme l'un des pires aéroports du pays, Laguardia a subi un grand plan de modernisation et a dévoilé ses nouveaux terminaux, qui ont gagné plusieurs récompenses.

LONG ISLAND RAILROAD (LIRR)

9027 Sutphin Boulevard

✆ +1 718 217 5477

www.mta.info/lirr/

Relie Manhattan au Queens, à Brooklyn et à Long Island. Cette ligne vous permettra de vous rendre au Citi Field (stade de l'équipe des New York Mets) ou aux plages des Hamptons, de Montauk et de Jones Beach. Le LIRR dessert également l'aéroport de JFK. Le trajet revient alors un peu plus cher que lorsque l'on prend le métro depuis l'aéroport, mais l'avantage est que vous arriverez à Penn Station ou Grand Central, soit en plein cœur de la ville, sans avoir besoin de faire de changement.

NEWARK LIBERTY INTERNATIONAL AIRPORT (EWR)

✆ +1 973 961 6000

www.newarkairport.com

L'aéroport est situé dans le New Jersey. Pour rejoindre Manhattan, prenez l'AirTrain, le train monorail qui part de chacun des trois terminaux de l'aéroport. Descendez à la station Newark Liberty International Airport Station, puis prenez l'un des trains direction Penn Station, qui vous emmènera en plein cœur de Manhattan : les lignes Northeast Corridor et North Jersey Coast, du NJ Transit, s'y rendent toutes deux. Comptez entre 45 et 60 minutes de trajet en tout.

METRO-NORTH RAILROAD

89 East 42nd Street
✆ +1 212 532 4900

Le train à prendre si vous souhaitez aller voir jouer l'équipe de baseball des Yankees et que vous n'habitez pas Harlem ou le Bronx. Les jours de match, les wagons sont remplis de supporters, la bonne ambiance est assurée... surtout à la sortie du stade lorsque les Yankees l'ont emporté ! Le Metro North marque plusieurs arrêts à Harlem et dans le Bronx, vous pourrez par exemple l'emprunter si vous vous rendez au New York Botanical Garden. Ce train de banlieue vous permettra également de rejoindre de nombreuses villes dans l'Upstate New York.

NEW JERSEY TRANSIT

✆ +1 973 762 5100
www.njtransit.com

Le New Jersey Transit est un réseau de bus mais aussi de trains vers le New Jersey et jusqu'en Pennsylvanie. Si vous prévoyez une escapade hors de New York, vous l'emprunterez sans doute. Il dessert notamment les villes de Princeton, Atlantic City, Cape May et Ocean City dans le New Jersey, et Philadelphie en Pennsylvanie. Le confort est sensiblement similaire à celui des trains de banlieues et des bus Greyhound. C'est aussi le New Jersey Transit que vous emprunterez pour vous rendre à l'aéroport de Newark depuis Penn Station.

PENN STATION [PENNSYLVANIA STATION]

Entre 31rd et 33rd Street et entre 7th et 8th Avenue

C'est aujourd'hui la principale gare ferroviaire de New York. Elle accueille les trains en provenance ou en partance de la majorité des villes du pays. Si vous allez à Long Island, c'est de là que vous partirez puisque le Long Island Rail Road arrive ici. Il en va de même pour le New Jersey Transit et, surtout, pour les trains d'Amtrak, la compagnie ferroviaire nationale. Il va sans dire qu'avec tout ça, Penn Station est une importante plateforme où transitent de nombreux voyageurs !

NYC FERRY

www.ferry.nyc

Entre 6h30 et 22h, toutes les 20 à 40 minutes selon les jours. Ticket : 4,50 US$, 10 tickets : 29 US$

Le réseau de ferries mis en place par la ville de New York relie efficacement plusieurs quartiers de Brooklyn vers/depuis Manhattan et même le Queens. La Rockaway Route permet de rejoindre la plage de Rockaway depuis Wall Street : la South Brooklyn Route dessert les quartiers de Dumbo, Red Hook, Sunset Park et Bay Ridge : la East River Route dessert Greenpoint, Williamsburg et Dumbo depuis Wall Street : la Astoria Route dessert le quartier émergent de Brooklyn Navy Yard depuis Wall Street et monte jusqu'à Astoria, dans le Queens.

STATEN ISLAND FERRY

South Street Plaza
✆ +1 718 815 2628
www.siferry.com

L'attraction touristique la plus avantageuse de New York, car c'est gratuit.

Une superbe balade dans un ferry qui relie Manhattan à Staten Island. Même s'il n'y a pas grand-chose à voir ou à faire à Staten Island, le voyage entre les deux îles vaut vraiment le coup. Le ferry passe près de la statue de la Liberté et d'Ellis Island. La traversée vous permet d'avoir une vue magnifique sur la *skyline* de Manhattan. Le trajet aller-retour dure environ 1 heure, au départ du terminal de Battery Park, au 4 Whitehall Street [tous les jours, 24h/24, toutes les 30 minutes]. Nous vous conseillons le retour de Staten Island au soleil couchant.

CITI BIKE

www.citibikenyc.com

Tarif : 4,99 US$ pour un trajet de 30 minutes : 25 US$ pour un forfait journée avec trajets illimités de 30 minutes.

Ces vélos en libre-service sont particulièrement agréables à emprunter dans les rues calmes de Brooklyn. Avec des milliers de stations et de vélos disséminés dans les *boroughs* de Manhattan, du Queens, du Bronx et de Brooklyn, vous ne peinerez pas à en trouver pendant votre séjour. Les Citi Bike sont une alternative économique à la location de vélo. Le fait que l'on puisse les déposer à n'importe quelle borne Citi Bike les rend particulièrement pratiques. A noter qu'il y a de plus en plus de vélos électriques aux bornes [supplément de 38 cts par minute].

À VOIR / À FAIRE

Vous aurez tant à faire dans la ville qui ne dort jamais ! Si l'art est votre passion, vous écumerez les célèbres musées de la Big Apple. Si votre dada, c'est l'architecture, une visite des monuments emblématiques s'imposera, ainsi que la traversée du pont de Brooklyn ou, si vous avez une dent contre les hordes de touristes, du Williamsburg Bridge. Si ce qui vous intéresse, c'est de tout savoir sur la ville, son passé, son histoire, vous enchaînerez les visites guidées dans ses multiples quartiers. Et si vous aimez tout ça à la fois, alors, New York vous enchantera ! Vivez votre New York, celui qui vous fait vibrer, délaissez Times Square pour aller flâner devant les petites maisons de West Village, bouquinez à Central Park, bref, faites comme vous le sentez, vous êtes ici chez vous.

A VOIR / A FAIRE

HORAIRES

La vaste majorité des attractions et musées new-yorkais sont ouverts tous les jours de la semaine, généralement de 9h à 17h, et ce tout au long de l'année, à l'exception de certains jours fériés, notamment le 25 décembre, le 1er janvier et pour Thanksgiving. Lorsque les musées habituellement payants offrent l'entrée gratuite, attendez-vous à ce qu'il y ait foule. Sinon, New York étant envahie par les touristes toute l'année (à l'exception des mois de janvier à mars qui refroidissent quelque peu les visiteurs), il n'y pas vraiment de jours d'affluence ni de jours calmes.

A RÉSERVER

Pour certaines attractions très touristiques, il est fortement recommandé de faire une réservation sur le site Internet longtemps à l'avance. Par exemple, la couronne et le piédestal de la Statut de la Liberté ne font pas partie de la visite standard et doivent être réservées à part. Attention, pour la couronne, il faut s'y prendre au moins 3 mois à l'avance.

Il en va de même pour les gratte-ciel emblématiques de New York dotés d'un observatoire, notamment le Top of the Rock, le One Wolrld Trade Center, l'Empire State Building et Summit. Afin de réguler les visiteurs, il faut choisir le jour et l'heure de votre visite lors de l'achat en ligne des tickets. En achetant vos tickets bien à l'avance, vous pourrez choisir le créneau qui vous convient, en particulier pour le coucher du soleil.

BUDGET / BONS PLANS

On ne vous le cache pas, à New York, les visites sont chères, très chères. Les musées incontournables de la ville, qu'il s'agisse du MoMA, du Metropolitan Museum of Art ou du Guggenheim, font payer leur entrée 25 US$, tandis que pour monter aux observatoires des gratte-ciel, il faut débourser au minimum 35 US$. Ça n'est pas rien, c'est pourquoi il est judicieux d'acheter un *pass* pour visiter les incontournables de New York à des tarifs imbattables.

Le *pass* le plus avantageux selon nous est le CityPass (www.citypass.com/new-york). Il donne accès à 5 attractions pour 154 US$, ce qui représente une réduction d'environ 108 US$. Il existe de nombreux autres *pass*, à savoir le New York Explorer Pass, le Sightseeing Pass et le New York Pass. Faites vos calculs et voyez lequel fonctionne le mieux pour vous !

L'autre façon de faire des économies tout en profitant de l'immense offre culturelle de New York est de visiter les musées lorsqu'ils sont gratuits : consultez le site du musée qui vous intéresse, c'est indiqué dans la rubrique des tarifs.

LES ÉVÉNEMENTS

Quelle que soit la date de votre visite, vous verrez qu'à New York, il se passe toujours quelque chose !

- **Au printemps,** la ville sort de sa torpeur, ça bourgeonne de partout, on profite des festivals de quartiers qui célèbrent la floraison des cerisiers japonais, on prend l'air avec Shakespeare in the Park, et s'il pleut, on va voir les meilleurs films indépendants au Tribeca Film Festival. Puis il y a Governors Ball, l'incontournable festival de musique sur Randall Island.
- **En été,** tout s'enchaîne : les films gratuits dans les parcs, les concerts en plein air du Lincoln Center, les soirées « Warm Up » du MoMA PS1, où l'on va danser sur le son de DJs réputés. On n'oublie surtout pas d'aller à Coney Island, pour voir le défilé des sirènes en juin et le concours du plus gros mangeur de *hot dogs* pour la fête nationale ! Le 4 juillet, on peut aussi rester à Manhattan pour regarder les incroyables feux d'artifice au-dessus de la rivière…
- **Puis vient l'automne**, on tente d'ignorer que la nuit tombe plus vite en regardant les meilleurs films de l'année au New York Film Festival. Halloween arrive enfin, avec sa parade des chiens qui défilent se déguiser à Tompkins Square Park, puis celle des humains, en costumes terrifiants et déjantés ! Le marathon de New York attire des milliers de visiteurs, tout comme la parade de ballons géants organisée par Macy's pour Thanksgiving.
- **Enfin, l'hiver s'installe**, avec sa ribambelle de lumières pour les fêtes de fin d'année : la Cinquième Avenue, avec ses vitrines décorées, brille de mille feux. Le clou du spectacle, c'est l'illumination du sapin du Rockefeller Center début décembre. Le 31 décembre, si vous êtes très motivé et que les températures glaciales ne vous arrêtent pas, direction Times Square où vous rejoindrez le million de personnes venues assister au Times Square New Year's Eve Ball Drop.

VISITES GUIDÉES

Rien que dans Manhattan, il y a plus de 50 quartiers, chacun avec son histoire et sa propre identité ! Pour voir le plus de choses possibles en un temps record, sautez dans un bus rouge à deux étages de la compagnie Big Bus Tour (www.bigbustours.com), vous ferez le tour de Manhattan

sans vous fatiguer et en profitant des commentaires des guides.
On pourrait remplir un annuaire rien qu'avec les visites guidées thématiques qui existent à New York ! Pour les sportifs, il y a les visites guidées à vélo de Bike the Big Apple (www.bikethebigapple.com) ou celles, en courant, de City Running Tours (www.cityrunningtours.com) : pour les gourmands, il y a les *food tours* de Foods of New York (www.foodsofny.com) : pour les passionnés du grand et du petit écran, il y a les visites guidées d'On Location Tours (www.onlocationtours.com) qui vous feront découvrir des lieux de tournage emblématiques. Et puis, si vous êtes plus à l'aise en français, laissez-vous guider par les expatriés francophones et fins connaisseurs de la Big Apple de New York en Français (www.new-york-en-francais.fr) ou de New York Off Road (www.newyorkoffroad.com). Ils proposent des visites guidées thématiques, souvent hors des sentiers battus, pour découvrir New York autrement. Enfin, il y a l'inclassable Big Apple Greeter (www.bigapplegreeter.org), qui met en relation des New-yorkais désireux de faire découvrir leur ville et des visiteurs à l'affût de vrai *tips* de locaux. Les visites, menées par des bénévoles, sont totalement gratuites !

FUMEURS

Tous les parcs de la ville de New York sont non-fumeurs. Ne vous attendez pas pour autant à trouver des panneaux qui le signalent un peu partout : pour les New-Yorkais, qui sont en très grand majorité non-fumeurs, cela va de soi ! L'absence de panneaux sera donc un très mauvais argument de défense si vous vous faites attraper. Il est interdit de fumer dans les musées, y compris lorsqu'ils sont dotés d'une cour intérieure, mais aussi sur les plages, dans les aires de jeux, dans les stades ainsi que dans certains lieux touristiques. C'est le cas de Times Square, Herald Square et la zone autour du World Trade Center. Parfois, la loi interdit même de fumer à moins de 4,5 mètres (soit 15 *feet*) de l'entrée d'un bâtiment, notamment d'un hôpital ou de certains immeubles de bureaux.

LES ATTRAPE-TOURISTES

Si une personne vous alpague dans la rue et cherche à vous vendre des billets pour une attraction, ne vous faites pas avoir ! Soit il s'agit de faux tickets, soit on vous les propose à un tarif moins avantageux que le prix réel. Près de Battery Park, en particulier, il y a des dizaines de vendeurs de rue qui proposent aux touristes des tickets pour aller voir la Statue de la Liberté. Qu'on se le dise, le seul organisme autorisé à emmener les visiteurs sur Liberty Island et Ellis Island est Statue Cruises (www.cityexperiences.com/new-york/city-cruises/statue/). Les billets pour la visite s'achètent en ligne ou au kiosque officiel de Battery Park.

LES PHRASES CLÉS

Bonjour, puis-je avoir deux entrées adultes et un enfant s'il vous plait ?
Hello. Could I please have tickets for two adults and one child?

Le tarif enfant est jusqu'à quel âge ? Et pour les seniors, est-ce qu'il y a une réduction ?
What is the age limit for the children's rate? Is there a senior discount?

Est-ce qu'il y a des visites guidées en français ou un audioguide ?
Do you offer guided tours or an audio guide?

Combien de temps faut-il pour faire la visite ?
How long does the tour take?

J'ai du mal à monter les escaliers, avez-vous un ascenseur ?
I have difficulty climbing stairs. Do you have an elevator?

Excusez-moi, pouvez-vous me dire où sont les toilettes ? Merci beaucoup.
Excuse me, could you please tell me where are the toilets? Thank you very much.

MAD TOURS & EVENTS

New York, NY, United States
✆ +1 646 895 5778
www.madtoursandevents.com
Tours disponibles toute l'année. Tour à partir de 70 US$ par personne. 45 US$ pour les 6-11 ans.

Envie d'un voyage entier ou simplement d'un tour de la ville en dehors des sentiers battus ? Avec Isa, vous êtes à bonne enseigne. Cette francophone hyper sympa a concocté elle-même ses tours de la ville de New York, sa ville de cœur depuis longtemps, tous plus *fun* et originaux les uns que les autres. Partez à la découverte des meilleurs quartiers et pépites que New York a à vous offrir, avec de superbes guides francophones. Ancrée dans le voyage écologique, Mad Tours est la seule agence francophone à avoir le niveau partenaire Travelife ! Appelez-les !

CITY RUNNING TOURS

133 5th Ave
✆ +1 917 847 2121
www.cityrunningtours.com/newyorkcity
A partir de 49 US$ par personne.

Cette agence propose des visites touristiques de Manhattan... en courant ! Les zones et distances couvertes varient selon l'envie et le niveau des participants, mais quel que soit le menu choisi, la formule permet de découvrir de larges pans de la ville, vite et pour pas cher ! On privilégiera soit un quartier ou un site (Central Park, Brooklyn Bridge, The Village, etc.), soit un circuit thématique (carrefour du monde, racines de l'Amérique, etc.). Dans la ville du plus célèbre marathon du monde, quelle meilleure idée que de découvrir la ville en courant ?

CITYPASS

www.citypass.com
CityPASS : 154 US$ adultes, 129 US$ enfant de 6 à 17 ans. Pass C3 : 109 US$ adultes, 86 US$ enfant de 6 à 12 ans.

Carnet de billets prépayés pour 5 attractions : l'Empire State Building et l'American Museum of Natural History plus trois autres attractions parmi le Top of the Rock, le musée Guggenheim, l'accès en ferry à la Statue de la Liberté et Ellis Island, le Circle Line Sightseeing Cruises, le 9/11 Memorial & Museum ou l'Intrepid Sea, Air & Space Museum. Le CityPASS est valable 9 jours à compter de la première visite, il représente une économie de 40 %. Le Pass C3 permet quant à lui de choisir 3 attractions parmi celles proposées et l'observatoire Edge.

FREE TOURS BY FOOT

freetoursbyfoot.com/new-york-tours/
Visite gratuite mais donation conseillée.

Des visites incontournables, proposées dans toutes les grandes villes des États-Unis et d'ailleurs ! Menées par des guides qui connaissent la ville comme leur poche, elles vont mèneront dans les quartiers les plus courus de Big Apple : Lower East Side, Greenwich Village, Harlem, Brooklyn Heights, Midtown, et on en passe. Les visites sont ponctuées d'anecdotes sur New York, son histoire et ses illustres personnages. Elles durent 2 heures en moyenne, parfois plus, et elles sont gratuites, mais il est fortement recommandé de laisser un pourboire à votre guide.

NYC PHOTO SAFARI

✆ +1 718 268 9634
www.newyorkcityphotosafari.com
Ouvert toute l'année. Safari photo à partir de 125 US$ par personne.

Découvrir New York et repartir avec des clichés inoubliables, pris par vos soins, telle est la proposition de cette agence fondée par des photographes professionnels. Plus que de simples visites guidées, ces véritables cours de photo vous mènent dans les lieux les plus photogéniques de la ville : Central Park, l'Empire State Building, le Brooklyn Bridge... Que vous soyez équipé d'un smartphone ou d'un appareil photo dernier cri, vous recevrez des conseils personnalisés pour mieux cadrer, composer et jouer avec la lumière. Tours entre 2 heures et plusieurs jours.

HASIDIC TOURS BY FRIEDA

320 Roebling Street Suite 433 - **NEW YORK (BROOKLYN)** ✆ +1 347 433 8440
www.friedavizel.com
Visite guidée de 2h30 les vendredis et dimanches : 129 US$ par personne.

Vous ne le saviez peut-être pas, mais New York – et plus spécifiquement Brooklyn – abrite l'une des plus grandes communautés de Juifs hassidiques au monde. Ils sont environ 200 000 dans la ville, et entre 60 000 et 70 000 habitent le quartier de Williamsburg (oui, le même Williamsburg qui a popularisé les hipsters). À quoi ressemble le quotidien des membres de cette communauté religieuse fermée ? Comment protègent-ils leurs traditions dans cette ville vaste et moderne ? C'est ce que vous invite à découvrir Frida Vizel, issue de la communauté. Passionnant.

NEW YORK EN FRANÇAIS

Le point de rencontre varie en fonction des visites.
✆ 05 56 52 96 36
www.voyage-en-francais.fr
De 55 à 116 € la visite guidée par adulte. Durée des tours : 3h, 3h30 ou 6h.

Cette agence très sérieuse propose des visites en français, hors des sentiers battus, menées par des expatriés francophones. C'est l'occasion parfaite pour découvrir Harlem, SoHo, Greenwich Village ou encore Chinatown à travers les yeux de ceux qui ont fait de New York leur ville d'adoption. L'agence propose également des visites sur mesure, ou encore un *food tour* dans l'East Village et une balade à vélo ou pied dans Central Park. Pour ceux qui souhaitent découvrir Brooklyn, là encore, les options sont pléthoriques : Dumbo, Bushwick, Williamsburg, etc.

ON LOCATION TOURS

555 Eight Avenue
✆ +1 212 913 9780
www.onlocationtours.com
Tours en bus à partir de 65 US$. Visite de Central Park à pied : 40 US$.

Visitez les lieux de tournages de vos séries, films et acteurs préférés avec On Location Tours. Ces visites uniques vous permettront de voir New York de la même manière que dans vos programmes télé préférés. Les visites guidées en bus vous feront visiter les lieux de tournage de films et séries les plus célèbres comme *Sex and the City*, *Sopranos*, *Gossip Girl*, et autres films et séries tournés à Manhattan. La visite guidée à pied vous emmènera, elle, sur les lieux de tournage de Central Park. Elle peut être donnée en français.

TASTE THE APPLE

✆ +1 917 858 1349
www.tastetheapple.com
Une demi-journée de visite avec les consommations, 95 US$ pour les adultes, 55 US$ de 4 à 10 ans, gratuit en dessous.

Prêt à découvrir New York par l'assiette ? Telle est la proposition de Julie, une guide marseillaise super sympa qui vous emmène dans une balade historique et gourmande à travers un quartier de la ville et ses commerces de bouche. Elle en compte une demi-douzaine à son catalogue : Greenwich et sa cuisine américaine : Bushwick, du *street art* à la *street food* des Latinos : Greenpoint, un Brooklyn alternatif polonais : Chinatown et Little Italy, de Pékin à la Sicile : l'Upper West Side, pour découvrir Central Park et déguster des spécialités ashkénazes. Miam !

MUSEUM OF CHINESE IN AMERICA

215 Centre Street ✆ +1 212 619 4785
www.mocanyc.org
info@mocanyc.org
Le samedi. Tarif : 25 US$. Durée : 1h30. Le point de départ est au 215 Centre St, dans le hall du MOCA.

Il est très facile de se balader dans Chinatown sans vraiment ne rien remarquer. Bien que de taille limitée, c'est un quartier mystérieux qui laissera sur leur faim nombre de non-initiés. Un guide du Moca vous emmènera à la rencontre de l'un des plus vieux quartiers de New York, couvrant tous les aspects de son histoire, des premiers immigrants à l'ère Chinatown. N'hésitez pas à prendre un brunch dans le quartier avant la visite pour prendre des forces et vous imprégner des lieux. Vous pouvez demander un guide bilingue français-anglais.

WELCOME TO HARLEM

145 West 122nd Street
✆ +1 212 662 7779
https://welcometoharlem.com/
Concert de jazz et/ou gospel à partir de 25 US$. Réserver sur le site internet.

Vous avez une soudaine envie d'une immersion musicale et rythmée en plein cœur d'Harlem ? Suivez l'agence de tours Welcome to Harlem, gérée par la formidable Carolyn Johnson, qui propose également de splendides spectacles de jazz et gospels. En plein cœur du quartier afro-américain, ces représentations pleines d'énergie sont jouées par des artistes de renom internationaux. On vous le dit, c'est envoûtant ! Une expérience à ne pas manquer pour mieux comprendre l'histoire et le style de vie de ce quartier iconique du nord de New York.

BANKSY MUSEUM

277 Canal Street
www.museumbanksy.com
Ouvert tous les jours de 10h à 20h. Tarif : 10 US$

Ouvert en mai 2024 à l'entrée de Chinatown, ce musée présente 160 reproductions grandeur nature des œuvres les plus iconiques de Banksy, figure aussi mystérieuse qu'incontournable du street art. Ses fresques engagées, au style souvent provocateur et satirique, dénoncent les injustices sociales et les dérives du monde contemporain. De Paris à Gaza en passant par Barcelone, New York ou Kiev, cette exposition immersive permet de (re)découvrir des créations pour la plupart aujourd'hui disparues. Banksy, qui refuse toute représentation, n'est pas affilié au musée.

BATTERY PARK ★★

✆ +1 212 267 9700
www.thebattery.org

Situé à l'extrémité sud de Manhattan, ce parc est l'un des plus calmes de la ville. Il offre une jolie vue sur la statue de la Liberté et Ellis Island. Au coucher du soleil, lorsque les *traders* sont rentrés chez eux, le parc est rafraîchi par la brise marine. Et l'on aperçoit, juste là, Manhattan déjà illuminé et pas encore couché. En remontant le chemin qui longe l'Hudson River, on atteint la Marina où appareillent yachts et voiliers. Non loin de là, on peut prendre les bateaux du réseau NYC Ferry et le ferry qui emmène gratuitement les voyageurs à Staten Island.

CASTLE CLINTON

Battery Park
✆ +1 212 344 7220
www.nps.gov/cacl
Ouvert tous les jours de 8h à 17h.

Etrange destin pour ce bâtiment historique reconnaissable à ses murs de grosses pierres brun rouge. Son aspect n'a rien d'engageant, mais son passé mérite une attention : ce fut d'abord une place forte construite en 1812 dans l'éventualité d'une attaque anglaise, puis un théâtre, avant de devenir le centre de réception des immigrants entre 1855 et 1889, avant Ellis Island. A partir de 1896, ce fut l'aquarium de New York. Et aujourd'hui, c'est ici qu'on achète les billets pour Ellis Island et la statue de la Liberté. Le monument est protégé depuis 1966.

BROOKFIELD PLACE

230 Vesey Street
✆ +1 212 417 7000
brookfieldplaceny.com
Ouvert du lundi au samedi de 10h à 20h, et le dimanche de 11h à 18h.

Si vous faites le tour de Manhattan en bateau, vous ne pourrez manquer de voir ce centre financier et commercial rénové dans les années 2010, situé non loin du site du World Trade Center, le long de l'Hudson : l'énorme serre du jardin d'hiver, d'une structure digne de Gustave Eiffel, est à elle seule fameuse. À l'intérieur de ce *winter garden*, le décor consiste en une forêt de palmiers autour desquels s'ordonnent des bars et des restaurants. Les soirs d'été, des événements ont lieu au bord du fleuve, d'où la vue se prolonge jusqu'à la statue de la Liberté.

COLOR FACTORY

251 Spring Street
✆ +1 347 378 4071
www.colorfactory.co
Ticket à 37 US$ ou 39,99 US$ selon l'heure de la réservation. Ouvert tous les jours.

Color Factory, en plein cœur de SoHo, est une expérience sensorielle haute en couleur. Conçu par des artistes locaux et internationaux hyper talentueux, ce musée interactif invite petits et grands à plonger dans un parcours ludique mêlant installations artistiques et expérimentales, jeux de lumière, confettis géants, gourmandises surprises... Chaque salle célèbre la joie des couleurs à travers les cinq sens, le résultat est bluffant. À la sortie, photos et souvenirs garantis ! On recommande vivement cette sortie à la fois pop et poétique, seul ou en famille.

56 LEONARD STREET

56 Leonard Street
Ne se visite pas.

Emblème du quartier de TriBeCa, ce gratte-ciel inauguré en 2017 est souvent surnommé la « Jenga Tower » en raison de sa silhouette qui évoque les tours que l'on construit en empilant de petites pièces de bois dans le jeu d'adresse Jenga ! Celle-ci, en verre, ne risque pas de s'écrouler, mais l'effet n'en est pas moins saisissant. La tour, conçue par le cabinet d'architectes suisses Herzog & de Meuron, abrite des appartements de luxe parmi les plus chers de la ville (sa *penthouse* au dernier étage s'est vendue pour 50 millions de dollars).

BALADE

EN DESSOUS DE LA 34TH STREET

Commencez la journée à Union Square, place très vivante au niveau de la 14th Street, où se côtoient flâneurs, danseurs de hip-hop, musiciens… Promenez-vous dans East Village, puis prenez un petit déjeuner à Veselka ou dans l'un des restaurants du coin. Flânez dans les quartiers touristiques de Chinatown et Little Italy, puis louez un CitiBike ou prenez le métro jusqu'au Financial District. Faites un arrêt à Stone Street, la plus vieille rue de New York, pour manger ou boire un verre, puis allez voir la bourse de Wall Street et Charging Bull, avant de vous diriger vers le World Trade Center. Prenez le temps de vous recueillir au Mémorial du 11 septembre et de visiter le 9/11 Museum. Remontez ensuite Manhattan par l'ouest, en empruntant la Hudson River Greenway, puis faites une petite pause shopping à Soho, sur Prince Street pour les boutiques de luxe ou Broadway pour les chaînes. Explorez ensuite Bleecker Street, dans le West Village, et poursuivez votre balade jusqu'à Washington Square Park. Remontez l'une des charmantes ruelles de Greenwich Village pour arriver à Chelsea. Visitez le Whitney Museum et l'une des galeries d'art du quartier, comme Taglialatella Galleries. Traversez la High Line et terminez au Chelsea Market, l'endroit idéal pour manger un bout après votre balade !

BROOKLYN BRIDGE ★★★★

Mº Brooklyn Bridge-City Hall (lignes 4, 5, 6).

Un monument emblématique et un incontournable de New York. Les habitants de la Grosse Pomme vous conseilleront même de traverser le pont à deux reprises pour faire les meilleures photos, une première fois en journée de Manhattan à Brooklyn, puis une deuxième fois de nuit dans l'autre direction pour apprécier l'incroyable vue sur le sud de Manhattan. On en prend plein les yeux lorsque les buildings sont illuminés...

Inauguré en 1883 après 16 ans de laborieux efforts et long de 1 825 m (il fut pendant un temps le plus long pont suspendu du monde), n'a-t-il pas représenté le rêve américain, la porte héroïque de New York ? Magique est cette longue passerelle tendue comme une cathédrale de filins, un passage initiatique reliant deux îles. Faire les 20 à 30 minutes de traversée à 83 m au-dessus de l'East River, avec vue imprenable sur les gratte-ciel de Manhattan en prime, voilà une expérience unique ! Si vous partez le soir de Brooklyn – depuis les stations Borough Hall (lignes 2, 3, 4 et 5) et Clark Street (lignes 2 et 3) – commencez par une balade à Brooklyn Heights le long de l'eau avant de traverser le pont. La vue est belle et les vieilles bâtisses vous feront presque oublier que vous êtes à New York. 600 ouvriers ont travaillé sur le chantier, qui a coûté 15 millions de dollars (l'équivalent de 3,5 milliards de dollars aujourd'hui). Une dizaine d'ouvriers sont décédés durant la construction, ainsi que l'architecte John A. Roebling. Le 28 juin 1869, alors qu'il travaille sur le chantier du quai se trouvant sous le Brooklyn Bridge, un bateau amarre et écrase un de ses doigts de pied. L'ingénieur américain décèdera moins d'un mois plus tard du tétanos, seulement quelques mois après le début des travaux. C'est son fils, Washington A. Roebling, qui prend le relais, et c'est la femme de ce dernier, Emily, qui terminera le chantier alors qu'elle n'avait aucune formation d'ingénieur. Washington avait en effet été paralysé, comme de très nombreux ouvriers du chantier, par un accident de décompression. Ce phénomène de décompression, incompris à l'époque, trouve son origine dans les fondations des piliers du pont. Ces fondations se trouvent à 35 mètres sous le niveau de l'océan et nécessitaient donc l'utilisation de caissons hyperbares. Les ouvriers étaient ainsi exposés des heures durant à une pression supérieure à la pression atmosphérique et remontaient au niveau de l'eau sans aucune précaution et sans passer par des paliers de décompression, provoquant la formation de bulles d'azote et d'hélium dans le sang. Ce phénomène scientifique étant encore inexpliqué à l'époque, il est impossible de chiffrer le nombre d'ouvriers qui sont décédés de cette « maladie des caissons ». Autre anecdote étonnante, en 2006, la ville de New York annonça qu'un abri anti-aérien avait été découvert par des ouvriers sur l'un des piliers du pont, sans en révéler l'emplacement exact. Il devait être utilisé au cas où la crise des missiles à Cuba viendrait à dégénérer. À l'intérieur de l'abri se trouvaient des journaux datant de la fin des années 1950 et du début des années 1960, des centaines de bouteilles d'eau, des biscuits et des couvertures, ainsi qu'un écriteau où il était inscrit *For use, after enemy attack*.

Le Brooklyn Bridge a été impliqué dans plusieurs collisions avec des bateaux. En mai 2025, le voilier mexicain *Cuauhtémoc* a heurté le pont sous les yeux stupéfaits des passants, fracassant ses trois mâts et faisant deux morts.

À VOIR / À FAIRE

© TTSTUDIO - SHUTTERSTOCK.COM

Pont de Brooklyn.

CITY HALL ★★

City Hall Park
✆ +1 212 788 6865
www.nyc.gov

L'hôtel de ville de New York abrite le conseil municipal, les bureaux du maire et diverses autres administrations. L'édifice, construit entre 1803 et 1812 et restauré en 1956, est un bâtiment prestigieux de style néo-classique. Les marches de ce bâtiment sont célèbres et populaires en raison des diverses manifestations et conférences de presse qui s'y sont déroulées. Dans le hall d'entrée, on peut voir le trophée gagné par les New York Yankees en 1996 aux championnats du monde. On peut également visiter la Governor's Room, une salle élégante où sont exposés divers portraits d'hommes importants illustrant l'histoire des États-Unis (Washington, Jefferson, Hamilton…). Cette pièce contient le bureau de George Washington. Le City Hall Park autour du bâtiment est un espace vert très agréable. Autrefois, il était un lieu d'exécutions publiques. Ne soyez pas étonné des influences très françaises de l'architecture, c'est le Français Joseph François Mangin (1758-1812) qui a dessiné les plans du bâtiment. Les fenêtres voûtées et les ornements sont inspirés de l'architecture hexagonale de l'époque. C'est également ici que se marient de nombreux New-Yorkais ! Pour vous dire « oui » à New York, il faut vous rendre au bâtiment attenant, l'Office of the City Clerk - Marriage Bureau, où vous obtiendrez votre licence de mariage pour la somme de 35 US$. Vous pourrez vous marier dès le lendemain. Jusqu'à récemment, il était impossible de choisir l'heure de la cérémonie : vous deviez vous rendre sur place et attendre que ce soit votre tour.

CHARGING BULL ★

Bowling Green Park

Installé non loin de Bowling Green, en plein cœur du Financial District, ce taureau de bronze - 3,2 tonnes pour 3,4 mètres de haut et 4,9 mètres de long - dont la position laisse à penser que l'animal s'apprête à charger, est l'œuvre de l'artiste Arturo Di Modica. C'est lui-même qui est venu déposer la sculpture face à la Bourse de New York mi-décembre 1989, comme un cadeau de Noël aux citoyens de New York, mais aussi comme un symbole d'espoir et de combativité pour le peuple américain dans son ensemble, deux ans après le krach boursier de 1987. Le taureau est immédiatement saisi par les autorités avant d'être finalement installé à son emplacement actuel. Le *Charging Bull* n'a depuis cessé de séduire New-yorkais et visiteurs (toucher son museau, ses cornes et ses testicules favoriserait la venue de la richesse), autant qu'il a donné lieu à de multiples détournements. Depuis quelques années, le Charging Bull est devenu un lieu de prédilection pour les coups marketing : après *Fearless Girl*, statue en bronze installée en 2017 pour mettre en avant les différences de traitement entre les hommes et les femmes (statue qui a depuis trouvé sa place face au New York Stock Exchange), c'est *Harambe*, une statue en bronze de 2 mètres représentant un gorille, qui a été placée sans autorisation face au taureau de Wall Street par l'agence Sapien.Network fin 2021, afin de dénoncer les inégalités de richesse. Pour marquer le coup, l'agence a déposé 10 000 bananes au pied de la statue, avant d'en faire don à une banque alimentaire.

MERCER LABS : MUSEUM OF ART AND TECHNOLOGY

21 Dey Street ✆ +1 212 600 9009
www.mercerlabs.com

Ouvert du lundi au mercredi de 11h à 20h et du jeudi au dimanche de 11h (10h le week-end) à minuit. Ticket : 52 US$.

Inauguré après un investissement de 35 millions de dollars, ce musée immersif qui entend réinventer les liens entre l'art et la technologie a vu le jour début 2024. Il réserve une expérience interactive et sensorielle dans quinze salles, où des technologies de pointe sont présentées : projections, lumières (l'une des installations comprend 500 000 lampes LED), son 4D, hologrammes... Les œuvres sont interactives à toucher et à écouter. Très divertissant, bien que l'entrée soit coûteuse.

FRAUNCES TAVERN MUSEUM

54 Pearl Street
✆ +1 212 425 1778
www.frauncestavernmuseum.org
Ouvert tous les jours de 11h à 17h. Entrée : 10 US$, visite guidée gratuite les samedis à 13h et les dimanches à 14h.

Le bâtiment de style géorgien abrite à la fois un musée et un restaurant. Cette bâtisse du XVIIIe siècle, l'un des derniers vestiges de l'époque coloniale new-yorkaise, abritait autrefois une taverne que possédait Samuel Fraunces, patriote et intendant de George Washington. Cette taverne fut le lieu de rencontre des leaders révolutionnaires jusqu'à la victoire américaine dans la guerre d'Indépendance. C'est au deuxième étage, dans la salle à manger que George Washington, le 4 décembre 1783, fit ses adieux à ses troupes après le départ des Anglais. La taverne ferma ses portes au début du XIXe siècle et fut laissée à l'abandon, endommagée par plusieurs incendies. Elle faillit être démolie par ses propriétaires qui voulurent construire un parking. Elle fut sauvée en 1904, lorsque le bâtiment fut racheté et rénové par l'Association des Fils de la Révolution. Le musée abrite aujourd'hui des expositions temporaires, des armes, des manuscrits et du mobilier qui commémorent cette époque. Le restaurant, très chic, se trouve dans une partie bien distincte du musée et le prix du repas ne comprend pas pour autant l'accès du musée. Une visite est aussi organisée depuis la Fraunces Tavern. Un guide vous emmènera sur les traces de la marche de George Washington à New York lorsque ses troupes sont entrées triomphantes dans la ville. On entend parfois dire que Fraunces Tavern est l'immeuble le plus ancien de New York, mais les nombreuses rénovations qu'il a subies au fil des siècles remettent en cause ce statut.

MUSEUM AT ELDRIDGE STREET ★

12 Eldridge Street ✆ +1 212 219 0888
www.eldridgestreet.org
Ouvert du dimanche au vendredi de 10h à 17h. Fermé le samedi. Tarif : 15 US$. Visites sur donation lundi et vendredi.

La première grande synagogue de New York fut construite en 1887 par des immigrants d'Europe de l'Est. Son architecture superbe et la spiritualité qui y règne en font un lieu très émouvant. À partir des années 1920, avec l'instauration des quotas à Ellis Island qui freinèrent l'arrivée de nouveaux immigrants d'Europe de l'Est, puis à cause de la Grande Dépression, la synagogue tomba en désuétude. Menacée d'effondrement, elle fut restaurée en 2007 et est désormais un musée.

MUSEUM OF CHINESE IN AMERICA

215 Centre Street
✆ +1 212 619 4785
www.mocanyc.org
Ouvert du mercredi au samedi de 11h à 18h et le dimanche de 11h à 16h. Entrée : sur donation.

Ce musée se consacre à l'histoire des Chinois en Amérique. L'exposition est présentée par thèmes : les femmes, l'immigration, etc. Une mine d'informations, émouvante et passionnante, qui ouvre une porte dans la muraille de Chine et sur une communauté dont l'importance économique et démographique ne cesse de croître. Le cœur du musée est l'exposition *With a Single Step : Stories in the Making of America*, qui retrace près de 160 ans d'histoire et est enrichie année après année.

MUSEUM OF JEWISH HERITAGE ★

36 Battery Place ✆ +1 212 968 1800
www.mjhnyc.org
Ouvert mercredi et vendredi de 10h à 17h, jeudi de 10h à 20h. Tarif : 18 US$ (gratuit le jeudi 16h-20h).

Ce musée possède une collection permanente de 2 000 photographies, de 800 objets et de 24 films documentaires. Les origines du peuple juif, ses croyances et ses traditions sont particulièrement bien expliquées. Une partie de l'exposition, « *The War against the Jews* », illustrée par des témoignages vidéo de survivants de l'holocauste, est particulièrement poignante. La dernière partie de l'exposition apporte un message d'espoir et de paix en évoquant les dangers de l'intolérance.

PERELMAN PERFORMING ARTS CENTER (PAC NYC)

251 Fulton Street
✆ +1 212 266 3000
www.pacnyc.org
Spectacles plusieurs soirs par semaine. Tarif selon les performances.

Après les attentats du 11 septembre et la destruction des tours jumelles, il fut décidé très tôt qu'un centre artistique ferait partie des nouveaux sites du World Trade Center. Le PAC a finalement ouvert ses portes en septembre 2023 et se remarque par son aspect semblable à une grande boîte. Très vaste, il occupe trois étages et accueille des productions de danse, théâtre, musique... Le bâtiment est encore plus joli le soir, lorsqu'il revêt sa belle robe dorée.

SAINT NICHOLAS GREEK ORTHODOX CHURCH

130 Liberty Street
✆ +1 212 774 0227
www.stnicholascathedral.org

Ouvert tous les jours sauf le mardi de 10h à 15h, le dimanche dès 9h pour la messe. Accès libre.

Après des années de pourparlers, d'attente et enfin de construction, l'église grecque orthodoxe Saint-Nicolas a ouvert ses portes en 2022. Pourquoi tant d'agitation autour de la construction d'un édifice religieux ? Parce que celui-ci est venu remplacer l'église du même nom qui a disparu le 11 septembre, l'unique édifice en dehors des bâtiments du World Trade Center à s'être effondré pendant les attentats. Son dôme est inspiré de celui de l'église de la Chora à Istanbul.

SEAGLASS CAROUSEL

Vers l'intersection entre State St et Water St

Ouvert tous les jours de 11h à 21h, horaires réduits en hiver. Entrée : 6 US$.

A Battery Park, voilà un très joli carrousel ouvert depuis 2015. Ici, pas de chevaux sur lesquels grimper mais des poissons géants aux couleurs pastel. Un carrousel aquatique pour rendre hommage au premier aquarium de la ville qui se trouvait ici, à Battery Park, entre 1896 et 1957. Si vous êtes dans le quartier une fois la nuit tombée, le Seaglass Carousel est encore plus joli, avec ses éclairages violets qui évoquent la bioluminescence de certains organismes marins. Une expérience poétique et pleine de douceur, qui plaira aux plus petits et à leurs parents.

STONE STREET ★

Au milieu des gratte-ciel du Financial District, Stone Street fait de la résistance et n'a rien perdu de son charme du XVIIe siècle. Cette petite rue protégée depuis 1996 (et piétonne !) nous ramène plusieurs siècles en arrière avec ses pavés, ses boutiques aux charmantes façades et ses restaurants qui débordent de terrasses. C'est ici que la première brasserie commerciale des États-Unis aurait vu le jour en 1632, il est donc impératif de vous y arrêter pour boire une bière bien fraîche ou manger un morceau avant de poursuivre votre visite du Lower Manhattan.

SOUTH STREET SEAPORT ★★

19 Fulton Street ✆ +1 212 748 8786
www.southstreetseaportmuseum.org

Seaport Museum ouvert du mercredi au dimanche de 11h à 17h. Visite des bateaux Wavertree et Ambrose incluse.

Auparavant méconnu des touristes, l'ancien port de New York est une attraction qui a gagné en popularité ces dernières années. Il faut dire que le quartier s'est beaucoup développé... À quelques minutes à pied de Wall Street, ce quartier niché sous le pont de Brooklyn est magnifique et ne ressemble à aucun autre à New York. L'architecture des vieux immeubles, les rues pavées, et la promenade portuaire valent vraiment le détour. De plus, de grands navires sont constamment à quai à hauteur de Fulton Street. Notamment *Wavertree*, cargo destiné au transport de marchandises datant de 1885, ou encore le bateau-phare *Ambrose*, construit en 1907 et chargé de guider les paquebots dans la baie de New York. Il est possible de participer à des visites guidées de ces deux navires avec le South Street Seaport Museum (les visites sont incluses dans le prix du billet), que nous vous recommandons de prendre le temps de découvrir. Il revient sur l'histoire maritime de New York et sur son rôle en tant que port majeur, avec des collections de photos, d'objets et des tableaux datant des XIXe et XXe siècles, dont de très belles œuvres de Thomas Birch et James Buttersworth. À la belle saison, le musée propose également des sorties de deux heures dans la baie de New York à bord du *Pioneer*, voilier datant de 1885 qui vous emmènera au-delà de Governor's Island, avec des vues sublimes sur Manhattan et la statue de la Liberté.

Le port est aussi un lieu plein d'histoire. Tombé dans l'oubli à la fin du XIXe siècle, il a été réhabilité par des promoteurs gourmands, la proximité de Wall Street aidant. Ces quais sont aujourd'hui transformés en musée vivant du passé : au bord des rues pavées du marché aux poissons (le Fulton Market, un ancien haut lieu d'activités de la mafia new-yorkaise) s'alignent aujourd'hui des boutiques. Le week-end, de nombreuses foires et des festivals sont souvent organisés. Lors du passage de l'ouragan Sandy, la montée des eaux, de plus d'1,50 m, a fortement endommagé les commerces et restaurants de bord de mer. Après une longue période de travaux, les établissements ont rouvert et le quartier a retrouvé son dynamisme d'antan. La pléthore de boutiques, bars et restaurants qui ont ouvert ces dernières années n'a fait que concrétiser la revitalisation de South Street Seaport, tout comme le Tin Building, grand marché couvert dédié à la gastronomie imaginé par le chef français Jean-Georges Vongerichten. Enfin, tout l'été, Pier 17 accueille des concerts et performances en plein air, tandis qu'en hiver, les lieux se transforment en patinoire.

ST PAUL'S CHAPEL ★

209 Broadway
✆ +1 212 602 0747
www.trinitywallstreet.org
Ouvert tous les jours de 8h30 à 18h.

C'est l'église la plus ancienne de New York et l'une des rares à avoir survécu à la Révolution américaine, puis à la chute des tours du World Trade Center qui a anéanti les bâtiments alentour ainsi que l'un des sycomores qui se trouvait sur la parcelle. La racine de l'arbre détruit, considéré comme l'arbre du miracle, a depuis été sculptée dans du bronze. La chapelle est d'ailleurs devenue, depuis, une sorte de phare qui veille nuit et jour en mémoire des événements. La Saint Paul's Chapel abrite notamment des photos de victimes, des uniformes de pompiers et des messages laissés par des proches. Lorsque les tours jumelles se sont effondrées après les attaques du 11 septembre, la chapelle est devenue un lieu de repos pour les équipes de premiers secours. Pendant les mois qui ont suivi, des volontaires s'y rendaient chaque jour, donnant de leur temps pour préparer de la nourriture et des couchages pour les travailleurs qui déblayaient le site.

D'architecture géorgienne, érigée selon le modèle londonien de l'église de St. Martin in the Fields, elle fut construite en 1766 et fait presque partie de la préhistoire new-yorkaise. C'est une chapelle classique d'architecture coloniale avec un intérieur très sobre. À l'époque où New York était la capitale des États-Unis, George Washington venait y prier. On peut d'ailleurs y voir encore son banc personnel, conservé avec ferveur. Le petit cimetière attenant est devenu un lieu de détente où l'on vient pique-niquer parmi les tombes d'éminents citoyens de New York, à l'ombre des arbres.

THE MUSEUM OF THE AMERICAN INDIAN ★

1 Bowling Green
✆ +1 212 668 6624
www.nmai.si.edu
Ouvert tous les jours de 10h à 17h30. Accès libre.

Le musée est installé dans l'ancien bureau des douanes de New York construit en 1907. Le bâtiment possède d'étonnantes sculptures, des vitraux Tiffany's et l'un des plus beaux atriums de New York : une rotonde décorée de 16 fresques glorifiant la société et la nation américaines. Il abrite le musée consacré aux Indiens d'Amérique du Nord (de la côte Est à l'Alaska, des Sioux aux Cheyennes, la plupart des tribus y sont représentées), le plus important du continent. Il a été créé grâce à la formidable collection personnelle de George Gustav Heye, constituée avec un savoir-faire encyclopédique. Le musée, fondé en 1922 dans un autre bâtiment situé dans l'Upper Manhattan, expose plus de 800 000 objets liés aux rituels et à la vie quotidienne des différentes tribus. Il y manque, hélas, souvent une explication, ce qui n'empêche pas d'admirer, mais ne permet pas toujours de comprendre. On y voit de vrais scalps, la pipe personnelle de Sitting Bull, l'habit de guerre de Geronimo, des masques, des haches… On y voit comment, au contact des colonisateurs, les Indiens ont transformé leur artisanat. On peut rêver, encore que tant de symboles d'une vie libre soient poignants à observer à l'abri des vitrines, comme si on avait mis la liberté en cage. Une boutique vend de la littérature spécialisée, des objets et des bijoux artisanaux fabriqués par ceux que l'on appelle Native Americans, et qui forment encore à ce jour la communauté la plus démunie des États-Unis.

THE BEAN

56 Leonard Street

The Bean (ou *Cloud Gate*), le célèbre emblème de Chicago, a désormais une fausse jumelle à Tribeca : la version new-yorkaise, également réalisée par Anish Kapoor, est moins imposante et sa forme est plus bombée (on ne peut pas passer sous la structure, à l'inverse du *Bean* de Chicago). Mais, comme l'originale, les bâtiments alentour s'y reflètent comme dans un miroir déformant. La sculpture a élu domicile en février 2023 au pied du building le plus emblématique de Tribeca, le 56 Leonard Street, aussi appelé *Jenga Tower* à cause de son style déconstructiviste.

TRINITY CHURCH

89 Broadway
✆ +1 212 602 0800
www.trinitychurchnyc.org/

Fondée par le roi William III en 1697, cette superbe église anglicane était constituée de plusieurs chapelles, dont la St Paul's Chapel. L'actuelle Trinity Church est la troisième version de l'édifice ravagé à deux reprises par des incendies. Son clocher néogothique et sa flèche haute de 93 mfaisaient d'elle l'édifice le plus haut de New York avant l'émergence des gratte-ciel. Dans la nef, on trouve de magnifiques vitraux qui comptent parmi les plus anciens des Etats-Unis, et de beaux plafonds voûtés. Un petit musée au fond retrace son histoire.

STATUE DE LA LIBERTÉ ★★★★

Castle Clinton National Monument
✆ +1 877 523 9849
www.cityexperiences.com/new-york
Départs des ferrys de 9h à 15h15. Trajet, accès à Liberty Island et au musée d'Ellis Island : 25,50 US$.

On a beau avoir l'impression de déjà connaître la statue, on a beau se répéter qu'elle n'est pas si grande que ça, le frisson est inévitable lorsqu'on s'approche en bateau de l'édifice. Tout le monde sur le ferry, brandit son appareil photo pour immortaliser le moment. Cette grande dame est à New York ce que la tour Eiffel est à Paris. D'autant que la France est mêlée de près à son histoire, la statue ayant été offerte, en signe de fraternité, au peuple américain par le peuple français. L'idée de ce cadeau est celle d'Edouard Laboulaye, politicien et amoureux de l'histoire américaine. Alors que les Etats-Unis promulguent l'amendement interdisant le recours à l'esclavage en 1865, Edouard Laboulaye évoque avec le sculpteur Frédéric Auguste Bartholdi la possibilité d'offrir une immense statue pour encourager l'Amérique dans son élan de démocratie et de liberté, et pour consacrer l'amitié entre la France et les Etats-Unis. Une proposition qui n'a rien d'un hasard puisque le jeune sculpteur Bartholdi avait travaillé peu de temps auparavant à un projet très similaire pour l'Egypte : il avait imaginé une statue qu'il comptait nommer *L'Orient éclairant le Monde* et qui aurait agi comme un phare au nord du canal du Suez. Après avoir retravaillé les plans, Auguste Bartholdi imagine une statue représentant la déesse romaine Libertas, avec une torche et une table de lois sur laquelle est inscrite la date de la déclaration d'indépendance des Etats-Unis, 1776. Plusieurs hypothèses ont été émises pour savoir quel visage aurait inspiré le sculpteur Bartholdi. Beaucoup pensent qu'il s'inspira de celui de sa mère pour représenter les traits de la Liberté. Dressée sur sa petite île (Liberty Island), au milieu du port de New York, elle est devenue l'un des monuments les plus attachants des Etats-Unis et le symbole de la liberté à travers le monde. Elle fut construite entre 1874 et 1884, sa charpente métallique bénéficiant des lumières du grand Gustave Eiffel. Et il fallut tous les efforts du magnat de la presse de l'époque, Joseph Pulitzer, pour réunir les fonds nécessaires à sa construction, sur son îlot solitaire, non loin d'Ellis Island. En 1986, au terme de plusieurs années de travaux de réfection, la statue a fêté son centenaire, en grande pompe, célébration qui attira plus de 15 millions de visiteurs. Vue de près, elle est gigantesque. Juchée sur un piédestal de 30 mreposant sur des remparts en forme d'étoiles, hauts de 20 m, il y a 354 marches à monter pour accéder à sa couronne. La statue elle-même pèse 225 tonnes. Peu de gens le savent, mais au pied de la statue se trouvent des chaînes brisées, symbole de la lutte pour la liberté et contre la tyrannie. La couronne de la statue a 7 rayons, symbole des 7 continents. Des orteils à la tête, la statue mesure 33 mètres. A l'intérieur du piédestal se trouve une plaque sur laquelle est gravé un sonnet d'Emma Lazarus, appelé *The New Colossus*. La fin du sonnet est la partie la plus célèbre : « Envoyez-moi vos fatigués, vos pauvres, Envoyez-moi vos cohortes qui aspirent à vivre libres... ». Le ferry vous emmène au pied de la statue puis à Ellis Island où se trouve le musée de l'Immigration. Les 354 marches d'un escalier circulaire (il y a aussi un ascenseur) vous conduiront sous la tunique de Madame et jusqu'à l'observatoire situé au dixième étage, dans la couronne, depuis lequel vous pourrez admirer le port de New York et la *skyline*. Sachez que si vous ne souhaitez pas vous arrêter à Liberty Island, vous pouvez tout simplement prendre le ferry gratuit en direction de Staten Island. Ce dernier passe volontairement près de la statue pour les touristes.

▶ **L'accès à la statue avait été fermé suite aux attentats du 11 septembre 2001.** La réouverture de la couronne est effective depuis le 4 juillet 2009, jour de la fête de l'Indépendance. Son accès reste cependant limité à 10 personnes maximum à la fois, et la visite est assurée par un *ranger* du National Park Service. Cependant, celle-ci se mérite, et pour avoir accès à la couronne, il faudra vous y prendre parfois des mois à l'avance ! Réservations par Internet obligatoire. Au moment d'acheter votre ticket en ligne, choisissez l'option qui donne accès à la couronne. Il faut payer un surplus pour la visiter, de l'ordre de quelques centimes. De plus, vous aurez automatiquement accès au piédestal. L'accès à celui-ci vaut le même tarif et il peut se réserver seul, par exemple s'il n'y a plus de place pour visiter la couronne pendant votre séjour. Pour le piédestal aussi, il faut s'y prendre bien à l'avance. Selon l'actualité dans le monde, la couronne est parfois fermée pour de longues périodes, par exemple dans le cadre des plans anti-terrorisme, lors de tempêtes majeures (comme l'ouragan Sandy en 2012) ou pendant la pandémie de Covid-19.

▶ **En mai 2019, un nouveau musée consacré à l'histoire de la statue** a été inauguré sur Liberty Island. La visite de celui-ci est comprise dans le tarif normal. Le bâtiment à l'allure futuriste a intégré la collection de l'ancien petit musée déjà dédié à la statue qui se trouvait au pied de celle-ci, mais qui était petit. Le nouveau musée, très complet, revient sur le processus de fabrication de la statue, grâce à une immersion dans les ateliers de Frédéric-Auguste Bartholdi, puis sur son influence à travers les siècles et son héritage. En clou du spectacle, on peut admirer la torche d'origine, avec ses panneaux en verre peu résistants aux aléas du climat, installée en 1886 et remplacée en 1985.

Statue de la Liberté, Liberty Island.

ELLIS ISLAND IMMIGRATION MUSEUM ★★★

Ellis Island ✆ +1 212 561 4588
www.cityexperiences.com/new-york
Départs des ferrys de 9h à 15h. Trajet, accès à Liberty Island et au musée d'Ellis Island : 24,50 US$.

Un incontournable de New York. Rouverts en grande pompe en 1990 après six années de travaux de restauration (coût de l'opération : 160 millions de dollars), les imposants bâtiments d'Ellis Island ont vu passer 12 millions d'immigrants, venus principalement d'Europe de l'Est, entre 1892 et 1954. Ellis Island, du nom de son propriétaire originel, M. Samuel Ellis, fut rachetée par le gouvernement fédéral en 1808 avant de se convertir en centre de réception des immigrés de 1892 à 1943. De 1943 à 1954, elle sert de centre de détention pour immigrants illégaux. Pour son rôle historique, cette petite île fut rattachée à la statue de la Liberté et déclarée patrimoine historique. Un musée y a été édifié, consacré à la mémoire des immigrants ayant franchi la Golden Door. Une visite qui rime avec émotion. Dans le hall, une longue procession de malles, de valises, de paniers, de couffins témoigne de départs sans esprit de retour, mais aussi de la pauvreté de ceux qui fuyaient la famine, le manque d'avenir ou l'oppression. Les États-Unis, symboles de liberté d'expression, d'opinion, de religion et d'opportunités économiques pour tous ces gens, représentaient une vraie promesse d'avenir. La visite permet de comprendre comment les États-Unis accueillaient tout ce monde, mais aussi les critères selon lesquels le droit d'entrée était refusé à certaines minorités, qu'on mettait en quarantaine avant de les renvoyer dans leur lointain pays. Le processus de passage à l'immigration durait une journée dans le meilleur des cas. Les bateaux débarquaient à Manhattan leurs cargaisons d'exilés. Les plus riches pouvaient passer devant les services de l'immigration sur le bateau même, et n'avaient pas à s'arrêter à Ellis Island. Les autres montaient sur des barges, qui les emmenaient dans l'île. Si l'on était admis, on pouvait se rendre à Manhattan ou aller dans le New Jersey, vers un futur pavé de difficultés. C'est ainsi que des millions d'immigrants sont venus peupler cette Amérique, munis d'un baluchon, de quelques dollars et d'un billet de train gratuit. Aujourd'hui plus de la moitié de la population de New York descend de ces aventuriers. Dans le musée, vous pourrez voir le Grand Hall où les nouveaux arrivants attendaient anxieusement leur tour pour des examens médicaux et suivaient les procédures administratives. Si les résultats ne correspondaient pas aux critères de sélection, les immigrants étaient renvoyés dans leurs pays. Vous pouvez assister à la projection du film *Island of Hope, Island of Tears*, une fiction inspirée par l'histoire de ces personnages. Une trentaine de galeries présentent des objets de la vie quotidienne, personnels ou religieux, des photos de famille, des bijoux et des vêtements légués au musée par les descendants des immigrants, mais aussi des photos historiques ou des cartes. Le célèbre American Immigrant Wall of Honor affiche les noms de plus de 600 000 personnes honorées par leurs descendants, parmi lesquels on peut lire le nom de l'arrière-grand-père de George Washington, ou de John F. Kennedy, ainsi que les familles de Gregory Peck ou de Barbra Streisand. Un lieu chargé d'histoire et très émouvant.

▶ **Le musée a inauguré en mai 2015 deux nouvelles salles**, qui composent le Peopling of America Center. Cette extension du musée raconte l'histoire de l'immigration aux États-Unis pré- et post-Ellis Island, soit avant 1892 et après 1954. Il est notamment question de l'arrivée des Amérindiens, celle des colons européens, des esclaves venus d'Afrique, et plus récemment des populations venues d'Irlande ou du Mexique. Ces salles évoquent également l'évolution des moyens de transport, des traversées d'une semaine en bateau aux 3h30 de vol en Concorde. Des témoignages de nouveaux arrivants qui expliquent ce que représentent pour eux les États-Unis entrecoupent les différentes sections sur l'histoire de l'immigration en Amérique.

▶ **Depuis 2014, il est possible de visiter les hôpitaux d'Ellis Island**. C'est là que se retrouvaient, entre 1902 et 1950, les immigrants qui n'étaient pas suffisamment en bonne santé pour se voir accorder l'entrée aux États-Unis. La visite médicale était la première étape lorsque l'on débarquait du bateau : d'un simple coup d'œil, le médecin était capable de déterminer l'état de santé général des immigrants. Ceux qui étaient porteurs de maladies contagieuses étaient placés en quarantaine sur deux petites îles au large de Staten Island. Les autres restaient entre les murs de l'hôpital d'Ellis Island jusqu'à ce que leur état s'améliore. Ils pouvaient alors enfin pénétrer sur le sol américain. 275 000 patients y sont passés, 4 000 y ont perdu la vie, tandis que 350 bébés y sont nés ! La visite guidée des hôpitaux prend 90 minutes. Elle ne fait pas partie de la visite standard et se réserve à part sur le site Internet : www.statueoflibertytickets.com.

▶ **Conseil** : prenez les premiers bateaux, car l'afflux de visiteurs peut rendre l'accès à la statue et au musée limité. La visite peut être épuisante (environ 3h), surtout l'été, et l'attente au guichet, comme au ferry, interminable (de 45 minutes à 1h30). Ce serait dommage de ne pas pouvoir en profiter ou de passer la journée à attendre votre tour. Autant le hall est spacieux, autant les espaces autorisés à la visite sont étroits. Pour peu qu'il y ait plus de dix personnes par salle, on étouffe.

FEARLESS GIRL

2-26 Broad Street

En 2017, Kristen Visbal, sponsorisée par une entreprise qui s'est fait là un joli coup de pub, érige juste en face du Charging Bull, symbole de la finance, la statue d'une fillette : *Fearless Girl* (la fille sans peur). Elle ne doit rester initialement qu'une semaine, mais reçoit une autorisation prolongée de la mairie, sensible à la symboliquc féministe (et à une pétition). Considérée pour certains (dont Arturo Di Modica, qui a menacé de retirer son taureau) comme du vandalisme, l'installation est déplacée fin 2018 en face du New York Stock Exchange.

FEDERAL HALL NATIONAL MEMORIAL ★

26 Wall Street

✆ +1 212 825 6888

www.nps.gov/feha/

Ouvert du lundi au vendredi de 10h à 17h. Accès libre.

George Washington y fut proclamé premier président des Etats-Unis en 1789, et le premier Congrès américain s'y installa quand New York fut pour quelque temps capitale des Etats-Unis. Le bâtiment, construit à l'origine par les Anglais, fut remplacé par l'actuel édifice en 1842. Le Federal Hall, dont l'architecture est similaire à celle d'un temple grec, devient musée en 1955. On peut notamment y découvrir la Bible illustrée, utilisée par George Washington lors de son investiture.

NEW YORK STOCK EXCHANGE ★

11 Wall Street

✆ +1 212 656 5168

www.nyse.com

L'édifice ne se visite plus.

Symbole ultime de la finance, le New York Stock Exchange est l'épicentre du capitalisme. Dans ce temple grec orné de colonnes de style corinthien, des centaines de *traders* échangent chaque jour des millions de dollars. Hélas aujourd'hui, la visite n'est plus autorisée pour des raisons de sécurité. L'imposant bâtiment, orné d'un immense drapeau américain, est néanmoins beau à voir de l'extérieur. L'atmosphère est assez spéciale autour du bâtiment, avec un nombre impressionnant de points de sécurité et de voitures banalisées quelle que soit l'heure.

WALL STREET ★

Wall Street, ce groupe nominal mille fois entendu, désignant par abus de langage le quartier environnant la Bourse de New York (New York Stock Exchange) et par ricochet le milieu superpuissant de la finance américaine dans ce qu'il a de plus trépidant et sauvage (on ne compte plus le nombre de publications et films traitant du sujet), est tout simplement le nom d'une rue située dans le sud de Manhattan, partant de l'est de Broadway et filant à l'est, jusqu'à l'East River. Ligne-frontière septentrionale de la colonie néerlandaise de La Nouvelle-Amsterdam au XVIIe siècle, son nom lui vient du premier propriétaire de la zone, un Wallon arrivé avant les Néerlandais et auxquels il vendit ses terres, d'où l'appellation actuellement toujours usitée « Rue des Wallons » : Wall Street. Le quartier s'étirant autour de cette rue est marqué par les stigmates de l'histoire de New York, et les édifices qui la bordent – classés Monuments historiques de la ville, les plus anciens étant le National City Bank Building et le Federal Hall – valent absolument la peine qu'on s'y attarde. Les commentaires avisés d'un guide s'avèrent ici hautement instructifs.

Si Wall Street est aujourd'hui le terme employé pour désigner la place boursière de New York, c'est parce que le 17 mai 1792, vingt-quatre traders se sont réunis à l'emplacement de l'actuel 68 Wall Street pour signer l'accord de Buttonwood, qui marqua la création de la bourse de New York. L'accord fut signé sous un platane (« *buttonwood* » en anglais), d'où son nom.

© SHAUN JEFFERS - SHUTTERSTOCK.COM

À VOIR / À FAIRE

WOOLWORTH BUILDING ★

233 Broadway

Haut de 241 met de cinquante-sept étages, ce gratte-ciel connut son heure de gloire en devenant le plus haut du monde à son inauguration en 1913, et ce jusqu'en 1930. L'histoire raconte que le milliardaire Frank W. Woolworth investit la modique somme de 15 millions de dollars pour sa construction, qu'il aurait versée en petites pièces de monnaie, en *nickels* et en *dimes*, mises de côté pour l'occasion. Cet édifice est connu pour sa façade ornée, qui évoque une chute d'eau gothique. Quant au hall d'entrée, de style néogothique, il est tout simplement éblouissant.

9/11 MEMORIAL ★★★★

180 Greenwich Street
✆ +1 212 266 5211
www.911memorial.org
Accès libre.

Les nouvelles tours du World Trade Center encadrent le 9/11 Memorial, ce grand espace dédié aux victimes des attentats. Il constitue l'élément central du site. Ouvert le 11 septembre 2011, soit 10 ans après l'effondrement des tours jumelles, le Memorial se compose de deux grands bassins avec des cascades intérieures (North Pool et South Pool) où sont gravés à jamais, sur les parapets de ces deux bases carrées, au-dessus du musée qui leur rend hommage, les noms de toutes les victimes des attentats de 2001 mais aussi ceux de 1993. Il y en a environ trois mille. Il n'est pas rare d'apercevoir des proches se recueillir devant une inscription. Parfois, vous constaterez qu'une rose blanche a été glissée dans la gravure d'un nom, c'est une manière de rendre hommage aux victimes le jour de leur anniversaire. Le mouvement perpétuel de l'eau qui tombe dans le bassin, puis remonte, représente à la fois la chute des *twin towers* mais également le cycle de la vie et le renouveau permanent. On n'oublie pas, mais on continue à vivre. Ces deux bassins sont situés à l'endroit exact où se trouvaient les deux tours du World Trade Center. Le mémorial est aujourd'hui en accès libre et vous pouvez vous y rendre, gratuitement, à toute heure de la journée. Chaque 11 septembre, une cérémonie officielle en hommage aux victimes est organisée, à laquelle tous les présidents américains ont assisté au moins une fois. Malgré les événements tragiques qui se sont déroulés à cet endroit, l'ambiance est plutôt apaisante. Un magnifique lieu de recueillement.

WORLD TRADE CENTER SITE - GROUND ZERO ★★★★

www.wtc.com

Une atmosphère bizarre a longtemps entouré Ground Zero après les attentats dramatiques du 11 septembre 2001 et l'effondrement des tours, qui ont provoqué la mort de près de 3 000 personnes. Pendant de nombreuses années, le quartier est resté une immense zone sécurisée, avec des barricades et des policiers postés à tous les coins de rue. L'inauguration du mémorial et de ses bassins, en 2011, fut la première étape de la renaissance du World Trade Center.

Le 27 février 2003, le groupe de réflexion chargé de statuer sur la reconstruction du World Trade Center fait son choix. Parmi six projets proposés par quelques-uns des plus grands architectes mondiaux, Memory Foundations, le projet de Daniel Libeskind et de son équipe était choisi. Son esthétisme, sa performance, son symbolisme et, surtout, sa liaison entre la mémoire et le futur devaient convaincre les décisionnaires new-yorkais. Mais, dès juillet 2003, les données changeaient de nouveau sous l'impulsion de Larry Silverstein, bailleur du site depuis juillet 2001 (soit un peu moins de deux mois avant le 11 septembre). Le projet de Libeskind est en partie abandonné, même si ce dernier continue de superviser le chantier global du One World Trade Center. C'est notamment l'architecte David Childs de l'agence SOM, qui prend en charge le design du nouveau gratte-ciel. En septembre 2005, d'autres projets confiés à d'autres architectes de renom sont dévoilés au public : le site du World Trade Center devait alors être composé de sept bâtiments. En mai 2009 pourtant, crise économique aidant, les projets changent encore et ce sont finalement six tours qui sortiront de terre.

Ground Zero est aujourd'hui un lieu de commémoration à forte charge émotionnelle et un symbole politique. Mais le site du World Trade Center est aussi un emplacement immobilier stratégique au cœur de la place financière la plus importante au monde. D'où le grand dilemme entre la place donnée à la mémoire et celle qui est réservée à l'espace de bureaux et de commerces. La reconstruction s'est révélée extrêmement compliquée et sujette aux polémiques, déchirée entre les frictions des concepteurs, le poids de la crise économique, les intérêts financiers et l'émotion des citadins et des victimes. Outre la crise, trouver un accord avec les compagnies d'assurances a également pris du temps.

Aujourd'hui, le monde entier se presse pour admirer les nouvelles tours et les mémoriaux, symboles de la résilience de la ville.

9/11 MUSEUM ★★

180 Greenwich Street
✆ +1 212 266 5211
www.911memorial.org/museum
Ouvert tous les jours (sauf certains mardis) de 9h à 19h. Tarif : 36 US$.

Ouvert en 2014, le musée du 11-Septembre (National September 11 Memorial & Museum) reste avant tout un lieu de mémoire, en hommage aux victimes des attentats et aux pompiers. L'atmosphère est évidemment plus triste que dans n'importe quel musée, les attentats étant encore très présents dans la mémoire collective. Les premières salles du musée souterrain sont assez étonnantes, où comment des objets ordinaires tiennent une place extraordinaire. Des portefeuilles, des lettres, des vêtements, des chaussures, des drapeaux... autant d'objets finalement assez banals retrouvés dans les décombres des deux tours, identifiés et qui témoignent de la tragédie. Pour la plupart de ces biens, l'histoire à la fois sombre et touchante de leur propriétaire est contée. Plus impressionnants, les camions de pompiers partiellement détruits, les casques de pompiers, et les fragments de la carcasse des avions American Airlines qui se sont écrasés. Des morceaux des tours jumelles, également. Quelques photographies de l'attaque, et les portraits de toutes les victimes sont aussi exposés. Tout le long du musée, des explications sont à lire ou à découvrir en vidéo.

Dans un premier temps, l'entrée de ce musée fut uniquement réservée aux familles des victimes et au personnel de secours impliqué dans la tragédie. Depuis, il demeure aujourd'hui au cœur de nombreuses polémiques : les familles des victimes des attentats n'apprécient pas que la ville réalise des profits – notamment avec la boutique souvenirs – autour d'un événement si dramatique.

FDNY MEMORIAL WALL

FDNY Engine 10 Ladder 10

Elevés au rang de héros depuis les attentats du 11 septembre, les pompiers de New York n'ont pas hésité à risquer leur vie pour sauver celle des autres. 343 d'entre eux sont décédés sur les lieux de l'effondrement des tours jumelles et pour leur rendre hommage, une plaque commémorative a été installée en 2006 sur le mur de la caserne Engine 10 Ladder 10, qui fait face au World Trade Center. La gravure représente les pompiers de New York luttant contre les flammes qui s'échappent des tours, et porte la mention *May we never forget*.

LIBERTY PARK ★

155 Cedar St

Cet espace vert surélevé de 4 000 mètres carrés surplombe le mémorial et le musée du 11 septembre. Ouvert en juin 2016, il abrite *La Sphère,* sculpture qui se trouvait, au moment des attaques du 11 septembre, entre les deux tours jumelles. Comme un symbole, l'édifice est resté debout mais a été presque coupé en deux par des débris d'avion. Le parc abrite une autre statue en bronze, nommée *America's Response Monument*. Elle rend hommage aux Opérations Spéciales américaines et aux actions menées suite aux attaques terroristes de 2001.

WTC 3

C'est au 175 Greenwich Street que se dresse la tour imaginée par Richard Rogers. La tour 3 est le troisième gratte-ciel le plus haut du complexe du World Trade Center, et le septième de la ville. Elle mesure 328 mètres et abrite essentiellement des bureaux. La structure en béton a été terminée en août 2016 et le bâtiment a pu ouvrir ses portes en 2018, comme l'a annoncé Larry Silverstein en septembre 2014. La tour qu'elle est venue remplacer, qui s'est effondrée pendant les attentats, était occupée par la chaîne d'hôtels Marriott.

WTC 7

Cette élégante tour de verre a été inaugurée en mai 2006 sur la base de l'édifice original, détruit après les tours jumelles dans l'après-midi du 11 septembre (l'effondrement de cette tour a alimenté de nombreuses théories du complot, en raison de la présence de bureaux de la CIA). Moins haute que les autres gratte-ciel du site et nécessitant donc moins de travaux, elle a été le premier chantier achevé. Vous remarquerez au passage qu'il n'y a pas de WTC 6. Pourquoi ? Parce que la tour 6 d'origine se trouvait là où le One World Trade Center a été érigé.

THE OCULUS - WORLD TRADE CENTER TRANSPORTATION HUB ★★

Church Street

Pas moins de 11 lignes de métros ont un arrêt (via des passages piétons) dans cette immense gare, nommée Oculus, qui est aussi une station pour les trains de banlieue. La gare en elle-même existe depuis 1909. Elle a ensuite été rasée pour être reconstruite en 1971 dans le cadre de l'immense chantier du World Trade Center, avant d'être à nouveau détruite en 2001, cette fois à cause des attentats du 11 Septembre. Si une partie de la gare a été partiellement rouverte en 2003 afin de faciliter le trajet de dizaines de milliers de New-Yorkais, le projet architectural Oculus qui comprend un centre commercial et les nombreuses stations de métro n'a été inauguré qu'en 2016. Dessiné par l'architecte espagnol Santiago Calatrava, l'Oculus est censé ressembler à un oiseau s'envolant des mains d'un enfant. Sur les premières ébauches, les deux ailes devaient d'ailleurs bouger (une idée que Calatrava avait déjà explorée, puisque le musée d'art de Milwaukee, de sa conception, est semblable à un phénix blanc qui bat des ailes !), mais le projet ayant déjà très largement dépassé son budget initial, cette fonctionnalité a été abandonnée. Durant sa construction, le bâtiment aura été au cœur de polémiques à répétition. En cause, son coût : 4 milliards de dollars, payés en partie avec les impôts des New-Yorkais. Au cœur de la gare, un immense hall de 7 000 mètres carrés tout de blanc immaculé et qui accueille sur deux étages de très nombreuses boutiques de luxe et quelques restaurants.

© ASTUDIO - SHUTTERSTOCK.COM

ONE WORLD TRADE CENTER - ONE WORLD OBSERVATORY ★★★★

285 Fulton Street ✆ +1 212 602 4000
www.oneworldobservatory.com
Observatoire du 102e étage : à partir de 49 US$ sur place, 44 US$ sur le site Internet.

Le projet de la Freedom Tower, aujourd'hui rebaptisé One World Trade Center, a été mené par l'architecte David Childs de l'agence SOM, à partir du design original de Libeskind. La construction de la tour a commencé en avril 2006 et s'est achevée en mai 2013. 104 étages et 73 ascenseurs composent l'édifice. Sur le toit, une flèche a été installée, qui culmine à 541 m, soit la hauteur symbolique de 1 776 pieds, 1776 étant la date de l'indépendance et donc de la naissance des États-Unis. La tour est la plus haute des États-Unis et de l'Occident. Des entreprises telles que la société d'investissement BMB et Condé Nast Publications (société d'édition qui publie entre autres les magazines *Vogue*, *Vanity Fair*, *GQ*, *The New Yorker*, etc.) ont commencé à s'installer dès la fin 2014. Mais, à l'heure actuelle, tous les étages n'ont pas encore trouvé preneur et la tour peine à se remplir. Une salle panoramique a ouvert ses portes aux visiteurs en mai 2015. Ce building est considéré comme le plus sûr jamais bâti aux États-Unis. Toutes les édifications ont été soumises à des normes antiterroristes extrêmement strictes. Cela se caractérise, entre autres, par l'existence d'une base très massive et sans ouvertures.

Au 102e étage du One World Trade Center, le monde est à vos pieds. À 380 mde hauteur, l'observatoire de la tour offre une vue à 360° de New York, comme en son temps le panorama qu'offraient les Twins Towers. L'expérience débute en bas. Avant d'arriver aux ascenseurs, un parcours initiatique vous attend, avec des dizaines d'écrans qui diffusent des images de la construction de la tour et des interviews des ouvriers qui ont travaillé sur ce chantier titanesque. Une fois dans l'ascenseur, il ne vous faudra que 47 secondes pour arriver à l'observatoire. Pendant la montée, des écrans posés sur les quatre murs de l'ascenseur diffusent une vue panoramique de New York, du XVIe siècle à aujourd'hui. On y aperçoit brièvement les anciennes tours du World Trade Center. Une fois arrivé au 102e étage, un film de deux minutes sur le New York d'aujourd'hui vous attend. À la fin de la vidéo, les écrans se lèvent et laissent place à une magnifique vue sur le nord de Manhattan. L'observatoire, contrairement à ceux de l'Empire State Building ou du Rockefeller Center, n'est pas en extérieur, mais est abrité derrière des baies vitrées qui vont du sol au plafond. Vous serez si haut dans le ciel que vous pourrez apercevoir la courbure de la Terre si le ciel est dégagé !

À VOIR / À FAIRE

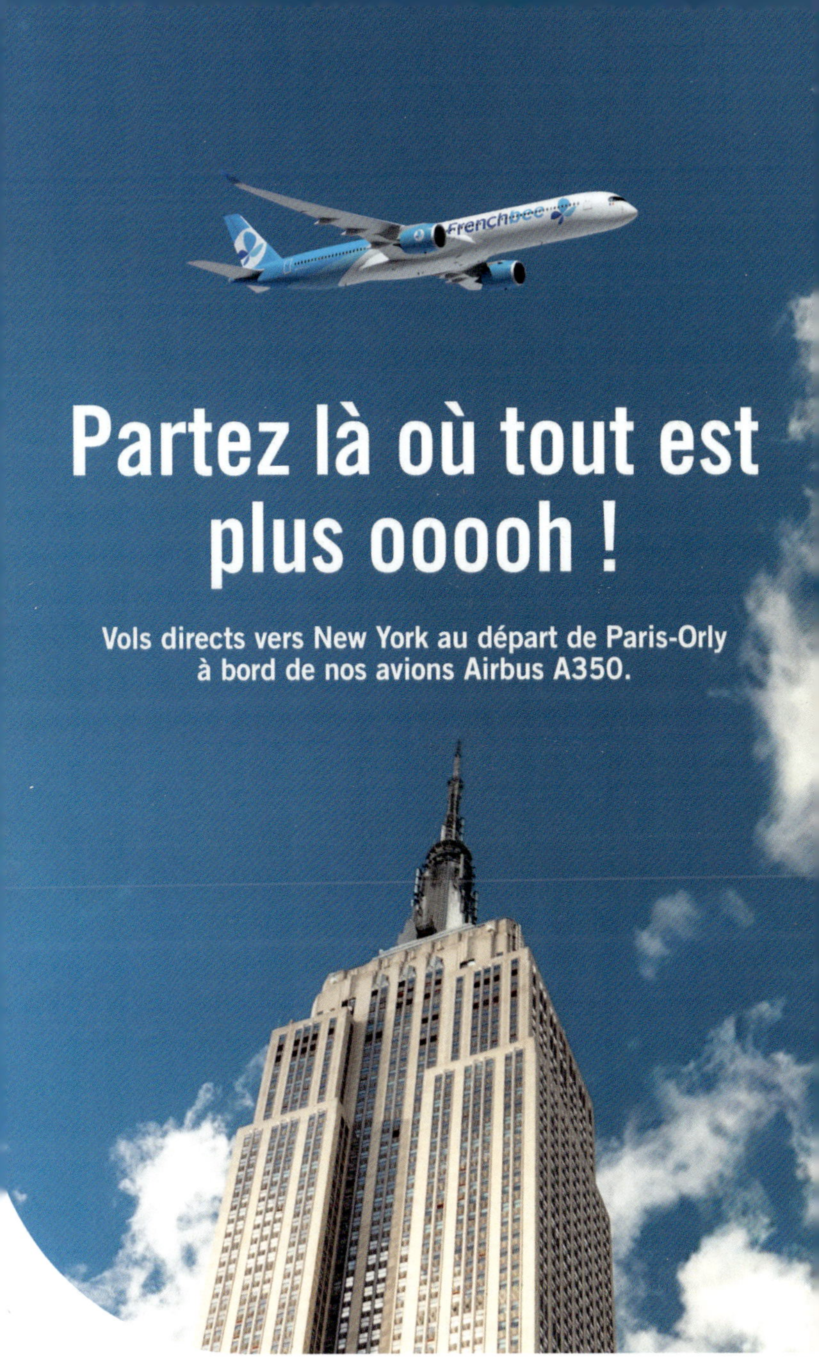
Frenchbee
Partez là où tout est plus ooooh !
Vols directs vers New York au départ de Paris-Orly à bord de nos avions Airbus A350.

petit futé

INTERNATIONAL CENTER OF PHOTOGRAPHY

79 Essex Street ✆ +1 212 857 0000
www.icp.org
Ouvert du mercredi au lundi de 10h30 à 18h30, le jeudi jusqu'à 20h. Tarif : 18 US$, 5 US$ le jeudi à partir de 17h.

La photo dans tous ses états ! L'International Center of Photography (ICP), fondé et dirigé par Cornell Capa, le frère du photographe Robert Capa, offre un double lieu d'expositions consacré aux plus grands photographes du siècle. L'ICP est aussi le siège d'expositions temporaires, dont certaines sont consacrées aux nouvelles tendances de la photo américaine et aux reportages sur la Grosse Pomme. Pour les souvenirs, une très belle boutique, avec une librairie bien fournie, vous attend.

MANHATTAN BRIDGE

M° East Broadway (ligne F).

Ce magnifique pont suspendu et ses piles en acier gris-bleu relient Manhattan à Brooklyn, tout comme son célèbre voisin le Brooklyn Bridge. Édifié entre 1901 et 1909, il part de la limite du Lower East Side avec Chinatown, pour relier le quartier de DUMBO à Brooklyn, de l'autre côté de l'East River. Vous pouvez le traverser à pied ou à vélo, il est beaucoup moins encombré que le pont de Brooklyn, mais le passage intempestif du métro rend la promenade plutôt pénible ! Le Manhattan Bridge a été immortalisé sur l'affiche du film *Il était une fois en Amérique* (1984).

ST MARK'S CHURCH-IN-THE-BOWERY

131 E 10th Street
✆ +1 212 674 6377
stmarksbowery.org
Messe le dimanche à 11h (horaires variables selon les saisons, consulter le site internet).

© OLIVER FOERSTNER - SHUTTERSTOCK.COM

Cela vaut la peine de passer devant cette jolie église épiscopale blanche au toit pointu, qui se trouve à l'un des plus beaux coins de rue du quartier. A la fondation de New York, quand l'East Village n'était encore que verts pâturages, le Hollandais Peter Stuyvesant, gouverneur de la Nouvelle Amsterdam, décida d'y bâtir une chapelle, qui fut érigée en 1660. Sa tombe s'y trouve désormais. L'église abrite aussi un centre culturel, avec récitals de poésie et pièces de théâtre.

NEW MUSEUM ★

235 Bowery
✆ +1 212 219 1222
www.newmuseum.org
Fermé temporairement jusqu'à l'automne 2025.

Voici un bel immeuble qui ressemble à un emboîtement de cubes blancs, drapé d'une maille métallique, telle une peau aux tonalités changeantes. Ouvert en décembre 2007, ce centre d'art encore relativement méconnu propose des collections à conseiller aux connaisseurs et aux amoureux d'art contemporain. Ce bâtiment ultra-moderne vaut le détour tant son architecture détonne dans l'un des quartiers les plus vieux de New York. Après d'importants travaux d'agrandissement (qui doivent doubler la surface d'exposition du musée), le New Museum rouvre ses portes fin 2025.

THE UKRAINIAN MUSEUM

222 E 6th Street
✆ +1 212 228 0110
www.theukrainianmuseum.org
Ouvert du mercredi au dimanche de 12h à 18h. Entrée : 15 US$.

Fondé en 1976, ce musée œuvre à la préservation du patrimoine culturel de l'Ukraine. Il s'agit du plus grand musée de ce genre en dehors d'Ukraine. En parallèle des collections permanentes dédiées aux beaux-arts, à l'art populaire et aux objets historiques, le musée présente des expositions temporaires passionnantes. Dernièrement, l'une d'entre elles était dédiée au photojournaliste Aleksandr Glyadelov et à ses photos documentant l'invasion russe en Ukraine. Dans le lobby, l'installation *Postcards from Ukraine* aborde aussi la guerre avec ses clichés avant/après.

À VOIR / À FAIRE

BALADE

STREET ART NEW-YORKAIS

Le Lower East Side, SoHo et Little Italy rassemblent un grand nombre de fresques murales grâce au LISA Project, qui encourage depuis 2012 les *street artists* à recouvrir de leurs œuvres les murs de ces quartiers. A SoHo, c'est sur Spring Street que vous verrez le plus de street art. Sur Mulberry Street, juste à côté de Caffe Roma dans le quartier de Little Italy, vous pourrez admirer un graffiti coloré de Tristan Easton, représentant une Audrey Hepburn destructurée. Non loin de là, au 114 Mulberry Street, un gigantesque Temper Tot veille sur Little Italy. Puis en remontant Bowery vers le nord, ne manquez pas Freeman's Alley (ruelle cachée en prenant à droite sur Rivington Street) et le Bowery Mural, deux spots très courus des artistes. A l'arrêt de métro 14 Street, prenez la ligne L en direction de Brooklyn et descendez à Jefferson Street, à sept stations de Manhattan. Vous voilà dans le quartier de Bushwick, devenu la Mecque du *street art* new-yorkais. A la sortie du métro, vous apercevrez déjà quelques fresques réalisées par l'association d'artistes The Bushwick Collective. Promenez-vous sur Jefferson Street et dans les rues tout autour : Flushing Avenue, Stewart Avenue, Randolph Street et Troutman Street. A Bushwick, les fresques sont renouvelées assez régulièrement !

© NIELSKLIIM - SHUTTERSTOCK.COM

Tompkins Square Park.

TENEMENT MUSEUM ★

108 Orchard Street
✆ +1 212 431 0233
www.tenement.org
Visites guidées tous les jours de 10h à 18h. Tarif : 30 US$.

Ce musée original permet de visiter des *tenements*, appartements minuscules restés en l'état depuis un siècle, quand le Lower East Side faisait partie des quartiers les plus défavorisés de Manhattan. Ces logements, situés aux 97 et 103 Orchard Street, furent occupés par les immigrés européens qui débarquaient sur le sol américain sans un sou en poche. Des familles entières s'entassaient ici, dans ces minuscules taudis, dans un quartier à la densité démographique exceptionnelle. L'insalubrité, le manque de lumière et d'espace étaient le pain quotidien de ces familles défavorisées. Plus de 20 nationalités différentes et environ 15 000 personnes ont en effet vécu entre ces murs entre 1863 et 1935, dans leur grande majorité tailleurs de profession. Au total, ce sont plus de 2,5 millions de personnes qui ont vécu dans les *tenements* de New York, dans des conditions de vie désastreuses. Les visites guidées, passionnantes, sont ponctuées d'anecdotes captivantes. Le bâtiment qui abrite ce musée (point de départ des visites) a été déclaré monument historique. Depuis l'automne 2017, une nouvelle formule a été mise en place, «Under One Roof», faisant la part belle aux témoignages personnels de descendants de migrants. On pourra découvrir l'histoire de Bella Epstein, venue s'installer avec ses parents dans le Lower East Side après l'Holocauste, ou celle des frères Velez, qui ont quitté Porto Rico avec leur mère, employée dans une usine de textile. Chose assez rare, la boutique du musée, avec ses beaux livres, mérite qu'on s'y attarde.

TOMPKINS SQUARE PARK

500 E 9th Street

Le parc, qui ne diffère guère des autres espaces verts de la ville, présente avant tout un intérêt pour son histoire récente. En août 1988, la municipalité, bien décidée à reprendre le contrôle de ce parc où squattaient de nombreux sans-abri, a envoyé un raid policier. Bilan : 44 blessés et des images d'une violence inouïe. Malgré les nombreuses plaintes des activistes, présents et battus lors de l'assaut, aucun policier ne fut poursuivi. Depuis, un concert punk est organisé chaque année dans le parc pour commémorer les événements.

WILLIAMSBURG BRIDGE

M° East Broadway (ligne F).

Moins élégant que le Brooklyn Bridge, le Williamsburg Bridge, dont la construction s'est achevée en 1903, offre une belle vue sur Midtown Manhattan. Il a l'avantage d'être fréquenté presque exclusivement par des New-Yorkais, les touristes le délaissant au profit de son célèbre voisin ! Il est pourtant très agréable à traverser, à pied comme à vélo, la balade est très tranquille d'autant que piétons et cyclistes ont chacun leur voie. Amusant également, le passage du métro juste en dessous (les vibrations ne sont pas aussi fortes que sur le Manhattan Bridge !).

FRIENDS BUILDING

90 Bedford Street

Au 90 Bedford Street, à Greenwich Village, se trouve l'un des lieux les plus emblématiques de la télévision : l'immeuble censé abriter l'appartement de Monica et Rachel et celui de Chandler et Joey dans *Friends*, dont on aperçoit d'innombrables fois la façade au cours des dix saisons de la série. Les fans le reconnaîtront au premier coup d'œil, bien que le balcon où se déroulent de nombreuses scènes cultes soit introuvable et ne corresponde absolument pas aux plans de l'immeuble. En réalité, les scènes dans les appartements des *Friends* ont été tournées en studio.

GANSEVOORT PENINSULA

427-429 Gansevoort Street

www.hudsonriverpark.org

Vous connaissez sans doute Paris-Plages, voici son équivalent new-yorkais ! Ouvert en 2023, Gansevoort Peninsula est un nouveau parc public qui comprend un terrain de sport, des bancs, un coin pour pique-niquer et, bien sûr, la première plage de Manhattan. On peut s'allonger sur des chaises longues ou sur le sable, l'endroit étant très bien entretenu. La baignade n'est pas autorisée (il n'est généralement pas recommandé de faire trempette dans la Hudson River ou la East River à New York City), mais l'endroit se prête tout de même bien au farniente.

HIGH LINE ★★★

529 West 20th Street

✆ +1 212 206 9922

thehighline.org

Le parc est ouvert tous les jours de 7h à 22h (fermeture à 20h en hiver).

New York a aussi ses jardins suspendus ! À l'instar de la Coulée verte à Paris, la High Line est une ancienne voie de chemin de fer désaffectée depuis les années 1980 et réhabilitée en parc. Cette ancienne voie desservait les marchandises dans les entrepôts et manufactures du Meatpacking District. Elle reliait autrefois les entrepôts du Meatpacking District, et s'étend aujourd'hui de Gansevoort Street à la 34e rue, entre les 10e et 11e avenues. Entièrement réhabilitée, elle offre, sur près de 2,3 km, une promenade bucolique à 10 mètres du sol, ponctuée d'œuvres d'art contemporaines, de bancs design, de points de vue spectaculaires sur l'Hudson et les tours de Midtown. N'hésitez pas à venir au coucher du soleil avec un petit pique-nique pour vous relaxer après une longue journée de visite et de marche. L'endroit est idéal pour une balade romantique ou même une demande en mariage… Le quartier alentour a été profondément transformé avec l'essor d'Hudson Yards, le développement de projets architecturaux signés Zaha Hadid ou Heatherwick Studio et l'ouverture de galeries, restaurants et boutiques chics tout au long du parcours. Quelques transats placés face à l'Hudson River, des coins fleuris, un amphithéâtre original et la récente extension The Spur, qui accueille régulièrement des œuvres monumentales, font de cette balade un incontournable de la ville. Et vous pourrez, peut-être, apercevoir quelques New-Yorkais chez eux, la High Line passant très près des troisième et quatrième étages de certains immeubles.

High Line.

HOTEL CHELSEA

222 W 23rd St

www.hotelchelsea.com

Le mythique, le décadent, l'incontournable Hôtel Chelsea est enfin délivré de ses échafaudages... Après 11 ans de travaux, de nombreuses péripéties immobilières et autant de batailles judiciaires avec ses résidents longue durée, l'hôtel le plus célèbre de la ville accueille de nouveaux les visiteurs temporaires depuis fin 2022. Construit en 1883 et devenu hôtel en 1905, le lieu a atteint la notoriété dans les années 1950, alors que de nombreux artistes et intellectuels y séjournaient, souvent gratuitement, parfois pendant des mois. Patti Smith, Jack Kerouac, Leonard Cohen, Simone de Beauvoir y sont passés. C'est ici qu'Andy Warhol tourna *Chelsea Girls* en 1966, ici encore que Stanley Kubrick et Arthur C. Clarke écrivirent le script de *2001 : L'Odyssée de l'espace* (1968). Mille histoires y ont été vécues et racontées, souvent fascinantes, parfois effrayantes. La plus célèbre et tragique d'entre elles s'est déroulée dans la chambre 100 : c'est entre ses murs que Sid Vicious, bassiste des Sex Pistols et icône du mouvement punk, aurait poignardé sa petite-amie Nancy Spungen, retrouvée morte à ses côtés le 12 octobre 1978.

Oui, l'Hôtel Chelsea a été rénové, mais son esprit bohème et ses fantômes demeurent. D'ailleurs, certains de ses résidents longue durée y habitent toujours, parfois depuis plusieurs décennies. Pas besoin d'être client de l'hôtel pour se rendre dans son lobby ou manger au Café Chelsea, son excellent (et onéreux) restaurant dont le décor et le menu s'inspirent des brasseries à la française.

MUSEUM OF ILLUSIONS

77 8th Avenue

✆ +1 212 645 3230

www.museumofillusions.com

Ouvert du lundi au jeudi de 10h à 22h et du vendredi au dimanche de 10h à 23h. Tarif : 35 US$.

Le musée de l'Illusion, qui possède des antennes à Paris et à Lyon, rassemble des expositions ludiques, interactives et amusantes. Prévoyez environ une heure pour arpenter le musée, vous essayer aux diverses illusions d'optique et, surtout, prendre des photos, car c'est bien là le but de la manœuvre. Vous pourrez défier les lois de la gravité, vous délester de votre corps pour n'être qu'une tête flottante... tout du moins en apparence. Assez cher, mais sympa pour occuper quelques heures un jour de pluie, surtout avec des enfants.

STONEWALL NATIONAL MONUMENT

38-64 Christopher Street

Ouvert tous les jours de 7h au coucher du soleil.

Malgré sa petite taille, Christopher Park est l'un des lieux les plus emblématiques du Village. Chaque jour, des personnages hauts en couleur s'y retrouvent, donnant parfois lieu à des défilés de *drag queens* et d'autres performances inoubliables. Situé en face du Stonewall Inn, où eut lieu en 1969 l'émeute qui marqua le début du mouvement moderne pour les droits LGBT+, le parc abrite le Stonewall National Monument qui commémore ces événements. Également, un Visitor Center.

LITTLE ISLAND

Pier55 in Hudson River Park

www.littleisland.org

Ouvert tous les jours de 6h à 23h, fermeture à minuit en été et 21h en hiver. Accès libre.

Little Island est une nouvelle preuve que le Meatpacking District est devenu le quartier du design par excellence. Conçu par Heatherwick Studio, également à l'origine du Vessel, ce jardin public est installé sur une île artificielle dans le fleuve Hudson. Le parc n'est pas très grand mais il est verdoyant, avec ses pelouses parfaitement entretenues et ses plantations arrangées autour de sentiers. Il repose sur des structures sur pilotis dont la hauteur variable lui apporte du relief. Little Island comprend une scène où sont organisés des événements gratuits.

WEST 4TH STREET COURTS

6th Ave W 3rd Street

Peu de lieux capturent aussi bien l'énergie du West Village que ce légendaire terrain de basket. Il est surnommé « The Cage » à cause de sa petite taille non réglementaire et des hauts grillages qui l'entourent, et derrière lesquels s'amassent souvent des dizaines de passants attirés par ce tableau authentiquement new-yorkais. Outre le spectacle offert par les habitués – dont certains sont devenus de véritables célébrités locales –, ce terrain de basket-ball de rue est l'un des plus célèbres des États-Unis et accueille chaque année des tournois amateurs.

Joueurs d'échecs, Washington Square Park.

WASHINGTON SQUARE PARK ★★★

M° West 4th Street (lignes A, B, C, D, E, F, M), 8th Street-NYU (lignes W, R).

On reconnaît Washington Square Park à son arc de triomphe érigé en 1892 en l'honneur du premier président des Etats-Unis. Ce charmant parc se trouve sur l'ancien emplacement des potences publiques et d'un cimetière où des milliers de corps furent enterrés pendant une épidémie de fièvre jaune. On y croise une statue de Garibaldi, et des joueurs d'échecs assidus au coin sud-ouest du parc. Toujours animé, surtout le week-end et en fin de journée, ce parc urbain est le centre du Village et le point de chute des étudiants de NYU (New York University), dont les bâtiments imposants bordent le parc et font face à une rangée de maisons particulières. Fondée en 1831, la plus grande université privée des Etats-Unis compte désormais plus de 50 000 étudiants. Il n'est pas rare que lors des jours de grands soleils, quelques professeurs donnent leur cours sur la pelouse du parc ! L'ambiance du parc, rénové de fond en comble en 2008, est très sympa. La fontaine se transforme régulièrement en scène de théâtre où des amateurs viennent faire leur show de comique ou d'imitateur. Ici et là, des musiciens improvisent sur une guitare, un *djembé* ou une *derbouka*, tandis qu'un peu plus loin, on entend des chanteurs ou des poètes. Désormais fermé à la tombée du soir, comme tous les autres parcs, Washington Square a gagné en sécurité et n'a pas perdu grand-chose. On n'a plus de raison de le bouder. De plus, et depuis 1958, le parc accueille chaque année un festival d'été où se produisent gracieusement grands ensembles classiques et formations jazz.

WHITNEY MUSEUM OF AMERICAN ART ★★

99 Gansevoort Street ✆ +1 212 570 3600
www.whitney.org

Ouvert le lundi et du mercredi au dimanche de 10h30 à 18h, (22h vendredi). Entrée : 30 US$ (gratuit le vendredi 17h-22h)

Auparavant dans l'Upper East Side, le musée d'art moderne a déménagé en mai 2015 dans le Meatpacking District. Il a été fondé en 1931 par la collectionneuse d'art moderne américaine Gertrude Vanderbilt Whitney. Cette dernière avait dans un premier temps voulu offrir sa collection au Met, qui l'avait refusée. Le MoMA – l'autre musée d'art moderne de la ville – se concentrant surtout sur des artistes européens à l'époque, elle décida d'ouvrir son propre musée. Le déménagement a duré sept ans et requis 500 millions de dollars. L'architecture du nouveau bâtiment est l'œuvre de Renzo Piano, qui a également dessiné les plans du Centre Pompidou. Sur neuf étages et 19 000 m², le Whitney consacre des rétrospectives ou des présentations d'artistes contemporains. Gertrude Vanderbilt Whitney, elle-même sculptrice et surtout immensément fortunée, commença sa collection dans les années 1930. Cette collection est particulièrement riche d'œuvres d'artistes de l'Entre-deux-guerres, comme Hopper et Marsh. On y trouve aussi de nombreuses œuvres d'Andy Warhol et Jackson Pollock. La logique veut que les visiteurs commencent au 8e étage et terminent au rez-de-chaussée. La collection permanente n'occupe que deux étages, il est donc conseillé de vous renseigner sur le site du Whitney Museum pour connaître les expositions en cours. Les 7e et 8e étages sont plus ouverts sur l'extérieur, avec d'immenses terrasses qui offrent de magnifiques vues sur le World Trade Center.

BRYANT PARK ★★★

Entre 5th et 6th Avenue
www.bryantpark.org
Situé juste derrière la New York Public Library, le parc est lui entouré d'une forêt de *buildings*, dont le remarquable American Radiator Building (ou American Standard Building), de style Art déco, qui héberge aujourd'hui le Bryant Park Hotel. Fontaine, joueurs d'échecs, kiosques et *farniente* sont au programme. Les jours ensoleillés et en été, bancs, chaises et pelouses sont pris d'assaut pendant la pause de midi. En été, le parc abrite un festival (gratuit) de cinéma en plein air qui vaut vraiment le coup. Les New-Yorkais s'installent avec leurs couvertures et leur pique-nique plusieurs heures à l'avance pour y trouver des places. On peut avoir accès à une multitude d'activités gratuites pendant la belle saison : tables de ping-pong, concerts, lecture de poésie... Bryant park est aussi l'un des lieux où sont organisées des séances de yoga gratuites tout l'été (horaires indiqués sur le site). Les tapis sont fournis, vous n'avez qu'à enfiler votre tenue de sport et rejoindre la centaine de participants déjà en position du cobra, sous les yeux amusés des passants. En hiver, lorsque la patinoire et le marché de Noël s'installent, le parc est un des endroits les plus magiques à New York, même s'il est envahi par les touristes. Le sapin de Noël de Bryant Park n'est pas aussi connu que celui de Rockefeller, mais il est tout de même très beau. Prenez un chocolat chaud (ou un vin chaud !) et installez-vous sur les bancs autour du manège qui joue du Edith Piaf et du Frank Sinatra pour profiter du cadre exceptionnel.

500 FIFTH AVENUE ★

500 Fifth Avenue
www.500fifthavenue.com
Entre la 42e et la 43e rues, à l'angle de Bryant Park, s'élève ce magnifique building Art déco, monument protégé depuis 2010. Haut de 212 m, il comprend soixante étages. Vous lui trouvez des similitudes avec l'Empire State Building, et ce n'est pas un hasard puisqu'il a été conçu par le même cabinet d'architectes, Shreve, Bam and Harmon. Les deux gratte-ciel ont d'ailleurs été inaugurés la même année, en 1931. Il aura fallu deux ans pour le construire. On ne peut malheureusement pas entrer dans l'immeuble pour le visiter car il abrite des entreprises.

AMERICAN RADIATOR BUILDING ★

40 W 40th Street
✆ +1 212 642 2200
www.bryantparkhotel.com
Superbe exemple de gratte-ciel Art déco mâtiné de style néo-gothique, l'édifice (l'un des premiers à New York à avoir été classé monument historique) élevé en 1924 dresse ses 103 mètres de briques noires couronnées d'or au-dessus de Bryant Park. Rebaptisé American Standard Building, il héberge depuis 2001 le Bryant Park Hotel, dont les chambres sont loin d'avoir le faste de la façade. Il inspira à la peintre Georgia O'Keeffe son célèbre tableau *Radiator Building, Night New York* (1927).

À VOIR / À FAIRE

Carnegie Hall.

BALADE

DE HARLEM À TIMES SQUARE

Commencez la balade par un gospel à Harlem, à la Bethel Gospel Assembly par exemple, suivi d'un copieux petit déjeuner chez Amy Ruth, puis d'une visite du campus de la prestigieuse université de Columbia. Pénétrez dans le nord de Central Park, où les touristes sont assez peu nombreux, et profitez-en pour faire une balade à pied ou à vélo autour du Jacqueline Kennedy Onassis Reservoir. Ensuite, promenez-vous dans l'authentique quartier de l'Upper West Side, QG de l'intelligentsia new-yorkaise. Visitez l'incontournable Museum of Natural History (prévoir plusieurs heures !) puis descendez jusqu'à 68th Street pour admirer le Lincoln Center et le Metropolitan Opera. Quelques blocks plus au sud, vous arrivez à Columbus Circle, grand carrefour dominé par les tours du Time Warner Center. Descendez Broadway pour arriver à Times Square, à la tombée de la nuit pour un effet encore plus saisissant. Allez voir une comédie musicale ou une pièce de théâtre, puis clôturez cette belle journée en allant manger un morceau ou boire un verre à Hell's Kitchen. S'il est tard, allez dîner chez Empanada Mama, qui est ouvert 24h/24.

W.R. GRACE BUILDING ★

1114 6th Avenue

Difficile de ne pas remarquer ce building courbé qui donne sur Bryant Park. Dans le film *Les 4 fantastiques*, le Surfeur d'argent glisse sur l'immeuble comme sur une vague. Attention, l'entrée se fait sur 42nd Street, devant le parc, et non sur 6th Avenue. L'un des locataires du Grace Building n'est autre que le chef français Gabriel Kreuther, qui y a son restaurant trois étoiles. Du côté de la 43e rue, juste à côté de l'immeuble, se trouve une petite place avec des tables, des parasols et quelques bancs, on peut s'y installer pour manger sur le pouce.

CBS BROADCAST CENTER

524 West 57th Street

www.cbsbroadcastcenter.com

Ici, dans les années 1960, se tournaient les *soap operas* de CBS. La célèbre émission de reportages *60 minutes* et les *News* de la chaîne CBS y sont toujours retransmis à partir de ce *building*. En se collant aux vitres du bâtiment, on peut apercevoir le tournage d'émissions. Le célèbre talk show satirique *Last Week Tonight with John Oliver*, présenté par l'animateur britannique qui lui a donné son nom, est enregistré ici. Il est d'ailleurs possible d'assister gratuitement à l'enregistrement de l'émission (www.lastweektickets.com).

AKC MUSEUM OF THE DOG

101 Park Avenue

✆ +1 212 696 8360

https://museumofthedog.org/

Ouvert du mercredi au dimanche de 11h à 18h. Ticket 15 US$ (adulte), 5 US$ (enfant 3 à 12 ans), 10 US$ (jeune/senior).

© THE AKC MUSEUM OF THE DOG

Après 30 ans à St. Louis, dans le Missouri, le musée du chien s'installe à New York en 2019. Unique en son genre, il abrite la plus grande collection d'art canin au monde : tableaux, peintures, sculptures en bronze ou en céramique… Vous y trouverez un super mélange entre art classique et technologie interactive. Près de 1 700 œuvres, une bibliothèque de 4 000 ouvrages, programmes éducatifs et événements y explorent le meilleur ami de l'homme sous toutes ses formes. L'entrée avec son chien est même autorisée le vendredi ! Unique en son genre.

CITIGROUP CENTER ★

601 Lexington Ave

Voici un *building* de 279 m, aux piliers de béton gigantesques qui semble tout droit sorti de *Hunger Games*. Avec ses boutiques, ses restaurants et son *atrium* où l'on peut se retrouver entre amis, le Citicorp, bâti en 1977, est toujours plein, et ses concerts gratuits attirent les foules à l'heure du déjeuner. Plus que l'atrium et l'ensemble commercial, c'est le quartier qui mérite la visite : non seulement le Citigroup Center est remarquable avec son sommet incliné à 45°, mais il est entouré de gratte-ciels tout aussi impressionnants.

EDGE

30 Hudson Yards

✆ +1 332 204 8500

www.edgenyc.com

Ouvert tous les jours de 9h à 22h. Tarif : à partir de 40 US$ (36 US$ en réservant en ligne).

La plateforme d'observation Egde, dans le quartier récemment sorti de terre d'Hudson Yards, a ouvert ses portes en 2020. Moins mythique que l'Empire State Building et moins spectaculaire que Summit, l'autre nouvel observatoire de la ville, Edge n'en est pas moins superbe avec sa plateforme triangulaire qui domine tout New York. Et on peut même grimper sur le toit pour jouer les trompe-la-mort. Astuce : si vous réservez une table au restaurant Peak à l'étage au-dessus, vous aurez accès à l'observatoire Edge sans avoir à payer de supplément !

FLATIRON BUILDING ★★★

175 5th Avenue

Ne se visite pas.

Cet immeuble, signé de la star de l'école de Chicago Daniel Burnham (1846-1912), dont la forme oblongue et triangulaire évoque un fer à repasser, offre son nom au quartier : le Flatiron District. Bien qu'il ne paraisse pas très grand aujourd'hui, surtout lorsqu'on le compare aux gratte-ciel monstrueux de Midtown, le Flatiron est tout à fait remarquable et un séjour à New York ne se conçoit pas sans un coup d'œil à ce bâtiment qui fait partie du cadre new-yorkais depuis si longtemps, tel un grand-père bienveillant, plein de sagesse et tout en retenue. S'élevant au sud de Madison Square Park, à l'angle de Broadway et de 5th Avenue, il compte donc parmi les édifices les plus emblématiques de New York (on le voit d'ailleurs dans une scène de *Spiderman* et régulièrement dans les plans de coupe dans la série *Friends*). Difficile de croire que cet immeuble de 22 étages et de 87 mde hauteur fut un jour l'un des plus hauts de la ville. Le Flatiron, dont le nom original est en fait Fuller Building, du nom de la compagnie propriétaire, fut construit en 1902 et s'impose comme l'un des plus vieux gratte-ciel encore sur pied à New York. Il fit sensation lors de son inauguration et l'on eut même peur qu'il ne s'effondre sous l'effet du vent. Les New-Yorkais s'amusaient d'ailleurs à parier de quel côté l'immeuble tomberait ! Il abritait autrefois des bureaux (jusqu'en 2019), notamment des maisons d'édition, mais il est actuellement en rénovation et devrait prochainement être transformé en résidences de luxe.

© LITTLENYSTOCK - SHUTTERSTOCK.COM

CARNEGIE HALL ★★★

881 7th Avenue

✆ +1 212 247 7800

www.carnegiehall.org

Construit en 1891, le Carnegie Hall a entendu nombre d'œuvres majeures venir au monde pour la première fois, des débuts de Rubinstein à la création de la *Symphonie du Nouveau Monde* de Dvořák en 1893. On a peine à croire que la merveilleuse salle (sobre et acoustiquement parfaite) qui se cache derrière la façade de style néo-Renaissance italienne a failli être détruite par d'avides entrepreneurs après le départ du New York Philharmonic vers ses nouveaux quartiers, au Lincoln Center. Elle fut sauvée grâce à l'opiniâtreté du violoniste Isaac Stern. Il avait fallu au milliardaire américain Andrew Carnegie un don de visionnaire pour décider d'inscrire un tel bâtiment dans un quartier alors hors de mode. Tchaïkovski inaugura Carnegie Hall en 1891. De Paderewski à Bruno Walter, de Casals à Horowitz, de Judy Garland à Segovia, Julie Andrews et les Beatles, la liste est trop longue pour citer le livre d'or de Carnegie où se sont produits les plus grands orchestres internationaux et les principaux orchestres américains. Dans le film *Green Book*, qui retrace la vie du pianiste noir Don Shirley, le personnage principal habite dans un somptueux appartement juste au-dessus de Carnegie Hall.

Le Stern Auditorium est la plus connue des trois scènes. Avec ses 2 804 places assises, elle fut la toute première salle consacrée à la musique classique aux États-Unis. Cinq niveaux de sièges et une structure incurvée lui garantissent un confort et une acoustique incomparables. Également l'intimiste Joan and Sanford I. Weill Recital Hall (268 places), dédié à l'origine à la musique de chambre. Mais l'événement majeur de ces dernières années a eu lieu le 12 septembre 2003 avec la réouverture de l'ancien Recital Hall au sous-sol du Carnegie, rebaptisé Zankel Hall. Depuis les années 1960, la concession avait été confiée à un cinéma. Le Carnegie l'a reprise en 1997 sous l'égide de la directrice Judith Arron. Le nouvel aménagement, inspiré par la Cité de la Musique de Paris est une salle ultramoderne et modulable de 540 à 644 places. Les configurations sont innombrables : avec ou sans balcon à l'italienne, avec ou sans fosse, plancher horizontal ou incliné… C'est la salle qui s'adapte à la musique. Elle fait surtout la part belle à la musique contemporaine. Le Hall organise les Family Concerts avec des places à prix réduit, des concerts destinés à éveiller les enfants à la grande musique. Le Hall propose des ateliers de familiarisation aux instruments et permet aux chérubins d'assister à une représentation donnée par de véritables professionnels.

CHRYSLER BUILDING ★★★★

405 Lexington Avenue

Seul le lobby peut être visité. Il est ouvert du lundi au vendredi de 8h à 18h.

C'est l'un des gratte-ciels préférés des New-Yorkais et l'un des monuments emblématiques de la Grosse Pomme. Bâti en 1930, le Chrysler Building fut pendant un an le plus haut gratte-ciel du monde, avec ses 77 étages pour 318 mètres de haut. On le reconnaît à son allure gracieuse, ses gargouilles géantes en forme d'aigles et son dôme fantastique et brillant. Le propriétaire Walter P. Chrysler (1875-1940), magnat de l'automobile, souhaitait un immeuble pour immortaliser la réputation de sa firme. New York lui doit le plus imaginatif de ses chefs-d'œuvre Art déco. Il n'aura fallu que deux ans pour construire le gratte-ciel. Fait rare pour l'époque, aucun ouvrier n'a trouvé la mort durant sa construction. Le bâtiment n'a jamais appartenu à la marque Chrysler : Walter Chrysler souhaitait en effet que ses enfants plutôt que son entreprise en héritent. La famille a donc vendu le gratte-ciel en 1953, et il a depuis été racheté maintes fois.

Le futur de l'édifice reste aujourd'hui en suspens : la société autrichienne qui en était propriétaire a déposé le bilan fin 2023. La Cooper Union (propriétaire du terrain) a récupéré le contrôle du bâtiment en 2025 et recherche un nouveau partenaire pour en assurer la rénovation. Les employés qui y travaillent se plaignent de problèmes d'ascenseur, d'infestations de souris, de fissures et de portes qui se coincent. Un manque d'entretien qui ternit malheureusement l'éclat de ce gratte-ciel emblématique, qui semble rétrécir au milieu des gratte-ciel, toujours plus hauts et modernes, de Manhattan.

© TOM PEPEIRA - ICONOTEC

GRAMERCY PARK

E 21st Street & Lexington Avenue

Un petit parc, qui date de 1831 et dont bénéficie un quartier très préservé, où habite le gratin de Manhattan. Fermé aux visiteurs, le Gramercy est le seul parc privé de New York : il faut avoir une clé pour y accéder. Et pour avoir cette clé, il faut être propriétaire ou locataire d'une des belles maisons particulières qui l'entourent. Le parc n'ouvre au public que le 24 décembre, pour les chants de Noël. Et n'essayez pas de passer par-dessus les barrières, les quelques New-Yorkais ou touristes ayant déjà essayé ont généralement passé la nuit au poste.

HEARST TOWER

959 8th Avenue ou 300 West 57th Street

W.-R. Hearst voulait abriter son empire dans une forteresse. Mais à cause de la dépression de 1929, seule la base du gratte-ciel a pu être construite à l'époque. Les rêves de grandeur de Hearst (décédé en 1951) ont finalement été exaucés en 2006, lorsqu'un immeuble fut construit sur le socle d'origine. La tour, qui s'élève désormais à 182 mètres pour 46 étages, fut le premier gratte-ciel à être inauguré après les attentats du 11 Septembre. L'architecture de l'immeuble est en effet étonnante, composée de triangles en acier et en verre emboîtés les uns aux autres.

JAMES A. FARLEY BUILDING

421 8th Avenue ✆ +1 212 967 8585

Ouvert en semaine de 7h à 22h, le samedi de 9h à 21h et le dimanche de 11h à 19h.

Le bâtiment, énorme, est précédé d'escaliers monumentaux et ceinturé par de gigantesques colonnes, ce qui fait qu'on le remarque immédiatement ! A côté du Madison Square Garden, juste en face, il dénote franchement. Il s'agit du bâtiment principal de United States Postal Service (USPS), le service postal américain. Il fut construit en 1912, et on peut toujours y poster des cartes postales ! Une partie du bâtiment a été transformée en hall de trains : le Moynihan Train Hall, extension de Penn Station qui accueille les trains Amtrak et du Long Island Railroad.

GRAND CENTRAL TERMINAL ★★★

East 42nd Street

✆ +1 212 935 3960

https://nyc.docentour.com/

Visite guidée de 90 minutes tous les jours à 11h et 15h. Tarif : 39 US$.

New York, qui a malheureusement perdu sa Penn Station, l'un de ses plus beaux monuments architecturaux de l'époque, qui n'a pas grand-chose à voir avec la Penn Station d'aujourd'hui, aurait aussi pu perdre Grand Central sans une vigoureuse protestation populaire menée par Jackie Onassis. Il fallut huit années pour la réfection complète de la gare, qui fut célébrée le 1er octobre 1998. Cette énorme gare, achevée en 1913 après 10 ans de travaux, était autrefois le point de départ et d'arrivée des grands trains vers Chicago et la Californie. Aujourd'hui, des dizaines de milliers de banlieusards traversent son hall stupéfiant sous un plafond décoré d'étoiles, et haut de plus de 40 m. La façade de l'édifice est ornée de statues et surmontée d'une grosse horloge. Ce bâtiment majestueux, au style Beaux-Arts, possède un intérieur somptueux avec des halls et des couloirs tout en marbre. Dans la salle principale (*Grand Concourse*), le bureau d'information au centre est surmonté d'une belle horloge à 4 faces en cuivre. Ses grandes fenêtres de chaque côté, qui font entrer les rayons du soleil, donnent à cette salle d'attente un air de cathédrale. Les voitures apparaissent à l'envers ! Le plafond est de toute beauté, représentant sur un fond bleu nuit, le scintillement de la constellation d'une nuit d'hiver avec ses 2 500 étoiles. L'ensemble, même aux heures de pointe, laisse une impression de silence et de calme. Des boutiques, des restaurants (dont le célèbre Oyster Bar) et un marché de produits frais (*Grand Central Market*) occupent le niveau inférieur (*Dining Concourse*) et le niveau supérieur (*Balcony Level*) du bâtiment. Beaucoup de New-Yorkais viennent déjeuner ici pour les prix serrés de l'agréable *food court* du sous-sol, et parce que la gare est facilement accessible depuis les bureaux de Midtown. Pour la petite histoire, peut-être verrez-vous, juste à côté du Oyster Bar, deux personnes parler à des colonnes... Elles ne sont pas folles ! En vous tenant face au mur de chaque côté de la voûte en céramique, il est possible d'avoir une conversation, même en chuchotant, c'est pourquoi on surnomme l'endroit la galerie des murmures. Un phénomène possible grâce à l'architecture de la voûte ! Bien connue des fans de la série de *Gossip Girl*, Grand Central a été le décor de scènes de films célèbres : *Madagascar, Eternal Sunshine of the Spotless Mind, Arthur, Incassable, Superman, Cloverfield, The Avengers*, etc. Grand Central Madison, le nouveau terminal où circule désormais le Long Island Railroad (LIRR), a ouvert ses portes en 2023.

INTREPID SEA, AIR, SPACE MUSEUM

W 46th Street
✆ +1 212 245 0072
www.intrepidmuseum.org
Ouvert tous les jours de 10h à 17h, jusqu'à 18h le week-end. Tarif : 38 US$.

L'un des plus grands musées aéronavals du monde, installé au bord de l'Hudson River, qui mérite vraiment une visite. Pour l'apprécier pleinement, mieux vaut s'y rendre par beau temps, car une partie de ce qu'il y a à voir se situe en extérieur. On visite tout d'abord l'*USS Intrepid*, un porte-avions qui a servi pendant la Seconde Guerre mondiale et la guerre du Vietnam, utilisé ensuite par la NASA pour récupérer des capsules spatiales. Transformé en musée en 1982, ce porte-avions de 1943 mesure 250 mde longueur. À l'intérieur, un immense hangar haut de 5 mètres abrite une partie de l'histoire du XXe siècle et de l'évolution des technologies, le tout illustré par des maquettes, des tenues d'équipages, des véhicules et des écrans interactifs. À voir également, le *F-14 Tomcat*, le plus grand avion de la marine en forme de fléchette capable d'atteindre deux fois la vitesse du son (celui de Tom Cruise dans *Top Gun*). Le sous-marin nucléaire *USS Growler*, un lanceur de missile, se visitE ensuite de l'autre côté de la jetée (claustrophobes, s'abstenir !). Découvrir les conditions de vie des hommes à bord est fascinant. Les petits et grands qui rêvent d'espace en auront aussi pour leur argent avec la découverte (moyennant un coût supplémentaire) de la première navette spatiale américaine, Enterprise, à l'origine du programme de la NASA, Space Shuttle. La navette a servi à des tests atmosphériques en 1977 mais n'a finalement jamais été mise en orbite.

LIPSTICK BUILDING

885 Third Avenue

Ce gratte-ciel inauguré en 1986 tire son nom de sa forme et sa couleur qui évoquent un bâton de rouge à lèvres (*lipstick* en anglais). Son architecture découle d'une réglementation de la ville qui impose à certains bâtiments d'être moins large à partir d'une certaine hauteur afin de ne pas empêcher la lumière de baigner les trottoirs et la rue. Autre fait d'armes du building, c'est du 17e étage que Bernard Madoff a arnaqué ses clients pour 65 milliards de dollars jusqu'à son arrestation en 2008 ! Aujourd'hui, il est essentiellement occupé par des cabinets d'avocat.

EMPIRE STATE BUILDING ★★★★

350 5th Avenue ✆ +1 212 736 3100
www.esbnyc.com/fr
Horaires variables, voir le site. Pour le 86e étage : 44 US$. Pour les 86[e] et 102[e] : 79 US$. Plus de tarifs en ligne.

Désormais surpassé par sept gratte-ciel à Manhattan, l'Empire State Building n'en demeure pas moins indétrônable pour son prestige comme pour ses vues à 360 degrés. Installé au cœur de New York et culminant à 443 m, il est resté pendant près de quarante ans le plus haut immeuble du monde. Inauguré en 1931, ce symbole de la grandeur et du génie américains n'a rien perdu de sa superbe, ni de sa popularité : plus de 4 millions de visiteurs montent à son sommet chaque année. Il faut dire que l'Empire State Building a su se réinventer. En 2019, après une rénovation de 165 millions de dollars, l'observatoire à 360 degrés du 102e étage (à 381 md'altitude), a fait peau neuve. Ont ouvert également un nouvel observatoire au 86e étage, doté d'une plateforme extérieure, et de la création d'un musée interactif au 2e étage. L'Empire State Building est également leader en matière de développement durable et fonctionne uniquement aux énergies renouvelables.

Pour monter au sommet, il est impératif de réserver votre ticket à l'avance. Au moment de faire votre réservation sur Internet, opter pour le 102e étage vous donne également accès à l'observatoire du 86e. Si la vue est saisissante quelle que soit l'heure de la journée, le meilleur moment pour monter est au coucher du soleil. C'est le moment où l'attente est la plus longue, mais la vue est encore plus spectaculaire lorsque la lumière orangée inonde Manhattan et que les buildings s'illuminent peu à peu. Le Rockefeller Center est en face, comme le Chrysler Building, légèrement décentré. De là-haut, Midtown rayonne de toute sa puissance brute.

Maintes fois représenté sur le petit comme le grand écran, l'Empire State Building est ancré dans l'esprit collectif et dans la culture populaire. Des années 1930 à aujourd'hui, il est apparu dans plus de 250 films. Inévitablement, c'est à King Kong dans le film éponyme de 1933, que l'on songe tout en se laissant emporter jusqu'aux observatoires.

Certains jours, l'Empire State Building est éclairé de couleurs particulières en référence à un événement singulier. Il est en vert pour la Saint-Patrick, en rouge et bleu pour l'Independence Day ou en bleu lorsque l'on fête l'équipe de baseball de la ville, les Yankees. Lorsqu'il n'y a aucun événement à célébrer, il est éclairé en blanc. Enfin, quelques chiffres sur l'Empire State Building qui donnent le vertige : 113 kilomètres de tuyaux, 257 211 m² de surface, 760 000 mètres de fils électriques et un poids total de 347 000 tonnes. Dernier chiffre : 10118, le code postal qui a été créé juste pour ce gratte-ciel !

Grand Central Terminal.

MADAME TUSSAUDS NEW YORK

234 West 42nd Street ✆ +1 866 841 3505
www.madametussauds.com/new-york/en
Ouvert du lundi au jeudi de 10h à 19h, du vendredi au dimanche de 10h à 22h. Tarif : 45 US$ en ligne, 51 US$ au guichet.

Vous vous sentirez comme une star parmi les stars, en déambulant au milieu de plus de 200 reproductions en cire de personnalités allant de Brad Pitt à Marilyn Monroe, en passant par Obama, Clinton, Harry Styles, Taylor Swift et d'autres célébrités et personnages historiques, politiques, musiciens, légendes du sport. Vous pourrez également visiter un plateau de télévision et vous glisser dans la peau d'un présentateur de *late show*, ou bien sentir l'esprit de New York avec l'exposition qui rend hommage avec son magnifique plateau de Broadway garni de stars en cire.

MUSEUM AT FIT

7th Ave at 27th St
www.fitnyc.edu/museum
Ouvert du mercredi au vendredi de 12h à 20h, le samedi et le dimanche de 10h à 17h. Entrée libre.

Un musée pour les *fashionistas*, très pointu dans son domaine. Plus de 50 000 pièces sont exposées : robes, accessoires, chaussures, bijoux, etc. Le musée revient également sur l'influence aujourd'hui des plus grands designers mondiaux parmi lesquels Chanel, Dior et McQueen. Il est abrité dans une université dédiée aux études sur les métiers de la mode, le Fashion Institute of Technology (FIT), vous y croiserez donc certainement des étudiants, reconnaissables à leur look excentrique, en pleine réflexion face aux modèles exposés. C'est gratuit, donc on en profite !

MUSEUM OF ARTS & DESIGN

2 Columbus Circle ✆ +1 212 299 7777
www.madmuseum.org
Ouvert du mardi au dimanche de 10h à 18h, le jeudi de 12h à 20h. Tarif : 20 US$.

Cette belle tour *design*, qui domine Columbus Circle depuis 2008, recèle une collection dédiée aux Arts & Design. Les collections permanentes comprennent plus de 3 500 objets, allant des bijoux aux meubles, en passant par l'argenterie, la porcelaine ou le numérique. Des expositions temporaires sont également organisées. Ce musée est l'un des seuls musées à proposer des résidences artistiques publiques, permettant aux visiteurs de rencontrer les artistes au travail. Ne manquez pas la belle boutique d'objets *design*, accessible sans ticket.

MUSEUM OF SEX

233 5th Ave ✆ +1 212 689 6337
www.museumofsex.com
Ouvert du lundi au jeudi (sauf le mercredi) 13h-22h, vendredi 13h-0h, samedi 12h-0h et dimanche 12h-22h. Tarif : 36 US$.

Fondé en 2002, le Museum of Sex est dédié à l'érotisme et accueille les visiteurs dans une ambiance tamisée, avec musique douce et rideaux de velours rouges. Il offre un regard sur l'histoire et la signification culturelle de la sexualité. Si la plupart des œuvres sont plutôt dans l'évocation, d'autres pièces sont franchement incongrues. C'est le cas des objets exposés dans la section OBJECTXXX (on vous laisse les découvrir par vous-même). L'expo Super Funland, sur le thème du carnaval et des jeux auxquels le visiteur participe, est ludique et très amusante.

NEW YORK PUBLIC LIBRARY ★★

476 5th Avenue
✆ +1 212 930 0800
www.nypl.org
Ouvert le lundi et du jeudi au samedi de 10h à 18h, mardi et mercredi de 10h à 20h et dimanche de 13h à 17h.

Érigée en 1911, la N.Y. Public Library est, comme Grand Central, l'un des plus beaux bâtiments Beaux-Arts de New York. C'est aussi l'une des plus grandes bibliothèques publiques du monde. Flanqués de deux lions sculptés, surnommés « Patience et Force d'âme » par le maire La-Guardia en 1930, au vu des qualités dont les New-Yorkais devaient faire preuve pendant la Grande Dépression, ses escaliers imposants sont l'un des lieux de rendez-vous favoris des New-Yorkais. L'intérieur du bâtiment, qui s'étend sur l'équivalent de deux *blocks*, est grandiose, et l'ambiance sensiblement moins compassée qu'à la Bibliothèque nationale de Paris. Un court séjour à New York n'incite sans doute pas à se plonger dans les archives de la ville, mais la visite de la Public Library est un must, rien que pour la beauté de ses salles de lecture. Au rez-de-chaussée, la salle des journaux (des milliers de périodiques publiés dans plus d'une centaine de pays) est décorée de treize belles fresques murales représentant les principaux immeubles de New York : au dernier étage, la Rose Main Reading Room (fermée pendant plus de 2 ans pour rénovations), est le fleuron de l'ensemble : les consoles d'ordinateurs s'y marient désormais très bien avec le beau mobilier de bois et les lampes de bronze d'origine. Une visite guidée de la bibliothèque permet de visiter les sections suivantes : cartes géographiques, économie, droit, arts, architecture, photographie, microfilms, histoire américaine, manuscrits rares, cultures et civilisations juives, slaves, baltiques, orientales... Plusieurs expositions rythment la vie de ce très vénérable établissement tout au long de l'année, dans chacun des quatre endroits suivants : le Gottesman Exhibition Hall, la Berg Exhibition Room, la Edna B. Solomon Room et les galeries du troisième étage. Pour la petite histoire, souvenez-vous de la toute première scène du film *Ghostbusters* lorsque les trois scientifiques, effrayés par un méchant monstre, s'enfuient d'une bibliothèque. Cette scène a été tournée ici. Comme dans toutes les bibliothèques, le silence est d'or et les photographies sont interdites dans certaines salles. Si vous vous aventurez dans le Gottesman Hall, au rez-de-chaussée, vous aurez l'occasion de découvrir une exposition permanente fascinante et, parmi les trésors exposés, vous rencontrerez le vrai Winnie l'Ourson ! On entend par là la peluche qui a servi d'inspiration à l'auteur A.A. Milne. Winnie et tous ses amis étaient en fait les peluches de son fils, Christopher Robin. Tigrou et Porcinet sont à découvrir aux côtés de Winnie.

THE MORGAN LIBRARY ★★

29 East 36th Street
✆ +1 212 685 0610
www.morganlibrary.org
Du mardi au dimanche de 10h30 à 17h (jusqu'à 19h le vendredi). Tarif : 25 US$.

A la fois musée et bibliothèque de recherche, ce très beau bâtiment de style Renaissance italienne, entièrement rénové en 2006, a été construit par le grand financier J.P. Morgan en 1906 (pour la somme de 1,2 million de dollars) et abrite une exceptionnelle collection de manuscrits et d'ouvrages rares. Constitué à l'origine uniquement de la collection personnelle de J.P. Morgan (dont la demeure se trouvait non loin de là), le musée s'est enrichi de dessins, d'impressions et d'autres manuscrits littéraires et musicaux. Il est possible d'y voir, au fil des différentes expositions temporaires, des originaux de Beethoven ou de Schubert, des lettres de Mozart ou de George Washington, des trésors d'enluminures et des éditions illustrées du Moyen Âge et de la Renaissance. Deux pièces sont notamment remarquables : The West Room, qui était le bureau d'études de Morgan et qui a été conservé intact avec un beau plafond incurvé et quelques toiles de maîtres : l'autre pièce, The East Room, constitue la bibliothèque et présente une collection impressionnante de livres rares, de manuscrits musicaux signés et de différents objets ramenés par Morgan lors de ses nombreux voyages en Europe. Les ouvrages exposés changent régulièrement. Une seule pièce de la collection permanente est visible à longueur d'année : trois copies de la bible imprimée par Gutenberg en 1455. Ce musée en possède 3 exemplaires sur les 11 existant dans le monde. En 1966, le bâtiment a été classé à la fois monument historique de New York et monument historique national.

À VOIR / À FAIRE

MUSEUM OF MODERN ART [MOMA] ★★★★

11 West 53rd Street © +1 212 708 9400
www.moma.org
Ouvert tous les jours de 10h30 à 17h30, jusqu'à 20h30 le vendredi. Tarif : 30 US$.

Le MoMA est le premier musée d'art moderne du monde. Le seul capable de présenter les célèbres *La Nuit étoilée* de Vincent Van Gogh, *Les Nymphéas* de Claude Monet *et La Persistance de la mémoire* de Salvador Dalí, comme de proposer une exposition exhaustive des peintures de Picasso ou de Matisse. Capable également de présenter des expositions originales et fortes sur l'art politique ou d'organiser une rétrospective de 150 années de photographie. Bref, l'un des premiers musées à prendre au sérieux la peinture moderne, mais aussi la photo, l'architecture, le design, la sculpture, le dessin, la photographie, le design industriel, le cinéma et aujourd'hui les médias électroniques.

Les œuvres exposées sont pour la plupart très accessibles au grand public, seules les expositions temporaires étant plus spécifiquement destinées aux connaisseurs. Une foule de tous les âges se presse ainsi devant la façade aux grands panneaux de verre érigée dans une rue perpétuellement animée : le musée reçoit chaque année près de 3 millions de visiteurs.

Construit sur un morceau de terrain appartenant à la famille Rockefeller, le MoMA a été monté en 1929 par les plus riches familles de New York, pile au moment du krach de Wall Street. Il fait l'objet de constantes attentions, bénéficiant de multiples rénovations et agrandissements au cours du temps. En 1983, il a plus que doublé son espace d'exposition, augmenté le département de conservation d'un tiers et ajouté un auditorium, deux restaurants et une librairie. Malgré cette expansion, l'espace physique du MoMA n'a jamais été en mesure d'accueillir l'ensemble de sa collection qui atteint aujourd'hui 200 000 œuvres. Les derniers travaux d'envergure, conclus en 2019, lui ont permis d'investir une partie des immeubles voisins, dont le 53W53, un nouveau gratte-ciel imaginé par Jean Nouvel, dont il occupe désormais le rez-de-chaussée. L'autre nouvelle section, construite sur les ruines de l'immeuble qui abritait l'American Folk Art Museum dans les années 1960, est consacrée aux expositions temporaires. Si bien que la quasi-totalité du *block* de la 53e rue appartient désormais au MoMA. On s'y sent plus à l'aise, moins bousculé. Cette nouvelle configuration permet une présentation plus riche et variée de la collection, avec notamment davantage d'artistes femmes et non européens. Le parcours chronologique jusqu'alors en vigueur n'existe plus, des œuvres d'artistes reconnus côtoient désormais des pièces plus contemporaines. C'est un étrange mélange, qui interroge, et c'est là toute l'idée de ce changement. Surtout, le MoMA innove avec le Studio, qui propose des installations, de l'art vidéo et des espaces d'interaction avec les œuvres. Le Paula and James Crown Creativity Lab constitue un nouvel espace expérimental pour explorer les idées, questions et processus artistiques liés à la collection et aux expositions du moment. Le visiteur y est invité à participer à des conversations, à dialoguer avec des artistes, à faire de l'art, à réfléchir à de meilleures façons de profiter du musée.

La collection la plus importante du MoMA concerne évidemment la peinture. On trouve tout l'éventail de la fin du XIXe et de tout le XXe siècle, des impressionnistes aux cubistes, des dadaïstes aux surréalistes, des expressionnistes allemands aux futuristes italiens, du pop art à la peinture abstraite. La galerie des artistes présentés court de Picasso à Bacon en passant par Kandinsky, Cézanne, Van Gogh, Matisse et Dali, les stars du musée, mais aussi Balthus, Pollock, Gorky, Rothko, Bacon, Basquiat ou encore Andy Warhol.

La collection consacrée aux dessins, à la photographie et au design est tout aussi exceptionnelle, avec près de 10 000 objets manufacturés, mais n'oublions pas non plus les plans originaux d'architectes comme Frank Lloyd Wright et Le Corbusier. Le jardin intérieur abrite des sculptures de grands maîtres tels que Rodin, Matisse et Barnett Newman. Enfin, le MoMA conserve quelque 30 000 films dans ses archives. L'acquisition de cette énorme collection a commencé en 1935, avec l'envoi d'une émissaire du musée auprès des studios d'Hollywood. Grâce à Harry Warner, Samuel Goldwyn, Walt Disney, Douglas Fairbanks et Charlie Chaplin, le MoMA a constitué un fonds d'archives remarquable, dont la préservation constitue l'une des tâches principales de son département cinéma. Le musée possède deux salles de projection en sous-sol, de 217 et 460 places, qui jouent *de facto* le rôle de cinémathèque de New York et présentent les films en alternance et en permanence, avec des festivals et des rétrospectives consacrés aux grands metteurs en scène américains et étrangers. Le billet d'entrée au musée donne le droit de visionner les films du jour.

Malgré son prestige, le MoMA n'a pas échappé aux polémiques. En 1971, après des manifestations réclamant l'inclusion d'artistes afro-américains, Richard Hunt fut le premier sculpteur noir à faire l'objet d'une grande rétrospective au musée. Aujourd'hui encore, le MoMA est encore très tourné vers l'art européen et américain blanc, le grand défi de ce siècle consistera pour lui à s'ouvrir au reste du monde.

Allez au MoMA l'esprit ouvert, soyez prêt à être décontenancé et interrogé. L'entrée n'est pas donnée, mais l'expérience vaut le coup. Avant de partir, faites un saut à la boutique du musée, qui propose des objets du quotidien au design étonnant.

P. J. CLARKE'S

915 Third Avenue
✆ +1 212 317 1616
www.pjclarkes.com
Ouvert du mardi au samedi de 11h30 à minuit, le lundi et le dimanche de 11h30 à 23h.

Voici un lieu qui a toute une histoire... Ce bar établi est l'un des plus anciens de Manhattan, et pour cause : il a été établi en 1884 ! Il doit son nom à l'immigré irlandais Patrick J. Clarke qui, après y avoir été serveur pendant dix ans, le racheta au patron de l'époque au début des années 1900, puis le renomma. On voit tout de suite que Clarke a eu la volonté de recréer un environnement lui rappelant son pays natal... Voilà pourquoi, lorsqu'on pousse la porte de ce saloon, on se croirait véritablement à Dublin ou à Belfast ! Comme en Irlande, ici, la Guinness coule à flot. Allez-y vers 16h, avant la sortie des bureaux : vous assisterez à un véritable déferlement d'authentiques New-Yorkais, qui affectionnent réellement cette institution et lui sont restés fidèles. C'est le moment où le pub s'anime, envahi par une foule joyeuse mêlant habitués et touristes curieux. Même pendant la Prohibition, le bar continua à vendre de l'alcool en cachette à ses plus fidèles clients. À la mort de Clarke en 1948, le bar fut vendu aux frères Lavezzo qui, endettés, finirent par s'en séparer dans les années 1980. Fréquenté de tout temps par le gratin, il a notamment accueilli Jackie Kennedy, le musicien Nat King Cole (qui proclama son hamburger le « Cadillac des burgers » !) mais surtout Frank Sinatra, un habitué des lieux. Bernard Madoff était, quant à lui, un investisseur, jusqu'à son arrestation en 2008. L'endroit est apparu quelques fois au cinéma et à la télévision, notamment dans *Mad Men* et, plus récemment, *Billions*.

PALEY CENTER FOR MEDIA

25 West 52nd Street
✆ +1 212 621 6800
www.paleycenter.org
Ouvert du mercredi au dimanche de 12h à 18h. Tarif : 20 US$.

Pour les fanatiques de télé et de radio : pas moins de quarante mille émissions de télévision sont archivées dans ce musée unique au monde, soit une grande partie de la culture américaine depuis 1918. La pièce centrale est un catalogue haute technologie dans lequel on sélectionne un programme télé ou une émission de radio. Vous pouvez choisir à loisir parmi les milliers de programmes, et les visionner sur votre petit écran individuel : un épisode de *Twilight Zone* (*La Quatrième Dimension*), de *Bewitched* (*Ma sorcière bien-aimée*) ou encore un bon vieux *Scooby-Doo*.

GENERAL ELECTRIC BUILDING

570 Lexington Avenue

Ce gratte-ciel de 195 mètres construit en 1931 reprend le mélange de styles Art déco et néogothique en vogue à l'époque. Cet immeuble en pierre de taille de 50 étages est décoré sur son toit par des éclairs, censés représenter l'électricité émise par les ondes radios, le building ayant été conçu pour accueillir les bureaux de la Radio Corporation of America (RCA). Cependant, avant que le gratte-ciel n'ait été fini, la RCA a été rachetée par General Electric, le géant de l'électricité.

À VOIR / À FAIRE

© TOM PEPEIRA - ICONOTEC

General Electric Building.

ROCKEFELLER CENTER ★★★★

45 Rockefeller Plaza
✆ + 1 212 698 2000
www.rockefellercenter.com
Accès libre. Visites guidées tous les jours entre 10h et 19h30. Tarif : 27 US$.

Ce gigantesque ensemble de dix-neuf immeubles exerce une attraction formidable sur l'ensemble de Midtown. Bâtie entre 1930 et 1940 par John D. Rockefeller Jr., le fils du magnat du pétrole, cette ville dans la ville est dominée par le RCA Building, reconnaissable à sa hauteur : 67 niveaux, avec en appendice le poste d'observation Top of the Rock. Plus de 40 000 ouvriers ont travaillé pendant dix ans à la construction du complexe immobilier. Une polémique éclata au milieu des années 1930 lorsque des industriels allemands tentèrent d'acheter quatre des gratte-ciel. Face à la montée de l'Allemagne nazie en Europe, Rockefeller Jr. refusa de vendre les bâtiments à des intérêts allemands. Vide, l'espace a finalement été occupé pendant la Deuxième Guerre mondiale par les services secrets anglais et par la CIA, qui organisaient depuis le Rockefeller Center les opérations de résistance des Alliés. Aujourd'hui, le Rockefeller Center abrite cafés et bureaux, banques, agences de presse, librairies, boutiques, studios de télévision (NBC)... Le *Today Show* est tourné en partie en extérieur devant le Rockefeller, et l'émission à sketchs *Saturday Night Live est* enregistrée ici. Quelle que soit la durée de votre séjour, vous ne manquerez pas de passer devant cette forteresse immobilière, symbole d'un mythe, implantée au centre du secteur le plus riche de Midtown. Parmi les sculptures qui environnent le centre, la plus spectaculaire est celle d'*Atlas supportant le monde* (en face du 630 5th Avenue), même si la statue dorée de Prométhée devant ses jets d'eau est considérée comme l'une des sculptures les plus connues des Etats-Unis. On compte aussi de très jolis bas-reliefs comme *News*, d'Isamu Noguchi (au-dessus de l'entrée du 50 Rockefeller Plaza), ou le très Art déco *Wisdom*, de Lee Lawrie, qui orne l'entrée du GE Building. En hiver, la patinoire (The Rink at Rockfeller Center) et l'immense arbre de Noël parent le site de magie. Toujours splendide et raffiné, le décor de la Promenade est renouvelé tous les deux mois : arbre et anges de dentelle à Noël, palmiers et sable en été, exposition de sculptures au printemps (Rodin)... Vous pouvez visiter le Rockefeller Center par vous-même bien sûr, mais il est mieux de prendre un tour guidé qui vous permettra de mieux connaître son histoire. Profitez-en alors pour découvrir comment John D. Rockefeller s'est inspiré pour créer un des bâtiments les plus célèbres du monde. Des guides expérimentés vous emmèneront dans un parcours qui vous révélera des secrets sur l'architecture, le design et l'art de ce complexe.

TOP OF THE ROCK ★★★★

30 Rockefeller Plaza
✆ +1 212 698 2000
www.topoftherocknyc.com
Ouvert tous les jours de 9h à minuit (dernière entrée à 22h10). Tarif : 40 US$, 61 US$ au coucher du soleil.

Envolez-vous jusqu'au 70e étage du Rockefeller Center pour une mémorable expérience : depuis la véranda panoramique (à 360 degrés), la vue sur New York et Central Park dominé par les silhouettes dressées des buildings est éblouissante ! Certainement l'un des plus beaux panoramas de la ville, au moins autant que celui du 86e étage de l'Empire State Building, la foule en moins, les touristes préférant souvent grimper au sommet de son rival. Pourtant, depuis l'observatoire du Top of the Rock, vous aurez la meilleure vue possible... sur l'Empire State Building !

SPYSCAPE ★

928 8th Avenue
✆ +1 212 549 1941
www.spyscape.com
Ouvert du lundi au samedi de 10h à 22h, et le dimanche de 10h à 20h. Tarif : à partir de 59 US$.

Le musée de l'espionnage a ouvert ses portes en février 2018. Davantage une expérience qu'un simple musée, Spyscape propose une immersion dans l'univers des espions, mêlant expositions passionnantes et défis interactifs. Équipé d'un bracelet high-tech contenant votre profil, que vous devrez scanner avant chaque nouvelle mission, vous serez confronté à des challenges amusants correspondant aux diverses facettes du métier d'espion : surveillance, mensonge, cryptage et opérations spéciales. Tout au long du musée, parmi les expositions consacrées entre autres à Alan Turing et au décryptage de la machine Enigma mise au point par l'Allemagne nazie pendant la Seconde Guerre mondiale afin de chiffrer les messages sensibles, ou encore aux agents doubles qui sévissaient pendant la guerre froide, sont postées des Questions Stations, bornes où vous devrez répondre à des questions et relever des petits défis intellectuels. Certains défis, proposés comme de vraies missions, sont physiques. Il y a notamment une salle dont les murs sont recouverts de boutons qui clignotent et sur lesquels il faut appuyer le plus rapidement possible, le tout sans vous être détecté par les rayons laser ! Vos réponses ainsi que vos performances dans chacune des missions seront collectées afin d'établir votre profil d'espion, que vous découvrirez à la sortie du musée et qui vous sera envoyé de manière détaillée par email. Prévoyez de passer entre 1 heure 30 et 2 heures dans le musée, dont l'architecture intérieure a été conçue par le cabinet de David Adjaye.

SUMMIT ONE VANDERBILT ★★★★

45 East 42nd Street
www.summitov.com
Summit : à partir de 44 US$, 66 US$ avec l'attraction Ascent. Accessible aux fauteuils roulants.

La plateforme d'observation SUMMIT, perchée à 320 mètres de hauteur, est devenue un incontournable de New York. La tour One Vanderbilt, qui l'abrite, est sortie de terre en 2020. Si les observatoires vertigineux ne manquent pas à New York, SUMMIT a tout de suite trouvé sa place en tête de notre liste de favoris. Installées sur trois étages, ses salles offrent diverses expériences immersives et interactives. Pour commencer, il y a Transcendance, avec son kaléidoscope de miroirs répartis du sol au plafond dans lesquels se reflètent les nuages et les gratte-ciel alentour, si bien que la ville nous donne l'impression d'être infinie. Dans la salle Affinity, on s'amuse avec des centaines de ballons gonflables argentés qui nous renvoient notre image et celle de la *skyline*. Pour monter à l'étage, on emprunte un escalator face à l'immense Chrysler Building, tout proche. Les multiples espaces, dont certains donnent à voir des installations artistiques, communiquent entre eux en offrant des jeux de reflets et de transparence. Le clou du spectacle est sans doute Ascent (en supplément), l'ascenseur vitré qui grimpe le long de la façade extérieure de la tour pour atteindre les 364 mètres, bien que son accès puisse parfois être restreint en raison de conditions climatiques. Une expérience très «instagrammable», mais qui époustouflera sans difficulté même ceux qui ne sont pas venus faire des *selfies*.

SAINT PATRICK'S CATHEDRAL ★★★

5th Avenue, entre 50th et 51st Streets
✆ +1 212 753 2261
www.saintpatrickscathedral.org
Ouvert tous les jours de 6h45 à 20h45.

Siège de l'archidiocèse de New York, la cathédrale Saint-Patrick, qui semble dater du Moyen Âge, fut pourtant construite entre 1858 et 1879. La première cathédrale Saint-Patrick de New York (siège original de l'archidiocèse) se situait dans le quartier de Nolita au sud de Manhattan, au croisement entre les rues Mulberry Street et Mott Street, mais elle fut entièrement ravagée par un incendie en 1866. Elle fut reconstruite en parallèle de celle-ci, devenant au passage la plus ancienne église catholique de New York, et porte désormais le nom de St. Patrick's Old Cathedral.

Si, parmi tous les gratte-ciel qui l'entourent, la Saint-Patrick de la cinquième avenue paraît bien petite, elle n'en est pas moins la plus grande église catholique et gothique des États-Unis. Son intérieur est magnifique. La cathédrale est illuminée de cierges qui se reflètent dans les 71 vitraux et la grande rosace. Observez les détails des colonnes sculptées. Les grandes orgues n'ont pas moins de neuf mille tuyaux, c'est dire combien les concerts sont grandioses dans cette acoustique parfaite. Si vous êtes là lors de la grande fête irlandaise de la Saint-Patrick, passez-y absolument. C'est d'ailleurs l'un des bâtiments les plus visités de New York (3 millions de visiteurs par an) et, même si elle est très fréquentée, la cathédrale donne un incroyable sentiment de quiétude en plein cœur de la ruche qu'est la zone du Rockefeller Center. Elle dénote considérablement des boutiques de luxe et des immeubles en verre qui l'entourent, et l'apercevoir lorsque l'on remonte la Cinquième avenue fait l'effet d'une véritable apparition ! Sachez au passage que F. Scott Fitzgerald, le célèbre auteur de *Gatsby le Magnifique*, y a épousé sa compagne, Zelda, en 1920. Malheureusement, si votre rêve à vous aussi est de vous faire passer la bague au doigt en ces lieux, sachez qu'il faut impérativement résider dans l'archidiocèse de New York pour pouvoir s'y marier. Vous pouvez cependant tout à fait assister à la messe aux côtés des croyants qui la fréquentent (forcément aisés, puisqu'ils habitent a priori le quartier !). Les messes ont lieu tous les jours de la semaine. Le dimanche, il n'y a pas moins de huit sermons entre 7h et 17h30 (la chorale est là pour celui de 10h15). La messe de 16h est entièrement en espagnol ! Seule la messe de Noël, qui est assez incroyable, est difficilement accessible puisque la priorité est naturellement donnée aux membres de la paroisse.

STAVROS NIARCHOS FOUNDATION LIBRARY

455 5th Avenue
✆ +1 212 340 0863
www.nypl.org/locations/snfl
Ouvert du lundi au jeudi de 8h à 21h, le vendredi de 8h à 20h et le week-end de 10h à 18h.

L'ancienne Mid-Manhattan Library a fait peau neuve pour devenir la Stavros Niarchos Foundation Library, une bibliothèque moderne surmontée d'une *penthouse* avec une terrasse dotée de quelques tables, depuis laquelle on peut admirer de très près les gratte-ciel qui s'élèvent tout autour. Il s'agit de l'une des branches de la New York Public Library, il est donc possible de consulter des livres, d'utiliser les ordinateurs en libre-service ou encore le wifi.

THE MUSEUM OF BROADWAY

145 West 45th Street ✆ +1 212 239 6200
www.themuseumofbroadway.com
Ouvert tous les jours de 9h à 18h30. Tarif : à partir de 43 US$.

Voici le seul musée existant entièrement consacré à l'histoire et à l'importance de Broadway. Installé à côté du Lyceum Theatre, l'un des plus vieux théâtres de New York, ce musée sur trois étages offre une immersion dans le monde merveilleux des comédies musicales. Parmi les objets les plus spectaculaires, on peut admirer de véritables costumes, que l'on découvre sous une toute autre lumière. Un étage est consacré aux coulisses des *Broadway shows* et à leur making-of. Fascinant, mais assez onéreux. Mieux vaut être un véritable passionné.

THE SHED

545 W 30th Street ✆ +1 646 455 3494
www.theshed.org
Horaires et tarifs en fonction des évènements. Consulter le site Internet pour connaître la programmation.

Inauguré en 2019 dans le cadre du développement immobilier de Hudson Yards, The Shed est un centre culturel installé dans un bâtiment aussi remarquable que les expositions qu'il présente. A mille lieux d'un musée traditionnel, ce « hangar » est surmonté d'une coque qui coulisse, extensible en fonction des besoins. En plus de cet espace modulable appelé The McCourt, The Shed comprend deux étages où sont présentées des expositions éclectiques et un théâtre de 500 places. Toutes les disciplines artistiques sont ici représentées. Superbe et innovant.

© MANU PADILLA - SHUTTERSTOCK.COM

Times Square.

THE PLAZA HOTEL

768 5th Avenue
✆ +1 212 759 3000

Le plus bel hôtel de New York, mais aussi le plus emblématique ! Cet hôtel a été construit en 1907 dans le style des châteaux de la Renaissance française. Avec le Waldorf Astoria, il s'agit du seul hôtel à New York à faire partie des sites historiques protégés. Lors de son ouverture, une chambre coûtait 2,50 US$ la nuit (l'équivalent de 63 US$ aujourd'hui). Il faut compter aujourd'hui au moins 600 US$ pour dormir dans l'une des luxueuses chambres. Depuis son inauguration, l'hôtel a toujours accueilli les plus grandes stars de passage à New York. Les Beatles y ont notamment séjourné lors de leur premier voyage aux États-Unis en février 1964. C'est aussi au Plaza, dans l'immense salle de réception - The Grand Ballroom - que Truman Capote organisa son fameux bal *Black & White* en l'honneur de Katharine Graham, la directrice de la publication du *Washington Post*. Cette soirée fut appelée par les médias à l'époque The Party of the Century (la soirée du siècle). Plus anecdotique, c'est dans ce luxueux établissement que séjourne Kevin dans *Maman, j'ai encore raté l'avion* ! D'ailleurs, vous vous souvenez peut-être que le jeune garçon croise Donald Trump dans le lobby... Rénové en 2008, le design intérieur du bâtiment est resté fidèle au dessin original, assez pompeux et chargé (1650 chandeliers en cristal). Alors n'hésitez pas à rentrer dans le lobby de l'hôtel pour avoir un aperçu furtif. Si vous ne pouvez pas y dormir, une tradition très new-yorkaise consiste à prendre un *afternoon tea* dans la magnifique Palm Court.

TIMES SQUARE ★★★

Broadway et 7th Avenue, entre 42nd et 47th St
www.timessquarenyc.org

Haut lieu touristique avec ses écrans géants, ses grands magasins, ses théâtres à proximité, ses performances et ses personnages costumés, Times Square est un incontournable absolu. Plus de 330 000 personnes circulent chaque jour sur ce mythique carrefour où se croisent Broadway et la 7e Avenue. Bruyant, noir de monde, lumineux, l'endroit attire autant les touristes qu'il fait fuir les New-yorkais. Asseyez-vous sur les marches rouges du kiosque TKTS et admirez cette jungle urbaine fascinante, presque effrayante. De nuit, c'est encore plus impressionnant.

VESSEL - HUDSON YARDS

20 Hudson Yards
✆ +1 332 204 8500
www.hudsonyardsnewyork.com

Il est paradoxal que dans la ville où Elisha Graves Otis installa ses premiers ascenseurs, qui permirent aux édifices de partir gratter le ciel, la mode soit aux escaliers ! La structure compte en effet plus de 150 volées d'escaliers avec un total de 2 500 marches ! Cette construction est constituée d'alvéoles cuivrées et haute de 50 mètres. Fermé depuis 2021 suite à plusieurs suicides, The Vessel a rouvert en octobre 2024, avec des mesures de sécurité renforcées, notamment l'ajout de grillages en acier et la fermeture du dernier niveau.

UNION SQUARE ★★★

De East 14th Street à East 17th Street

Au début des années 1980, c'était encore un repaire de dealers et de junkies. Nettoyé, rénové et pacifié, ce grand square côtoie à présent, sans complexes, des immeubles d'habitation huppés et de nombreux restaurants à la mode. Il est même devenu un lieu de vie à part entière où se côtoient des danseurs de hip-hop, des joueurs d'échecs, des caricaturistes, des groupes de musique, et un marché bio. Ce dernier s'installe tous les lundis, mercredis, vendredis et samedis de 8h à 18h et propose une grande variété de légumes et de fruits frais issus de fermes locales. Quelques tentes valent le détour pour leurs pains, leurs confitures ou encore leurs pâtisseries. En journée, les étudiants, touristes, flâneurs et travailleurs en pause viennent chauffer les bancs d'Union Square en papotant, gardés par le regard bienveillant des statues de Gandhi, Lafayette, Lincoln ou Washington. Au sud de la place, en haut d'un building, le 1 Union Square South, vous remarquerez un immense nombre à 15 chiffres qui défile constamment. La plupart des New-Yorkais ne connaissent pas sa signification. Ce chiffre est une œuvre d'art, *The Metronome*, datant de 1999. Il s'agit d'une horloge numérique. Les sept premiers chiffres sont tout simplement l'heure de la journée (heures, minutes, secondes et dixièmes de secondes). Les sept derniers sont, en partant de la gauche, le nombre de dixièmes de secondes, de secondes, de minutes, et d'heures restant jusqu'à minuit. Le chiffre du milieu est aléatoire et change toutes les millisecondes.

WALDORF ASTORIA NEW YORK

301 Park Ave

✆ +1 212 355 3000

www.waldorfnewyork.com

Le Waldorf Astoria, bâti en 1931, a fermé ses portes le 1er mars 2017 pour d'importants travaux. Après plusieurs reports successifs, l'année 2025 est celle de sa réouverture tant attendue ! Pendant 86 ans, le Waldorf Astoria fut l'un des plus beaux hôtels de New York, et certainement le plus luxueux. De Marilyn Monroe à Audrey Hepburn, en passant par Frank Sinatra, Charlie Chaplin et tous les présidents américains, les locataires les plus prestigieux et les plus riches (15 000 US$ la suite tout de même) se sont succédé dans ses suites. Les gangsters des grandes familles italiennes avaient aussi leurs habitudes à l'hôtel durant la Prohibition. Ce bâtiment iconique apparaît dans de très nombreux films et séries - *Week-end au Waldorf* (1945), *La famille Tenenbaum* (2001), *Les Sopranos.*

La compagnie d'assurance chinoise qui a racheté le bâtiment a décidé de le rénover intégralement, y compris une partie de sa façade. L'annonce de sa fermeture pour travaux en 2017 a effrayé bon nombre de New-Yorkais, inquiets à l'idée de voir cette institution perdre de sa splendeur. Pour autant, le nouveau Waldorf, qui a enfin ouvert ses portes en juillet 2025, est grandiose. La partie hôtel a été réduite : des 1 400 chambres d'origine, il n'en reste que 375, plus vastes et encore plus somptueuses. Elles offrent un luxe moderne tout en respectant l'héritage historique de l'établissement. Les chambres du rez-de-chaussée ont été transformées en boutiques de luxe, tandis que le lobby abrite plusieurs restaurants et bars haut de gamme.

Union Square.

TRUMP TOWER ★

725 Fifth Avenue

C'est le plus connu de tous les gratte-ciel qui appartiennent à Donald Trump car c'est depuis le cinquième étage que le magnat de l'immobilier a mené sa campagne qui l'a conduit à la Maison Blanche. Cet immeuble de verre reflète la folie des grandeurs de son propriétaire, Donald Trump, géant mégalomane de l'immobilier devenu président des États-Unis de 2017 à 2021 : un building de 58 étages, son nom en lettres d'or sur la façade, qui donne sur l'avenue la plus renommée de New York, 5th Avenue. L'intérieur de l'édifice, tout en dorures et marbre rose, vaut le détour, à la hauteur du bon goût et du sens de l'humilité du personnage... Au rez-de-chaussée, des grandes vitrines exposent les objets « Trump » à la gloire de Donald ou de sa fille Ivanka : des cravates, mugs, pins, serviettes de bains, balles de golf, tous disponibles au sous-sol dans le *Trump Store* ! Il est possible de prendre les escalateurs qui mènent au troisième étage où se trouve un petit balcon, qui offre une vue sur les buildings adjacents de Midtown East. Pendant un temps, après l'élection, seuls les habitants de l'immeuble y avaient accès pour des raisons de sécurité. À noter, le Trump bar et le Trump Grill au rez-de-chaussée, pas pour y manger (la nourriture y est chère et pas fameuse), mais pour remarquer, une fois encore, à quel point Trump aime que son nom figure partout. Au dernier étage se trouve le triplex de la famille Trump. Les quelques photos connues de cette *penthouse* évaluée à 50 millions de dollars laissent entrevoir une décoration très bling-bling : sol en marbre, statues de style grec, colonnes, lustres et plafond en or... C'est ici que se trouvait le QG de campagne du candidat pendant la primaire républicaine et pendant l'élection présidentielle de 2016. Pendant des mois, 24h/24h, 7 jours sur 7, des caméras ont été installées sur la cinquième avenue devant le building, provoquant des affrontements entre supporters du candidat et journalistes, accusés d'avoir favorisé Hillary Clinton durant la campagne. Pendant les quelques semaines entre son élection et son intronisation, c'est ici que Donald Trump a exercé son pouvoir, désigné son cabinet, faisant de la Trump Tower une seconde Maison Blanche. Le bâtiment, protégé par les services secrets américains, a été interdit d'accès entre novembre 2016 et l'été 2017 pour des raisons de sécurité. Il est de nouveau accessible aux visiteurs, qui doivent néanmoins se soumettre à un contrôle de sécurité. À New York, la tour reste l'endroit où convergent toutes les manifestations contre l'administration Trump.

UNITED NATIONS HEADQUARTERS ★

1st Avenue et 46th Street

✆ +1 212 963 8687

Tours guidés du lundi au vendredi de 9h30 à 16h30 (la visite en français est à 10h15). Tarif : 26 US$. Durée 45-60 min.

Le bâtiment est bordé côté cour par les drapeaux de ses 193 Etats membres et, côté jardin, par de somptueux buissons de roses. Le parc offre une vue magnifique sur l'East River. Dans le vaste centre d'accueil se déroulent des expositions temporaires et gratuites. On admirera au passage le vitrail de Chagall ainsi que le pendule de Foucault qui se balance inlassablement au plafond. Au sous-sol, on s'attardera aux comptoirs de l'Unicef et de l'Unesco, dans les boutiques d'artisanat, dont celle de l'ONU qui vend les drapeaux du monde entier, à la librairie ou à la poste de l'ONU : unique au monde, elle permettra aux philatélistes de compléter leur collection (le courrier avec le timbre de l'ONU, non valable à l'extérieur, doit être posté sur place). On finira ce petit tour en déjeunant ou en prenant un café à la cafétéria.

Il est possible de découvrir ce bâtiment emblématique de l'intérieur en prenant part à une visite guidée, qui durera entre 45 minutes et une heure. Les visites sont organisées du lundi au vendredi entre 9h et 16h30 (la visite en français a généralement lieu à 10h15). La réservation en ligne est obligatoire, rendez-vous sur ce site internet pour faire la vôtre : visit.un.org/content/tickets-1. Une fois les grilles franchies, vous ne serez plus sur le territoire américain, mais en territoire international. Cette petite portion de Manhattan appartient à tous les Etats membres. Ici, il n'y a pas une langue officielle, mais six : l'anglais, l'arabe, le chinois, l'espagnol, le français et le russe. La visite est instructive, contradictoire, et tellement d'actualité ! La découverte de l'ONU avec ses salles de réunions (Conseil de sécurité, assemblée générale, Conseil économique et social) permet de humer l'ambiance de cette ruche politique (la plupart du temps, il est vrai, à travers des baies vitrées). Les visites sont dirigées par des guides polyglottes, et le public est l'illustration physique du début de la charte : « Nous, peuples des Nations unies ». Elles débutent par une découverte de l'immense librairie de l'ONU et s'achèvent au sous-sol, où se trouvent la poste de l'ONU, les comptoirs de l'UNICEF et de l'UNESCO, un centre de renseignements pour en savoir plus sur l'histoire des Nations unies, et la boutique. La visite vous permettra d'en savoir plus sur le rôle de l'ONU dans le monde, son financement, ses actions, et sur les (nombreux) conflits auxquels l'organisation doit faire face actuellement.

AMERICAN MUSEUM OF NATURAL HISTORY ★★★

200 Central Park West ✆ +1 212 769 5100
www.amnh.org

Ouvert tous les jours de 10h à 17h30. Entrée : 30 US$. Supplément de 5 US$ pour accéder aux expositions spéciales.

Fondé en 1869, situé sur le flanc ouest de Central Park, le musée d'Histoire naturelle de New York est l'un des plus extraordinaires musées du monde. Un lieu magique où amener les enfants, dont on ressort épaté par tant de trésors réunis et d'ingéniosité. Ce *must* du savoir se présente sous la forme de plusieurs bâtiments caractérisant les différents stades de l'empire américain. Le musée était autrefois gardé par une statue controversée de Theodore Roosevelt, retirée en 2022 pour son symbolisme colonial.

Que vous entriez par le foyer de la 77th Street (avec la grandiose barque de guerre des Indiens Tlingit d'Alaska) ou par Central Park West, des corridors vous mèneront à la découverte des principaux mammifères d'Amérique du Nord, restitués grandeur nature dans des niches panoramiques reconstituant leur environnement. Et ce n'est qu'une petite partie du voyage à travers les régions et les époques. Extraordinaires collections consacrées aux Inuits, aux Amérindiens, aux cultures d'Asie, d'Afrique, d'Orient, d'Amérique centrale. Salles des météorites, fabuleuse collection de pierres précieuses (le plus gros saphir du monde). Au 4e et dernier étage, les squelettes de dinosaures, mammouths, reptiles volants, dont plusieurs ont été rapportés d'expéditions financées par le musée dans le désert de Gobi. En tout, 30 millions de pièces à voir. Et puis la vie du musée est rythmée par les nombreuses expositions temporaires simultanées, toujours aussi complètes, ludiques et pédagogiques (« La construction de Petra et la civilisation de ses bâtisseurs – les Nabatéens », « 500 Papillons tropicaux vivant dans leur environnement naturel », etc.). A ne pas manquer : le Rose Center, qui a été aménagé de façon spectaculaire pour faire découvrir les mystères de l'astrophysique et des sciences de la Terre. Dans le hall de l'Univers, on peut consulter l'astrobulletin, un écran où sont projetées les images des observations de la Nasa depuis les engins spatiaux et voir des images du météore Willamette, le plus grand découvert aux États-Unis. Dans le hall de la planète Terre, toutes les explications concernant la formation de la Terre et ses transformations dues aux phénomènes climatiques. Un globe dynamique offre une vision de la Terre en rotation depuis l'espace. Au deuxième étage, vous admirerez des maquettes suspendues des galaxies, des étoiles et des planètes et écouterez la narration (par Jodie Foster) des premiers moments de l'Univers. Vous emprunterez ensuite le Cosmic Pathway, une allée en spirale qui vous conduira autour d'une sphère illustrant les changements d'état du cosmos pendant 13 milliards d'années. A chaque pas, vous franchissez 75 millions d'années. Pour une expérience en immersion qui plaira aux plus petits, le LeFrak Theatre diffuse des films mi-documentaires mi-spectacle sur écran géant et dans des conditions sonores optimales avec des sujets comme l'Inde, pays du tigre du Bengale, les volcans des profondeurs abyssales, une journée et une nuit dans le parc du Serengeti, etc. A voir également, le Space Show, un film en 3D d'une demi-heure, propose sa vision de l'univers.

En 2023, le Gilder Center, un nouveau centre pour la science, l'éducation et l'innovation, a été dévoilé. Cette annexe à l'architecture innovante évoque l'intérieur d'un canyon. A voir : les trois étages d'exposition, le vivarium de papillons et l'expérience de video-mapping à 360 degrés (en supplément).

Le hall d'entrée de l'American Museum of Natural History (Upper West Side).

THE ANSONIA

2107-2109 Broadway

L'un des plus beaux immeubles de l'Upper West Side, avec ses tours, ses baies vitrées et ses grands appartements séparés par des murs si épais que de nombreux chanteurs et compositeurs ont choisi d'y vivre pour y travailler à l'aise. Le souvenir d'Enrico Caruso, d'Igor Stravinski, d'Arturo Toscanini, de Bette Midler et de Lily Pons hante encore ces lieux. Sa construction débuta en 1899, et il fut, tout au long du XXe siècle, le lieu de nombreux scandales. En 1930, le braqueur de banque Willie Sutton fut notamment arrêté alors qu'il déjeunait dans son restaurant !

BELVEDERE CASTLE

Belvedere Castle

✆ +1 212 772 0288

Ouvert tous les jours de 10h à 17h. Accès libre.

Nombreux sont les New-Yorkais qui ne connaissent pas ce château caché en plein Central Park. Construit en 1869, abandonné puis rénové en 1983, il abrite aujourd'hui un des cinq centres d'information et d'exposition sur la faune et la flore du parc. L'observatoire de la nature Henry Luce expose les travaux de naturalistes et des attractions pour les enfants (télescopes, squelettes...). C'est aussi ici que les services météorologiques prennent la température de New York et la force du vent. Après 15 mois de rénovations, le château a rouvert à l'été 2019.

BETHESDA TERRACE AND FOUNTAIN

72 Terrace Drive

Cette terrasse qui surplombe le lac (The Lake), et qui offre donc une vue privilégiée et particulièrement romantique sur les barques qui s'y baladent, accueille des performances artistiques quasiment tous les jours. Le passage couvert qui y mène lorsqu'on arrive par le sud est doté d'un très beau plafond, le Minton Tile Ceiling qui a été créé dans les années 1860, et est souvent occupé par des musiciens. Le lieux abrite également une fontaine, la Bethesda Fountain.

CENTRAL PARK ★★★★

Central Park

✆ +1 212 310 6600

www.centralparknyc.org

Visites guidées gratuites et payantes plusieurs fois par semaine.

Avec ses 337 hectares, Central Park est la bulle verte de New York. Situé dans la partie haute de la ville, entre 59th et 110th Street du sud au nord (4 kmde longueur) et de 5th Avenue à Central Park West d'est en ouest, ce parc a été créé au milieu du XIXe siècle pour permettre aux New-Yorkais de goûter aux joies de la nature et de la détente. Il a fallu 20 ans et plus de 10 millions de wagons de terre et de roches pour créer ce milieu naturel en plein cœur de la ville. Le parc ne fut achevé qu'en 1876, dressant un paysage ordonné par la main de l'homme là où s'étendaient des marais. Les deux architectes paysagistes de Central Park, Frederick Olmsted et Calvert Vaux, rêvaient d'un espace démocratique et rural où chacun contribuerait au bonheur de tous. Leur premier plan faisait de Central Park, une jungle beaucoup moins hachée qu'elle ne l'est aujourd'hui. Mais la ville imposa aux architectes de dessiner un parc très carré et précis à l'image de la ville. Commencez votre visite par The Dairy, le bureau d'informations touristiques le plus complet du parc où vous trouverez toutes les activités possibles, et les programmations culturelles et musicales. Il se situe au niveau de la 65th Street, au milieu du parc. A Central Park, si on peut tout faire, deux activités tiennent quand même le haut du palmarès : se détendre et faire du sport. Pour la détente, d'immenses pelouses vous attendent et l'on fait la sieste à l'ombre des arbres. Dès que les premiers rayons de soleil d'été apparaissent, on vient bronzer à Central Park et à chacun d'exhiber ses muscles travaillés toute la semaine à la salle de gym. On s'assoit sur les bancs le long du lac où l'on fait une promenade en barque. On apporte le pique-nique et on passe la journée en famille ou entre amis. On assiste à des matches de baseball amateur sur les grandes pelouses à hauteur de la 72e rue. Le week-end, les New-Yorkais rangent leurs costumes et tailleurs et se transforment en sportifs. Ici, on fait son jogging autour du réservoir, on joue au soccer, au frisbee, au basket, au volley ou au base-ball. On fait un tour à vélo ou en rollers, les couples de jeunes mariés posent pour la photo souvenir. Les artistes sont partout, mimes, comédiens, musiciens, peintres, danseurs… En été, de nombreux programmes culturels et musicaux sont présentés : le grand orchestre philharmonique de New York y donne notamment des représentations gratuites certains soirs. La réputation dangereuse de Central Park n'est plus d'actualité. On peut s'y promener tranquillement.

À VOIR / À FAIRE

Central Park.

BOW BRIDGE

Si vous traversez ce pont par hasard, il vous dira peut-être quelque chose... En tout cas, il parlera forcément aux cinéphiles, puisqu'il est apparu dans un très grand nombre de films, de *Manhattan* (1979) de Woody Allen à *Spider-Man 3* (2007) en passant par *Un automne à New York* (2000). Très élégant, il est composé de balustres et de bas-reliefs. Nombreux sont les touristes qui se prennent en photo devant, surtout qu'en toile de fond, on capture obligatoirement des amoureux qui font un tour de barque sur le lac... Immanquable et romantique.

RESERVOIR JACQUELINE KENNEDY ONASSIS ★

Cet immense plan d'eau qui a longtemps alimenté New York devient en hiver, lorsqu'un froid glacial envahit la ville et gèle tout sur son passage, une patinoire illégale. Qui a vu *Marathon Man* ne pourra oublier les scènes de jogging solitaire de Dustin Hoffman autour de ce lac artificiel. Le Réservoir a pris le nom de l'ex-première dame en 1994, à sa mort. Jacqueline Kennedy Onassis avait pris pour habitude de faire son jogging ici lorsqu'elle habitait sur la cinquième avenue.

CENTRAL PARK ZOO ★

East 64th Street
✆ +1 212 439 6500
www.centralparkzoo.com
Ouvert en semaine de 10h à 17h, jusqu'à 17h30 le week-end. En hiver fermeture à 16h30. Tarif : 22,95 US$.

Le zoo abrite environ 450 animaux répartis en trois zones climatiques : la zone tropicale, la zone tempérée et la zone polaire et ses nombreux pingouins. Il n'est pas très grand, mais il offre une petite balade sympa et originale. Les singes perchés sur le haut de leurs rochers, avec en fond, les immeubles de la 5e Avenue offrent une vision un peu déconcertante de la ville. À l'intérieur du zoo se trouve le Tisch Children's zoo, un petit square pour enfants avec des toboggans et la possibilité de voir de très près des chèvres, des cochons et des tortues.

STRAWBERRY FIELDS

W 72nd Street

L'entrée de Strawberry Fields se situe sur l'avenue Central Park West, au niveau de la 72nd Street, en face du Dakota Building, là où John Lennon a été assassiné. Le lieu a repris le nom d'une de ses célèbres chansons et une mosaïque a été posée au sol en son honneur avec l'inscription « Imagine ». Il est quasiment impossible de la photographier sans prendre quelques touristes avec elle ! Les week-ends, on y trouve toujours un artiste de rue racontant la vie de John Lennon. Si vous commencez à l'écouter trop attentivement, il faudra passer à la caisse.

DAIRY VISITOR CENTRE AND GIFT SHOP

Mid-Park et 65th Street
✆ +1 212 794 6564
Ouvert tous les jours de 10h à 17h.

Le principal *visitor center* du parc est abrité dans un étonnant chalet victorien aux influences suisses, montagnardes et gothiques. Il mérite une visite rien que pour son apparence ! C'est ici que vous prendrez toutes les informations sur le parc, grâce aux brochures et au personnel, très aidant. Les lieux abritent aussi un centre d'exposition sur l'architecture et l'histoire de Central Park et une boutique de souvenirs. Prenez également le temps d'explorer la boutique de souvenirs.

THE CHARLES A. DANA DISCOVERY CENTER

110th Street et Lenox Avenue
✆ +1 212 860 1370
Ouvert du mercredi au dimanche de 10h à 17h.

C'est un centre d'information, situé presque à la pointe nord-est du parc, au bord du Harlem Meer (bassin de Harlem), et le premier à avoir été construit spécifiquement pour servir de centre de visiteurs, en 1993. On le penserait bien plus ancien que cela, avec ses allures de chalet et ses airs bucoliques, posé sur le bassin et encadré par des saules. Les lieux font également office de centre d'exposition, avec notamment des informations sur l'environnement du parc.

THE LAKE

www.centralparknyc.org

Central Park comprend sept étendues d'eau, toutes artificielles. La plus populaire, et la plus pittoresque, est sans doute The Lake, où il est possible de faire du bateau. Rendez-vous au Loeb Boathouse Boat Rental, dans la partie est du lac, pour louer votre propre barque et vous laisser voguer sur ses eaux paisibles. Vous pourrez passer sous le Bow Bridge, qui permet de traverser le lac. A l'automne, en particulier, les arbres qui entourent le lac, d'où dépassent les deux tours du sublime immeuble l'Eldorado, offrent des paysages à couper le souffle.

COLUMBIA UNIVERSITY ★★

2960 Broadway

✆ +1 212 854 1754

www.columbia.edu

Telle une gigantesque Sorbonne new-yorkaise, l'une des meilleures universités américaines règne en maître sur l'Upper West Side. La Columbia University fut fondée en 1754 et fait partie de l'Ivy League, qui regroupe les huit universités les plus prestigieuses et anciennes du pays, aux côtés par exemple d'Harvard et de Brown. En tant que telle, elle est très sélective, son taux d'admission ne dépassant pas les 7 % ! Barack Obama est l'une des personnalités notables y ayant étudié. Construit sur une colline, le campus offre une vue inédite sur Manhattan de l'Upper West Side. Son atmosphère contraste avec le reste de la ville, avec ses étudiants qui investissent ses pelouses parfaitement entretenues, qui se promènent en groupe, livres à la main, qui jouent de la musique ou qui récitent des poèmes à la cantonade. On note également la présence de bâtiments à l'architecture imposante comme la Butler Library, la St. Paul's Chapel ou la Low memorial Library.

L'université fut le théâtre d'importantes manifestations contre la guerre du Vietnam dans les années 1970. Au printemps 2024, elle est devenue le foyer étudiant du mouvement pro-palestinien, notamment lorsque des manifestants se sont barricadés dans un bâtiment du campus. Plus de 300 personnes ont été interpellées par les forces de l'ordre. En 2025, critiquée par l'administration Trump pour sa gestion des manifestations pro-palestiniennes, Columbia a engagé plusieurs réformes controversées, entraînant une montée des tensions entre l'université, les étudiants et le gouvernement.

BUTLER LIBRARY

535 W 114th Street

library.columbia.edu

Uniquement accessible aux étudiants.

La vieille bibliothèque de Columbia, avec son dôme facilement reconnaissable, trône au milieu du campus. Construite en 1934, d'architecture Renaissance italienne, elle est en quelque sorte l'épicentre de l'université. Elle est dotée de colonnes de style néo-classique au-dessus desquelles sont gravés les noms d'illustres philosophes et penseurs : Aristote, Shakespeare, Platon, Voltaire, Homer. La bibliothèque abrite quelque 2 millions d'ouvrages sur neuf étages, mais vous ne pourrez malheureusement pas la visiter car elle est uniquement accessible aux étudiants.

LOW MEMORIAL LIBRARY

2960 Broadway

La Low Memorial Library est l'un des seuls bâtiments auxquels les visiteurs peuvent accéder librement. Moins impressionnante que la Butler Library, elle n'en est pas moins remarquable, avec ses dix colonnes qui rappellent le Panthéon et ses escaliers sur lesquels les étudiants aiment se réunir. Devant la bibliothèque se tient *Alma Mater*, une sculpture en bronze réalisée par Daniel Chester French en 1901. Devenue l'emblème de Columbia, elle représente la déesse grecque Athéna, dont les drapés des vêtements dissimulent une chouette, symbole de la connaissance.

ST. PAUL'S CHAPEL

1160 Amsterdam Avenue

La St. Paul's Chapel est l'église du campus de l'université de Columbia. Elle fut bâtie en 1904 par un jeune architecte New-Yorkais et est un exemple édifiant de l'architecture religieuse américaine de l'époque, offrant un mélange de style néo-Renaissance pour l'extérieur, et d'architecture byzantine pour la façade. A l'intérieur se trouvent des meubles qui ont été gravés à Florence, en Italie. Il s'agit de l'un des rares bâtiment du campus qu'il est possible de visiter sans posséder de carte d'étudiant, alors ne vous privez pas !

DAKOTA BUILDING

1 West 72nd Street

Ne se visite pas.

Cet édifice néo-gothique longeant Central Park est aujourd'hui tristement célèbre. Alors que John Lennon, locataire du Dakota, sortait du bâtiment avec sa femme Yoko Ono, il fut froidement abattu sur le trottoir par le déséquilibré Mark David Chapman le 8 décembre 1980. Lauren Bacall, Judy Garland et, plus récemment, le chanteur de U2 Bono ont également été des résidents de l'immeuble. Certaines scènes de *Rosemary's Baby* de Roman Polanski y ont été filmées. Aujourd'hui, il abrite des appartements de luxe, dont certains ont une vue sublime sur Central Park.

NEW YORK HISTORICAL SOCIETY

2 West 77th Street

✆ +1 212 873 3400

www.nyhistory.org

Ouvert du mardi au dimanche de 11h à 17h (20h vendredi). Tarif : 24 US$, gratuit le vendredi soir de 18h à 20h.

Rouverts en novembre 2011 après de longues rénovations, les locaux de la New York Historical Society font la part belle à la peinture américaine des XVIIIe et XIXe siècles, notamment à la fameuse Hudson River School, qui s'était proposée de peindre des paysages en les chargeant d'une valeur morale. Le fondateur de cette école, le peintre Thomas Cole (1801-1848), est largement représenté. Son œuvre majeure, entre Caspar David Friedrich et Gustave Moreau, s'intitule *The Course of Empire*, cinq tableaux représentant cinq moments de l'histoire d'un site – de la vie sauvage à la destruction d'un empire. Autre curiosité : une exposition qui réunit 133 lampes de Tiffany. La bibliothèque de la Société et le musée abritent également une bibliothèque de recherches située au 2e étage et considérée comme l'un des centres majeurs de recherche sur l'histoire américaine, sur la ville et l'Etat de New York. Là sont précieusement archivés des journaux, des manuscrits, des cartes et des photographies retraçant l'histoire de New York. Le sous-sol est réservé aux enfants et s'appelle Kid City, une rue du début du siècle dernier y est reproduite avec ses divers commerces et activités. Les enfants peuvent reproduire les buildings new-yorkais à l'aide de cubes ou, dans la boulangerie World of Bread, apprendre le nom et l'origine des différents pains ou gâteaux qu'ils mangent chaque jour, le *matzoh* juif, le *pretzel* allemand, le *bagel* new-yorkais ou le *muffin* anglais…

LINCOLN CENTER FOR THE PERFORMING ARTS ★

70 Lincoln Center Plaza

✆ +1 212 875 5350

www.lincolncenter.org

Visites guidées en semaine. Tarif : 22 US$.

Construit dans les années 1960 entre Columbus et Amsterdam Avenues (pour l'anecdote, le film *West Side Story* y a été filmé, juste avant la destruction des anciens quartiers pauvres que le Centre a remplacé), le Lincoln Center est le siège d'institutions majeures de la vie artistique et culturelle américaine et de la scène internationale. C'est ici que se déroulent les plus prestigieuses représentations d'opéra et de ballet, de musique de chambre et symphonique. En vous y baladant le soir, vous rencontrerez foule de New-Yorkais élégamment vêtus. Cinq bâtiments, doublés au sud du Damrosch Park, s'étendent de part et d'autre d'une vaste esplanade que la présence d'une fontaine ne suffit pas à rendre intéressante.

A tout seigneur tout honneur, vient d'abord le Metropolitan Opera, tout en panneaux de verre, à l'acoustique parfaite, mais à la décoration plutôt impersonnelle, propre à l'époque de sa construction (et pourtant incomparablement plus chaude que notre Opéra de la Bastille). Le Metropolitan se visite tous les jours : le circuit guidé permet éventuellement de voir et d'entendre un opéra en cours de répétition.

Mais le Lincoln Center, c'est également le David H. Koch Theater (anciennement appelé New York State Theatre), siège du New York City Ballet, dont la décoration intérieure est plus intéressante. En face, côté nord, se trouve l'Avery Fischer Hall, où ont lieu de grands concerts symphoniques. Sur le côté nord du Metropolitan, le Vivian Beaumont Theatre et, un peu excentré, un bâtiment comprenant la Juilliard School of Music, le plus grand conservatoire de musique en Amérique (d'où sont notamment sortis Robin Williams, Jessica Chastain et Miles Davis), et l'Alice Tully Hall, siège de la Chamber Music Society et de nombreux événements culturels, dont le Festival du film indépendant, en octobre. Il y a aussi la New York Public Library for the Performing Arts : le Lincoln Center dispose en effet d'une bibliothèque qui abrite de nombreux ouvrages relatifs aux arts appliqués.

Le Damrosch Park est situé entre le State Theatre et le Metropolitan Opera. Ce parc, un peu à l'écart du flot touristique, est joli et même élégant avec ses espaces et ses harmonies colorés. On peut y pique-niquer, en attendant un concert vespéral, estival et gratuit. Pour consulter la liste des dates de concerts gratuits et en plein air qui ont généralement lieu au mois d'août, il faut consulter la rubrique Lincoln Center Out of Doors du site.

RIVERSIDE CHURCH ★★

490 Riverside Drive
✆ +1 212 870 6700
www.theriversidechurchny.org
Accessible aux visiteurs tous les jours de 6h à minuit.

Inspirée de la cathédrale de Chartres, cette magnifique et majestueuse église a été bâtie en 1930. C'est le richissime magnat du pétrole John D. Rockefeller Jr. qui l'a faite construire. Située le long de l'Hudson et à proximité de Columbia University, elle résonne encore des sermons de Martin Luther King s'élevant contre la guerre du Vietnam. On y a aussi célébré un service commémoratif pour la femme de Paul McCartney. Soixante-quatorze cloches font la notoriété du carillon, considéré comme le plus grand d'Amérique du Nord : on y accède à pied ou en ascenseur.

RIVERSIDE PARK ★

✆ +1 212 870 3070
www.riversideparkfund.org

© ANDRIY BLOKHIN - SHUTTERSTOCK.COM

Le long de l'Hudson sur Riverside Drive, entre la 62nd et la 158th Street, Riverside Park est plus long que Central Park et beaucoup moins fréquenté. Tout en pentes, allées et massifs d'arbres, ses sculptures et ses marbres lui donnent des allures de parc parisien. Parsemé de terrains de jeu, on peut s'y balader à vélo ou à pied, avec ou sans pique-nique, et poursuivre le long de la baie jusqu'à la marina (à hauteur de la 79th Street) qui abrite une centaine de péniches et de bateaux privés, de toutes tailles et souvent de grande beauté.

THE BELNORD

225 W 86th Street

Rendu célèbre par la série *Only Murders in the Building*, qui réunit Selena Gomez, Martin Short et Steve Martin et dont la première saison a été diffusée en 2021, le Belnord est en réalité bien connu des New-Yorkais. Comme dans la série dont il est presque l'un des personnages, c'est un bâtiment apprécié des habitants, qui définit le paysage de l'Upper West Side depuis 1908 et est protégé depuis 1966. Au moment de son inauguration, il était considéré comme l'un des plus grands immeubles résidentiels du pays, avec ses 175 appartements pouvant loger 1 500 personnes.

THE CATHEDRAL CHURCH OF ST. JOHN THE DIVINE ★★

1047 Amsterdam Avenue
✆ +1 212 316 7540
www.stjohndivine.org
Ouvert du lundi au samedi de 9h30 à 17h et le dimanche de 12h à 17h. Entrée : 15 US$.

La construction a débuté en 1892 et n'est toujours pas terminée. Des sculpteurs et des maçons travaillent selon les méthodes gothiques pour achever cet édifice, notamment la tour ouest. Depuis le début de sa construction, la cathédrale a subi diverses modifications et son style architectural est difficile à définir. Elle a une capacité d'accueil de 5 000 personnes. La porte d'entrée mesure 6 mde hauteur et pèse 3 tonnes, la nef mesure plus de 41 mde hauteur. Son originalité tient en second lieu à son internationalisme religieux, aux curiosités qu'elle contient et aux causes qu'elle soutient. L'intérieur est rempli de petites chapelles dédiées à des causes particulières. Une sculpture a été érigée en mémoire du génocide, une autre en l'honneur de John Coltrane. Un monument est consacré aux pompiers décédés dans un terrible incendie à New York en 1966 et un quartz géant en cristal datant de 200 ans est là pour honorer la beauté de la création de Dieu. Dans un renfoncement sont affichés sur le mur des poèmes, des lettres et des dessins en provenance du monde entier. D'autres chapelles abritent des expositions temporaires d'art contemporain plutôt délirant. La cathédrale abrite de nombreuses œuvres d'art, pour la plupart provenant de dons, qui lui donnent l'atmosphère d'un musée. On y donne également de nombreux concerts de musique religieuse et des ballets ou des concerts de percussions. Pour finir, dans le jardin, dit *Biblical Garden*, des plantes mentionnées dans la Bible.

ASIA SOCIETY

725 Park avenue
✆ +1 212 288 6400
www.asiasociety.org
Ouvert du mardi au dimanche de 11h à 17h. Entrée : 15 US$. Le musée ferme parfois entre deux installations.

Fondé par John D. Rockefeller III en 1956, cette organisation à but non lucratif abrite un musée, qui a pour but de favoriser l'entente entre les peuples américains et asiatiques, et de faire connaître cette civilisation. L'une des plus belles collections globales d'art asiatique : des objets couvrant toute la culture d'Asie, de la Mongolie au Japon (de 2000 avant J.-C. à nos jours), dans une belle scénographie. Des expositions temporaires aussi, renouvelées fréquemment. Toujours accompagnées de conférences à thème, de concerts et de projections de film.

CARL SCHURZ PARK

East 84th and East End Avenue
www.carlschurzparknyc.org

Face au Queens, le long de l'East River, ce parc tout en longueur abrite Gracie Mansion, la résidence officielle du maire de New York. Très agréable et peu connu, il est fréquenté essentiellement par les résidents de l'Upper East Side qui se gardent bien de vendre la mèche. Un havre de paix idéal pour une petite balade, qui permet d'oublier le temps et l'agitation de la ville quelques instants... C'est ici qu'ont été tournées certaines scènes du film *La 25ᵉ Heure* (2002) de Spike Lee, avec Philip Seymour Hoffman et Edward Norton.

GRACIE MANSION

89th Street et East End Avenue
✆ +1 212 570 4751
www.nyc.gov/html/om/html/gracie.html
Visites guidées les lundis à 10h30, 12h et 13h30. Gratuit.

Sur les bords de l'East River, cette demeure fut construite en 1799 pour être la résidence secondaire du roi écossais du transport maritime : Archibald Gracie. Typique du style fédéral très en vogue à l'époque, elle fut transférée à la ville de New York en 1896 et est, depuis 1942, la demeure de fonction des maires de New York. En sortant, et avant d'aller dans le Museum Mile adjacent, faites donc un tour dans le Carl Schurz Park, qui offre une très jolie promenade le long de l'East River et une vue imprenable sur le Queens et Roosevelt Island.

THE FRICK COLLECTION ★

1 East 70th Street ✆ +1 212 288 0700
www.frick.org
Ouvert de 11h à 18h, le mercredi jusqu'à 21h. Fermé le mardi. Tarif : 30 US$, sur donation le mercredi de 14h à 18h.

Cette maison, ouverte au public en 1932, ne ressemble en rien à l'idée que l'on se fait d'un musée traditionnel. C'est peut-être pourquoi les New-Yorkais adorent la Frick Collection, rêve réalisé d'un magnat des aciéries de Pittsburgh, Henry Clay Frick (1849-1919), qui souhaitait laisser à la postérité l'image d'un mécène américain moderne prêt à proposer des fortunes pour les œuvres d'art qu'il souhaitait acquérir coûte que coûte. Mécène donc, mais aussi farouchement antisyndicaliste, Frick fut responsable du massacre des ouvriers de la Homestead Steel. Il consacra une grande partie de son immense fortune et 40 années de sa vie à l'achat des merveilles qui sont suspendues aux cimaises de son opulente demeure bâtie en 1913 sur la 5th Avenue, en face de Central Park.

Après près de cinq ans de rénovation, la maison historique qui abrite The Frick Collection a enfin rouvert ses portes au printemps 2025. Ce chantier pharaonique, évalué à 220 millions de dollars, a permis de restaurer les galeries historiques mais aussi d'ouvrir au public le deuxième étage, jusqu'alors privé. Dix nouvelles salles dévoilent les anciens appartements des Frick, remeublés dans leur état d'origine : chambre, salons, bibliothèque, salle de petit déjeuner... À ne pas manquer : la splendide Boucher Room, boudoir d'Adélaide Frick dont les huit panneaux allégoriques, signés François Boucher, comptent parmi les trésors de la collection.

Au rez-de-chaussée, on retrouve les 19 salles d'origine, où se déploient les chefs-d'œuvre de Bellini, Boucher, Bruegel, Chardin, David, Delacroix, Degas, Fragonard, Gainsborough, Goya, El Greco, Ingres, Lawrence, Lorrain, Manet, Monet, Piero della Francesca, Rembrandt, Renoir, Rubens, de La Tour, Van Dyck, Van Eyck, Velázquez, Vermeer, Tiepolo, Titien, Véronèse, Watteau, Whistler... Dans la galerie ouest, qui conserve son agencement emblématique, on admirera, se faisant face, deux remarquables Turner et, placés côte à côte, un autoportrait de Rembrandt et son énigmatique Cavalier polonais. Pêle-mêle, on citera quatre très beaux tableaux du peintre américain Whistler, un étonnant Bronzino, le *Portrait de l'Arétin* par le Titien, le *Portrait de sir Thomas More* par Holbein le Jeune. Dans toutes les pièces, observez les meubles à la française, les tapis orientaux, qui, s'ils semblent faire partie du décor, sont en réalité des objets d'art à part entière. Vous irez certainement vous asseoir dans le jardin sous verrière, où, bercé par le murmure de la fontaine, vous goûterez à la paix de cette oasis des beaux-arts.

THE GUGGENHEIM MUSEUM ★★★

1071 5th Avenue ✆ +1 212 423 3500
www.guggenheim.org
Ouvert tous les jours de 10h30 à 17h30, jusqu'a 20h le mardi en juin et juillet. Tarif : 28 US$.

Vous le connaissez sûrement, il est blanc et rond (ce qui ne facilite pas l'accrochage des tableaux). Avant de devenir une franchise internationale de l'art contemporain, tout est parti de New York et d'un richissime collectionneur très porté sur les nouvelles formes d'expression. Solomon R. Guggenheim avait fait fortune dans les mines de cuivre et d'argent. Durant les années 1920 et 1930, le milliardaire américain se mit à collectionner les œuvres des peintres européens, qu'il exposait dans ses appartements du Plaza Hotel devant un public choqué par l'avant-garde abstraite. Parmi les artistes figuraient Léger, Mondrian, Klee, Chagall et Kandinsky, les deux derniers représentant le noyau de la collection permanente du musée. Mondrian, Degas, les fauves et quelques Picasso de la première période sont d'autres trésors de cette collection. Le musée Guggenheim est, dit-on, le plus scandaleux de New York… Mais son plus grand atout n'est-il pas finalement son architecture signée de Frank Lloyd Wright ? Le bâtiment, prévu par ailleurs à un autre emplacement, fit grand bruit, puis son concept initial fut détourné par l'adjonction d'espaces administratifs. Il subit ensuite l'outrage d'être rebaptisé du nom de la famille LeFrak, qui avait donné au musée 10 millions de dollars. Cette étrange structure cylindrique, dont la construction et la finition ont duré 16 ans, tranche sur l'architecture des gros immeubles bourgeois de la 5th Avenue. Elle souleva une tempête de polémiques lors de son ouverture, en 1959. Une nouvelle aile a été ouverte début 1993 : elle élargit de façon étonnante et de manière très réussie le musée sur Central Park. En 2019, le bâtiment a d'ailleurs été classé à l'UNESCO, aux côtés de 7 autres créations emblématiques de Wright. Finalement, toute l'image et tout le prestige du Guggenheim tiendraient presque de la réussite visionnaire de l'architecte (il n'y a qu'à voir l'omniprésence du bâtiment dans la communication de Guggenheim plutôt que les œuvres exposées). Car côté exposition, cession et acquisition d'œuvres, le bilan est plutôt inégal. Quelques chefs-d'œuvre de la collection (des Modigliani, etc.) ont été vendus et remplacés par des œuvres d'art conceptuel. Quand la prestigieuse collection permanente n'est pas vendue, elle tourne entre les cinq établissements baptisés de la marque Guggenheim (New York, Bilbao, Venise, Berlin et Las Vegas), le musée fait la part belle aux expositions contemporaines douteuses. Le summum de l'inanité ayant été atteint en 2003 avec presque un semestre consacré aux cinq ridicules épisodes du cycle *Cremaster* de Matthew Barney (compagnon de Björk à la ville). Ses travaux se répandaient sur les trois étages, les coursives, la salle de projection (où peu de spectateurs arrivaient à supporter plus de 5 minutes de ses films de 45 minutes). À côté, le visionnaire ukrainien Malevich (1878-1935) voyait quelques-unes de ses plus belles peintures et œuvres architecturales entassées dans les 50 m² d'une salle annexe. Le musée est d'ailleurs en proie à des problèmes financiers depuis quelques années. L'entrée est donc relativement onéreuse et l'accent a été mis sur la boutique, magnifique, très sophistiquée (possibilité de commander de France sur Internet). Passer devant le musée, prendre une photo de l'édifice et se diriger directement à la boutique pour se faire plaisir, ramener quelques souvenirs : une façon de goûter à la substantifique moelle du musée.

Rampe hélicoïdale et dôme du Guggenheim Museum (Upper East Side).

JEWISH MUSEUM ★

1109 5th Avenue ✆ +1 212 423 3200
www.thejewishmuseum.org
Ouvert du jeudi au lundi de 11h à 18h (20h le jeudi). Fermé le mardi et le mercredi. Tarif : 15 US$.

Fondé en 1904, ce musée retrace l'histoire et la culture du peuple juif dans le monde, de l'Antiquité à nos jours. La fascinante exposition *Scenes from the Collection*, installée au troisième étage, propose 600 œuvres de la collection du musée : objets culturels, orfèvreries, tableaux et documents audiovisuels. Les deux premiers étages du musée sont consacrés à des expositions temporaires représentant des événements historiques de la culture juive ou des interprétations personnelles d'artistes contemporains renommés (Schoenberg, Kandinsky, Frida Kahlo…).

MUSEUM OF THE CITY OF NEW YORK

1220 5th Avenue ✆ +1 212 534 1672
www.mcny.org
Ouvert du lundi au vendredi de 10h à 17h, le week-end de 10h à 18h. Entrée : 23 US$ (libre le mercredi).

Le musée, qui occupait autrefois Gracie Mansion (devenue la résidence des maires), est, depuis 1932, logé dans un élégant hôtel particulier de style colonial géorgien. Il retrace les différentes phases du développement de la ville de New York. Le sous-sol est consacré aux pompiers de la ville, avec quelques très beaux modèles de véhicules anciens. Le musée – accessoirement utilisé comme collège dans la série *Gossip Girl* – présente également de très intéressantes expositions à thème.

QUEENSBORO BRIDGE

Ce pont en acier datant de 1909, qui relie Manhattan au Queens en enjambant Roosevelt Island, est bien connu des fans de Woody Allen. C'est en contrebas de ce pont, au bout de la 58th Street, que Woody et Diane Keaton viennent terminer leur soirée sur un banc au bord de l'East River. La belle et courte scène a donné son affiche au film *Manhattan* (1979). Le pont, dont le nom officiel est Ed Koch Queensboro Bridge en l'honneur de l'ancien maire de la ville, se traverse très bien à pied et à vélo. Il est d'ailleurs emprunté par les coureurs du marathon de New York.

NEUE GALERIE

1048 5th Avenue
✆ +1 212 628 6200
www.neuegalerie.org
Ouvert tous les jours sauf le mardi de 10h à 18h. Entrée : 28 US$.

Ce musée est consacré à l'art autrichien et allemand du début du XXe siècle. L'hôtel particulier qui abrite la Neue Galerie fut édifié par Carrère et Hastings (également architectes de la New York Public Library) au début du XXe siècle. C'est l'un des plus beaux bâtiments de la 5th Avenue. Peu fournie en quantité, mais sans concession aucune sur la qualité, la Neue Galerie offre une cohérence totale entre son contenu et son contenant, le style 1900 de la décoration intérieure et son côté intimiste cadrant parfaitement avec l'époque et l'esthétique des œuvres exposées. Le 2e étage est consacré à l'art viennois des années 1900. Une excellente sélection d'œuvres de Gustav Klimt, d'Egon Schiele, d'Alfred Kubin, d'Oskar Kokoschka et de Richard Gerstl cohabite avec des objets Secession et Art déco afin de mettre en relief la relation entre beaux-arts et arts décoratifs. La modernité fondamentale de la vision des artistes de cette époque et l'aspect pionnier de leur art jaillissent encore plus clairement. Le musée s'est distingué en 2006 par l'acquisition du *Portrait d'Adèle Bloch-Bauer* (1907) du maître Klimt pour 135 millions de dollars, ce qui en fait l'un des tableaux les plus chers au monde. Le troisième étage reste consacré à ces deux arts et au début du siècle, mais on passe en Allemagne avec les mouvements Blaue Reiter (Kandinsky, Klee, etc.), Brücke (Kirchner, Heckel, etc.) et Neue Sachlichkeit (Schad, Dix, Grosz). Au premier étage, c'est l'espace des expositions temporaires. Un petit bijou de musée à ne pas manquer.

ROOSEVELT ISLAND TRAM ★★

W Main Street
✆ +1 212 832 4545
rioc.ny.gov
De 6h à 2h, jusqu'à 3h30 vendredi et samedi. Tarif : prix d'un ticket de métro, soit 2,90 US$.

Inauguré en 1976, le tramway aérien de Roosevelt Island est un téléphérique qui vous mène de la 59th Street à Roosevelt Island en 5 minutes. La vue depuis la cabine, au-dessus de l'East River, est magnifique. Il n'y a pas grand-chose à faire sur l'île, si ce n'est profiter de la vue sur Manhattan (en particulier au printemps, pendant la saison des cerisiers japonais) et se prélasser au Franklin D. Roosevelt Four Freedoms Park. Récemment, le téléphérique est devenu une attraction touristique populaire, au grand désarroi des habitants qui l'utilisent au quotidien.

METROPOLITAN MUSEUM OF ART (MET) ★★★★

1000 5th Avenue
✆ +1 212 535 7710
www.metmuseum.org
Ouvert du dimanche au jeudi de 10h à 17h, le vendredi et le samedi de 10h à 21h. Fermé le mercredi. Tarif : 30 US$.

Vous pourriez consacrer une semaine entière à visiter ce musée immense. L'entrée principale, en face de la 82nd Street, est couronnée de grands escaliers. On peut également utiliser l'entrée en sous-sol en face de la 81st Street. Tout est dit dans le slogan du Met : *5 000 years of Art* ou « 5 000 ans d'Art » ! Cette institution new-yorkaise, équivalent local de notre Louvre, fut fondée en 1870 par un groupe d'éminents citoyens de la finance, de l'industrie et des arts. C'était alors un bizarre petit bâtiment, dont on a un aperçu dans le film de Scorsese, *L'Âge de l'innocence*. Le musée occupe l'équivalent de quatre *blocks*. On dit qu'il faudrait une vie entière pour découvrir les quelque 2 millions d'œuvres d'art conservées dans les 18 départements du Met sur plus de 600 km², et une autre vie pour s'imprégner de leur signification dans l'espace et le temps : le musée regroupe des objets d'art de 5 000 ans de civilisations les plus diverses (Chine, Extrême-Orient, Égypte, Assyrie, Grèce, Rome, Afrique, Océanie, Europe, monde islamique, Amériques), de la préhistoire à nos jours. Le Metropolitan accumula ses trésors pendant 90 ans avant de construire les galeries où les exposer. Autant dire qu'une visite de quelques heures, si on voulait tout voir (à supposer que ce soit possible), serait un marathon qui frôlerait l'absurde. Cependant le Metropolitan Museum, comme le reste de l'Amérique, est dépourvu d'œuvres de l'école préraphaélite ! Autre difficulté : vu la quantité d'œuvres que possède le musée, certaines collections ne sont visibles que selon un calendrier de rotation. Le Met regroupe cinq collections majeures : les antiquités égyptiennes, les arts primitifs, l'art médiéval, la peinture européenne et américaine. Plus qu'une simple exposition, il propose une véritable immersion. Au sein même du musée a par exemple été reconstruite en partie une église médiévale, l'intérieur d'une chambre au temps de Louis XIV ou de Louis XVI, ou encore une villa de Pompéi. Outre les cinq collections majeures, on y trouve également des ailes entières consacrées à l'art moderne, aux instruments de musique, aux armes et armures, à l'art de l'Islam, à l'art ancien du Proche-Orient (galerie en cours de rénovation), aux arts grec et romain (la deuxième collection au monde après celle des musées d'Athènes), aux sculptures européennes, aux arts décoratifs, etc. De la statuaire égyptienne aux bijoux byzantins, des peintures et porcelaines florentines et vénitiennes aux artistes américains des XVIIIe et XIXe siècles, de l'incroyable collection de peintres impressionnistes et postimpressionnistes français aux peintres anglais, flamands, hollandais, espagnols, italiens... En mai 2025, l'aile Michael C. Rockefeller a rouvert après une vaste rénovation de 70 millions de dollars. Totalement repensée, elle est consacrée aux arts d'Afrique, d'Océanie et des Amériques. Ce nouvel espace immersif présente masques, textiles, sculptures et objets rituels issus de cultures souvent sous-représentées dans les musées occidentaux.

Vous pourriez consacrer tout votre séjour à la visite de cette forteresse enchâssée dans Central Park. Le musée est tellement grand que vous n'aurez jamais la sensation d'un trop-plein de touristes (sauf lorsque vous devrez faire la queue à l'entrée, évidemment). Les salles sont vastes et la circulation se fait facilement. Parmi les œuvres à ne pas manquer, on citera la statue d'Auguste Rodin *Les Bourgeois de Calais* dans l'aile consacrée aux sculptures, la célèbre peinture de Jackson Pollock *Rythme d'automne*, *l'autoportrait au chapeau de paille* de Vincent Van Gogh, *La Grenouillère* de Claude Monet, les portraits funéraires égyptiens, le Sphinx d'Hatshepsut, les galeries byzantines, *Autoportrait en 1660* par Rembrandt, *Diptyque* par Van Eyck, *Portrait de la princesse de Broglie* par Ingres, la sculpture *Seated Couple* dans la section arts d'Afrique, *Gertrude Stein* par Picasso, *Cyprès* par Van Gogh, la collection des impressionnistes... Le clou du spectacle de la collection sur l'Égypte ancienne, c'est le gigantesque temple de Dendur (ou temple d'Isis), véritable temple égyptien qui fut commandé par l'empereur Auguste et construit vers l'an 15 av. J.-C, non loin de la ville d'Assouan, En 1965, l'Égypte fit don du temple nubien aux États-Unis, et la structure de plus de 800 tonnes fut emmenée par bateau en Amérique, avant d'être installée au Met en 1978.

Sachant tout cela, vous devrez donc faire un choix très subjectif avant de foncer tête baissée dans le musée. Mieux vaut choisir sur le plan selon que votre préférence se porte plutôt sur les armes japonaises ou les peintres impressionnistes. Il est impossible de tout voir, à moins que vous ne souhaitiez consacrer la totalité de votre séjour au musée. Avant de sortir, ne manquez pas de jeter un œil dans les boutiques d'art du musée, qui proposent de magnifiques reproductions à des prix accessibles. Et puis le Cantor Roof Garden Bar sur la terrasse panoramique du cinquième étage offre une très belle vue sur Central Park et New York (ouvert de mai à la fin de l'automne, selon la température, du dimanche au mardi et le jeudi de 11h à 16h30, et les vendredis et samedis de 11h à 20h15), d'autant que dans cet espace extérieur sont également exposées, à la belle saison, des œuvres d'art contemporain qui méritent que l'on s'y attarde.

Dyckman Farmhouse Museum.

BETHEL GOSPEL ASSEMBLY

2 E 120th Street
www.bethelga.org
L'office du dimanche a lieu à 10h15.

Les offices se déroulent non pas dans une église, mais dans un ancien collège. Le cadre n'a certes rien d'exceptionnel, mais l'ambiance survoltée lors des chants gospel compense très largement. L'église est aussi particulièrement accueillante envers les visiteurs. La chorale est accompagnée d'un orchestre, et le couple de pasteurs qui officie n'a pas son pareil pour mettre l'ambiance (chose qui peut paraître étrange lorsque l'on a assisté uniquement à des messes à la française...). Que l'on soit croyant ou non, on en a presque des frissons, par moments !

CANAAN BAPTIST CHURCH ★

132 West 116th Street
✆ +1 212 866 0301
www.cbccnyc.org
L'office du dimanche a lieu à 10h.

Il ne s'agit pas d'une des églises gospel les plus célèbres du quartier mais c'est assurément l'une des plus fréquentées. Beaucoup d'immigrés d'Afrique du Nord (parfois francophones) s'y retrouvent. Contrairement à d'autres églises, le public chante avec la chorale et reprend en chœur les chants. Attention, les photos et vidéos sont strictement interdites et une tenue correcte est recommandée. Les touristes sont installés à l'étage, au niveau du balcon. Si vous n'avez pas l'intention de rester pendant les deux heures que dure la messe, asseyez-vous vers l'entrée.

DYCKMAN FARMHOUSE MUSEUM

4881 Broadway ✆ +1 212 304 9422
www.dyckmanfarmhouse.org
Ouvert du mercredi au vendredi de 12h à 16h et le samedi de 10h à 16h. Entrée : 3 US$.

La dernière ferme coloniale hollandaise sur l'île de Manhattan. Construite en 1784 à une époque où les demeures de maître se trouvaient à l'extrême nord de Manhattan et à Harlem West, elle est un témoignage unique de l'histoire. Tout autour s'étendait la plus grande exploitation agricole de Manhattan. À l'époque de la guerre d'Indépendance, cette prestigieuse villa a servi de QG alternativement aux commandements anglais et américains. Vendue en 1871, elle fut rachetée en 1916 par les descendants de la famille, restaurée et donnée à la ville.

FIRST CORINTHIAN BAPTIST CHURCH

1912 Adam Clayton Powell Jr Blvd
✆ +1 212 864 5976
www.fcbcnyc.org
L'office a lieu le dimanche à 10h.

Cette immense église se trouve dans un ancien cinéma et accueille plusieurs milliers de fidèles tous les week-ends. L'atmosphère y est très détendue et les chants gospel très énergiques. L'église est devenue particulièrement populaire auprès des touristes ces dernières années, attendez-vous à une file impressionnante les dimanches et, si vous arrivez tard, vous risquez même de vous faire gentiment refouler, faute de place suffisante pour accueillir tout le monde.

THE CLOISTERS ★

Fort Tryon Park
✆ +1 212 923 3700
www.metmuseum.org
Ouvert tous les jours sauf le mercredi de 10h à 17h. Tarif : 30 US$ (inclut l'accès au Metropolitan sous 3 jours).

Le lieu le plus français de New York, dans son histoire comme dans son architecture. The Cloisters regroupe cinq cloîtres médiévaux français et expose des trésors datant du moyen Âge. L'extraordinaire destin de ces fragments romans et gothiques européens, recomposés en un ensemble médiéval américain, se confond avec la vie aventureuse d'un sculpteur et collectionneur new-yorkais : George Grey Barnard. Il sillonna la France pendant dix ans, à la recherche de trésors qu'il achetait aux paysans. Il a notamment acquis le cloître de Saint-Michel de Cuxa, dans les Pyrénées-Orientales : un tour de force. À la suite de quoi, le gouvernement français devait voter, en 1913, une loi interdisant l'exportation des monuments historiques. Barnard put ramener en Amérique des centaines de pièces. Le musée a ouvert en 1938 grâce à la générosité de John Rockefeller Jr., qui donna toute la collection au Metropolitan Museum of Art de New York.

Construite sur une haute colline boisée, Fort Tryon Park, qui domine Harlem et l'Hudson River, l'emplacement de cette abbaye romane en fait l'un des musées new-yorkais les plus attachants. Dans le jardin du cloître de Trie-en-Bigorre, on retrouve les plantes représentées dans les tapisseries dites de *la Chasse à la Licorne*. Cette extraordinaire série, un des chefs-d'œuvre de la tapisserie médiévale, mérite à elle seule la visite du musée. Le lieu abrite également des manuscrits célèbres tels *Les belles heures* de Jean de France. Un havre de paix et de beauté, à deux pas de la ville.

© THE CLOISTERS

HAMILTON GRANGE NATIONAL MEMORIAL

503 West 145th Street ✆ +1 212 926 2147
www.nps.gov/hagr
Visites guidées du mercredi au dimanche à 11h30, 13h30, 15h30, également 10h30 et 14h30 le week-end. Entrée libre.

L'ancienne maison d'Alexander Hamilton, le bras droit de George Washington, est aujourd'hui un musée qui relate la vie quotidienne au début du XIXe siècle. Considéré comme l'un des *founding fathers* de l'Amérique, Hamilton a participé à la rédaction de la Constitution. Restaurée entre 2006 et 2011 et déplacée à deux reprises, la demeure de style colonial et maison de campagne de l'homme politique reste malgré tout quasiment inchangée depuis sa construction en 1802.

LITTLE RED LIGHTHOUSE

Hudson River Greenway

Situé dans le Fort Washington Park, ce phare est situé sur des rochers à même l'Hudson River, sous le pont George Washington. Il est aujourd'hui possible de monter gratuitement en haut du phare lors de certains événements ou de journées spéciales. Les garde-côtes ont installé l'édifice ici en 1921 pour sécuriser la navigation sur la rivière, qui était à l'époque très fréquentée. Le phare est aujourd'hui le dernier de Manhattan. Il est resté en activité jusqu'en 1948, bien que la construction du pont ait réduit son utilité dès 1931.

MORRIS-JUMEL MANSION

65 Jumel Terrace ✆ +1 212 923 8008
www.morrisjumel.org
Ouvert du mardi au jeudi de 13h à 16h, et le week-end de 10h à 16h. Horaires réduits hors saison. Adultes : 10 US$.

Cette grande demeure coloniale qui fut la résidence d'été du loyaliste britannique Roger Morris est la plus vieille habitation en bon état de conservation à New York (1765), et l'un des derniers témoignages du style palladien très en vogue avant l'indépendance. Pendant la guerre, George Washington y établit momentanément son QG. Après la guerre, la maison devint une taverne (elle le redevient parfois lors d'événements spéciaux !). En 1810, le riche négociant français, Stephen Jumel, acheta la maison. Sa famille y vécut jusqu'en 1865 et la ville l'acheta en 1903.

SE RÉGALER

N'écoutez pas les mauvaises langues qui racontent qu'à New York, on mange mal : c'est faux, archi-faux ! Les New-Yorkais sont des *foodies*, ils prennent un plaisir fou à manger à l'extérieur et à découvrir le dernier endroit à la mode, celui qui sert la meilleure *empanada*, le sushi le plus frais ou le burger *gluten free* le plus juteux. C'est simple, la nourriture de New York est aussi variée que sa population. Parmi tant de diversité, la cuisine française, même si elle plaît, est un peu noyée, d'où le déplaisir de certains de nos compatriotes dont l'estomac n'est pas habitué à tant d'exotisme ! La vraie difficulté est peut-être de faire les bons choix parmi les milliers de restaurants qui occupent la tentaculaire scène culinaire de New York. Cela tombe bien, nous sommes là pour vous guider.

SE RÉGALER

HORAIRES

Si vous avez envie de manger un plat de pâtes à l'heure du goûter ou un burger au beau milieu de la nuit, vous n'aurez aucun problème à le faire à New York ! La plupart des restaurants sont ouverts en continu et servent à manger tout au long de la journée. Les *diners* sont les établissements qui ont les horaires les plus larges, ils ouvrent tôt le matin pour le petit déjeuner et jusqu'à tard le soir. En revanche, les établissements gastronomiques font souvent une coupure l'après-midi ou ouvrent uniquement pour le dîner, et peuvent fermer certains jours de la semaine. Tristement, depuis la pandémie de Covid-19, de moins en moins de restaurants restent ouverts 24h/24 dans la ville qui ne dort jamais. En dehors de certains diners, Empanada Mama à Hell's Kitchen (www.empmamanyc.com) et Coppelia (@coppelianyc1 sur Instagram) font partie des établissements qui font de la résistance et ne ferment jamais.

Les heures d'affluence varient selon le type de restaurants et le quartier. Là où il y a des entreprises, particulièrement Midtown et le Financial District, les restaurants sont souvent pris d'assaut à l'heure du déjeuner par les employés des bureaux. Le week-end, il y a du monde un peu partout, car le brunch rend les New-Yorkais complètement fous ! Enfin, les restaurants qui jouissent d'une certaine *hype* (et il y en a beaucoup) ne désemplissent que rarement.

Si vous avez prévu de goûter au menu de quelques bonnes tables pendant votre séjour, nous vous recommandons vivement de faire votre réservation bien à l'avance. Le site www.opentable.com est idéal pour cela. Certains établissements n'acceptent pas les réservations, notamment pour le brunch, auquel cas vous n'aurez pas d'autre choix que de faire la queue, comme un vrai New-Yorkais !

BUDGET / BONS PLANS

La nourriture n'est pas donnée à New York. Les restaurants sont assez chers, d'autant que les prix affichés ne tiennent compte ni du pourboire, ni de la taxe locale. Si vous êtes en AirBnB ou que votre chambre d'hôtel est équipée d'une kitchenette, vous allez faire de sérieuses économies !

Malgré tout, il existe des options pour les petits budgets. La première consiste à manger une part de pizza à 1 ou 2 US$ dans l'un des innombrables *pizza joints* de la ville, expérience typiquement new-yorkaise ! Les restaurants asiatiques qui ne payent pas de mine offrent souvent des plats à des prix imbattables, de même que les *salad bars*. Enfin, les *food carts* proposent généralement des plats copieux pour moins de 10 US$. Ils sont partout, même dans le très chic Upper East Side, où se trouve d'ailleurs l'un des *food carts* les plus réputés de la ville, Tony's Dragon Grill. Enfin, les chaînes de *fast food*, et Dieu sait qu'il y en a aux États-Unis, offrent des prix avantageux, même si, d'un point de vue diététique, on peut difficilement faire pire.

Le bon plan pour vous faire plaisir dans l'une des bonnes tables de la ville sans faire exploser votre budget est de participer à Restaurant Week. Cet événement qui ravira les gourmands est organisé deux fois par an, en juin/juillet et janvier/février. Une centaine de restaurants proposent à cette occasion une formule très alléchante, avec des menus à prix fixe très avantageux. Plus d'infos sur les restaurants participants sur www.nycgo.com/restaurant-week.

Pour connaître les restaurants incontournables de la ville, le guide Zagat a longtemps été la bible des New-Yorkais. Depuis quelques années, ce sont surtout les sites The Infatuation (www.infatuation.com) et Eater (www.ny.eater.com) qui servent de référence. Ils permettent de trouver des bonnes adresses pour tous les porte-monnaie et proposent des cartes interactives par quartier.

La vaste majorité des restaurants acceptent les paiements en carte bleue, à l'exception de certains établissements qui ont ouvert il y a une éternité. C'est notamment le cas de Lombardi's, la plus vieille pizzeria de New York, installée à NoLIta.

EN SUPPLÉMENT

Sujet épineux s'il en est, le pourboire (« *tip* ») mérite bien quelques explications ! Pour commencer, sachez qu'aux Etats-Unis, le service n'est jamais inclus au restaurant (sauf rares exceptions, auquel cas la mention « *gratuity included* » est affichée sur le menu). Quelle que soit la qualité du service, il est donc requis de laisser l'équivalent de 15 à 20 % du montant de la note en pourboire.

Pour simplifier le calcul, multipliez par 2 le montant de la taxe locale (8,875 %) inscrit sur votre note. Plus simple encore : utilisez l'application mobile Tip 'n Split, qui calculera le pourboire pour vous. De toute façon, la réputation des Français est tellement faite que, quand on

© JUANMONINO - ISTOCKPHOTO.COM

Hot dog sur le pouce.

aura deviné votre pays d'origine, vous verrez souvent la case « Tip » déjà remplie au taux coutumier ! Même en payant en carte de crédit (on vous voit venir…), vous n'échapperez pas au pourboire. Dans ce cas, n'oubliez surtout pas d'inscrire vous-même le montant du pourboire dans la case « Tip » et le montant total de la note, sous peine de mauvaises surprises ultérieures.

Enfin, sachez également qu'au restaurant, les prix sont affichés sans taxe. En plus du pourboire, la taxe locale de 8,875 %, dont nous parlions plus haut, est donc rajoutée au montant total. Autant vous dire qu'après tout ça, la note finale n'a plus grand-chose à voir avec les prix du menu.

C'EST TRÈS LOCAL

Ce qui choque immanquablement les Européens en voyage aux États-Unis, ce sont les portions ! Même à New York, où la mode est au *healthy* depuis longtemps, les plats peuvent être plus que généreux. Si vous avez un frigo et de quoi réchauffer votre nourriture dans votre chambre d'hôtel, n'hésitez pas à demander un *doggy bag*, c'est très courant et personne ne vous regardera de travers, même dans les restaurants chics. L'autre surprise vient souvent du grand verre d'eau rempli de glaçons que les serveurs apportent automatiquement à chaque convive, en général avant même de prendre la commande. Ne vous forcez pas à finir votre verre, c'est impossible puisque le serveur se précipitera pour le remplir de nouveau dès que vous aurez avalé la moindre gorgée !

À ÉVITER

Pratique : la note A, B ou C affichée sur tous les établissements servant de la nourriture permet de connaître le niveau d'hygiène d'un lieu sans avoir besoin d'y entrer ! A, la meilleure note, est attribuée à la vaste majorité des restaurants, tandis que B signifie qu'il y a plusieurs violations. Vous verrez que ça n'arrête pas les New-Yorkais, qui mangent sans sourciller dans les établissements notés B. Un conseil en revanche, ne mettez pas les pieds dans un restaurant avec la note C si vous ne voulez pas tomber malade… Lorsqu'il est écrit « Grade Pending », à la place des lettres, cela veut dire que le restaurant a eu une note B ou C et qu'il conteste la décision du département de santé de New York. Dans ce cas-là, une nouvelle inspection est organisée dans le mois qui suit.

ENFANTS

Au pays de l'enfant roi, il n'est pas difficile de trouver des restaurants qui plaisent aux plus petits. Les chaînes de restauration seront les mieux équipées pour accueillir votre tribu : chaises hautes, tables à langer, menus enfant, etc. Quelques restaurants sont particulièrement amusants pour les enfants, c'est le cas d'Ellen Stardust Diner (www.ellensstardustdiner.com/) ou encore d'Alice's Tea Cup (www.alicesteacup.com), sur le thème d'*Alice au Pays des Merveilles*. Les établissements qui n'acceptent pas les enfants sont rares, il s'agit le plus souvent d'établissements gastronomiques dans lesquels vous ne vous sentiriez de toute façon pas très à l'aise avec un enfant en bas âge !

FUMEURS

A New York, il est strictement interdit de fumer dans les espaces publics fermés, y compris au restaurant. Si vous mangez en terrasse, ne vous avisez pas non plus d'allumer une cigarette : même sans interdiction explicite, c'est très mal vu et si inhabituel que vos voisins de table risquent de faire les gros yeux en vous voyant faire. Si vous souhaitez fumer avant la fin du repas, sortez du restaurant et éloignez-vous de quelques mètres pour ne pas incommoder les clients en terrasse.

LES ATTRAPE-TOURISTES

Si vous le pouvez, évitez les restaurants qui se trouvent dans les quartiers très touristiques, en particulier autour de Times Square. Il s'agit dans la plupart des cas de chaînes de restauration qui servent une cuisine américaine pas fameuse et souvent trop chère. En vous éloignant ne serait-ce que de quelques *blocks*, vous trouverez des restaurants d'une qualité nettement supérieure. Parce qu'on ne peut pas toujours faire autrement, nous avons tout de même sélectionné les établissements qui valent le coup dans ces quartiers !

LES PHRASES CLÉS

Bonjour, je voudrais réserver une table pour deux personnes pour ce midi ou ce soir.
Hello, I'd like to reserve a table for two for lunch or dinner today.

Avez-vous un menu en français ou en anglais ?
Do you have a menu in French or in English?

Je suis végétarien, y a t-il des plats sans viande ?
I'm a vegetarian. Do you offer any meatless dishes?

Je n'ai vraiment plus faim mais avez-vous une carte des desserts ?
I'm not really hungry anymore, but do you have a dessert menu?

Puis-je avoir l'addition s'il vous plait ? Je peux payer par carte ou en espèces ?
Could I get the check, please? Can I pay by card or cash?

C'était très bon, nous reviendrons. Merci et à bientôt.
It was excellent. We'll be back. Thank you and see you soon.

BALTHAZAR €€

80 Spring Street
✆ +1 212 965 1414
www.balthazarny.com

Ouvert de 8h à minuit en semaine, à partir de 9h le week-end. Plats de 30 à 60 US$.

Difficile de croire que Balthazar n'existe que depuis 1997 tant l'ambiance « vieille brasserie parisienne » est réussie. Serveurs habillés à l'ancienne, carrelage au sol, lumières tamisées, miroirs aux murs, etc. L'endroit est spécialisé dans les fruits de mer, vous y trouverez d'ailleurs un excellent bar à huîtres, mais les *brunchs* font également sa réputation. Pour le dîner, ce sera steak tartare, salade de chèvre chaud ou moules/frites... en bref, que des classiques. Balthazar abrite aussi un petit coin salon de thé où l'on peut goûter les pâtisseries du jour.

BUBBY'S €

120 Hudson Street
✆ +1 212 219 0666
www.bubbys.com

Ouvert tous les jours de 8h à 22h. Plats autour de 20 US$.

L'un des *brunchs* les plus typiquement américains de New York. Sont servis dans ce resto cosy : des œufs Bénédicte bien sûr, mais aussi des hamburgers, omelettes, pancakes, toutes sortes de sandwiches et des plats à base de poulet frit ou bacon, bref que des choses bien traditionnelles. Une scène du film *Le Diable s'habille en Prada* y a été tournée et l'un des propriétaires n'est autre que Robert De Niro. A ne pas manquer : l'une des nombreuses tartes faites maison et le *pancake flight*, pour déguster trois pancakes aux saveurs différentes.

CAFE HABANA €

17 Prince Street
✆ +1 212 625 2001
www.habanaoutpost.com

Ouvert tous les jours de 11h à 23h. Plats de 12 à 23 US$.

Une cuisine cubaine comme on en trouve en Floride. Maïs grillé saupoudré de fromage, sandwich cubain (porc, pomme, fromage, cornichon, et moutarde), enchiladas, tous les classiques sont là. En prime, la décoration façon boui-boui de bord de mer très agréable. Un vrai dépaysement. Attention, le lieu est assez petit et il faut généralement attendre une demi-heure pour pouvoir s'asseoir et, comme dans de nombreux restaurants à New York, il n'est pas possible de faire une réservation. Prenez votre mal en patience, l'expérience en vaut la peine !

LE COUCOU €€€

138 Lafayette Street
✆ +1 212 271 4252
www.lecoucou.com

Ouvert 11h30-14h (14h30 samedi) et 17h-22h (23h vendredi/samedi). Plats : 50-95 US$, menu déjeuner 2 plats : 69 US$.

Le Coucou est l'un de ces restaurants au nom français qui a pourtant été créé par un Américain. Mais qu'on ne s'inquiète pas : le chef Daniel Rose a fait ses armes à l'Institut Paul Bocuse à Lyon et a été le propriétaire d'un restaurant gastronomique à Paris. Son restaurant new-yorkais propose des spécialités françaises dont on constate avec délice qu'elles sont authentiques. A la carte, on trouve certains plats traditionnels, comme les quenelles de brochet et le lapin qui, bien loin d'effrayer les Américains, remportent un vif succès.

LA ESQUINA €€

114 Kenmare Street et Cleveland Place
✆ +1 646 613 7100
www.esquinanyc.com

Ouvert tous les jours de 11h à minuit, 2h du jeudi au samedi. Taqueria : 15 US$, café : 35 US$, en sous-sol : 65 US$.

Ce restaurant mexicain (où l'on mange *tacos*, *burritos* et *enchiladas*) aux allures de *diner* malfamé cache un secret : une salle à la déco pop mexicaine au niveau de la rue, mais surtout un sous-sol aménagé en lounge. Poussez la porte arrière où figure la mention « Employees only », et, après passage obligé par la cuisine où les cuistots s'affairent, vous trouverez une ambiance des plus branchées. Le menu propose quelques plats d'inspiration mexicaine bien exécutés et quelque 150 tequilas et mezcals. Réservation impérative pour le restaurant en sous-sol.

ESSEN FAST SLOW FOOD €

160 Varick Street
✆ +1 212 462 4500
www.essenfastslowfood.com

Ouvert du lundi au vendredi de 6h a 20h. Bagels à partir de 3 US$, wraps autour de 10 US$.

Il y a encore quelques années, New York regorgeait de ces delis-cafétérias où l'on compose son assiette en se servant au buffet (pâtes, riz, meatballs, salades, poulet...) et où l'on paye au poids. Ils sont aujourd'hui en voie de disparition, et c'est bien dommage, car on peut y manger à des tarifs raisonnables. Surtout, c'est du self-service, donc imbattable pour ce qui est de la rapidité (et on fait des économies sur les pourboires au passage). En dehors du buffet, l'endroit vend des wraps, des sushis, toutes sortes de viennoiseries et fait aussi épicerie.

FANELLI CAFE €

94 Prince Street et Mercer Street
✆ +1 212 226 9412
www.fanellicafe.nyc
Ouvert tous les jours de 11h à minuit, jusqu'à 1h du jeudi au samedi. Plats de 10 à 38 US$.

La salle, avec ses nappes à carreaux rouges et blancs, semble avoir connu toutes les aventures. Tout le passé de SoHo est inscrit dans ce bar, depuis son rachat en 1922 par Fanelli, boxeur et ami des boxeurs (leurs photos sont épinglées sur les murs). Le soir, à la belle saison, la foule des clients de Fanelli est si dense qu'elle déborde à l'extérieur. Le lieu est idéal pour déjeuner sur le pouce et goûter l'un des meilleurs *burgers* de la ville ou le soir pour voir la faune, jolis visages et vraies gueules, dans une ambiance particulière.

FARZI €€

78 Leonard Street
✆ +1 646 499 9040
Ouvert du mardi au dimanche de 17h à 22h. Plats entre 20 et 35 US$.

Ce restaurant indien a ouvert ses portes à l'été 2025 dans le quartier de Tribeca. Il propose une cuisine innovante, aux saveurs internationales, qui surprend à chaque bouchée : dès l'entrée, on est séduit par les *dal chawal arancini* (boulettes croustillantes et moelleuses où l'Inde rencontre la Sicile). Les plats sont modernes et surprenants. Beaucoup sont épicés, référez-vous au menu qui les indique et n'hésitez pas à demander conseil à votre serveur. Quant au cadre, il est élégant et convivial. On n'a qu'une envie : y retourner.

FRAUNCES TAVERN RESTAURANT €€€

54 Pearl Street ✆ +1 212 968 1776
www.fraunces tavern.com
Ouvert tous les jours de 11h30 à minuit, dès 11h le week-end. Plats de 20 à 54 US$. Réservation conseillée.

Cette maison coloniale est plus vieille encore que New York, puisqu'elle fut bâtie en 1625, à l'époque de la Nouvelle-Amsterdam. Entre passé et futur, tourisme et finances, la Fraunces Tavern constitue un lieu à part dans le quartier. La tradition d'hospitalité remonterait au fondateur de l'établissement, Samuel Fraunces, ami et maître d'hôtel de George Washington. Fruits de mer, soupes, salades, filet de saumon norvégien, de sole, écrevisses grillées au curry, crevettes et viandes…

FRENCHETTE €€€

241 West Broadway
✆ +1 212 334 3883
www.frenchettenyc.com
Ouvert du lundi au vendredi de 12h à 22h, le samedi de 11h à 22h et le dimanche de 11h à 21h. Plats de 34 à 62 US$.

Un restaurant qui fait un malheur, d'ailleurs il vaut mieux réserver si l'on veut y dîner à une heure décente. On pourrait qualifier la cuisine de bistronomique, avec des plats d'inspiration française agrémentés d'une touche de modernité à l'américaine. Le steak-frites est particulièrement délicieux mais c'est sa version revisitée, le canard-frites, qui remporte tous les suffrages. Le menu change très régulièrement, mais les grands classiques de la cuisine française (gigot d'agneau, boudin blanc, cochon de lait…) répondent toujours présents.

LE GRATIN €€

5 Beekman Street
✆ +1 212 597 9020
www.legratinnyc.com
Ouvert en semaine de 17h à 22h (22h30 le vendredi) et le week-end de 9h à 22h30 (21h le dimanche). Plats : 28-89 US$.

Le chef Daniel Boulud, véritable star de la restauration à New York, a encore frappé ! Avec le Gratin, son restaurant inspiré des bouchons lyonnais, il rend un merveilleux hommage à ses racines. C'est ici que vous mangerez les meilleures quenelles de la ville. Le gratin dauphinois, la salade aux foies de volailles et les croustillants aux escargots et pieds de cochon n'ont pas grand-chose à leur envier… On est également conquis par le cadre, qui fait écho aux vieilles brasseries à la française. On en sort repu et satisfait.

IL BUCO €€

47 Bond Street
✆ +1 212 533 1932
www.ilbuco.com
Ouvert le lundi de 17h30 à 22h, du mardi au samedi de 12h à 23h et le dimanche de 12h à 22h. Plats autour de 30 US$.

A l'origine, Il Buco était un magasin d'antiquités qui servait quelques *tapas* sur le pouce dans une joyeuse convivialité. De fil en aiguille, l'endroit a fini par installer une machine à expresso avant de se convertir en restaurant à part entière. Mais, vous verrez, les antiquités sont restées. Les plats sont d'inspiration méditerranéenne, composés essentiellement de poissons frais et de fruits de mer. Le choix de vins, italiens pour la plupart, est impressionnant. Et le cadre est romantique à souhait. Une petite salle type cave à vins se trouve au sous-sol.

LAFAYETTE GRAND CAFÉ & BAKERY €€

380 Lafayette Street
✆ +1 212 533 3000
www.lafayetteny.com
Ouvert tous les jours de 8h à 22h (21h dimanche et lundi). Plats : de 25 à 40 US$.

Un restaurant inspiré des brasseries à la française, de l'assiette (steak tartare, poulet rôti, foie gras, moules frites, etc.) jusqu'au décor. En 2022, l'endroit qui propose également un petit coin boulangerie a lancé le Suprême, pâtisserie fourrée à la crème à mi-chemin entre le croissant et le donut, qui a fait le buzz sur les réseaux sociaux. Pour y goûter, il faut s'organiser puisque le Suprême n'est vendu que trois fois par jour à 8h, 12h et 16h, et en quantité limitée.

NOBU €€€

195 Broadway
✆ +1 212 219 0500
www.noburestaurants.com
Ouvert tous les jours à partir de 17h30 pour le dîner, également en semaine de 11h45 à 14h15. Plats de 32 à 64 US$.

A New York, qui ne connaît pas Nobu, restaurant né d'un partenariat entre Robert De Niro et le chef Nobuyuki Matsuhisa ? La cuisine est d'inspiration japonaise, tendance nouvelle cuisine aux saveurs du monde avec des plats créatifs et inattendus. Certains se plaindront peut-être du prix, mais, en termes de sushis, voici le top du top. Installée à TriBeCa pendant vingt-trois ans, cette institution très populaire auprès des célébrités a déménagé dans le quartier financier en 2017. Il faut absolument réserver, faute de quoi vous risquez de ne pas obtenir de table.

LOMBARDI'S €€

32 Spring Street
✆ +1 212 941 7994
www.firstpizza.com
Ouvert du dimanche au jeudi de 12h à 22h, vendredi et samedi de 12h à minuit. Pizzas de 18 à 30 US$.

Largement centenaire, il s'agit, ni plus ni moins, de la plus ancienne pizzeria de New York, comme en témoigne le nom de son site Internet ! La pizza est cuite au feu de bois, les nappes sont à carreaux rouges et blancs, et Lombardi's est une institution bien traditionnelle constamment investie par les habitants de la Grosse Pomme et les touristes qui visitent le quartier de Little Italy, si bien qu'il est souvent nécessaire de patienter une bonne demi-heure avant d'obtenir une table. Ce n'est pas la meilleure pizza de la ville, mais l'une des plus emblématiques.

NOM WAH TEA PARLOR €

13 Doyers Street
✆ +1 212 962 6047
www.nomwah.com
Ouvert tous les jours de 11h à 21h. Plats autour de 13 US$, dim sum à 8 US$.

Le plus vieux restaurant de Chinatown, ouvert en continu depuis 1920. La rue où il est niché, Doyers Street, est unique elle aussi, puisqu'elle est courbée, chose très rare à Manhattan. Mais retour à Nom Wah Tea Parlor : le restaurant sert des dim sums, délicieux raviolis vapeur, parmi d'autre spécialités de la cuisine cantonaise. Rien de bien luxueux ou gastronomique, pourtant, Nom Wah Tea Parlor est l'une de ces adresses que tout New-Yorkais digne de ce nom se doit de connaître. Des dizaines de films et séries ont été filmés ici et à Doyers Street.

LA MERCERIE €€

53 Howard Street ✆ + 1 212 989 9097
www.lamerceriecafe.com
Ouvert en semaine de 11h30 à 22h, le week-end dès 10h. Plats autour de 30 US$ le midi et 40 US$ le soir.

Ce café à la française propose une cuisine finement exécutée, des viennoiseries (coup de cœur pour la brioche à la crème anglaise) aux plats du petit déjeuner en passant par des classiques bien de chez nous, comme le filet de bœuf au bleu et pommes dauphine. Concept plutôt original, le café est logé dans une boutique de luxe, Roman and Williams Guild, où est vendue la vaisselle dans laquelle sont servis les plats, ainsi que des meubles et des fleurs. Vu les prix pratiqués, on se contentera d'y faire un tour rapide après avoir mangé. Tendance, mais onéreux.

PASQUALE JONES €€

187 Mulberry Street
www.pasqualejones.com
Ouvert tous les jours de 17h à 22h, également de 12h à 15h du mercredi au dimanche. Pizzas : à partir de 20 US$.

On ne pourrait pas faire plus éloigné des pizzerias touristiques de Little Italy que Pasquale Jones. Les *foodies* ne s'y tromperont pas : ici, la pâte à pizza est légère et croustillante grâce à la cuisson au four à bois, et les pâtes, servies *al dente* évidemment, sont savoureuses. Le menu est plutôt réduit, avec une dizaine de plats au choix dont la *Margherita* ou l'audacieuse *Littleneck clam*, pizza aux palourdes qui a fait la renommée de la maison. Ce n'est pas donné mais les prix pratiqués sont sensiblement les mêmes que dans les pièges à touristes du quartier.

SUGARFISH €€

202 Spring Street
✆ +1 212 847 7464
www.sugarfishsushi.com
Ouvert tous les jours de 11h30 à 23h (jusqu'à 23h30 le vendredi et le samedi). Menu déjeuner à partir de 27 US$.

Le nom n'évoque pas grand-chose, et pourtant, cette enseigne cartonne à New York. Importée de Los Angeles par le chef Kazunori Nozawa, cette chaîne a ouvert à New York en 2016 et propose des sushis de haute qualité, servis rapidement et sans chichi. La formule du déjeuner se décline en plusieurs versions, selon l'appétit. Le poisson, sélectionné chaque matin, est très frais. Pas de réservation, il faut arriver tôt, se mettre dans la file et patienter. Excellent rapport qualité-prix. Autre bonne nouvelle : les pourboires sont déjà inclus dans les prix.

TAÏM €

45 Spring Street
✆ +1 212 219 0600
www.taimkitchen.com
Ouvert tous les jours de 11h à 22h. Plats autour de 15 US$.

C'est ici que vous mangerez les meilleurs falafels de la ville ! La chef israélienne Einat Admony a ouvert sa première adresse en 2005 et, depuis, le succès est tel que de nombreux autres restaurants ont ouvert dans Manhattan, Brooklyn et le Queens. Ici, tout est végétarien, les plats sont inspirés de recettes israéliennes, les ingrédients sont aussi frais que possible et tout est réalisé sur place. Les boulettes de pois chiches sont à base d'oignon, d'ail, de coriandre et de cumin. Possibilité de confectionner votre propre bol. Un régal.

THE EAR INN €

326 Spring Street
✆ +1 212 226 9060
earinn.com
Ouvert tous les jours de 11h30 à 4h du matin. Plats à partir de 16 US$.

Depuis son ouverture en 1817, The Ear Inn n'a pas trop changé. De la décoration en bois, aux objets d'époque (aujourd'hui rétro), le restaurant est véritablement authentique. Plus vieux restaurant-bar de Manhattan à avoir servi de l'alcool sans interruption, il offre une cuisine américaine simple, pas chère et de qualité. Populaire en journée, surtout le week-end, l'endroit s'anime encore plus à la tombée de la nuit. Les couche-tard apprécient son bar et son ambiance conviviale. En prime, des concerts de country et blues les lundis, mercredis et dimanches soir.

TIN BUILDING €€

96 South Street
✆ +1 888 777 0942
www.tinbuilding.com
Ouvert tous les jours de 8h à 22h. Les horaires des restaurants varient.

Pendant votre visite du quartier redynamisé de Seaport, un arrêt gourmet au Tin Building s'impose. Ce bâtiment, qui abritait jadis l'un des plus grands marchés de poisson du pays, est aujourd'hui une destination culinaire. Pensé par le chef star Jean-George Vongerichten, propriétaire de multiples restaurants aux Etats-Unis et dans le monde, ce temple de la gastronomie sur deux étages comprend une dizaine de restaurants et stands, où l'on peut manger crêpes, sushis, tacos, sandwiches ou pâtisseries mais aussi acheter des bonbons *vintage* ou des produits gourmets.

TORRISI BAR & RESTAURANT €€€

275 Mulberry Street
✆ +1 212 254 3000
www.torrisinyc.com
Ouvert du lundi au samedi de 17h à 23h30, également du mardi au samedi de 11h30 à 14h. Pâtes 30 US$, plats 44-72 US$.

Voici un nouveau restaurant italien *made in New York*, au cadre magnifique et à l'atmosphère plutôt sélect. Y pénétrer, c'est côtoyer, le temps d'un repas, le gratin de Manhattan. A votre gauche, un mannequin célèbre, au bar, deux millionnaires qui discutent de leurs placements juteux... Il faut dire que les plats sont absolument délicieux. De l'entrée (les palourdes servies sur un petit pain rond sont à se damner) aux plats de pâtes (champignons, homard, agneau, etc., accompagnés d'exquises sauces), chaque bouchée est mémorable.

TWO HANDS €€

251 Church Street
✆ +1 646 590 2787
www.twohandshospitality.com
Ouvert tous les jours de 8h à 21h. Plats : 15-27 US$.

Ce café australien, qui fait partie d'une chaîne établie à New York et dans plusieurs villes des États-Unis, est un endroit très sympa pour bruncher ou dîner. Son approche *healthy* passe par des produits de saison et qui proviennent de la région. La viande, par exemple, est issue d'une ferme de la vallée de l'Hudson, qui prône l'alimentation à l'herbe et est garantie sans OGM. Les *bowls* sont une option particulièrement saine, proposée en parallèle des burgers, omelettes, gaufres et brownies. Vraiment très bon, et le cadre moderne et épuré est sympa.

CAFETERIA €

119 7th Ave
✆ +1 212 414 1717
www.cafeteriagroup.com/home
Ouvert du dimanche au jeudi de 9h à minuit, vendredi et samedi de 9h à 1h. Plats de 15 à 30 US$.

Un restaurant connu pour ses plats de *mac and cheese* servis avec tous types de fromage, du bacon et des fines herbes, et pour les nombreuses scènes de *Sex and the City* qui y ont été tournées. On retrouve au menu tous les plats traditionnels du *diner* américain : un burger, un *grilled cheese* ou encore un excellent *meatloaf*, ce pain de viande recouvert d'une fine couche de ketchup fait maison. Si le menu ne réserve pas de surprise, la décoration – épurée, moderne, et avec une prédominance de blanc – dénote avec le côté kitsch de la plupart des *diners* de la ville.

DIRT CANDY €€

86 Allen Street
✆ +1 212 228 7732
www.dirtcandynyc.com
Ouvert du mardi au samedi de 17h30 à 22h30. Menu 5 plats à 110 US$, pourboire compris.

Des légumes, des légumes et encore des légumes, déclinés sous une multitude de formes intéressantes et surprenantes. Il n'y a pas de menu à la carte dans ce restaurant végétarien, qui propose un menu dégustation à 5 plats. Ces derniers varient en fonction des saisons et des envies de la chef Amanda Cohen, adoubée, entre autres, par le *New York Times*. Laissez-vous surprendre par les assiettes raffinées où le légume, simple et sublimé, tient la vedette. Dirt Candy est l'un des deux seuls restaurants végétariens de New York à être étoilé.

EXCUSE MY FRENCH €€

96 Orchard Street
✆ +1 212 780 9600
www.excusemyfrench-nyc.com
Ouvert du mardi au dimanche de 17h jusqu'à 23h, minuit ou 1h selon les soirs. Plats de 21 à 29 US$.

Excuse My French est l'endroit idéal pour déguster de bonnes assiettes de charcuteries/fromages et autres plats à la fois simples et sophistiqués, à la manière de tapas à l'indéniable *french touch*, le tout accompagné de très bons vins et autres cocktails. Des douceurs comme les rillettes de saumon, les raviolis comté et truffe noire, les escargots en persillade ou encore le saumon Butterfly et sa ratatouille niçoise figurent au menu. Atmosphère *hype* soutenue par une musique électro tout en souplesse. Une belle adresse française qui propose une cuisine moderne.

FREEMANS €€

191 Chrystie St
✆ +1 212 420 0012
www.freemansrestaurant.com
Ouvert tous les jours de 11h à 15h30 et de 17h à 23h (22h dimanche et lundi). Plats de 20 à 45 US$.

Ce qui séduit avant tout chez Freemans, c'est le cadre. Ce restaurant coup de cœur est situé tout au fond d'une petite allée qui ne paie pas de mine, et dont les murs sont recouverts de *street art*. Le lieu intrigue dès l'entrée avec son décor rustique et ses bois de cerfs accrochés aux murs. On attend au comptoir du bar pour obtenir une table. La cuisine est américaine, savoureuse et le prix reste relativement élevé, car l'endroit est tendance. Freemans est aussi prisé pour ses *brunchs*, mais attention, comme toujours à New York, il y a foule !

KATZ'S DELI €

205 East Houston Street ✆ +1 212 254 2246
www.katzsdelicatessen.com
Ouvert du lundi au vendredi de 8h à 23h, et 24h/24 le week-end. Sandwich au pastrami : 28,95 US$.

Vous vous souvenez peut-être de la scène du film *Quand Harry rencontre Sally* où Meg Ryan feint un orgasme au milieu d'un restaurant… Vous y êtes ! Cet immense *delicatessen* fondé en 1888 est une institution de la communauté juive new-yorkaise. On y sert les sandwichs au *pastrami* les plus réputés de la ville. Attention : ils sont énormes. Vous prenez un ticket à l'entrée (à conserver jusqu'à votre sortie), puis vous vous dirigez vers un comptoir, où une abondance de charcuterie vous attend. Au mur et au plafond, des photos des célébrités qui ont défilé dans ce lieu.

KISA €

205 Allen Street
www.kisaus.com
Tous les jours de 17h à 22h30, également du mardi au dimanche de 11h à 14h30. Plats : 18 US$. Menu Baek Ban : 32 US$.

Ce coréen installé dans le Lower East Side, à Manhattan, s'inspire des restaurants traditionnels en Corée fréquentés par les chauffeurs de taxi dans les années 1980. Ce spot à l'écart du circuit touristique attire une population locale à la recherche de plats simples, réconfortants et abordables. L'atmosphère est conviviale, la déco sans fioriture et le service efficace. Le restaurant propose une formule pour le déjeuner appelée Baek Ban, comprenant un plat, du riz vapeur, une soupe et des accompagnements variés, le tout servi sur un plateau métallique.

MISS LILY'S 7A CAFE €

109 Avenue A
✆ +1 212 812 1482
www.misslilys.com
Ouvert à partir de 17h en semaine et 12h le week-end, jusqu'à tard. Plats autour de 25 US$.

On vient ici pour se délecter de quelques solides assiettes de cuisine caribéenne, et même jamaïcaine : poisson frit et *jerk chicken wings* accompagnés de chutney de mangue et d'épis de maïs grillés à la noix de coco. Le dessert se composera d'un banana pudding à arroser d'un verre de l'un des 100 rhums à la carte. Quelques cocktails sont également à signaler comme le Dark'n Stormy, qui tourne en permanence dans une machine à la manière d'un Frozen Daïquiri. Les soirs de fin de semaine, on monte le son et l'ambiance se fait torride.

PARDON MY FRENCH €€

103 Avenue B
✆ +1 212 358 9683
www.pmfnyc.com
Ouvert en semaine de 18h à 1h (2h vendredi), samedi de 11h à 16h et 18h à 2h et dimanche de 11h à 18h. Plats 25-35 US$.

Un restaurant français, vous l'aurez deviné, qui propose toutes les bonnes choses auxquelles on peut s'attendre, des sandwiches au saucisson et au pâté à la tarte Tatin en passant par le bœuf bourguignon. Servi du vendredi au dimanche, le brunch est l'occasion de déguster de très bons pancakes servis avec des fruits frais ou des French toasts tout aussi savoureux. Formule brunch avec mimosas à volonté. Les plats sont très copieux, aucun risque de repartir avec la faim au ventre. Quant au petit jardin, il est très agréable pendant les beaux jours.

RUSS & DAUGHTERS CAFE €

127 Orchard Street ✆ +1 212 475 4881
www.russanddaughters.com
Ouvert du lundi au jeudi de 8h30 à 14h30 et du vendredi au dimanche de 8h30 à 15h30. Planche : 24 US$.

Ce café est le prolongement de l'»*appetizing store*» du 179 E. Houston Street, célèbre pour ses bagels et son poisson fumé depuis 1914 ! Pour les 100 ans du magasin, les descendants de Joel Russ, un immigrant juif ashkénaze d'Europe de l'Est, ont ouvert ce café éponyme. Les bagels y sont servis sur des planches avec une variété de poissons fumés et marinés. La carte ravira également les amateurs de caviar, ainsi que de pain perdu au *babka* et des *Eggs Benny* au saumon fumé. Le décor, dans le style de la boutique historique du début du XXe siècle, vaut le détour.

SOOGIL €€

108 East 4th Street
✆ +1 646 838 5524
www.soogil.com
Du mardi au jeudi de 17h30 à 22h30, vendredi et samedi de 17h à 23h et dimanche de 17h à 22h. Menu 4 plats à 88 US$.

Cette belle table propose de fines préparations au carrefour de la cuisine coréenne et du savoir-faire français : beignets de patate douce et soupe de kimchi blanc, terrine de foie gras et sauce soja-champignon, poitrine de canard au riz sauvage, etc. Le chef sud-coréen Soogil Lim a fait ses armes dans des maisons réputées avant de lancer son affaire, et c'est un réel plaisir que d'apprécier ses gestes sûrs, travaillant avec passion et bienveillance des produits de qualité dans la petite cuisine ouverte qui fait le coin de l'intime salle de restaurant.

SUPERIORITY BURGER €

430 E 9th Street
✆ +1 212 256 1192
www.superiorityburger.com
Ouvert à partir de 12h en semaine, dès 11h le week-end, fermeture entre 22h et 1h selon les soirs. Burgers 18-22 US$.

Cet endroit ultra populaire auprès des New-Yorkais propose de délicieux burgers depuis 2015. Rien de surprenant jusque-là, mais ce qui distingue ce lieu de ses nombreux concurrents, c'est son menu entièrement végétarien. Beaucoup des plats proposés sont même végans sans en avoir l'air, c'est le cas de son célèbre Superiority Burger : le bœuf est remplacé par un substitut savoureux sans trace de viande, et le fromage coulant... n'en est pas. Goût, texture, gourmandises et calories : tout y est ! Même les carnivores se régaleront.

VESELKA RESTAURANT €

144 2nd Avenue ✆ +1 212 228 9682
www.veselka.com
Ouvert en semaine de 9h à minuit (1h le vendredi), le samedi de 8h à 1h et le dimanche de 8h à 23h. Plats : 15-30 US$.

Le rendez-vous bohème de la Pologne et de l'Ukraine. Dans ce grand *dîner*, on mange des plats traditionnels comme des crêpes, beignets de pommes de terre (les fameux *pierogi*, qui sont faits maison), soupes et autres pâtisseries. Ces plats côtoient quelques classiques du petit déjeuner américain comme les pancakes, œufs Bénédicte, sandwichs et omelettes au bacon. Un classique du quartier au charme fou, qui est apparu de nombreuses fois à la télévision et au cinéma, récemment dans *Ocean's 8* et la série *Billions*. Grande terrasse pour les beaux jours.

LE BARATIN €

26 Greenwich Ave ✆ +1 212 933 1080
www.lebaratinnyc.com
Ouvert en semaine de 17h à 23h, le week-end de 12h à 23h (22h le dimanche). Plats à partir de 25 US$.

Avec ses airs de petit troquet à la française et sa cuisine de bistrot simple et bien exécutée (salades, cordon bleu, croque-monsieur, tartare de bœuf, magret de canard, soupe à l'oignon, côte de bœuf...), le Baratin offre un refuge fort plaisant aux saveurs hexagonales. On y trouve d'ailleurs beaucoup de Français et il y règne une ambiance détonnante, surtout en fin de semaine et les jours de match ! Si bien qu'on se sent vite comme à la maison, accoudé au zinc à bavarder avec les convives comme au pays alors qu'on est au cœur de West Village. Une bonne adresse.

BOBO €€€

181 West 10th St
✆ +1 212 488 2626
bobonyc.com
Ouvert du lundi au vendredi de 17h à 22h (minuit vendredi), dès 11h le week-end pour le brunch. Plats : 18-37 US$.

L'entrée se fait par une petite porte, et il faut traverser un *lounge* éclairé à la bougie pour accéder à l'étage supérieur et aux tables. La décoration de l'établissement est à la fois *cosy* et élégante. En été, un patio très agréable et silencieux est ouvert. Dans l'assiette, des plats à l'influence française évidente (la bibliothèque du restaurant laisse d'ailleurs entrevoir de nombreux ouvrages d'Auguste Escoffier), avec au menu soupe à l'oignon et saucisse de Toulouse, ainsi que quelques plats typiques de la cuisine moderne américaine.

LA BONBONNIERE €

28 8th Avenue
✆ +1 212 741 9266
Ouvert tous les jours de 7h à 16h. Plats autour de 10 US$. Paiement en liquide uniquement.

La Bonbonnière est l'un des *diners* les plus authentiques de New York, ouvert depuis les années 1930. La nourriture est grasse à souhait et les cartes de crédit ne sont pas acceptées (il y a un distributeur mais il applique des frais de retrait). Quant à la déco, elle n'est pas *vintage*, mais d'époque ! Rien n'est cher, on peut donc se permettre de faire une orgie de pancakes, de bacon, de milk-shake et surtout de de French toasts (très recommandable avec des pépites de chocolat), le tout accompagné de café à volonté. Les New-Yorkais, célèbres ou non, adorent.

LE CHÊNE €€€

76 Carmine Street
✆ +1 347 715 8155
www.lechenenyc.com
Ouvert du mardi au samedi de 17h à 22h. Plats : de 48 à 79 US$.

La cuisine française a de nouveau la cote à New York ces temps-ci, et c'est en partie grâce à des chefs comme Alexia Duchêne (demi-finaliste de la saison 10 de *Top Chef*), qui réinventent l'expérience culinaire à la française. L'idée est de proposer une cuisine française savoureuse avec ce twist, cette petite touche de modernité qui fait souvent défaut aux restaurants français de New York. À goûter absolument : le pithiviers Terre & Mer et la quenelle de poisson sauce vin jaune. Adresse très élégante, avec une belle carte pour les amateurs de vins.

CHLOE. €

185 Bleecker Street
✆ +1 646 703 0920
www.order.chloeonbleecker.com
Ouvert en semaine de 12h à 21h et le week-end de 11h à 21h. Plats : autour de 15 US$.

Ce nouveau café 100 % végan fait un tabac, et on comprend aisément pourquoi : en plus d'être sains, ses plats sont généreux et savoureux. Hormis les bols et salades, Chloe. propose aussi de délicieux burgers : le classique est servi avec tout ce que l'on attend d'un cheeseburger, à ceci près que le cheddar est remplacé par une sauce butternut et noix de cajou, et que la viande est en réalité une galette aux champignons et noix. L'endroit est mignon, très frais, et il y a souvent de la place pour s'asseoir à l'intérieur ou en terrasse.

LOULOU €€

176 8th Avenue ✆ + 212 337 9577
www.loulounyc.com
Ouvert de 11h à minuit. A partir de 10h le samedi et dimanche. Petit-déjeuner, déjeuner, brunch et dîner.

Loulou, c'est le nom du chien que Mathias a un jour sauvé — et l'âme de ce bistrot au charme fou, installé sur la 8e Avenue, en plein cœur de Chelsea. Ici, on savoure la vie à toute heure : œufs bénédictins au brunch, escargots, bar grillé, confit de canard ou bar à fruits de mer selon l'envie - il y en a pour tous les goûts ! Le soir, on descend au speakeasy pour siroter des cocktails originaux et raffinés dans une ambiance feutrée et résolument chic. Loulou, c'est un rendez-vous glamour entre Paris et New York. Un vrai coup de cœur.

SE RÉGALER

EAT OFFBEAT €

75 9th Avenue
✆ +1 516 427 9479
www.eatoffbeat.com
Ouvert du mardi au samedi de 11h à 20h, le dimanche et le lundi de 11h à 17h. Plats entre 15 et 21 US$.

Le concept de Eat Offbeat est tout à fait surprenant : proposer des plats authentiques issus de cuisines méconnues et confectionnés uniquement par des réfugiés. Le menu est évolutif et fonctionne en mode *build-your-own bowl*, avec une base de riz ou de couscous et un plat mijoté qui varie. Chaque recette est une invitation au voyage ! Imaginé par le duo frère-sœur libanais Manal et Wissam Kahi, Eat Offbeat était au départ un service traiteur puis est devenu un véritable restaurant. Une adresse gourmande et solidaire, installée dans le Chelsea Market.

FAIRFAX €

234 West 4th Street
✆ +1 212 933 1824
www.fairfax.nyc
Ouvert tous les jours à partir de 9h30, jusqu'à 22h, 23h ou 23h30 selon les soirs. Plats à partir de 20 US$.

Un café très mignon au mobilier dépareillé, qui donne l'impression d'avoir été invité à boire le thé chez une tante un peu hippie qui collectionnerait les meubles vintage et les bibelots en tout genre. L'endroit convient autant pour le petit-déjeuner, pour une omelette et un café, que pour un dîner en tête à tête, autour d'une assiette de fromage et d'un verre de vin. Les plats sont simples, finement exécutés et changent un peu de ce que l'on trouve dans les restaurants américains classiques. Une adresse *cosy*, où l'on se sent bien.

FREVO €€€

48 W 8th Street ✆ +1 646 455 0804
www.frevonyc.com
Du mardi au samedi, deux services par soir : 17h30 et 20h30. Menu à 245 US$, plus 135 US$ pour le vin.

Une soirée chez Frevo est une véritable expérience. Déjà, ce restaurant gastronomique français se présente comme un *speakeasy*, après être passé par une galerie d'art. On prend ensuite place au comptoir, devant la cuisine où s'affaire une équipe de cuisiniers passionnés qui servent et présentent eux-mêmes leurs créations. Le menu est unique, une demi-douzaine de plats qui sont autant d'expérimentations puisant dans le patrimoine français, mais aussi japonais, maghrébin... Allez-y pour une grande occasion, vous vous en souviendrez toute votre vie !

GENESIS HOUSE €€€

40 10th Avenue
✆ +1 855 444 0836
www.genesishouse.com
Ouvert du mardi au dimanche de 11h à 21h. Menu dégustation 5 plats : 128 US$.

Genesis House est un sanctuaire où se rencontrent gastronomie et automobile coréennes, pour un résultat incroyablement design. On pénètre par le *showroom* où sont exposées les voitures de la marque de luxe Genesis. Les plats, concoctés à partir de recettes coréennes traditionnelles, sont aussi délicieux qu'inattendus. Quant au service, il est attentif et pointu. Au sous-sol, un espace accueille des expériences immersives exclusives : au printemps 2025, *The Forest Within*, imaginé par Gwyneth Paltrow et le créateur floral Jeff Leatham, a attiré les foules.

LOCANDA VERDE €€

377 Greenwich Street
✆ +1 212 925 3400
www.locandaverdenyc.com
Ouvert du petit-déjeuner au dîner, de 7h à 22h ou 23h. Plat à partir de 35 US$.

Adresse élégante nichée dans l'hôtel Greenwich, Locanda Verde est une ode à l'Italie moderne au cœur de Tribeca depuis 2009. Ce restaurant chic et chaleureux séduit par sa cuisine raffinée signée Andrew Carmellini : pâtes fraîches, viandes savoureuses, desserts gourmands. Ambiance animée, clientèle new-yorkaise branchée, service impeccable. On y croise parfois des célébrités en toute discrétion. Idéal pour un dîner romantique, un brunch sophistiqué ou même un petit-déjeuner gourmand. Un autre restaurant a été ouvert à Hudson Yards en 2024.

MALAPARTE €€

753 Washington Street ✆ +1 212 255 2122
www.malapartenyc.com
Ouvert tous les jours de 17h à 22h (23h du jeudi au samedi), le week-end dès 12h (brunch). Plats de 17 à 35 US$.

Malaparte est une adresse de quartier connue de tous dans le Village ! Les tables en bois, les murs en briques, la minuscule terrasse et l'ambiance intimiste font de ce restaurant italien un lieu éminemment chaleureux. On vient y manger de délicieux plats de pâtes (mention spéciale aux pâtes Carbonara, les meilleures de New York selon nous), des pizzas et des plats authentiquement italiens. Les verres de vin, servis avec une générosité qu'on apprécie, viennent compléter ce repas que l'on achève avec un tiramisu dont on se souviendra longtemps...

NAMI NORI €€

33 Carmine Street
✆ +1 646 998 4588
www.naminori.nyc
Ouvert tous les jours de 11h30 à 21h3à (22h le vendredi et le samedi). Menu signature à 28 US$.

Restaurant japonais qui propose des *temaki*, ces sushis réalisés à partir de feuilles d'algue séchées, de riz et d'ingrédients variés, et habituellement en forme de cône. Ici, ils sont ouverts et tout bonnement délicieux. Plusieurs menus sont proposés avec cinq *temaki* (thon cru et échalote, crevette noix de coco et curry vert, sésame noir et concombre, etc.). On peut également les choisir à la carte. L'idéal est de s'installer au bar pour les déguster au fur et à mesure. Le chef les dépose alors devant nous un par un. C'est frais, surprenant et relevé à souhait.

OLIO E PIÙ €€

3 Greenwich Avenue
✆ +1 212 243 6546
www.olioepiu.com
Ouvert de 11h à minuit, le week-end dès 10h. Plats à partir de 28 US$.

En se promenant le long de la 6e Avenue, impossible de manquer ce grand établissement installé à l'intersection avec Greenwich Avenue. La cuisine italienne est ici dans tous ses états, et on se régale tout particulièrement avec les plats de pâtes maison. Les pizzas sont cuites au feu de bois et les paupiettes de veau semblent avoir été concoctées par une *mamma* italienne. Si la nourriture est authentique, l'ambiance rappelle aussi celle d'une vraie trattoria : conviviale, animée, bondée ! Quant à la déco rustique, elle est très agréable.

RED BAMBOO €

140 West 4th St. ✆ + 1 212 260 7049
www.redbamboo-nyc.com
Ouvert tous les jours de 12h à 22h, jusqu'à 21h le lundi et mardi. Comptez entre 15 et 25 US$ pour un plat.

Un des rares restaurants thaïlandais végétariens de la ville, Red Bamboo est à conseiller à tout le monde, même aux amateurs de viande. Du « faux » poulet cuit dans une sauce à la mangue aux différentes sortes de nouilles, les plats ont en commun des saveurs pas banales. Le menu propose des imitations de bœuf, de poulet et de fruits de mer très réussies autant dans la texture que dans le goût. C'est depuis 2002 que Jade nous régale de ses mets «comfort food», on vous recommande vivement cette adresse à deux pas de Washington Square Park.

RH ROOFTOP RESTAURANT €€

9 9th Avenue
✆ + 1 212 217 2210
www.rh.com/us/en/newyork/restaurant
Ouvert en semaine de 11h30 à 21h et le week-end de 10h à 21h. Salades : 19 US$. Plats : de 32 à 66 US$.

Voici une adresse en totale adéquation avec le quartier qui l'abrite, le très branché Meatpacking District. Perché au 5e étage d'un grand magasin de mobilier de luxe, ce restaurant possède une vaste et agréable terrasse, dotée d'une jolie vue. Le menu propose des plats classiques américains, globalement bien exécutés mais un peu chers. L'idéal : commandez un simple cheeseburger et un cocktail (ils sont excellents), et imprégnez-vous de l'ambiance raffinée des lieux. En terrasse ou sous la verrière, le décor mêle élégance et design contemporain.

SANT'AMBROEUS €€€

259 West 4th Street et Perry Street
✆ +1 212 604 9254
www.santambroeus.com
Ouvert en semaine de 9h à 23h, à partir de 10h le week-end. Plats de 22 à 74 US$.

On se croirait dans une *pasticceria* chic de la Via Veneto à Rome, de Milan ou de Turin. D'exquis petits fours et d'agréables sandwichs de pain de mie attendent sur le comptoir à l'abri d'élégants présentoirs. La salle du restaurant, comme la clientèle, est un peu guindée. Tout le monde prend son temps (le personnel aussi). Le carpaccio est très recommandable, le cappuccino est onctueux, et l'expresso est l'un des meilleurs de la ville... L'addition, quant à elle, est salée ! L'une des traditionnelles haltes BCBG new-yorkaises.

LE PETIT VILLAGE €€

173 7th Avenue S ✆ +1 646 980 5004
www.lepetitvillagenyc.com/
Ouvert du lundi au vendredi de 16h à minuit ou 1h. Samedi et dimanche de 10h à minuit ou 1h. Plat à partir de 25 US$.

Notre coup de cœur absolu cette saison ! Niché en plein milieu de la frénésie de West Village, ce joli restaurant aux allures de brasserie des petits villages du sud de la France revisité façon new-yorkaise vous épatera. Briques rouges, poutres en bois, mobilier chiné, superbe verrière et terrasse en plein soleil font de ce lieu un espace hyper convivial. On y va aussi pour ses cocktails, ses planches de charcuterie, fromages affinés, ses plats en sauce... et son délicieux brunch le week-end. Bref, un incontournable lors de votre passage dans le quartier !

VIA CAROTA €€

51 Grove Street
✆ +1 212 255 1962
www.viacarota.com
Ouvert en semaine de 11h à 23h, du vendredi au dimanche dès 10h. Plats de pâtes : autour de 27 US$.

En poussant la porte de cet établissement, vous comprendrez vite pourquoi les restaurants italiens ont autant la cote à New York. Via Carota aurait pu n'être qu'une bonne adresse de quartier, mais ses plats, authentiques et délicieux, lui ont forgé une réputation dans tout New York. Évidemment, ça n'est pas donné. On est fan de la déco, à la fois rustique et élégante, avec ses murs en brique et ses étagères remplies de vaisselle en porcelaine et de bouteilles de liqueur. Sans réservation, vous aurez une chance d'avoir une table pendant les heures creuses.

TAÏM €

45 Spring Street
✆ +1 212 219 0600
www.taimkitchen.com
Ouvert tous les jours de 11h à 22h. Plats autour de 15 US$.

C'est ici que vous mangerez les meilleurs falafels de la ville ! La chef israélienne Einat Admony a ouvert sa première adresse en 2005 et, depuis, le succès est tel que de nombreux autres restaurants ont ouvert dans Manhattan, Brooklyn et le Queens. Ici, tout est végétarien, les plats sont inspirés de recettes israéliennes, les ingrédients sont aussi frais que possible et tout est réalisé sur place. Les boulettes de pois chiches sont à base d'oignon, d'ail, de coriandre et de cumin. Possibilité de confectionner votre propre bol. Un régal.

WAVERLY INN €€

16 Bank Street
✆ +1 917 828 1154
www.waverlynyc.com
Ouvert tous les jours de 17h à 23h, le week-end dès 11h. Plats à partir de 30 US$.

Sans doute le restaurant où l'on a le plus de chance de croiser une célébrité. Mais la réservation est très difficile, même en s'y prenant un mois à l'avance. A moins que vous soyez ami avec une star ou avec le président du magazine *Vanity Fair*, à qui appartient le restaurant ! La décoration, très chaleureuse, est réussie et n'a d'égale que le petit jardin, aux murs de briques recouverts de lierre. La cuisine façon bistrot n'a rien d'extraordinaire mais peut se targuer d'avoir recours uniquement à des produits locaux et bio.

TRAVELERS POETS & FRIENDS €€

457 6th Avenue
✆ +1 212 420 0057
www.travelerspoetsandfriends.com
Ouvert en semaine de 8h à 22h (21h le lundi), le samedi de 9h à 22h et le dimanche de 9h à 21h. Plats : 20-35 US$.

Ce lieu hybride d'inspiration italienne, à la fois marché, café, boulangerie et restaurant, prône la durabilité, le bio et le fait maison. Le restaurant propose des plats italiens sans aucune viande et réalisés à partir de produits sourcés dans un rayon limité à 160 km, tandis que les pâtes ainsi que les produits de la boulangerie sont réalisés sur place le jour même. Un lieu chaleureux, qui ressemble à une maison conviviale où l'on se réunirait pour rire et manger.

WHITE HORSE TAVERN €

567 Hudson Street et West 11th Street
✆ +1 212 989 3956
www.whitehorsetavern1880.com
Ouvert à partir de 12h du lundi au jeudi et dès 11h du vendredi au dimanche, jusqu'à tard. Plats de 15 à 30 US$.

Depuis les années 1880, cette taverne rustique se dresse à ce coin de rue, marquée par l'âge mais toujours jeune avec sa clientèle d'éternels marginaux. Depuis son ouverture, elle a vu défiler tous les artistes et poètes du Village. On y mange américain pour pas cher : *burgers*, steaks, soupes, sandwichs : et la bière coule à flot. Vous viendrez y voir les matchs de base-ball des Yankees en compagnie de vieux hippies qui semblent connaître le secret, conservé depuis quatre générations, d'une bière qui a fait couler beaucoup d'encre.

2 BROS PIZZA €

557 8th Ave
✆ +1 212 239 1117
www.2brospizza.com

Ouvert tous les jours de 11h à 20h (21h le vendredi et le samedi). Part de pizza à 1,50 US$.

Tous les New-Yorkais connaissent 2 Bros Pizza, chaîne avec des adresses partout dans Manhattan. Avec une *slice* à seulement 1,50 US$, difficile de trouver moins cher. Le prix augmente légèrement en fonction de la garniture : chorizo, saucisse, champignons, poulet... Ce ne sera pas la meilleure pizza de votre vie, mais elle remportera sans aucun doute la palme du meilleur rapport qualité/prix. Pour 3,99 US$, on repart avec deux parts de pizza plus une canette de soda. Pliez votre part de pizza en deux – sur la longueur – pour la manger comme un New-Yorkais !

BENOIT €€

60 W 55th Street
✆ +1 646 943 7373
www.benoitny.com

Ouvert tous les jours de 12h à 21h, 21h15 ou 21h45 selon les soirs. Plats de 30 à 50 US$.

Benoit, c'est le restaurant new-yorkais du chef Alain Ducasse. Le décor est élégant, dans l'esprit brasserie parisienne. Entre les quenelles, le poulet rôti, les ris de veau aux champignons, le pâté en croûte et les escargots, difficile de faire plus traditionnel ! Le style très français peut d'ailleurs dérouter une partie de la clientèle locale, qui lui préfère parfois des restaurants légèrement plus américanisés. Mais pour le palais français, tout y est ! L'endroit plaît beaucoup à une clientèle de New-Yorkais un peu plus âgés.

LE BERNARDIN €€€

155 West 51st Street
✆ +1 212 554 1515
www.le-bernardin.com

Ouvert en semaine midi et soir, samedi uniquement le soir. Fermé le dimanche. Menus de 135 (au déjeuner) à 350 US$.

Si vous comptez tester un grand restaurant pendant votre séjour, ne cherchez pas plus loin. Avec ses menus à prix fixe, le midi et le soir, le Bernardin propose de la très haute-gastronomie à un tarif abordable. La très grande majorité des plats sont à base de poissons et fruits de mer, pêchés de manière écologiquement responsable, précise le menu. Les menus à prix fixe vous proposent de choisir un plat dans chacune des trois sections : presque cru, à peine touché, légèrement cuit. Ici, vous l'aurez compris, le produit n'est pas dénaturé, il est sublimé.

BLUE BOX CAFÉ €€

727 5th Avenue, 6th Floor
✆ +1 212 605 4090
www.blueboxcafenyc.com

Ouvert du lundi au samedi de 10h à 20h et le dimanche de 11h à 19h. Plats 26-52 US$. Breakfast at Tiffany's : 68 US$.

Si vous rêvez, comme Audrey Hepburn dans la peau de Holly Golightly, de savourer un *Breakfast at Tiffany's*, c'est désormais chose possible au Blue Box Café. Installé au 6e étage de l'édifice qui abrite le légendaire magasin depuis 1940, ce restaurant rend hommage à la fois à la célèbre maison de joaillerie et à l'œuvre de Truman Capote portée à l'écran en 1961. Le chef français Daniel Boulud est à l'origine du menu. Il est difficile d'obtenir une réservation, mais consultez Resy pour connaître les disponibilités un mois à l'avance. Cher, mais original.

BROOKLYN BAGEL & COFFEE COMPANY €

286 8th Avenue
✆ +1 212 924 2824
www.bkbagel.com

Ouvert en semaine de 6h30 à 15h, le week-end à partir de 7h. 8 US$ pour un bagel.

Vous n'oseriez tout de même pas visiter New York sans goûter à ses célèbres bagels ? Le New-Yorkais mange son bagel au *cream cheese and lox* comme le Français mange son jambon-beurre. Il existe bien sûr mille et une façons de préparer son bagel (fait maison, ici), avec du saumon, du bacon, de l'œuf, etc. Vous pouvez tenter de constituer le bagel de vos rêves avec les ingrédients disponibles. Un conseil, n'en mettez pas trop, le bagel à lui seul est déjà très copieux !

CHEF'S TABLE AT BROOKLYN FARE €€€

431 W 37th Street
✆ +1 718 243 0050
www.brooklynfare.com

Ouvert du mardi au samedi de 17h à 23h. Réservation obligatoire. Menu dégustation à 360 US$.

Situé dans une ancienne épicerie fine de Hell's Kitchen, Chef's Table at Brooklyn Fare propose une expérience gastronomique unique autour d'une douzaine de plats servis au compte-goutte. Sous la direction des chefs Max Natmessnig et Marco Prins, le restaurant met l'accent sur des produits de la mer d'une fraîcheur et d'une qualité exceptionnelles, sublimés par des cuissons précises et des saveurs raffinées. Le restaurant est distingué par deux étoiles Michelin.

CITIZENS OF CHELSEA €

401 W 25th Street
✆ +1 212 372 7663
www.citizens.coffee
Ouvert en semaine de 7h à 16h, le week-end jusqu'à 17h. Plats à partir de 15 US$.

Un énième lieu dédié au brunch à New York, sauf que celui-ci est d'inspiration australienne. Le cadre, très tendance, boisé avec des plantes vertes un peu partout, plaît beaucoup à un public plutôt jeune. Pas de surprise au niveau des plats : œufs pochés, Bénédicte ou frits, gaufres, avocats à gogo mais aussi, pour ceux qui surveillent leur ligne, des bols composés d'ingrédients sains. Tout est bon, y compris les boissons. Comme souvent dans ce genre d'endroits, les réservations ne sont pas acceptées, mieux vaut donc y aller en semaine pour éviter l'attente.

COPPELIA €

207 W 14th Street
✆ +1 212 858 5001
Ouvert 24h/24, 7j/7. Plats entre 12 et 30 US$.

Un *dîner*, oui, mais différent de ceux que l'on trouve habituellement à New York ! Coppelia est un restaurant cubain dont la propriétaire, qui l'a ouvert en 2011, nous vient tout droit de La Havane. Pourtant, la fontaine à soda, les banquettes *vintage*, les *milkshakes* en dessert et la façade édulcorée nous rappellent bien l'ambiance des *diners* américains. Les plats, de bonnes spécialités cubaines qui côtoient quelques options américaines, sont généreux et pleins de saveurs. Rihanna, habituée des lieux, raffole du *lomo saltado* (sauté de bœuf péruvien).

COQODAQ €€

12 E 22nd Street
✆ +1 646 490 5099
www.coqodaq.com
Ouvert de 12h à 15h et de 17h à 23h. Fried Chicken avec accompagnements : 42 US$/personne. Nugget au caviar : 28 US$.

Ce spot ultra branché, imaginé par l'équipe à l'origine du restaurant étoilé Cote, est surtout connu pour son poulet frit coréen, version luxe. Il est servi croustillant et dans un *bucket* (petit seau posé au centre de la table), et accompagné de pickles et de sauces maison à tomber par terre. L'idée est de le déguster avec du champagne, juste pour le panache. L'autre plat signature de la maison est le *golden nugget* : un nugget de poulet servi, au choix, surmonté de truffe noire ou de caviar. Ambiance festive et niveau sonore très élevé.

COSME €€

35 E 21st St
✆ +1 212 913 9659
www.cosmenyc.com
Ouvert tous les jours de 17h à 21h30 (22h du jeudi au samedi). Plats de 30 à 45 US$.

Ce restaurant mexicain a été récompensé d'une étoile Michelin en 2016. Au menu, de vraies spécialités comme les *tacos al pastor* (le porc est cuit selon une méthode typique du centre du Mexique) et les *carnitas* (porc braisé à la coriandre et aux oignons). En dessert, à ne manquer sous aucun prétexte : la meringue au maïs, souvent considérée comme l'un des meilleurs desserts de New York. Les cocktails sont absolument divins, surtout si vous les aimez épicés et pleins de saveurs fruitées. Allez-y les yeux fermés, ne serait-ce que pour boire un verre.

EATALY €€

200 5th Avenue
✆ +1 212 229 2560
www.eataly.com
Market ouvert tous les jours de 7h à 23h. Les horaires et les prix varient selon les restaurants.

Un lieu immense déconseillé aux agoraphobes. Mais que de choix ! Imaginé par un trio de restaurateurs extrêmement respectés à New York, l'espace est agencé comme un lieu gourmet. À chaque restaurant, son thème : pizza et *pasta*, poisson, viande, *gelateria*, *wine bar*… Eataly, ce sont aussi des supermarchés avec des produits européens, des cafés, un glacier, etc. L'ensemble n'est pas donné, notoriété oblige, mais le lieu mérite le détour même sans consommer. Le succès est tel qu'Eataly a ouvert deux autres adresses à New York (Soho et Financial District).

ELEVEN MADISON PARK €€€

11 Madison Avenue
✆ +1 212 889 0905
www.elevenmadisonpark.com
Ouvert tous les jours pour le dîner à partir de 17h, le samedi également de 12h à 14h. Menus à 195, 285 et 365 US$.

EMP est l'une des meilleures tables de New York. La cuisine nouvelle, évolutive et inventive du chef suisse Daniel Humm ravit depuis 2016 les *foodies* de Manhattan, ainsi que le Michelin qui lui a accordé trois étoiles. En 2021, le chef a de nouveau surpris en décidant de proposer une cuisine 100 % végétale. Le menu dégustation est constitué de 8 à 10 plats élaborés à partir d'ingrédients de saison. Un menu moins cher, végan lui aussi, est accessible aux clients installés au bar. Un repas qui laisse sans voix… tout comme l'addition.

© ICHIRAN

ICHIRAN €

152 W 49th Street
✆ +1 646 964 4294
www.ichiranusa.com

Ouvert tous les jours de 11h à 22h. Jusque 22h30 le vendredi et samedi. Plat de ramen à partir de 18,90 US$.

Nichée en plein cœur de Times Square, l'adresse new-yorkaise d'Ichiran est une vraie pépite pour les amateurs de ramen. Ici, c'est comme au Japon ! Installé dans une cabine solo en bois, on savoure en silence un bol de ramen tonkotsu parfaitement équilibré, riche et crémeux à souhait. Tout est personnalisable, des nouilles à l'intensité du bouillon, que l'on commande en entrant. Le service est rapide, l'ambiance zen. Un dépaysement et une pause délicieuse et surprenante dans l'effervescence de Midtown, à vivre au moins une fois.

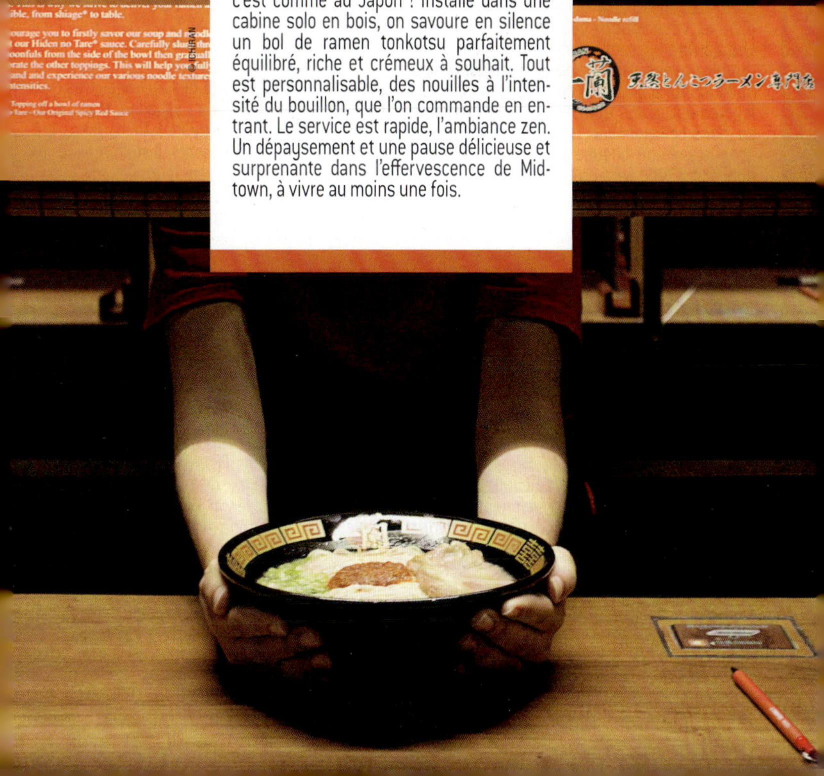

© ICHIRAN

ELLEN'S STARDUST DINER €

1650 Broadway
www.ellensstardustdiner.com
Ouvert tous les jours de 7h à minuit. Plats de 16 à 28 US$.

Une comédie musicale pendant le repas ? Voilà ce que propose ce célèbre *diner* où les serveurs – qui sont aussi des jeunes chanteurs-danseurs en devenir – interprètent pendant leur service les plus grands titres des comédies musicales de Broadway. Pour vous donner une idée de l'atmosphère, pensez à la scène de la danse dans *Pulp Fiction*. Le décor de ce *diner* style années 80 est kitsch à souhait mais participe à l'ambiance. Certes, il n'y a pas l'ombre d'un New-Yorkais par ici, mais c'est une chouette expérience pour qui ne peut pas s'offrir un broadway *show*.

EMPANADA MAMA €

765 9th Avenue
✆ +1 212 698 9008
empmamanyc.com
Ouvert 24h/24, 7j/7. Empanadas à partir de 4 US$.

L'empanada, mets très populaire en Amérique latine, est l'équivalent d'un feuilleté, fourré avec des légumes et/ou de la viande. Selon les pays, il est réalisé à partir de farine de maïs ou de blé – ici, vous pourrez goûter les deux versions. Les garnitures sont variées et plus ou moins américanisées : on va de la classique *empanada* au bœuf, pommes de terre et oignons à la légèrement moins traditionnelle *pepperoni pizza*. Dans ce lieu ouvert toute la nuit se retrouve chaque soir une joyeuse foule mêlant fêtards et public tout droit sorti du théâtre.

GALLAGHER'S STEAKHOUSE €€

228 West 52nd Street ✆ +1 212 245 5336
www.gallaghersnysteakhouse.com
Ouvert tous les jours de 11h45 à 22h, jusqu'à 23h le vendredi et le samedi. Plats de viande de 29 à 79 US$.

Ouvert depuis 1927, cet établissement s'est fait connaître par le bouche à oreille et l'entrée se faisait uniquement sur mot de passe. Depuis plusieurs générations, les célébrités du sport, du spectacle et du business viennent s'attabler dans cette *steakhouse* du quartier des théâtres. On y sert d'énormes portions de viande, mais aussi du poisson, des fruits de mer, des langoustes et de gigantesques desserts américains. Les meilleurs moments pour s'y rendre sont l'heure du déjeuner parmi les *business people*, et le soir vers 22h, après la sortie des théâtres.

GRAMERCY TAVERN €€€

42 E 20th Street
✆ +1 212 477 0777
www.gramercytavern.com
Ouvert tous les jours de 11h30 à 22h30. Plats 33-45 US$. Menu dégustation : 175 US$. Menu déjeuner : 85 US$.

Un vaste espace élégant et minimaliste sert de décor à ce restaurant en vogue, géré par l'incontournable Danny Meyer. Les recettes, d'inspiration américaine, sont inventives et raffinées. La carte des fromages et des vins est infinie et la cuisine varie selon les saisons. Le menu le moins cher est proposé le midi, de même que les plats à la carte, qui sont presque tous préparés au feu de bois à l'annexe. Le soir, menus prix fixes uniquement, avec ou sans accord mets et vins. Une excellente table qui fait l'unanimité à New York.

GRAND CENTRAL OYSTER BAR €€€

89 East 42nd Street ✆ +1 212 490 6650
www.oysterbarny.com
Ouvert du lundi au vendredi de 11h30 à 21h30. Huîtres à partir de 3,25 US$ pièce.

Dans la très belle et vaste salle de 1913, cachée au sous-sol de la plus belle gare new-yorkaise, 1 800 clients se pressent chaque jour, pour une consommation annuelle de 1,7 million d'huîtres fraîches ! L'une des meilleures sélections de vins du pays et des arrivages très frais d'huîtres et de poissons : espadon, truite, sole, maquereau, raie, esturgeon, thon, loup, etc. Une atmosphère trépidante à midi, quand les bureaux voisins dégorgent leurs flots de cadres et de secrétaires, et décontractée le soir. Bref, une authentique expérience new-yorkaise.

IPPUDO WESTSIDE €€

321 W 51st Street ✆ +1 212 388 0088
www.ippudony.com
Ouvert tous les jours de 11h à 23h, jusqu'à minuit le vendredi et le samedi. Ramen entre 20 et 26 US$.

Ce restaurant japonais qui est né à Fukuoka dans les années 1980 a pris ses quartiers new-yorkais (dans l'East Village tout d'abord) en 2013. Il propose de délicieux *ramens*, ces soupes de nouilles à base d'un bouillon de poisson ou de viande. D'autres spécialités japonaises sont au menu, comme l'*okonomiyaki*, ce pancake salé à base de chou typique d'Osaka. Absolument tout est réalisé sur place. Impossible de faire une entrée discrète, car à chaque fois qu'un client pénètre dans la salle, tout le personnel s'exclame « Bienvenue ! » en japonais.

CHEZ JOSEPHINE €€€

414 West 42nd Street
✆ +1 212 594 1925
www.chezjosephine.com
Ouvert tous les jours de 11h à minuit. Plats : 17-48 US$ le midi et 31-52 US$ le soir. Menu 3 plats : 45 US$.

Ce restaurant qui rend hommage à Josephine Baker a été fondé par l'un de ses douze enfants, son fils adoptif Jean-Claude Baker. L'endroit transporte les convives dans un autre monde, celui des Années Folles parisiennes, dont Josephine reste sans doute l'artiste la plus emblématique. Plafond bleu nuit, murs en velours rouge et affiches *vintage* représentant la star panthéonisée… Chez Josephine propose une cuisine française classique et bien réalisée, mais on vient moins pour la nourriture que pour l'ambiance et les soirées piano.

LILLIE'S VICTORIAN ESTABLISHMENT €€

249 W 49th Street ✆ +1 212 957 4530
www.lilliesnyc.com
Ouvert en semaine à partir de 11h, le week-end dès 10h30, fermeture entre minuit et 1h30. Plats : entre 18 et 40 US$.

Si vous aviez une vieille tante anglaise un peu fortunée, voici à quoi pourrait ressembler l'intérieur de sa demeure. Ce pub victorien à l'ambiance volontairement kitsch est décoré du sol au plafond : bibelots, bustes, portraits encadrés, moulures et dorures à foison. Le menu va du burger au fish and chips en passant par des côtes d'agneau. Et c'est bon ! L'après-midi, un afternoon tea est proposé.

Parfaitement situé pour dîner avant ou après un spectacle sur Broadway.

LOS TACOS NO. 1 €

229 West 43rd Street
www.lostacos1.com
Ouvert du lundi au samedi de 11h à 23h, le dimanche de 11h à 21h. Taco : autour de 6 US$.

Ce sont, pour beaucoup, les meilleurs tacos de New York… Voilà sans doute pourquoi il y a toujours foule dans ce restaurant qui ne compte aucune place assise. On commande au comptoir et on mange debout, mais ce n'est ni pour le service, ni pour le confort que l'on s'y rend. Les tacos, savoureux et servis en un éclair, valent à eux seuls le détour. Il existe plusieurs restaurants de cette chaîne à Manhattan : celui-ci se trouve dans le quartier des théâtres et est idéal pour manger un bout rapide avant ou après avoir assisté à un spectacle.

MERCADO LITTLE SPAIN €€

10 Hudson Yards ✆ +1 646 495 1242
www.littlespain.com
Le mercado est ouvert tous les jours de 11h à 22h. Les tarifs varient selon les stands.

Voilà le lieu *trendy* d'Hudson Yards, ce quartier qui a surgi de terre en 2019… Mercado Little Spain est un peu à l'Espagne ce qu'Eataly est à l'Italie et le District à la France. Il s'agit d'un grand *food court* qui propose d'authentiques spécialités espagnoles. Les prix sont certes un peu élevés, mais la qualité est là. Commandez du *manchego* à un premier stand, une assiette de *paella* à un autre, imitez les Espagnols autour de vous qui demandent au serveur de leur apporter un *tinto de verano* (pas au menu), et vous passerez un excellent moment.

NUSR-ET STEAKHOUSE €€€

60 W 53rd ✆ +1 212 315 3660
www.nusr-et.com.tr
Ouvert tous les jours de 12h à 22h15. Formule lunch à 39 US$. Pièce de boeuf à partir de 69 US$.

Bienvenue dans l'univers flamboyant de Nusr-Et, le *steakhouse* du célèbre Salt Bae à Miami ! Ici, tout est *show* : découpes de viande spectaculaires, service théâtral et pièces de bœuf d'exception (il y a même l'option paillettes d'or !). L'ambiance est chic et attire les amateurs de viande comme les fans du chef, devenu star internationale. Le lieu est idéal pour une soirée hors du commun, au même prix qu'un premium steakhouse, mais avec bien plus de valeur ajoutée. On vous recommande au moins une fois cette expérience unique, entre luxe, saveurs et spectacle.

OCABANON €€

245 West 29th Street
✆ +1 646 669 7879
www.ocabanon.com
Ouvert du lundi au vendredi de 12h à 23h et le samedi de 16h à 23h. Plats de 28 à 59 US$.

OCabanon évoque le coin de cuisine au fond du jardin, où nos grands-mères faisaient mijoter des petits plats, où l'on discutait et passait du bon temps : un cabanon ! Ce restaurant à l'ambiance bon enfant ravit aussi bien les palais français qu'américains, dans l'atmosphère détendue d'un bistro. Au menu, des préparations savoureuses et variées : magret de canard, ratatouille à la burrata, filet de vivaneau, pâté de campagne maison, à accompagner de l'un des bons vins soigneusement conservés dans la cave. Des événements festifs y sont régulièrement organisés.

OLE & STEEN €

80 W 40th Street
✆ +1 929 209 1540
www.oleandsteen.us
Ouvert tous les jours de 6h30 à 20h. Sandwiches autour de 14 US$.

Cette chaîne de cafés et boulangeries fondée au Danemark s'est implantée à New York en 2016 et n'a pas cessé de s'étendre depuis. Cette adresse fait l'angle entre la 40e rue et la 6e Avenue, juste en face de Bryant Park. On peut donc aisément commander un sandwich, une tarte ou une pâtisserie danoise (telle que le Spandauer, fameuse viennoiserie à base de pâte feuilletée et de confiture) et s'installer au parc pour manger. Notez que les sandwiches sont très copieux. Pas mal pour une pause déjeuner avec une touche scandinave.

PAVÉ €

20 West 46th Street
✆ +1 646 454 1387
www.pave46.com
Ouvert en semaine de 7h à 19h (jusqu'à 16h lundi et vendredi) et le dimanche de 9h à 15h. Sandwich : à partir de 8 US$.

Un café en plein cœur de Midtown, qui a l'avantage de posséder une longue et agréable salle et d'abriter de nombreuses tables. On peut donc aisément s'y installer entre deux visites, pour faire une pause café ou déjeuner sans se ruiner. Les croissants sont dignes d'une boulangerie à la française, les salades sont gigantesques et les sandwiches et tartines sont très bons, bien qu'on les préférerait un peu plus gros. La déco, mi-rustique mi-industrielle avec les murs en briques apparentes, est très plaisante, et le service est rapide.

LA PECORA BIANCA €€

950 2nd Avenue
✆ +1 212 899 9996
www.lapecorabianca.com
Ouvert à partir de 7h en semaine et 8h le week-end, jusqu'à 22h (23h vendredi et samedi). Plats autour de 25 US$.

La Pecora Bianca est une chaîne de restaurants italiens très populaire à New York, qui compte pas moins de six adresses à Manhattan. Celle-ci se situe juste en face de Bryant Park, et elle offre un cadre moderne très sympa. La grande salle est lumineuse, accueillante et soigneusement décorée. Le menu ne propose pas de choses spectaculaires, mais les pizzas et les pâtes sont bonnes (mention spéciale pour les Cacio e Pepe, aussi bien sous leur forme habituelle qu'en beignets - *fritters* -, en entrée). Le soir, il est conseillé de réserver.

POKE BOWL €

599 Lexington Avenue ✆ +1 929 674 8760
pokebowlny.com
Ouvert du lundi au samedi de 10h à 23h, le dimanche de 11h à 20h. Poke bowls autour de 17 US$.

Le poke, cette spécialité de la cuisine hawaïenne à base de poisson cru mariné et servie, dans sa version moderne, avec du riz et d'autres ingrédients tels que des condiments, est proposée dans cette chaîne qui compte une dizaine d'adresses à travers Manhattan. Si vous n'êtes pas tenté par l'un des *bowls* proposés (le *bowl* signature est le *Poke Bowl Special*, à base notamment de thon cru, oignon cébette et edamame), vous pouvez customiser votre *bowl* à partir d'une, deux ou trois protéines (le prix augmente en fonction) et les condiments de votre choix. Très frais.

LE RIVAGE €€

340 West 46th Street
✆ +1 212 765 7374
www.lerivagenyc.com
Ouvert à partir de 11h30 (16h le lundi), fermeture à 23h ou minuit. Plats : 29 -74 US$. Menu déjeuner : 46 US$.

Ayant pignon sur rue depuis 1982, le Rivage est une institution française dans le quartier des théâtres de Broadway. Ancien *speakeasy*, il a gardé l'atmosphère tamisée et confidentielle de ces débits de boissons clandestins, le caractère français en plus. Côté assiette, on trouve en entrée moules farcies et potage de légumes, en plat de résistance des grands classiques comme la truite amandine ou le bœuf bourguignon - citons ici le French Onion Soup Burger - et des desserts gourmands. Romantique, Le Rivage mérite définitivement une escale.

SERENDIPITY 3 €€

157 W 47th Street
✆ +1 646 455 0467
www.serendipity3.com
Ouvert tous les jours de 8h à minuit.

Serendipity 3 Times Square apporte à Midtown l'esprit kitsch et gourmand du mythique café-dessert créé en 1954 sur l'Upper East Side. Dans un décor exubérant signé Andy Warhol — néons mauves, mosaïques Tiffany et portraits pop art — l'ambiance est immédiatement festive. Le menu est long : burgers, hot-dogs, mac'n'cheese, nachos, le tout en quantité astronomique et des desserts de tous les goûts qui dégoulinent. Ici, c'est résolument instagrammable. Un lieu unique qui réunit toutes les générations en quête d'un spectacle visuel et gustatif.

SHAKE SHACK €

Madison Avenue et East 23rd Street
✆ +1 212 889 6600
www.shakeshack.com
Ouvert tous les jours de 10h30 à 23h30. Burgers à partir de 10 US$.

Le kiosque mythique du Madison Square Park, fameux car nommé meilleur hamburger à plusieurs reprises. Ce n'est pas le gros burger servi dans du pain brioché des restaurants mais c'est bien meilleur que le burger froid et sec des *fast-foods* ! Vous ferez la queue à toute heure devant cette échoppe, avant de vous installer sur les petites tables attenantes, mais ne vous inquiétez pas, cela dure rarement plus d'une demi-heure, et l'ambiance y est furieusement new-yorkaise ! A Shake Shack, on sert aussi des hot-dogs et de délicieux *milkshakes* (d'où le nom).

TACOMBI €

23 W 33rd St
✆ +1 646 964 5984
www.tacombi.com
Ouvert tous les jours de 11h à 23h. Taco : à partir de 5 US$.

L'histoire de Tacombi commence en 2006 à bord d'un minivan sur une plage du Yucatán. En 2010, l'aventure se poursuit à New York et Tacombi devient une véritable *success story* internationale. La Big Apple compte déjà une dizaine de restaurants, et ce ne serait que le début. Au menu, des *quesadillas*, des *burritas* et surtout des *tacos*, notamment les célèbres *tacos al pastor*. D'ailleurs, vous pourrez voir le *trompo* de viande qui tourne, comme pour la confection d'un kebab. Bon, rapide, peu cher et au pied de l'Empire State Building... Que demander de plus ?

LA TÊTE D'OR BY DANIEL €€€

318 Park Ave South ✆ +1 212 597 9155
www.latetedorbydaniel.com
Ouvert tous les jours de 17h à 23h, 22h le dimanche. Steak frites : 58 US$, plateau de fruits de mer : 110 US$ pour 2.

Une (autre !) nouveauté du chef lyonnais Daniel Boulud, qui poursuit son expansion gastronomique à New York. Installé dans le quartier animé du Flatiron, ce steakhouse propose des classiques français revisités avec élégance et générosité : bavette de wagyu, homard chaud ou froid, côte de bœuf découpée à table... La viande est à se damner, et les sauces proposées en accompagnement (bordelaise, au poivre, béarnaise...) ne font que sublimer l'expérience. L'ambiance, chic et chaleureuse, est parfaite pour un dîner sophistiqué et convivial en plein Manhattan.

UNDER 30 ROCK €

30 Rockefeller Plaza
www.rockefellercenter.com/dine/
Horaires variables selon les restaurants.

Ouvert en 2024, ce food hall est, comme son nom l'indique, situé sous le mythique Rockefeller Center, au niveau souterrain (*rink level*) accessible depuis le hall principal ou depuis la place qui accueille la patinoire en hiver. Une quinzaine de comptoirs de restauration rapide y sont rassemblés : sandwiches, salades, pizzas, sushis, bagels, glaces, café... L'endroit est particulièrement prisé en semaine par les employés de bureau qui travaillent dans le quartier. Une bonne option pour manger sur le pouce entre deux visites sans casser sa tirelire.

UNION SQUARE CAFE €€€

101 E 19th Street
✆ +1 212 243 4020
www.unionsquarecafe.com
Ouvert en semaine de 11h30 à 22h30 (23h jeudi-samedi), dès 11h le week-end. Plats : 26-45 US$. Menu du soir : 85 US$.

C'est l'une des meilleures cuisines américaines de Manhattan, à en croire les gastronomes. Le décor est sobre, le service irréprochable, et la carte se démarque par son inventivité : canard au citron et à la poire cuite dans le miel, flan d'épinards, filet mignon de thon et aubergines grillées, cailles rôties aux champignons, et un plat du jour qui change quotidiennement. Une étape gastronomique hautement recommandable, gérée de main de maître par le célèbre chef Danny Meyer, auteur du livre à succès *Union Square Café Cookbook*.

URBAN HAWKER €

135 W 50th Street
www.urbanhawker.com
Ouvert du lundi au samedi de 10h à 22h, le dimanche de 10h à 21h. Plats : 15-20 US$.

Un *hawker* est, à Singapour, un marché qui réunit toutes sortes de stands de nourriture. Le concept a été repris assez efficacement dans ce lieu qui rassemble une vingtaine de vendeurs proposant divers plats et boissons asiatiques, notamment d'Asie du Sud-Est : riz frit, dim sums, *sate*, *nasi lemak* ou encore le fameux Kopi (le café version Singapour). Chacun peut commander son plat au stand de son choix puis retrouver ses camarades à l'une des tables de ce marché couvert. Pas mal pour manger sur le pouce pendant votre découverte de Midtown.

BARNEY GREENGRASS €€

541 Amsterdam Avenue
✆ +1 212 724 4707
www.barneygreengrass.com
Ouvert du mardi au vendredi de 8h30 à 16h, jusqu'à 17h le samedi et le dimanche. Plateaux de 43 à 72 US$.

Le roi du poisson fumé depuis 1908 ! La décoration, digne des bons vieux *diners* new-yorkais, date des années 1950. Un *diner* doublé d'un *deli* qui vend autant de spécialités que le long comptoir de l'entrée peut en contenir. Le *brunch* est certainement l'un des plus authentiques de New York et l'atmosphère très typique d'un film de Woody Allen fait le reste. Divers types de poissons sont au menu et se dégustent, au choix, sur un bagel ou sous la forme d'un plateau. Demandez donc un petit verre de bortsch (bouillon aux betteraves sucrées) avec votre saumon.

CAFE FIORELLO €€

1900 Broadway
✆ +1 212 595 5330
www.cafefiorello.com
Ouvert à partir de 12h en semaine, le week-end dès 10h, fermeture à 22h, 23h et 23h30 selon les soirs. Plats à 30 US$.

Situé en face du Metropolitan Opera, cet élégant restaurant italien est ouvert tard le soir. Idéal si vous avez une petite faim après le spectacle. Les plats, finement exécutés, sont copieux et ne vous laisseront pas sur votre faim. Et si vous ne souhaitez que grignoter, optez pour l'excellent buffet d'antipasti : crevettes et haricots blancs, salade de calamars grillés, burrata, asperges vertes... le tout accompagné d'un bon verre de vin blanc de Toscane. D'ailleurs, vous pouvez sans problème vous y arrêter uniquement pour boire un verre avant votre spectacle.

GRAY'S PAPAYA €

2090 Broadway
✆ +1 212 799 0243
Ouvert de 8h à 22h, jusqu'à 23h du jeudi au samedi. Hot dot à 3,35 US$.

Dans ce lieu réputé dans toute la ville pour ses hot-dogs (même les grands chefs avouent avoir un faible !), l'excellent rapport qualité-prix n'est plus à prouver. Vous pourrez mettre ce que vous voulez dedans : ketchup, moutarde ou les deux, ou bien l'agrémenter de leur sauce spéciale aux oignons (un peu style sauce barbecue). Ici, pas de chichi, l'ambiance est restée inchangée depuis des décennies. Pour faire comme les vrais New-Yorkais, commandez 2 hot-dogs (il n'y a que les touristes pour n'en manger qu'un) et un *papaya juice*.

JACOB'S PICKLES €€

509 Amsterdam Avenue
✆ +1 212 392 5407
www.jacobspickles.com
Ouvert en semaine de 10h à minuit, le week-end dès 9h. Plats de 15 à 25 US$.

Le meilleur de la *comfort food*, ces plats peu légers du Sud des Etats-Unis, est à Jacob's Pickles. En apéritif, commandez les *biscuits, ces* pains servis chaud avec du beurre et de la confiture. Le cheeseburger et les *mac'n'cheese* sont délicieux. Mais si vous en avez marre de commander toujours les mêmes plats, expérimentez les bacon *grits* (polenta), un plat qui nous vient des peuples natifs. Ou alors goûtez au *biscuit and gravy*, ce plat très populaire dans le Sud des Etats-Unis qui est recouvert d'une sauce blanche grasse à souhait.

MAREA €€€

240 Central Park South
✆ +1 212 582 5100
www.marearestaurant.com
Ouvert tous les jours de 12h à 22h (23h le vendredi et le samedi). Plats de 40 à 80 US$.

Marea est peut-être le restaurant italien le plus connu et le plus encensé de la ville, ce qui n'est pas peu dire ! Cette institution ne mise pas sur une décoration originale ou particulièrement moderne, mais sur une nourriture d'exception. Le célèbre guide rouge lui a d'ailleurs accordé deux étoiles. Les pâtes sont à tomber par terre, à commencer par le plat signature de la maison : les *fusilli* au poulpe et à la moelle. Pour couronner le tout, il règne dans ce restaurant, fréquenté par le gratin de Manhattan, une ambiance résolument new-yorkaise.

MARLOW BISTRO €€

1018 Amsterdam Ave
✆ +1 212 662 9020
www.marlowbistro.com
Ouvert tous les jours de 16h à 22h, dès 11h samedi et dimanche. Plats à partir de 20 US$.

Marlow Bistro est doté d'un petit supplément d'âme, qui provient autant de son atmosphère vintage pleine de chaleur, de sa terrasse baignée de soleil pendant les beaux jours et de ses plats, simples mais riches en saveurs. On aime les grandes baies vitrées qui laissent entrer la lumière et permettent d'observer les passants. La décoration est tellement mignonne que l'on se croirait dans un film. Quant à la nourriture, elle est italienne : risotto aux asperges, *branzino* rôti au four, burrata au jambon de Parme... tout est délicieux. Un vrai coup de cœur.

NOUGATINE AT JEAN-GEORGES €€

1 Central Park West ✆ +1 212 299 3900
www.jean-georges.com
Ouvert de 7h à 22h30, le week-end à partir de 8h. Plats à partir de 32 US$. Menu dégustation : 178 US$.

Si vous avez envie de vous faire plaisir en goûtant à la cuisine de l'excellent chef Jean-Georges sans pour autant amputer sérieusement votre budget, le restaurant Nougatine est le parfait compromis. Situé dans la tour Trump, juste à côté de l'établissement gastronomique, l'endroit propose une cuisine inventive dans un cadre plutôt détendu, avec vue sur Central Park. Le menu propose des créations culinaires aux saveurs multiples, d'inspiration française, asiatique, américaine...

PER SE €€€

10 Columbus Circle
✆ +1 212 823 9335
www.perseny.com/perse.htm
Ouvert tous les jours de 16h30 à 20h30. Menu 4 plats (offert dans le salon) : 185 US$. Menu dégustation : 425 US$.

Derrière chaque grand restaurant se cache un grand chef. Alors forcément, lorsque l'on sait que Thomas Keller est aux fourneaux de Per Se, on comprend mieux pourquoi cet établissement est souvent considéré comme le meilleur restaurant de New York ! Le restaurant propose plusieurs menus, dont un végétarien. Le menu, différent chaque jour, est constitué de multiples plats aux goûts et couleurs bien distincts, destinés à attiser la curiosité du client et à l'étonner. 3 étoiles Michelin depuis 2006. Les pourboires sont inclus dans le prix.

ROSETTA BAKERY €

1928 Broadway
✆ +1 917 261 7686
www.rosettabakery.com/
Ouvert tous les jours de 7h30 à 21h30. Sandwichs et parts de pizza : autour de 8 US$.

Une enseigne de Miami qui propose des pâtisseries et viennoiseries italiennes. On commande au comptoir avant de prendre place dans la salle. L'organisation est un peu chaotique mais le tiramisu et les *bomboloni*, entre autres, sont aussi bons qu'ils sont jolis. On peut aussi commander des sandwichs, des parts de pizzas et divers types de focaccia (jambon, fromage, légumes, etc). Pas mal pour manger sur le pouce avant un spectacle au Lincoln Center ou pour marquer une pause café pendant votre découverte du quartier.

TATIANA BY KWAME ONWUACHI €€€

10 Lincoln Center Plaza
✆ +1 212 875 5222
www.tatiananyc.com
Ouvert du mardi au samedi de 17h à 22h. Plats à partager : 16-34 US$ ou 48-86 US$ selon la taille des assiettes.

Voici le restaurant dont tout le monde parle à New York depuis son ouverture fin 2022. Y décrocher une table relève presque de l'exploit ! Adoubée par le New York Times, Tatiana est la création du chef nigérian-américain Kwame Onwuachi. Les assiettes, à partager, offrent une cuisine fusion entre les Caraïbes, l'Afrique et le Sud des États-Unis. Les plats sont savoureux, les saveurs inédites, mais tout cela vaut-il l'addition salée qui vous attend ? À vous de juger...

TAVERN ON THE GREEN €€

W 67th Street ✆ +1 212 877 8684
www.tavernonthegreen.com
Ouvert de 11h à 22h (23h le vendredi et le samedi), dès 9h le week-end. Plats : à partir de 30 US$.

Loin d'être un joyau méconnu, Tavern on the Green est une véritable institution new-yorkaise. Installé à l'ouest de Central Park, le bâtiment était dans les années 1880 une bergerie pour les moutons du parc, avant d'être entièrement rénové et transformé en restaurant en 1934. Fréquenté par toutes sortes de célébrités depuis des décennies, Tavern on the Green offre une cuisine américaine soignée dans un cadre bucolique, à des prix forcément élevés. Une adresse incontournable de Manhattan, où l'on vient autant pour voir et être vu que pour manger.

THE VIAND €

517 Columbus Ave
✆ +1 212 362 3333
www.theviand.com
Ouvert du lundi au vendredi de 7h30 à 22h et le week-end de 7h à 22h. Plats à partir de 19 US$.

Pour goûter à l'atmosphère de l'Upper West Side, rien de mieux que de déjeuner dans ce *diner* rempli d'habitués et situé à une rue de Central Park. Ici, les clients connaissent les serveurs par leur prénom et leur laissent de généreux pourboires. Pour ce qui est du menu, rien de très surprenant puisqu'on y retrouve les sempiternelles omelettes et autres sandwichs si copieux qu'on a du mal à finir son assiette. Mieux vaut se partager les pancakes et *French toasts*. On rince le tout avec une bonne tasse de café filtré, et l'affaire est jouée.

2ND AVENUE DELI €

1442 1st Avenue
✆ +1 212 737 1700
www.2ndavedeli.com
Ouvert du lundi au vendredi de 11h à 21h. Plats de 10 à 20 US$.

Véritable institution à New York, ce *deli* perpétue la tradition de la cuisine juive ashkénaze et est très prisé par la communauté juive de l'Upper East Side. En hiver, pour une soirée new-yorkaise typique, installez-vous près de la grande baie vitrée pour observer les passants et commandez la *matzoh ball soup*, un bouillon de poulet aux légumes agrémenté de boulettes moelleuses, parfait pour lutter contre le froid. Le reste du temps, commandez un assortiment de petites assiettes et partagez, tout simplement. Une expérience authentique.

A.O.C. EAST €€

1590 1st Avenue
✆ +1 646 998 5749
www.aoceast.com
Ouvert tous les jours à partir de 16h jusqu'à minuit ou 1h selon les soirs. Plats de 15 à 30 US$.

Si vous connaissez déjà la très bonne table française L'aile ou la Cuisse de Soho, richement achalandée en saucisses et charcuteries, la version Upper East Side d'A.O.C. devrait vous ravir. On y trouve les mêmes spécialités bistronomiques – coq au vin, steak frites, pâtes et couscous –, mais aussi une large sélection de petits plats à partager ou non, conçus pour accompagner une dégustation de vin : escargots au Pastis à l'ancienne, croquettes de crabe et autres plateaux de fromages et charcuteries épousent délicieusement les blancs et rouges en magasin.

LE BOTANISTE €

833 Lexington Ave
✆ +1 917 262 0766
www.lebotaniste.us
Ouvert tous les jours de 11h à 21h. Plats autour de 15 US$.

Ce restaurant végétarien a été créé par le fondateur de la très populaire chaîne belge Le Pain Quotidien. Le cadre, inspiré d'une boutique d'apothicaire, est très sympa et, détail amusant, les serveurs qui s'agitent derrière le comptoir où il faut commander sont tous vêtus d'une blouse blanche. Le menu met l'accent sur les légumes et les ingrédients bio, avec des plats tels que le *chili con carne* et les pâtes à la sauce bolognaise, qui sont réalisés grâce à des substituts de viande. C'est étonnamment bon et, surtout, on ne se sent pas lourd à la fin du repas.

DANIEL €€€

60 E 65th Street
✆ +1 212 288 0033
www.danielnyc.com
Ouvert du mardi au dimanche de 17h à 21h30. Menu 4 plats à 188 US$, menu 7 plats à 295 US$.

Cela fait plus de 25 ans que ce monument de l'Upper East Side a ouvert ses portes. Récompensé de deux étoiles au guide *Michelin*, le restaurant du chef Daniel Boulud sert une cuisine française classique et raffinée, avec une touche de modernité qui plait autant à la clientèle américaine qu'aux Français. Parmi les habitués, on compte de nombreuses célébrités qui y ont une table de choix. Si votre budget est limité, vous pouvez vous installer au *bar lounge*, profiter du menu plus accessible ou commander quelques plats, en accompagnant le tout de délicieux cocktails.

JG MELON €€

1291 3rd Avenue
✆ +1 212 650 1310
www.jgmelonnyc.com
Ouvert tous les jours de 11h30 à 3h (jusqu'à 1h le dimanche). Plats de 22 à 35 US$.

JG Melon est une institution de l'Upper East Side depuis 1972. Ici on ne réserve pas, c'est démocratique et ça explique sans doute le succès de Melon, où se pressent célébrités et *yuppies* plus vrais que nature. La (très bonne) cuisine est américaine : *cheeseburgers*, pâtés de viande ou steak. Certains prétendent d'ailleurs que c'est ici que sont servis les meilleurs burgers de la ville. Il y a deux salles, mais, si vous êtes seul, dînez au bar, c'est la seule façon de faire des connaissances. La terrasse en été est également très agréable.

KAIA WINE BAR

1614 3rd Avenue
✆ +1 212 722 0490
www.kaiawinebar.com
Ouvert du lundi au jeudi de 16h à 22h, vendredi et samedi de 16h à 23h et dimanche de 11h à 22h. Plats : 20-43 US$.

Un bar à vin, oui, mais sud-africain ! Voilà une proposition assez insolite, en particulier pour le quartier de l'Upper East Side, qui se veut plutôt sage côté gastronomie. L'endroit propose une très belle carte avec une sélection pointue de vins sud-africains. Les mets et tapas sont savoureux et accompagnent parfaitement les vins servis au verre ou à la bouteille. Ambiance chaleureuse et conviviale, parfaite pour une soirée détendue en couple ou entre amis. Ne manquez pas de profiter du Happy Hour, tous les jours de 16h à 19h.

MAYA €€

1191 1st Avenue
✆ +1 212 585 1818
www.mayanewyorkcity.com
Ouvert en semaine de 16h à 22h (23h le vendredi), le samedi de 11h à 23h et le dimanche de 11h à 21h. Plats : 30 US$.

Voici une bonne option pour manger mexicain dans l'Upper East Side : tacos, guacamole, enchiladas, poisson frit ou encore poulet rôti au *mole*, tout y est. Maya propose par ailleurs un Happy Hour tous les jours entre 16h et 18h, avec des margaritas à seulement 8 US$, des verres de vin à 6 US$ et des petits mets à partager. Le week-end, pour un moment festif en journée, optez pour le *bottomless brunch*, disponible en deux formules : nourriture illimitée pour 49 US$, ou nourriture et boissons illimitées pour 59 US$ (limite de 90 minutes).

ORSAY €€

1057 Lexington Avenue
✆ +1 212 517 6400
www.orsayrestaurant.com
Ouvert tous les jours de 12h à 21h30 (dès 11h30 le week-end). Plats de 27 à 57 US$.

Orsay est un petit coin de France au cœur de l'Upper East Side... Cette brasserie de style parisien sert tous les classiques de la gastronomie française, et le fait avec amour : escargots, soupe à l'oignon, salade lyonnaise ou pâté de foie en entrée ; croque-monsieur, steak tartare, poulet rôti, steak au poivre ou encore bœuf bourguignon en plat principal ; et pour finir en douceur, une tarte Tatin servie délicieusement tiède ou un assortiment de macarons faits maison. Quelle que soit l'heure de la journée, l'immense salle de restaurant ne désemplit pas.

LE PAIN QUOTIDIEN €

861 Lexington Avenue ✆ +1 646 762 2209
www.painquotidien.com
Ouvert du lundi au vendredi de 6h30 à 19h, le week-end à partir de 7h30. Plats autour de 15 US$.

Vous trouverez plus de 20 cafés Le Pain Quotidien, rien qu'à Manhattan ! Les New-Yorkais raffolent de cette boulangerie-pâtisserie à la française, mais d'origine belge, qui sert de délicieuses tartes salées ou sucrées, des assiettes de petit déjeuner et des pâtes à tartiner pour tous les goûts. Pour le déjeuner et le dîner, la nourriture de bistrot à la française est bien représentée, entre les croque-monsieur, les salades de chèvre chaud et les assiettes de saumon fumé. Le cadre de ces cafés est toujours agréable et leur emplacement est souvent stratégique.

HOME KITCHEN €

155 E 84th St
✆ +1 646 838 5102
https://homekitchennyc.com/
Ouvert tous les jours de 11h30 à 22h, jusque 21h le dimanche. Lunch à partir de 16 US$. Plat à partir de 20 US$.

© HOME KITCHEN

Home Kitchen, c'est le genre d'endroit qu'on découvre un peu par hasard et qu'on n'oublie plus. Loin du tumulte de Manhattan, ce petit restaurant de l'Upper East Side dégage une chaleur rare à New York. On s'y sent bien dès l'entrée : lumière douce, service attentionné, ambiance presque familiale. Ici, pas de prétention, juste une cuisine généreuse et sincère, servie avec le cœur. On recommande la spécialité de la maison, le *chicken pot pie*. Idéal avant ou après un après-midi aux musées ou en soirée cocooning loin de l'agitation urbaine.

SWEETGREEN €

137 E 61st Street
✆ +1 646 859 1300
www.sweetgreen.com
Ouvert en semaine 10h30 à 21h (16h le vendredi) et le week-end de 10h30 à 19h. Salades à partir de 15 US$.

Une chaîne de bars à salade qui fait fureur aux Etats-Unis, parce qu'elle propose des salades réalisées à partir d'ingrédients de saison et issus de fermes locales, et parce qu'elle le fait vite et bien. Vous pouvez personnaliser votre salade selon vos goûts ou opter pour celles proposées au tableau. Dans tous les cas, elles sont énormes et peuvent être servies chaudes (lorsqu'elle sont à base de quinoa par exemple) ou froides. Il n'y a pas d'endroit où s'asseoir mais, s'il fait beau, Central Park et ses nombreux bancs, à trois rues de là, n'attendent que vous.

AMY RUTH'S €

113 West 116th Street
✆ +1 212 280 8779
www.amyruthsharlem.com
Ouvert du lundi au jeudi de 11h30 à 21h, vendredi et samedi de 11h à 22h, dimanche de 11h à 21h. Plats à 25 US$.

Amy Ruth's est le temple de la *soul food*, un classique et une institution locale à Harlem. Le propriétaire a nommé le restaurant en l'honneur de sa grand-mère, cuisinière attentive et chrétienne dévote de l'Alabama. Nombreuses sont les célébrités afro-américaines à être passées par là, comme Billy Holiday, Spike Lee ou Alicia Keys. Le restaurant propose la *home style southern cuisine* et des spécialités de gaufres salées et sucrées. De quoi se régaler, mais il faudra jouer des coudes, c'est souvent bondé, notamment le dimanche midi.

MAISON HARLEM €€

341 St Nicholas Avenue
✆ +1 212 222 9224
www.maisonharlem.com
Ouvert du lundi au jeudi de 12h à 23h et du vendredi au dimanche de 11h à 23h. Plats de 21 à 40 US$.

L'ambiance de ce bistro populaire, tenu par un Français, est prenante - plus encore en soirée quand les musiciens viennent *jamer* joyeusement dans la belle salle du fond. Côté assiette, que ce soit à l'heure du brunch, du lunch ou du dîner, on fait les choses bien à Maison Harlem. De la tartine-baguette et confiture au véritable *continental breakfast* pour le petit déjeuner, on se dirige vers une soupe à l'oignon, un cassoulet ou un couscous royal à midi, ou peut-être une daurade sauce vierge... Signalons également les cocktails et la superbe carte des vins.

MELBA'S €€

300 W 114th Street ✆ +1 212 864 7777
www.melbasrestaurant.com
Ouvert à partir de 11h en semaine et 10h le week-end, jusqu'à 22h ou 23h selon les soirs. Plats : 25-39 US$.

Cette institution d'Harlem est réputée pour sa *soul food* (nourriture du Sud des États-Unis issue de la culture afro-américaine) et son ambiance rétro. Le restaurant est nommé d'après sa propriétaire, Melba Wilson, qui est née et a grandi à Harlem. Chez Melba, les plats sont très généreux, vous voilà prévenus ! Il faut goûter à l'un des plats signatures de la maison, comme le Chicken & Waffle, poulet frit servi sur une gaufre. Le poulet peut être remplacé par du poisson-chat, spécialité du Sud ! Ce n'est pas très raffiné, mais c'est authentique et réconfortant.

RED ROOSTER €€

310 Lenox Avenue
✆ +1 212 792 9001
www.redroosterharlem.com
Ouvert en semaine de 12h à 21h (22h vendredi), le samedi de 11h à 22h et le dimanche de 10h à 21h. Plats de 15 à 40 US$.

Red Rooster est l'un des restaurants les plus cotés d'Harlem. Il n'y a qu'à observer la population, jeune et branchée, qui y fait la queue chaque week-end pour dîner ou bruncher. On y sert de la *soul food*, ancrée dans les traditions culinaires du Sud des États-Unis. À goûter absolument si vous êtes deux, le *seafood festival jambalaya*, une poêlée de poissons et fruits de mer à l'aïoli citronné. Plus que la nourriture, c'est l'ambiance qui a retenu notre attention : au Red Rooster, on parle beaucoup, on rit fort et on s'ambiance sur la musique.

SYLVIA'S €€

328 Lenox Avenue – 126th Street
✆ +1 212 996 0660
www.sylviasrestaurant.com
Ouvert du dimanche au jeudi de 11h à 20h, vendredi et samedi de 11h à 22h. Plats de 15 à 30 US$.

On ne vous le cache pas, Sylvia's est très touristique, mais non moins recommandable. Sylvia, fille du Sud, a ouvert cette petite salle de quartier il y a 30 ans. On y sert déjà les fameuses côtes de porc à la sauce aigre-douce. Aujourd'hui, le lieu est envahi à longueur d'année par les étrangers sortant d'un gospel dominical, mais l'aspect douillet de l'endroit et la qualité de la cuisine du Sud séduisent. Sylvia et son mari Herbert, ancien marin de la Navy, sont toujours aux commandes. Le soir et le dimanche à midi, repas en musique.

THE EDGE HARLEM €€

101 Edgecombe Avenue
✆ +1 212 939 9688
www.theedgeharlem.com
Ouvert du mardi au dimanche de 11h à 22h. Plats : entre 15 et 25 US$.

Ce sont deux sœurs qui ont ouvert ce resto de Harlem en 2014, et le moins que l'on puisse dire, c'est que The Edge remporte un succès mérité ! Le week-end, l'endroit ne désemplit pas pour le brunch (servi tous les jours). The Edge attire les habitants du quartier pour ses plats fusion rendant hommage aux racines jamaïcaines et britanniques des propriétaires, avec une petite touche new-yorkaise. À ne pas manquer : le jerk chicken et le fish & chips enrobé de noix de coco. Une belle adresse familiale, avec de la musique *live* tous les mercredis à 19h.

FAIRE UNE PAUSE

S'il y a bien quelque chose dont New York ne manque pas, ce sont les endroits où boire un verre ! Les tentations sont si nombreuses, d'ailleurs, que l'on peut vite faire exploser son budget… New York est la ville du cocktail, et les lieux qui servent la boisson de choix de vos personnages de séries préférées sont nombreux. Pendant votre séjour, vous vous devez de faire au moins un *rooftop*, ces bars sur les toits des immeubles avec des vues époustouflantes sur la *skyline* de Manhattan. Pour une ambiance plus détendue, il y a les pubs irlandais et les bars de sport (ou les *beer gardens* en été), où l'on se réunit autour d'une pinte de bière et d'une énorme assiette de *chicken wings*. Quoi qu'il en soit, vous trouverez de quoi occuper vos soirées… à condition d'avoir 21 ans, bien sûr !

FAIRE UNE PAUSE

HORAIRES

La plupart des bars sont ouverts dès midi, mais les endroits un peu chics ouvrent rarement avant 16h en semaine. Dans les petits bars de quartier, la fermeture se fait à 1h ou 2h du matin, mais si vous sortez dans le Lower East Side, le West Village, le Meatpacking ou Midtown, c'est beaucoup plus tard. Le week-end, les nuits s'allongent et les bars ferment rarement avant 4h dès le vendredi. Quant aux *coffee shops* qui sont légion à New York, ils ouvrent généralement à 7h ou 8h et ferment avant 20h.

BUDGET / BONS PLANS

Si vous comptez profiter à fond de la vie nocturne new-yorkaise en écumant les bars de la ville (et vous auriez tort de vous en priver !), mieux vaut sortir avec un portefeuille bien fourni. Les prix affichés ne tiennent compte ni de la taxe locale, qui s'élève à 8,875 %, ni du pourboire. Il est coutumier de laisser 1 ou 2 US$ de pourboire par verre ou, si vous avez consommé de nombreux verres et que vous payez par carte bleue, environ 18 % du montant de la note.

Ce sont sans doute les *rooftops* qui pratiquent les tarifs les plus élevés, ainsi que les *speakeasies*, où les cocktails peuvent coûter jusqu'à 20 US$. Quel que soit le lieu où l'on sort, la bière reste la boisson alcoolisée la plus accessible, et il y a des marques locales et artisanales qui valent vraiment le coup ! A l'inverse, le vin est atrocement cher, surtout pour qui vient de France… Dans les bars comme au restaurant, le prix d'un verre de vin oscille entre 12 et 18 US$. Enfin, dans les cafés et salons de thé, une boisson chaude coûte généralement entre 3 et 4 US$.

Heureusement, les fauchés sont nombreux à New York et ils ont trouvé la parade pour sortir sans se ruiner ! Demandez-leur quel est leur secret, et ils vous murmureront ces deux mots magiques : Happy Hour. Celui-ci a généralement lieu en semaine, entre 17h et 19h, parfois plus tôt. Les boissons alcoolisées sont alors à moitié-prix ou coûtent quelques dollars de moins que d'ordinaire. Dans certains bars, les prix réduits concernent également la nourriture, généralement des entrées ou des assiettes à partager.

© HEATHER SHIMMIN - SHUTTERSTOCK.COM

A PARTIR DE QUEL ÂGE

Aux Etats-Unis, la consommation d'alcool est soumise à des règles très strictes. L'âge minimum légal pour commander de l'alcool et boire en public est de 21 ans. A l'entrée des bars, vous aurez beau être un trentenaire sur la pente de la quarantaine, un portier vous demandera systématiquement votre carte d'identité. Toute personne n'ayant pas l'âge légal sera refoulée. Dans certains endroits, à des heures précises, les jeunes à partir de 18 ans ont le droit d'entrer mais ne sont pas autorisés à acheter ou consommer de l'alcool une fois à l'intérieur. Un conseil, ne vous avisez pas d'enfreindre les lois en matière d'alcool, ça n'amuse pas les Américains qui ont hérité de certains réflexes puritains.

C'EST TRÈS LOCAL

Les cocktails sont à New York ce que le vin est à Bordeaux… Tous les bars et restaurants de la ville en servent et, même dans les endroits qui ne payent pas de mine, le barman sera capable de vous concocter un Cosmopolitan du tonnerre, shaker à l'appui. Ce cocktail rose popularisé par *Sex and the City* a vu le jour à New York, tout comme le Bloody Mary, le Manhattan, le Gin-Gin Mule ou encore le Old Fashioned, cocktail de choix de Don Draper dans *Mad Men*. Les bars un peu branchés de New York proposent non seulement ces classiques mais aussi des cocktails signatures, de leur invention.

Les Américains sont également des grands fans de bière, en particulier d'IPA, cette bière très amère à fort houblonnage. Dans les bars, restaurants comme dans les *liquor stores*, vous découvrirez qu'il existe des bières new-yorkaises, et qu'elles sont plutôt bonnes : Brooklyn Brewery, Coney Island Brewery, SingleCut Beersmiths sont quelques marques locales.
Côté boissons non-alcoolisées, les Américains et tout particulièrement les New-Yorkais sont de très grands consommateurs de café. Il faut dire qu'une bonne dose de caféine est souvent nécessaire pour tenir le rythme effréné de la Grosse Pomme ! Lors d'une balade dans Manhattan, il ne s'écoule pas plus de 5 minutes sans que l'on ne tombe sur un *coffee shop* bondé ou un New-Yorkais avec une *cup* de café en main. Là encore, il y en a pour tous les goûts : cappuccino, *iced coffee* lorsqu'il fait chaud, *matcha latte* pour les plus branchés, et café noir pour les puristes.

ENFANTS

A New York, aucune loi n'interdit d'emmener un enfant dans un bar, à partir du moment où celui-ci est accompagné par un adulte responsable et à condition que le lieu serve de la nourriture.

FUMEURS

La législation sur le tabac est très dissuasive à New York. Tout comme en France, il est évidemment interdit de fumer à l'intérieur des boutiques et des cafés, les quelques bars à cigares de la ville étant la seule exception à cette règle. C'est également valable pour les cigarettes électroniques. Lorsqu'il y a des tables à l'extérieur, vous apercevrez parfois le panneau non-fumeur. Mais sachez que même lorsque celui-ci est absent, fumer à la terrasse d'un café ou d'un bar ne se fait pas aux Etats-Unis. Si vous vous avisez d'allumer une cigarette, on vous demandera gentiment de vous éloigner.

LES PHRASES CLÉS

Bonjour, quelle est la spécialité de la maison ? Nous voulons découvrir.
Hello, what is the specialty here? We'd like to try it.

Avez-vous de la place en terrasse ?
Do you have a table available outside?

Quel est votre nom ? Je m'appelle… Ravi de vous rencontrer !
What is your name? My name is ... Pleased to meet you!

A votre santé ! Zut, j'ai renversé mon verre… pouvez-vous m'aider ?
Cheers! Oh, no, I've spilled my drink. Can you help me?

C'était très bon. Nous allons reprendre la même chose s'il vous plait.
It was very good. We'll have the same again, please

APOTHEKE

9 Doyers Street ✆ +1 212 406 0400
www.apothekenyc.com

Ouvert tous les jours à partir de 18h30, fermeture entre minuit et 2h selon les soirs. Cocktails à 24 US$.

Un des *speakeasy* (nom donné aux bars cachés pendant la période de Prohibition et aujourd'hui juste pour le côté secret) les moins bien gardés de New York. Cherchez la porte en bois située sous l'enseigne Gold Flower Restaurant et vous trouverez l'Apotheke, un lieu capitonné qui évoque les vieilles pharmacies européennes, jusque dans le verre. Tous les barmen portent des blouses blanches, tels des scientifiques prêts à tenter des expériences chimiques. Les cocktails sont inventifs et la population jeune et branchée. Mieux vaut arriver tôt, l'endroit est connu.

BAR ROOM AT THE BEEKMAN

123 Nassau Street ✆ + 1 212 233 2300

Ouvert tous les jours de 7h jusqu'à tard. Cocktails de 18 à 25 US$.

Dans le lobby du somptueux Beekman Hotel, ce bar est l'un des plus emblématiques de Downtown. Son ambiance très *old-fashioned* attire une clientèle aisée et tirée à quatre épingles. Pourtant, les cocktails n'y sont pas plus chers qu'ailleurs, alors pourquoi s'en priver ? Si vous aimez l'ambiance vieille bibliothèque ou bureau d'académicien (les étagères débordent de livres, globes terrestres et bouteilles antiques), vous vous sentirez bien... Prenez place sur l'un des fauteuils moelleux et admirez l'atrium, pièce maîtresse surmontée d'une verrière pyramidale.

CAFFE ROMA

176 Mulberry Street
✆ +1 212 226 8413

Ouvert les lundi, jeudi et dimanche de 11h à 19h et les vendredi et samedi de 10h à 22h. Pâtisseries à 8 US$.

Ouvert depuis 1891 ! Du fait de son cachet, le café-pâtissier italien – on est dans Little Italy – a souvent été immortalisé (même furtivement) à l'écran, dans *French Connection* par exemple (quand Sal Boca rentre de boîte pour ouvrir son snack). Des douceurs et un bon petit café torréfié à déguster autour des petites tables en marbre, à l'intérieur ou en terrasse. Une petite pause salutaire dans l'un des quartiers touristiques. A l'entrée du café, vous pourrez immortaliser l'une des fresques murales les plus célèbres de la ville, représentant Audrey Hepburn.

LA COLOMBE

400 Lafayette Street
✆ +1 212 677 5834
www.lacolombe.com

Ouvert tous les jours de 7h à 18h30. Cafés à partir de 4 US$.

Avec son ambiance chaleureuse et son cadre lumineux, ce *coffee shop* est l'endroit tout désigné pour une pause café lors d'une visite dans le quartier. Les étudiants de la New York University sont nombreux à y travailler, ce qui donne aux lieux une atmosphère studieuse et paisible. On aime la déco boisée et les grandes baies vitrées qui permettent de s'adonner à l'art du *people-watching*, c'est-à-dire observer les passants en sirotant tranquillement son *latte* bien mousseux. On peut grignoter de bonnes tartines et des viennoiseries sur place.

CONWELL COFFEE HALL

6 Hanover Street
✆ +1 646 412 5956
www.conwellcoffeehall.com

Ouvert en semaine de 7h30 à 20h et le week-end de 9h à 20h.

Un *coffee shop* pas comme les autres, niché dans le lobby du 20 Exchange Place, un gratte-ciel (l'un des premiers de New York) Art déco classé, qui a longtemps abrité une banque avant d'être reconverti en immeuble résidentiel. L'esprit des lieux a été soigneusement préservé : le café ressemble toujours à un hall de banque avec son marbre et ses colonnes imposantes. On y commande son latte comme on viendrait retirer de l'argent, en se rendant au guichet. Un cadre chargé d'histoire, qui évoque les grandes heures de la finance new-yorkaise.

EAR INN

326 Spring Street
✆ +1 212 226 9060
www.earinn.com

Ouvert tous les jours de 12h à 4h du matin. Cocktails à 15 US$.

L'une des plus vieilles tavernes de la ville ! Installé à la frontière du quartier de SoHo depuis 1870, près de l'Hudson River, ce petit *pub* n'a pas suivi la tendance du coin. On y vient pour se détendre et fuir le côté fashion *over the top* de SoHo. On y sert de la Guinness, le barman fait de très bonnes margaritas et on y mange de bons hamburgers. La terrasse est authentique en été. Le samedi après-midi, lecture de poèmes. Rendez-vous les lundi, mercredi et dimanche pour des concerts de blues et de country dans une ambiance incroyable.

FERRARA BAKERY & CAFE

195 Grand St
✆ +1 212 226 6150
www.ferraranyc.com
Ouvert du dimanche au jeudi de 9h à 22h, vendredi et samedi de 9h à 23h. Pâtisseries à 7 US$.

Cette pâtisserie italienne a été fondée en 1892, et n'a jamais déménagé ni fermé ses portes depuis, même pendant la Grande Dépression des années 1930. Aujourd'hui, Ferrara demeure une histoire de famille avec, derrière les fourneaux, des pâtissiers de la cinquième génération. Cette institution prétend être le premier *espresso bar* à avoir ouvert ses portes aux Etats-Unis, on ne sait pas si c'est vrai mais en tout cas on aime le cadre authentique et sans chichis ainsi que les gâteaux et les glaces riches au possible. A essayer au moins une fois.

HOUSING WORKS USED BOOK CAFE

126 Crosby Street
✆ +1 212 334 3324
www.housingworks.org/usedbookcafe
Ouvert tous les jours de 11h à 19h, le dimanche jusqu'à 17h.

Dans cette grande librairie ancienne de livres d'occasion (il y en a 45 000) se trouve un café où il fait bon lire, pour fuir l'agitation de Soho. L'endroit est particulièrement chaleureux, avec son grand escalier en bois et ses étagères jusqu'au plafond qui débordent d'ouvrages. La librairie café organise aussi des événements, lectures et dédicaces de livres. Elle verse les bénéfices à une association, Housing Works, qui vient en aide aux sans-logis atteints du sida.

JIMMY AT THE JAMES

15 Thompson Street
www.jimmysoho.com
Ouvert à partir de 17h (dès 16h le samedi), jusqu'à 1h ou 2h du matin. Cocktails à partir de 23 US$.

On aime ce *rooftop* pour deux raisons : parce que les touristes sont encore assez peu nombreux à le connaître, et parce que la vue à 360 degrés sur Manhattan est à couper le souffle, surtout du côté du Financial District et de la One World Trade Center. Le mieux est d'arriver vers 17h pour admirer le coucher de soleil et regarder la *skyline* s'illuminer peu à peu. Le *rooftop* est doté d'une piscine, qui n'est toutefois pas très grande et dans laquelle les *beautiful people* se contentent le plus souvent de tremper leurs pieds manucurés.

OVERSTORY

✆ +1 212 339 3963
www.overstory-nyc.com
Ouvert du lundi au jeudi à partir de 17h, dès 16h du vendredi au dimanche. Fermeture à minuit ou 1h. Cocktails à 25 US$.

C'est le nouveau bar à cocktails branché du Financial District, au dernier étage d'une tour Art déco qui abrite aussi un restaurant gastronomique (Saga). Depuis la terrasse, on jouit d'une vue à 360 degrés très surprenante : on a les gratte-ciel du Financial District tout proches, Midtown qui se dresse au loin et une vue dégagée sur les ponts de Brooklyn et de Manhattan qui enjambent la East River. L'ambiance du bar est intimiste et les cocktails sont de haut vol. Y aller à l'ouverture sans réservation (réserver implique de dépenser au moins 100 US$ par personne).

THE DEAD RABBIT

30 Water Street
✆ +1 646 422 7906
www.deadrabbitnyc.com
Parlor ouvert du mardi au samedi de 17h à 1h et le dimanche 16h à minuit. Cocktails à 24 US$.

Un *pub* irlandais qui a l'air d'un *pub* irlandais, à la différence près que le premier étage (The Parlor) abrite l'un des meilleurs bars à cocktails au monde... Moult fois récompensé, le lieu est impressionnant, au moins autant que le sont les *bartenders* en smoking rouge qui jonglent avec une cinquantaine de bouteilles sans le moindre signe distinctif. Vous pouvez choisir l'un des inventifs cocktails du menu ou opter pour l'inconnu en vous laissant guider par le maître-mixologiste qui s'occupe de vous. Un conseil, demandez à être placé au Parlor.

TRAILER PARK LOUNGE

271 W 23rd Street
✆ +1 212 463 8000
www.trailerparklounge.com
Ouvert tous les jours de 16h à 2h. Pichet de margarita pour 4-6 personnes : 60 US$.

Unique en son genre, ce bar est aménagé comme un *mobil-home* ultra kitsch que l'on pourrait apercevoir en Floride ou à Las Vegas. Avec ses vieilles enseignes au néon rouge, ses posters d'Elvis, ses pancartes *vintage*, sa musique des années 1960 et ses objets de déco complètement déjantés, le Trailer Park Lounge nous propulse dans un autre lieu et dans une autre époque. La margarita y coule à flots (si vous êtes au moins quatre et bien en forme, commandez un pichet), les hamburgers ne sont pas divins mais ils font l'affaire. Pour une fin d'après-midi ensoleillée.

ABRAÇO

81 E 7th Street
www.abraconyc.com
Ouvert du lundi au jeudi de 8h à 20h, le vendredi et le samedi de 8h à 22h et le dimanche de 9h à 18h.

Adresse incontournable pour les habitants du quartier, Abraço propose un excellent café et une ambiance conviviale, rythmée par une play-list soigneusement choisie. Les gâteaux sont délicieux, notamment celui à l'huile d'olive. Il y a également un bon biscuit aux olives, quelques cookies, des brioches à la cannelle (*cinnamon buns*) et des sandwiches à la focaccia. Les ordinateurs portables ne sont pas autorisés, on vient ici papoter et non pour travailler. Il y a souvent la queue le matin, venez tôt, avant de partir pour une balade dans le quartier !

ATTABOY

134 Eldridge Street
✆ +1 855 877 9900
www.attaboy.us
Ouvert tous les jours de 17h à 3h du matin. Cocktails à 25 US$.

Ce tout petit *speakeasy* est géré par Sam Ross et Michael McIlroy, tous deux mixologistes au long cours. On toque à la porte, une hôtesse nous oriente vers une table libre, puis ce sont les *bartenders* qui entrent en piste : faites-leur part de votre humeur, ils sauront quoi vous concocter. Tout est bon, difficile d'être déçu donc. On aime l'ambiance feutrée et l'atmosphère années 1930 très réussie. Il n'y a pas de réservation, il faut tenter sa chance, et sachez que les New-yorkais commencent à faire la queue avant même l'ouverture.

BAR GOTO

245 Eldridge S
✆ +1 212 475 4411
www.bargoto.com
Ouvert du dimanche au jeudi de 17h à minuit, jusqu'à 2h vendredi et samedi. Fermé le lundi. Cocktails de 15 à 20 US$.

Bar Goto est un tout petit bar japonais dont on remarque à peine la devanture sur Eldridge Street. Rares sont ceux qui s'y aventurent au hasard : ainsi, on y rencontre souvent des habitués installés au bar, occupés à discuter avec l'excellent barman. Outre les nombreux et délicieux cocktails, la sélection de saké, les deux bières japonaises et les quelques vins, le lieu est réputé pour sa *bar food* japonaise, notamment les Okonomi-yaki (sorte de pancakes aux œufs et au chou) et divers légumes fermentés. Un vrai secret de New-yorkais.

FROM LUCIE

263 E 10th Street
✆ +1 917 409 0771
www.fromlucie.com
Ouvert tous les jours de 10h à 19h. Mini cake : 17 US$.

Originaire de Nouvelle-Aquitaine, Lucie Franc de Ferrière est devenue une petite célébrité locale dans le monde culinaire new-yorkais grâce à ses gâteaux, surmontés de fleurs. C'est en aidant sa mère à préparer les desserts pour les hôtes du *bed & breakfast* familial qu'elle s'est découverte une passion pour la pâtisserie. Des années plus tard, installée à New York, Lucie poste des photos de ses créations sur Instagram, et la magie opère… En plus d'être très beaux, ses gâteaux sont délicieux et infusés avec des saveurs florales inattendues.

JADIS

42 Rivington Street
✆ +1 212 254 1675
www.jadisnyc.com
Ouvert du lundi au jeudi à partir de 17h, dès 16h le vendredi et le samedi, jusqu'à tard. Happy hour jusqu'à 19h.

Jadis est un bar à vin à l'atmosphère douce et feutrée, qui propose un Happy Hour particulièrement intéressant avec des vins au verre et une sélection de cocktails à moins de 10 US$ (à l'exception du Sprit, qui coûte 11 US$). On peut même y boire du kir, chose assez rare à New York. Le menu de l'Happy Hour inclut aussi de petites choses à grignoter, peu copieuses mais bonnes. Côté ambiance, on remarque assez vite que l'endroit, avec sa salle cosy éclairée à la bougie et ses canapés en cuir, se prête particulièrement bien aux rendez-vous galants.

LUCY'S

135 Avenue A
www.lucysbarnyc.com
Ouvert tous les jours de 17h à 3h.

La définition même d'un *dive bar*, ces bars populaires et défraîchis où l'on vient pour boire une bière ou un shot de whisky à petit prix et discuter avec les habitués dans une ambiance décontractée. Fondé en 1987 par la fameuse Lucy (Ludwika Mickevicius de son vrai nom), une immigrée polonaise, le bar a brièvement fermé en 2024 à cause de la hausse des loyers. Finalement sauvé par un groupe de restauration, l'endroit a pu rouvrir en 2025. Il est resté dans son jus, avec son vieux jukebox, ses tables de billard… et sa Lucy, fidèle au poste derrière le comptoir.

MR. PURPLE

180 Orchard Street
✆ +1 212 237 1790
www.mrpurplenyc.com
Ouvert en semaine de 16h à 2h (4h jeudi et vendredi), samedi de 14h à 4h et dimanche de 14h à 2h. Cocktails à 20 US$.

Au 15e étage de l'Hotel Indigo, dans une rue qui ne paye pas de mine, se trouve l'un des *rooftops* les plus classes du Lower East Side. Si les cocktails y sont chers, comme dans tous les *rooftops* de la ville, la vue depuis la vaste terrasse et la salle dotée de baies vitrées a le mérite d'être époustouflante de tous les côtés. L'Empire State Building et les gratte-ciel de Midtown font le show pour tenter d'éclipser la One World Trade Center et les buildings du Financial District. De là-haut, avec la ville qui s'étend à perte de vue, on se sent un peu privilégié.

NUYORICAN POETS CAFE

236 East 3rd Street
✆ +1 212 505 8183
www.nuyorican.org
Horaires en fonction des événements. Réservation recommandée.

Dans les années 1970, ce café était un havre de paix dans un quartier largement investi par les trafiquants de drogue. Après bien des déboires et fermetures, ce cercle des poètes a ressurgi de ses cendres pour devenir l'un des lieux les plus inventifs et alternatifs de Downtown. Chacun peut venir y déclamer sa poésie devant des auditeurs venus entendre les voix intérieures de la marginalité (*slam*). Ensuite, on écoute de la musique et l'on danse (hip-hop concerts, latin jazz). Consulter le calendrier en ligne pour connaître la programmation.

PIANO'S

158 Ludlow Street
✆ +1 212 505 3733
www.pianosnyc.com
Ouvert du dimanche au jeudi de 18h à 4h, le week-end de 16h à 4h.

Un des bars les plus courus du Lower East Side. Il n'y a qu'à voir la queue pour entrer dans l'établissement le week-end. Une fois dans le bar, vous pouvez boire vos bières tranquillement vers l'entrée ou marcher jusqu'au fond de la salle pour assister à des concerts où se produisent DJ et jeunes groupes new-yorkais, qui jouent principalement du rock alternatif. Si vous êtes célibataire, mettez-vous sur votre 31 : une soirée à Piano's est l'occasion de rencontrer l'âme sœur, l'endroit étant réputé pour attirer les célibataires new-yorkais !

PLEASE DON'T TELL

113 St. Marks Place
✆ +1 212 614 0386
Ouvert tous les jours de 17h à 2h-3h du matin, dès 16h du jeudi au samedi. Cocktails à 20 US$. Réservation conseillée.

Un *speakeasy* très sélect, accessible au fond d'un restaurant de hot-dogs, Crif Dogs. Pour y accéder, il faut se rendre dans la cabine téléphonique du restaurant, puis décrocher le combiné. À l'autre bout du fil, une voix vous demande l'heure de votre réservation. Si vous n'avez pas réservé, vous pouvez tenter de faire la queue avant l'ouverture pour obtenir une table. L'intérieur, avec ses murs en briques et ses animaux empaillés, entretient l'atmosphère mystérieuse. Belle liste de cocktails et possibilité de commander les hot-dogs préparés à Crif Dogs.

SUPERMOON BAKEHOUSE

120 Rivington St
www.supermoonbakehouse.com
Ouvert du mercredi au dimanche de 10h à 18h. Pâtisseries à partir de 8 US$.

Le rival du *cronut* (célèbre pâtisserie à mi-chemin entre le croissant et le donut, créée par le chef français Dominique Ansel), c'est le *cruffin*, croisement entre le croissant et le muffin qui est né dans cette boutique. C'est bon et riche à souhait, alors si vous êtes au régime et que vous cherchez quelque chose un peu plus léger, sachez que Supermoon fait également des croissants. À condition d'éviter ceux - délicieux - qui sont doublement fourrés, bien sûr... La boutique rose bonbon, avec ses boîtes BITE ME, NYC empilées contre le mur, est très mignonne.

THE BACK ROOM

102 Norfolk St
✆ +1 212 228 5098
www.backroomnyc.com
Ouvert tous les jours de 18h jusqu'à tard. Cocktails à 16 US$.

Un des meilleurs *speakeasy* de la ville, et l'un des seuls encore ouverts à avoir véritablement servi de bar clandestin pendant la Prohibition des années 1920. Ne cherchez pas de néon rouge clignotant pour trouver l'entrée du bar, mais plutôt un escalier gardé par deux videurs. La décoration du bar semble tout droit inspirée de la maison de Hugh Hefner, le fondateur de *Playboy*. Le lieu a en son temps appartenu au boss de la pègre new-yorkaise, Luciano, et est l'un des deux seuls véritables *speakeasy* à avoir traversé le siècle.

8TH STREET WINE CELLAR

28 W 8th Street
✆ +1 212 260 9463
www.8thstwinecellar.com
Ouvert tous les jours de 16h à 2h du matin. Happy Hour en semaine de 16h à 20h.

Pour l'Happy Hour, on ne trouve pas beaucoup mieux dans le quartier que ce bar à vin auquel on accède en descendant une volée d'escaliers. On rate d'ailleurs facilement l'entrée, dites-vous donc que les personnes qui s'y trouvent ne sont pas là par hasard. Le 8th Street Wine Cellar propose une belle et très vaste sélection de vins au verre, avec beaucoup d'appellations françaises, italiennes et californiennes. Pour l'Happy Hour, les verres de vin proposés sont à 9 US$ et les bouteilles à 30 US$. On peut aussi grignoter de bons plateaux de charcuterie et fromages.

ARTHUR'S TAVERN

57 Grove Street
✆ +1 212 675 6879
www.arthurstavernnyc.com
Ouvert du lundi au samedi à partir de 17h, le dimanche dès 14h, jusqu'à tard.

Pour les amateurs de blues, c'est l'endroit parfait. Un vieux groupe s'y produit tous les soirs dans une ambiance excellente. Attention, le bar n'est pas grand, il est donc possible que vous attendiez un moment avant d'avoir une table. La scène est au fond avec un comptoir qui en fait le tour. On peut s'y installer et voir les musiciens de très, très près. Côté décor, les guirlandes de Noël restent accrochées aux murs toute l'année. Une consommation par personne est obligatoire. On vous propose un choix parmi différentes bières ou cocktails.

BAR PISELLINO €€

52 Grove Street
www.barpisellino.com
Ouvert tous les jours de de 8h à 23h. Cocktail : 18 US$. Pâtisserie : 5 US$.

Voici un bar et café italien dont le concept est tout simplement de faire honneur à « *l'arte de bere* », ou l'art de boire. En poussant la porte de Bar Pisellino, on a comme le sentiment de pénétrer dans un café à Rome ou à Florence, tant le décor est fidèlement rendu. Dans le minuscule intérieur trône un imposant bar, derrière lequel sont préparés espressos, cappuccinos mais aussi d'excellents cocktails dont l'incontournable spritz (servi à la pression !) ou l'espresso martini. Pour se frotter à la clientèle bourgeoise de Greenwich Village.

CELLAR DOG

75 Christopher Street
✆ +1 212 675 6056
www.cellardog.net
Ouvert du mercredi au dimanche de 16h jusqu'à tard. Entrée à partir de 5 US$.

Passer une soirée au Cellar Dog – anciennement Fat Cat –, c'est prendre le pouls de New York ! Imaginez plutôt, le bar est une immense salle de jeux en sous-sol avec tables de ping-pong, de billard, de *shuffleboard*, jeu d'échecs ou de dames, le tout dans une ambiance jazzy incroyable. Les plus grands musiciens de jazz de la ville, plutôt que de se rendre au Blue Note, préfèrent le sous-sol à la lumière tamisée du Cellar Dog, pour la diversité de son auditoire, et l'absence relative de touristes. Les concerts débutent vers 22h et se terminent rarement avant 2h.

KATANA KITTEN

531 Hudson Street
✆ +1 212 243 3007
www.katanakitten.com
Ouvert tous les jours de 16h à 2h (minuit le dimanche), dès 14h du jeudi au samedi. Cocktails à partir de 20 US$.

Poussez la porte de Katana Kitten, et vous voilà à Tokyo ! Si vous avez de la chance, vous verrez Masahiro Urushido exercer son art d'une main de maître, bandana autour du front et tatouages sur les bras. Il pourra vous concocter trois types de boissons : le cocktail, le *boilermaker* (mélange de bière et cocktail) et le *highball*, à base de whiskey japonais et d'une boisson non-alcoolisée. Côté nourriture, on grignote des spécialités japonaises, bien sûr. La déco, furieusement tokyoïte, nous fascine d'emblée avec ses affiches de films américains version japonaise.

MAGNOLIA'S BAKERY

401 Bleecker Street et W 11th Street
✆ +1 212 462 2572
www.magnoliabakery.com
Ouvert du dimanche au jeudi de 9h30 à 21h, le vendredi et le samedi jusqu'à 22h. Cupcake autour de 5 US$.

On ne connaît pas New York tant que l'on n'a pas goûté aux *cupcakes* de Magnolia, ces petits gâteaux peu diététiques recouverts de glaçage coloré. Une institution renommée du quartier, surtout depuis qu'elle a été vue dans la série télévisée *Sex & the City*. Il y a souvent la queue, mais vous pouvez vous rendre à l'une des autres adresses de la ville (il y en a sept à New York). Elles sont nettement moins prisées que la boutique de Bleecker Street qui fut la première à être fondée (en 1996) mais les cupcakes y sont tout aussi savoureux.

MARIE'S CRISIS CAFÉ

59 Grove Street
✆ +1 646 470 6040
www.mariescrisiscafe.com
Ouvert tous les jours de 16h jusqu'à 4h du matin, musique à partir de 17h30. Paiement en liquide uniquement.

Cette institution du West Village a beau être devenue (très) touristique, les fidèles viennent toujours chanter autour de son piano. Le lieu a tour à tour abrité la résidence de Thomas Paine, l'un des pères fondateurs des États-Unis, une maison de plaisir, un boy bar (bar gay dans les années 1890) et le piano-bar qu'il est aujourd'hui. On vient ici pour s'époumoner sur les chansons de Broadway. Allez-y en semaine pour une ambiance plus locale. Entrée gratuite, mais il faut consommer deux boissons par personne (heureusement, ce n'est pas très cher).

RICHAUD PETITE BAKERY

41 Perry Street
https://richaudpetitebakery.com/
Horaires d'ouverture à regarder en ligne. Possibilité de livraison.

Ici, c'est l'adresse où l'on ne se retrouve pas par hasard – c'est sans conteste la boulangerie la plus petite, la plus charmante et la plus croquignolette que nous ayons rencontrée ! On y entre pour chercher son pain – avec un choix varié – ou pour craquer sur leurs délicieuses viennoiseries. On s'attarde volontiers en terrasse ou au comptoir façon espresso bar, le temps d'un bon café dans une ambiance cosy. Il y flotte un air familier, celui du charme de Loulou et de Le Petit Village, à deux pas d'ici : qualité et sourire garantis !

MOLLY'S CUPCAKES

228 Bleecker Street
✆ +1 212 414 2253
www.mollyscupcakes.com
Ouvert du dimanche au jeudi de 10h à 21h, le vendredi et le samedi de 10h à 22h. Cupcakes autour de 4 US$.

Molly's Cupcakes est LE paradis des amateurs de cupcakes, qui se déclinent ici sous de multiples saveurs, toutes plus gourmandes les unes que les autres : des classiques chocolat, fraise et red velvet aux insolites crème brûlée, tiramisu ou encore tarte au citron. C'est vraiment délicieux, et riche à souhait. L'endroit, spacieux et chaleureux, dispose de places assises mais aussi de balançoires pour s'installer face au comptoir, ainsi que d'étagères de livres. L'endroit parfait pour une pause sucrée pendant une visite de Greenwich Village.

STARBUCKS RESERVE

61 9th Avenue
✆ +1 212 691 0531
www.starbucksreserve.com
Ouvert du dimanche au jeudi de 8h à 22h, le vendredi et le samedi de 8h à 23h.

Les Starbucks Reserve Roasteries, dont il n'existe que quelques spécimens à travers le monde, ne sont pas des Starbucks tout à fait comme les autres. On pourrait passer la journée dans cet espace très design, situé juste à côté du Chelsea Market, à observer le café en train d'être torréfié tout en sirotant un latte d'exception préparé par un *coffee master*. Le café peut être préparé de cinq façons différentes, il est d'ailleurs possible de faire une dégustation. Même les viennoiseries et les plats sont meilleurs que dans un Starbucks classique !

SOGNO TOSCANO MARKET & WINE BAR

17 Perry Street
✆ +1 347 569 6172
www.sognotoscano.com
Ouvert du mardi au dimanche de 8h30 à 22h. Plats autour de 25 US$.

Cette épicerie fine italienne fait aussi bar à vin et café. On s'installe dans la chaleureuse petite salle ou en terrasse pour déguster de délicieuses *schiacciate* (sandwiches à base de pain toscan similaire à de la *focaccia*), une planche de charcuterie italienne avec un verre de vin ou un *bombolone* avec un espresso bien serré ! Tout est bon, normal donc que l'endroit cartonne et qu'il soit souvent difficile d'obtenir une table. Un petit coin d'Italie au cœur de New York.

THE STONEWALL INN

53 Christopher Street
✆ +1 212 488 2705
www.thestonewallinnnyc.com
Ouvert tous les jours de 14h (dès 13h le week-end) à 2h du matin.

Ce bar fut témoin des émeutes de Stonewall, le 28 juin 1969. Cet événement est souvent considéré comme le premier acte de résistance majeur de la communauté LGBTQ+ contre un système oppressant et en réponse au harcèlement mené par les autorités. Considéré comme le lieu qui a vu naître le mouvement LGBTQ+ à New York et dans le monde, il a été nommé monument national en 2019. Stonewall est aujourd'hui encore en activité et propose des événements quasiment tous les soirs, dans le bar ou à l'étage (Bingo Night, spectacles burlesques, musique *live*...). Très *fun* !

230 FIFTH

230 5th avenue
✆ +1 212 725 4300
www.230-fifth.com
Ouvert à partir de 12h en semaine, dès 11h le week-end, jusqu'à tard. Cocktails : 17 US$.

Le *rooftop* le plus célèbre de New York, on y croise d'ailleurs plus de touristes que de New-Yorkais. La terrasse panoramique de ce bar offre une vue magnifique sur Manhattan et surtout sur l'Empire State Building, situé à seulement 10 *blocks* de là. Le meilleur moment pour se rendre au 230 : le coucher de soleil pour faire de jolies photos et profiter de l'*Happy Hour*. En hiver, si vous souhaitez profiter de la terrasse, on vous fournira une couverture ! Si vous arrivez tôt, vous aurez peut-être de la place dans l'une des bulles transparentes, chauffées bien sûr.

ANGELINA PARIS

1050 6th Avenue
✆ +1 585 438 5347
www.angelinaparisusa.com
Ouvert du lundi au vendredi de 8h à 20h, le samedi et le dimanche de 9h à 19h. Pâtisseries autour de 9 US$.

On ne présente plus Angelina, salon de thé parisien installé rue de Rivoli depuis près de 120 ans. Son pendant new-yorkais se trouve à deux pas de Bryant Park et comprend une salle au décor parisien, avec de superbes peintures de la Belle Époque, dans laquelle on se délecte de pâtisseries et viennoiseries qui n'ont rien à envier à celle concoctées dans l'adresse d'origine. La signature des lieux est le Mont-Blanc. Et le chocolat chaud, riche à souhait, ne déçoit jamais. Une autre boutique Angelina Paris vient de s'ouvrir dans l'Upper East Side.

CAFÉ JOYEUX

599 Lexington Avenue
✆ +1 347 503 5095
http://us.cafejoyeux.com
Ouvert du lundi au vendredi de 7h30 à 17h et le samedi de 8h à 16h. Fermé le dimanche.

Vous avez sans doute déjà entendu parler de Café Joyeux, puisque cette chaîne de cafés solidaires et inclusifs compte de nombreux établissements un peu partout en France ainsi que dans d'autres pays d'Europe. Créé en 2017 à Rennes par Yann Bucaille Lanrezac, Café Joyeux emploie uniquement des jeunes en situation de handicap, notamment atteints de troubles cognitifs ou de trisomie 21. L'endroit est fidèle au nom du lieu : très gai, avec le jaune qui prédomine. Au menu, on retrouve des pâtisseries, quiches et autres croque-monsieur.

LE CHALET

611 5th Avenue
✆ +1 212 940 4099
www.saksfifthavenue.com
Ouvert du mardi au samedi 16h30 à 21h. Cocktails à 20 US$.

Le magasin Saks Fifth Avenue cache un secret… Au huitième étage se trouve un bar intimiste conçu par Philippe Starck. L'endroit ressemble à un chalet de montagne ultraclasse, avec une déco originale. Pendant les beaux jours, la terrasse offre un panorama assez unique sur le Rockefeller, la cinquième avenue et l'Empire State Building. Le Chalet fait partie du restaurant L'Avenue, situé un étage au-dessus. C'est un lieu tendance que peu connaissent, allez-y pour l'ambiance et les *celebrity sightings*. Kim Kardashian, Mariah Carey et Jimmy Fallon sont des habitués.

CHURCH OF SWEDEN

5 E 48th Street
✆ +1 212 832 8443
Ouvert du mercredi au samedi de 12h à 16h (jusqu'à 18h le jeudi) et le dimanche de 12h30 à 16h.

Cette église au cœur de Midtown n'est pas seulement un lieu de culte pour la communauté suédoise de New York : elle abrite aussi un café chaleureux, dans lequel il est possible de déguster de bonnes pâtisseries scandinaves, comme les célèbres *cardamom buns* (brioches moelleuses à la cardamome), préparées chaque jour avec soin. Poussez la porte de cette belle église établie en 1921, et empruntez l'escalier qui descend pour un *fika* ! Un havre discret et convivial, parfait pour une pause scandinave au milieu de l'agitation de Manhattan.

DEAR IRVING

55 Irving Place
www.dearirving.com
Ouvert du lundi au samedi de 17h, le week-end dès 16h et jusqu'à 1h ou 2h. Cocktails à partir de 20 US$.

Ouvert en juin 2014, Dear Irving est vite devenu un incontournable. Au même titre que les grands restaurants new-yorkais, il est conseillé de réserver longtemps à l'avance pour avoir une place assise dans ce bar. Ses quatre salles sont décorée selon un thème : Marie-Antoinette (lustres au plafond et ornements à foison), Gatsby le Magnifique (style années 1920), Abraham Lincoln (canapés en velours) et John Fitzgerald Kennedy (décoration colorée, très années 1960). On vient surtout ici pour l'immense et inventive carte des cocktails.

FELIX ROASTING CO.

450 Park Ave South
www.felixroastingco.com
Ouvert tous les jours de 8h à 17h, 18h le week-end. Café autour de 5 US$.

Le mot *cute* aurait pu être inventé pour ce *coffee shop*, dont la décoration semble tout droit sortie de l'imagination de Lewis Carroll, auteur des *Aventures d'Alice au pays des merveilles*. Le cappuccino – surmonté d'un cœur en mousse, naturellement – est excellent et les viennoiseries, notamment les croissants, ne déçoivent pas non plus. Généralement, on peut également grignoter quelques tartines salées à l'avocat, à la ricotta et tomate ou encore figues et prosciutto. Pour une pause sucrée, ne manquez pas le *s'mores latte*, café qui déborde de marshmallows.

FLAMING SADDLES

793 9th Avenue
✆ +1 212 713 0481
www.flamingsaddles.com
Ouvert du lundi au vendredi 15h à 4h, le week-end dès 14h. Bières à 7 US$. Paiement en liquide uniquement.

L'un des bars gays les plus chauds et déjantés de Hell's Kitchen, Flaming Saddles est connu pour ses serveurs habillés en cowboys qui dansent sur le bar, bottes aux pieds, bien évidemment. Si vous êtes proche du comptoir, ouvrez la bouche et le danseur-serveur y versera peut-être du whisky directement au goulot. L'ambiance est franchement déchaînée, on danse sans retenue sur la musique pop ou country qui jaillit des enceintes (il y a un juke-box payant, mais il faut parfois attendre très longtemps avant d'entendre sa chanson).

FRYING PAN

207 12th Ave ✆ +1 212 989 6363
www.fryingpan.com
Ouvert de mai à fin septembre tous les jours de 11h30 à 23h, le reste de l'année si le temps le permet. Bières à 7 US$.

Boire un verre à bord d'un bateau, ça vous tente ? On parle ici d'un bateau-phare datant de 1929 qui a écumé les eaux de la côte Est pendant 30 ans avant de jeter l'ancre sur les bords de l'Hudson River, au pier 66. Le bar-restaurant s'appelle en réalité Pier 66 Maritime & Grill, mais les habitués parlent toujours de « *the Frying Pan* ». Le lieu est peu connu des touristes, ce qui ne l'empêche pas d'être bondé les week-ends lorsqu'il fait beau. Commandez une bière et installez-vous sur le pont pour profiter du coucher de soleil sur le New Jersey et sur Manhattan.

GROUND CENTRAL COFFEE COMPANY

498 Seventh Avenue
✆ +1 646 682 7478
www.groundcentral.com/
Ouvert tous les jours de 7h à 18h, le samedi et dimanche de 8h à 16h. Café à partir de 3,75 US$.

Ground Central Coffee Company, l'une des quelques chaînes de café indépendantes à New York, est un petit havre urbain où les New-Yorkais aiment se retrouver. L'atmosphère y est chaleureuse, entre murs au design personnalisé par des artistes, vinyles vintage et fauteuils cosy. Le café, soigneusement sélectionné, est riche et corsé. On y croise des habitués du quartier venus bosser, lire ou discuter autour d'un bon petit-déj. Une adresse locale, authentique et pleine de caractère.

BARCHEF NEW YORK

21 W 35th Street
www.barchefnewyork.com/contact
Ouvert tous les jours de 17h à minuit. Cocktails à partir de 23 US$.

BarChef, nouvelle adresse ultra-glamour de Midtown, élève le cocktail au rang d'art. Derrière une façade élégante, ce bar d'exception propose des créations spectaculaires : infusions au palo santo, sphères glacées au safran, fleurs comestibles et volutes de fumée envoûtantes. Ici, chaque cocktail est un show visuel et sensoriel, imaginé par le mixologue star Frankie Solarik. Avec sa déco feutrée et sa vue imprenable sur l'Empire State Building, BarChef est le spot rêvé pour s'offrir une parenthèse sophistiquée. Notre expérience coup de cœur cette année !

AUX MERVEILLEUX DE FRED

1001 6th Avenue ✆ +1 646 590 0263
www.auxmerveilleux.com
Ouvert tous les jours de 7h à 20h. Merveilleux : 7 US$.

Frédéric Vaucamps et ses « merveilleux »... Le chef originaire de Belgique et basé dans le nord de la France possède trois boutiques new-yorkaises. Ce délicieux dessert constitué d'une meringue fondante et enrobé de crème fouettée plaît à New York ! À quelques minutes de Times Square, cette boutique ornée d'un chandelier compte quelques places assises à l'étage. On trouve aussi des croissants, des gaufres, des meringues, etc. Tout est fait maison. Si vous êtes nostalgique des pâtisseries à la française, vous savez où faire escale...

POCKET BAR NYC

455 W 48th Street
✆ +1 646 682 9062
www.pocketbarnyc.com
Ouvert du dimanche au jeudi de 16h à minuit, jusqu'à 1h du matin le vendredi et le samedi.

Hell's Kitchen ne manque pas d'endroits où sortir, loin s'en faut, mais beaucoup de bars du quartier peuvent être un peu impersonnels. Au Pocket Bar, c'est tout l'inverse : l'endroit est intimiste (d'où son nom !) et est fréquenté par une clientèle d'habitués qui connaissent tous le barman par son prénom. En fin de soirée, l'ambiance est encore plus décontractée, on s'époumone sur de vieux tubes que tout le monde connaît et on se fait de nouveaux amis. La Sharknado Sangria (servie avec un petit requin en plastique) est délicieuse !

THE PORTRAIT BAR

1 W 28th Street
✆ +1 212 231 9400
www.theportraitbar.com
Ouvert du dimanche au jeudi de 17h à minuit, le vendredi et le samedi de 17h à 1h. Cocktails : 22 US$.

Ce bar à cocktails est aussi sublime que l'hôtel de luxe qui l'abrite depuis son ouverture fin 2023 — The Fifth Avenue Hotel. Il est installé au rez-de-chaussée, on y accède après avoir traversé le lobby à la déco opulente et bifurqué dans des couloirs rouges où chaque élément du décor semble sorti d'un musée. L'atmosphère du bar est dans la prolongation de l'hôtel : élégante, chaleureuse, sophistiquée : en bref, on se sent un peu privilégié. Les cocktails, imaginés par des mixologistes, sont excellents. Le secret est bien gardé, pour l'instant... Profitez-en.

REFINERY ROOFTOP

63 W 38th Street
✆ +1 646 663 5951
www.refineryhotelnewyork.com
Ouvert tous les jours de 11h30 à 23h, jusqu'à 1h le vendredi et le samedi. Cocktails à 18 US$.

Au sommet du Refinery Hotel, ce bar offre l'une des plus belles vues sur l'Empire State Building et les gratte-ciel de Midtown. L'ambiance est décontractée et le cadre allie charme industriel et atmosphère cosy, avec ses guirlandes lumineuses, ses murs en briques apparentes, ses plantes suspendues et sa verrière. La carte propose quelques assiettes à grignoter, mais les prix sont élevés et la nourriture n'est pas toujours fameuse. Le mieux est de boire un cocktail ici en profitant du coucher du soleil, puis d'aller dîner ailleurs.

THE SKYLARK

200 W 39th Street
✆ +1 212 257 4577
www.theskylarknyc.com
Ouvert du lundi au vendredi de 17h à 00h ou 1h. Cocktails à partir de 22 US$.

Situé au 30e étage d'un immeuble du Garment Disctrict, le *rooftop bar* du Skylark est un lieu de rendez-vous assez éblouissant pour un verre *after work*, avec ses vues panoramiques que l'on admire en sirotant des cocktails de haute voltige. L'Empire State Building dresse son immensité juste sous les yeux des convives et, plus bas, les écrans de Times Square projettent leurs lumières sur les façades en verre des buildings voisins. En cas de petit creux, de coquettes assiettes à partager sont au menu. Le Skylark est souvent fermé le week-end pour des événements.

THE CAMPBELL

15 Vanderbilt Avenue
✆ +1 212 297 1781
www.thecampbellnyc.com
Ouvert tous les jours de 12h à 2h du matin. Cocktails de 21 à 26 US$.

Tenue correcte exigée dans ce bar cossu, qui servit en son temps – 1923 – de lieu de résidence à Joseph Campbell, homme d'affaires émérite. Le bar a conservé le charme suranné de cette époque, avec ses épaisses tentures de velours et ses gros fauteuils club. Atmosphère sombre et mystérieuse, cocktails originaux et savoureux... C'est l'un des endroits les plus classes pour boire un cocktail dans Midtown, prisé le week-end et les soirs en fin de semaine. Les réservations sont donc fortement recommandées. Concerts de jazz tous les samedis à 19h30.

VIN SUR VINGT

1140 Broadway
✆ +1 646 922 7700
www.vsvwinebars.com
Ouvert tous les jours de 15h à 1h (fermeture à minuit le dimanche et le lundi). Happy Hour : verre de vin à 10 US$.

A quelques encablures du Flatiron Building, Vin sur Vingt est l'endroit rêvé pour faire une pause bien méritée autour d'un verre de vin et d'une assiette de fromage ou charcuterie, à table ou face au comptoir. Le menu propose une cinquantaine de vins au verre, classés par région : attendez-vous à des noms connus, mais aussi à de belles découvertes. Côté plats, on trouve des tartares (de thon ou de bœuf), des salades, des sandwichs, des cassolettes, et quelques classiques français. En semaine, Happy Hour tous les jours de 15h à 18h.

BARACHOU

449 Amsterdam Avenue
✆ +1 646 398 7788
www.barachou.com
Ouvert tous les jours de 9h à 19h. Chou à 3,30 US$.

Bien connu des Français qui ont posé leurs valises à New York, Barachou est le temple du chou à la crème. La pâtisserie star se décline sous de multiples – et délicieuses – saveurs : chocolat, vanille et noisette pour les plus classiques, mais aussi *dulce de leche*, rose et tiramisu pour ceux qui se sentiraient l'âme aventurière ! Le mieux est de commander un petit assortiment pour en tester le plus possible... Faites-nous confiance, vous ne le regretterez pas ! En vitrine, vous saliverez aussi devant les jolies tartes aux fruits, les flans et les macarons.

DUBLIN HOUSE

225 W 79th Street
✆ +1 212 874 9528
www.dublinhousenyc.com
Ouvert tous les jours de 11h à 4h du matin.

Avec un néon bar scintillant à l'extérieur comme dans un vieux film de détective, ce pub irlandais jouit de l'une des plus belles entrées du quartier. Passé sa façade, vous pénétrez dans un univers familier, un long comptoir étroit des années 1920, des miroirs ovales et une odeur de bonne bière embaume l'atmosphère : la Guinness ! Elle est à un prix très abordable et se boit sous forme de *pints*. La clientèle tourne autour de la quarantaine, le *juke-box* joue un mélange de U2 et de Bruce Springsteen, ces vieux tubes qui nous rappellent une jeunesse tranquille.

THE HUNGARIAN PASTRY SHOP

1030 Amsterdam Avenue
✆ +1 212 866 4230
Ouvert en semaine de 7h30 à 20h30, le week-end à partir de 8h30. Pâtisseries à partir de 5 US$.

Petit café hongrois à l'ambiance décalée, fréquenté par les écrivains et les étudiants de Columbia University, située à quelques *blocks* de là. D'ailleurs, selon ces derniers, il s'agit bien du seul vrai café du quartier. Les pâtisseries sont excellentes, et les parts de gâteaux énormes. On vous laisse juger de la qualité de l'onctueux café russe, encore meilleure lorsqu'il est surmonté de crème fouettée.

La terrasse, en face de St John The Divine, est agréable en été.

INSOMNIA COOKIES

405 Amsterdam Avenue
✆ +1 212 595 3800
www.insomniacookies.com
Ouvert en semaine à 12h, dès 11h le week-end, jusqu'à 1h ou 3h selon les soirs. Cookies à 3,39 US$.

Ce ne sont pas les meilleurs cookies de New York (le titre revient à Levain Bakery), mais ils sont tout de même délicieux et ils ont l'avantage d'être disponibles jusqu'à tard dans la nuit. Qu'ils soient au chocolat noir ou blanc, M&M's, raisin, snickers, beurre de cacahuètes, les cookies sont toujours servis chauds. Et lorsque le chocolat fond dans la bouche, le bonheur n'est pas loin ! En plus, le prix est imbattable, vous pourrez sans doute payer avec votre petite monnaie. Pour ceux qui ne pourront plus s'en passer, sachez qu'Insomnia livre à domicile...

PROHIBITION

503 Columbus Avenue
✆ +1 212 579 3100
www.prohibition.net
Ouvert du mardi au samedi à partir de 16h-16h30 et dès 12h le dimanche, fermeture entre 23h et 2h. Cocktails 17-20 US$.

Ancien *speakeasy* avec un décor des années 1920. Les murs en briques rouges apparentes, les poutres au plafond et le service à l'ancienne font de cet endroit un saloon huppé. La présence d'une table de billard et de télés au-dessus du comptoir le rend plus familier. Ce n'est pas un lieu de discussion (musique et bruit), mais on y viendra pour ses *mojitos* bien dosés et ses Martini inventifs. Si vous avez un petit creux, le bar propose des assiettes à partager et de vrais plats principaux. Des groupes de jazz, de blues ou de hip-hop jouent chaque soir.

THE EMPIRE ROOFTOP BAR & LOUNGE

44 W 63rd Street
✆ +1 212 956 3313
www.empirehotelnyc.com
Ouvert tous les jours à partir de 11h. Fermeture à minuit ou 1h selon les soirs. Cocktails à 21 US$.

Dress code de rigueur en soirée pour entrer dans ce bar aperçu à de nombreuses reprises dans la série *Gossip Girl*. Le lieu est assez spacieux et il est tout à fait possible de trouver une table dehors en début de soirée. Les vendredi et samedi soir, c'est une autre ambiance, avec un videur à l'entrée et souvent une longue file d'attente avant de pouvoir accéder au toit. L'endroit idéal pour danser avec les fils et les filles des riches familles de Manhattan.

PÂTISSERIE VANESSA

1340 Lexington Avenue
✆ +1 855 466 5227
www.patisserievanessa.com/
Ouvert tous les jours de 7h30 à 19h. A partir de 8h le samedi et dimanche.

© PÂTISSERIE VANESSA

Bienvenue chez Marc et Vanessa, un couple de français du Sud de la France très accueillants. Ici, on savoure des créations authentiques : la charlotte, le canelé, la quiche provençale, les verrines salées... et même de vraies chouquettes, si rares aux États-Unis ! Côté boisson, on est servi avec un délicieux café façon NYC. Chaque bouchée reflète le savoir-faire français dans un cadre chic et intime. Le tout à un prix étonnamment raisonnable. Une pépite de l'Upper East Side, parfaite pour une parenthèse douce et élégante - à deux pas des musées de la 5ème Avenue.

LADY MCAKE BOUTIQUE

41 E 78th Street
✆ +1 929 556 7832
www.ladym.com
Ouvert tous les jours de 11h à 18h.
Part de gâteau : à partir de 12 US$.

Cette boutique raffinée, qui compte des adresses dans tous les États-Unis, a vu le jour ici, dans l'Upper East Side. Co-fondée par la chef japonaise Emi Wada, elle est surtout connue pour ses Mille Crêpes, gâteau de crêpes constitué de vingt crêpes fines empilées les unes sur les autres et séparées par des couches légères de crème pâtissière fouettée. Chaque bouchée est ultra fondante, et le croquant est apporté par une petite touche caramélisée. Le gâteau se décline dans de multiples saveurs, pour un résultat toujours subtil : thé vert, chocolat, fraise...

RALPH'S COFFEE

888 Madison Avenue
✆ +1 212 434 8000
www.ralphlauren.com
Ouvert tous les jours de 8h à 18h, jusqu'à 19h le vendredi et le samedi.

Vous voici dans le café le plus classe de New York, Upper East Side oblige. C'est au célèbre styliste américain Ralph Lauren qu'on le doit. L'endroit est beau et opulent, dans le style salon de thé installé dans une maison bourgeoise. Pas mal pour un *break* dans ce quartier, les tarifs étant certes élevés, mais finalement pas beaucoup plus qu'ailleurs, et le cadre vaut le coup. C'est assez touristique, tout de même, et il n'est pas rare que toutes les tables soient occupées. Un conseil, si vous ne voulez pas détonner, sortez votre tenue de jour la plus élégante !

BEMELMANS BAR

35 East 76th Street
✆ +1 212 744 1600
www.rosewoodhotels.com/
Ouvert tous les jours à midi, fermeture de minuit à 1h selon les soirs. Cocktails à partir de 25 US$.

Un bar d'hôtel classe et réputé qui propose d'excellents cocktails (le bloody mary est recommandé) et qui, bonne nouvelle, n'est pas connu des touristes. La clientèle est surtout composée des riches résidents de l'Upper East Side, politiciens, hommes d'affaires et mondains... Alors forcément, les prix sont élevés. Des groupes de jazz s'y produisent quasiment tous les soirs. Le cadre, à tendance Art déco, est des plus originaux, avec la gigantesque fresque murale réalisée par Bemelmans, artiste qui a donné son nom au lieu, connu pour ses livres pour enfants.

THE PENROSE

1590 2nd Avenue
✆ +1 212 203 2751
www.penrosebar.com
Ouvert en semaine de 11h à 4h et le week-end de 9h30 à 4h. Cocktail : 16 US$.

L'Upper East Side ne déborde pas d'endroits où festoyer jusqu'à tard dans la nuit, rien d'étonnant donc à ce que The Penrose remporte tous les suffrages auprès des habitants du quartier. Ouvert jusqu'à 4h du matin, l'établissement offre la décontraction et la convivialité d'un pub de quartier, avec ses bières pression à boire au bar ou en terrasse, ainsi qu'un service de qualité et de bons petits plats pour éponger efficacement les cocktails préparés par le barman. Une bonne adresse pour sortir le soir ou faire une pause après la visite du Met.

BARAWINE

200 Lenox Avenue
✆ +1 646 756 4154
www.barawine.com
Ouvert de 16h à 22h (plus tard le week-end), le dimanche dès 12h. Vin au verre à partir de 13 US$.

Ouvert à l'été 2013 dans une salle tout en longueur faisant un coin de rue (qui se convertit en terrasse à la belle saison), le Barawine est un lieu assez branché où l'on vient aussi bien pour l'apéro en semaine (l'*happy hour* est assez intéressant) que pour dîner franchement, pourquoi pas sur la grande table commune. Larges baies vitrées donnant sur la rue, fréquentes sessions de DJ et époustouflante carte de vins et cocktails, voilà qui devrait en ravir plus d'un. Côté solide, citons le tartare de thon, la salade niçoise et la soupe à l'oignon.

LEVAIN BAKERY

2167 Frederick Douglass
✆ +1 212 874 6080
www.levainbakery.com
Ouvert tous les jours de 7h à 21h. Cookie à partir de 6 US$.

Les New-Yorkais sont prêts à faire la queue pendant un long moment pour obtenir ce cookie estampillé *best cookie in the city* par un grand nombre de *foodies*. Cette adresse n'est heureusement pas la plus populaire (il s'agit de la boutique originale ouverte en 1995, qui se trouve dans l'Upper West Side), mais quoi qu'il en soit, l'attente paraît bien dérisoire lorsque l'on croque enfin dans le précieux sésame : fondant et croustillant à la fois, il y a peu de chance que vous en ayez déjà mangé de meilleur. Quel que soit votre choix, vous serez conquis.

DEAR MAMA

611 W 129th Street
www.dearmamacoffee.com
Ouvert tous les jours de 7h à 22h.

Bien plus qu'un simple café, Dear Mama est un lieu d'échange au design soigné. Beaucoup y viennent pour travailler depuis leur ordinateur ou retrouver des amis. L'endroit est spacieux et bénéficie d'une grande luminosité, d'une playlist soignée et d'une ambiance détendue. Le café est très bon et les pâtisseries faites maison (les savoureux muffins sont à préférer aux croissants, moins réussis). On peut également faire un repas léger sur place : sandwiches (en particulier le *grilled cheese*), salades et autres tartines sont excellents.

LE PETIT PARISIEN

151 Malcolm X Blvd
✆ +1 917 262 0524
www.lepetitparisienusa.com
Ouvert tous les jours de 8h à 17h. Sandwiches à partir de 11 US$, viennoiseries à partir de 4 US$.

Le Petit Parisien est votre petit coin de France à Harlem ! Faites-y une escale le temps de déguster une viennoiserie accompagnée d'un bon café. On apprécie le fait que les croissants et pains au chocolat y soient plusieurs dollars moins chers que dans la plupart des boulangeries françaises de New York. L'endroit, tout en longueur, est très chaleureux, avec ses murs en briques recouverts de tableaux (si vous avez un coup de cœur pour une toile, vous pouvez l'acheter !). Pour une faim plus conséquente, les sandwiches sont tout indiqués.

HARLEM SHAKE €

100 W 124th Street
✆ +1 212 222 8300
www.harlemshakenyc.com
Ouvert tous les jours à partir de 11h, fermeture entre 23h et 2h selon les soirs. Milkshakes à partir de 6 US$.

Un look rétro pour ce *diner* américain, servant de très bons burgers et milkshakes à des prix défiant toute concurrence. En 2018, le restaurant a d'ailleurs remporté le prix du meilleur burger de New York selon le magazine *TimeOut*, alors vous pouvez y aller les yeux fermés. Des événements sont organisés tout au long de la semaine : concerts, soirées karaoké, etc. Au mur, sur le Wall of Fame, sont accrochées des photos dédicacées de célébrités afro-américaines, citons Samuel L. Jackson, Regina Hall et Janet Jackson. Une institution dans le quartier.

RAO'S

455 E 114th Street
✆ +1 212 722 6709
Ouvert du lundi au vendredi de 19h à 23h.

Peu de chances pour le visiteur de manger au Rao's : la dizaine de tables que compte ce restau traditionnel italien tenu par la famille Rao (arrivée en ville en 1896) est réservée à l'année. Le lieu est d'ailleurs considéré comme l'un des endroits où il est le plus difficile d'obtenir une table à New York ! On vient donc ici pour se faire une idée de ce à quoi ressemble une véritable cantine italo-américaine qui a traversé le siècle. Allez-y faire un tour, vous ne serez pas déçus. Et peut-être que vous dégotterez une place au bar… si le boss est d'humeur.

PASSEPORT

[SE] FAIRE PLAISIR

Avec ses galeries commerciales gigantesques et ses magasins à n'en plus finir, New York est le temple du shopping. Baladez-vous autour de la 34e rue, au niveau de Broadway, pour faire votre shopping en plein air et aller joyeusement de magasin en magasin. Si les chaînes comme Forever 21, American Eagle et Foot Locker ne sont pas votre tasse de thé, c'est dans les boutiques indépendantes de SoHo que vous trouverez votre bonheur… à condition d'avoir un budget suffisant ! À cause de la hausse du dollar et du coût de la vie qui ne cesse d'augmenter, faire son shopping à New York est devenu un peu moins intéressant ces dernières années, mais on peut toujours y faire de bonnes affaires. Et puis, la Big Apple a l'avantage d'être dotée de magasins que l'on ne trouve nulle part ailleurs !

(SE) FAIRE PLAISIR

HORAIRES

La plupart des magasins sont ouverts tous les jours, de 10h à 21h en semaine et de 11h à 19h le dimanche. Les boutiques indépendantes de SoHo et d'ailleurs ont des horaires plus restreints, mais sont tout de même ouverts 7j/7.

BUDGET / BONS PLANS

Les *bargain stores* préférés des Américains sont TJ Maxx et Marshalls, qui vendent des produits neufs, souvent de marque, à prix réduit. Vous y trouverez des *deals* en or ! Une session shopping dans les magasins de New York vous coûtera plus ou moins la même chose qu'en France, même si la force de l'euro vient adoucir quelque peu le montant final. N'oubliez pas qu'aux États-Unis, la taxe locale n'est pas incluse dans le prix affiché. À New York, elle est de 8,875 % sur les vêtements.

© ANDRIY BLOKHIN - STOCK.ADOBE.COM

Macy's.

SOLDES

Aux États-Unis, les magasins proposent des réductions tout au long de l'année, en particulier à l'occasion de certains jours fériés. Parmi les soldes à ne pas manquer, il y a President's Day Sale (le week-end du 22 février), Memorial Day Weekend Sale (le week-end avant le dernier lundi du mois de mai), July 4th Summer Sale (la semaine précédant le 4 juillet), Labor day Weekend Sale (le week-end avant le premier lundi de septembre). Mais c'est incontestablement pour Black Friday que vous trouverez les meilleurs *deals*.

Le lendemain de Thanksgiving, tous les magasins proposent des réductions de folie, y compris les enseignes de luxe comme Macy's et Saks. Vêtements, high-tech, meubles, déco, les rabais n'épargnent rien ni personne et peuvent aller jusqu'à 80 %. Les soldes de Black Friday durent tout le week-end, et se terminent avec Cyber Monday, qui permet de faire des affaires sur internet. Cet événement est souvent pointé du doigt pour l'incitation à la surconsommation qu'il génère. Enfin, si vous passez devant un magasin sur lequel le mot « *Clearance* » est affiché en grosses lettres, précipitez-vous à l'intérieur ! Le magasin ferme ou déménage et liquide ses stocks.

C'EST TRÈS LOCAL

Profitez de votre séjour new-yorkais pour faire votre shopping dans des magasins qui n'existent pas encore chez nous ou bien uniquement à Paris, comme Forever 21, American Eagle Outfitters et Victoria's Secret. Les boutiques sont très grandes et le choix énorme ! À visiter également, la boutique de la célèbre marque de cosmétiques Glossier, ouverte à Soho en 2019, qui ne compte pas d'adresses en dehors des États-Unis.

LES ATTRAPE-TOURISTES

À moins que vous ne soyez à la recherche d'un faux Louis Vuitton ou d'une montre de contrefaçon, les quartiers de Little Italy et Chinatown sont à fuir absolument ! Pour acheter des souvenirs de New York qui changent un peu, évitez les magasins touristiques de Times Square et préférez-leur les *gift shops* des musées. Le magasin Memories of New York (www.memoriesofnewyork.com), à Gramercy, propose aussi de jolis objets qui changent un peu !

© LECHATNOIR - GETTYIMAGES

LES PHRASES CLÉS

Bonjour, c'est superbe, mais combien ça coûte ?
Hello. This is really nice. How much does it cost?

Vous auriez ma taille ? Où se trouvent les cabines d'essayage ?
Do you have my size? Where are the fitting rooms?

Est ce que je pourrai vous le rapporter et l'échanger si ça ne va pas ?
Will I be able to return it for an exchange if it doesn't fit?

J'ai trop dépensé aujourd'hui, pouvez-vous me faire une réduction sympa ?
I've spent too much today. Could you give me a nice discount?

Je prendrai celui-ci. Pouvez-vous me faire un paquet cadeau ?
I'll take this one. Could you gift wrap it for me?

Vous prenez la carte de crédit ? Où puis-je trouver un distributeur de billets ?
Do you take credit cards? Where can I find an ATM?

BERGDORF GOODMAN

754 5th Avenue
✆ +1 212 753 7300
www.bergdorfgoodman.com
Ouvert du lundi au samedi de 11h à 19h, le dimanche de 11h à 18h.

Le haut de gamme pour un public essentiellement féminin, même si le rayon homme se trouve en face, au 745 5th Avenue. En vedette, la haute couture, les tenues de soirée et les bijoux. À chaque étage, de grands noms de la mode contemporaine : Calvin Klein, Marc Jacobs, Ralph Lauren, Manolo Blahnik et Jimmy Choo – rendus célèbres par Sex & The City –, ou encore Saint-Laurent, Chanel, Chloé, Valentino ou Gaultier. Au 5e, vous trouverez les marques plus jeunes et accessibles. Et au dernier étage, un restaurant pour profiter d'une superbe vue sur Central Park.

MARSHALLS

620 6th Avenue
✆ +1 212 741 0621
Ouvert tous les jours de 9h30 à 21h30.

Situé dans le même bâtiment qu'un autre bargain Store, T.J. Maxx, Marshalls est sans doute l'un des endroits préférés des New-Yorkais qui aiment faire des affaires. On y trouve aussi bien des vêtements (hommes et femmes) que des décorations d'intérieur mais aussi des sacs, des vestes et des jeans à des prix très bas. Il s'agit le plus souvent de produits de marque (Calvin Klein, Michael Kors, etc), bradés car ils s'écoulent mal ou ont un petit défaut. Marshall's est aussi une bonne adresse pour trouver des idées de cadeaux originales.

BLOOMINGDALE'S

1000 3rd Avenue
✆ +1 212 355 5900
Ouvert du lundi au samedi de 11h à 20h, et le dimanche de 11h à 19h.

Bloomingdale's est le fruit d'une longue passion entre New York et la mode. Avec ses dix étages et un périmètre de quatre *blocks*, Bloomies peut se proclamer meilleur grand magasin du monde. On est loin de la petite boutique de mode créée vers 1870 par les frères Bloomingdale. Dans les années 1960-1970, il était de bon ton d'y faire son shopping le samedi après-midi. La tradition est toujours respectée, les clients sortent les bras chargés des symboliques *brown bags*. Mode féminine, masculine, pour enfants, linge de maison, rayon meubles et de décoration intérieure.

PRINTEMPS NEW YORK

1 Wall Street
✆ +1 212 217 2299
Ouvert tous les jours de 10h à 19h.

L'institution parisienne a choisi New York pour sa toute première adresse hors de France, et elle est grandiose. Installé dans un bâtiment Art déco classé du Financial District, le Printemps New York mêle avec brio élégance parisienne et modernité new-yorkaise. On y flâne parmi les marques de luxe (les pièces les plus abordables sont vendues au rez-de-chaussée) : on peut même siroter une coupe au bar à champagne ou déguster quelques crustacés au bar à huîtres. Une parenthèse à découvrir absolument, ne serait-ce que pour le plaisir des sens !

MACY'S

151 West 34th Street
✆ +1 212 695 4400
Ouvert du lundi au jeudi de 10h à 21h, le vendredi et le samedi de 10h à 22h et le dimanche de 11h à 21h.

Si le risque de ne pas pouvoir mettre la main sur un vendeur, après trois kilomètres de rayonnages, ne vous dissuade pas, vous trouverez absolument de tout à Macy's : vêtements de marques pour hommes et femmes, fourrures, fleurs, ordinateurs, cosmétiques, chaussures (8 rayons), argenterie, articles de sport, jouets… Les prix ne sont pas toujours très abordables, car les articles sont ceux des dernières collections. Les sous-sols abritent un *food court* où se restaurer. A découvrir aux derniers étages, des escalators en bois qui sont d'origine (1908).

SAKS FIFTH AVENUE

611 5th Avenue
✆ +1 212 753 4000
www.saks.com
Ouvert du lundi au samedi de 11h à 19h et le dimanche de 12h à 18h.

Ouvert en 1924 entre le Rockefeller Center et St Patrick's Cathedral, l'éternel rival de Bloomingdale's est l'un des premiers *department stores* de la ville. Elégant, sobre, aéré, Saks fut longtemps le grand marché familial par excellence. Le magasin suit la mode féminine et organise une série de soldes spectaculaires, surtout en janvier.

Au rez-de-chaussée, bijoux et parfums, mais aussi un salon de beauté. Les créateurs de mode américains sont au troisième étage. Au sixième étage, rayon pour hommes avec grand choix de chaussures.

AMERICAN GIRL PLACE

75 Rockefeller Plaza
✆ +1 877 247 5223
www.americangirl.com
Ouvert tous les jours de 10h à 18h, le samedi jusqu'à 19h.

Des poupées, encore des poupées, toujours des poupées... Des poupées qui dansent, jouent du violon, font du hockey, reçoivent leur diplôme, auscultent une patiente, font du shopping... Il faut le voir pour le croire. On note au passage que toutes les couleurs de cheveux et de peau sont largement représentées. C'est bien dans ces moments-là que l'on se rend compte que les États-Unis ont un temps d'avance sur la question de la représentation. Hormis les poupées elles-mêmes, il y a une tonne d'accessoires et de vêtements, et même un restaurant.

FAO SCHWARZ

30 Rockefeller Plaza
✆ +1 800 326 8638
www.faoschwarz.com
Ouvert tous les jours de 10h à 20h.

Magasin de jouets légendaire fondé en 1862, FAO Schwarz a dû fermer en 2015 son adresse la plus emblématique, aperçue dans certains films, qui se situait sur Fifth Avenue. C'est à quelques encablures de là, à l'intérieur du Rockefeller Center, qu'il a fait son grand retour en 2018, pour le plus grand bonheur des petits et des grands enfants. Le magasin est connu pour ses jouets d'excellente qualité, son piano gigantesque sur lequel on marche pour faire de la musique et ses incroyables décorations, avec des jouets plus vrais que nature, à la période de Noël.

HARRY POTTER NEW YORK

935 Broadway
www.harrypotterstore.com
Ouvert du lundi au jeudi de 10h à 21h, le vendredi et le samedi de 9h à 21h et le dimanche de 10h à 19h.

On ne s'attend pas à tomber sur un magasin dédié à l'univers du petit sorcier de J.K. Rowling à New York, et pourtant... On trouve ici tout ce qui touche à Poudlard et au monde des sorciers : friandises farceuses, livres en édition limitée, capes, baguettes magiques, peluches, etc, le tout dans un décor bien réalisé. Au sous-sol, vous pourrez même grimper sur un balai et éterniser votre vol au-dessus de Poudlard grâce à la magie de l'écran vert (payant). À la sortie du magasin, le visiteur peut aussi commander le breuvage préféré du sorcier : une bièraubeurre.

MEMORIES OF NEW YORK

206 5th Avenue
✆ +1 212 252 0030
www.memoriesofnewyork.com/
Ouvert tous les jours de 9h à 20h45, le week-end à partir de 9h30.

Si toutes les boutiques de cadeaux de New York se ressemblent et vendent plus ou moins les mêmes objets, celle-ci a un petit supplément d'âme ! Son propriétaire, Alper, tient le magasin depuis 1994 et accueille les visiteurs avec la gentillesse de quelqu'un qui aime son métier. Vous dénicherez tout ce dont vous pouvez avoir besoin dans sa vaste boutique : tee-shirts *I love NY*, tasses, livres, casquettes, cartes postales, etc. Au moment de régler vos achats, il n'est pas impossible qu'Alper glisse un petit cadeau supplémentaire dans votre sac.

NEW YORK OR NOWHERE

250 Lafayette Street
Ouvert du lundi au jeudi de 11h à 19h et du vendredi au dimanche de 10h à 19h.

Une marque de *streetwear* 100 % New York, branchée et décontractée, dont les vêtements rendent hommage à la ville. La boutique elle-même est remplie de clins d'œil à Big Apple. New York or Nowhere remporte un succès fou malgré ses prix plutôt élevés (comptez au minimum 50 US$ pour un tee-shirt en coton estampillé «New York or Nowhere»). Les tote bags sont très sympas. La marque a par ailleurs lancé une collection en collaboration avec les Knicks. En plus des vêtements, vous trouverez ici quelques objets déco ou à offrir : cadres, tasses, bougies, porte-clés...

PIQ

74 W 50th Street
✆ +1 212 227 9273
www.piqgifts.com
Ouvert du lundi au jeudi de 9h à 21h, le vendredi et le samedi de 9h à 22h et le dimanche de 10h à 21h.

C'est LA boutique à ne pas manquer (Manhattan en compte en réalité trois : celle-ci installée dans Rockefeller Center, une autre à Grand Central Terminal et une dernière dans le centre commercial de Hudson Yards) pour faire des cadeaux made in New York qui changent un peu des sempiternels mugs, magnets et tee-shirts *I Love New York*. Ici, les objets sont insolites, colorés, décalés, parfois rigolos et souvent design... à l'image de la ville. Vous y trouverez également une belle sélection de marques kawaii (comme le célèbre chat Pusheen).

ALBANESE MEATS & POULTRY

238 Elizabeth Street
✆ +1 212 966 1788
Ouvert du lundi au samedi de 12h à 18h.

Ouvert depuis 1923, ce minuscule commerce de NoLIta est l'un des derniers vestiges du vrai Little Italy. Poussez la porte de cette boucherie à la façade rouge et à l'enseigne à moitié effacée, et vous ferez un saut dans le temps. Photos de famille et ambiance rétro garanties. Passez commande auprès de Jennifer Prezioso, l'arrière-petite-fille des premiers propriétaires et la petite-fille de Moe Albanese, surnommé Moe the Butcher, célébrité locale qui s'est éteinte en 2020 à l'âge de 90 ans. Les viandes et la charcuterie italienne sont excellentes.

CHELSEA MARKET

75 9th Avenue
✆ +1 212 243 6005
www.chelseamarket.com
Ouvert tous les jours de 7h à 22h.

Ces élégantes halles rénovées (le bâtiment est une ancienne biscuiterie) abritent près d'une cinquantaine de commerces (Amy's Bread, Ruthy's Cheesecake Bakery, Sushi Bar ou encore Lobster Place, pour déguster homards et huitres). Plus qu'un marché, Chelsea Market est un lieu très complet et très agréable pour flâner et pour déjeuner. Les petites boutiques de déco sont à visiter pour les nombreuses idées de cadeaux originales. Les prix sont plutôt élevés, mais la qualité est au rendez-vous. Allez-y en semaine, il y a foule le week-end !

DYLAN'S CANDY BAR

20 Hudson Yards
✆ +1 646 661 6094
www.dylanscandybar.com
Ouvert du lundi au jeudi de 10h à 20h, vendredi et samedi de 10h à 22h et dimanche de 11h à 19h.

Dans la famille Lauren (comme Ralph Lauren), donnez-moi la fille Dylan, à l'origine de ce magasin de bonbons devenue une institution new-yorkaise. Pénétrer ici, c'est comme aller chez Glup's après avoir consommé des psychédéliques. L'expérience se veut immersive, et il est vrai qu'il y a des bonbons du sol au plafond. Le magasin propose une atmosphère colorée et ludique. Sucettes de fête foraine, bonbons de toutes les couleurs, fleurs en chocolat mais aussi confiseries artisanales. Vous y trouverez aussi des objets dérivés (peluches, tee-shirts, mugs, etc).

MURRAY'S CHEESE SHOP

254 Bleecker Street
✆ +1 212 243 3289
www.murrayscheese.com
Ouvert tous les jours de 9h à 20h.

Considéré comme l'un des meilleurs marchands de fromages de la ville, il existe depuis 1940, et son étalage ressemble fortement à celui des fromagers français. On y trouve à la fois des fromages américains et une belle sélection de fromages français, y compris de la raclette. Les prix sont corrects également, ce qui explique pourquoi il y a toujours foule dans la boutique ! C'est également ici que l'on vient faire le plein de charcuterie italienne (prosciutto, salami, sopressata...) et française (mousse de canard et pâté au poivre).

MYZEL'S CHOCOLATES

140 West 55th Street
✆ +1 212 245 4233
www.myzels.com
Ouvert du lundi au vendredi de 11h30 à 19h et le samedi de 12h à 18h.

Envie de chocolats, de fruits confits, de réglisse ? Avec son décor évoquant les vieilles confiseries européennes, Myzels a suffisamment de choix de chocolats pour satisfaire une envie légitime de gourmandise. L'une des spécialités de la maison est le réglisse. D'ailleurs, c'est ici que vous en trouverez la plus grande sélection de ce produit à travers le pays. On le trouve sous la forme de bâtonnets, de spirales, de figurines colorées, etc. A goûter également, le cookie, décadent et fait maison, évidemment. Que de douceurs...

ZABAR'S

2245 Broadway
✆ +1 212 787 2000
www.zabars.com
Ouvert du lundi au samedi de 8h à 19h30 et le dimanche de 9h à 18h.

Le plus grand, le plus réputé et certainement le plus complet des magasins d'alimentation de New York et peut-être des Etats-Unis, Zabar's reçoit 35 000 clients par semaine ! C'est la fête de la consommation culinaire toutes catégories, dans un décor plein à craquer de toutes les victuailles du monde : 20 types de cafés, 50 qualités de pain, caviar, saumon, pâtes, légumes, 500 fromages, fruits... Zabar's est une aventure authentiquement new-yorkaise. Situé tout près de Central Park et du Lincoln Center, venez y préparer votre pique-nique !

ABERCROMBIE & FITCH

666 5th Avenue
✆ +1 212 381 0110
www.abercrombie.com
Ouvert tous les jours de 10h à 20h.

Une marque polémique et souvent critiquée aux Etats-Unis (son président, très mégalo, refuse que les « moches » portent ses vêtements...) mais qui plaît toujours autant aux adolescents américains et européens. A New York, Abercrombie a choisi un immense espace aux allures... de boîte de nuit : lumières tamisées voire sombres, déco noire et minimaliste, vendeurs top models, musique à fond, et des vêtements mis en valeur comme des œuvres d'art. Etonnant pour une marque sportswear cool et pas hors de prix, mais signe évident de son succès.

AIMÉ LÉON DORÉ

224 Mulberry Street
www.aimeleondore.com
Ouvert du lundi au samedi de 11h à 19h et le dimanche de 12h à 18h.

Aimé Léon Doré est LA marque new-yorkaise que l'on voit partout en ce moment. Comment décrire le style de ces vêtements à l'intersection du rétro, du streetwear, du moderne et de l'élégant... Peut-être new-yorkais, tout simplement ? Les vêtements sont haut de gamme, et donnent envie de se faire plaisir, mais il faut avoir le budget pour, évidemment (pour moins de 100 US$, vous ne trouverez que des tee-shirts). Aimé Léon Doré propose beaucoup de collaborations avec d'autres marques, notamment une collection très sympa avec New Balance.

AMERICAN EAGLE OUTFITTERS

599 Broadway
✆ +1 212 219 4600
www.ae.com
Ouvert tous les jours de 10h à 20h, jusqu'à 19h le dimanche.

Le royaume de la chemise ! Si en France, la chemise à carreaux rouges est souvent associée au bûcheron, elle est en revanche très *trendy* à New York. En hiver, c'est à American Eagle Outfitters que l'on trouve les meilleures flanelles. Pas besoin d'être en Alaska pour les porter au vu de la température à New York en janvier et février ! Ces dernières années, la marque a agrandi sa collection pour proposer des vêtements plus tendance, dans un style plus bohème mais toujours confortable.

BANANA REPUBLIC

105 5th Avenue
✆ +1 212 524 9050
www.bananarepublic.com
Ouvert en semaine de 10h à 19h30 et le week-end de 11h à 20h.

Une chaîne et des boutiques proposant des vêtements sport et ville (vestes, chandails, pantalons, T-shirts, chemises, jeans...), plus sophistiqués et plus chers que ceux que l'on trouve chez Gap, qui a racheté Banana. Les vendeurs sont imbattables pour vous aider à assortir vos vêtements. Il y a une grande sélection de vêtements plutôt chics pouvant être portés au bureau. Une fois n'est pas coutume, la sélection pour hommes est, d'après nous, plus intéressante que celle dédiée aux femmes. Il y a plusieurs autres boutiques dans Manhattan.

LA BOUTIQUE RESALE

1065 Madison Avenue
✆ +1 212 517 8099
www.laboutiqueresale.com
Ouvert du lundi au samedi de 11h à 19h et le dimanche de 11h à 18h30.

L'Upper East Side n'abrite pas uniquement des boutiques de luxe ! Cet endroit vous permettra de dénicher de fabuleux vêtements d'occasion, pour la plupart haut de gamme, à des prix défiant toute concurrence. La boutique offre des pièces soigneusement choisies : notamment de belles robes et jupes, mais aussi des sacs à main, des chaussures et des manteaux. Même si tout est de seconde main, l'expérience shopping reste plutôt haut de gamme. Pas mal pour dénicher du Céline, du Chanel, du Prada ou du Moschino, et se la jouer Carrie Bradshaw.

DAVE'S NEW YORK

581 6th avenue
✆ +1 212 989 6444
www.davesnewyork.com
Ouvert du lundi au samedi de 10h à 18h.

L'une des valeurs sûres du shopping à New York depuis de longues années. Vous trouverez pas mal de choix chez Dave's (Levi's, Carhartt, Schott, Red Wings, Nobis...), et à des prix jusqu'à 30 % inférieurs à ceux des boutiques de Broadway. Vous serez accueilli par une équipe sympathique de vendeurs, qui, de surcroît, parlent plusieurs langues : français, espagnol, italien... A noter : il est possible de commander sur le site DavesNewYork.com et de se faire livrer à l'étranger. Une fois n'est pas coutume, le magasin s'adresse avant tout aux hommes.

DESIGNER REVIVAL

324 East 81st Street
✆ +1 212 734 3639
www.designerrevival.com
Ouvert tous les jours de 12h à 19h.

Contrairement à la plupart des thrift stores, Designer Revival propose uniquement des vêtements de grands couturiers, dans un état impeccable (bien souvent portés une seule fois seulement) et systématiquement nettoyés. Les prix indiqués sont accompagnés d'une pastille de couleur symbolisant le code de la réduction accordée à la caisse (de 20 % à 70 % sur des prix déjà bas). On y trouve aussi des sacs et des bijoux. Cette boutique propose l'un des meilleurs choix. Juste à côté, au n° 322, une boutique pour hommes, sur le même principe.

DOVER STREET MARKET

160 Lexington Avenue
✆ +1 646 837 7750
newyork.doverstreetmarket.com
Ouvert du lundi au mercredi de 11h à 18h, du jeudi au samedi de 11h à 19h et le dimanche de 12h à 18h.

Dover Street Market est le temple de la mode avant-gardiste. Fondé par Rei Kawakubo, la célèbre créatrice du label japonais Comme des Garçons, ce vaste magasin est installé dans un immeuble industriel de sept étages en plein Midtown. On y découvre un savant mélange de collections pointues (avec des labels tels que Simone Rocha, Valentino, Marc Jacobs, Supreme, etc.) et d'installations artistiques. Une adresse incontournable pour les passionnés de mode pointue, que l'on retrouve aussi à Tokyo, Londres, Beijing ou encore Paris.

EDITH MACHINIST

104 Rivington Street
✆ +1 212 979 9992
www.edithmachinist.com
Ouvert les mardi, jeudi, vendredi et samedi de 13h à 18h, et le dimanche de 13h30 à 18h. Fermé lundi et mercredi.

Au cœur du Lower East Side, voici une boutique destinée aux fashionistas qui aiment leurs pièces avec une touche vintage. De belles pièces de designers côtoient des vêtements et accessoires plus accessibles. Quel que soit leur prix, les pièces ont été soigneusement sélectionnées par Edith elle-même et sont joliment mises en scène. Pour une expérience personnalisée, vous pouvez prendre rendez-vous sur le site pour une heure de shopping privé. Vous vous sentirez choyé et serez parfaitement accompagné pour trouver LA pièce qui vous correspond.

FABULOUS FANNY'S

335 9th Street et 1st Avenue
✆ +1 212 533 0637
www.fabulous-fannys-nyc.myshopify.com
Ouvert du lundi au samedi de 12h à 19h et le dimanche de 12h à 18h.

Une boutique vintage pas tout à fait comme les autres ! A Fabulous Fanny's, on trouve des paires de lunettes d'un autre temps, classées par style et par taille dans des meubles à tiroirs. L'expérience est véritablement amusante et vous aurez toutes les chances de trouver... monture à votre nez ! Et comme le dit la devise du magasin *If you have to wear them... make it fun*. Hormis les lunettes, on peut dénicher dans cette boutique hors du temps des bracelets et boucles d'oreilles, eux aussi plutôt loufoques, ainsi que des chapeaux et quelques vêtements.

FLAMEKEEPERS HAT CLUB

273 W 121 Street ✆ +1 212 531 3542
www.flamekeepershatclub.com
Ouvert du mardi au dimanche de 12h à 19h (fermeture à 17h mardi et dimanche).

Marc Williamson, dandy et artisan-chapelier, vous attend dans sa fastueuse boutique pour vous aider à trouver chaussure à votre pied, ou plutôt chapeau à votre tête. Résolument l'une des boutiques les plus élégantes d'Harlem ! Si vous êtes perdu face à ce vaste choix de chapeaux de toutes les couleurs et formes, n'hésitez surtout pas à demander conseil à Marc. Les couvre-chefs, ça le connait, il n'y a qu'à le regarder pour voir qu'il maîtrise son sujet ! *A lifestyle shopping experience for dads, uncles, brothers and sons,* comme on dit ici.

FLIGHT CLUB

812 Broadway
flightclub.com
Ouvert tous les jours de 11h à 19h.

Des chaussures, des chaussures et encore des chaussures. Cette boutique de baskets très connue à New York brille par l'originalité des *sneakers* qu'elle vend. On y trouve pourtant des grandes marques – Nike, Adidas, Vans, Reebok, New Balance, Converse – mais seulement les paires les plus originales. On craquera pour la paire d'Air Jordan la plus rétro ou la ligne futuriste d'une paire d'Adidas. Flight Club vend aussi des accessoires d'équipes sportives parmi lesquels des casquettes aux couleurs d'équipes de baseball et des maillots de NBA.

GLOSSIER

72 Spring Street
www.glossier.com
Ouvert du lundi au samedi de 10h à 20h, le dimanche de 11h à 19h.

Marque de cosmétiques qui fait fureur aux États-Unis et dans le monde, Glossier possède une gigantesque boutique au cœur de SoHo. Les produits sont de grande qualité, et les prix s'en ressentent (on n'en attend pas moins d'une marque utilisée par Beyoncé *herself*). Tous les produits peuvent être essayés, et le personnel est vraiment aux petits soins des clients. Même si l'on n'achète rien, la boutique mérite le coup d'œil, surtout que la marque, qui fonctionne essentiellement avec des *pop-ups* et des ventes en ligne, ne possède des magasins qu'aux États-Unis.

HAMLET'S VINTAGE

146 West 4th Street
✆ +1 212 228 1561
www.hamletsvintage.com
Ouvert tous les jours de 12h à 20h.

Cette toute petite enseigne propose un large choix de robes, de petits hauts et d'accessoires *vintage*, tous plus jolis les uns que les autres. Les motifs sont au rendez-vous, vous vous sentirez comme un poisson dans l'eau si vous êtes fan de pois, de rayures, de carreaux... Oubliez le style parisien chic tout en noir, ici, vous n'aurez pas d'autres choix que de repartir avec des vêtements colorés et un peu kitsch sur les bords... dans le bon sens du terme ! On trouve également des bottes et des chaussures, triées sur le volet.

J.CREW

10 Columbus Circle
✆ +1 212 823 9302
www.jcrew.com
Ouvert du lundi au samedi de 10h à 20h et le dimanche de 11h à 19h.

Voici le magasin préféré des habitants aisés de l'Upper West Side, en particulier ceux qui sont sur la pente descendante de la vingtaine jusqu'à la fin de trentaine ! La boutique propose des vêtements chic, assez conventionnels d'une qualité de tissu remarquable. Les Américains appellent ça le style *preppy*. Les prix sont plutôt attractifs et, pour les petits budgets, la section *sale* est intéressante, quoique limitée. Les mères qui souhaitent habiller leur enfant de manière élégante trouveront leur bonheur dans l'aile enfant.

KIEHL'S PHARMACY

109 3rd Avenue
✆ +1 212 677 3171
www.kiehls.com
Ouvert du lundi au samedi de 10h à 20h, le dimanche de 11h à 18h.

Une institution new-yorkaise ! Depuis 1851, on y fabrique aussi bien des crèmes, lotions, shampooings, cosmétiques, parfums, que des produits de beauté pointus. De nombreux mannequins et personnalités du *show-biz* s'approvisionnent chez Kiehl's, marque utilisée en son temps par l'équipe de l'expédition Everest 88. Le personnel en blouses blanches est accueillant et le décor a des allures de pharmacie à l'ancienne. Cette adresse est aussi la première à s'être implantée à New York, qui accueille aujourd'hui sept autres boutiques.

MADEWELL

115 5th Avenue
✆ +1 212 228 5172
www.madewell.com
Ouvert du lundi au samedi de 10h à 20h, le dimanche de 11h à 19h.

Magasin annexe du très chic J-Crew, Madewell est la version plus jeune et cool. La qualité du tissu est toujours là et les prix sont beaucoup plus raisonnables. La marque, qui s'engage pour le développement durable, est surtout connue pour ses jeans de haute qualité, disponibles dans toutes les coupes, tailles et formes. Toutes les morphologies trouveront de quoi les satisfaire. Belle sélection de pantalons pattes d'eph' (*flare pants* en anglais). À ne pas manquer également pour dénicher des hauts et robes d'été, au style simple et moderne.

MICHAEL'S CONSIGNMENT SHOP FOR WOMEN RESALE

1041 Madison Avenue
✆ +1 212 737 7273
www.michaelsconsignment.com
Ouvert du mardi au samedi de 11h à 18h.

Dans cet espace, beaucoup d'articles de grands couturiers notamment des robes, sacs et chaussures Chanel. Tout est de marque. Côté accessoires, on pourra aussi bien dénicher des lunettes de soleil Prada, que des carrés Hermès ou des ceintures Guccis et des sacs à mains Stella McCartney. Et le choix de chaussures est large, lui aussi : Manolo Blahnik (pour se prendre pour Carrie Bradshaw... sans payer le prix fort) et Jimmy Choo sont dans les rayons de Michael's Consignment.

MURE + GRAND

1165 Broadway
✆ +1 212 655 9903

Un concept store à l'esthétique très pop, féminine et colorée. Il suffit de voir la devanture ! Mure + Grand est une petite marque new-yorkaise indépendante qui propose du prêt-à-porter et des accessoires résolument *girly*, fun et dans l'air du temps, à des prix plutôt doux. On y trouve une belle sélection de pièces en hommage à New York (notamment des tee-shirts, des pulls et des cardigans), parfaites à ramener en cadeau ou pour un souvenir original ! Beaucoup de produits sont confectionnés à la main. Beau choix d'accessoires pour les cheveux.

SPARK PRETTY

333 E 9th Street
✆ +1 646 850 0327
www.sparkpretty.com
Ouvert du mardi au dimanche de 12h à 18h.

Cet endroit est incroyable ! Vous pourrez y dénicher des pièces vintage très fun, colorées et uniques en leur genre. Enfilez une tenue et vous vous croirez dans un film américain des années 1980 ou 1990, ou bien dans *Grease* (la sélection de vêtements rock est très sympa). La propriétaire, Amanda, a travaillé pour la créatrice de mode déjantée Betsey Johnson, et ça se voit. Elle et sa *team* s'amusent autant que leurs clients pour assortir des pièces et créer un look rétro. Une chose est sûre, avec votre look Spark Pretty, vous ne passerez inaperçu(e)...

OLD NAVY

610 6th Ave
✆ +1 212 645 0663
www.oldnavy.com
Ouvert du lundi au samedi de 9h à 21h et le dimanche de 10h à 20h.

Cet énorme magasin a longtemps été une sous-marque de Gap, avant de devenir une marque indépendante grâce à son excellent chiffre d'affaires. Le style est plus ou moins le même que Gap (un peu plus décontracté), la qualité n'est pas tout à fait égale mais reste bonne, et surtout, les prix sont beaucoup moins élevés. Les jeans sont vendus à des prix raisonnables, mais c'est surtout sur les t-shirts que l'on pourra faire des affaires. Il existe un rayon pour chaque membre de la famille. On pourra donc refaire sa garde-robe sans se ruiner.

TIFFANY & CO.

727 5th Avenue et 57th Street
✆ +1 212 755 8000
www.tiffany.com
Ouvert du lundi au samedi de 10h à 20h et le dimanche de 11h à 19h.

Un magasin mythique immortalisé à jamais par la merveilleuse Audrey Hepburn dans *Breakfast at Tiffany's* (*Diamants sur canapé*, 1961). Cet empire du diamant est une légende à New York : des milliers de personnes viennent chaque jour contempler sa vitrine. La plupart des pièces restent hors de prix, mais entre une bague à 800 000 US$ et un bracelet à 220 US$, il y a parfois de quoi se faire plaisir... ou rêver. Si vous succombez, vous repartirez avec votre bijou niché dans l'incontournable petite boîte bleue, symbole absolu de raffinement.

LE PÈRE

90 Orchard Street
✆ +1 212 843 9709
www.lepere.com
Ouvert du lundi au samedi de 11h à 19h, le vendredi et le samedi de 11h à 20h et le dimanche de 12h à 18h.

Fondée à New York en 2022, le PÈRE est une marque de vêtements en perpétuelle évolution, qui mêle esprit streetwear, matières haut de gamme et expression artistique. Car pour chaque collection, des artistes (qu'ils soient illustrateurs, photographes ou designers) sont invités à créer des pièces en série limitée. Ce label stylé et engagé, qui se place à contre-courant de la fast fashion, capture l'esprit de la mode new-yorkaise actuelle : urbaine, créative, hybride et affranchie des codes. Les prix sont élevés mais les matières sont belles.

URBAN OUTFITTERS

628 Broadway
✆ +1 212 475 0009
www.urbanoutfitters.com
Ouvert tous les jours de 11h à 20h.

Une chaîne américaine définitivement *branchouille*, qui adopte toutes les modes : New Age, écolo, baba cool, seventies… Des vêtements, mais aussi des accessoires et des idées déco pour la maison. Le magasin propose des pièces vintage et des tendances oubliées qui font leur retour, pour le plus grand bonheur des hipsters. Une bonne adresse pour faire des petits cadeaux venus d'ailleurs, d'autant plus que cette enseigne, qui existe aussi en Angleterre, ne compte qu'une seule boutique en France. Plusieurs adresses dans Manhattan.

ACQUAVELLA

18 East 79th Street
✆ +1 212 734 6300
www.acquavellagalleries.com
Ouvert du lundi au vendredi de 10h à 17h.

L'ouverture de cette galerie par Acquavella père a lieu dans les années 1950, avec les primitifs italiens et la période de la Renaissance italienne. Dans les années 1960, la galerie présente des impressionnistes. Avec l'arrivée d'Acquavella fils, la galerie se tourne vers les modernes (Picasso, Miro, Matisse, etc.) et vers la fin des années 1970, ledit fils ouvre un département contemporain américain d'après-guerre (De Kooning, Pollock, Rothko…), puis essentiellement anglo-saxon, avec Francis Bacon, Lucian Freud, David Hockney…

ANTHROPOLOGIE

75 9th Avenue
✆ +1 212 620 3116
www.anthropologie.com
Ouvert tous les jours de 10h à 20h.

Situé à l'entrée du Chelsea Market, Anthropologie est un de ces magasins où l'on aimerait vivre. La décoration est très travaillée, tendance bohème chic. Et entre les objets et vêtement en vente, de nombreuses œuvres d'art sont exposées. Les prix sont assez abordables. La vaisselle est sans doute ce qu'Anthropologie fait de mieux, avec des petits sets très mignons dans des couleurs pastel. N'hésitez pas à ramener un *mug* en France, cela vous fera un joli souvenir et changera des sempiternelles tasses *I love NY.* Les bougies sont aussi agréables à l'œil qu'au nez.

ARTISTS SPACE

11 Cortlandt Alley
✆ +1 212 226 3970
www.artistsspace.org
Ouvert du mercredi au samedi de 12h à 18h.

Fondée en 1973, cette galerie non commerciale est plutôt une organisation de services artistiques qui procure aux artistes des occasions d'exposition ainsi qu'une aide financière. Elle représente l'un des espaces alternatifs les plus respectés dans le milieu artistique new-yorkais. Grande variété de manifestations : peinture, dessin, photographie, sculpture, *mixed medias*, architecture, performances, vidéos, films, lectures et installations. Toutes les expositions donnent lieu à un catalogue ou à une brochure, contenant souvent des critiques.

CHISHOLM LARSSON GALLERY

145 8th Avenue
✆ +1 212 741 1703
www.chisholm-poster.com
Ouvert du mardi au samedi de 11h à 17h.

Chisholm Larsson Gallery est une galerie pas tout à fait comme les autres, puisqu'il s'agit d'une boutique où l'on peut acheter des posters *vintage* ! En voilà une bonne idée de souvenirs à rapporter. Le site Internet est très bien fait et décrit parfaitement la collection, probablement la plus étendue de Big Apple. Vous y trouverez un choix de 35 000 posters de 1890 à nos jours, dont plus de 15 000 affiches de films. La collection de posters français est absolument gigantesque (il y en a plus de 7 000). Vous trouverez forcément quelque chose qui vous plaira !

EDEN-GALLERY FINE ART

470 Broome St
✆ +1 518 992 3020
www.eden-gallery.com
Ouvert tous les jours de 9h à 21h.

C'est « la » grande galerie d'art de SoHo, et l'une des plus belles de New York (avec l'autre établissement de Madison). Présentation d'œuvres d'art contemporaines issues de peintures en 2D, de photographies, d'illustrations et de sculptures, grandes et petites. Pop art incroyable en tous genres, avec des pièces uniques et cool dans un espace parfait réparti sur 4 niveaux dont deux étages avec des œuvres d'art allant du sol au plafond. Les expositions sont changées régulièrement et sont donc toujours fraîches et nouvelles. Magnifique.

GAGOSIAN

555 W 24th Street
✆ +1 212 741 1111
www.gagosian.com
Ouvert en semaine de 10h à 18h.

Cette adresse est l'une des six adresses de la galerie dans Manhattan. Gagosian a travaillé avec Francesco Clemente, les peintres Philip Taafe et David Salle, le sculpteur conceptuel Walter de Maria. Il s'occupe de la succession d'Yves Klein. La galerie organise des expositions de niveau muséologique, à partir de collections privées : *Black Enamel Paintings* de Jackson Pollock, *Blue Balls* de Sam Francis, *Shadow Paintings* d'Andy Warhol, *Bolsena Paintings* de Cy Twombly et des sculptures de Brancusi. Tout un programme pour la galerie la plus respectée de NY.

GRAND BAZAAR

100 W 77th Street
www.grandbazaarnyc.org
Ouvert tous les dimanches de 10 à 17h.

Ouvert depuis plus de trente ans, ce marché aux puces est l'un des plus vieux de la ville, bien qu'il ait longtemps porté un nom différent (la plupart des New-Yorkais l'appellent encore le GreenFlea Market). Il est aussi l'un des seuls à changer la plupart de ses exposants chaque semaine. On y trouve absolument de tout et, comme souvent dans ce genre d'endroits, on repart uniquement avec des choses dont on n'a pas besoin... C'est la magie de ce marché, où vous dénicherez aussi bien des bijoux faits main que des meubles, de la vaisselle vintage et des bougies.

NOVEMBER 19

37 Orchard Street
✆ +1 646 838 8386
www.november19market.com
Ouvert du lundi au vendredi de 12h à 19h, le samedi de 11h à 19h et le dimanche de 11h à 18h.

Pour renouveler un peu la déco de votre maison, faites un arrêt dans cette belle boutique qui met en vente des objets de grande qualité, dont la plupart ont été confectionnés au Japon de manière artisanale : bols, verres, sets de table, récipients, figurines en céramique, etc. A la fois esthétiques et fonctionnels, ils sont avant tout uniques et peuvent, pour les moins fragiles, parfaitement se glisser dans votre valise. La boutique propose également quelques vêtements et accessoires fashion et colorés : bonnets, chaussettes, chemises à motifs, etc.

LEO CASTELLI GALLERY

18 East 77th Street
✆ +1 212 249 4470
www.castelligallery.com
Ouvert du lundi au jeudi de 11h à 17h.

Après l'ouverture de sa première galerie à Paris en 1939, Leo Castelli, échappant à l'Occupation, débarque à New York. Il ouvre des galeries à SoHo, d'où il déménage successivement pour s'installer finalement sur la 77th Street. C'est sans aucun doute le plus grand *art dealer* de SoHo, et c'est grâce à lui que le monde de l'art connaît aujourd'hui Jasper Johns, Robert Rauschenberg, Morris Louis, Cy Twombly, Frank Stella, Roy Lichtenstein, Andy Warhol, James Rosenquist, Claes Oldenburg, Ellsworth Kelly, Donald Judd, Dan Flavin, Richard Serra, Bruce Nauman,...

PHILIPPE LABAUNE GALLERY

534 W 24th Street
✆ +1 212 229 2400
www.philippelabaune.com
Ouvert du mardi au samedi de 10h à 18h.

Cette galerie de Chelsea est non seulement tenue par un Français, c'est aussi la seule de tous les États-Unis à se consacrer à l'art de la bande dessinée. Très connu dans le milieu (Moebius le surnommait « l'Américain » !), Philippe Labaune était à une époque l'un des plus grands collectionneurs de BD au monde. À tel point qu'il a décidé d'ouvrir sa propre galerie en 2021. Faites escale ici pour acheter des planches, ou tout simplement discuter bande dessinée et art avec ce passionné. Avec un peu de chance, il vous emmènera dans son arrière-boutique...

MUJI

620 8th Avenue
✆ +1 212 382 2300
www.muji.eu
Ouvert du lundi au samedi de 10h à 20h et le dimanche de 11h à 19h.

Muji est au carrefour entre le minimalisme et le futurisme. Cette boutique très sophistiquée, originaire du Japon, pratique des tarifs raisonnables sur des objets de la vie courante au design pas banal. On peut souligner la qualité des matériaux et tissus, et le fait que Muji mette l'accent sur le recyclage et le développement durable. On achètera aussi bien des cahiers que des beaux bols en bois. Petite spécificité, aucun des produits vendus n'a de logo, c'est la règle du magasin qui se veut *no-brand*, en accord sa pensée minimaliste et *eco-friendly*.

STALEY-WISE GALLERY

560 Broadway et Prince Street
✆ +1 212 966 6223
www.staleywise.com
Ouvert du lundi au vendredi de 11h à 17h.

Dans le même immeuble que Janet Borden, cette galerie expose des grands noms de la photographie : Henri Cartier-Bresson, Helmut Newton, Herb Ritts, Richard Avedon et les Français Patrick Demarchelier et Robert Doisneau. L'accent est mis sur la photographie de mode, bien que l'on trouve également des portraits et paysages, ainsi que quelques nus. Lorsque la galerie a ouvert ses portes en 1981, elle est devenue l'une des premières à exposer le travail des photographes de mode, et à les considérer comme des artistes à part entière.

A-1 RECORD SHOP

439 East 6th Street
✆ +1 212 473 2870
Ouvert tous les jours de 12h à 20h.

Ce disquaire, qui est systématiquement cité dans toutes les listes des meilleurs *records shops* de New York, fait référence pour les vinyls soul et funk : beaucoup de choix et beaucoup de raretés au programme. On y trouve également une très bonne sélection de maxis et d'albums hip-hop, rock et électro. Les amateurs risquent de perdre la tête car l'endroit est recouvert de vinyls des murs jusqu'au plafond ! Au fond du magasin, des platines sont mises à la disposition des clients, qui peuvent tester la qualité des disques, tous d'occasion.

ARGOSY BOOK STORE

116 E 59th Street
✆ +1 212 753 4455
www.argosybooks.com
Ouvert du lundi au vendredi de 11h à 18h.

Institution de l'Upper East Side, Argosy est le plus vieux libraire indépendant de New York. Fondé en 1925, il occupe la totalité des six étages de cette belle *townhouse* de la 59th Street. La librairie se spécialise dans les premières éditions et les éditions rares ainsi que les cartes antiques. De nombreuses personnalités américaines y ont fait leurs emplettes, de Jackie Kennedy à l'ancien président Franklin D. Roosevelt, en passant par Michael Jackson et Grace Kelly. Entrez-y ne serait-ce que pour jeter un œil à l'élégant intérieur ancien.

DOWNTOWN MUSIC GALLERY

13 Monroe Street
✆ +1 212 473 0043
www.dtmgallery.com
Ouvert du lundi au samedi de 12h à 18h.

Fondé en 1991 par deux passionnés, DMG est devenu la Mecque des fans de jazz tendance et avant-gardiste. Dans le jargon, *downtown music* fait référence à la musique expérimentale qui a vu le jour dans le sud de Manhattan au début des années 1960, et dont Yoko One était l'une des pionnières. C'est donc ce style de musique, largement underground, qu'il faut vous attendre à trouver dans cette boutique, sous la forme de nombreux *collectors*, CD et vinyles. Certains soirs, l'endroit accueille des concerts et performances artistiques.

LIBRAIRIE ALBERTINE

972 Fifth Avenue
✆ +1 212 650 0070
albertine.com
Ouvert du mardi au samedi de 10h à 18h.

Depuis l'ouverture de cette librairie française en 2014, les francophiles et francophones de New York sont aux anges. Même si vous n'avez pas de livre à acheter, Albertine mérite le détour pour ses locaux absolument magnifiques, dans les bâtiments anciens des services culturels de l'ambassade de France aux Etats-Unis. L'espace a été conçu par le célèbre architecte Jacques Garcia sur le modèle des belles bibliothèques privées à la française. La librairie propose plus de 14 000 œuvres françaises en version originale ou traduites.

MCNALLY JACKSON BOOKS

134 Prince Street ✆ +1 212 274 1160
www.mcnallyjackson.com
Ouvert tous les jours de 10h à 21h.

Cette librairie indépendante ouverte en 2004 (mais qui a investi ce nouveau local en 2023) propose une large sélection de livres, entre best-sellers et ouvrages moins connus. Deux éditeurs sont à l'origine de McNally Jackson Books et lui ont donné son nom. Aujourd'hui, cette librairie compte trois adresses en plus de celle de Soho : à Seaport, à Williamsburg et Downtown Brooklyn. Des événements littéraires ouverts à tous y sont fréquemment organisés, notamment des lectures, des rencontres avec des auteurs et des discussions avec des clubs de lecture.

STRAND BOOK STORE

828 Broadway
✆ +1 212 473 1452
www.strandbooks.com
Ouvert tous les jours de 10h à 21h.

Une institution et un sacré désordre : deux millions de titres et quinze kilomètres de rayonnages. Difficile de ne pas trouver lecture dans ce mégastore du livre d'occasion bourré de curieux, de fouineurs, de passionnés. Les amateurs des personnages de Marvel et de DC se perdront dans la section Comics. Pas mal de livres en français, également. A l'étage supérieur, trois pièces capitonnées de cuir abritent des ouvrages du XXe siècle, éditions rares ou épuisées, ou tirages limités dont les prix n'ont rien à voir avec ceux pratiqués au rez-de-chaussée.

PASSEPORT

BOUGER & BULLER

Le sport est omniprésent à New York. Il y a ceux qui le pratiquent et ceux qui aiment le regarder dans les stades, les bars ou à la télévision. Les New-Yorkais sont fiers de leurs équipes et vont régulièrement les encourager dans les stades de la ville, au Madison Square Garden pour les Knicks, au Barclays Center pour les Nets, au Yankee Stadium pour les Yankees et au Citi Field pour les Mets. Pendant votre séjour, vous aurez l'occasion de vous essayer à une multitude d'activités, dans les parcs, dans l'eau, sur la glace ou dans les airs. En été, les loisirs et cours de sport en plein air foisonnent, et le gros avantage, c'est qu'ils sont souvent gratuits ! En hiver, pour se détendre, on ira s'enfermer au Chelsea Piers, grand complexe de sport avec mini-golf, bowling, patins à roulette…

BOUGER & BULLER

BUDGET / BONS PLANS

Où que l'on soit dans le monde, l'activité sportive la moins onéreuse reste la course à pied, et lorsqu'on la pratique à Central Park, elle prend une dimension toute particulière ! Sachez en outre que pendant les beaux jours, tous les parcs de la ville proposent des séances gratuites de sport en plein air : danse, yoga, Pilates, *bootcamp*, CrossFit... En saison, les événements sportifs sont répertoriés sur le site des parcs de New York (www.nycgovparks.org), il suffit de s'inscrire en ligne pour réserver sa place. Bryant Park, en particulier, devient chaque été l'incroyable épicentre des activités gratuites, avec ses tables de ping pong, ses jeux de société, ses lectures, ses séances de yoga, ses cours d'escrime et de peinture...

C'est un aspect de New York que l'on a tendance à oublier, mais la ville, bordée par l'océan Atlantique, est dotée de jolies plages de sable ! Pour faire trempette, il suffit d'emprunter le métro jusqu'à Coney Island, à Brooklyn, ou le ferry jusqu'à Rockaway Beach, dans le Queens. Une petite baignage, ça vous dit ?

Enfin, si votre rêve est d'aller voir un match de basket, de baseball, de hockey ou de football américain pendant votre séjour à New York et que vous n'avez pas acheté vos billets à l'avance, un conseil : téléchargez l'application GameTime (www.gametime.co) et regardez les prix des tickets le jour même. Les places encore disponibles sont souvent vendues à des prix imbattables !

C'EST TRÈS LOCAL

Si les Européens ont bien souvent du mal à comprendre l'intérêt du baseball, ce sport est pourtant l'un des préférés des Américains ! Rien qu'à Central Park, il y a 26 terrains de baseball et de softball. Vous avez tout à fait le droit de vous installer dans l'herbe pour observer les joueurs, amateurs comme professionnels.

Pour une activité plus cérébrale, laissez-vous tenter par une partie d'échecs à Washington Square Park ou à Union Square. L'ambiance, les joueurs qui ont la gouaille, les passants curieux... Vous vivrez l'un de ces moments typiquement new-yorkais où l'on se sent comme dans un film.

Enfin, si votre rêve est de faire du patin à glace en plein air, faites comme les locaux qui fuient

Partie d'échecs à Union Square.

les patinoires de Bryant Park, du Rockefeller Center et la Wollman Rink de Central Park, envahies par les touristes, au profit de la Trump Lasker Rink, au nord de Central Park, et de la patinoire du LeFrak Center à Brooklyn.

A RÉSERVER

Si vous comptez assister à un match de basket, achetez votre billet avant de partir, en particulier pour aller voir les Knicks jouer au Madison Square Garden : plus vous vous y prendrez tôt, plus vous trouverez des billets bon marché. Mis à part cela, s'il y a bien un événement qui requiert une organisation de folie, c'est le marathon de New York ! Selon la manière dont vous vous y prenez pour décrocher votre dossard (loterie, achat d'un package auprès d'un tour opérateur, temps de qualification ou course pour une association caritative), vous devrez commencer à vous préparer 9 à 12 mois à l'avance. Mais participer au plus grand marathon du monde aux côtés de 50 000 autres coureurs vous fera oublier ces désagréments !

LES ÉVÉNEMENTS

Les Américains suivent quatre sports avec dévotion : le football (saison de septembre à février avec, en point d'orgue, la finale du Super Bowl), le baseball (saison de fin mars à septembre), le basketball et le hockey (saison d'octobre à avril pour les deux). Pendant les *season months*, vous pourrez voir les équipes de la ville jouer dans leurs stades respectifs, ou les regarder dans les bars en compagnie des New-Yorkais. Parmi les événements sportifs qui attirent les foules, le marathon de New York, qui se tient le 3 novembre de chaque année, est évidemment en tête de liste. Il y a aussi le tennis, qui est à l'honneur chaque année au mois d'août, à l'occasion de l'US Open.

LES ATTRAPE-TOURISTES

Les tickets vendus à la sauvette devant les stades juste avant le début des matchs ne sont que rarement des billets officiels. À vos risques et périls…

LES PHRASES CLÉS

Bonjour, comment puis-je me rendre à… ? Est-ce loin ?
Excuse me, how can I get to... ? Is it far?

J'aimerais aller courir. Il y a un coin sympa pour cela dans la ville ?
I'd like to go running. Is there a nice place to run in the city?

J'adore cuisiner. Savez-vous où je peux trouver des cours de cuisine ?
I love cooking. Do you know where I can take a cooking class?

Vous pourriez m'indiquer une salle de sport pas très loin ?
Could you tell me where there is a gym nearby?

Quel est le sport national ?
What is the national sport?

Pensez-vous que nous pourrions voir cela ou même participer ?
Do you think we could watch it, or maybe even try it?

BROOKLYN BRIDGE PARK BOATHOUSE

Brooklyn Brdge Park,

www.bbpboathouse.org

De fin mai à fin septembre, les mercredis et jeudis de 17h à 19h et les samedis de 10h à 15h. Gratuit.

Vous ne vous imaginiez sans doute pas faire du kayak pendant votre séjour à New York, et pourtant, c'est possible, hyper sympa... et gratuit ! Le départ de votre virée en kayak, qui durera vingt minutes au maximum, se fera depuis Brooklyn Bridge Park, non loin du pont de Brooklyn. Possibilité de louer des kayaks doubles ou simples. Dès 14 ans, les enfants peuvent prendre place dans un kayak en solo (dès 7 ans lors de Kids & Family Paddle le dimanche). Réservation recommandée.

CITY CLIMB

30 Hudson Yards

www.edgenyc.com

Ouvert tous les jours, horaires variables. Tarif : 185 US$ par personne, inclut l'entrée à Edge.

La tour 30 Hudson Yards, qui abrite l'observatoire Edge, vous attend avec une nouvelle attraction vertigineuse. Avec City Climb, vous serez équipé d'un harnais de sécurité et grimperez 32 marches à l'air libre le long de la façade de la tour pour atteindre The Stairs : de là, vous devrez encore gravir 161 marches inclinées à 45 °. Tout là-haut, enfin, c'est The Apex, à 387 mde hauteur, qui vous attend. La vue sur la ville est tout simplement sublime. Pour encore plus de frissons, vous pourrez vous suspendre au-dessus du vide, bien accroché à votre harnais.

BRYANT PARK - ICE RINK

99 West 40th Street

http://citipondatbryantpark.com

D'octobre à début mars. Ouvert tous les jours de 8h à 22h. Entrée gratuite. Location des patins : à partir de 15 US$.

Encore plus belle que la patinoire du Rockefeller Center, il y a celle de Bryant Park ! Dans cet îlot de verdure entouré de buildings et bordé par la magnifique bibliothèque publique de New York, vous pourrez patiner au son de Frank Sinatra, Barbara Streisand et même Edith Piaf ! Ici aussi, il y a un sapin de Noël orné de mille décorations. Et après tant d'efforts, profitez du marché de Noël installé dans le parc pour déguster un bon chocolat chaud à la cannelle ou un vin chaud. Il y a du monde, mais le cadre est magique, tout simplement.

SILENT DISCO

www.quietevents.com

Consulter le site Internet pour le calendrier. Tarif : autour de 20 US$ pour 4 heures.

Si vous apercevez un attroupement un peu loufoque, constitué de personnes équipées de casques audio lumineux qui dansent sans la moindre musique, vous avez découvert le Silent Disco ! Le concept : chaque participant revêt un casque sans fil et peut danser sur la musique de son choix parmi trois chaînes qui émettent le son des trois DJ présents. La couleur du casque change en fonction de la chaîne que vous écoutez. Pendant les beaux jours, le Silent Disco peut avoir lieu un peu partout dans la ville, le plus souvent dans des parcs ou près d'une vue. Très amusant !

CHELSEA PIERS

62 Chelsea Piers

✆ +1 212 336 6666

www.chelseapiers.com

Horaires et tarifs en fonction des activités.

Un gigantesque complexe sportif qui propose une foule d'activités pour se défouler. Le Golf Club, un terrain de 200 mqui surplombe la rivière, compte une cinquantaine de postes de frappe automatisés. Le Sky Rink est composé de 2 patinoires, l'une consacrée au patinage artistique, l'autre au hockey. Des pistes de patins à roulettes aussi, les Roller Rinks, sont situées à l'extérieur. Un terrain de bowling également, qui propose 40 pistes de jeux. On peut aussi jouer au football, faire de la danse, de l'athlétisme, du baseball, du canoë-kayak et du trapèze.

THE RINK AT ROCKEFELLER CENTER

600 5th Avenue

✆ +1 212 332 7655

www.therinkatrockcenter.com

De novembre à avril, tous les jours de 9h à minuit. Tarif : à partir de 21 US$ pour l'accès et la location des patins.

Une patinoire à ciel ouvert, pas très grande, mais mythique car elle figure en toile de fond de toutes les *love stories* filmées à New York en hiver. Elle se trouve au pied du Rockefeller Center, le long de la Cinquième Avenue et de ses vitrines décorées pour les fêtes. Il y a souvent beaucoup de monde, l'idéal est d'y aller le matin dès l'ouverture ou d'y rester jusqu'à tard, lorsqu'il fait nuit. Une expérience unique, pour jouer les romantiques sous le regard indulgent de Prométhée.

BALADE

FOOTING À CENTRAL PARK

Pénétrez dans le parc par l'entrée qui se situe sur Columbus Circle, du côté de Central Park West, puis rejoignez West Drive. Cette route est interdite aux voitures et uniquement fréquentée par les coureurs, cyclistes et autres marcheurs. Empruntez-la en direction du nord et, une fois arrivé à The Lake, traversez le Bow Bridge qui mène à des petits sentiers. Si vous avez peur de vous égarer, longez plutôt The Lake par la gauche, en continuant simplement sur West Drive. Vous arriverez alors sur le Jackie Kennedy Onassis Reservoir, qui offre une boucle d'environ 2,5 km. Empruntez la sortie au sud-est du Reservoir, qui vous permettra cette fois-ci de redescendre East Drive, du côté de la Cinquième Avenue.

The Rink at Rockefeller center.

AIRE ANCIENT BATHS

88 Franklin Street
✆ +1 646 878 6174
www.beaire.com

Ouvert tous les jours de 8h à 23h. Tarif : à partir de 150 US$ la séance de 90 minutes, 230 US$ avec massage de 30 min.

Inspiré des bains grecs et romains de l'Antiquité, Aire Ancient Baths offre des moments de pure relaxation dans une atmosphère unique, presque mystique. On peut venir ici entre amis pour se prélasser en bonne compagnie dans les bassins à différentes températures, puis s'éclipser le temps d'un massage à la lueur des bougies. Aire Ancient Baths est à New York ce que le hammam de la Grande Mosquée est à Paris, on s'y réunit entre amis ou en couple pour décompresser après une journée de travail ou de tourisme. Parfait pour oublier le tumulte de la ville.

ARROJO COSMETOLOGY SCHOOL

56 King Street
✆ +1 212 242 7786
www.arrojocosmetology.com

Ouvert du lundi au vendredi de 9h à 21h30 et le week-end de 9h à 17h. Coupe et brushing : à partir de 35 US$.

Le salon de coiffure Arrojo comprend une école de cosmétologie qui forme les futurs coiffeurs de New York. Si les prix du salon sont tout bonnement inabordables (compter entre 100 et 250 US$ pour une simple couple, sans compter les pourboires), vous pourrez passer entre les mains de ses étudiants sans casser votre tirelire. Coupe, coloration, soins... : tout est possible, et le formateur est présent à tout moment pour superviser les étudiants. Un vrai bon plan.

HORTŪS NEW YORK

210 Forsyth Street
✆ +1 917 475 1558
www.hortusnewyork.com

Ouvert tous les jours de 10h à 20h, 19h le dimanche. Manucure simple à partir de 20 US$.

Le soin des mains et des pieds est presque une religion pour les Américaines, et vous verrez qu'à New York, il y a des salons de manucure à tous les coins de rue. Si vous recherchez quelque chose de naturel, celui-ci, installé dans le Lower East Side, vous comblera. Ils utilisent des produits doux et non-toxiques, qui ne sont pas néfastes pour la santé ou l'environnement. Au-delà des manucures et pédicures, Hortūs propose aussi des séances d'épilation au sucre (méthode orientale appelée *sugaring*) et des soins pour la peau, le tout dans une ambiance très relaxante.

QC NY SPA

112 Andes Road ✆ +1 646 402 9647
www.qcny.com

Ouvert tous les jours de 9h à 22h (23h vendredi et samedi). Accès spa : 89 US$/3h, 158 US$/jour. Soins en supplément.

Ouvert en 2022, ce spa installé à Governors Island est bien la preuve que tous les efforts sont faits pour revitaliser cette île longtemps délaissée. Au programme : saunas, hammams, salles de massage, le tout dans un décor pensé comme un hommage à Big Apple, dont on voit pointer les tours à travers les vitres. Les panoramas sur la *skyline* depuis les piscines extérieures chauffées contribuent au sentiment d'exclusivité recherché. Le spa est en cours de développement et va bientôt s'étendre aux bâtiments voisins (ouverture prévue au printemps 2025).

RENEW BODY WELLNESS

49 W 8th Street
✆ +1 212 677 6688
www.nycrenewbodywellness.com

Ouvert tous les jours de 10h30 à minuit. Massage des pieds : 29 US$ pour 1 heure. Massage intégral : 35 US$.

À New York, vous remarquerez bien vite que les salons de massage tenus par des Asiatiques sont légion. Celui-ci propose des massages de réflexologie plantaire d'une heure à des tarifs imbattables. Le confort n'est pas le même que dans un spa, mais si vous n'êtes pas pudique et ne voyez pas d'inconvénient à vous faire masser les pieds devant de parfaits inconnus, vous ressortirez comblé ! Des massages du corps, effectués dans de petites salles individuelles, sont également proposés. Prévoyez du liquide pour éviter la surcharge de carte bleue.

RUSSIAN & TURKISH BATHS

268 East 10th Street
✆ +1 212 505 0665
www.russianturkishbaths.com

Ouvert tous les jours, consulter le site pour connaître les horaires mixtes, femmes, hommes. Admission : 60 US$.

Fondés en 1892, ces bains russes et turcs appartiennent à une génération de lieux d'hygiène publics, qui ont fleuri dans le Lower East Side à l'époque où les appartements étaient dépourvus de salles de bains. Ici, la paresse est un *must*, et chacun peut rester aussi longtemps qu'il le désire, tout en profitant des installations : le sauna finlandais, le bain turc (salle de sudation), la salle de gymnastique et, surtout, l'extraordinaire *Russian Steam Room*, tout en ciment et pourvue d'un énorme four. Traitements disponibles. Pas de réservation.

ALVIN AILEY AMERICAN DANCE THEATER

405 West 55th Street
✆ +1 212 405 9020
www.alvinailey.org
Cours de danse individuel à partir de 20 US$.

L'une des écoles de danse les plus réputées dans le monde, fondée en 1959 par le chorégraphe afro-américain du même nom. Il n'y a qu'un seul adjectif pour définir ses ballets de danse contemporaine : sublime. La compagnie fait des tournées dans tous les États-Unis. À New York, elle se produit sur la scène du New York City Center. L'école offre des cours de hip-hop, jazz, danse contemporaine, etc., pour tous les niveaux et tous les âges. Se renseigner sur le site pour réserver un cours.

L'ATELIER THÉÂTRE

520 8th Ave 16th floor
www.ateliertheatreny.com
Ateliers toute l'année. Consulter le site Internet pour les sessions et leurs tarifs.

Y a-t-il meilleur endroit au monde que New York pour faire du théâtre ? Si vous avez toujours rêvé de vous prendre pour un comédien de Broadway, mais que l'anglais n'est pas votre fort, l'Atelier Théâtre Français de New York vous donnera l'occasion de participer à des ateliers tous niveaux pour adultes, menés en français. Les ateliers comprennent généralement 12 sessions (8 pour l'atelier débutants) qui se déroulent sur deux ou trois mois, et donnent lieu à des représentations devant un public. Possibilité de participer à un cours d'essai gratuit.

BROADWAY DANCE CENTER

322 West 45th Street
✆ +1 212 582 9304
www.bwydance.com
Cours de danse à partir de 25 US$.

Rejouez le film *Fame* pendant votre séjour à New York ! Une célèbre salle de danse où sont sortis quelques grands danseurs, mais qui ouvre ses portes au débutants. Fox-trot, swing, hip-hop, valse, tango, samba, merengue, mambo, cha-cha-cha, apprenez à danser en groupe ou lors d'une leçon particulière. Cours à l'heure, à la semaine ou au mois. Quels que soient votre âge et votre niveau, vous trouverez de quoi satisfaire vos envies de bouger ! Les réservations ne sont pas nécessaires pour tous les cours, consultez la rubrique « drop-in classes ».

BROOKLYN MUSEUM ART CLASSES

200 Eastern Parkway ✆ +1 718 638 5000
www.brooklynmuseum.org
Rendez-vous dans la rubrique Learn du site Internet pour découvrir les programmes, tarifs et horaires.

Le Brooklyn Museum propose des tours individuels et ateliers sur plusieurs semaines pour petits et grands. Pour les adultes, ateliers de photographie, de peinture ou de gravure. Avec Art Explorers, les enfants pourront s'inspirer des œuvres du musée pour réaliser leurs propres créations en studio, guidés par un instructeur. Le Stroller Tour est un tour guidé permettant aux enfants de moins de deux ans d'interagir avec les œuvres. Parfait pour découvrir l'art tout en s'amusant.

FRED ASTAIRE DANCE STUDIO

200 East 37th Street
✆ +1 212 697 6535
www.fredastaire.com

Ce studio propose des cours de danse pour tous les niveaux. La danse de bal, la salsa, le mambo ou encore le paso doble y sont enseignés. La spécificité du studio, c'est qu'il utilise le Easy Fred Astaire Way, selon une méthode reconnue par le célèbre danseur. L'idée est de reproduire la grâce, l'élégance, en bref le style Fred Astaire, dans les pas de danse. Guidé par des professeurs qualifiés et patients avec les débutants, on se sent pousser des ailes.

PAINT 'N POUR

53 Delancey Street
✆ +1 212 804 7037
www.paintnpournyc.com
Ouvert à partir de 16h en semaine, dès 12h le week-end. Fermé lundi et mardi. Réservation obligatoire. 50 US$.

Voici une activité amusante pour les artistes en herbe : participer à un cours de peinture tout en sirotant autant de cocktails que vous le souhaitez, histoire de libérer votre créativité... Le cours dure deux heures et suit le plus souvent une thématique. Votre professeur vous guidera patiemment à travers toutes les étapes. Le matériel est fourni et, cerise sur le gâteau, vous ramènerez votre œuvre à la maison. Les boissons sont incluses dans le prix et, si vous souhaitez grignoter, les plats au menu sont en supplément. Très sympa à faire entre amis.

SORTIR

Un voyage à New York n'est pas complet sans une soirée au théâtre, à l'opéra ou dans un club de jazz… Si vous ne deviez faire qu'une sortie de ce genre, il faudrait évidemment privilégier Broadway et ses incroyables comédies musicales, qui promettent une expérience unique. Vous en ressortirez avec des étoiles plein les yeux. Au-delà de Broadway, les spectacles et performances de la Big Apple vous feront passer par toutes les émotions : vous rirez aux éclats dans un *comedy club*, vous verserez une larme à l'opéra, vous pousserez la chansonnette au Carnegie Hall… Et, au détour d'une promenade après le diner, si vous pénétrez dans un minuscule bar d'où s'échappe de la musique, il y a fort à parier que vous aurez des frissons en écoutant une chanteuse de blues ou un trio de musiciens méconnus…

HORAIRES

La ville qui ne dort jamais mérite amplement son surnom ! Quelle que soit la date de votre visite, vous trouverez de quoi sortir à toute heure de la journée bien que, vous vous en doutez, c'est une fois la nuit tombée que les choses sérieuses commencent… Les spectacles sur Broadway proposent généralement deux séances par jour, le matin ou en début d'après-midi (on appelle ces séances les *matinees)* et le soir, à partir de 18h.

BUDGET / BONS PLANS

Les New-Yorkais sortent plusieurs fois par semaine et, quel que soit votre budget, vous pourrez les imiter sans problème ! Certes, les tickets pour les spectacles et concerts les plus connus, ceux qui se tiennent sur Broadway ou dans des salles réputées, se vendent facilement à plus de 100 US$ par personne, et l'expérience est souvent grandiose. Mais les lieux intimistes et hors des sentiers battus ne manquent pas, et les performances sont quasiment toujours de qualité. Poussez la porte d'un petit club de jazz au gré d'une balade dans le West Village, et vous verrez peut-être des virtuoses au prix d'une simple consommation… Il en va de même pour les théâtres off-Broadway, qui peuvent réserver de belles surprises. Dans les Comedy Clubs et certains clubs de jazz, il faut souvent ajouter deux consommations obligatoires au prix du billet (qui est généralement de l'ordre de 10-15 US$).

▸ **Pour les fauchés** qui tiennent absolument à aller voir *Le Roi Lion* sur Broadway, il existe des solutions. La première est de faire la queue à l'un des trois kiosques TKTS (à Times Square, South Street Seaport et Lincoln Center) qui proposent des réductions de 25 % à 75 % sur tous les spectacles de Broadway et off-Broadway, selon les disponibilités. C'est un bon plan connu de tous, alors prévoyez d'arriver avant l'ouverture des kiosques, et attendez-vous à faire la queue au moins une heure !

▸ **La seconde option,** méconnue des touristes, est de faire la queue devant le théâtre où se joue la pièce de votre choix pour obtenir des *rush tickets*, souvent vendus à partir de 30 US$. Il s'agit des tickets invendus pour les spectacles qui se jouent le jour-même. Dans certains cas, une poignée de tickets vendus encore moins chers (à partir de 25 US$) permettent de voir le spectacle debout, derrière la dernière rangée de spectateurs ! Les modalités pour obtenir ces tickets varient selon les spectacles, les infos sont à prendre sur le site internet de Playbill (www.playbill.com). Dans tous les cas, les premiers arrivés sont les premiers servis !

▸ **L'autre moyen d'obtenir des tickets à prix réduits** pour les spectacles sur Broadway est de visiter New York pendant la Broadway Week ! Grâce à ce festival qui a lieu deux fois par an, il est possible d'acheter deux tickets pour le prix d'un sur une grande sélection de *shows*. Broadway Week dure deux semaines mi-janvier puis début septembre. Les tickets, qui partent très vite, sont mis en vente environ deux semaines à l'avance. Mieux vaut être réactif !

▸ **Enfin, les moins courageux** pourront acheter des billets à prix réduit sans bouger le petit doigt grâce aux sites dédiés la revente de tickets : www.schooltix.com – www.bestofbroadway.com – www.stubhub.com.

A RÉSERVER

Si aller voir un spectacle fait partie de votre *check-list* new-yorkaise et que vous ne comptez faire la queue pendant des heures pour obtenir des tickets à tarif réduit, il est impératif de faire votre réservation plusieurs mois à l'avance. Vous aurez ainsi plus de choix et obtiendrez le meilleur tarif possible. Ce conseil est valable aussi bien pour les comédies musicales sur Broadway que les concerts dans les salles renommées et les ballets au Lincoln Center.

TRANSPORTS NOCTURNES

Bonne nouvelle, les métros et les bus new-yorkais fonctionnent 24h/24, 7j/7 ! De jour comme de nuit, ils sont parfaitement sûrs car il y a toujours du monde dans les wagons, fêtards qui rentrent de soirée ou travailleurs qui se lèvent de bon matin. A partir de minuit, le métro circule toutes les 20 à 30 minutes. Quelle que soit l'heure, vous n'aurez aucun mal à trouver un taxi, en particulier dans Manhattan, ou à appeler un Uber.

A PARTIR DE QUEL ÂGE

Les spectacles sur Broadway ne sont pas accessibles aux enfants de moins de 4 ans, et certains d'entre eux sont clairement destinés à un public adulte, c'est le cas de *Book of Mormon* et *Chicago*. A l'inverse, les comédies musicales telles que *Frozen*, *Aladdin* et *Le Roi Lion* ont été spécialement conçues pour plaire aux plus jeunes. Avec ou sans enfant, vous aurez l'embarras du choix.

Partout où l'on sert de l'alcool, attendez-vous à ce que l'âge minimum soit de 21 ans, ou de 18 ans s'il y a un adulte accompagnant et que le mineur ne boit pas d'alcool. C'est valable pour les bars où l'on peut écouter du jazz et pour les salles où se jouent les spectacles de *stand up*.

C'EST TRÈS LOCAL

Question *dress code*, la tenue à adopter dépend du lieu où vous sortez. La plupart du temps, votre tenue décontractée de la journée conviendra parfaitement pour sortir le soir, que vous alliez voir une comédie musicale sur Broadway ou un concert. Même au Metropolitan Opera, on ne vous refusera pas l'entrée si vous arrivez en jeans et baskets – mais vous détonnerez fortement à côté des autres spectateurs élégamment vêtus. Une soirée à l'opéra est l'occasion de sortir votre plus beau smoking ou votre robe de gala la plus chatoyante !

FUMEURS

Les lois sur le tabac sont strictes et plutôt dissuasives à New York. Il est interdit de fumer dans tout espace public fermé (à l'exception des bars à cigares), vous devrez donc sortir si vous souhaitez allumer une cigarette. Peu à peu, la législation en matière de vapotage se durcit également et, à New York, la e-cigarette est désormais soumise aux mêmes restrictions que le tabac.

LES ATTRAPE-TOURISTES

Encore une fois, nous vous déconseillons d'acheter des billets de spectacles à des vendeurs de rue, même si vous êtes désespéré. Vous ne serez pas gagnant, et si un vendeur à la sauvette vous fait miroiter des tickets à des prix qui font rêver, soyez certain qu'il s'agit d'une arnaque.

LES PHRASES CLÉS

Bonsoir, comment puis-je me rendre à…
Good evening, how can I get to…

Est ce que cet endroit est tranquille ? Il n'y a pas de problème de sécurité ?
Is this a quiet area? Are there any safety issues?

J'aimerais voir un spectacle typique ! Qu'est-ce qu'il y a en ce moment ?
I would love to see a traditional show! What is available at the moment?

Je ne comprends pas… pouvez-vous répéter s'il vous plait ? Merci.
I don't understand... Could you please repeat that? Thank you.

Est-ce que je peux vous offrir un verre ? Quel est le meilleur cocktail de la maison ?
Can I buy you a drink? What is your best signature cocktail?

J'ai la gueule de bois, auriez-vous quelque chose pour que j'aille mieux ?
I have a hangover. Do you have anything to help me feel better?

LE BAIN

444 West 13th Street
✆ +1 212 645 4646
standardhotels.com/high-line
Ouvert tous les jours de 16h à 4h du matin, le week-end dès 14h, jusqu'à minuit les dimanche et lundi.

L'une des plus belles vues de New York, au 18e étage de l'Hôtel Standard. Boîte de nuit et bar, le Bain est l'une des adresses favorites des New-Yorkais. Chaises longues de jardin, fausse pelouse, serveuses habillées tout en blanc, bain bouillonnant, boissons servies dans des gobelets en plastique transparent, tout est fait pour rappeler la plage, les vacances... Outre un bar, le Bain est aussi une boîte de nuit où se produisent les plus grands noms de la nuit. Attention, selon les soirées, l'accès est parfois très difficile.

CAFE WHA ?

115 Mc Dougal Street
✆ +1 212 254 3706
www.cafewha.com
Consulter le calendrier pour connaître la programmation. Entrée à partir de 5 US$.

Salsa, blues, jazz, rock… Quelle qu'en soit la programmation, les gens se pressent à l'entrée de cette boîte de nuit. Tout se passe au sous-sol et, dès le début de soirée, la salle s'anime. Du mercredi au dimanche, c'est le groupe attitré du Café Wha qui reprend les tubes des années 1970 à 1990. Le lundi et le mardi, deux soirées spéciales très populaires prennent place : la Brazilian Dance Party et le Tuesday Night Funk. Ce bar existe depuis 1959, un vétéran de la scène new-yorkaise qui tient la route. Jimi Hendrix et Bob Dylan ont joué ici, à leurs débuts !

CLUB SHELTER

37 Vandam Street
✆ +1 212 719 4479
www.clubshelter.com
Consulter le site pour les événements.

Cet établissement à plusieurs étages a ouvert ses portes en 2002 et n'a pas cessé d'ameuter les foules depuis. Le samedi soir, le Dance Marathon est devenu une institution dans la ville, regroupant la faune la plus sauvage de New York, sur la piste de danse, obscure. Le DJ résident Timmy Regisford (et l'un des patrons du lieu) hypnotise la piste semaine après semaine, entraînant ses disciples jusqu'au dimanche après-midi, non-stop ! Aux beaux jours, le toit s'ouvre pour votre plus grande satisfaction, en laissant apparaître une vue splendide sur les gratte-ciel.

JOYFACE

104 Loisaida Avenue
✆ +1 917 261 2166
www.joyface.nyc
Ouvert du mardi au dimanche de 19h jusqu'à tard. L'endroit ouvre dès 17h pour les Matinées Disco. Tarif : 36 US$.

Meublé comme un appartement, Joyface est un lieu tout à fait sympathique pour boire un verre dans le East Village. Mais c'est surtout pour ses soirées disco (et plus généralement consacrées aux tubes *old school*), organisées tous les samedis, que nous le recommandons. Vu les horaires (la soirée commence dès 17h...), on a bien compris que les Matinées Disco étaient plutôt destinées aux Millennials qu'aux Gen Z. Boule à facettes, pistolet à bulles, danseuses masquées... Le concept est super, et l'entrée inclut une part de pizza !

RETROCLUBNYC

9 E 45th Street
✆ +1 516 606 5710
www.retroclubnyc.com
Ouvert tous les samedis de 22h à 2h du matin. Entrée : 20 US$.

Une boîte de nuit pensée pour les plus de 30 ans ! Chaque samedi, la foule s'égosille et se déhanche au rythme des classiques disco, funk et pop des années 70, 80 et 90. Au programme : Donna Summer, Prince, Michael Jackson ou encore les Bee Gees. Aux platines, Jeff, DJ et gérant des lieux, n'hésite pas à passer les titres réclamés par le public. De jour, l'espace est un pub irlandais qui se transforme en club avec boule à facettes et dance floor le samedi soir. Une adresse sans chichi, ambiance festive et bon enfant garantie.

RUMPUS ROOM

249 Eldridge Street
✆ +1 212 777 5153
www.rumpusroomnyc.com
Ouvert le vendredi et le samedi de 22h à 4h. Entrée : 10 US$

Installé dans le bâtiment qui a longtemps abrité la Mecque du clubbing du Lower East Side, le Sapphire Lounge, cette boîte de nuit propose une déco éclectique et tendance très agréable. L'entrée est abordable (les boissons un peu moins) et le club accueille une population plutôt jeune, dont la moyenne d'âge ne dépasse pas les 25 ans. Le samedi soir, il y a souvent des événements ou soirées à thème : années 90 ou 2000, disco nights, etc. Venez déguisé ! Le reste du temps, on s'éclate sur le dancefloor bondé sur les derniers sons pop et hip hop.

S.O.B.'S

204 Varick Street
✆ +1 212 243 4940
www.sobs.com
Evénements du dimanche au mercredi. Entrée : à partir de 10 US$.

S.O.B., pour Sound Of Brazil, est l'un des clubs les plus dynamiques de New York depuis les années 1980. L'endroit a su conserver cet esprit très frais et pas snob pour un sou, et sa programmation éclectique reste d'une qualité remarquable, quels que soient les genres auxquels ils s'attaquent (*world music*, hip-hop alternatif, reggae, R&B...). Allez-y n'importe quel soir, vous passerez une bonne ou une superbe soirée. Une fois par semaine (généralement le lundi), la soirée est dédiée à la musique country avec initiation à la line dance. Très fun !

THE BOX

189 Chrystie Street
✆ +1 212 982 9301
www.theboxnyc.com
Ouvert du mercredi au samedi de 23h à 4h du matin.

L'un des clubs les plus *hype* de New York. Il faut montrer patte blanche pour entrer dans cette boîte très branchée : abritée dans une ancienne usine retapée dans le style *théâtre*. Les chandeliers et la mezzanine donnent à ce club une certaine allure. De toute façon, que l'on soit séduit ou non par la décoration, c'est ici qu'il faut danser ! Des performances ont lieu tous les soirs, certaines sont assez osées, on ne vous le cache pas : spectacles burlesques, danseurs et danseuses qui se dénudent... C'est simple, l'endroit conseille aux coincés de rester chez eux !

SWING 46

349 West 46th Street
✆ +1 212 262 9554
www.swing46.com
Ouvert du mardi au dimanche de 17h à minuit (1h vendredi et samedi). Accès : autour de 10 U$S.

Dans ce club, on ne danse que le swing et on le danse toute la nuit. Tous les soirs, un big band de swing et de jump blues des années 1940, en tenue de circonstance, anime la soirée. Pour apprendre les pas de base, il suffit de se présenter à 21h15 tous les soirs. Professionnels ou débutants, jeunes et moins jeunes, tout le monde va pouvoir mettre en pratique son savoir-faire. Les groupes qui jouent sont vraiment excellents et l'ambiance est très sympathique. La tenue de soirée n'est pas exigée, évitez quand même le jean et les baskets.

VIRGO

324 Grand Street
www.virgonewyork.com
Ouvert du jeudi au samedi de 21h à 3h du matin.

Ouvert en novembre 2022, Virgo est l'un des rares clubs encore dédiés à la musique house et électro dans Manhattan. Pour trouver ce genre d'ambiance, il faut le plus souvent se rendre à Brooklyn. Niché dans le Lower East Side, l'espace de 300 m² accueille des DJ new-yorkais et internationaux. Virgo est un repaire pour les amateurs de deep house et de musique électro, avec une programmation de qualité et un système sonore haut de gamme. Arrivez dès l'ouverture pour ne pas devoir faire la queue et profiter du Happy Hour (de 21h à 22h30).

THE BOWERY ELECTRIC

327 Bowery ✆ +1 212 228 0228
theboweryelectric.com
Ouverture tous les jours de 17h jusqu'à tard. Consulter le site pour la programmation. Tickets à partir de 10 US$.

Un immense bar de 200 m² accueille quelques-uns des meilleurs DJ's de la ville. Que vous vous y rendiez en semaine ou le week-end, vous danserez à coup sûr. Contrairement à une boîte de nuit, les boissons sont à des prix bien plus raisonnables, surtout grâce au *happy hour* tous les jours jusqu'à 20h. L'ambiance y est aussi beaucoup plus décontractée qu'une boîte de nuit, et vous n'avez aucune chance de vous faire refuser l'entrée ! Chaque week-end, l'« Electric Feel Dance Party » vous permettra de danser sur les plus gros tubes des années 1980, 1990 et 2000.

ZINC BAR

90 West Houston Street
✆ +1 212 477 8337
www.zincbar.com
Ouvert à partir de 17h (dès 15h le samedi), jusqu'à minuit, 1h ou 2h selon les soirs. Entrée : autour de 30 $.

Situé à l'angle de NoHo, de SoHo et du West Village, le Zinc Bar est un joli petit club en sous-sol : musique latine, reggae, mais surtout musique du monde à tendance africaine, samba et jazzy. L'endroit doit son nom à son long bar en zinc ! Les verres sont bien dosés, le spectacle est rythmé, l'ambiance y est chaleureuse, bref une bonne soirée, quel que soit le soir où l'on s'y rend. En fin de semaine, il y a généralement plusieurs concerts par soir. Consultez le calendrier sur le site internet pour ne rien manquer des événements.

ALADDIN

214 West 42nd Street
✆ +1 949 333 4001
www.aladdinthemusical.com

Le génie revient sur Broadway ! Il aura fallu 22 ans pour que le célèbre dessin animé de Disney devienne une comédie musicale. Lancé en mars 2014, le spectacle a déjà remporté un Tony Award pour son acteur principal, James Monroe Iglehart qui interprète brillamment le rôle du génie. A noter que la plupart des chansons ont été écrites spécialement pour la comédie musicale. Tout commence avec une lampe magique... *Aladdin* nous entraîne dans un voyage à travers un monde exotique rempli d'aventures exaltantes, d'humour classique et de romance éternelle.

APOLLO THEATRE

253 West 125th Street
✆ +1 212 749 5838
www.apollotheater.com

Légende de la musique noire américaine, ce théâtre burlesque construit en 1913 est initialement réservé aux Blancs. Dès les années 1930, l'Apollo devient le centre de performance des artistes et du public noir. Billie Holiday, Duke Ellington, Dizzy Gillespie, Aretha Franklin, Ray Charles, Marvin Gaye, etc : tous les grands s'y sont succédé. Les « amateur nights », réservées aux artistes débutants, ont vu les débuts de James Brown ou des Jackson Five. Depuis février 2024, le musée comprend deux autres scènes, au sein du Victoria Theater, fraîchement rénové.

BILL'S PLACE

148 W 133rd St
✆ +1 212 281 0777
www.billsplaceharlem.com

Ouvert tous les vendredis et samedis à partir de 18h30. Les concerts ont lieu à 19h et 21h. Prix : jusqu'à 30 US$.

Ce *speakeasy*, ouvert au début des années 1920, en pleine *prohibition*, ne vend plus d'alcool aujourd'hui, mais il est possible de rentrer avec ses bouteilles. Ce n'est donc pas pour les boissons qu'on l'on fréquente Bill's Place, mais pour la qualité des concerts de jazz qui se déroulent tous les vendredis et samedis soir. Durant les grandes heures du jazz new-yorkais, Billie Holiday, Duke Ellington et Fats Waller étaient des habitués. Entre chaque performance, le maître des lieux, Bill Saxton, un saxophoniste né en 1946, revient sur l'histoire des lieux.

BIRDLAND

315 W 44th Street
✆ +1 212 581 2080
www.birdlandjazz.com

Shows tous les jours à partir de 17h. Entrée à partir de 25 US$, consommation de 20 US$ minimum par personne.

Ce n'est pas le légendaire Birdland de Charlie Parker, mais toujours un bon endroit pour écouter du jazz *upscale* (« haut de gamme » au cœur de Times Square. Son ambiance rouge tamisée vous transporte dans un autre monde, où flottent d'envoûtantes notes jazzy. Bien que n'étant pas le plus connu, par les touristes, parmi les clubs de jazz (ce qui en fait peut-être un atout finalement), il est néanmoins conseillé de réserver à l'avance. Plusieurs sets chaque soir (à 19h et 21h30 au niveau rez-de-chaussée, et à 20h30 au sous-sol).

BLUE NOTE

131 West 3rd Street
✆ +1 212 475 8592
www.bluenote.net

Sets tous les jours à 20h et 22h30, également à 13h30 le dimanche (Harlem Gospel Choir). Entrée : à partir de 25 US$.

« La capitale du jazz dans le monde », voilà comment le Blue Note se décrit lui-même. On ne peut que lui donner raison ! Le local est intime, l'acoustique excellente et les artistes sont parmi les meilleurs du monde. Blue Note est très fréquenté par les touristes, qui ne manquent pas de se ruer dans la boutique de l'étage supérieur. Il programme avec constance les plus grands du jazz, aux noms aussi divers que Nancy Wilson ou Spyro Gyra. Il y a également des soirées avec de la musique brésilienne, de la musique des Caraïbes, du hip-hop ou de la funk.

THE BOWERY BALLROOM

6 Delancey St
✆ +1 212 533 2111
www.boweryballroom.com

Spectacles tous les soirs à partir de 18h.

Cet endroit est une vraie petite icône du quartier de Bowery. Construit juste avant la crise de 1929, le lieu reste inoccupé jusqu'à la Seconde Guerre mondiale quand il est transformé en magasin. Mais les affaires vont mal, le commerce ne marche pas et il est finalement converti bien plus tard en salle de concert. En 1997, ouvre sur les lieux ce qui est encore considéré de nos jours comme l'un des établissements les plus reconnus de Bowery. Des concerts de qualité sont donnés tous les soirs dans cette belle salle de deux étages.

CARNEGIE HALL

881 7th Avenue ✆ +1 212 247 7800
www.carnegiehall.org
Spectacles tous les soirs. Tarif : autour de 50 US$, à partir de 15 US$ pour les spectacles les moins chers.

Inauguré en 1891 par le compositeur russe Tchaïkovski, le Carnegie accueille les plus grands orchestres du monde. Il est très apprécié des musiciens pour sa structure incurvée qui lui donne une acoustique exceptionnelle. De grands événements y ont eu lieu, tels que la première représentation d'*Un Américain à Paris* en 1923, ainsi que des concerts des légendes du jazz Duke Ellington ou Billie Holiday. Aujourd'hui encore, la programmation fait la part belle aux virtuoses de la musique classique, mais laisse quelques dates à des artistes comme Jay-Z ou Elton John.

CHICAGO

219 West 49th street
✆ +1 212 239 6200
www.chicagothemusical.com

Cette célèbre comédie musicale est une satire de la corruption généralisée qui régnait à Chicago durant la prohibition. Le tout sur une musique très jazzy. Assurément un des *Broadways shows* les plus érotiques. Le cinéaste Rob Marshall en a fait l'adaptation en 2002 avec dans les rôles principaux Catherine Zeta-Jones, Renée Zellweger et Richard Gere et six Oscars à la clé ! Après *Phantom of the Opera*, Chicago est la pièce la plus jouée sur Broadway - sachant qu'elle a même été inaugurée plus tôt, en 1977, avant d'être interrompue pendant près de 20 ans.

WELCOME TO HARLEM

145 West 122nd Street
✆ +1 212 662 7779
https://welcometoharlem.com/
Concert de jazz et/ou gospel à partir de 25 US$. Réserver sur le site internet.

© WELCOME TO HARLEM

Vous avez une soudaine envie d'une immersion musicale et rythmée en plein cœur d'Harlem ? Suivez l'agence de tours Welcome to Harlem, gérée par la formidable Carolyn Johnson, qui propose également de splendides spectacles de jazz et gospels. En plein cœur du quartier afro-américain, ces représentations pleines d'énergie sont jouées par des artistes de renom internationaux. On vous le dit, c'est envoûtant ! Une expérience à ne pas manquer pour mieux comprendre l'histoire et le style de vie de ce quartier iconique du nord de New York.

COMEDY CELLAR

117 Mc Dougal Street ✆ +1 212 254 3480
www.comedycellar.com
Plusieurs spectacles tous les soirs à partir de 17h. Entrée : à partir 15 US$, avec deux consommations minimum.

Le Comedy Cellar est LA scène de *stand-up* la plus célèbre des Etats-Unis. Il s'agit pourtant d'une toute petite salle en sous-sol, avec des murs en briques rouges un peu sales et très peu de luminosité. C'est aujourd'hui un passage obligatoire pour tous les comiques américains en devenir. C'est aussi ici que se produisent en toute discrétion quelques grands noms du *stand-up* qui profitent du caractère intimiste de la salle pour essayer leurs blagues avant de partir en tournée. Parmi les habitués, on retrouve Dave Chapelle, Amy Schumer ou encore Jerry Seinfeld.

GOTHAM COMEDY CLUB

208 W 23rd Street
✆ +1 212 367 9000
www.gothamcomedyclub.com
Shows tous les jours. Tarif : à partir de 20 US$, avec deux consommations minimum par personne.

L'éternel rival du Comedy Cellar accueille sur sa scène des comédiens de tous bords depuis 1996. Dave Chapelle, Chris Rock, Lewis Black et d'autres rois de l'humour noir sont passés devant son public... et y passent encore régulièrement, sans prévenir. Le club est apparu à plusieurs reprises sur le petit écran, notamment dans la série à succès *Curb your Enthusiasm*. Si vous parlez et comprenez bien l'anglais, foncez ! Vous aurez peut-être la chance d'y voir un comédien connu... en sachant que les jeunes talents sont parfois les plus drôles !

SORTIR

HARRY POTTER AND THE CURSED CHILD

214 W 43rd Street

Jouée sur Broadway depuis avril 2018, cette pièce de théâtre suit les aventures des enfants de Harry Potter, Ron Weasley, Hermione Granger et Draco Malefoy alors qu'ils fréquentent à leur tour Poudlard, l'école des sorciers. L'action se déroule 19 ans après les événements du dernier livre de la saga *Harry Potter,* adaptée depuis la pièce de théâtre *Harry Potter et l'enfant maudit* de J.K. Rowling, l'auteure de la série originale. Un seul mot : magique...

HELLOTICKETS

✆ +39 06 4807 84 00

www.hellotickets.fr/

Hellotickets est une centrale qui vous permet de réserver, par téléphone ou en ligne, des places pour toutes sortes d'événements. Et New York ne manque pas de rendez-vous pour lesquels il est bon d'anticiper et de réserver ses places en avance ! Des billets pour les meilleures comédies musicales de Broadway, des places pour un match des Yankees ou des Knicks, un tour en hélico au-dessus de la *skyline* ou les entrées des musées et visites guidées les plus populaires, toutes les offres, tarifs et conditions sont sur le site, ainsi que les points de vente en ville.

IRIDIUM JAZZ CLUB

1650 Broadway

✆ +1 212 582 2121

www.theiridium.com

Concerts à 20h et à 22h plusieurs soirs par semaine. Entrée : de 25 à 35 US$, consommation de 10 US$ minimum.

Les meilleurs artistes internationaux se retrouvent à l'Iridium depuis 1994, dans une atmosphère sympathique très classe, recommandée par le *New York Times* et le *New York Magazine*. Le légendaire Les Paul (inventeur de la guitare électrique et excellent joueur de guitare jazz) y a joué tous les lundis soir jusqu'à son décès, à 94 ans, en août 2009. Deux concerts sont organisés tous les jours (sauf le lundi), à 20h et à 22h. La salle, située en sous-sol, n'est pas très grande, ce qui renforce encore le sentiment d'exclusivité que l'on peut ressentir.

IRVING PLAZA

17 Irving Plaza

✆ +1 212 777 6800

www.irvingplaza.com

Entrée : à partir de 15 US$.

Actuellement l'un des plus importants clubs de rock de New York, d'une capacité de 1 200 personnes avec les balcons, Irving Plaza accueille des groupes de rock classique, alternatif et metal, mais pas uniquement puisque des artistes hip-hop, R'n'B ou encore pop se produisent sur sa scène. Le système acoustique est de premier ordre et les angles de vue sont généreux. Sauvé de la démolition à la fin des années 1980, le club a subi plusieurs rénovations au fil des années (la dernière remontant à 2019), mais il conserve toujours son atmosphère de salle de bal.

JOYCE THEATER

175 8th Ave

✆ +1 212 242 0800

www.joyce.org

Tickets à partir de 10 US$.

Cette salle, créée en 1941 sous le nom d'Elgin Theater (il s'agissait alors d'un cinéma) puis rénovée en 1982, accueille principalement des spectacles de danse. Elle est surtout connue des New-Yorkais, qui apprécient sa programmation très éclectique. On peut y voir aussi bien des spectacles de danse contemporaine que du flamenco ou du swing. Si vous désirez assister à des performances de qualité à prix raisonnable, le Joyce Theater fera votre bonheur. Il y a des spectacles tous les jours (deux fois par jour le week-end), sauf le lundi.

LINCOLN CENTER FOR THE PERFORMING ARTS

70 Lincoln Center Plaza

✆ +1 212 875 5350

www.lincolncenter.org

Le Lincoln Center est l'un des plus grands centres culturels du monde. Il est constitué d'un ensemble de bâtiments très modernes qui, à l'époque de sa construction en 1966, avaient fait beaucoup parler d'eux. Ce complexe héberge les compagnies new-yorkaises d'opéra (Metropolitan Opera), l'orchestre philharmonique, les orchestres symphoniques, le ballet de la ville de New York, mais également les représentations de troupes et d'orchestres du monde entier.

AMERICAN BALLET THEATRE

Lincoln Center
✆ +1 212 477 3030
www.abt.org

Fondée en 1940, la Compagnie a été dirigée, en 1980, par Mikhail Baryshnikov, qui l'avait rejointe en 1974, après son départ d'URSS. C'est la première troupe de ballet américaine, avec des tournées mondiales et un répertoire classique et moderne. L'ABT se produit au Metropolitan Opera House entre mai et juin puis dix jours au mois d'octobre. Elle est considérée comme l'une des meilleures compagnies de danse au monde. A la période des fêtes de fin d'année, c'est ici que vous pourrez assister à la magie de *Casse-noisette* (*The Nutcracker*).

NEW YORK CITY BALLET

Lincoln Center
✆ +1 212 496 0600
www.nycballet.com

Fondée en 1948, cette compagnie de 110 danseurs n'a pas de rivale dans le monde. Son répertoire comprend une centaine de chorégraphies dues principalement à George Balanchine. L'une des traditions du New York City Ballet consiste à présenter chaque année en décembre la version Balanchine du *Casse-noisettes* de Tchaïkovski, devant un public d'écoliers new-yorkais. La saison a lieu de novembre à février et d'avril à juin. Il n'y a pas une année sans représentations du *Lac des cygnes*. C'est d'ailleurs ici que se déroule, *Black Swan* avec Nathalie Portman.

DAVID RUBENSTEIN ATRIUM AT LINCOLN CENTER

61 W 62nd Street
✆ +1 212 875 5350
atrium.lincolncenter.org

Le David Rubenstein Atrium est le bâtiment où vous pouvez acheter des billets pour les dizaines d'événements qui se tiennent au Lincoln Center, et boire un café tout en discutant du dernier opéra ou ballet. C'est aussi un lieu de rendez-vous pour les mélomanes : plusieurs fois par semaine, des représentations et des concerts gratuits s'y déroulent. L'éclectisme est de rigueur et des groupes de jazz, de la musique classique, de la salsa ou même des lectures de poèmes se succèdent.

NEW YORK PHILHARMONIC

10 Lincoln Center Plaza
✆ +1 212 875 5656
www.nyphil.org

Le New York Philharmonic est le plus vieil orchestre américain (fondé en 1842) et l'un des plus anciens et fameux du monde. Il eut pour chefs Leonard Bernstein, Pierre Boulez, Arturo Toscanini, Dimitri Mitropoulos et Zubin Mehta… L'orchestre joue 36 semaines par an (un record mondial) et donne des concerts gratuits dans Central Park et les principaux parcs de New York, devant des centaines de milliers d'auditeurs. Ouvert en 1961, le David Geffen Hall est son siège permanent. Il compte 2 200 sièges et a subi une rénovation de 550 millions de dollars en 2022.

METROPOLITAN OPERA

30 Lincoln Center Plaza
✆ +1 212 362 6000
www.metopera.org

La Metropolitan Opera House se trouve au centre du Lincoln Center. Elle est facilement reconnaissable de l'extérieur avec ses peintures murales de Chagall et ses gigantesques lustres en cristal que l'on peut apercevoir au travers de sa façade en verre. Cette salle accueille le Metropolitan Opera et ses grands concerts classiques accompagnés de vocalistes mondialement connus. Son répertoire va des pièces classiques à des opéras plus modernes. Tous les plus grands chanteurs s'y sont produits, tels Placido Domingo, Luciano Pavarotti, Samuel Ramey et Jessye Norman.

THE JUILLIARD SCHOOL

60 Lincoln Center Plaza
✆ +1 212 799 5000
www.juilliard.edu

Voir le calendrier en ligne pour connaître les concerts à venir. Spectacles à moins de 50 US$.

Cette école de musique prestigieuse donne régulièrement des concerts gratuits. A cette occasion se produisent les élèves de l'école, quel que soit leur domaine d'étude (violon, piano, chant, percussion…). Le niveau est très élevé, ce qui s'explique en grande partie par le fait que l'école possède un taux d'admission inférieur à 7 % ! L'école héberge l'Alice Tully Hall où se produisent l'orchestre de musique de chambre de New York, The Chamber Music Society of Lincoln Center et l'orchestre de jazz dirigé par Wynton Marsalis.

MADISON SQUARE GARDEN

4 Penn Plaza
✆ +1 212 465 5800
www.thegarden.com

Récemment rénové, le Madison Square Garden est l'un des complexes sportifs et culturels les plus connus, qui accueille chaque année plus de 600 événements. Il s'agit avant tout d'un vaste complexe sportif et du siège des New York Knicks, l'équipe de basket-ball de la ville et des New York Rangers, l'équipe de hockey sur glace. L'arène, qui contient 20 000 places assises, est aussi le seul endroit couvert à New York qui a pu abriter les concerts de monstres sacrés comme Tina Turner, Bruce Springsteen, Elton John ou Luciano Pavarotti.

METROGRAPH

7 Ludlow Street
✆ +1 212 660 0312
metrograph.com

Séances tous les jours. A partir de 18 US$ la place.

Ouvert en mars 2016, le Metrograph est devenu le nouveau lieu de ralliement des fans de cinéma d'auteur. Ce lieu de vie organisé autour du septième art a été conçu à l'image des grands studios de cinéma de l'âge d'or hollywoodien et n'abrite pas seulement deux très belles salles de cinéma, mais également deux bars, un restaurant, une librairie et un stand de bonbons et pop-corn. A ne pas rater, au premier étage, une vitre permet de voir le projectionniste et la caméra 16 mm, format privilégié par le Metrograph, qui laisse le numérique aux multiplexes.

LA MAMA E.T.C

74 A East 4th Street
✆ +1 212 475 7710
www.lamama.org

Spectacles du jeudi au dimanche, parfois d'autres soirs. A partir de 30 US$, 10 US$/ticket les dix premiers tickets.

Voici le premier Off-Off Broadway (terme qui désigne les petites salles de théâtre accueillant des productions théâtrales moins connues que celles jouées sur Broadway). Fondé en 1961 par la légendaire productrice Ellen Stewart, et fréquenté par Andy Warhol, Sam Shepard, Nick Nolte ou encore Bette Midler, il propose plusieurs pièces de théâtre expérimental tous les soirs. D'ailleurs, E.T.C. est l'acronyme de « Experimental Theatre Club ». Auparavant cantonné à une petite salle en sous-sol, la Mama est désormais une institution culturelle de la ville.

MJ THE MUSICAL

250 West 52nd Street
https://newyork.mjthemusical.com/fr/

Ticket à partir de 90 US$.

Sur la scène du Neil Simon Theatre, MJ The Musical fait vibrer Broadway au rythme des plus grands tubes de Michael Jackson. Plus qu'un simple show hommage, c'est une plongée électrisante dans les coulisses de la tournée «Dangerous», portée par une mise en scène millimétrée, des chorégraphies bluffantes et un casting impressionnant - oui, on croirait le vrai MJ, à trois âges différents ! Le spectacle est captivant, énergique et hyper émouvant. On recommande pour un moment nostalgique et plein de frissons, pour les fans ou même les curieux.

THE MERCURY LOUNGE

217 East Houston Avenue
✆ +1 212 260 4700
www.mercuryloungenyc.com

Concerts tous les soirs. Tickets à partir de 15 US$.

A la lisière du Lower East Side, The Mercury, tout petit mais confortable, accueille toutes sortes de groupes locaux et nationaux, avec une prédilection particulière pour le *roots rock* et l'*alternative rock*. On peut y entendre un peu de tout, de la musique country comme un auteur-compositeur. Parmi les artistes programmés, la plupart méconnus du grand public, on retrouve des noms tels que les GO-Betweens ou Jon Lanford. Une chose est sûre, qu'ils soient connus ou non, les musiciens qui se produisent ici sont toujours talentueux.

MOULIN ROUGE ! THE MUSICAL

302 W 45 Street
www.moulinrougemusical.com

Moulin Rouge ! The Musical, basé sur le film à succès sorti en 2001, a fait ses débuts sur Broadway en juillet 2019. Il emmène le spectateur dans le Montmartre de la Belle Epoque et suit les aventures de la belle Satine, vedette du Moulin Rouge. Les acteurs réinterprètent des chansons des années 1940 à nos jours, dont quelques hits récents. En 2021, *Moulin Rouge ! The Musical* a remporté 10 Tony Awards (le record cette année-là), dont celui de *Best Musical* (meilleure comédie musicale).

SORTIR

NEW YORK CITY CENTER

131 West 55th Street
✆ +1 212 581 1212
www.nycitycenter.org

Siège des principales troupes de danse contemporaine américaines et point de chute d'innombrables tournées nationales ou étrangères, le City Center est situé dans un ancien temple maçonnique érigé en 1924. La salle principale, au dôme espagnol, a été sauvée de la démolition grâce à l'intervention de Fiorello La Guardia. Rénové et rendu à son ancienne splendeur, c'est certainement aujourd'hui le lieu qui rivalise le mieux avec le David H. Koch Theater, siège du prestigieux New York City Ballet. On y voir aussi des concerts, pièces de théâtre et spectacles d'opéra.

SHRINE

2271 Adam Clayton Powell Junior Boulevard
✆ +1 212 690 7807
www.shrinenyc.com

Ouvert tous les jours de 16h à 4 heure du matin.

Alors on danse ? Voici le temple de la *world music*. Crunk, jazz, blues, reggae, soul, roots, gospel... tous les genres sont représentés au Shrine, et ce sont essentiellement des artistes indépendants qui se produisent sur sa scène. N'essayez pas de vous asseoir aux quelques tables, ici on bouge au rythme de la musique ! L'entrée est gratuite en semaine et généralement payante les soirs de week-end, mais les tarifs ne sont pas excessifs au vu de la qualité de la programmation. Vous découvrirez certainement de nouveaux talents !

PUBLIC THEATRE

425 Lafayette Street
✆ +1 212 260 2400
www.publictheater.org

Spectacles tous les soirs à partir de 19h.
Les tarifs varient.

Depuis 1954, le Public Theatre est installé dans un très beau bâtiment de pierres. Aujourd'hui, il se consacre désormais entièrement au répertoire shakespearien, en montant six pièces chaque saison, jouées par des acteurs anglais ou américains très connus. Cette institution, très respectable et très respectée, monte également des pièces d'avant-garde, organise des projections de films indépendants et un festival des arts latins au mois d'août. La programmation changeant souvent, consultez *Where*, le *New York Times* ou le *Village Voice*.

SMALLS JAZZ CLUB

183 W 10th Street
✆ +1 646 476 4346
www.smallslive.com

Ouvert tous les soirs à partir de 19h. Tickets à partir de 25 US$.

Installé dans un sous-sol étroit, Smalls est une petite institution de Greenwich Village. Ouvert depuis 1994, il a vu défiler des générations de musiciens, allant de talents émergents à des artistes confirmés. L'endroit est apprécié pour sa programmation très éclectique, du plus classique au plus expérimental. Il y a des concerts tous les soirs jusqu'à tard, souvent suivis de *jam sessions* ouvertes à tous. L'endroit est populaire, venez tôt pour avoir une place près de la (petite) scène, même si vous avez acheté vos tickets en ligne.

RADIO CITY MUSIC HALL

1260 6th Avenue
✆ +1 212 247 4777
www.radiocity.com

C'est le plus grand théâtre Art déco du monde – ouvert en 1932 – d'une capacité de près de six mille places, qui se trouve dans l'enceinte du Rockefeller Center. Véritable icône de New York, le Radio City Hall, reconnaissable à ses néons rouges, a failli disparaître. Sauvé de justesse, il accueille désormais des spectacles de music-hall, quelques premières importantes et parfois de grands concerts rock. À ne pas manquer : le spectacle féerique des Rockettes. Ont également été enregistrées en ces lieux les cérémonies des Grammy Awards et des Tony Awards.

ST. ANN'S WAREHOUSE

45 Water Street
✆ +1 718 834 8794
https://stannswarehouse.org/

Voir le programme de la saison sur le site internet.

Installé dans un ancien entrepôt rénové au cœur de DUMBO, St. Ann's Warehouse est un lieu culturel emblématique de Brooklyn. Ce théâtre innovant accueille des spectacles contemporains, souvent audacieux, mêlant théâtre, musique et performance. Connue pour sa programmation avant-gardiste et ses collaborations internationales, la salle attire un public curieux en quête d'émotions fortes. L'architecture brute du lieu renforce l'intensité des représentations. Une belle manière de découvrir la scène artistique new-yorkaise autrement.

TERRA BLUES

149 Bleecker Street
✆ +1 212 777 7776
www.terrablues.com
Spectacles tous les soirs. Entrée : de 5 à 30 US$.

Depuis 20 ans, certains des plus grands musiciens de blues ont joué au Terra Blues, adresse pensée pour les amoureux du blues : Little Milton, Johnnie « Clyde » Copeland, James Carr, Philip Walker ou encore Moe Holmes... Décoré d'authentiques sièges de théâtre, l'espace comprend un bar, de charmantes tables éclairées à la bougie et beaucoup de places debout. Le programme nocturne commence avec un *set* acoustique à 18h ou 18h30 suivi par des artistes vedettes. Passé une certaine heure, il n'est plus possible de réserver une table, mieux vaut arriver tôt.

THE RED ROOM AT KGB BAR

85 E 4th Street
✆ +1 703 221 4587
www.redroomnyc.com
Ouvert tous les jours de 19h à 4h du matin.

Ouvert en 1993 dans un ancien club privé pour communistes et socialistes, le KGB Bar a conservé son atmosphère rétro, entre affiches de propagande, rideaux rouges et statue de Lénine. Et dans les années 1920-1930, pendant la Prohibition, le bâtiment était contrôlé par le mafieux Lucky Luciano : autant dire que vous vous trouvez dans un lieu chargé d'histoire ! Au premier étage, The Red Room cultive l'ambiance et l'esthétique des speakeasies new-yorkais avec jazz, spectacles burlesques ou *open mics* littéraires, tous les soirs sauf le dimanche.

THE DUPLEX

61 Christopher Street
✆ +1 212 255 5438
www.theduplex.com

À la recherche de la nouvelle star ! The Duplex est un célèbre piano-bar et cabaret de Greenwich Village, réputé pour être une scène de découverte pour de jeunes talents qui aspirent à jouer sur Broadway. Lors des performances, des directeurs de casting assistent régulièrement aux spectacles pour repérer la prochaine star des comédies musicales. Vous ne serez pas déçu par les reprises des grands classiques des comédies musicales les plus connues. Un endroit incontournable pour prendre le pouls de New York dans une ambiance chaleureuse et conviviale.

TOMI JAZZ

239 E 53rd Street
www.tomijazz.com
Ouvert tous les jours de 17h à 1h (jusqu'à 3h le vendredi et le samedi). Entrée : 10 US$ par personne.

Une adresse discrète, à l'ambiance feutrée, et pour cause : il s'agit d'un ancien club privé, fondé en 1980 et jadis réservé à une clientèle japonaise. Ce repaire des amateurs de jazz et de cuisine japonaise authentique propose des concerts tous les soirs. Les réservations ne sont pas acceptées, il faut arriver tôt (dès l'ouverture) pour limiter l'attente. La déco, chargée en babioles et souvenirs, donne au lieu un charme vintage. Une adresse cosy à l'ambiance confidentielle, qui se distingue des autres spots où voir un spectacle ou un concert dans le quartier.

THE LION KING

200 West 45th Street
✆ +1 866 870 2717
www.lionking.com

Cette adaptation du chef d'œuvre de Disney est jouée sur Broadway depuis le 13 novembre 1997 et est aujourd'hui la comédie musicale la plus rentable de l'histoire avec un profit de plus de 1,6 milliard de dollars ! Un spectacle époustouflant plein de magie, rythme et mystère. Le Roi Lion divertira autant les petits que les grands. Garth Fagan gagnant du prix Tony signe la chorégraphie et quelques-uns des artistes les plus connus de Broadway comme Elton John et Tim Rice ont mis leur talent en composant les chansons et la musique. A ne pas rater !

VILLAGE VANGUARD

178 7th Avenue South ✆ +1 212 255 4037
www.villagevanguard.com
Concerts tous les soirs à 20h et 22h. Entrée : à partir de 25 US$, plus 1 boisson minimum par personne.

Installé dans ces murs depuis 1875, ce club est l'un des plus appréciés des fans de jazz. Dans cette salle intime nichée en sous-sol, une excellente acoustique et une programmation éclectique. Les lundis soir sont consacrés au Vanguard Jazz Orchestra. Sur les murs, les photos de Coltrane ou Miles Davis témoignent des grands musiciens qui y ont joué. Une soirée dans ce club confortable reste un petit luxe, mais vous ne le regretterez pas. Prévoyez d'arriver tôt car les places les plus agréables sont au niveau des tables situées à l'avant, près de la scène.

AMSTERDAM BILLIARDS + BAR

110 E 11th Street
✆ +1 212 995 0333
www.amsterdambilliardclub.com
Ouvert tous les jours de 11h à 3h. Tarif : à partir de 100 US$ par billard et par heure.

Une des meilleures salles pour jouer au billard, dans une ambiance si chic que l'on s'attend à voir surgir des hommes costumés, chapeau sur la tête et cigare entre les dents, à tout moment. Belle lumière, tapis au sol, atmosphère un peu compassée... Les boules sont immaculées et les 28 tables en parfait état. Cafétéria et service entre les tables par des serveurs. Leur bar fait des cocktails hallucinants comme le Grey Goose Chocolat Martini ou le Lemon Drop.

SPIN

48 E 23rd Street
✆ +1 212 982 8802
www.wearespin.com
Ouvert du dimanche au vendredi à partir de 16h, dès 12h le samedi, jusqu'au soir. A partir de 29 US$ par heure.

Un ping-pong social club autoproclamé. Imaginez plutôt : un DJ qui mixe de la musique dance, techno et pop, un décoration de boîte de nuit, et... dix-sept tables de ping-pong. Un lieu délirant pour un groupe d'amis décidés à passer une bonne soirée et à discuter avec de nombreux inconnus autour d'une bière, d'une assiette de charcuterie, et d'une partie de ping-pong. Pour l'anecdote, c'est l'actrice hollywoodienne Susan Sarandon qui est à l'origine du concept, désormais franchisé et disponible dans une dizaine de villes américaines.

BRAINXCAPE

48 W 20th Street ✆ +1 347 696 1408
www.brainxcape.com
Tous les jours de 10h à 23h. De 37 à 75 US$ par personne selon le nombre de participants et le scénario choisi.

BrainXcape est un *escape room* qui propose trois atmosphères très différentes et à déconseiller aux claustrophobes : une prison inspirée de Rikers Island (la vraie prison de New York), un hôtel hanté qui n'est pas sans rappeler le film *Shining* et un ascenseur infernal. Immersion et frissons garantis ! Il est plus amusant et moins cher de jouer à dix – le maximum – plutôt qu'à deux. À noter que comme dans beaucoup d'*escape rooms*, vous pouvez vous retrouver enfermés avec d'autres joueurs que vous ne connaissez pas (à moins d'avoir réservé toutes les places).

SPYSCAPE

928 8th Avenue ✆ +1 212 549 1941
www.spyscape.com
Ouvert du lundi au samedi de 10h à 22h, le dimanche de 10h a 20h. Entrée : à partir de 44 US$.

Davantage une expérience qu'un simple musée, Spyscape propose une immersion dans l'univers des espions, mêlant expositions passionnantes et défis interactifs. Equipé d'un bracelet high-tech, vous serez confronté à des challenges correspondant aux diverses facettes du métier d'espion et à des défis intellectuels liés à l'univers de l'espionnage. Vos performances seront collectées afin d'établir votre profil d'espion, que vous découvrirez à la sortie. Prévoir entre 1 heure 30 et 2 heures dans le musée, dont l'architecture labyrinthique a été conçue par David Adjaye.

LUCKY STRIKE TIMES SQUARE

222 W 44th Street
✆ +1 212 680 0012
www.luckystrikeent.com
Ouvert tous les jours à partir de 12h. Tarif pour 2 personnes : 47 US$ pour 2h, location de chaussures incluse.

De nombreux étudiants viennent se détendre et se défouler sur ses 48 pistes ! Il existe très peu de pistes de bowling à Manhattan et ce lieu est l'un des plus sympathiques. Des événements sont organisés certains jours de la semaine. Le lundi, par exemple, on peut faire une séance de bowling illimitée à des prix particulièrement avantageux. Et si le bowling ne vous suffit pas, les lieux abritent aussi de nombreux jeux d'arcade, ainsi qu'un bar et un restaurant.

THE UNCOMMONS

230 Thompson Street
✆ +1 646 543 9215
www.uncommonsnyc.com
Ouvert du dimanche au jeudi de 10h à 23h, vendredi et samedi jusqu'à minuit. Tarif : 17 US$ par personne pour 3h.

Le quartier de Greenwich Village ne manque pas de bar, mais celui-ci est un peu particulier puisqu'il s'agit du premier café de Manhattan dédié aux jeux. À un *block* de Washington Square Park, The Uncommons est surtout fréquenté par les étudiants de la New York University, dont le campus est à deux pas. Si les jeux de société classiques comme le Monopoly répondent évidemment présents, le café met à disposition des clients des centaines de jeux de stratégie, de cartes ou de création à découvrir autour d'une bonne bière ou un chocolat chaud.

PASSPORT

BROOKLYN

Fini le temps où Brooklyn n'était que la « banlieue » de Manhattan. Aujourd'hui, ce *borough* attire comme jamais. Il y règne une ambiance à part, dans laquelle il est impératif de se plonger lors d'un séjour à New York. D'ailleurs, les habitants de Manhattan n'hésitent plus le week-end à traverser l'East River pour découvrir de nouveaux restaurants et bars tendances. Brooklyn a son accent, son mode de vie et son identité, marqués par une grande diversité : quoi de commun entre East New York, ghetto un peu menaçant, et les alignements des maisons cossues de Brooklyn Heights ou les lofts branchés remplis de hipsters de Bushwick, sinon une appartenance commune à ce vaste *borough* ? Tous clament mordicus leur amour et leur fierté d'en faire partie. *It's a Brooklyn state of mind* !

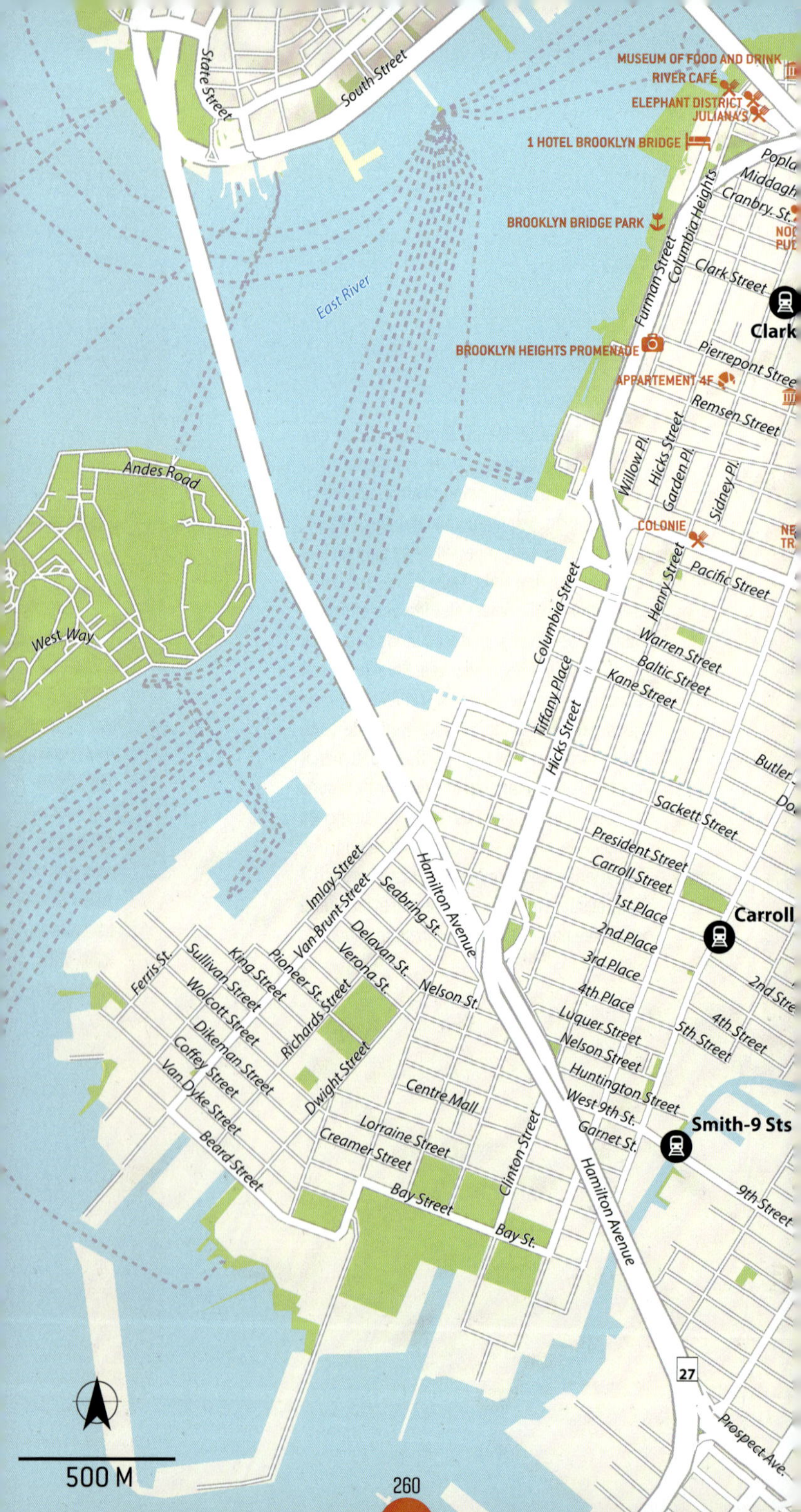

MUSEUM OF FOOD AND DRINK
RIVER CAFÉ
ELEPHANT DISTRICT
JULIANA'S
1 HOTEL BROOKLYN BRIDGE
BROOKLYN BRIDGE PARK
BROOKLYN HEIGHTS PROMENADE
APPARTEMENT 4F
COLONIE
State Street
South Street
East River
Andes Road
West Way
Columbia Heights
Furman Street
Cranbry. St.
Clark Street
Clark
Pierrepont Stree
Remsen Street
Willow Pl.
Hicks Street
Garden Pl.
Sidney Pl.
Henry Street
Pacific Street
Columbia Street
Warren Street
Baltic Street
Kane Street
Tiffany Place
Hicks Street
Butler
Sackett Street
President Street
Carroll Street
1st Place
2nd Place
3rd Place
4th Place
Carroll
Luquer Street
Nelson Street
Huntington Street
West 9th St.
Garnet St.
5th Street
4th Street
2nd Stre
Smith-9 Sts
9th Street
Imlay Street
Van Brunt Street
Seabring St.
Hamilton Avenue
Delavan St.
Verona St.
Nelson St.
Ferris St.
Sullivan Street
King Street
Pioneer St.
Richards Street
Wolcott Street
Dikeman Street
Coffey Street
Van Dyke Street
Dwight Street
Beard Street
Centre Mall
Lorraine Street
Creamer Street
Bay Street
Bay St.
Clinton Street
Hamilton Avenue
27
Prospect Ave.
500 M

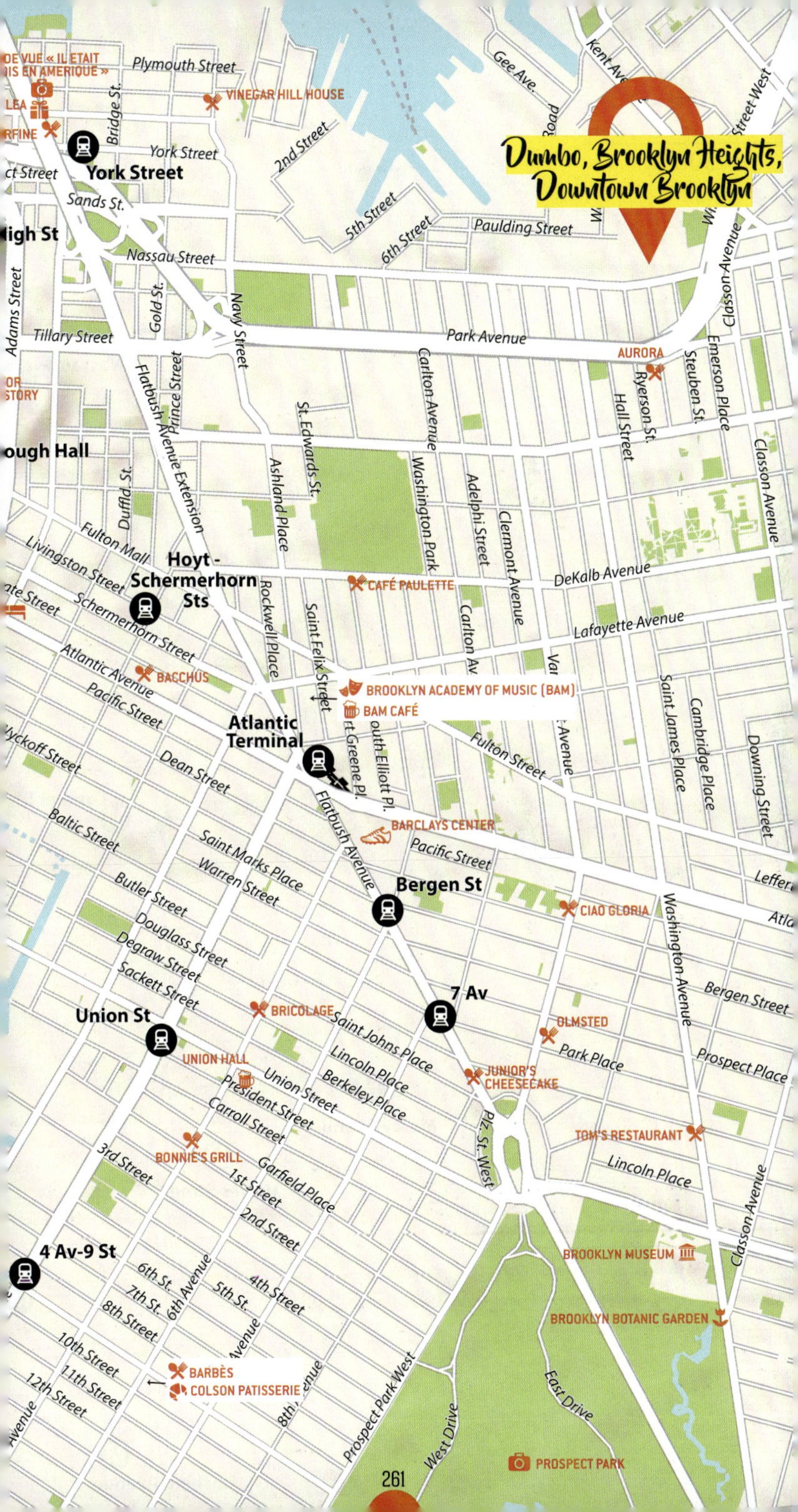
Dumbo, Brooklyn Heights, Downtown Brooklyn
VINEGAR HILL HOUSE
York Street
Hoyt - Schermerhorn Sts
Atlantic Terminal
Bergen St
7 Av
Union St
4 Av-9 St
AURORA
CAFÉ PAULETTE
BACCHUS
BROOKLYN ACADEMY OF MUSIC (BAM)
BAM CAFÉ
BARCLAYS CENTER
CIAO GLORIA
BRICOLAGE
OLMSTED
UNION HALL
JUNIOR'S CHEESECAKE
TOM'S RESTAURANT
BONNIE'S GRILL
BROOKLYN MUSEUM
BROOKLYN BOTANIC GARDEN
BARBÈS
COLSON PATISSERIE
PROSPECT PARK
Plymouth Street
York Street
Sands St.
Nassau Street
Tillary Street
Park Avenue
Flatbush Avenue Extension
Fulton Mall
Livingston Street
Schermerhorn Street
Atlantic Avenue
Pacific Street
Dean Street
Baltic Street
Saint Marks Place
Warren Street
Butler Street
Douglass Street
Degraw Street
Sackett Street
Union Street
President Street
Carroll Street
Garfield Place
1st Street
2nd Street
3rd Street
4th Street
5th St.
6th St.
7th St.
8th Street
10th Street
11th Street
12th Street
DeKalb Avenue
Lafayette Avenue
Fulton Street
Flatbush Avenue
Pacific Street
Bergen Street
Park Place
Prospect Place
Lincoln Place
Saint Johns Place
Berkeley Place
Washington Avenue
Classon Avenue
Prospect Park West
West Drive
East Drive
Plz. St. West
Navy Street
Ashland Place
St. Edwards St.
Carlton Avenue
Washington Park
Adelphi Street
Clermont Avenue
Hall Street
Ryerson St.
Steuben St.
Emerson Place
Rockwell Place
Saint Felix Street
South Elliott Pl.
Saint James Place
Cambridge Place
Downing Street
Paulding Street
2nd Street
5th Street
6th Street
Gee Ave.
Kent Avenue
Bridge St.
Gold St.
Prince Street
Duffield St.
Adams Street
6th Avenue
8th Avenue

500 M
East River
West Street
Milton Street
FULGURANCES/
LAUNDROMAT
Noble Street
Oak St.
Franklin Street
Calyer Street
KINOKO
Meserole Avenue
Eckford Street
Newel Street
Guernsey Street
Banker Street
Gem Street
THREE DECKER DINER
Nassau Avenue
BEACON'S CLOSET
Kent Avenue
North 13th St.
Wythe Avenue
THE WILLIAM VALE
WESTLIGHT
BROOKLYN BOWL
CROCODILE
THE WYTHE
Driggs Avenue
North 12th Street
North 11th Street
North 10th Street
North 9th Street
MARSHA P.
JOHNSON STATE PARK
ARTISTS & FLEAS
MUSIC HALL OF
WILLIAMSBURG
North 5th Street
Bayard Street
Richardson Street
PETE'S CANDY STORE
BUFFALO EXCHANGE
LILIA
Frost Street
Bedford Avenue
BISTRO SO
Withers Street
LLAMA INN
CATBIRD
Berry Street
Bedfrd. Ave.
UNION POOL
Union Ave.
Lorimer Street
South 2nd Street
South 1st Street
SUNDAY
IN BROOKLYN
MAISON PREMIÈRE
FETTE SAU
ZONA ROSA
SUZUME
DOMINO PARK
South 2nd Street
Hope Street
South 3rd Street
Roebling Street
FULL CIRCLE BAR
Hope Street
BARCADE
South 4th Street
South 5th Street
South 6th Street
Driggs Avenue
Borinquen Place
DINER
South 2nd Street
Ten Eyck Street
BABY'S ALL RIGHT
PETER LUGER STEAK HOUSE
South 8th Street
South 3rd Street
Stagg Street
South 9th Street
South 4th Street
Wythe Avenue
Roebling St.
South 5th Street
Union Avenue
Division Avenue
Marcy Avenue
Lee Avenue
Hewes Street
STERNBERG
Kent Avenue
Bedford Avenue
Williamsbrg. St. East
Railroad Avenue
Penn St.
Lorimer
Gee Avenue
Lee Avenue
Lynch Street
Middleton Street
Kent Avenue
Lorimer Street
Assembly Road
Welding Road
Williamsbrg. St. East
Wallabout Street
Flushing Avenue

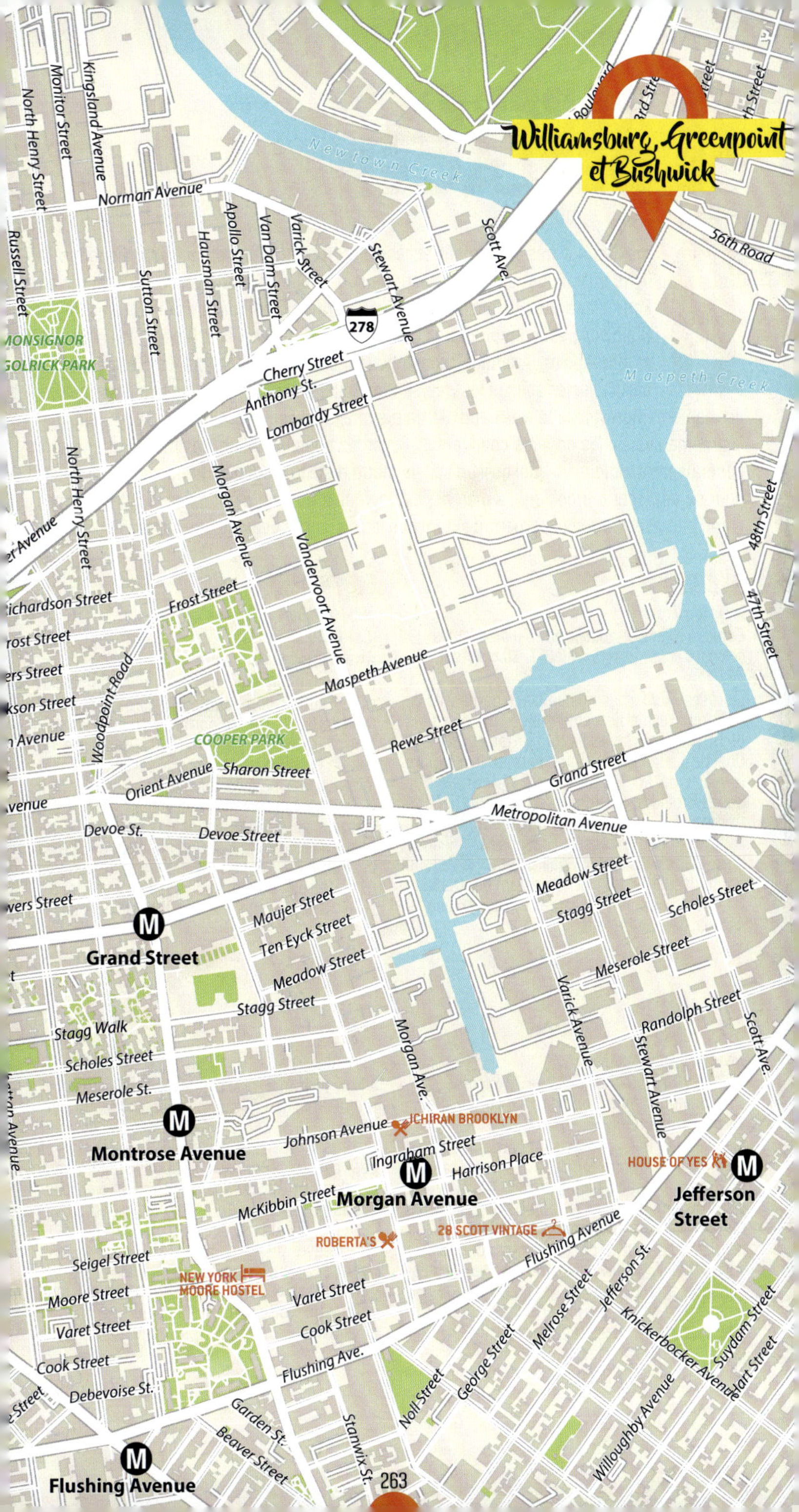
Williamsburg, Greenpoint et Bushwick
Newtown Creek
Maspeth Creek
56th Road
48th Street
47th Street
Scott Ave.
Stewart Avenue
278
Norman Avenue
North Henry Street
Monitor Street
Kingsland Avenue
Russell Street
Sutton Street
Hausman Street
Apollo Street
Van Dam Street
Varick Street
MONSIGNOR
GOLRICK PARK
Cherry Street
Anthony St.
Lombardy Street
Morgan Avenue
Vandervoort Avenue
Frost Street
Richardson Street
Woodpoint Road
Maspeth Avenue
COOPER PARK
Sharon Street
Orient Avenue
Rewe Street
Grand Street
Metropolitan Avenue
Devoe St.
Devoe Street
Meadow Street
Stagg Street
Scholes Street
Maujer Street
Ten Eyck Street
Meadow Street
Stagg Street
Grand Street
Stagg Walk
Scholes Street
Meserole St.
Meserole Street
Randolph Street
Varick Avenue
Stewart Avenue
Scott Ave.
Morgan Ave.
Montrose Avenue
Johnson Avenue
ICHIRAN BROOKLYN
Ingraham Street
Harrison Place
HOUSE OF YES
Jefferson Street
McKibbin Street
Morgan Avenue
28 SCOTT VINTAGE
ROBERTA'S
Flushing Avenue
Seigel Street
NEW YORK MOORE HOSTEL
Moore Street
Varet Street
Varet Street
Cook Street
Cook Street
Flushing Ave.
Debevoise St.
Garden St.
Beaver Street
Stanwix St.
Noll Street
George Street
Melrose Street
Jefferson St.
Knickerbocker Avenue
Suydam Street
Hart Street
Willoughby Avenue
Flushing Avenue

SE REPÉRER SE DÉPLACER

Brooklyn est très facilement accessible en métro. Le *borough* étant énorme, la ligne qu'il faudra emprunter pour vous y rendre variera selon votre destination. Pour aller à DUMBO, les lignes F, A et C sont tout indiquées. Pour Williamsburg et Bushwick, vous emprunterez la ligne L. La G dessert Fort Greene, Williamsburg et Greenpoint. Attention, son fonctionnement peut parfois être erratique, en particulier les soirs et les week-ends. D'ailleurs, toutes les lignes peuvent circuler de manière imprévisible le week-end : le train express devient local, un autre train roule sur les mêmes voies, les horaires changent… Regardez dans la station, ces modifications sont généralement indiquées. Quoi qu'il en soit, le métro reste le moyen de transport qui s'impose pour se déplacer à Brooklyn. La marche, très agréable au sein d'un même quartier, n'a pas grand intérêt entre deux quartiers, d'autant que les distances peuvent être assez importantes.

NYC FERRY

www.ferry.nyc

Entre 6h30 et 22h, toutes les 20 à 40 minutes selon les jours. Ticket : 4,50 US$, 10 tickets : 29 US$.

Le réseau de ferries mis en place par la ville de New York relie efficacement plusieurs quartiers de Brooklyn vers/depuis Manhattan et même le Queens. La Rockaway Route permet de rejoindre la plage de Rockaway depuis Wall Street : la South Brooklyn Route dessert les quartiers de Dumbo, Red Hook, Sunset Park et Bay Ridge : la East River Route dessert Greenpoint, Williamsburg et Dumbo depuis Wall Street : la Astoria Route dessert le quartier émergent de Brooklyn Navy Yard depuis Wall Street et monte jusqu'à Astoria, dans le Queens.

CITI BIKE

www.citibikenyc.com

Tarif : 4,99 US$ pour un trajet de 30 minutes : 25 US$ pour un forfait journée avec trajets illimités de 30 minutes.

Ces vélos en libre-service sont particulièrement agréables à emprunter dans les rues calmes de Brooklyn. Avec des milliers de stations et de vélos disséminés dans les *boroughs* de Manhattan, du Queens, du Bronx et de Brooklyn, vous ne peinerez pas à en trouver pendant votre séjour. Les Citi Bike sont une alternative économique à la location de vélo. Le fait que l'on puisse les déposer à n'importe quelle borne Citi Bike les rend particulièrement pratiques. A noter qu'il y a de plus en plus de vélos électriques aux bornes (supplément de 38 cts par minute).

METROLINE

390 Metropolitan Avenue

✆ +1 718 388 1111

www.metrolinecars.com

Même si les *yellow cabs* desservent Brooklyn et les autres *boroughs* en dehors de Manhattan (en particulier en partance de Manhattan), Metroline est une alternative à connaître en cas de besoin. Les tarifs sont particulièrement intéressants si vous souhaitez vous rendre à l'aéroport. Contrairement aux taxis jaunes, les voitures noires de Metroline ne peuvent être utilisées qu'en cas de réservation téléphonique au préalable. Ça, c'est en théorie. Dans la pratique, n'hésitez pas à héler ces taxis, qui s'arrêteront s'il n'y a pas de voitures de police derrière eux.

UBER

www.uber.com

À New York, malgré le réseau de la MTA, qui comprend 36 lignes de métro, quelque 472 stations et un service 24h/24, les locaux ont souvent recours à Uber. En particulier le week-end et pour circuler entre deux *boroughs* (notamment Brooklyn et Queens, qui sont moins bien desservis que Manhattan en métros). Notez qu'à l'inverse des taxis, où vous risquez de vous faire passer un savon par le chauffeur si vous ne laissez rien, les pourboires ne sont pas obligatoires. Et pas de paiement en espèces : il faut enregistrer votre carte bancaire sur l'application smartphone.

QUARTIERS DE BROOKLYN

BoCoCa, DUMBO, BedStuy… késako ? Comme à Manhattan, les quartiers de Brooklyn portent parfois des noms alambiqués, qui sont en fait des acronymes. Le *borough* de Brooklyn peut se découper en quatre grandes parties : Downtown Brooklyn et ses environs (Brooklyn Heights, DUMBO, Fort Greene, BoCoCa, Red Hook), Central Brooklyn (Park Slope, Prospect Park), South Brooklyn (Coney Island et Brighton Beach) et North Brooklyn (Williamsburg, Greenpoint, Bushwick, BedStuy). En tant que touriste, vous vous limiterez certainement à l'exploration des quartiers de Downtown Brooklyn et North Brooklyn. Il n'est pas aussi facile de s'orienter à Brooklyn que dans Manhattan, car les rues et les avenues, pour la plupart, ne sont pas numérotées et portent des noms. Si vous partez à la conquête de Brooklyn à pied, pensez à vous munir d'une carte du quartier ou à télécharger une application mobile pour vous orienter (Google Maps fait très bien l'affaire).

Williamsburg, Greenpoint et Bushwick

Williamsburg. Un quartier à visiter avant que la *gentrification*, phénomène d'embourgeoisement, ne finisse de le transformer. Hélas, il est peut-être déjà trop tard pour vraiment apprécier ce qu'était encore Williamsburg à la fin des années 2000, un quartier paisible la journée, vibrant la nuit ! Dangereux dans les années 1970 comme l'atteste le film *Serpico*, de Sidney Lumet, Williamsburg est devenu bohème à partir de la fin des années 1980 lorsque tous les artistes du Lower East Side et de Greenwich Village ont été contraints de s'installer à Brooklyn suite à l'explosion du prix des loyers à Manhattan. Mais depuis quelques années, Williamsburg ressemble de plus en plus à une annexe de Manhattan tant au niveau des prix du logement et des restaurants que de l'architecture. Peu à peu, les vieux bâtiments en briques rouges sont remplacés par condominiums ultra-modernes. Trois gratte-ciel ont notamment été construits au bord de l'East River, et en appellent d'autres. Les buildings modernes aux couleurs criardes fleurissent et rendent le quartier de plus en plus banal, comme une copie conforme de certaines zones de Midtown, à Manhattan. Les restaurants mexicains et *delis* ont laissé place aux galeries d'art et bistrots modernes. La transformation visuelle du quartier n'a heureusement pas que du mauvais. Les bords de l'East River ont été magnifiquement réaménagés et il est aujourd'hui possible de se balader le long de la rivière et de profiter de la superbe vue sur Manhattan. Malgré la rapide évolution du quartier, Williamsburg reste la partie de Brooklyn la plus animée et la plus branchée.

Williamsburg.

© JUMIS - SHUTTERSTOCK.COM

Williamsburg.

À chaque rue, son petit restaurant rustique, idéal pour prendre un brunch le week-end, boire un verre le soir ou sortir. Dans ce quartier bohème plein de *hipsters*, la moyenne d'âge ne dépasse pas la trentaine. Et on y trouve très peu de familles qui, elles, préfèrent le calme de Park Slope. Il est très agréable de s'y promener le week-end, même si le quartier est de plus en plus couru, en s'attardant devant les étals de fripes dans la rue, en s'arrêtant dans l'un de ses nombreux cafés ou encore en flânant dans l'une de ses galeries. L'ambiance est très relax. Quelques-unes des meilleures adresses de Brunch se trouvent à Williamsburg. Et, bonne nouvelle, quelques restaurants et cafés pas trop chers subsistent dans le quartier.

▶ **Greenpoint.** Juste au nord de Williamsburg se trouve le quartier étendu de Greenpoint, où se trouve notamment une forte communauté polonaise. Il s'agit d'un quartier résidentiel plutôt joli, calme, qui prend de la valeur année après année. Son seul défaut – mais qui est aussi un avantage puisqu'il empêche une importante flambée des prix – est son éloignement du métro. Une seule ligne traverse le quartier, la G, qui va du Queens à Downtown Brooklyn, mais qui ne passe pas par Manhattan. Devant la flambée des prix de l'immobilier à Williamsburg, de nombreux bars et petits restaurants y ont trouvé refuge et font de Greenpoint, un nouveau lieu de la nuit à Brooklyn.

▶ **Bushwick.** Depuis 2010, le quartier de Bushwick, à l'est de Williamsburg, se «gentrifie» lui-aussi. Les enseignes mexicaines laissent place aux restaurants gastronomiques et aux bars. D'un point de vue architectural néanmoins, le quartier a peu changé, contrairement à Williamsburg. Les grands entrepôts sont toujours là, mais abritent aujourd'hui des salles de concert ou d'immenses bars plutôt que du matériel de construction. Bushwick est aujourd'hui privilégié par les artistes et les étudiants pour sa relative proximité avec Manhattan, sa vie nocturne animée, et des prix de logement encore assez décents pour New York.

▶ **Bedford-Stuyvesant (BedStuy).** Jouxtant Williamsburg par Flushing Avenue, Bushwick le long de Broadway et délimité au sud par Atlantic Avenue, le quartier de BedStuy (prononcez « Bèdstaï »), longtemps négligé, attire depuis quelques années de plus en plus de New-Yorkais cherchant à se loger pour moins cher tout en restant connectés au reste de la ville (Manhattan est à 20 minutes de métro). Quelques très bons restaurants et bars fleurissent ici et là, en particulier le long de Malcom X Boulevard. Au-dessus de cette artère, on trouve d'ailleurs une zone résidentielle cossue abritant d'impressionnantes villas.

DUMBO - Brooklyn Heights - Downtown

▶ **Brooklyn Heights.** À la fin du XIXe siècle, des banquiers, traversant l'East River, s'installèrent sur la rive occidentale de Brooklyn, face à Manhattan dont ils souhaitaient apprécier le charme de loin sans en connaître les inconvénients. Afin d'éviter à leurs enfants les traquenards de la City, réservés aux gosses d'immigrants, ils se firent construire de superbes maisons.

Beaucoup de rues furent rebaptisées de leurs noms de famille (contre monnaie sonnante et trébuchante auprès de la mairie) : Clarck, Remsen, etc. Une riche excentrique décida de contrer leurs plans et de rebaptiser d'autres rues du quartier par des noms de fruits : Orange, Cranberry ou Pineapple. Aujourd'hui, le quartier est le plus huppé de Brooklyn grâce aux charmes de ses vieilles bâtisses et de ses rues pavées. S'il n'y a pas vraiment de lieux touristiques à découvrir, il s'agit d'un des plus agréables quartiers pour se perdre et flâner à l'inconnu. Une jolie façon de rejoindre cette rive incontournable consiste à traverser le Brooklyn Bridge depuis Manhattan et de s'y rendre au coucher du soleil…

DUMBO jouxte Brooklyn Heights au nord, juste de l'autre côté du pont de Brooklyn. C'est un tout autre paysage. Acronyme de Down Under the Manhattan Bridge Overpass, DUMBO, le quartier compte d'anciens entrepôts, une vieille ligne de chemin de fer et fut colonisé par les *start-up* dans les années 1990. Aujourd'hui, l'ensemble reste assez bobo et le quartier accueille les familles qui ne renient pas le côté branché de Williamsburg, mais qui ont besoin désormais de plus de tranquillité et de verdure. Depuis sa rive, s'offre l'une des plus belles vues de la *skyline* de Manhattan.

Downtown Brooklyn, juste au sud de DUMBO, est à Brooklyn ce que le Financial District est à Manhattan : un quartier d'affaires assez bruyant en journée et pas forcément agréable pour un touriste, si ce n'est pour les fans de basket-ball qui peuvent se rendre au Barclays Center pour voir un match des Brooklyn Nets.

Red Hook - BoCoCa

BoCoCa. Au sud de Downtown Brooklyn se trouve BoCoCa, réunion de trois quartiers adjacents : Boerum Hill, Cobble Hill et Carroll Gardens. À Caroll Gardens, vous découvrirez un coquet quartier résidentiel peuplé de petites maisons avec jardinets. Certains amoureux de la vie nocturne à Brooklyn se donnent rendez-vous sur Smith Street qui s'étend de Cobble Hill à Boerum Hill, vers Carroll Gardens (M° Bergen Street, lignes F et G). Dans cette longue rue (près d'un kilomètre) avec bars, et restaurants, l'ambiance est authentique et festive, mais plus familiale qu'à Williamsburg. Depuis Smith Street, on accède aux rues calmes et ombragées de Carroll Gardens. On trouve aussi dans ce quartier une forte communauté française qui s'est regroupée autour des deux écoles primaires bilingues français-anglais. Si la communauté française n'est pas particulièrement visible (il y a peu de restaurants français par exemple), il n'est pas rare d'entendre parler la langue de Molière aux alentours de l'International School of Brooklyn et de PS 58, une école publique située à un *block* de l'arrêt Carroll Street sur la ligne G.

Red Hook. Un peu plus au sud, de l'autre côté de l'autoroute, on est à Red Hook, un ancien quartier industriel et portuaire très mal relié en métro. On y accède grâce au *taxi boat* depuis 34th Street ou grâce au bateau Ikea qui part du Pier 11 à Wall Street (gratuit le week-end). Si l'on aime marcher, on peut prendre le métro et descendre à Carroll Street. On peut s'y promener face à l'océan ou le long du Gowanus Canal, avec ses vieux entrepôts : la vue sur la statue de la Liberté est imprenable. Le coin est de plus en plus prisé par les artistes qui ne peuvent plus payer les loyers de Williamsburg ou de Prospect Park. D'où la croissance phénoménale du nombre de galeries dans le quartier. Red Hook abrite également une forte population liée à l'industrie du cinéma. C'est en effet dans ce quartier que se trouvent quelques-uns des studios de cinéma de New York où ont été tournés entre autres plusieurs épisodes des séries *Masters of Sex* et *Rescue Me*, et de nombreux clips du groupe Fun et de Lana del Rey notamment.

Autour de Prospect Park

Les alentours de Prospect Park sont peut-être les plus emblématiques de Brooklyn, puisque d'une avenue à l'autre, la population y est totalement différente, preuve d'un *melting-pot*, mais aussi d'un communautarisme important, et du fossé qui sépare les populations pauvres et riches du *borough*.

Park Slope. Alimentation bio, petits cafés, recyclage, magasins de fripes… Promenez-vous à Park Slope (le quartier jouxte Prospect Park à l'ouest et se trouve non loin du Brooklyn Museum of Art) et ses jolies *brownstones*. C'est là que vivent Paul Auster et à peu près toutes les jeunes familles qui ont des moyens et qui préfèrent Brooklyn à Manhattan.

Prospect Heights. Au nord de Prospect Park, entre Flatbush Avenue à l'est et Washington Avenue à l'ouest se trouve l'un des quartiers les plus huppés de Brooklyn, Prospect Heights. Ici, peu d'appartements en dessous d'un million de dollars, et une population à très forte majorité blanche.

© AUDEN JOHNSON - SHUTTERSTOCK.COM

Ditmas Park.

© KEEP SMILING PHOTOGRAPHY - SHUTTERSTOCK.COM

Coney Island.

Crown Heights. À l'est de Washington Avenue commence Crown Heights. Si les premières rues adjacentes font encore penser à Prospect Heights, plus l'on se déplace vers l'ouest, plus la population noire y est importante. Le quartier, fortement déconseillé il y a encore cinq ans pour sa dangerosité le soir, est aujourd'hui beaucoup plus sûr. N'hésitez pas à y faire un tour le week-end pour un brunch ou pour les petits marchés locaux.

Flatbush. À l'est et au sud de Prospect Park, Flatbush, un quartier assez pauvre où s'est installée notamment la communauté haïtienne et où il n'est pas rare d'entendre parler français sur les trottoirs.

Ditmas Park. Situé au sud de Prospect Park, le quartier a longtemps été ignoré, car il n'est pas particulièrement bien desservi en métro. C'est d'ailleurs un quartier où habitent de nombreux chauffeurs de taxi, qui eux connaissent bien toute la ville. D'un point de vue architectural, on est ici plus proche de San Francisco que de New York. Sur des dizaines de rues très larges ont été construites au début du XXe siècle de vieilles bâtisses victoriennes colorées avec leur patio et leur petit gazon devant la porte d'entrée, à la *Desperate housewives*. Un quartier dépaysant, calme, qui ressemble à une banlieue américaine huppée bien que l'on ne soit pas dans une zone bourgeoise.

Coney Island - Brighton Beach

Vous pourrez pousser jusqu'à l'extrême sud de Brooklyn, à Coney Island et Brighton Beach (M° lignes B, D, F ou N). Deux quartiers bien distincts du reste de Brooklyn, avec leurs plages, leur passé et leur présent. Les deux quartiers ont beaucoup souffert du passage de l'ouragan Sandy, d'où la présence constante depuis plusieurs années de tracteurs et grues pour reconstruire les dunes de sable, la promenade de bord de mer, et de nouveaux lotissements.

Coney Island. Malgré la présence du New York Aquarium, qui attire les foules, Coney Island n'est plus que le fantôme de la villégiature qu'elle fut, quand les New-Yorkais découvraient les plaisirs de l'océan Atlantique et les premiers *hot dogs*. La communauté russe y est dominante, avec ses épiceries et ses cabarets où vous pourrez voir un performeur interpréter les succès de John Lennon avec un accent… surprenant. Dépaysement et exotisme garantis. Loin de Manhattan et présentant donc assez peu d'intérêt pour les promoteurs immobiliers malgré la proximité avec la plage, le quartier n'a pas vraiment changé d'un point de vue visuel depuis les années 1960-70 lorsque de grandes tours HLM ont été construites et c'est ce qui fait aujourd'hui son charme. On est ici dans le vieux New York, parfois un peu glauque, délabré, inattendu et en même temps terriblement dépaysant quand on vient d'Europe. Gangréné par la drogue et les gangs jusqu'à la fin des années 1980, le quartier est aujourd'hui plus calme. À Coney Island, les week-ends estivaux sont chargés avec bien sûr le très vieux parc d'attractions de bord de mer. Maintes fois menacé de fermeture pour des questions de vétusté notamment, le Luna Park est toujours là et attire encore touristes et New-Yorkais. La visite du parc désert en hiver vaut aussi le détour, pour des photos étonnantes d'attractions à l'abandon. Et si vous n'êtes pas amateur de sensations fortes, la balade le long de l'océan est de toute façon assez agréable, avec, l'hiver, de la neige sur la plage.

A Brighton Beach, promenez-vous dans Little Odessa (M° lignes D et Q). Une atmosphère slave vous attend en bordure de l'Atlantique (et non de la mer Noire !). On trouve de nombreux restaurants typiques, des voix roulantes, de forts effluves de vodka, et la chaleur d'une importante communauté d'immigrés.

BALADE

ENTRE MANHATTAN ET BROOKLYN

La balade démarre dans le Lower East Side, quartier historique d'immigration où vous visiterez le Tenement Museum. Puis, pour changer un peu du Brooklyn Bridge, traversez, à pied ou à vélo, le Williamsburg Bridge, qui vous mènera en plein cœur de Williamsburg, le quartier le plus vivant de Brooklyn. Explorez tout d'abord Williamsburg South, le quartier juif hassidique où tout est écrit en hébreu, avant de remonter vers le coin branché de Williamsburg. Découvrez le tout nouveau Domino Park, qui offre des panoramas formidables sur Manhattan, et prenez le temps de buncher dans le coin, à Sunday in Brooklyn par exemple, avant de monter vers le nord. Promenez-vous dans Greenpoint, joli quartier résidentiel qui rassemble deux communautés qui n'ont pas grand-chose en commun, les Polonais et les hipsters. Rentrez sur Manhattan en ferry au Greenpoint Terminal, avec la ligne East River de NYC Ferry. Depuis le bateau, profitez de la vue sur les gratte-ciel, à couper le souffle.

À VOIR / À FAIRE

Ce n'est pas à Brooklyn que vous passerez la majeure partie de votre séjour, Manhattan abritant la plupart des attractions touristiques et lieux incontournables de la ville. Mais le *borough* recèle bien quelques musées, points de vue et espaces verts qui méritent que l'on s'y arrête. On peut aussi tout à fait se contenter de se balader à Brooklyn pour profiter de son ambiance, différente dans chaque quartier : branchée à Williamsburg, verdoyante à Park Slope, urbaine à Bushwick, cossue à Brooklyn Heights et industrielle à DUMBO, d'où l'on pourra d'ailleurs jouir de vues incomparables sur la *skyline* de Manhattan. Pour rejoindre Brooklyn, on empruntera l'un des ponts qui relient le *borough* à celui de Manhattan. L'occasion d'une agréable balade à pied ou à vélo sur le Brooklyn Bridge, le Manhattan Bridge ou le Williamsburg Bridge. Cette balade et les panoramas qui l'accompagnent justifient à eux seuls le déplacement jusqu'à Brooklyn !

BEDFORD AVENUE ★★

Mº Bedford Avenue (L).

L'artère principale du quartier de Williamsburg. On y trouve beaucoup de commerces, de très bons restaurants, des cafés très sympas, des bars animés et une atmosphère bon enfant. Une très bonne balade à faire si vous en avez marre des buildings. Une fois la nuit tombée, le quartier se transforme et n'a rien à envier au Lower East Side. On danse, on chante, on crie, on boit – bref, on ne dort pas. Le week-end, l'avenue est encore plus vivante avec de nombreux vendeurs de rue qui proposent de l'artisanat, des livres et de l'art.

MARSHA P. JOHNSON STATE PARK ★

90 Kent Avenue

nysparks.state.ny.us

Si le parc en lui-même n'a que peu d'intérêt, la vue sur Manhattan est si impressionnante qu'il serait dommage de passer à côté. D'autant que c'est une mini-plage avec son sable et ses petites vagues qui sont en premier plan des buildings de Midtown. Les bords de l'East River étant aménagés, il est possible depuis le parc de se balader le long de l'eau. En été, le parc devient un lieu de concerts, et un marché, appelé Smorgasburg, avec des stands de nourriture et producteurs locaux.

THE BUSHWICK COLLECTIVE

Bushwick

www.thebushwickcollective.com

Five Pointz, le spot historique des graffeurs dans le Queens désormais détruit, Flushing Ave est devenu le terrain de jeu à New York pour ceux qui préfèrent peindre les murs que les toiles. Pour admirer les oeuvres d'art, descendez à l'arrêt Jefferson sur la ligne L, puis marchez sur Wyckoff Ave en direction de Flushing. Vous trouverez quelques graffitis sur la droite, à hauteur de Saint Nicholas Ave, puis en remontant vers Troutman Ave. Ici, pas de graffiti à la sauvette, tout est géré par l'association d'artistes The Bushwick Collective.

DOMINO PARK ★

15 River St

✆ +1 212 484 2700

www.dominopark.com

Ouvert tous les jours de 6h à 1h, horaires réduits en hiver. Accès libre.

Le Domino Park est une preuve supplémentaire que Brooklyn est passé maître dans l'art de recycler d'anciens espaces industriels en lieux de divertissement. Le parc a été établi sur l'ancienne raffinerie Domino, l'une des marques de sucre les plus connues aux États-Unis (vous constaterez que les petits sachets de sucre Domino sont sur les tables de tous les *diners* et *coffee shops* de New York !). Après 148 ans d'activité, l'usine a mis la clé sous la porte en 2004 et le parc, dont l'architecte n'est autre que James Cormer, également à l'origine de la High Line dans le Meatpacking District, a ouvert à l'été 2018. Il s'étend sur 5 *blocks* de rue et conjugue urbanisme, détente et nature à la perfection, avec des espaces verts, des transats sur lesquels les New-Yorkais viennent se prélasser les week-ends à la belle saison, des jets d'eau dans lesquels les enfants se rafraîchissent lorsqu'il fait chaud, des terrains de volley et un *food truck* qui sert des tacos. La pièce centrale du parc est The Refinery, le bâtiment historique qui abritait la raffinerie et qui a été entièrement rénové, reconnaissable à sa magnifique verrière. À l'instar du travail qu'il a accompli à la High Line, l'architecte a eu la volonté d'intégrer au design de son parc des éléments industriels ayant appartenu à la raffinerie. Au total, on compte une trentaine de pièces détachées, comme les quatre énormes réservoirs, jadis destinés à recueillir le sucre sous sa forme liquide, qui jaillissent de terre au niveau de 3rd Street. Un lieu résolument Brooklyn !

© INGUS KRUKLITIS - SHUTTERSTOCK.COM

BROOKLYN

BROOKLYN BRIDGE PARK ★★

334 Furman Street
✆ +1 718 222 9939
www.brooklynbridgepark.org

Anciennement industrielle, cette zone de Brooklyn a été revitalisée en un grand parc qui recouvre 34 hectares le long de la East River. Il rejoint la Brooklyn Heights Promenade et comprend aujourd'hui une promenade suspendue, Squibb Park and Bridge, des pelouses et terrains de volley, une plage et Jane's Carousel, un carrousel qui date de 1922. Le tout, bien entendu, avec la *skyline* en toile de fond. Une balade au Brooklyn Bridge Park est un *must* absolu, ne serait-ce que le temps de prendre une photo avec le pont et Manhattan qui se superposent.

NEW YORK TRANSIT MUSEUM

Au croisement de Boerum Place et Schermerhorn Street
✆ 1 212 878 0106
www.nytransitmuseum.org
Ouvert du mercredi au dimanche de 10h à 16h.
Tarif : 10 US$.

Ce musée est dédié au *subway* new-yorkais, et plus généralement aux transports en commun de la ville. Il est abrité dans l'ancienne station de métro Court Street, abandonnée en 1946. Le clou du spectacle, ce sont les anciens wagons du *subway*, dans lesquels il est possible de pénétrer. Vous pourrez par exemple découvrir un wagon ancien qui date de 1907. De nombreuses activités pour les enfants sont également au programme. Très amusant. Attention, l'entrée du musée ressemble à une station de métro lambda, qui s'enfonce sous terre !

BROOKLYN HEIGHTS PROMENADE ★★

Une fois le pont de Brooklyn traversé, profitez-en pour admirer la vue exceptionnelle de Manhattan depuis le quartier de Brooklyn Heights. D'abord au bord de l'eau, dans le magnifique parc Pier 1. Puis, au sud du parc, prenez le pont suspendu qui vous fera une petite frayeur ! Après l'avoir traversé, prenez Columbia Heights et, juste avant de croiser Orange St., tournez à droite pour entrer dans la Brooklyn Heights Promenade, qui s'étend sur cinq *blocks*, et offre une vue magnifique.

POINT DE VUE « IL ETAIT UNE FOIS EN AMERIQUE » ★

Water Street

Des entrepôts désaffectés, une rue pavée et, en toile de fond, le Manhattan Bridge immense, presque menaçant : cette scène mythique du film *Il était une fois en Amérique* (1984) de Sergio Leone, avec Robert de Niro, a été tournée ici. Elle s'est retrouvée sur l'affiche du film et, depuis, les cinéphiles sont nombreux à venir la rejouer. Si vous regardez de près, vous remarquerez que l'Empire State Building se dessine nettement entre les jambes de fer du Manhattan Bridge.

MUSEUM OF FOOD AND DRINK

55 Water Street, 2nd floor ✆ +1 201 371 3550
www.mofad.org
Ouvert du jeudi au dimanche de 12h à 18h.
Entrée : 14 US$.

Ce musée original propose de réinventer notre compréhension de la nourriture, et démontrer comment celle-ci représente un véritable pan de la culture, à travers des expositions interactives et éducatives. Après une longue fermeture, le musée a rouvert ses portes dans ce nouvel emplacement au sein d'Empire Stores, le long de la East River. Depuis la réouverture du musée, l'exposition *Flavor: The World to Your Brain* se penche sur la science des saveurs, et ce qui se passe au niveau de notre cerveau lorsque nous goûtons des aliments. Amusant.

THE CENTER FOR BROOKLYN HISTORY

128 Pierrepont Street
✆ +1 718 222 4111
www.bklynlibrary.org
Ouvert du lundi au vendredi de 10h à 18h et le samedi de 10h à 16h. Entrée libre.

Fondée en 1863, cette institution de Brooklyn Heights se consacre à la préservation de l'histoire de ce *borough* aux 2,7 millions d'habitants. Elle a rouvert ses portes fin 2023 après une rénovation de trois ans. Ses collections retracent, par le biais d'écrits, photographies et cartes, quatre siècles de l'histoire de Brooklyn. Il fait partie de la Brooklyn Public Library et met les ressources de la bibliothèque à la disposition des visiteurs. Le bâtiment qui l'abrite date de 1881.

Cette ruelle de Brooklyn, avec le Manhattan Bridge au fond est sur l'affiche du film «Il était une fois en Amérique».

BROOKLYN BOTANIC GARDEN ★★

990 Washington Avenue ✆ +1 718 623 7200
www.bbg.org
Ouvert de 10h à 18h, jusqu'à 20h30 les mardis et jeudis. Fermé le lundi. Horaires réduits en hiver. Tarif : 22 US$.

Fondé en 1910, ce jardin botanique comporte 1 000 variétés de roses, 300 variétés de plantes aromatiques et médicinales, 82 plantes et fleurs mentionnées dans les pièces de Shakespeare, un superbe jardin japonais à faire pâlir n'importe quel bonsaï, une serre tropicale et une autre pour les plantes désertiques. Les malvoyants peuvent se promener dans un jardin qui leur est consacré. Cette visite est un vrai moment de grâce. A savoir que les horaires sont réduits de novembre à mars (fermeture 1h30 plus tôt, ouverture 1h30 plus tard, selon le jour et le mois).

DITMAS PARK ★

Ditmas Avenue

Quartier historique et pourtant méconnu des New-Yorkais, Ditmas Park regroupe sur plusieurs *blocks* 172 maisons construites entre 1902 et 1914. Particularité des édifices : le style victorien néo-colonial que l'on ne retrouve nulle part ailleurs. Pour découvrir ces maisons victoriennes, baladez-vous sur Ditmas Ave, Dorchester Road et toutes les rues perpendiculaires à ces deux axes. Ces imposantes maisons orange, bleues, jaunes, ne sont pas sans rappeler le style d'architecture que l'on trouve à San Francisco. Une balade reposante.

BROOKLYN MUSEUM ★

200 Eastern Parkway
✆ +1 718 638 5000
www.brooklynmuseum.org
11h-18 du mercredi au dimanche, 23h chaque 1er samedi. Pay what you wish au guichet, 20 US$ en ligne ou sur les bornes.

L'un des plus grands musées de New York propose au public un large éventail de collections, allant des vestiges de l'Égypte Antique à des œuvres américaines contemporaines. Le musée est installé dans un magnifique bâtiment de style Beaux-Arts. La visite commence par les arts des îles du Pacifique, des Amériques et une belle collection d'art africain. Au deuxième étage sont exposées les collections d'art islamique, indien et d'Asie du Sud, ainsi que d'art japonais, chinois et coréen. Le troisième niveau présente l'une des plus belles collections d'art égyptien au monde. Un autre étage est consacré aux arts décoratifs et à l'ameublement, avec la reconstitution d'intérieurs de maisons américaines à diverses périodes de l'histoire. Le quatrième étage est dédié aux peintures et sculptures du XVIIIe siècle à nos jours, avec une collection d'œuvres d'artistes américains (notamment O'Keeffe et Stuart). Une salle entière expose une soixantaine d'œuvres de Rodin, et un pavillon reconstitué, une maison classique de Brooklyn au XVIIe siècle. La section impressionniste dévoile des œuvres de Degas, Cézanne, Monet et Matisse. Si la qualité des expositions permanentes est exceptionnelle, les expositions temporaires n'ont rien à leur envier : en 2019 et 2020, l'exposition JR : Chronicles mettait par exemple en lumière les plus belles œuvres de collage de l'artiste français. À l'été 2024, une rétrospective était dédiée aux Beatles et plus spécifiquement aux photos prises par Paul McCartney. Un musée qui vaut la peine d'être visité.

PROSPECT PARK ★

M° Grand Army Plaza (lignes 2, 3), 15th Street-Prospect Park (ligne F), Prospect Park (lignes Q, S).
www.prospectpark.org

Frederick Law Olmsted et Calvet Vaux, après leurs succès de Central Park, ont su créer un coin de paradis pour les habitants de Brooklyn. Là où la ville leur avait imposé un cadre très strict pour Central Park, les architectes ont pu laisser libre court à leur imagination pour Prospect Park. Ce joyau de 213 ha au cœur de Brooklyn est composé d'un lac de 24 ha, d'un zoo ou encore de deux cascades. Un petit univers de verdure pour un parc bucolique qu'il serait dommage de manquer entre le Botanical Garden et le Museum of Art. Mais il mérite à lui seul la visite et nous vous conseillons vivement de vous y rendre pour assister à l'un des nombreux concerts et événements culturels du festival Celebrate Brooklyn en été. Nous vous conseillons l'entrée vers Grand Army Plaza, présidée par le monument Soldier's and Sailor's Memorial Arch (1892), en hommage aux vétérans du Vietnam. Suivre ensuite le parcours du Meadowport Arch, jusqu'au Long Meadow, en faisant le tour du parc, pour une heure de balade. A l'intérieur du parc, rendez-vous à Litchfield Villa, sur le côté ouest du parc, une demeure italienne de 1857. Le Quaker Cemetery, où repose Montgomery Clift, l'établissement des Beaux-Arts datant de 1906, le carrousel de 1912, avec ses célèbres chevaux blancs qui faisaient partie autrefois d'un des manèges de Coney Island (ouvert d'avril à octobre). Un musée également, le Lefferts Historic House Museum, une ancienne ferme hollandaise de 1783, qui subit actuellement des rénovations mais que l'on peut tout de même admirer de l'extérieur.

CONEY ISLAND BEACH ★★

Mº Coney Island-Stillwell Ave (lignes D, N, F, Q) ou West 8th Street-New York Aquarium (lignes F, Q).

En été, la plage de Coney Island est bondée mais assez large pour que vous ne soyez pas collé à vos voisins comme sur la Côte d'Azur. La propreté de la plage n'est hélas pas irréprochable. Pour du sable et une mer plus propre, marchez le long de la plage jusqu'à Brighton Beach et Manhattan Beach. C'est aussi là que vous pourrez faire du surf les jours de grand vent. Été comme hiver, la promenade (*boardwalk*) est aussi agréable qu'elle est venteuse. Chaque été, fin juin, Coney Island est envahi de sirènes et autres créatures de la mer lors de la Mermaid Parade.

LUNA PARK ★★

1000 Surf Avenue ✆ +1 718 373 5862
www.lunaparknyc.com

Ouvert de mars à septembre, horaires variables. 60 crédits pour 50 US$. Accès illimité aux attractions : 48 US$.

Le parc d'attractions qui longe la plage et le *boardwalk* date de 1903. Après avoir été fermé en 1944, il a rouvert en 2010, non sans être rénové, avec de nombreuses nouvelles attractions, manèges et montagnes russes. Mais le charme d'antan, les loupiottes des enseignes lumineuses, tout comme quelques attractions, sont restés. C'est le cas du grand huit (*roller-coaster*) baptisé Cyclone, avec ses structures en bois sur pied depuis 1927, classé en 1988. Possibilité de payer les attractions individuellement avec des crédits ou d'acheter un pass pour 4 heures.

PARACHUTE JUMP - STEEPLECHASE PLAZA

1615 Riegelmann Boardwalk

Cette silhouette métallique de 76 mètres de haut qui s'élève au-dessus du *boardwalk* est l'un des symboles du quartier de Coney Island, voire du *borough* tout entier, tant et si bien qu'on l'appelle parfois la «Tour Eiffel de Brooklyn». S'il vous prenait l'envie, en le voyant, de faire un tour de manège à sensations fortes, soyez avisé que Parachute Jump ne fonctionne plus depuis les années 1960 ! Il s'agit en réalité de l'ossature d'une ancienne construction de l'Exposition universelle de New York de 1939, qui eut lieu dans le Queens. Elle fut déplacée en 1941, puis installée dans l'un des trois parcs d'attractions historiques de Coney Island, le Steeplechase Park. Comme son nom l'indique, l'attraction simulait une descente en parachute le long de câbles. C'est le dernier vestige de ce parc fermé en 1964, vendu à Fred Trump (père de Donald) en 1965 qui le détruisit avant son classement, dans le but d'y construire une tour (ce qui n'arrive pas). La tour a été déclarée monument historique en 1980 et New York City Landmark neuf ans plus tard, avant d'être restaurée dans les années 2010 et parée de milliers de LED. Au pied de la tour, sur la piétonne Steeplechase Plaza, tournent les 50 chevaux de bois du B&B Carousel, un manège historique de Coney Island datant de 1919, restauré et installé ici en 2013 et géré par le Luna park. Juste en face, le Pat Auletta Steeplechase Pier, une jetée qui s'avance dans la mer, permet d'avoir une jolie vue sur Coney Island.

DENO'S WONDER WHEEL

3059 W 12th Street
✆ +1 718 372 2592
www.denoswonderwheel.com

Ouvert 7j/7 d'avril à septembre. Tarif : compter 10 crédits (dans le parc, 60 crédits valent 50 US$).

© JCARILLET - ISTOCKPHOTO.COM

Cette belle grande roue est une vieille dame puisqu'elle a été construite en 1920, quelques années avant le Cyclone, l'historique grand huit en bois du parc d'attractions voisin. Attention, elle ne fait pas partie du Luna Park qui l'entoure. La particularité de cette roue vient du fait qu'une nacelle sur deux est mobile et se déplace sur des rails pour plus de frissons ! Cette roue a donné son nom et son décor de fête foraine au dernier film de Woody Allen, *Wonder Wheel*, une comédie dramatique dans un Coney Island des années 1950 sortie en janvier 2018.

SE LOGER

S'il est préférable pour un premier ou court séjour de se loger à Manhattan pour visiter la ville plus facilement, Brooklyn possède des atouts non négligeables pour le voyageur. Les tarifs y sont globalement plus avantageux, à l'exception des quelques *boutique hotels* très tendances de Williamsburg, qui n'ont d'ailleurs rien à envier aux plus beaux établissements de Manhattan. D'ailleurs, la vue depuis les hôtels situés le long de l'East River, avec les gratte-ciel en premier plan, peut être assez exceptionnelle. Avec ses jolies petites rues bordées de maisons et ses nombreux restaurants, bars et boutiques, ce *borough* plaira sans aucun doute à ceux qui ont une préférence pour la vie de quartier. Son calme, enfin, séduira ceux qui craignent de ne pas supporter le bruit des voitures et des klaxons. S'il ne s'agit pas de votre premier séjour à New York et si les charmes de Brooklyn vous ont séduit dans le passé, ces adresses vous aideront.

NEW YORK MOORE HOSTEL €

179 Moore Street ✆ +1 347 227 8634
www.nymoorehostel.com
A partir de 49 US$ pour un lit en dortoir (jusqu'à neuf lits) ou en chambre pour trois personnes.

Une auberge de jeunesse très sympa ouverte par trois frères globe-trotters, à cinq arrêts de métro de Manhattan. Les prix sont très raisonnables d'autant que le lieu est propre, les salles communes - avec ordinateurs, télévision, et canapés - très agréables et le design, à la manière d'un loft de Brooklyn, très soigné. Une nouvelle adresse à ne pas manquer si vous avez un tout petit budget logement. Le quartier d'East Williamsburg/Bushwick, qui peut être intimidant avec ses tags et ses hangars, n'est absolument pas dangereux.

ACE HOTEL BROOKLYN €€

252 Schermerhorn Street
✆ +1 718 313 3636
www.acehotel.com/brooklyn
Chambre double à partir de 230 US$ en saison et 170 US$ hors saison. Salle de sport.

La chaîne Ace Hotel fait un carton et ouvre des hôtels aux États-Unis, au Japon, en Australie, au Canada et en Grèce. Il faut dire que la qualité est toujours au rendez-vous et le service est vraiment de haut niveau. Comme toujours, le design, moderne et éclectique, met en avant des matériaux bruts et des éléments contemporains. Les tarifs sont particulièrement intéressants lorsque l'on voyage à trois ou quatre, car les prix des chambres, qu'elles contiennent un ou deux lits doubles, sont assez similaires. Bon emplacement, proche du métro et de Dumbo.

ARLO WILLIAMSBURG €€

96 Wythe Avenue
✆ +1 718 362 8100
www.thewilliamsburghotel.com
Chambre double à partir de 220 US$.

Quartier qui ressemble de plus en plus à Manhattan, Williamsburg a vu fleurir ces dernières années une belle offre d'hôtels haut de gamme. Exemple avec ce boutique-hôtel de huit étages et 150 chambres, qui joue à fond la carte Brooklyn avec sa façade industrielle et ses chambres superbement décorées avec poutres apparentes, métal faussement rouillé et carreaux au mur. Parlons enfin de la magnifique vue sur Manhattan depuis certaines chambres et de la piscine sur le toit. L'hôtel est fréquenté par la jeunesse branchée de New York et d'ailleurs.

HAMPTON INN BROOKLYN €€

125 Flatbush Ave Extension
✆ +1 718 875 8800
www.hilton.com
Chambre double à partir de 116 US$. Salle de sport. Petit déjeuner inclus.

Si ce que vous recherchez, c'est un mélange de confort et d'efficacité sans vous ruiner, vous voilà à la bonne adresse. Ici, vous serez vraiment tout près du Brooklyn Bridge (à pied) et de toutes les attractions de Manhattan, car Downtown Brooklyn est extrêmement bien desservi en transports en commun. Les chambres sont confortables et n'ont rien de remarquable, hormis celles qui offrent de splendides vues sur Manhattan. Le petit déjeuner inclus est sommaire, mais globalement, l'établissement offre une bonne prestation et se révèle pratique.

HENRY NORMAN HOTEL €€

239 N Henry Street
✆ +1 718 663 2100
www.henrynormanhotel.com
Chambre double à partir de 299 US$.

Pour goûter à la vie de Brooklyn à la manière d'un local, rien de mieux que de rester dans le plaisant quartier de Greenpoint, l'autre QG des hipsters. Le Henry Norman Hotel est situé dans une rue calme et résidentielle, à 10 minutes à pied du métro et à deux pas des nombreux restaurants, cafés et boutiques de Greenpoint. On aime ses chambres modernes et douillettes qui nous font sentir comme à la maison. Pour un séjour prolongé, ou tout simplement pour se faire plaisir, l'établissement propose des lofts spacieux avec salon et terrasse avec vue sur Manhattan.

NU HOTEL €€

85 Smith Street
✆ +1 718 852 8585
www.nuhotelbrooklyn.com
Chambre double à partir de 120 US$.

L'hôtel le plus « Brooklyn » de New York ! Visiblement fier d'appartenir à ce quartier de la ville, le propriétaire du Nu Hotel a décoré son établissement à la gloire de Brooklyn. On retrouve donc sur les murs des citations des plus célèbres Brooklynites et des meubles pour la plupart *made in Brooklyn*. Les chambres sont modernes, fonctionnelles et équipées d'un beau mobilier. Chacune d'entre elles est personnalisée avec des œuvres d'art, de grandes fresques murales, réalisés par des artistes locaux, égayent parfois le mur qui se trouve derrière le lit.

THE HOXTON €€

97 Wythe Avenue
✆ +1 718 215 7100
www.thehoxton.com/
Chambre double à partir de 239 US$.

Branché, voilà l'adjectif qui qualifie le mieux cet hôtel qui fait partie d'une chaîne installée dans les villes les plus vibrantes d'Amérique et d'Europe (Los Angeles, Londres, Paris, Chicago, etc). Rien de surprenant donc à ce que celui-ci se trouve à Brooklyn ! On y vient autant pour se loger que pour faire des rencontres au bar. Si les chambres ne sont pas très grandes, elles sont cosy, modernes et restent fonctionnelles. Certaines offrent une vue inoubliable sur Manhattan, de l'autre côté de la rivière, que l'on admire au saut du lit un café à la main...

THE WILLIAM VALE €€

111 N 12th Street
✆ +1 718 631 8400
www.thewilliamvale.com
Chambre double à partir de 275 US$.

Le Willam Vale, c'est ce building flambant neuf à la physionomie plutôt atypique. Il se présente comme un boutique-hôtel exclusif, organisant de nombreux évènements culturels, nocturnes et gastronomiques. La vue sur Manhattan ou Brooklyn depuis les chambres claires et confortables (avec balconnet, s'il vous plaît !) est splendide, la piscine une oasis de fraîcheur en plein été, le restaurant de spécialités italiennes - nommé Leuca - aussi bon que les cocktails servis au rooftop bar. Un séjour au William Vale est la promesse d'une véritable expérience brooklynite.

THE WYTHE €€

80 Wythe Ave
✆ +1 718 460 8000
wythehotel.com
Chambre double à partir de 320 US$.

Ouvert en 2012, cet hôtel est un des tous premiers à Williamsburg et symbolise la révolution du quartier comme une annexe de Manhattan. Situé dans un building vieux de 110 ans qui a longtemps servi d'usine de textile, l'hôtel a conservé les magnifiques murs en brique et les grandes poutres en bois au plafond, ce qui lui donne un certain cachet. Quant à la vue sur Manhattan, elle est absolument magnifique depuis certaines chambres. A noter que l'on trouve un restaurant au rez-de-chaussée et un bar au sixième étage avec là aussi une vue imprenable sur la skyline.

1 HOTEL BROOKLYN BRIDGE €€€

60 Furman St
✆ +1 347 696 2500
www.1hotels.com
Chambre double à partir de 400 US$ en réservant en avance sur le site.

Cet établissement est un havre de paix qui donne à ses clients la sensation d'être en pleine nature tout en leur offrant des panoramas exceptionnels sur les gratte-ciel de Manhattan. Situé sur les rives de la East River, à quelques encablures du pont de Brooklyn, le 1 Hotel conjugue modernité et et design *eco-friendly*. La déco des chambres met l'accent sur des matériaux naturels tels que le bois, les draps sont en coton bio et les capsules de café sont recyclables. Le rooftop de l'hôtel offre des vues incomparables sur Manhattan. Une adresse dans l'air du temps.

SE RÉGALER

Brooklyn se distingue par ses restaurants authentiques et globalement moins chers que ceux de Manhattan. Pour autant, ces dernières années, de nombreux établissements gastronomiques y ont vu le jour. Désormais, Brooklyn abrite certains des restaurants les plus tendances de la ville. Les New-Yorkais n'hésitent plus à faire le déplacement depuis les quatre coins de la ville pour y manger – et à New York, où les trajets en métro peuvent facilement atteindre une heure, c'est un vrai gage de qualité ! C'est aussi à Brooklyn que vous trouverez les meilleures pizzerias : Di Fara (Midwood), Grimaldi's (Dumbo), Lucali's (Caroll Gardens), Roberta's (Bushwick) ou encore Totonno's (Coney Island) valent le détour. Pour la petite histoire, c'est à Coney Island, un quartier de Brooklyn, que fut inventé le hot dog, en 1889, par Charles Feltman. D'ailleurs, le concours du plus gros mangeur de hot dogs est organisé chaque année à Coney Island !

Bagels.

AURORA €€

70 Grand Street
✆ +1 718 388 5100
www.aurorabk.com
Ouvert en semaine de 12h à 23h (23h30 le vendredi) et le week-end de 11h à 23h30 (22h30 le dimanche). Plats : 25 US$.

Un resto italien des plus charmants prisé des habitants du quartier pour ses pâtes fraîches et son petit jardin intérieur. Le style est rustique dans ce lieu aux allures de fermette. Le chef s'appelle Buitoni, il fallait l'inventer, et est originaire du Piedmont, où il a appris à faire ses propres pâtes aux côtés de sa mère. *Parpadelles*, *maltagliatis*, tagliatelles, le choix, essentiellement végétarien, est vaste et savoureux. Le week-end, pour l'incontournable brunch, les plats à base d'œufs sont nombreux et s'accompagnent du traditionnel Mimosa.

DINER €

85 Broadway
✆ +1 718 486 3077
www.dinernyc.com
Ouvert tous les jours de 17h à 22h30 et également de 10h30 à 15h du vendredi au dimanche pour le brunch. Plats à 20 US$.

Un endroit que l'on adore, qui s'inscrit dans la plus pure tradition new-yorkaise. Le Diner est un bar tout en longueur dans le style années 1950 avec son comptoir longé de hauts tabourets en inox. Ici, on découvre les spécialités du jour, énumérées patiemment par les aimables serveuses, qui débitent une longue liste de petits plats, apprise par cœur. On n'a que l'embarras du choix entre les hamburgers, poissons du jour ou mets plus élaborés, préparés avec des produits de la ferme. En été, la terrasse est très agréable. L'endroit est très populaire pour le brunch.

BISTRO SO €€

530 Driggs Avenue
www.bistrosonyc.com
Ouvert du mardi au vendredi de 17h à 23h, le week-end dès 12h. Plats autour de 30 US$.

Petit nouveau sur la scène culinaire de Williamsburg, Bistro So offre le meilleur de la gastronomie française traditionnelle : en entrée, escargots, soupe à l'oignon et fois gras côtoient quelques surprises comme le *crab cake*. Pour le plat de résistance, là encore, la tradition est au rendez-vous avec le bœuf bourguignon, le steak tartare et les ravioles du Royans au comté. Si le menu fait écho aux brasseries parisiennes, la déco se veut dans l'air du temps, malgré quelques rappels aux codes traditionnels (banquettes en skaï, ardoise au mur, etc.).

FETTE SAU €€

354 Metropolitan Avenue ✆ +1 718 963 3404
fettesaubbq.com
Ouvert lundi et mardi de 17h à 22h, du mercredi au samedi de 12h à 22h et le dimanche de 12h à 21h. Repas : 35-50 US$.

Fette Sau n'est pas un établissement comme les autres. Ici, pas de serveurs, pas d'assiettes, et parfois même pas de couverts ! Fette Sau est une célébration du barbecue à l'américaine. Des côtes ou des épaules de porc braisées, de la poitrine ou des joues de bœuf, de l'agneau... le choix entre les différentes viandes est dantesque. La commande se fait au poids. Vous avez alors trois possibilités : le *quarter pound* (113g), le *half-pound* (226g) et le *pound* pour les plus aventureux (454g). N'oubliez pas de goûter aux trois sauces barbecue qui sont à disposition !

LE CROCODILE €€

80 Wythe Avenue
✆ +1 718 460 8004
www.lecrocodile.com
Ouvert tous les jours de 7h à 23h (22h du dimanche au mercredi). Plats : 25-58 US$.

Si vous recherchez une belle brasserie française à Brooklyn, qui ne soit ni prétentieuse ni trop traditionnelle, le Crocodile vous ravira. Situé au rez-de-chaussée du Wythe Hotel, cet élégant restaurant propose tous les classiques de la gastronomie française, servis avec une petite touche moderne : croque-madame ou burger au poivre au déjeuner, cuisse de canard ou truite amandine au dîner, poireaux vinaigrette ou mousse de champignon en entrée, entre autres propositions. Tout est soigné et assaisonné à merveille. Bons cocktails et belle carte des vins.

FULGURANCES/LAUNDROMAT €€€

132 Franklin Street
✆ +1 347 223 4106
www.fulgurances.com
Ouvert du mardi au samedi de 17h30 à minuit. Menu 6 plats : 94 US$, 65 US$ supplémentaires pour l'accord mets et vins.

Fulgurances est un concept de restaurant pop-up qui a vu le jour à Paris, et qui connaît un succès tel qu'une seconde adresse a émergé à New York en 2021. À la manière d'un incubateur, Fulgurances entend révéler de jeunes chefs internationaux en leur laissant les clés de la cuisine pendant six mois. On ne s'y ennuie donc jamais, puisque le concept de cuisine se renouvelle sans cesse. Le prix du menu, en revanche, ne change pas. Le restaurant de Greenpoint s'appelle Laundromat car il a pris ses quartiers dans une ancienne laverie ! À essayer absolument.

ICHIRAN BROOKLYN €

374 Johnson Ave
✆ +1 718 3810 491
www.ichiranusa.com
Ouvert tous les jours de 11h30 à 22h. Plat de ramen à partir de 18,90 US$.

Notre coup de cœur gastronomique ! On arrive, on commande son bouillon de tonkotsu ramen personnalisé selon ses goûts et on s'assoit dans sa cabine individuelle. En quelques minutes, le bol chaud arrive, servi directement via le rideau devant soi. Le goût est fidèle à celui du Japon, riche et réconfortant, le tout sans pourboire (et ça fait du bien !). Une pause délicieuse et zen à Brooklyn, idéale pour les amateurs de ramen authentiques. Le plus : jusqu'à deux enfants peuvent recevoir un ramen enfant gratuit pour l'achat d'un ramen classique. Idéal en famille !

KINOKO €€

179 Meserole Avenue
✆ +1 347 689 3391
www.eatkinoko.com
Ouvert du mardi au samedi de 17h à 22h. Plats : à partir de 20 US$.

Kinoko est un restaurant de quartier, comme en attestent son ambiance conviviale et sa salle remplie d'habitués, que la patronne connaît tous par leur prénom. Mais par sa carte, ce restaurant qui sert une cuisine fusion fait une proposition plutôt sophistiquée. Originaire de la Nouvelle-Orléans et fan de cuisine japonaise, Kelseay Dukae a décidé d'ouvrir son restaurant et d'y servir des sushis à la sauce cajun, entre autres mets délicieux. La carte des vins est elle aussi intéressante : si vous ne connaissez pas encore, c'est le moment de goûter le vin orange.

LILIA €€

567 Union Ave
✆ +1 718 576 3095
www.lilianewyork.com
Ouvert du lundi au jeudi de 17h à 21h30 et du vendredi au dimanche de 16h à 21h30. Plats autour de 25 US$.

Si vous n'étiez pas encore certain que Williamsburg mérite son statut de destination gastronomique, Lilia est l'adresse qui achèvera de vous convaincre... Ce restaurant très réputé – si réputé qu'il est toujours aussi difficile d'y obtenir une table, huit ans après son ouverture – est un incontournable pour qui aime la cuisine italienne raffinée, riche et authentique. Les pâtes artisanales sont particulièrement recommandables, tout comme les plats de poissons et fruits de mer. En été, le *gelato* à l'huile d'olive est un must.

LLAMA INN €€

50 Withers St ✆ +1 718 387 3434
www.llamainnnyc.com
Ouvert tous les jours de 17h30 à 22h (17h de vendredi à dimanche), le week-end également de 11h à 15h. Plats à 25 US$.

Le Llama Inn propose des spécialités péruviennes, qui se présentent sous la forme de petites assiettes à partager. Les tapas sont variées, et vont du poisson cru (*ceviche*) à l'épaule de porc en passant par des betteraves au fromage de chèvre. C'est frais, léger et rempli de saveurs. Seul bémol, les portions ne sont pas gargantuesques, on en redemanderait bien. La salle est lumineuse, pleine de verdure, bref, très plaisante. S'il fait beau, demandez à être installé sur le *rooftop*, qui a été aménagé avec des tables, des canapés et quelques touches de verdure.

MAISON PREMIÈRE €€

298 Bedford Avenue
✆ +1 347 335 0446
https://maisonpremiere.com
Ouvert en semaine de 12h à 1h, le week-end dès 11h. Huîtres : entre 2 et 5,50 US$ la pièce.

Absinthe et poissons, tel est le concept de ce restaurant gastronomique qui fait la fierté de Brooklyn et prouve une fois de plus que la grande cuisine prend ses marques à Williamsburg. Un endroit très fréquenté par les Brooklynites juste après le travail pour ses huîtres et son ambiance. Le menu de poissons est exquis : coquilles Saint-Jacques au citron et à la sauce soja, homard accompagné d'une délicieuse sauce aïoli et estragon ou encore maquereau épicé et préparé avec de l'ananas et de l'avocat. Les portions sont plutôt petites.

OKONOMI €€

150 Ainslie Street
✆ +1 718 302 0598
www.okonomibk.com
Ouvert tous les jours de 9h à 14h30 et de 17h30 à 21h30. Menu déjeuner à 30 US$, ramen autour de 20 US$.

La cuisine japonaise ne se résume pas aux sushis ! Okonomi vous fait découvrir un vrai repas japonais, dit *Ichiju Sansai*, avec son menu servi tous les jours jusqu'à 15h. On se régale d'un poisson fumé ou grillé, d'un œuf poché à la sauce soja, de légumes marinés, d'un bol de riz et d'une soupe miso. Les portions sont petites (comme la salle, minuscule !) et viennent dans de nombreuses petites assiettes mais, cuisine japonaise oblige, on termine le repas à la fois calé et léger. Les restes de poisson servent à concocter le bouillon des ramens servis le soir.

PETER LUGER STEAK HOUSE €€€

178 Broadway ✆ +1 718 387 7400
www.peterluger.com
Ouvert tous les jours de 11h45 à 21h30. Plats 35 à 60 US$.

Si vous aimez les steaks, ne cherchez plus et réservez une table ici ! Situé près du pont de Williamsburg depuis 1887, l'établissement est reconnu dans tout New York comme l'une des meilleures *steakhouses* de la ville ! Tendre, juteuse, presque fondante, cette viande est un régal ! Conçu comme une brasserie traditionnelle allemande (la décoration n'a que peu changé depuis l'ouverture), vous trouverez dans cet établissement une large sélection de bières pression pour accompagner vos plats. Les réservations sont fortement conseillées.

ROBERTA'S €

261 Moore Street
✆ +1 718 417 1118
robertaspizza.com
Ouvert de 12h à 22h, dès 11h le week-end et jusqu'à 23h vendredi et samedi. Pizzas de 16 à 26 US$.

Tout habitant de Brooklyn (pour ne pas dire New York !) s'est déjà rendu à Roberta's, un ancien garage transformé en pizzeria. Au milieu des lofts désaffectés et des vieilles usines se trouve un des endroits les plus branchés de Williamsburg. Cuites au feu de bois, les pizzas sont un délice. La mozzarella faite maison, la pâte bien croustillante et les garnitures très originales font la renommée de l'établissement. Nous vous recommandons tout particulièrement la Zucchini Contest, avec son parmesan, ses courgettes, ses poireaux et sa chapelure !

SUNDAY IN BROOKLYN €€

348 Wythe Avenue
✆ +1 347 222 6722
www.sundayinbrooklyn.com
Ouvert tous les jours de 8h à 22h. Plats de 20 à 35 US$.

Le summum du brunch version Brooklyn, d'où son nom évocateur ! La spécialité de la maison, ce sont les pancakes, très épais et pourtant fondants, recouverts d'un pralin de noisette riche à souhait et de beurre brun. On peine à finir (surtout si on a commandé les trois pancakes, empilés dans l'assiette tel un Everest culinaire), mais c'est tellement délicieux qu'on ne se résout pas à poser la fourchette. Les autres plats sont tout aussi finement exécutés. Attention, le restaurant n'accepte pas les espèces, paiement par carte bancaire uniquement.

SUZUME €€

545 Lorimer Street
✆ +1 718 486 0200
www.suzumebk.com
Ouvert en semaine de 17h30 à 22h (17h-23h vendredi), samedi de 12h à 23h et dimanche de 12h à 22h. Plats : 17-25 US$.

Un petit restaurant plein de charme, très chaleureux avec son joli décor en bois et son ambiance intimiste. Suzume propose une cuisine fusion aux accents japonais, hawaïens et philippins. On y vient pour ses ramens, crémeux et savoureux, ses poke bowls à base de poisson cru, frais et délicieux, ou encore ses plats de nouilles, savoureux et bien assaisonnés. Les cocktails maison sont inventifs et aussi soignés que les plats. Une belle adresse de quartier qui séduit d'emblée, parfaite pour un dîner tranquille en tête-à-tête ou entre amis.

SWEETWATER €€

105 North 6th street
✆ +1 718 963 0608
www.sweetwaterny.com
Ouvert en semaine de 11h à 23h, dès 10h30 le week-end. Plats de 17 à 40 US$.

Un très bon établissement dans un lieu chargé d'histoire. Avant d'être un restaurant, l'adresse abritait une taverne où se retrouvaient marins et employés des abattoirs, puis un bar punk. Les propriétaires actuels ont eu la bonne idée de garder les murs et le plafond d'époque. Du vintage, du vrai. Ouvert en 2004, Sweetwater a été l'un des précurseurs de la nouvelle cuisine américaine de Brooklyn. La cuisine s'apparente à de la *Comfort food* modernisée avec un touche française. À découvrir pour le brunch notamment, même s'il y a souvent de l'attente.

THREE DECKER DINER €

695 Manhattan Avenue
✆ +1 718 389 6664
Ouvert tous les jours de 7h à minuit, jusqu'à 2h du matin du jeudi au samedi. Plats : autour de 15 US$.

Ouvert depuis 1945, ce *diner* de Greenpoint est resté fidèle à son décor rétro : petites tables en formica entourées de banquettes en skaï, long comptoir avec tabourets en chrome vissés au sol... L'endroit a été rafraîchi mais son âme n'a pas changé. Au menu (gigantesque et composé de multiples pages), pas de surprise, on retrouve tous les classiques du petit déjeuner et du déjeuner américain : omelette, burritos, *meatloaf*, et en dessert, *carrot cake*, *cheese cake* et l'incontournable milkshake. Tous les plats sont disponibles quelle que soit l'heure de la journée.

EM VIETNAMESE BISTRO €

57 Front St
✆ +1 718 875 7888
www.emrestaurants.com
info@emrestaurants.com
Ouvert tous les jours de 12h à 16h et 17h30 à 21h, sauf le mardi. Repas pour environ 30 US$.

Voici l'un des secrets les mieux gardés de Brooklyn. Planqué au fin fond du quartier de Dumbo, ce restaurant à l'allure modeste propose la meilleure cuisine cambodgienne qu'il nous ait été donné de goûter et en plus à petit prix ! Foncez sur les palourdes à la sauce sucrée (nghen xoo bo), le bœuf mariné sauté servi avec une garniture de riz parfumé (bœuf lôc lac) ou encore l'extraordinaire salade pho avec ses trois différents types de bœuf. Le tout arrosé par deux excellentes bières IPA brassées dans l'Etat de New York. Un petit paradis pour les gourmets !

BRICOLAGE €€

162 5th Avenue ✆ +1 718 230 1835
www.bricolage.nyc
Ouvert du mardi au dimanche de 12h (11h le week-end) à 15h et de 17h à 21h30 (22h30 vendredi et samedi). Plats : 25 US$.

Ce *gastropub* revisite des classiques vietnamiens en y ajoutant un soupçon de modernité et une touche gastronomique. La salle de restaurant est petite mais chaleureuse, on se sent bien entre ses murs de briques et au milieu de son mobilier dépareillé. Vous pouvez commencer votre repas avec une sélection de petites assiettes à partager (les *crispy imperial rolls* sont divins), puis commander un plat. Le menu est varié : côte de porc à la citronnelle, vermicelles au crabe ou encore le Cha Ca La Vong (spécialité de Hanoï à base de cabillaud et de nouilles de riz).

CAFÉ PAULETTE €€

1 S Elliott Place
✆ +1 718 852 8582
cafepaulette.com
Ouvert du mardi au dimanche de 10h à 22h et le lundi de 17h à 22h. Plats de 18 à 34 US$.

Ce petit bistrot *frenchy* fait un angle dans le quartier vivant de Fort Greene. La clientèle est essentiellement composée d'habitués qui viennent s'asseoir au bar ou sur les banquettes de vinyle rouge aussi bien pour un café-croissant au petit déjeuner que pour un sandwich ou une salade à midi. En fin de journée, quand sonne l'*happy hour*, Chez Paulette s'anime avec le vin bio, les huîtres, les planches charcuterie-fromage, poussant certains à aller jusqu'à dîner - steak au poivre, canard à l'orange ou moules marinières - dans une ambiance intime et chaleureuse.

COLONIE €€

127 Atlantic Ave.
✆ +1 718 855 7500
colonienyc.com
Ouvert du mercredi au dimanche de 17h à 21h30, le week-end également de 11h à 14h45 (brunch). Plats de 15 à 30 US$.

Lieu très prisé des habitants du quartier pour son brunch, Colonie est une adresse parfaite pour un *date*. Lumière à la bougie, mur en briques, beau parquet, et jungle de plantes au centre de la salle, l'atmosphère est on ne peut plus romantique. Quant au menu, divisé en plusieurs catégories (crostini, salade, fromage, légumes, petit, grand), il se prête parfaitement au partage des plats. La nourriture *new American* est de qualité et ose le mélange des genres comme avec ces choux de Bruxelles servis avec de la pomme et du *bacon*.

ELEPHANT DISTRICT €€

9 Old Fulton Street
✆ +1 845 314 3606
www.elephantdistrict.com
Ouvert du dimanche au jeudi de 11h à 22h et jusque 23h le vendredi et samedi.

Elephant District attire le regard à Dumbo avec ses fresques éclatantes mêlant éléphants et skyline de New York. À l'intérieur, l'ambiance est chaleureuse, les parfums envoûtants. On y déguste une street food thaïlandaise raffinée : Pad Thaï aux crevettes géantes, curry en feuille de bananier, Khao Soi au crabe… Le tout servi avec une jolie présentation. Les cocktails sont inventifs, et la crêpe thaï en dessert est un vrai bijou. Une escale gourmande et dépaysante au bord de l'East River, parfaite avant de flâner sous le pont de Brooklyn.

JULIANA'S €€

19 Old Fulton Street
✆ +1 718 858 4300
julianaspizza.com
Ouvert tous les jours de 11h30 à 15h et de 16h à 21h. Pizzas : 18 US$ pour une petite, 30 US$ pour une grande.

Ce restau italien, installé sous le Brooklyn Bridge, sort tout droit d'un film de Scorsese : tables côte à côte et nappes rouges à carreaux accueillent, dit-on, « la meilleure pizza de la ville ». Zagat, le célèbre guide culinaire américain, l'a élue meilleure pizzeria de NYC pendant 6 années d'affilée. Elles sont cuites au feu de bois, voilà le secret dans leur simplicité. Les Brooklynites appellent l'établissement « Pasty », son nom d'origine (1933). Facile à trouver, c'est la seule pizzeria du coin avec une queue énorme qui se profile dans la rue.

JUNIOR'S CHEESECAKE €

386 Flatbush Avenue
✆ +1 718 852 5257
www.juniorscheesecake.com
Ouvert du dimanche au jeudi de 7h à 23h, vendredi et samedi de 7h à minuit. Plats de 12 à 23 US$.

Le *deli* emblématique de Brooklyn, pas cher et roboratif. Ses *cheesecakes* ont atteint une telle notoriété qu'on en trouve dans un grand nombre d'établissements de Manhattan. Vous pouvez même vous le faire livrer sous 48 heures par la poste, ils en envoient dans le monde entier, de l'Angleterre au Japon ! Les sandwichs sont gigantesques, frais et bien cuits, le *must* du *deli*. L'ambiance est pittoresque, malgré la renommée de l'établissement, et des célébrités se mêlent fréquemment à la clientèle de fidèles du quartier et des quelques touristes ébahis. A voir.

NOODLE PUDDING €€

38 Henry St
✆ +1 718 625 3737
Ouvert du mercredi au dimanche de 17h à 22h. Plats de 15 à 30 US$.

Noodle Pudding propose une cuisine italienne traditionnelle qui remporte tous les suffrages auprès des New-Yorkais. Le restaurant n'a ni site web, ni devanture, il n'accepte pas les cartes de crédit et pourtant, il ne désemplit pas, c'est dire si la nourriture est bonne. Les plats de pâtes sont extras, des linguine aux palourdes aux *cacio e pepe* aux asperges en passant par la saucisse d'agneau et sa purée de fèves, le tout à des prix raisonnables. Côté ambiance, le mot *cosy* nous vient à l'esprit, bien que le service manque un peu de douceur.

RIVER CAFÉ €€€

1 Water Street
✆ +1 718 522 5200
www.rivercafe.com
Ouvert du mercredi au dimanche de 17h30 à 22h30. Menu à 195 US$.

Les New-Yorkais sont unanimes, ce restaurant flottant, niché sous le Brooklyn Bridge et proche de Brooklyn Heights, offre l'un des plus beaux points de vue sur New York pour dîner à la belle saison. La petite véranda est très agréable en été, ouverte à partir de 17h (la réservation n'est pas obligatoire et l'on peut juste y siroter un cocktail). Le chef Brad Steelman fait des miracles avec le foie gras et les crevettes. La cuisine est raffinée, le restaurant est feutré, avec des banquettes rouges et un sol au parquet qui craque comme sur le pont d'un bateau.

SUPERFINE €€

126 Front Street
✆ +1 718 243 9005
www.superfine.nyc
Ouvert le mardi de 14h à 22h, du mercredi au samedi de 12h à 23h et le dimanche de 11h à 22h. Plats à 20 US$.

Ce délicieux restaurant méditerranéen se trouve non loin du Brooklyn Bridge et encore plus près de Manhattan Bridge. Il est abrité dans l'un de ces bâtiments en brique typique de Dumbo, héritage du passé industriel du quartier. Les Français seront ravis de trouver au menu une assiette de fromages ! En plat, on aura le choix entre les calamars grillés, le saumon rôti ou les spaghettis à la carbonara. Après le repas, n'hésitez pas à vous dégourdir les jambes et les bras, au billard, gratuit. Une bonne adresse si vous êtes dans le quartier.

TIME OUT MARKET €

55 Water Street ✆ +1 917 810 4855
www.timeoutmarket.com/newyork
Ouvert tous les jours de 11h à 22h (dès 8h pour certains stands), 23h vendredi et samedi. Plats autour de 15 US$.

Un tout nouveau marché le long de la rivière venu transformer le désert culinaire qu'était le coin ! Il est abrité dans un bâtiment en briques typiques de Dumbo, où sont regroupés une vingtaines de stands représentant des restaurants tous sélectionnés par les auteurs du magazine *TimeOut*, avec des burgers, des ramens, des pâtes, des salades et même des glaces. Astuce : en montant les escaliers qui mènent au toit du bâtiment, vous atteindrez une terrasse avec une vue splendide sur le Brooklyn Bridge, le Manhattan Bridge et les gratte-ciel de Manhattan, rien que ça !

VINEGAR HILL HOUSE €€

72 Hudson Avenue
✆ +1 718 522 1018
www.vinegarhillhouse.com
Ouvert tous les jours à partir de 17h30, le week-end également de 10h à 15h pour le brunch. Plats : 20-40 US$.

Vinegar Hill, c'est ce petit quartier qui s'inscrit dans le prolongement de Dumbo, mais dont les rues pavées sont suffisamment excentrées pour être à l'abri de l'effervescence touristique. Et ce restaurant est une enclave très agréable pour le dîner, avec sa cuisine américaine moderne et pleine de saveurs. L'endroit est aussi sympa pour le brunch (le pancake à base de pain au levain est divin), mais pour le prix, on aimerait que les portions soient plus grandes. A la fin du repas, on se promène le long de la rivière, au-delà de laquelle se dresse Manhattan.

BAR TABAC €€

128 Smith Street
✆ +1 718 923 0918
bartabacny.com
Ouvert de 11h à 23h, jusqu'à 23h30 du jeudi au samedi. Plats de 15 à 27 US$.

Signalé par l'enseigne rouge des points de vente de tabac hexagonaux, ce bistrot français est très agréable et on y mange plutôt bien. A déguster : les moules frites et le pain excellent (rare à New York), la crème brûlée, fameuse. L'ambiance est donnée par un joyeux mélange d'habitants du quartier et de visiteurs venus de Manhattan. Pas de doute, les frères Forgeois (Georges et Jacques) ont réussi leur coup. Un point de chute idéal avant la tournée des bars de Smith Street, et un repère connu pour regarder les matchs importants de l'équipe de France de foot !

BROOKLYN CRAB €€

24 Reed Street
✆ +1 718 643 2722
www.brooklyncrab.com
ouvert tous les jours de 12h à 22h (23h le vendredi et le samedi). Plats : autour de 26 US$.

Il règne comme un petit air de vacances à Red Hook, ce quartier de Brooklyn difficilement accessible en transports en commun (il faut emprunter le bus pour s'y rendre, imaginez un peu)... Alors pourquoi ne pas pousser le vice en déjeunant dans ce restaurant aux allures de cabane de bord de plage, qui sert poissons et fruits de mer avec vue sur la rivière ? Crabes, homards, huîtres, crevettes frites... On vous fournira même un *bib* (bavoir en plastique) pour déguster vos crustacés sans vous salir. Ambiance décontractée et conviviale.

DEFONTE'S €

379 Columbia Street
✆ +1 718 625 8052
www.defontesofbrooklyn.com
Ouvert du lundi au samedi de 6h à 16h. Sandwichs à partir de 10 US$.

Defonte's est au sandwich ce que Ladurée est au macaron. Depuis près d'un siècle, Les Defonte, descendants d'immigrés italiens, proposent une charcuterie d'exception et des légumes frais dans des demi-baguettes. Attention les yeux, les portions sont gigantesques. Le Nicky Special, le plus célèbre de leur sandwich, est un assemblage de jambon, salami, jambon cru, aubergines grillées, provolone, champignons, laitue, tomates et de légumes préalablement marinés dans une sauce épicée. Quant au restaurant, ou plutôt *sandwich shop*, en lui-même, il est resté dans son jus.

HOMETOWN BAR-B-QUE €

454 Van Brunt St ✆ +1 347 294 4644
www.hometownbarbque.com
Ouvert du mardi au jeudi et le dimanche de 12h à 22h, vendredi et samedi jusqu'à 23h. Repas de 15 à 25 US$

Un barbecue dans la plus pure tradition américaine. En entrant, vous devez tout d'abord faire la queue au comptoir pour commander votre viande (porc braisé, poitrine de boeuf, dinde, agneau ou encore côte de bœuf) et ses accompagnements au choix. La viande est fumée au bois de chêne, comme le veut la tradition dans le Sud des Etats-Unis. Puis, équipé de votre plateau, vous n'avez plus qu'à prendre place autour de l'une des grandes tables communales en bois. En 2017, le restaurant a été élu l'un des meilleurs barbecues du pays par le magazine en ligne Thrillist.

LUCALI €€

575 Henry Street
✆ +1 718 858 4086
www.lucalibrooklyn.com
Ouvert du mercredi au lundi de 17h à 23h. Pizzas de 15 à 30 US$. Paiement en liquide uniquement.

Les fous de pizzas vous affirmeront qu'il s'agit de la meilleure pizza, et plus précisément de la meilleure calzone de la ville ! Ouvert en 2007, ce charmant restaurant où l'on dîne aux chandelles ne désemplit pas. Nous vous conseillons de vous y rendre une demi-heure avant l'ouverture car il n'y a pas de réservation. Si vous laissez votre numéro, vous pourrez prendre un verre sur Smith Street en attendant qu'on vous appelle. L'établissement est BYOB (Bring Your Own Bottle), il faut apporter sa propre bouteille de vin, ce qui revient moins cher au final !

LA VARA €€

268 Clinton Street
✆ +1 718 422 0065
www.lavarany.com
Ouvert tous les jours de 17h à 21h30. Tapas de 19 à 32 US$.

Si vous êtes à la recherche d'une bonne adresse qui change un peu des restaurants américains ou italiens, La Vara saura vous séduire. Nichée dans le quartier pittoresque de Cobble Hill, ce restaurant célèbre la cuisine espagnole traditionnelle, avec une touche moderne. Le poulpe grillé et citronné, la salade de calmar, la poitrine d'agneau... Voici quelques-uns des temps forts du menu. Commandez un assortiment pour goûter à un maximum de choses. On aime l'atmosphère chaleureuse, l'ambiance de quartier et l'agréable terrasse.

BARBÈS €

376 9th Street

✆ +1 718 965 9177

www.barbesbrooklyn.com

Ouvert du lundi au vendredi de 17h à 2h, samedi et dimanche de 14h à 3h. Gratuit la plupart du temps.

Un café très sympa de Park Slope tenu par des Français, musiciens et Brooklynites reconvertis depuis de longues années. Tous les soirs de la semaine, ou presque, il y a des concerts dans la petite salle située au fond du bar. La programmation est très éclectique : jazz, musique gypsy ou marocaine… L'ambiance est parfois proche de celle des guinguettes des bords de Marne ! Parfois, des performances remplacent la musique. Quoi qu'il en soit, il se passe toujours quelque chose dans ce lieu bobo qui sert accessoirement de bons petits plats.

DI FARA PIZZA €

1424 Avenue J

✆ +1 718 258 1367

www.difarapizzany.com

Ouvert du mardi au dimanche 12h à 20h, 17h le lundi et le mardi. Part de pizza à 5 US$.

Dans ce petit restaurant qui ne paie pas de mine, planté au milieu d'un quartier juif où rien n'a changé au fil des années, vous dégusterez les meilleures pizzas de New York ! Domenico De Marco exerce son art depuis près d'un demi-siècle. Le maître pétrit la pâte toute fine devant ses clients et dépose religieusement les ingrédients importés d'Italie (pepperoni, mozzarella, tomate, parmesan, entre autres, sans oublier l'huile d'olive) sur celle-ci avant de la faire cuire dans son vieux four… Attendez-vous à faire la queue, qui peut atteindre plus de deux heures !

BONNIE'S GRILL €€

278 5th Avenue

✆ +1 718 369 9527

www.eatatbonnies.com

Ouvert tous les jours de 9h à 22h. Plats : entre 15 et 20 US$.

Après votre découverte de Prospect Park, voici une bonne adresse où reprendre des forces à toute heure ! On aime la déco dans son jus et l'ambiance conviviale. Chez Bonnie's, on mange une cuisine américaine copieuse et bien exécutée : vous aurez le choix entre plusieurs variétés de burgers, de sandwiches et de pancakes, mais aussi des *ribs* (travers de porc) et des *chicken wings* (ailes de poulet), pouvant aller du moins au plus épicé. On termine par un énorme milkshake (là encore, le choix est vaste). À bannir à tout prix si vous faites attention à votre ligne…

OLMSTED €€

659 Vanderbilt Avenue

✆ +1 718 552 2610

www.olmstednyc.com

Ouvert du mercredi au dimanche de 17h à 22h. Plats autour de 30 US$.

Il n'y a pas qu'à Williamsburg que la cuisine américaine se réinvente. Le très beau et cher quartier de Prospect Heights a toujours su attirer les restaurateurs en quête de nouvelles saveurs. Olmsted, avec son menu qui change toutes les semaines, en est l'exemple. Pour des prix plutôt raisonnables, on déguste une cuisine « d'auteur » qui s'attache à trouver de nouvelles manières de préparer les légumes de saison, cueillis dans le jardin situé à l'arrière du restaurant ! Olmsted cultive l'atmosphère d'un restaurant de quartier, mais tout New York vient y manger.

CIAO GLORIA €

550 Vanderbilt Avenue

✆ +1 716 666 2426

www.ciaogloria.com

Ouvert en semaine de 8h à 17h et le week-end de 9h à 17h. Plats autour de 12 US$.

Ciao Gloria est un bon endroit pour manger rapidement à Prospect Heights, quartier qui se veut de plus en plus dynamique. Ce café très lumineux, avec de grandes baies vitrées qui donnent sur la rue, propose une cuisine américaine avec des influences italiennes. Les plats sont plutôt simples, de la frittata au sandwich sicilien ou celui à la mortadelle, mais finement exécutés. Autre point fort : le café, qui est vraiment bon. Il y règne une ambiance un peu rétro, qui attire évidemment les hipsters du quartier (qui sont aussi derrière le comptoir).

TOM'S RESTAURANT €

E 782 Washington Avenue

✆ +1 718 636 9738

www.tomsbrooklyn.com

Ouvert du lundi au vendredi de 8h à 15h et le week-end de 8h à 17h. Plats à partir de 11 US$.

Voici l'un des lieux les plus populaires dans le quartier pour manger un bon petit déjeuner américain. On s'imprègne de l'atmosphère vieux *diner* en prenant place sur l'une des banquettes ou en admirant le décor kitsch (comme il se doit). Le menu ne change pas, toute la journée sont proposées de copieuses spécialités du *breakfast* : omelettes ou œufs servis avec du pastrami, du *corned beef* ou des *fish cakes*, et toujours accompagnés de pommes de terre et de toasts avec de la confiture. Également des gaufres, burgers, *French toasts*, etc. Efficace et peu cher.

DOÑA ZITA €

1221 Bowery Street
✆ +1 347 492 6160
www.donazita.com
Ouvert tous les jours de 12h à 21h. Horaires variables hors saison. Plats à 10 US$.

Quoi de plus logique qu'un restaurant mexicain, à la décoration exotique et colorée, pour un déjeuner en bord de mer ? Si les hot dogs de Nathan's Famous ne vous font pas envie, voici une bonne alternative qui vous permettra de bien manger pour peu cher. *Tacos, tortillas, quesadillas*, tous les classiques de la cuisine mexicaine sont au menu. C'est bon et vous ne repartirez pas avec la faim, surtout si vous optez pour la *torta*, sorte de sandwich à la viande, au fromage et aux légumes. S'il n'y a plus de places assises pour manger, la plage vous tend les bras !

GARGIULO'S €

2911 West 15th Street
✆ +1 7182664891
www.gargiulos.com
Ouvert du mercredi au dimanche à partir de 12h, jusqu'à 21h, 22h ou 23h selon les soirs. Plats de 15 à 25 US$.

C'est au milieu de dizaines de restaurants russes que l'on trouve l'une des plus vieilles pizzerias de la mégalopole new-yorkaise. Ouverte depuis 1907, la pizzeria Gargiulo's n'a pratiquement pas changé d'un poil depuis son ouverture. La grande salle au charme un peu désuet, les lustres ornant les très hauts plafonds et les portraits des anciens tenanciers assurent une atmosphère très rétro. Le restaurant, dont les propriétaires sont originaires de Naples, s'est spécialisé dans les plats traditionnels italiens aux fruits de mer.

NATHAN'S FAMOUS €

1310 Surf Avenue et Stillwell Avenue
✆ +1 718 946 2202
www.nathansfamous.com
Ouvert tous les jours de 10h à 22h, jusqu'à 23h le vendredi et le samedi. Hot dog à 5 US$.

Etabli en 1916, Nathan's Famous est aujourd'hui le roi du hot-dog. En un siècle, les prix ont bien sûr augmenté (le hot-dog valait 10 cents en 1916 !), mais il est si réputé que respect lui est dû. Le 4 juillet de chaque année, un concours géant de mangeurs de hot-dogs est organisé, depuis 100 ans : des dizaines de milliers de spectateurs assistent à l'événement retransmis en direct sur la chaîne ESPN. Le record est détenu par un certain Joey « Jaws » Chestnut qui en 2021 a réussi la prouesse de battre son propre record et d'avaler 76 hot-dogs en 10 minutes !

PAUL'S DAUGHTER €

1001 Riegelmann Boardwalk
✆ +1 718 449 4252
Ouvert tous les jours de 11h à 23h en été, horaires variables hors saison. Plats à partir de 10 US$.

Une icône du *boardwalk* de Coney Island, et ce depuis 1962. On le reconnaît aux deux figurines géantes perchées sur son toit, qui représentent un homme avec un burger à la main et une jeune fille tenant une bière. La devanture de ce *diner* est sans doute l'un des lieux les plus photographiés de Coney Island. La nourriture est américaine, classique et plutôt bonne. On y mange des hamburgers, des pizzas et quelques fruits de mer comme les calamars frits et les palourdes, servies fraîches et crues. On déguste le tout face à la mer, loin de l'effervescence new-yorkaise.

TATIANA RESTAURANT €€

3152 Brighton 6th Street
✆ +1 718 891 5151
Ouvert tous les jours dès 11h, jusqu'à 21h, 23h ou 2h selon les soirs. Plats : de 20 à 40 US$.

Ouvert depuis les années 1990, Tatiana est un restaurant-cabaret culte de la communauté russophone de Brooklyn, très nombreuse dans ce quartier surnommé Little Odessa. Cette institution de Brighton Beach propose une cuisine russe dans une ambiance festive. Tatiana est apparue de nombreuses fois à l'écran, notamment dans *Anora* (2024), film oscarisé dans lequel on suit les tribulations d'une stripteaseuse de Brooklyn et du fils d'un oligarque russe. Installé face à l'océan, entouré de conversations en russe, on est dans un autre monde ! Allez-y pour l'expérience.

TONE CAFE €€

265 Neptune Avenue
✆ +1 718 332 8082
Ouvert tous les jours de 9h à 21h. Plats autour de 20 US$.

Surnommé Little Odessa à cause de sa grande communauté d'immigrés juifs russes, le quartier de Brighton Beach abrite de nombreux restaurants servant des plats de la Russie impériale. Dans ce café, on se régale d'une cuisine géorgienne simple, copieuse et traditionnelle. Dans le four d'argile sont concoctés les pains qui servent de base à de nombreux plats géorgiens, notamment le délicieux *Khachapuri*, pain fourré au fromage et surmonté d'un œuf. La soupe de beignets à la viande, appelée *Khinakli*, est un autre incontournable du menu.

FAIRE UNE PAUSE

À Brooklyn comme à Manhattan, les bars ne manquent pas et déçoivent rarement. L'ambiance y est généralement moins huppée, à l'image de la clientèle. Pour boire un verre pendant votre découverte de Brooklyn, vous aurez maintes fois l'occasion de vous arrêter dans un bar de quartier, où l'ambiance est souvent bon enfant. Depuis quelques années, des *rooftops* avec vue se sont installés sur les toits d'hôtels de luxe fraîchement ouverts, en particulier à Williamsburg, le long de l'East River. C'est là que la jeunesse de Brooklyn se rend pour refaire le monde en sirotant de bons cocktails. Si vous avez envie d'une pause gourmande, sachez que Brooklyn réunit aussi quelques-uns des lieux gourmands les plus tendances de la scène new-yorkaise : que vous ayez envie d'une glace, d'un éclair ou d'un bon smoothie bio fraîchement mixé, vous trouverez de quoi vous régaler. Et Brooklyn étant le QG des hipsters, les *coffee shops* y sont légion !

L'APPARTEMENT 4F

115 Montague Street
✆ +1 347 599 0006
www.lappartement4f.com
Boulangerie ouverte tous les jours à partir de 8h, bar à vin du mercredi au samedi de 18h à 22h. Croissant à 4,50 US$.

C'est l'histoire d'un Français qui vit son rêve américain : en 2020, Gautier Coiffard, ingénieur français installé à New York, se lance dans la vente de croissants qu'il confectionne dans son deux pièces de Cobble Hill (le fameux appartement 4F). Très vite, sa compagne Ashley a l'idée de vendre des croissants miniatures, qui se dégustent dans un bol de lait et font sensation sur les réseaux sociaux. En 2022, le couple ouvre cette boutique, devant laquelle il y a très souvent la queue. Les viennoiseries sont beurrées à souhait (avec du beurre français, évidemment).

BARCADE

388 Union Avenue ✆ +1 718 302 6464
www.barcadebrooklyn.com
Ouvert en semaine de 16h à 2h (4h jeudi et vendredi), le samedi de 12h à 4h et le dimanche de 12h à 2h. Bières à 7 US$.

Bières et jeux vidéo d'arcade, voilà le concept de ce bar plein n'importe quel jour de la semaine. Une vingtaine de jeux d'arcade, dont Pacman, Tetris, Space Invader et bien d'autres jeux d'arcade très *old school*, sont à essayer pour seulement un *quarter* (pièce de 25 centimes) la partie. De quoi se refaire une jeunesse ! Les amateurs n'auront aucun mal à faire la fermeture pourtant tardive du bar... Barcade est le paradis des *gamers*, donc, mais aussi des amateurs de bière, avec son impressionnant choix de pressions. Essayez les bières locales, brassées à Brooklyn.

BAM CAFÉ

30 Lafayette Ave
✆ +1 718 636 4139
www.bam.org
Le café ouvre entre 90 et 60 minutes avant les performances du soir.

Cet endroit n'est pas qu'un magnifique lieu de détente pour les spectateurs qui attendent d'assister à une représentation ou à un film au Brooklyn Academy of Music (BAM). Tous les vendredis et samedis soir à partir de 21h30, des concerts gratuits - le plus souvent de World Music ou de jazz - s'y déroulent. C'est l'occasion de découvrir des artistes d'exception souvent méconnus, que l'on écoute en buvant un café ou une bière, ou en dégustant un délicieux steak-frites. La salle, avec ses arches éclairées de néons violets, est étonnante.

LA BICYCLETTE BAKERY

667 Driggs Avenue
✆ +1 347 916 1417
www.labicyclettebakery.com
Ouvert du mardi au dimanche de 8h à 13h.

Une vraie boulangerie comme il n'en existe (presque) qu'en France. Il n'y a qu'à voir les horaires d'ouverture, assez inhabituels dans la ville qui ne dort jamais : après 13h, ne comptez pas vous offrir un bon petit pain au chocolat ou la meilleure baguette de New York. Tout est frais et réalisé artisanalement, et le café est excellent lui aussi. Le propriétaire, un Français, est un boulanger globe-trotter qui a fait ses armes en France avant de partir aux quatre coins du monde pour faire briller la patrie. Deux autres boutiques à Brooklyn.

BROOKLYN FRENCH BAKERS

273 Columbia Street ✆ + 1 33 2250 0582
www.brooklynfrenchbakers.com/
Ouvert de 8h à 17h du mardi au vendredi, de 8h à 16h le samedi et de 8h à 13h le dimanche.

Besoin d'une pause gourmande lors de votre longue promenade à Brooklyn ? Nichée entre le stylé quartier industriel de Red Hook et de Cobble Hill, arrêtez-vous dans cette boulangerie-pâtisserie toute mignonne, véritable antre de la gourmandise. Brooklyn French Bakers, c'est une équipe de 3 Français qui s'est lancée dans la grande aventure new-yorkaise... Et c'est très réussi ! Avec un beau palmarès (meilleur croissant de la ville en 2023, meilleure tarte), leurs produits sont frais et de qualité, sucrés comme salés. On vous recommande le détour !

COLSON PATISSERIE

374 9th Street
✆ +1 718 965 6400
www.colsonpastries.com
Ouvert du lundi au jeudi de 7h30 à 16h et du vendredi au dimanche de 7h30 à 17h.

Cette jolie pâtisserie à la française vous propose des tartes alléchantes, des muffins, des palmiers et des parts de gâteau pour le goûter, mais aussi de belles salades fraîches et des sandwichs pour le déjeuner. Les boissons chaudes sont excellentes, le café est digne d'être servi dans un *coffee shop*. On déguste le tout sur la petite terrasse en été, ou bien à Prospect Park, qui se trouve à dix minutes à pied. Pour la petite histoire, Colson a vu le jour en Belgique, alors vous ne serez pas surpris de voir de délicieuses gaufres liégeoises en vitrine !

DEVOCIÓN

105 York Street
www.devocion.com
Ouvert en semaine de 7h à 18h et le week-end de 7h30 à 18h.

Devoción est une chaîne de cafés de haute qualité, qui s'engage en faveur du développement durable. Il existe cinq adresses à Brooklyn et à Manhattan. Celle-ci est en plein cœur de Dumbo, à quelques minutes à pied du pont de Brooklyn. Vous ne trouverez pas meilleur endroit pour faire une pause café avant ou après la traversée du pont ! La salle est grande, très lumineuse, il y a des plantes partout et des canapés et fauteuils pour s'installer confortablement. Et le café, bien sûr, est excellent. L'endroit est souvent plein, victime de son succès.

FULL CIRCLE BAR

318 Grand St
✆ +1 347 725 4588
fullcirclebar.com
Ouvert du lundi au vendredi de 16h à 2h, le samedi et le dimanche 14h à 2h.

Ici, on boit des bières pas chères, on écoute de la musique des ***seventies***, et surtout... on joue au ***skee-ball*** ! Késako ? Il s'agit d'un jeu qui consiste à faire rouler une petite balle dans une cible. A mi-chemin entre la pétanque et le bowling, ce jeu très amusant est idéal pour ambiancer vos soirées ! Sachez d'ailleurs qu'au Full Circle Bar se tiennent des championnats très sérieux de ***skee-ball***, mais ne vous inquiétez pas, il est bien sûr possible de jouer entre amis tous les jours. Pour une ambiance décontractée et tout sauf prétentieuse.

PETE'S CANDY STORE

709 Lorimer Street
✆ +1 718 302 3770
www.petescandystore.com
Ouvert du lundi au jeudi de 17h à 2h, vendredi de 16h à 2h, le samedi et le dimanche de 15h à 2h.

On fait la fête jusqu'à pas d'heure dans cet ancien magasin de bonbons dont la salle de concert ressemble à un vieux wagon de train. Des groupes folk, rock ou country venant de tous les Etats-Unis se succèdent tous les soirs. Et vous ne serez jamais déçu, sans compter que les concerts sont toujours gratuits. Consultez le site internet pour connaître les événements. En été, un patio calme et agréable est ouvert. A découvrir absolument. Les fans de la série « made in Brooklyn » *Girls* reconnaîtront le bar puisque plusieurs scènes de la saison 4 y ont été tournées.

RADIO BAKERY

135 India Street
www.radiobakery.nyc
Ouvert tous les jours de 7h30 à 15h30.

Cette boulangerie cartonne depuis son ouverture en 2023, à tel point que la queue qui se forme tous les matins (en particulier les week-ends) gêne parfois les voisins. Radio Bakery revisite les classiques pour proposer des viennoiseries délicieuses et riches à souhait. Si vous êtes matinal (tout part très vite), avez une envie irrépressible d'un *morning bun* au Earl Grey et ne voyez pas d'inconvénient à faire la queue pendant vingt bonnes minutes, foncez ! Notez tout de même que les prix sont assez élevés, comme souvent dans les boulangeries à New York.

STRONG ROPE BREWERY RED HOOK

185 Van Dyke Street
✆ +1 929 294 9379
www.strongropebrewery.com/red-hook
Ouvert du lundi au jeudi de 14h à 22h, le vendredi et le samedi de 12h à 23h et le dimanche de 12h à 21h.

Installée dans le quartier industriel et en pleine renaissance de Red Hook, cette microbrasserie offre l'une des plus belles vues de la ville lorsque le soleil se couche derrière la Statue de la Liberté. Le cadre est convivial et décontracté, avec parfois de la musique *live*. Le secret est encore (relativement) bien gardé, car le quartier de Red Hook reste difficilement accessible : il faut prendre un bus ou marcher une trentaine de minutes depuis la station de métro la plus proche.

THEA

17 Greene Avenue
www.theabakerynyc.com
Ouvert en semaine de 7h à 17h (20h jeudi et vendredi), et le week-end de 8h à 20h. Viennoiseries : à partir de 5 US$.

On ne sait pas trop pourquoi, ni comment, mais ces dernières années, les New-Yorkais se sont mis à raffoler des viennoiseries et pâtisseries, qu'ils aiment exotiques et singulières. Adieu muffins et donuts, bonjour croissants au kataifi, *squiggle* noisette-chocolat (on ne connaissait pas non plus, mais après y avoir goûté, on en rêve toutes les nuits), maritozzi (brioche italienne) à la mangue et au labneh, et autres kouign-amanns (résolument exotiques aux États-Unis). Tout est délicieux et riche comme il se doit. Après cela, on est bons pour sauter un repas.

UNION HALL

702 Union St
✆ +1 718 638 4400
Ouvert tous les jours de 16h à 2h (4h le vendredi et le samedi), le week-end dès 13h.

Les parents branchés de Park Slope ne jurent que par Union Hall ! Etonnant voire un peu effrayant le soir, le décor des lieux ressemble à s'y méprendre à la bibliothèque de votre grand-mère : étagères remplies de livres, cheminée, portraits accrochés au mur et fauteuils en cuir. Un lieu idéal pour boire une bière lorsque le mercure n'en finit plus de descendre à New York. Dans une autre salle, des concerts ou des shows burlesques ont lieu tous les jours. Dans une troisième salle (le bar fait 460 m² !), des terrains de *bocce*, un jeu similaire à la pétanque.

UNION POOL

484 Union Avenue
✆ +1 718 609 0484
Ouvert à partir de 16h en semaine, dès 14h le week-end, jusqu'à 2h ou 4h selon les soirs.

LE bar le plus branché de Williamsburg. C'est ici que se retrouvent les *hipsters* de tout New York. Alors pour passer inaperçu et vous mélanger à la population, sortez votre T-shirt le plus vintage, vos jeans *slim*, et vos lunettes de soleil. Les vendredis et samedis soirs, le bar se transforme en boîte de nuit avec la venue de DJ. Dans le jardin, vous trouverez un van qui vend des tacos. Idéal pour accompagner sa bière ! Les Brooklynites connaissent bien Union Pool pour sa réputation de bar à célibataires. Paraît-il qu'on y entre seul, mais qu'on repart à deux...

WESTLIGHT

111 N 12th Street
✆ +1 718 307 7100
www.westlightnyc.com
Ouvert à partir de 16h en semaine, dès 14h le week-end, jusqu'à minuit, 1h ou 2h selon les soirs. Cocktails : 19-24 US$.

Le Westlight se trouve au 22e étage du William Vale Hotel, un boutique hôtel branché avec une ambiance très Brooklyn. De là-haut, on profite d'une vue panoramique sur Manhattan et ses gratte-ciel, qui étalent leur gigantisme sous nos yeux ébahis. La vue est encore plus impressionnante de nuit, lorsque la ville s'illumine. L'ambiance est assez détendue et les cocktails sont délicieux et créatifs (vu les prix pratiqués, on n'en attendait pas moins). En hiver, on peut rester bien au chaud tout en profitant de la vue à travers les grandes baies vitrées.

ZONA ROSA

571 Lorimer Street
✆ +1 917 324 7423
www.zonarosabrooklyn.com
Ouvert à partir de 17h en semaine, dès 14h le week-end, jusqu'à 22h ou 23h. Happy Hour : margaritas à 8 US$.

En voilà un qui a une bien drôle d'allure, avec ses murs en tôle et son *food truck* encastré ! Zona Rosa est une *taqueria* (restaurant de tacos) qui fait aussi d'excellents cocktails, dont une déclinaison assez impressionnante de margaritas : classique au citron vert, à la pastèque, au pamplemousse, à la mangue, au fruit de la passion, à l'hibiscus et au tamarin. Elles sont exquises et se boivent dangereusement vite... À l'étage, la terrasse offre une vue imprenable sur les rues animées de Williamsburg. Happy Hour en semaine de 17h à 19h.

Brooklyn, et plus particulièrement Williamsburg, est le paradis du chineur. C'est ici qu'il faudra vous rendre pour acheter des vêtements vintage ou de créateurs locaux. Depuis que le *borough* est devenu tendance, les vêtements et accessoires *made in Brooklyn* s'arrachent, comme le montre la popularité de Brooklyn Industries. Cette boutique est avant tout une marque locale qui propose des habits estampillés Brooklyn. C'est loin d'être donné, mais si vous voulez ramener un pull ou un tee-shirt Brooklyn, c'est une adresse à connaître ! Les marchés aux puces de Brooklyn vous permettront quant à eux de dénicher des petites merveilles *vintage* pour parfaire votre look de hipster… Enfin, la zone commerciale du *borough* se situe à Downtown Brooklyn. Vous la rejoindrez en descendant aux stations de métro Hoyt, sur les lignes 2 et 3, Jay Street et Hoyt - Schermerhorn, où circulent les lignes A et C. Toutes les grandes marques y sont réunies !

ARTISTS & FLEAS

70 North 7th Street

Tous les week-ends de 11h à 19h.

Tous les week-ends, artistes et brocanteurs se retrouvent dans ce grand hangar qui met en valeur les artisans locaux. Il y a quelque 75 stands, dans lesquels on trouve vraiment de tout : des objets de décoration, de l'art, des bougies, des vêtements, des objets de la vie de tous les jours, des tapis, des produits vintage etc. Les prix ne sont pas excessifs et on peut y dénicher des cadeaux très originaux à rapporter en France. La clientèle est jeune et plutôt branchée, vous croiserez certainement quelques hipsters pendant votre visite.

HARICOT VERT

119 N 1st Street

www.haricotvert.shop

Ouvert du mardi au dimanche de 12h à 19h, dès 11h le samedi.

De la poésie à porter... Voici l'idée derrière cette marque de bijoux indépendante *made in Brooklyn*.

Les pièces sont confectionnées à la main et exposées dans cette charmante boutique, qui abrite également le studio. Vous découvrirez une sélection originale de bijoux et d'accessoires pleins de fantaisie, d'humour et de tendresse. Citons les boucles d'oreilles dépareillées sur le thème de l'apéro ou des sushis ! La marque est surtout connue pour ses créations personnalisées. L'espace accueille également un *coffee shop* mignon et propose des ateliers créatifs.

JAPAN VILLAGE

934 3rd Avenue

✆ +1 347 584 4579

www.japanvillage.com

Sunrise Mart : ouvert tous les jours de 11h à 20h, le vendredi et le samedi jusqu'à 21h.

Au cœur d'Industry City, ce gigantesque marché couvert qui a vu le jour en 2018 est dédié à tout ce qui touche à la gastronomie japonaise. On pénètre par un vaste supermarché (Sunrise Mart) où sont vendus tous les produits venus du Pays du Soleil Levant, sucrés comme salés. C'est l'endroit idéal pour faire le plein de nouilles *soba*, de friandises au matcha et ou aux algues ! L'endroit abrite aussi des stands de nourriture, un *food court* en intérieur et une vaste cour. À découvrir dans ce quartier de Brooklyn en pleine reconversion.

SAHADI'S

187 Atlantic Avenue

✆ +1 718 624 4550

www.sahadis.com

Ouvert tous les jours de 10h à 19h.

Établie en 1895, initialement dans un quartier de Manhattan où vivait une importante communauté originaire du Moyen-Orient, cette épicerie familiale devenue emblématique a déménagé sur Atlantic Avenue (Downtown Brooklyn) en 1946, en réponse au déplacement de cette diaspora. On y trouve un impressionnant choix d'olives, d'épices en vrac, de fruits secs, de pâtisseries orientales, de mezzés... Aujourd'hui encore, ce sont les descendants de la famille Sahadi qui tiennent la boutique. Un lieu pour les gourmands comme pour les curieux !

28 SCOTT VINTAGE

108 Thames Street
✆ +1 404 263 8550
www.28scott.com
Ouvert tous les jours de 12h à 20h.

C'est un joyeux bric-à-brac qui vous attend dans cette boutique du quartier de Bushwick, qui recycle notamment des vieilles collections de prestigieuses maisons comme Saint-Laurent, Chanel ou Dolce & Gabbana. Brooklyn oblige, on y trouve beaucoup de *vintage*. Les prix sont très abordables, dépassant rarement les 30 US$! On peut également dénicher des vinyles à bas prix et toutes sortes d'objets artisanaux ou de seconde main, venus des quatre coins du monde. Et si vous aimez les bijoux et accessoires antiques, vous serez servis !

CATBIRD

219 Bedford Avenue
✆ +1 718 599 3457
catbirdnyc.com
Ouvert tous les jours de 11h à 19h.

Une boutique *very cute*, comme disent les New-Yorkais. Catbird fait la part belle aux créateurs locaux et aux bijoux non conventionnels. Toute une section du magasin est consacrée à des bijoux en dessous de 100 US$. Parfait pour faire de bonnes affaires. On y trouve aussi des produits de beauté et accessoires en tout genre, qui changent un peu de ce que l'on trouve dans les chaînes de magasins, vendus à des prix qui restent abordables. Belle sélection d'objets déco et pour la maison également (bougies, vaisselle, encens, etc).

BEACON'S CLOSET

74 Guernsey Street
✆ +1 718 486 0816
www.beaconscloset.com
Ouvert tous les jours de 11h à 20h.

Si vous vous demandez où les habitants branchés de Brooklyn trouvent leurs vêtements, ne cherchez plus. Cette immense friperie est peu chère et de bonne qualité. Entre les bottes, les lunettes, les sacs à main et les manteaux, le tout classé par couleurs, on peut s'y perdre pendant plusieurs heures ! Friperie oblige, tous les vêtements et accessoires vendus ici sont des produits seconde main, mais en cherchant bien, on peut trouver la perle rare à des prix imbattables. Vous pouvez également y vendre ou échanger vos vêtements, s'ils sont en très bon état.

BROOKLYN FLEA

80 Pearl Street
www.brooklynflea.com
Ouvert d'avril à fin octobre. Tous les week-ends de 10h à 17h.

Tous les week-ends pendant la belle saison, le Brooklyn Flea Market prend ses quartiers sous les arches du pont de Manhattan. Ce marché aux puces réunit une centaine de vendeurs, qui proposent des bijoux faits main, des accessoires, des vêtements pour hommes et femmes, des antiquités, etc. Profitez-en pour grignoter quelque chose à l'un des stands qui vendent tous les types de cuisines, souvent pour pas cher du tout. On y vient autant pour chiner que pour profiter de l'ambiance animée du quartier, situé le long de l'East River.

BUFFALO EXCHANGE

504 Driggs Avenue
✆ +1 718 384 6901
www.buffaloexchange.com
Ouvert du lundi au samedi de 11h à 20h et le dimanche de 11h à 19h.

Une des friperies de référence à Williamsburg (et dans tout New York, puisque la ville en compte six) parmi tant d'autres, mais qui a l'avantage de ne pas accepter tous les vêtements. Vous ne passerez donc pas une heure avant de trouver la perle rare. La variété est sans doute le grand point fort de Buffalo Exchange, puisqu'on peut aussi bien y dénicher des vêtements vintage, des styles plus récents et, en cherchant bien, quelques vêtements et accessoires de marque. En plus des vêtements, les chaussures sont aussi en grand nombre.

BOOKS ARE MAGIC

225 Smith Street
✆ +1 718 246 2665
www.booksaremagic.net
Ouvert tous les jours de 10h à 18h.

La romancière américaine Emma Straub, à qui l'on doit plusieurs ouvrages à succès dont *Modern Lovers* (2016), salué par le New York Times, a fondé sa librairie indépendante en 2017 à Brooklyn, où elle réside. L'endroit est rapidement devenu un incontournable pour les amoureux de littérature, grâce à sa sélection pointue de romans contemporains, essais engagés, littérature jeunesse... Des lectures, ateliers et séances de dédicaces y sont organisés fréquemment. En 2022, une seconde adresse a vu le jour à Brooklyn Heights. Sélection de livres en français.

BOUGER & BULLER

En été, les Brooklynites font du sport dans les parcs de leur *borough*, tout particulièrement à Prospect Park. Le second plus grand parc de la ville derrière Central Park est très sauvage et offre de quoi faire son jogging, des balades à vélo ou tout simplement de la marche. Il est également doté d'une patinoire qui se transforme en piste de patin à roulettes pendant les beaux jours ! Le vélo peut aussi se pratiquer sur la route, à savoir que les pistes cyclables sont surtout répandues dans la partie nord-ouest de Brooklyn, du quartier de Williamsburg jusqu'à celui de Park Slope. Le trafic est moins dense qu'à Manhattan, mais la prudence reste évidemment de mise. Enfin, le lieu où se réunissent les Brooklynites fans de sport est bien entendu le Barclays Center ! Ils viennent y soutenir les Nets, l'équipe de basket de Brooklyn qui fait concurrence aux Knicks, ainsi que l'une des équipes de hockey de la ville, les New York Islanders.

BARCLAYS CENTER

620 Atlantic Avenue
✆ +1 212 359 6387
www.barclayscenter.com

Le Barclays Center est l'arène de Brooklyn qui a vu le jour en 2012. L'enceinte accueille l'équipe de NBA des Brooklyn Nets (les rivaux des Knicks, qui jouent au Madison Square Garden) mais aussi l'équipe de Hockey des Islanders, rivaux des New York Rangers. Y sont également organisés de nombreux concerts, Beyoncé, MGMT et Bob Dylan sont des habitués. Jay-Z aussi, d'ailleurs le rappeur de Brooklyn fut le premier à se produire sur la scène du Barclays une semaine après son ouverture. Jusqu'en 2013, Jay-Z était aussi l'un des actionnaires de la franchise des Nets.

CARREAU CLUB PÉTANQUE

68 34th Street
✆ +1 917 7969 910
www.carreauclub.com

Ouvert du mardi au samedi de 12h30 à 23h, le dimanche et le lundi de 12h30 à 21h. Tarif : 50 U$ pour 2h (8 pers).

Jouer à la pétanque à Brooklyn… et pourquoi pas, après tout ? C'est à Industry City, quartier qui a subi un long projet de redéveloppement et qui compte aujourd'hui de nombreux restaurants et boutiques à la pointe, que se trouve Carreau Club. Avec ses quatre terrains de pétanque, son stand qui sert des boissons et plats à grignoter et ses quelques tables en plein air, l'endroit est particulièrement plaisant les après-midis d'été ensoleillés. Du mardi au jeudi, le soir, les terrains sont réservés aux joueurs en ligue. C'est du sérieux !

KAYAK - BROOKLYN BRIDGE PARK

Brooklyn Bridge Park Boathouse
www.bbpboathouse.org

Le mercredi et le jeudi de 17h à 19h, et le samedis de 10h à 15h. Pour les familles : le dimanche de 12h à 14h30.

Tout l'été, depuis Brooklyn, vous pouvez embarquer pour une petite balade en kayak sur l'East River, au pied de l'iconique pont de Brooklyn. Vous êtes libre de pagayer pendant une vingtaine de minutes, en solo ou à deux. C'est gratuit, et l'on vous fournira même un gilet de sauvetage. Il est fortement recommandé de réserver à l'avance sur le site. Le dimanche, les sessions sont réservées aux familles et aux plus petits. Vues imprenables sur Manhattan et la Statue de la Liberté.

BATHHOUSE

103 N 10th Street
✆ +1 929 489 2284
www.abathhouse.com/williamsburg

Ouvert tous les jours de 9h à minuit. Pass illimité : 75 US$ pour la journée, tarif dégressif à partir de 19h30.

Installé dans un ancien entrepôt en briques, ce spa urbain attire surtout une clientèle jeune, branchée et sportive (la faune habituelle de Williamsburg, en somme). Le pass à la journée donne un accès illimité aux différentes installations : huit bains chauds et froids, saunas aux ambiances variées, hammam et piscine sur le toit avec transats et vue sur Manhattan. Les soins sont en supplément. Ambiance design, esthétique industrielle, musique soignée… On y va pour se détendre, mais aussi pour voir et être vu. Il existe une seconde adresse à Manhattan.

No Sleep Till Brooklyn ! Si le Brooklyn d'aujourd'hui n'est plus celui des années 1980, on peut encore passer de folles soirées à Williamsburg, quartier référence de la nuit new-yorkaise avec le Lower East Side. Si la plupart des bars trash de l'époque ont laissé place à des établissements plus policés, certains résistent à la hausse du prix des loyers. Pour des soirées tranquilles, arpentez Bedford Avenue et ses rues parallèles. Pour découvrir des lieux plus underground et assister à des concerts, rendez-vous sur les deux avenues les plus proches de l'East river, entre North 1st Street et South 4th Street. Ici, on danse jusqu'au petit matin. Bushwick s'est quant à lui développé à une rapidité folle ces dernières années. On trouve de nombreux établissements autour des arrêts de métro Morgan Ave et Jefferson Ave. Les bars y sont un peu plus sombres, les bières un peu moins chères et la musique un peu plus forte !

CAFE BALEARICA

44 Berry Street
www.cafebalearica.com
Ouvert du mercredi au vendredi à partir de 17h, le samedi et le dimanche dès 14h, jusqu'à tard dans la nuit.

Deux atmosphères en un seul endroit : au rez-de-chaussée se trouve une grande salle avec un bar, décorée avec des plantes tropicales et une fresque murale colorée, à l'ambiance décontractée où l'on peut venir discuter en sirotant un cocktail. Puis il suffit d'emprunter les escaliers qui mènent au sous-sol pour découvrir une ambiance boîte de nuit, sur fond de musique disco house et de jeux de lumière. Il y a un deuxième bar en bas, voilà qui vous épargnera des allers-retours ! L'entrée est parfois payante passée une certaine heure.

HOUSE OF YES

2 Wyckoff Ave ✆ +1 646 838 4973
www.houseofyes.org
Ouvert du mercredi au dimanche, horaires en fonction des événements. Gratuit certains soirs, tickets jusqu'à 70 US$.

Haut lieu de la scène nocturne de Brooklyn et plus particulièrement de la communauté des Burners (issue de Burning Man), House of Yes est deux choses à la fois : une boîte de nuit avec de l'excellente musique où les fêtards viennent danser jusqu'à pas d'heure, et un cabaret qui accueille des numéros plus spectaculaires les uns que les autres. Danses enfiévrées, costumes déjantés, défilés de drag queen et performances suspendues se mêlent pour une soirée unique... N'hésitez surtout pas à vous déguiser aussi : à House of Yes, tout est permis ! *Only in Brooklyn*.

ELSEWHERE

599 Johnson Ave
www.elsewherebrooklyn.com
Ouvert le soir du jeudi au dimanche. Consulter le site pour connaître la programmation. Entrée : à partir de 15 US.

Elsewhere, c'est trois étages consacrés à la musique et à la danse. Excellente scénographie, avec des couleurs, des boules à facette et des jeux de lumière, et une acoustique au top. Au troisième étage se trouve une scène en plein air et, derrière les musiciens pointe la *skyline* de Manhattan. Il y a également un bar, avec une bonne sélection de boissons (les prix, néanmoins, ne poussent pas à la consommation). Bonne programmation, qui met l'accent sur la musique underground. Un super endroit pour découvrir des artistes encore méconnus.

BABY'S ALL RIGHT

146 Broadway
✆ +1 718 599 5800
babysallright.com
Ouvert du lundi au vendredi de 18h à 4h. Concerts à partir de 10 US$.

D*iner*, bar, salle de concerts, Baby's All Right est un peu tout ça à la fois. Pour le dîner, l'établissement sert une cuisine d'inspiration mexicaine plutôt de qualité. Mais Baby's All Right est avant tout une salle de concerts qui accueille la nouvelle scène pop-rock et électro. Le bar est reconnu pour son excellente acoustique et attire des groupes qui veulent se faire un nom à New York, bien que la salle soit assez petite. L'occasion de découvrir de nouveaux talents qui rempliront peut-être des stades d'ici quelques années !

BROOKLYN ACADEMY OF MUSIC [BAM]

30 Lafayette Avenue
✆ +1 718 636 4100

Active depuis 1861, cette académie située dans un superbe bâtiment Beaux-Arts de Downtown Brooklyn, est une institution, l'une des plus aimées et des plus électriques de New York. La programmation et l'acoustique de ses deux scènes y sont d'une qualité exceptionnelle. Elle est le Siège du Brooklyn Philharmonic qui se produit pendant l'hiver. On y trouve aussi une cinémathèque de 4 salles [BAM Rose Cinemas] et un café-concert [BAM Café] au décor majestueux.

COMPANY XIV

383 Troutman Street
✆ +1 866 868 6948
www.companyxiv.com

Spectacles plusieurs soirs par semaine à 20h. Consulter le calendrier.

C'est à Bushwick [évidemment] qu'il faudra vous rendre pour assister aux spectacles burlesques de la Company XIV. Cette troupe new-yorkaise revisite les contes et histoires classiques à travers des créations flamboyantes mêlant danse, acrobaties et chant lyrique, dans un univers à l'érotisme assumé. Dans le spectacle *Queens of Hearts*, les *Aventures d'Alice au pays des merveilles* prennent une tournure aussi sensuelle que déjantée. Et pendant les fêtes de fin d'année, avec *Nutcracker Rouge,* vous aurez l'occasion de découvrir une version sulfureuse de *Casse-Noisette*.

MUSIC HALL OF WILLIAMSBURG

66 North 6th Street
✆ +1 718 486 5400
www.musichallofwilliamsburg.com

Concerts certains soirs à partir de 19h. Les prix des tickets varient selon la programmation.

Cette salle de concert ouverte en 2008 connaît un succès non démenti. C'est ici que se produit aujourd'hui la scène indépendante américaine et surtout new-yorkaise. La programmation tourne souvent autour de musique rock ou électro. La salle, qui peut accueillir environ 650 personnes, accueille à son tableau quelques groupes reconnus grâce à l'excellente insonorisation. Il y a généralement entre 3 et 5 concerts par semaine, consultez le site internet pour connaître la programmation.

ORNITHOLOGY JAZZ CLUB

6 Suydam Street
✆ +1 917 231 4766
www.ornithologyjazzclub.com

Ouvert tous les jours de 18h à 2h du matin. Souvent gratuit avec une consommation minimum par personne.

Qui dit sortir à Bushwick ne dit pas forcément se déchaîner en boîte de nuit sur de l'électro jusqu'aux premières lueurs du jour. Preuve en est : ce club de jazz qui propose des concerts de grande qualité tous les soirs et de bons cocktails à des prix raisonnables. La salle, très intimiste, pourrait être qualifiée de *hole in the wall* [trou dans le mur] dans le jargon américain, mais cela n'enlève rien à l'expérience, bien au contraire : on est installé tout près des musiciens. Il vaut tout de même mieux le savoir pour arriver tôt.

REVEREND VINCE ANDERSON & THE LOVE CHOIR !

484 Union Avenue
✆ +1 718 609 0484
www.union-pool.com

Tous les lundis soirs à 20h30. Entrée libre, mais contributions bienvenues.

Depuis plus de 25 ans, le bon révérend Vince Anderson donne son sermon chaque lundi soir dans un bar de Williamsburg. Sa voix puissante et rugueuse, soutenue par le Love Choir, emporte le public dans un tourbillon mêlant ferveur spirituelle et énergie brute du funk. Ce que vous entendez, c'est du *dirty gospel* : un gospel authentique, viscéral, funky, surtout pas polissé ! Au passage, Vince Anderson est un vrai révérend, qui pourra officier votre mariage si vous le lui demandez.

BROOKLYN BOWL

61 Wythe Ave
✆ +1 718 963 3369
www.brooklynbowl.com

Ouvert à partir de 12h le week-end et 18h en semaine. Fermé lundi et mardi. Prix : 30 US$/30 min pour 8 joueurs.

L'un des passe-temps préférés des Américains dans les années 1980-90, le bowling est à nouveau cool et c'est tout naturellement qu'on trouve une salle à Williamsburg ! Évidemment, puisqu'on se trouve à New York, Brooklyn Bowl ne se limite pas à 16 pistes de bowling, c'est aussi une boîte de nuit avec un DJ et un bar. Des événements musicaux y sont organisés quasiment tous les jours. Et en cas de petit creux, sachez qu'on peut y manger de la *bar food* très correcte : burgers, wings, pizza, nachos, etc. Ambiance boîte de nuit un peu rétro, on valide.

LES AUTRES BOROUGHS

Vous auriez bien tort de penser que New York se limite à Manhattan ! Dites cela à un New-Yorkais, et vous êtes parti pour une tirade de vingt minutes sur ce qu'est le *real New York*. D'ailleurs, la plupart des New-Yorkais n'y habitent pas : avec sa population de 1,6 million d'habitants, Manhattan n'est que le troisième *borough* le plus peuplé, derrière Brooklyn et le Queens. Pour prétendre connaître New York, il convient donc de s'aventurer en dehors de l'île de Manhattan, au-delà de la East River et de la Harlem River, voire de traverser la baie de New York en bateau pour atteindre Staten Island. Les *boroughs*, en plus d'avoir une identité qui leur est propre, comptent d'excellents musées, des centaines de bons restaurants, et des vues sur la *skyline* que Manhattan ne peut se targuer d'avoir...

PAGES

●● LES AUTRES BOROUGHS

Pour beaucoup de monde, New York, c'est surtout Manhattan, mais la ville est en réalité composée de cinq *boroughs* : Manhattan, Brooklyn, le Queens, le Bronx et Staten Island. Souvent délaissés par les touristes, les autres *boroughs* sont pourtant bien plus que des banlieues de Manhattan. Ce guide vous aidera à en découvrir les charmes et les curiosités.

QUEENS ★★

Le Queens fait la part belle aux quartiers ethniques (coréens, chinois, jamaïcains, noirs-américains, dominicains, mexicains, italiens, grecs etc.), mais c'est aussi un *borough* qui bouge. Certains quartiers ayant connu une véritable transformation ces dernières années, le Queens ressemble de plus en plus à une extension de Brooklyn.

THE BRONX ★

Le Bronx, surprenant et attachant, s'affranchit peu à peu de sa mauvaise réputation. On s'y rendra surtout pour visiter son zoo et son jardin botanique, ou pour voir jouer l'équipe de baseball de la ville, les Yankees, au Yankee Stadium.

STATEN ISLAND ★★

Staten Island, *the forgotten borough* (le *borough* oublié), a le goût de la province et vous donnera un aperçu de la vie de banlieue à l'américaine. On s'y rendra en *ferry*, pour profiter d'un panorama d'exception sur les gratte-ciel de Wall Street.

Staten Island.

QUEENS ★★

Un peu moins peuplé que Brooklyn avec 2,3 millions d'habitants, beaucoup plus sûr que le Bronx, le Queens est par sa taille le plus grand *borough* de New York (un tiers de la superficie totale de la ville). Quintessence du quartier dortoir, cet énorme *borough* recèle néanmoins quelques quartiers que les touristes se feront un plaisir de visiter. Ils sont d'ailleurs de plus en plus nombreux à y loger, profitant de son offre d'hébergements nettement moins chère qu'à Manhattan. Depuis quelques années, certaines zones du Queens se «gentrifient» à vitesse grand V. Il suffit de se balader le long de la East River, dans le quartier de Long Island City, où les condos de luxe avec vue sur la *skyline* poussent comme des champignons, pour s'en apercevoir. À Astoria, quartier qui abrite la plus importante diaspora grecque au monde, les *coffee shops* ont remplacé les commerces grecs implantés depuis des décennies. Mais en dehors de ces quelques quartiers récemment investis par les *yuppies* et les *hipsters*, ce *borough* reste le royaume des classes moyennes. Avec ses communautés italienne, chinoise, mexicaine, hindoue, colombienne, le Queens est le comté comportant le plus grand nombre de nationalités des États-Unis. Il abrite une grande communauté asiatique, il compte 28 % d'hispaniques, tandis que 56 % de ses habitants communiquent dans une autre langue que l'anglais. Il y a de fortes chances que vous transitiez par ce *borough*, puisqu'il abrite deux aéroports, JFK et LaGuardia. Cosmopolite et hétéroclite, le Queens est sans doute le *borough* qui correspond le plus à l'image que l'on se fait du *melting pot* new-yorkais.

IT'S IN QUEENS

120-55 Queens Boulevard
✆ +1 718 263 0546
www.itsinqueens.com

Le conseil de développement économique du Queens a mis en place une structure visant à promouvoir le tourisme dans le Queens. Consultez le site internet de It's In Queens pour vous renseigner sur les choses à faire dans le *borough*, les visites guidées disponibles, les attractions, les hôtels mais aussi les restaurants. Vous pouvez demander à recevoir un guide gratuit, *Queens in Your Pocket*, par email. À consulter pendant votre séjour : l'éditorial de la semaine, qui revient sur tous les événements qui se déroulent dans le Queens.

FLUSHING MEADOWS CORONA PARK

4-09 47th Rd
✆ +1 718 786 6385
Accès libre.

Visiter le Hall of Science ou le Queens Museum donne l'occasion de faire un tour dans l'immense parc arboré de Flushing Meadows, qui abrite notamment l'Unisphere, globe en acier édifié pour l'Exposition universelle de 1964-1965. On profite de la visite pour voir les courts de tennis de l'US Open, faire du bateau à pédales sur le lac, et souhaiter bon appétit aux Latino-Américains qui viennent y préparer quelques grillades au barbecue. Une expérience originale.

QUEENS MUSEUM ★

Flushing Meadows Corona Park
✆ +1 718 592 9700
www.queensmuseum.org
Ouvert du mercredi au dimanche de 12h à 17h, dès 11h le week-end. Accès libre.

Construit pour l'Exposition universelle de 1939, le bâtiment s'élève dans l'immense parc de Flushing Meadows Corona. En face, l'Unisphere, imposant globe de métal édifié pour l'Exposition universelle de 1964-65. Deux points d'intérêt : sa collection unique de pièces de Tiffany, et le Panorama, une maquette absolument saisissante de l'ensemble des cinq *boroughs* de New York, réalisée pour l'Exposition universelle de 1964. Le long des coursives en hauteur, on survole une reproduction aux proportions parfaites de la Grosse Pomme, grande d'environ 1 100 m^2 !

GANTRY PLAZA STATE PARK

4-09 47th Rd
Accès libre.

Ne ratez sous aucun prétexte le point de vue sur Manhattan, l'ONU et le Chrysler Building depuis les rives de l'East River au sud de Long Island City, depuis le Gantry Plaza State Park. En plus de son panorama d'exception, ce parc est un véritable havre de tranquillité. On vient profiter de sa longue promenade au bord de l'eau, on pique-nique sur ses pelouses, on se repose sur ses chaises longues… À ne pas manquer : le signe Pepsi-Cola, vestige de l'époque où la zone abritait une usine d'embouteillage de la célèbre boisson gazeuse, qui a fermé en 1999.

LOUIS ARMSTRONG HOUSE MUSEUM ★

34-56 107th Street
✆ +1 718 478 8274
www.louisarmstronghouse.org
Ouvert du jeudi au samedi de 11h à 16h. Tarif : 10 US$. Musée + visites guidée de la maison (toutes les heures) 20 US$.

Louis Armstrong était déjà millionnaire et célèbre dans le monde entier lorsqu'il s'installa dans le Queens, en 1943. Il aurait pu vivre n'importe où, mais il choisit le quartier de classe moyenne de Corona. Ce fut plutôt le choix de Lucille, sa quatrième femme et le grand amour de sa vie, qui était originaire du Queens et décida pour le couple d'acheter cette maison aux proportions moyennes. Le légendaire jazzman y habita jusqu'à sa mort en 1971 et Lucille y séjourna elle-même jusqu'en 1983, date de son décès. Devenue National Historic Landmark, transformée en musée en 2003, la maison appartient désormais à la ville de New York. Cette coquette demeure au style années 50 est un témoignage émouvant du style de vie que pouvait mener l'un des plus grands géants de la musique du XXe siècle. Un style de vie sans prétention, confortable et douillet, à l'image de Louis Armstrong, personnalité vive, curieuse et lumineuse. La visite se déroule sur 40 minutes : l'occasion d'une découverte de chaque pièce de la maison, comme le salon bureau où Armstrong conservait toutes ses cassettes originales (musiques, conversations, compositions…). Bien sûr, vous pouvez repartir avec un souvenir d'Armstrong (CD, bibelots) acheté à la boutique en sortant. Si le jazz et Armstrong résonnent dans votre esprit comme une légende, il faut absolument faire l'effort de vous y rendre. Le 15 octobre 2017, le musée célébrait les 50 ans de l'inoubliable chanson *What a Wonderful World*.

MOMA PS1 ★

22-25 Jackson Avenue ✆ +1 718 784 2084
www.momaps1.org
Ouvert du jeudi au lundi de 12h à 18h, le samedi jusqu'à 20h. Fermé mardi et mercredi. Tarif : 10 US$.

Voici l'antenne expérimentale du MoMA. Derrière les murs de cette ancienne école publique se cachent les œuvres avant-gardistes de jeunes artistes contemporains, américains et internationaux. Ici, le fond et la forme sont intéressants : le bâtiment au style industriel conserve les couloirs et les carrelages de l'ancienne école et il abrite des expositions temporaires d'art nouveau, toujours expérimental. Des samedis *Warm Up* se tiennent dans les jardins du musée l'été : on peut y boire et y danser jusqu'en début de soirée, aux sons des DJ venus du monde entier.

MUSEUM OF THE MOVING IMAGE

36-01 35th Avenue
✆ +1 718 7776888
www.movingimage.us
Ouvert le jeudi de 14h à 18h, le vendredi de 14h à 20h et le week-end de 12h à 18h. Tarif : 20 US$.

Ouvert en 1988 sur le site de la Paramount Astoria Studios, ce musée est intégralement consacré à l'histoire, l'esthétique et la technique du septième art. Les expositions permettent de faire le tour des professions du cinéma, du metteur en scène à la maquilleuse, du scénariste au spécialiste des effets spéciaux, tout en mettant en valeur 60 000 objets, caméras, projecteurs, décors, costumes et documents. Toute la magie de l'image est ici expliquée de A à Z, de sa création à sa diffusion en passant par sa commercialisation. Agencé sur deux étages, le musée occupe les anciens studios d'enregistrement Kaufman Astoria. Là ont été tournés un grand nombre de films muets jusque dans les années 1920, à l'époque où New York était encore au centre de la production cinématographique, ainsi que les premières émissions en direct de la télévision ou des épisodes du *Cosby Show*. L'exposition principale *Behind the Screen* présente un grand nombre d'éléments nécessaires à la réalisation d'un film ou d'une émission de télévision : matériel, costumes, maquillage, doublages, effets spéciaux et les différentes techniques utilisées. Des jeux interactifs et des simulations vous mettent en situation d'acteur ou de réalisateur, sans oublier que l'on y trouve quelques emblèmes du cinéma comme le mannequin d'*E.T.* ou la marionnette de Yoda de *L'Empire contre-attaque*. Régulièrement, des séances de projections de films sont organisées avec l'intervention de comédiens et sont suivies de conférences-débats.

ROCKAWAY BEACH

Rockaway Peninsula

Moins fréquentée et plus propre que celles de Coney Island à Brooklyn, la plage de Rockaway est aussi le spot préféré des surfeurs. Magasins de surf, bars sur la plage, grandes maisons en bois blanc, on y retrouve une vraie ambiance de ville de bord de mer, les touristes en moins. Bon plan ! La bonne nouvelle, c'est qu'on peut y aller pour peu cher depuis Manhattan, en métro (lignes A puis S) ou en ferry avec NYCFerry. Pour l'anecdote, on surnomme Rockaway Beach l'« Irish Riviera », car elle compte une grande population d'Irlandais-Américains.

SOCRATES SCULPTURE PARK

32-01 Vernon Boulevard ✆ +1 718 956 1819
www.socratessculpturepark.org
Ouvert tous les jours de 9h jusqu'à la tombée de la nuit.

Le Socrates Sculpture Park fait partie de ces projets uniques qui font l'originalité de New York. A la fois espace d'exposition et jardin pour les résidents (de nombreuses activités gratuites y ont lieu), il offre la possibilité aux artistes d'exposer des sculptures de taille souvent imposante. Le jardin occupe un ancien terrain abandonné des rives de l'East River, réhabilité dès 1986, quand une coalition d'artistes eut l'idée de le créer. A voir absolument par beau temps et lors d'une visite du Noguchi Museum adjacent, ne serait-ce que pour la vue sur Manhattan…

THE NOGUCHI MUSEUM

9-01 33rd Road et Vernon Blvd
✆ +1 718 545 8842
www.noguchi.org
Ouvert du mercredi au dimanche de 11h à 18h. Tarif : 16 US$.

Espace zen par excellence, ce magnifique lieu sur deux étages, doublé d'un jardin, expose les œuvres de culture américano-japonaise du sculpteur Isamu Noguchi (1904-1988). C'est l'artiste lui-même qui a créé et fondé ce musée en 1986. Avec ces pièces parfois immenses de métal, de pierres et de bois, Noguchi nous entraîne dans son monde, où l'art de créer et l'art de se relaxer sont intimement liés. A l'intérieur comme à l'extérieur, art et nature sont indissociables. Le *design* intérieur d'un grand artiste, à voir absolument !

THE ROCKAWAY HOTEL €€€

108-10 Rockaway Beach Drive
✆ +1 718 474 1216
www.therockawayhotel.com
Chambre double à partir de 250 US$ hors saison et 385 US$ en été. Spa, piscine extérieure, cours de sport.

Ouvert en 2020, ce boutique-hôtel installé à deux minutes à pied de la plage a largement contribué à transformer Rockaway Beach, belle endormie à une heure de New York en métro, en un endroit cool. Avec son style rétro et épuré, l'établissement avec spa attire une clientèle branchée venue de Brooklyn et de Manhattan venue se détendre au gré des vagues, sur lesquelles glissent les surfeurs. On peut admirer l'océan depuis certaines chambres et depuis le rooftop, qui dévoile également la skyline de New York à l'horizon. Ambiance festive en soirée.

TWA HOTEL €€€

One Idlewild Drive
✆ +1 212 806 9000
www.twahotel.com
Chambre double à partir de 300 US$. Piscine. Salle de sport.

Unique en son genre, cet hôtel ouvert depuis mai 2019 est abrité dans l'aérogare de la TWA, compagnie aérienne qui a fait faillite après les attentats du 11 septembre, et dont le président n'était autre que Howard Hughes. C'est à l'architecte Eero Saarinen que l'ont doit ce bâtiment avant-gardiste, tout en courbes, inauguré en 1962 et classé au patrimoine historique. Séjourner au TWA Hotel, c'est faire un saut dans les années 1960, avec une déco rétro et des objets d'époque. Bonus : on peut regarder les avions décoller depuis la piscine !

CANNELLE LIC €

5-11 47th Ave
✆ +1 718 937 8500
www.cannellelic.com
Ouvert du lundi au samedi de 7h à 20h et le dimanche de 7h à 18h. Pâtisseries à partir de 4,50 US$.

Ça sent bon la France dans cette boutique où sont vendues de bonnes pâtisseries. Après avoir croqué dans l'éclair au café fondant ou le chausson aux pommes croustillant, vous ne douterez plus : il y a un Français dans les parages ! Cet homme, c'est Jean-Claude Perennou, natif de Bretagne qui a fait ses armes au prestigieux Waldorf Astoria en tant que chef pâtissier. Opéras, mille-feuilles, palmiers, tartes aux fraises, tout y est. Les viennoiseries et le pain, y compris les sandwiches, sont excellents, eux aussi. Allez-y les yeux fermés.

QUEENS NIGHT MARKET

4701 111th Street
www.queensnightmarket.com
De mi-avril à mi-octobre, tous les samedi de 16h à minuit. Accès libre.

Organisé tout au long de la belle saison, le Queens Night Market est un véritable événement culturel et culinaire. Le Queens étant le *borough* le plus divers de New York, son marché présente forcément des cuisines venues du monde entier, en particulier d'Asie et d'Amérique latine. Parmi la centaine de stands, les trois-quarts vendent de la nourriture, le reste de l'artisanat ou de l'art. Contrairement aux marchés de Manhattan, les tarifs sont ici vraiment abordables. Ambiance familiale et festive car chaque samedi, il y a des performances et concerts.

TAVERNA KYCLADES €€

36-01 Ditmars Blvd,
+1 718 545 8666
www.tavernakyclades.com

Ouvert tous les jours de 12h à 23h, samedi et dimanche dès 23h30. Plats à partir de 20 US$.

Astoria étant le quartier grec du Queens, c'est forcément ici que vous trouverez le meilleur restaurant grec de toute la ville. Ce qui a commencé comme un simple restaurant de quartier s'est transformé en une véritable institution connue dans tout New York. Ici, on se régale de poissons grillés ultra frais et de calamars frits. Le cadre est on ne peut plus minimaliste, mais ça fonctionne (on vient de tous les *boroughs* pour y manger). Seul bémol, la queue est souvent très impressionnante, car les réservations ne sont pas acceptées.

THE BONNIE €

29-12 23rd Avenue
+1 718 274 2105
www.thebonnie.com

Ouvert du lundi au jeudi de 16h à minuit, le vendredi de 12h à 2h, le week-end dès 10h. Plats de 15 à 30 US$.

The Bonnie, avec sa cour très sympa, est l'un des lieux les plus vivants du quartier d'Astoria. Pour le dîner, on vient y manger des plats américains, copieux et bien réalisés : burgers, sandwiches, salades, *mac & cheese*, etc. Le week-end, les habitants du quartier s'y rendent pour l'incontournable brunch, où les plats à base d'œufs sont arrosés de cocktails ou de café à volonté. En fin de soirée, en particulier le week-end, l'ambiance se réchauffe, on tamise les lumières, on parle fort ou on écoute les concerts de musique dans la salle du fond.

TOURNESOL €€

50-12 Vernon Blvd
+1 718 472 4355
www.tournesolnyc.com

Ouvert de 11h30 à 15h (11h à 15h30 le week-end) et de 17h30 à 22h, 22h30 ou 23h selon les soirs. Fermé le lundi midi.

Un bistrot à la française qui attire les locaux pour son atmosphère intimiste, sa déco cosy qui nous transporte à 5 800 kmde là et ses bons petits plats. Salade niçoise, croque-monsieur ou quiche lorraine au déjeuner, truite meunière, bœuf bourguignon ou magret de canard au dîner, c'est simple : tout est soigneusement exécuté et servi. Sans oublier les plats du jour : couscous, coq au vin, ratatouille... Un très bel hommage à la gastronomie française en plein Queens. Saluons également les prix, restés franchement abordables à travers les années.

L.I.C. BAR

45-58 Vernon Bvd
+1 718 786 5400
www.licbar.com

Ouvert en semaine de 16h à 2h (4h vendredi), le samedi de 13h à 4h et le dimanche de 13h à 2h.

Le terme de *speakeasy*, très en vogue à New York pendant les années 1930 et de nouveau aujourd'hui, prend ici tout son sens. Tripot clandestin sous la prohibition, le L.I.C. (pour Long Island City) a rouvert ses portes en 2009 après... 50 ans de fermeture ! Sans prétention, ce vaste bar aux allures de pub irlandais abrite un paisible patio intérieur. Quelques concerts y sont organisés, en général le dimanche en été et le jeudi soir (consultez la programmation sur le site Internet). Une bonne adresse après une visite du PS1 et un dîner sur Vernon Boulevard.

THE LETLOVE INN

27-20 23rd Ave
+1 718 777 5683
www.letloveinn.com

Ouvert tous les jours de 17h à 4h du matin. Entrée souvent gratuite, parfois autour de 5 US$.

The LetLove Inn est l'un des secrets les mieux gardés du Queens... Ne vous fiez pas à la devanture, qui ne paie résolument pas de mine, et poussez la porte de ce bar qui fait l'angle : vous pénétrerez dans un autre monde, surtout les soirs où des groupes viennent se produire sur la minuscule scène, pour des *jam sessions* incroyables. Installé au bar de ce troquet, à faire la conversation avec le barman, vous aurez l'impression d'être revenu au temps de Frank Sinatra. L'endroit ferme plus tard que la moyenne. À ne pas manquer si vous logez à Astoria.

BRASS OWL

36-19 Ditmars Blvd
+1 347 848 0905
www.thebrassowl.com

Ouvert tous les jours de 11h à 20h.

Si vous avez déjà entendu la formule « Queens is the new Brooklyn », elle prendra tout son sens lorsque vous découvrirez cette petite boutique très *hype* dans le quartier vivant d'Astoria. Elle propose des vêtements aussi bien tendance que rétro ainsi qu'une grande variété d'objets (bougies, *tote bags*, porte-clés, t-shirts, accessoires...), souvent féministes, à l'effigie de New York, bien sûr, mais surtout du Queens et d'Astoria. Pas mal si vous séjournez dans le quartier et souhaitez rapporter un souvenir de ce *borough* trop souvent oublié !

THE BRONX ★

Séparé de Manhattan par la Harlem River, un bras de l'Hudson a laissé la trace d'une vallée sur ce vaste territoire qui fait partie du continent. Longtemps peuplé d'immigrants irlandais et de juifs russes, ce quartier cossu au XIXe siècle a connu, des années 1960 au milieu des années 1990, un appauvrissement général qui a transformé l'image du *borough*. Dans la mythologie américaine contemporaine, le Bronx, berceau du hip-hop, évoque désormais les voyages au bout de la nuit citadine et des paysages de désolation urbaine. Certes, certaines parties ghettoïsées du Bronx ont encore une criminalité présente, principalement à cause du trafic de drogue. Mais finis les crimes quotidiens et en plein jour des années 1980 et 1990, le Bronx est aujourd'hui un quartier résidentiel qui pâtit d'une image qui ne colle plus vraiment à la réalité. Vous ne courez aucun risque à vous balader en journée dans le quartier. Cependant, la vérité est que pour le touriste, le Bronx n'offre guère d'attrait, surtout si vous ne passez que deux semaines maximum à New York. Ce *borough*, où 48 % de la population est hispanique, est toutefois le siège du plus grand zoo du monde avec un splendide jardin botanique attenant. Les passionnés de sport pourront aller s'initier aux règles du baseball et du football américain au Yankee Stadium. En dépit des merveilles architecturales (Art déco) qui ornent Grand Concourse, ces Champs-Elysées d'autrefois, le Bronx n'est pas un quartier propice aux promenades nonchalantes. Si vous n'allez pas au Bronx, le Bronx n'ira pas à vous…

CITY ISLAND

Mº Pelham Bay Park (ligne 6). Puis prendre le bus BX29 jusqu'à l'arrêt City Island Av/Fordham St.

L'endroit le plus improbable de New York ! Cette île située au nord-est du Bronx est une petite bourgade de 4 300 âmes où l'on trouve de nombreux pêcheurs et de très bons restaurants de poissons. Le port de l'île sert de parking aux yachts des richissimes habitants du Westchester (banlieue onéreuse du nord de New York), ce qui explique la présence de certains établissements chics. On y trouve donc d'imposantes maisons au style victorien, des galeries d'art, et des antiquaires. A voir : le City Island Nautical Museum, qui revient sur l'histoire maritime du lieu.

JOKER STAIRS

Shakespeare Avenue

Voici l'attraction qui attire les touristes jusque dans le Bronx depuis octobre 2019 : les marches qui apparaissent dans le film *Joker* de Todd Phillips, sur lesquelles Arthur Fleck (Joaquin Phoenix), sous les traits de son *alter ego* Joker, entreprend quelques pas de danse mémorables. Pour les cinéphiles et influenceurs, ces marches sont devenues une visite quasi incontournable d'un voyage à New York. Tous les jours, ils sont des dizaines à reproduire la danse du Joker sous le regard mi-amusé, mi-agacé des habitants du quartier.

THE BRONX COUNTY HISTORICAL SOCIETY

3309 Bainbridge Avenue

✆ +1 718 881 8900

www.bronxhistoricalsociety.org

Cette association se consacre à faire vivre l'histoire du Bronx. Elle organise de nombreux tours de découverte culturelle du Bronx, à pied ou en bus ou en métro, en général le samedi, et parfois le dimanche. Mais il n'y a pas de date précise et il est donc obligatoire de se renseigner sur le site Internet préalablement. Certains tours traversent le South Bronx et Bedford Park pour leur architecture Art déco, tandis que d'autres permettent de découvrir Woodlawn Cemetery en trolley.

POE COTTAGE

2460 Grand Concourse

✆ +1 718 881 8900

Visites guidées le samedi de 11h à 16h et le dimanche de 13h à 17h. Tarif : 5 US$.

Construite en 1797, ce fut la dernière demeure d'Edgar Allan Poe. Il y résida avec sa mère et son épouse de 1846 jusqu'à sa mort à 40 ans en 1849. Il n'y mourut pas, à l'inverse de sa femme Virginia qui succomba à la tuberculose en 1847. Il s'agit d'une modeste maison d'ouvrier, située dans une partie du Bronx autrefois nommée Fordham Village. Elle a été reconvertie en musée en 1917. On peut désormais évoluer parmi les meubles, écrits et reliques du grand écrivain. La maison a été classée au registre national des lieux historiques en 1966.

NEW YORK BOTANICAL GARDEN

2900 Southern Boulevard
✆ +1 718 817 8700
www.nybg.org
Ouvert du mardi au dimanche de 10h à 18h (horaires variables, consulter le site Internet). Tarif : à partir de 35 US$.

Jouxtant le zoo, c'est le plus important jardin botanique des États-Unis, en particulier grâce à l'Enid A.-Haupt Conservatory, un bâtiment de style victorien en verre et en fer, qui abrite un jardin d'hiver tropical, des plantes désertiques, une forêt de fougères et des expositions saisonnières variées. Au printemps, les innombrables fleurs illuminent de couleurs inhabituelles cet environnement urbain. Un fabuleux espace de calme et de verdure avec des kilomètres de chemins bordés de plantes luxuriantes. C'est l'un des jardins botaniques les plus anciens et les plus grands au monde. Il fut fondé en 1891 et s'étend sur une centaine d'hectares. C'est à la fois un musée de la flore et un site historique. Des variétés innombrables de fleurs, de plantes et d'arbres poussent parmi les 27 jardins du parc. Un petit parc d'attractions, l'Everett Children's Adventure, a été aménagé pour les enfants et de nombreuses activités y sont organisées pendant les vacances. La visite du spectaculaire Enid A.-Haupt Conservatory et du jardin peut se faire à pied, en tramway ou en voiturette. Chaque été, des installations artistiques temporaires sont mises en place et sont à découvrir au gré de votre balade. En 2021, l'artiste contemporaine Yayoi Kusama a exposé ses sculptures au milieu des fleurs. Et chaque année, à la période de Noël, le jardin est décoré de manière féerique pour le Holiday Train Show, petit train qui circule entre les plantes et les répliques de monuments new-yorkais.

THE BRONX ZOO (WILDLIFE CONSERVATION SOCIETY) ★★

Bronx River Parkway et Fordham Road
✆ +1 718 367 1010
www.bronxzoo.com
Ouvert tous les jours sauf le lundi de 10h à 18h (horaires restreints en hiver). Tarif : 35 US$.

Fondé en 1889, ce parc zoologique est l'un des plus grands du monde. Ses dimensions lui ont permis de laisser ses animaux en liberté. Il s'étend sur 170 hectares de terrains boisés et héberge plus de 6 000 animaux d'environ 650 espèces et sous-espèces. Pour les gros animaux tels que les ours, les tigres, les girafes, pas de cages mais des espaces aménagés, proches de leur milieu naturel d'origine. Le zoo abrite beaucoup d'espèces rares dont la plupart sont en voie de disparition comme les tigres de Sibérie, les éléphants d'Asie ou les alligators chinois. Le parc se divise en plusieurs espaces correspondants à des zones géographiques. Le Wild Asia Complex est habité par des animaux sauvages originaires d'Asie. Une reconstitution du milieu des montagnes de l'Himalaya abrite le très rare léopard des neiges ou léopard blanc et le panda rouge. La Congo Gorilla Forest est particulièrement impressionnante. Plus de 400 animaux de 55 espèces issues des forêts tropicales vivent librement dans cette zone de 14,5 hectares qui reproduit leur environnement naturel. La visite du zoo est plus intéressante en été, car en hiver beaucoup d'espèces sont à l'abri. Par contre, il vous faudra venir plutôt en semaine et de bonne heure pour être au calme. Plus de deux millions de visiteurs traversent chaque année les différents territoires du zoo, soit par le safari train, soit par le Wild Asia Monorail, meilleur moyen de transport pour visiter les lieux. Réductions les mercredis (achat en ligne).

VALENTINE-VARIAN HOUSE

3266 Bainbridge Avenue et East 208th Street
✆ +1 718 881 8900
www.bronxhistoricalsociety.org
Ouvert le samedi de 10h à 16h et le dimanche de 13h à 17h. Tarif : 5 US$.

Cette propriété sur deux étages fut construite en 1758 sur la vieille route postale entre New York et Boston pour le riche agriculteur Isaac Valentine. Ce dernier en fut chassé pendant la guerre d'Indépendance à cause des nombreux combats qui eurent lieu dans la zone. Le boucher Isaac Varian racheta la maison avant que sa famille la vende à la ville. En 1965, elle fut déplacée vers le lieu où elle se trouve actuellement puis restaurée pendant trois ans. Elle est la plus vieille ferme du Bronx, et elle abrite aujourd'hui le musée de l'histoire du Bronx.

VAN CORTLANDT HOUSE

Broadway
✆ +1 718 543 3344
Ouvert du mercredi au dimanche de 11h à 16h. Tarif : 5 US$.

Voici la plus vieille maison du Bronx, construite en 1748 par le riche propriétaire terrien hollandais Frederick Van Cortlandt. Des champs entouraient la demeure du vivant de la famille fondatrice, dans lesquels travaillaient alors des esclaves. Mais la maison de style géorgien a aussi été le théâtre de grandes heures de l'histoire américaine (George Washington y a préparé sa marche triomphale sur New York en 1783). La famille Van Cortland en a fait don à la ville de New York en 1889 y laissant la plupart du mobilier d'époque.

VILLA CHARLOTTE BRONTË

2501 Palisade Avenue

Ne se visite pas.

Si cette résidence porte le nom de la célèbre romancière et poétesse anglaise, celle-ci n'y a pourtant jamais mis les pieds. Et la raison est simple : ce complexe résidentiel au charme ancien ne date que de 1926 ! Situé dans le quartier de Riverdale, dans le Bronx, la villa Brontë bénéficie d'un environnement paisible et verdoyant, très apprécié des habitants qui occupent ses 17 appartements. En longeant la route, on aperçoit soudain la rivière Hudson entre deux maisonnées. Un panorama bucolique, aux airs d'Italie, qu'on ne s'attend pas à trouver à New York.

WAVE HILL

675 W. 252nd Street

✆ +1 718 549 3200

www.wavehill.org

Ouvert du mardi au dimanche de 10h à 17h30. Tarif : 10 US$. Gratuit le jeudi.

C'était, à l'époque de sa construction, une demeure privée avec vue spectaculaire sur l'Hudson River, elle fut ensuite la maison d'un ambassadeur britannique, puis appartint à Mark Twain et à Théodore Roosevelt. Dans un quartier très fleuri, Wave Hill ne ressemble en rien au Bronx. Avec un immense jardin autour, utilisé par la ville de New York comme jardin public, cette demeure est un bijou taillé dans le roc. Toute la zone est merveilleusement aménagée et entretenue comme un palais royal. Des bancs sont disposés sur les côtés pour votre plus grand bonheur.

WOODLAWN CEMETERY

4199 Webster Avenue

✆ +1 718 920 0500

www.thewoodlawncemetery.org

Ouvert tous les jours de 8h30 à 16h30. Accès libre.

C'est le Père Lachaise de New York. Bat Masterson, le shérif qui nettoya Dodge City avant d'être un homme de presse à New York, y est enterré. Et bien d'autres avec lui : les joueurs, les sportifs, les amateurs invétérés des premières au théâtre, les agents d'artistes. Il y a Herman Melville, Duke Ellington et Miles Davis. Bert Williams, qui fut le premier à gagner un million de dollars au vaudeville, est aussi là. Parmi les autres pensionnaires pour l'éternité, citons l'amiral Farragut, le marchand F.-W. Woolworth, le maire Fiorello La Guardia, Joseph Pulitzer...

MARIO'S RESTAURANT €

2342 Arthur Avenue

https://mariosarthurave.org/

Ouvert du dimanche au jeudi de 11h30 à 21h, jusqu'à 22h le vendredi et le samedi. Fermé lundi-mardi. Plats : 15-25 US$.

Plus authentique que ce restaurant italien tenu depuis cinq générations par la même famille, ce n'est pas possible. La décoration pourrait paraître vintage, voire *old school* mais elle est tout simplement ancienne car Mario's est ouvert dans le Bronx depuis 1919 ! La cuisine traditionnelle italienne y est d'une très grande qualité. Peu de pizzas mais une quinzaine de plats de pâtes et également de nombreuses préparations savoureuses à base de viande ou de poisson. C'est très bon et les portions sont plus que généreuses. Dépaysant.

ARTHUR AVENUE RETAIL MARKET

2344 Arthur Avenue

✆ +1 718 220 0346

www.arthuravenuebronx.com

Ouvert du lundi au samedi de 8h à 18h, le dimanche de 10h à 18h.

Saviez-vous que le vrai Little Italy de New York se trouve dans le Bronx ? Un grand nombre d'immigrants italiens se sont installés dans le coin dès 1850 et, à l'inverse du Little Italy de Manhattan, devenu une vitrine pour touristes, Arthur Avenue a gardé de son authenticité ! Si vous cherchez de bons produits, allez faire un tour à son marché, qui foisonne de commerces spécialisés dans les produits italiens : pâtisserie, charcuterie, viande mais aussi fruits et légumes frais.

YANKEE STADIUM

161st Street et River Avenue

✆ +1 718 293 4300

www.yankees.com

Visite guidée du stade tous les jours, toutes les heures entre 11h et 14h. Prix : 40 US$.

Ce stade accueille l'équipe de football du New York City FC et bien sûr l'équipe de Baseball des Yankees, la franchise la plus titrée de l'histoire de ce sport avec 27 victoires, la dernière datant de 2009. Le stade sert aussi de lieux de concert et a accueilli Jay-Z, Eminem, Paul McCartney ou encore Madonna. Une visite du stade est possible, elle inclut une visite des tribunes, du musée, de la tribune presse, et du Monument Park, un musée en plein air. Mais le mieux pour prendre le pouls des lieux est encore d'assister à un match de baseball !

STATEN ISLAND ★★

On se rendra au moins une fois sur l'île de Staten Island pour emprunter son ferry, gratuit, qui passe à côté de la Statue de la Liberté ! Avec 479 000 habitants, Staten Island est le moins peuplé des *boroughs* de New York. Depuis 1981, il est relié à Manhattan grâce au Verrazano Bridge. C'est ici qu'a été formé l'un des plus grands groupes de hip-hop de tous les temps : le Wu-Tang Clan. Les mafieux les plus puissants de la ville ont également installé leurs villas dans les zones résidentielles (comme dans *Les Sopranos*). La population est majoritairement blanche, familiale et républicaine. Quoi qu'il en soit, Staten Island est le lieu où échapper, au fil de l'eau, au stress de Manhattan.

Le mémorial du 11 septembre de Staten Island.

HISTORIC RICHMOND TOWN ★

441 Clarke Avenue ✆ +1 718 351 1611

www.historicrichmondtown.org

Ouvert du mercredi au dimanche de 11h à 16h. Visites guidées à heures fixes. Tarif : 10 US$.

Un site historique qui reconstitue la vie des habitants de Staten Island du XIXe siècle. Une trentaine de bâtisses de l'époque ont ainsi été préservées, certaines sont ouvertes au public et peuvent se visiter gratuitement. Des acteurs battent le fer, d'autres se promènent en tenue d'époque dans le village pour plonger les touristes dans le XIXe siècle. Le soir d'Halloween, les lieux sont peuplées de créatures effrayantes réclamant des bonbons ! Pour se rendre au village, il faut prendre le bus S74 une fois arrivé à Staten Island en ferry.

JACQUES MARCHAIS MUSEUM OF TIBETAN ARTS

338 Lighthouse Avenue

✆ +1 718 987 3478

www.tibetanmuseum.org

Ouvert du mercredi au dimanche de 13h à 17h. Entrée libre, mais donation suggérée de 6 US$.

C'est un intéressant petit musée avec une vraie pagode et une impressionnante collection d'objets mystérieux. Il fut fondé par Jacques Marchais qui, malgré son nom, n'avait rien du Parisien bourgeois que l'on imagine, puisqu'il s'agissait en réalité d'une femme originaire de Cincinnati ! Elle se passionna pour le Tibet et l'Himalaya, où elle ne mit pourtant jamais les pieds. Le musée abrite aujourd'hui l'une des plus importantes collections d'art himalayen au monde.

TOMPKINSVILLE ★

Ce quartier situé au nord-est de Staten Island est le plus vivant de l'île avec ses galeries d'art, cafés, bars, et restaurants. Sa proximité avec le Staten Island Ferry, auquel on peut accéder à pied, le rend facile d'accès depuis Manhattan. Une importante communauté du Sri Lanka (l'une des plus grandes en dehors du pays) s'y est installée et l'on parle parfois de « Little Sri Lanka ». Faites un détour au Silver Lake Park où se trouve notamment un terrain de golf. La vue sur la statue de la Liberté, au soleil couchant, y est magnifique.

HARBOR HOUSE B&B €€

1 Hylan Boulevard

✆ +1 718 876 0056

www.nyharborhouse.com

Chambre double de 109 à 200 US$, selon la chambre et la saison. Petit déjeuner compris.

Les prix de ce *Bed & Breakfast* sont très abordables. Il est toutefois indispensable pour en apprécier les avantages d'aimer prendre le ferry qui est la solution la plus économique pour rejoindre Manhattan. Depuis la résidence, un bus se rend jusqu'au ferry gratuit, qui se rend à Manhattan en 25 minutes. Les bus ainsi que le ferry circulent 24h/24. Le *Bed & Breakfast*, installé dans une maison qui date de 1890, offre un panorama magnifique sur la *skyline* de Manhattan, le pont Verrazano et la statue de la Liberté. Les chambres sont bien décorées et très agréables.

ORGANISER SON SÉJOUR

Alors que l'idée d'un voyage à New York commence à faire son chemin dans votre esprit, l'excitation de découvrir Big Apple se mêle peut-être à l'appréhension de devoir organiser des vacances dans une ville aussi grande et compliquée. Vous êtes sans doute dépassé par le nombre de compagnies aériennes et de tours opérateurs, ou par le vaste choix d'hôtels, certains se trouvant dans des quartiers au nom alambiqué qui ne vous disent absolument rien. Sans parler du coût de la vie, New York vous fait de l'œil mais c'est une ville chère et vous n'avez pas l'intention de vendre un rein pour réaliser votre rêve de voir Broadway ! Pour avoir l'esprit tranquille une fois sur place, la préparation est essentielle. Voici nos conseils pour organiser au mieux votre voyage à New York sans vous ruiner.

ORGANISER SON SÉJOUR

ARGENT

À New York comme dans le reste des États-Unis, l'unité monétaire est le dollar (US$). Les coupures sont de 1, 2 (rarissimes), 5, 10, 20, 50, 100, 500 et 1000 US$. Les coupures supérieures à 50 US$ sont parfois refusées, notamment aux guichets du métro, dans les taxis mais aussi dans certains magasins ou restaurants. Uniformément verts et blancs, les billets américains se ressemblent tous et exigent un minimum d'attention. D'autant plus qu'ils ont tous la même taille. Veillez à ne pas vous tromper lorsque vous payez et vérifiez toujours lorsqu'on vous rend la monnaie. Quant aux pièces (*coins*), elles sont de 1 cent (*penny*), 5 cents (*nickel*), 10 cents (*dime*), 25 cents (*quarter*) – utilisées dans les bus et les lavomatiques –, 50 cents (*half dollar*) et, enfin, 1 US$, qui sont désormais dorées (*golden dollar*). Les pièces de 1 et 5 cents sont toutes petites et de couleur cuivre : toutes les autres sont de couleur argent.
Le taux de change évolue quotidiennement, renseignez-vous auprès de votre banque avant le départ ou allez consulter un site Internet spécialisé, comme www.xe.com. Selon Boursorama.com, le taux de change au 22 juillet 2025 était de : 1 US$ = 0.85 € : 1 € = 1.17 US$ (taux réels en succursale).

BUDGET / BONS PLANS

L'argent est une valeur qui a la fâcheuse tendance à vous filer entre les doigts à New York ! La vie y a sacrément augmenté ces dernières années. Si les prix de l'immobilier ont toujours été plus élevés que ceux de Paris (déjà délirants), les autres postes de dépense étaient traditionnellement meilleur marché à New York qu'en France. Mauvaise nouvelle : ce n'est plus le cas aujourd'hui. Pour les touristes européens, les États-Unis sont une destination toujours plus chère. Un séjour à New York vous laissera généralement des souvenirs impérissables et un compte en banque qui fait plutôt une grise mine... Difficile de manger dans un restaurant décent pour moins de 15 US$, difficile de loger dans un hôtel à peine salubre pour moins de 100 US$, les transports en commun sont hors de prix (2,90 US$ le trajet en métro), difficile de consommer sans laisser 15 à 20 % de pourboire, délicat de séjourner à New York sans passer par la case « shopping », etc.
Un élément à bien prendre en compte quand on prépare un budget pour un séjour à New York : vous vous apprêtez à plonger dans le temple mondial du consumérisme et de l'*entertainment*. L'esprit extrêmement entreprenant des New-yorkais fait que, où que vous soyez dans la ville, vous serez sollicité pour dépenser de l'argent. Un petit en-cas sur le coup de 16h en passant devant une *bakery* bien cosy, des paires de jeans, des souvenirs *I Love NY*, le concert d'un artiste qui vous fait rêver depuis des années et que vous n'aurez jamais l'occasion de voir en France, etc. La liste des tentations est longue comme le bras !

PASSEPORT ET VISAS

Pour vous rendre aux États-Unis, il vous faut un passeport biométrique. La France fait par-

© ANDRESR-ISTOCKPHOTO.COM

tie du programme Visa Waiver Pilot (VWP), qui autorise tous les ressortissants français à entrer sur le sol américain sans visa, et ce pour un séjour d'une durée maximale de 90 jours. Depuis janvier 2009, pour bénéficier de cette exemption de visa, il est nécessaire de faire une déclaration en ligne pour les séjours touristiques aux Etats-Unis. Pour cela, il vous faudra remplir le formulaire ESTA en ligne (https://esta.cbp.dhs.gov) et vous acquitter des frais administratifs, à hauteur de 21 US$. Attention à bien remplir le formulaire au moins 72 heures avant et en passant uniquement par le site précédemment cité. De nombreux sites frauduleux vous proposent de prendre en charge cette démarche administrative moyennant des coûts exorbitants. Pour entrer aux Etats-Unis, il suffit donc d'avoir un passeport biométrique à lecture optique en cours de validité ainsi qu'un billet aller-retour non remboursable et de ne pas avoir l'intention de prolonger son séjour. Enfin, pour tout séjour d'une durée supérieure à 90 jours, le visiteur doit être en possession d'un visa. Plusieurs types de visas existent (étudiant, de travail, etc.), mais ils sont tous assez difficiles à obtenir.
Pour tout savoir sur le type de visa à demander et les démarches à suivre, consultez le site Internet https://fr.usembassy.gov/fr/visas-fr/. Pour obtenir un visa pour les États-Unis, vous devrez vous rendre à l'Ambassade des États-Unis à Paris (http://fr.usembassy.gov). Si vous n'êtes pas en France, voici la liste complète des consulats et ambassades américains où vous pourrez faire vos démarches de visa : www.usembassy.gov

PERMIS DE CONDUIRE

Pour un séjour de moins de trois mois, le permis de conduire français (un ou trois volets) de plus d'un an est valable dans tous les États. Vous devez être âgé d'au moins 21 ans (dans quelques cas 25 ans) pour louer une voiture aux États-Unis. Dès lors que le temps de séjour dépasse trois mois, le permis français ne suffit plus et il devient obligatoire de passer le permis de conduire dans l'État de résidence. Les lois étant différentes selon les États, nous vous conseillons de contacter le consulat français de l'Etat qui vous concerne.

SANTÉ

Vous ne courez aucun risque de santé en allant à New York et aux États-Unis.

SÉCURITÉ

Le climat d'insécurité ambiant véhiculé par les films n'est qu'un lointain souvenir, puisque New York est aujourd'hui la grande ville la moins dangereuse des États-Unis. La *rotten apple* n'est plus depuis les années de politique de tolérance zéro de Rudy Giuliani. On se sent globalement très en sécurité à New York (plus qu'à Paris et d'autres grandes villes d'Europe, en tout cas), les gens sont détendus dans les transports, il y a du monde partout quelle que soit l'heure, en particulier à Manhattan.
Quelques quartiers sont néanmoins à éviter. Le nord du Bronx, l'est de Brooklyn, le quartier de Bedstuy sont notamment déconseillés la nuit. Plus surprenant, les parcs sont les lieux les plus dangereux la nuit à New York, y compris à Central Park. Apprenez à vous orienter, cela vous facilitera les choses, surtout si vous suivez les explications avec un plan sous les yeux. Respectez les consignes de prudence élémentaire valables partout, restez sur vos gardes, et vous ne rencontrerez pas le moindre souci !

DÉCALAGE HORAIRE

Il y a 6 heures de décalage avec la France. Lorsqu'il est 17h à Paris, il est 11h à New York. Cela est vrai en hiver comme en été, puisque le *daylight saving time* a lieu sensiblement aux mêmes dates en France et aux États-Unis (à une ou deux semaines près).

LANGUES PARLÉES

Contrairement à ce que l'on pourrait penser, l'anglais n'est pas la langue officielle des États-Unis, puisque le pays n'en a pas ! New York est une ville polyglotte, les trois langues principales sont l'anglais, l'espagnol et le chinois. Si on leur ajoute le russe, le polonais, le français, l'italien, le yiddish, le portugais, l'allemand, le grec, le coréen, l'arabe, le japonais, le hongrois, le vietnamien, l'hindi, les langues slaves, scandinaves et indo-européennes, et celles parlées par les Indiens (*Native Americans*), on s'aperçoit qu'on a presque fait le tour de la planète !
Compte tenu de la concentration géographique des différentes communautés, la répartition des langues parlées diffère selon les *boroughs* (on parle par exemple beaucoup plus espagnol dans l'ouest du Queens et dans le Bronx qu'ailleurs : le russe est très majoritairement parlé dans le sud de Brooklyn, etc.). Peu de gens vous répondront en français à New York, sauf dans les hôtels où le personnel est polyglotte, mais vous pourrez vous débrouiller avec un anglais approximatif.

COMMUNIQUER

Vous ne risquez pas d'être coupé du monde pendant votre séjour à New York. Le wi-fi est disponible gratuitement dans foule de restaurants, magasins et, bien sûr, dans les hôtels. La ville de New York met à la disposition du public un réseau wif-fi gratuit, appelé LinkNYC. En outre, il y a à travers la ville plus de 1 700 kiosques Link (www.link.nyc), ces bornes où l'on peut recharger son téléphone portable, se connecter au wi-fi et appeler un numéro américain, le tout gratuitement.

ELECTRICITÉ ET MESURES

Les États-Unis fonctionnent sous 110 volts et à une fréquence de 60 Hz. Les prises de courant sont à deux fiches plates et les douilles des ampoules sont à vis (pas de baïonnettes). Que vous apportiez ou que vous achetiez sur place du matériel électrique, n'oubliez pas de vous munir d'adaptateurs (*converters*), en vente notamment chez Best Buy et Duane Reade. Si vous achetez des appareils sur place, prévoyez bien d'acheter l'adaptateur avant de rentrer. Mais attention ! Les normes américaines étant totalement différentes des normes françaises, veillez à n'acheter que du matériel compatible.

Les États-Unis refusent de se soumettre au système métrique, ce qui ne nous facilite pas la vie. Les distances sont mesurées en *inches* (pouces), *feet* (pieds), *yards* et *miles*. Les poids sont mesurés en *ounces*, *pounds* et *tons*. Les mesures liquides sont encore plus complexes et confuses : les mesures impériales (anglaises) et les mesures américaines sont en *pints* et *gallons*, mais sont différentes (1 *imperial pint* = 1,25 *american pint*).

BAGAGES

Faites vos bagages comme vous en avez l'habitude, mais n'omettez pas, quelle que soit la saison : un parapluie, un gilet, pull ou sweat-shirt (la climatisation marche à fond partout : métro, taxis, hôtels, magasins, musées, etc.), un permis de conduire international, votre carte étudiant le cas échéant. En hiver, pensez à partir avec des affaires très chaudes, car le mercure tombe bien plus bas qu'en France : écharpe, grosses chaussettes, grand manteau, pulls d'hiver, gants, bonnet, etc.

LES PHRASES CLÉS

Bonjour, je voudrais réserver un billet aller/retour pour…
Hello, I would like a round trip ticket for…

J'ai raté mon avion. Je voudrais échanger mon billet s'il vous plaît.
I missed my flight.I would like to change my ticket, please.

Mon vol est très en retard. Ma correspondance sera bien assurée ?
My flight is very delayed. Will I be able to make my connection?

Mes bagages ont été égarés, à qui dois-je m'adresser ?
My luggage was lost. Whom should I speak to?

Louez-vous des voitures avec chauffeur ?
Do you provide chauffeur-driven car rental service?

Je n'ai presque plus d'essence. Où se trouve la station-service la plus proche ?
I'm almost out of gas. Where is the nearest gas station?

S'Y RENDRE

Quelle que soit votre expérience du voyage, vous pouvez tout à fait organiser vous-même votre séjour à New York et, si vous vous en sentez capable, nous vous encourageons vivement à le faire ! En suivant nos recommandations, vous aurez toutes les clés en main avant votre départ et éviterez les pièges les plus courants. Nous avons fait le gros du travail en répertoriant pour vous les compagnies aériennes qui proposent les vols les plus intéressants et les logements au meilleur rapport qualité-prix. En plus d'être sûre, New York est constamment envahie par les touristes du monde entier, vous ne vous sentirez donc jamais perdu dans cette ville pourtant démesurée. Vous prendrez un plaisir incroyable à l'explorer à votre rythme et ferez vos plus belles découvertes au détour d'une balade improvisée. Vos rencontres les plus mémorables auront lieu à la faveur d'une conversation avec des inconnus à qui vous demanderez votre chemin…

WELCOME WEST LLC

✆ +1 424 284 9001

https://we-west.com

Service assistance et conciergerie à partir de 159 US$ pour un groupe de 5 personnes.

L'agence d'assistance et de concierge à laquelle faire appel pour tous vos besoins lors de votre séjour aux États-Unis. L'équipe, entièrement francophone, est disponible 7j/7 par téléphone, Whatsapp ou e-mail. Tous ses membres se trouvent sur place et ont une excellente connaissance du pays. Welcome West propose divers services tels que la réservation d'activités, l'assistance aux voyageurs dans tout le pays, la garantie pour les bagages égarés, les transferts, etc. L'agence propose en outre un service d'accueil physique dans plusieurs villes, dont New York.

FRENCH BEE

✆ 08 25 20 52 05

www.frenchbee.com/fr

Réservations en ligne ou par téléphone (numéro payant).

La compagnie française *low cost* French Bee, petite sœur d'Air Caraïbes, propose depuis 2021 une liaison directe entre Paris-Orly et l'aéroport de Newark-Liberty (Manhattan est facilement accessible en transports en commun depuis Newark, le trajet prend moins d'une heure). Cinq à six vols décollent depuis Paris chaque semaine (en été, il y a des vols tous les jours). French Bee étant une compagnie *low cost*, il faut prévoir un supplément pour emporter un bagage en soute ou consommer un repas, du moins si vous voyagez en classe économique.

AIR CANADA

✆ 08 01 31 18 06

www.aircanada.com

Air Canada est la plus importante compagnie aérienne canadienne. Elle assure le plus grand nombre de vols réguliers internationaux au départ et à destination du Canada ainsi que sur le marché transfrontalier (Canada et États-Unis). Plus de 35 millions de passagers utilisent chaque année les services d'Air Canada. Au départ de Paris, profitez de deux vols quotidiens vers Montréal et vers Toronto, villes où les plates-formes de correspondance d'Air Canada vous donneront accès à New York et à 50 autres destinations étasuniennes.

AIR FRANCE

✆ 09 69 39 36 54

wwws.airfrance.fr

Réservation en ligne, par téléphone ou en agence.

La compagnie aérienne nationale française assure sept vols quotidiens au départ de Roissy-Charles de Gaulle (terminal 2E), à destination de New York. Compter environ 7h45 pour traverser l'Atlantique de Paris vers New York, et entre 6h30 et 7h pour aller de New York à Paris. Six vols quotidiens atterrissent à l'aéroport JFK, et un à Newark (EWR), dans le New Jersey voisin, de l'autre côté du fleuve Hudson. Certains des vols de la compagnie peuvent être assurés par l'alliance Skyteam (KLM, Delta Air Lines…), dont elle est la fondatrice.

AMERICAN AIRLINES

✆ 08 21 98 09 99
www.aa.com/fr-fr/vols
Réservations en ligne, par téléphone ou via l'application. Comptez 45 US$ de plus pour un bagage en soute.

Au départ de Paris-Charles de Gaulle, American Airlines assure de nombreux vols quotidiens entre Paris et les principales villes de l'Est des États-Unis (New York, Washington ou Boston). American Airlines propose 2 vols directs par jour de Paris - CDG (terminal 2A) à New York - John F. Kennedy (terminal 8). Comptez en moyenne 8 heures de vol. La compagnie propose également une vingtaine d'autres vols Paris-New York mais avec une escale, pour environ 11 heures de trajet. Elle propose plusieurs gammes de tarifs, de la classe *Basic* à la *First* ou *Business*.

LA COMPAGNIE

www.lacompagnie.com

Depuis 2019, la Compagnie propose des vols 100 % classe affaires reliant quotidiennement Paris-Orly et Nice à New York (aéroport de Newark). Cette compagnie aérienne française propose une expérience haut de gamme à prix compétitif, avec seulement 76 sièges. Fauteuils convertibles en lits, gastronomie soignée, Wi-Fi illimitée... Les passagers bénéficient d'un service personnalisé et d'un confort optimal, idéal pour voyager sereinement entre la France et les États-Unis. Les tarifs débutent à 1 300 euros aller-retour, avec deux bagages en soute inclus.

DELTA AIRLINES

www.delta.com

Delta Airlines est l'une des plus grosses compagnies aériennes américaines. Elle est particulièrement appréciée des voyageurs qui mettent en avant le service client de qualité, un bon équipement au sein des avions et un bon rapport qualité-prix. Delta propose plusieurs vols quotidiens directs entre Paris et New York, et de nombreux vols avec escale en Europe. Les vols partent de Paris-CDG (terminal 2E) jusqu'à l'aéroport John F. Kennedy. Delta est partenaire d'Air France, ce qui permet aux utilisateurs de cumuler des miles grâce au programme SkyMiles.

JETBLUE

✆ +1 800 538 2583
www.jetblue.com

Basée à New York, cette compagnie *low cost* dessert la plupart des États-Unis ainsi que le Mexique, les Caraïbes et certains pays latino-américains. Depuis New York, il était également possible de rallier Londres pour un prix bien inférieur à la concurrence, et depuis l'été 2023, 5 vols hebdomadaires directs sont aussi proposés entre New York et Paris. Plusieurs services à bord : Wifi, films et télé gratuits, boissons et snacks gratuits, alcools et boîtes-repas payants. Pour un confort total, informez-vous sur la classe Mint.

ICELANDAIR

Aller simple à partir de 442 €, aller-retour à partir de 460 €.

Icelandair relie l'Europe (dont plusieurs villes au départ de la France) aux États-Unis avec une escale en Islande, et c'est une belle surprise ! La courte escale à Reykjavik offre une pause agréable pour se dégourdir les jambes et s'imprégner de l'ambiance nordique. À bord, le confort est sobre mais suffisant, et le personnel, particulièrement attentionné. Les services sont proposés à la carte, et l'on choisit dès la réservation le forfait qui correspond le mieux à ses besoins. Une option originale et abordable pour traverser l'Atlantique autrement.

CUNARD - COMPAGNIE INTERNATIONALE DE CROISIÈRE

68, rue de Lourmel - **PARIS** (15e) ✆ 01 45 75 95 00
www.cunard-france.com
1 600 € par personne pour un aller simple Southampton - New York et 1 800 € pour un aller simple Le Havre - New York.

Cunard Line est la dernière compagnie maritime à assurer régulièrement la liaison maritime Europe–États-Unis à bord de *liners* conçus pour affronter la traversée de l'Atlantique Nord. On pourra notamment faire le trajet Southampton–New York à bord du célèbre *Queen Mary II* en 8 jours. Des départs depuis Le Havre, également à bord du *Queen Mary II*, sont proposés, mais ils sont beaucoup plus rares, il faut réserver très longtemps à l'avance ! N'hésitez pas à consulter le site internet.

SÉJOURS ET CIRCUITS

On ne compte plus le nombre de voyagistes qui offrent des séjours à New York… Pour vous aider à faire un choix éclairé, nous avons sélectionné les spécialistes qui proposent selon nous les meilleurs voyages organisés. C'est l'option que vous privilégierez si vous n'avez pas envie de vous tracasser avec l'organisation. Du départ jusqu'à l'arrivée, vous n'aurez qu'à vous laisser aller ! Selon vos envies et vos besoins, vous aurez plus ou moins de liberté une fois sur place. Les séjours sont organisés par des fins connaisseurs de la Big Apple, ils proposent des hôtels, activités et restaurants triés sur le volet, avec des guides qui parlent le français. Certains offrent même des circuits sur mesure, tandis que d'autres proposent des combinés avec d'autres destinations (départ de Montréal en autocar, séjour qui inclut d'autres villes de la côte Est, etc). Vous n'avez qu'à vous laisser guider !

ALMA VOYAGES

573, route de Toulouse
VILLENAVE-D'ORNON
✆ 05 56 87 58 46
www.alma-voyages.com
Ouvert du lundi au samedi de 9h30 à 12h et de 14h à 18h30 (14h30-17h30 le samedi).

Chez Alma Voyages, les conseillers connaissent parfaitement les destinations. Ils ont la chance d'aller sur place plusieurs fois par an pour mettre à jour et bien conseiller. Chaque client est suivi par un agent attitré qui n'est pas payé en fonction de ses ventes... mais pour son métier de conseiller. Une large offre de voyages (séjour, circuit, croisière ou circuit individuel) avec l'émission de devis pour les voyages de noces ou sur mesure. Une multitude de circuits sont proposés à New York, dans l'est des USA et aussi au Canada voisin !

ALTIPLANO VOYAGE

Route de la Bouvarde, Park Nord,
les Pléiades n° 35 - **EPAGNY METZ-TESSY**
✆ 04 50 46 90 25
www.altiplano-voyage.com
Ouvert du lundi au vendredi de 8h à 13h et de 14h à 18h.

Faites confiance aux spécialistes États-Unis d'Altiplano (etats-unis@altiplano-voyage.com - 04 50 44 37 83). Ayant vécu ou baroudé à travers tout le pays, ils vous conseillent pour composer votre voyage personnalisé, aux dates de votre choix. Pour découvrir New York et la côte Est des États-Unis, ils proposent, entre autres, un circuit en train entre Boston et Washington, pour un voyage en immersion. Cette agence fait preuve de créativité et d'originalité : hébergement écologique, visite privée dans le quartier de Harlem ou encore sur le campus de Harvard.

AMERIKASIA

48, rue Franklin
LYON (2e)
✆ 04 78 42 98 82
www.amerikasia.fr
Ouvert du lundi au vendredi de 10h à 18h, le samedi de 10h à 15h.

Comme son nom l'indique, Amerikasia est spécialisé dans les séjours en Amérique et en Asie. L'agence propose toutes sortes de formules pour les États-Unis, dont de courts séjours de 6 jours et 4 nuits à New York (logé près de Times Square), un circuit à la découverte de New York pour visiter la Statue de la Liberté ainsi qu'Ellis Island, Times Square, Broadway, l'Empire State Building... Un autre exemple de séjour, de 12 jours cette fois, est « Villes de l'Est en train » : il permet de découvrir Boston, New York et Washington.

AMPLITUDES

60, rue Sainte-Anne
PARIS (2e)
✆ 01 44 50 18 58
www.amplitudes.com
Tous les jours sauf dimanche 10h-19h, samedi jusqu'à 18h.

Spécialiste du voyage sur mesure depuis 1991, Amplitudes propose notamment de découvrir New York à l'occasion d'une courte escapade, du *city break* à la virée shopping en 7 jours. Pour ce voyage, à chacun de choisir l'hébergement qui lui convient parmi la belle sélection de 3, 4 ou 5-étoiles proposée. L'agence propose également une formule « Le Long de la Côte Est », qui passe par New York, Philadelphie et Washington, ou un circuit au volant « Des Grands Lacs à l'Atlantique » qui va de Chicago vers New York en passant par Pittsburgh et Philadelphie.

ANAPIA VOYAGES

5, Oletako Bidea
ASCAIN / AZKAINE
✆ 06 88 62 62 66
www.anapiavoyages.fr
Sur rendez-vous uniquement. Aix-en-Provence, Lyon ou Ascain.

Anapia voyages, basée en Provence, a été créée par Sylvia, une Péruvienne vivant depuis plus de trente ans en France. La richesse de ses programmes, à dominante culturelle et naturelle, s'appuie sur l'expérience de ses collaborateurs, guides ou producteurs de séjours et circuits, notamment en Amérique latine, mais aussi en Asie et en Afrique. À New York, l'agence propose un intéressant séjour chez l'habitant à Brooklyn, pour vivre le vrai *american way of life*. Ceux qui préfèrent l'hôtel seront logés au prestigieux Warwick, à Manhattan.

BACK ROADS

14, place Denfert-Rochereau
PARIS (14e)
✆ 01 43 22 65 65
www.backroads.fr
Ouvert du lundi au jeudi de 9h30 à 13h et de 14h à 18h30, le vendredi de 9h30 à 13h et de 14h à 17h30.

Back Roads propose toutes sortes de circuits et séjours à destination des États-Unis tout entiers et de la Big Apple. Un week-end culturel pour profiter de l'offre pléthorique de la ville, des locations d'appartements, des excursions, des mini-tours et des forfaits… À noter pour New York que plusieurs possibilités de séjours sont proposées, dont un séjour spécial à l'occasion du réveillon du Nouvel An, pour pouvoir faire l'expérience de la magie et de la foule de Times Square à cette époque de l'année.

CLUB FAUNE VOYAGES

50, rue de Passy
PARIS (16e)
✆ 01 42 88 31 32
www.club-faune.com
Ouvert du lundi au vendredi de 9h à 19h.

Depuis 30 ans, Club Faune réalise des voyages sur mesure « cousus main ». Le temps d'une escapade ou d'un long séjour, vivez au rythme d'un New York chic et branché ! Admirez sa superbe *skyline,* et la diversité de ses paysages. Sortez des sentiers battus et dégustez une cuisine variée dans la ville de la créativité culinaire. Quel que soit votre projet, Club Faune construit votre voyage, pas à pas, avec vous. À deux pas du Trocadéro, l'équipe Club Faune vous recevra dans son Espace Voyage pour construire avec vous l'escapade dont vous rêvez.

COMPTOIR DES VOYAGES

2-18, rue Saint-Victor
PARIS (5e)
✆ 01 53 10 30 15
www.comptoirdesvoyages.fr
Ouvert du lundi au samedi de 9h30 à 18h30. Plusieurs autres agences en France.

Comptoir des Voyages a comme concept de vendre une destination animée par de vrais spécialistes originaires ou ayant vécu dans le pays. Les Comptoirs ont chacun leur spécificité, mais sont tous spécialisés sur le voyage en individuel à la carte. Comptoir des Etats-Unis propose tous les USA avec une multitude d'hôtels rigoureusement sélectionnés. La formule « location de véhicule + préréservation d'hôtels + itinéraire prédéfini » permet de voyager avec une liberté et une tranquillité d'esprit maximales. Pour New York, essentiellement des courts séjours.

CRUISE EN VOGUE

19201 Collins Avenue
MIAMI
✆ +1 954 691 0580
www.cruiseenvogue.com

Nathalie Woog, créatrice de voyages sur-mesure est une parisienne et une grande passionnée du globe ! Aujourd'hui installée aux USA, elle est la fondatrice de Cruise en Vogue et sera votre premier interlocuteur. Elle se fera un plaisir d'échanger, de découvrir vos aspirations et créer avec vous un voyage qui vous corresponde. Prise de contact par téléphone ou via le site Internet de l'agence, avec un traitement personnalisé et un grand sérieux. L'agence créera votre voyage sur-mesure à New York en fonction des envies et de votre budget.

DIRECTOURS

27, boulevard des Italiens
PARIS (2e)
✆ 01 45 62 62 62
www.directours.com
Du lundi au samedi 10h-18h. Agence aussi à Lyon. Conseillers par téléphone 7j/7 9h-20h.

Directours est un tour-opérateur qui vend en direct au public, sans passer par les agences de voyages. Sa brochure se trouve uniquement sur Internet, ce qui présente l'avantage de coller à l'actualité des promotions. Séjours, week-ends, voyages individuels à la carte, offres vol+hôtel, location de voiture, conseils de vendeurs connaissant la destination et prix constamment réactualisés : Directours mise sur la qualité du produit en pratiquant les prix les plus bas. Nombreuses possibilités de séjours à destination de New York.

EQUINOXIALES

249, rue de Crimée
PARIS (16e)
✆ 01 77 48 81 00
www.equinoxiales.fr

Equinoxiales propose une offre de voyages aux Etats-Unis à la carte et dans un souci low cost, grâce à une sélection d'hébergements, de vols et de locations de voiture aux meilleurs rapports qualité-prix. Egalement plusieurs circuits au volant. L'offre du tour-opérateur est sérieuse et large, consultez le site Internet pour faire votre choix. Une escapade de 6 jours/4 nuits à New York est proposée avec un pied-à-terre dans le *borough* de Brooklyn. Un séjour « New York, côté ville et côté plage » de 9 jours permettra d'aller profiter des plages de Long Island.

QUOTATRIP

www.quotatrip.com
Tarifs : devis sur demande en ligne.

QuotaTrip est une plateforme de réservation de voyage en ligne qui met en relation des voyageurs à la recherche d'expériences authentiques et uniques, et des agences de voyages locales sélectionnées pour leurs compétences et leur sérieux. Le réseau de QuotaTrip couvre près de 200 destinations dans le monde entier. Le but de ce rapprochement est simple : proposer un séjour entièrement personnalisé aux utilisateurs. QuotaTrip promet ainsi l'assurance d'un voyage serein, sur mesure, sans intermédiaires et sans frais supplémentaires.

INTERMÈDES

10, rue de Mézières
PARIS (6e)
✆ 01 45 61 90 90
www.intermedes.com
Ouvert du lundi au jeudi de 9h30 à 18h30 et le vendredi jusqu'à 17h30.

Intermèdes est le spécialiste des voyages culturels organisés en présence d'un conférencier expert de la destination en Europe et dans le monde. Pour New York, le circuit « New York : au cœur de l'énergie d'une ville-monde », de 7 jours, est proposé avec notamment une visite des principaux quartiers de Manhattan et ses plus beaux musées (Museum of Modern Art, Metropolitan Museum of Art, Frick Collection...). Des séjours lyriques de 6 jours, organisés autour d'un opéra donné au Metropolitan Opera, sont aussi possibles pour les mélomanes.

ROOTS TRAVEL

7, rue de la cerisaie
PARIS (4e)
✆ 01 42 74 07 07
www.rootstravel.net
Bureaux ouverts du lundi au samedi de 10h à 18h.

Roots Travel, spécialiste de New York depuis plus de 10 ans, propose une formule originale avec les billets d'avion et la location d'appartements privés exclusivement sur Manhattan. L'occasion de découvrir New York de l'intérieur. Il est possible de sélectionner son voyage selon deux critères : le quartier où l'on désire séjourner et la catégorie de l'hébergement (studio, appartement de deux ou trois pièces, duplex ou même loft). Roots Travel possède un bureau sur place avec une équipe francophone afin de renseigner les voyageurs avec les bons plans du moment.

MAD TOURS & EVENTS

New York, NY, United States
✆ +1 646 895 5778
www.madtoursandevents.com
Tours disponibles toute l'année. Tour à partir de 70 US$ par personne. 45 US$ pour les 6-11 ans.

Envie d'un voyage entier ou simplement d'un tour de la ville en dehors des sentiers battus ? Avec Isa, vous êtes à bonne enseigne. Cette francophone hyper sympa a concocté elle-même ses tours de la ville de New York, sa ville de cœur depuis longtemps, tous plus *fun* et originaux les uns que les autres. Partez à la découverte des meilleurs quartiers et pépites que New York a à vous offrir, avec de superbes guides francophones. Ancrée dans le voyage écologique, Mad Tours est la seule agence francophone à avoir le niveau partenaire Travelife ! Appelez-les !

USA TRAVEL

boulevard Louis Schmidt 75
BRUXELLES - BRUSSEL
✆ +32 2 734 97 00
usatravel.be
Ouvert du lundi au vendredi, de 9h à 18h.

USA Travel, c'est 15 ans d'expérience pour organiser votre voyage sur mesure aux Etats-Unis. Un éventail de circuits à travers les Etats-Unis et le Canada est disponible, ainsi qu'une large gamme de prestations : transport, accueil, transferts, hébergements, location de véhicules, programme de visites guidées... Parmi ces offres : le voyage « Big Apple » de 6 jours avec entre autres : Manhattan, Wall Street et le Financial District, Greenwich Village, Soho et Chinatown, Ellis Island et son musée de l'Immigration, et passage en bateau devant la statue de la Liberté.

SE LOGER

BUDGET / BONS PLANS

Pour une chambre double basique (c'est-à-dire un lit entre quatre murs et une minuscule salle de bains), il faut compter au minimum 100 US$ par nuit. Les tarifs peuvent doubler en saison haute, mais aussi d'un jour à l'autre selon le taux de remplissage. Pour dénicher les meilleurs prix, n'hésitez pas à multiplier les recherches sur Internet, sur le site de l'hôtel puis à l'aide de comparateurs comme Booking.com.

Les petits budgets trouveront leur bonheur dans les auberges de jeunesse, qui offrent des tarifs de 25 US$ à 100 US$ par personne en dortoir. Un petit déjeuner continental est souvent inclus dans le prix. Aux États-Unis, les *hostels* sont très répandus, la chaîne la plus connue, HI Hostel (www.hiusa.org), est d'ailleurs présente à New York, dans l'Upper West Side. Pour trouver des *hostels* indépendants, consultez www.hostels.com et www.hostelworld.com.

Autre option, et pas la moins onéreuse : les chambres d'hôtes, ou Bed and Breakfast, des adresses souvent charmantes et romantiques nichées dans de belles demeures restaurées. La fourchette des tarifs va de 150 à 300 US$ par nuit, et un minimum de deux nuits est parfois exigé. Un petit déjeuner avec plat chaud est généralement inclus dans le prix. Voici quelques sites à consulter : www.bedandbreakfast.com, www.bnbfinder.com et www.selectregistry.com. Dans tous les établissements, les espèces comme les cartes bleues sont acceptées comme moyen de paiement.

Enfin, sachez que le wifi est gratuit la plupart du temps dans les hôtels, à l'exception de quelques établissements de grand luxe qui font payer un supplément à la journée. Le parking, lorsqu'il est proposé, est en revanche payant. Comptez entre 60 et 80 US$ par nuit.

A RÉSERVER

Petite spécificité new-yorkaise, les prix des logements sont tellement hauts que les hôtels abordables sont pris d'assaut toute l'année ! Ne soyez donc pas étonné si vous croisez un homme d'affaires en costume dans les couloirs de votre YMCA. Le mot d'ordre pour s'en sortir sans y laisser trop de plumes est la préparation, et elle doit être maximale ! Réservez tôt, jusqu'à six mois à l'avance, surtout si votre séjour tombe en période très touristique (de mai à septembre et pour les fêtes de fin d'année).

C'EST TRÈS LOCAL

Le site d'annonce de particulier à particulier Airbnb propose des offres très alléchantes à New York, mais attention, beaucoup d'entre elles sont illégales ! La ville de New York est en effet partie en croisade contre la plateforme de réservation et, poussée par le puissant lobby des hôteliers, a adopté une réglementation très restrictive à son égard. La loi dit qu'il est interdit de louer un appartement à New York pour une durée de moins de 30 jours, sauf si le propriétaire occupe l'appartement pendant votre sé-

jour. Par déduction, cela veut dire que louer une chambre chez l'habitant est légal, mais louer un appartement tout entier ne l'est pas (sauf dans le cas d'un séjour d'un mois ou plus). Si vous trouvez une offre de ce type sur Airbnb, sachez qu'en tant que client, vous ne risquez rien d'un point de vue légal. Mais vous prenez le risque que l'annonce soit retirée par le site juste avant votre arrivée, auquel cas vous vous retrouverez le bec dans l'eau.

FUMEURS

La plupart des hôtels à New York sont 100 % *smoke free*, cela signifie qu'il est interdit de fumer dans les chambres comme dans les espaces communs. Des petits panneaux dans les chambres indiquent d'ailleurs le prix de l'amende que vous recevrez si vous désobéissez, et celle-ci peut aller de 250 à 500 US$. Quelques établissements font de la résistance et proposent encore des chambres fumeurs, c'est le cas de certaines chaînes comme Days Inn et Ramada Hotel.

LES ATTRAPE-TOURISTES

Puisque la grande majorité des touristes réservent leur logement bien avant de débarquer à New York, les arnaques sont plutôt rares dans ce domaine. En passant par le site officiel de l'hôtel qui vous intéresse ou par un comparateur connu pour faire votre réservation, vous ne risquez pas grand-chose !

LES PHRASES CLÉS

Bonjour, avez-vous de la disponibilité pour une chambre double pour ce soir ou demain soir ?
Hello, do you have any vacancies for a double room for tonight or tomorrow night?

Avez-vous un code wifi… les enfants ne tiendront pas sans !
Do you have Wi-Fi available? The kids can't live without it!

C'est bruyant, est ce que je peux changer de chambre ?
It's noisy. Could I change rooms?

Jusqu'à quelle heure est-ce que nous pouvons aller à la salle de sport et à la piscine ?
What time do the gym and the swimming pool close?

Est-ce que je peux laisser mon bagage et revenir plus tard le récupérer ?
Can I leave my luggage and come back for it later?

Est-ce que vous pouvez nous appeler un taxi ? Merci beaucoup.
Could you call us a taxi? Thank you very much.

SE LOGER

Des dortoirs aux *hostels* en passant par les suites les plus démesurées avec vue sur Central Park ou les *guesthouses*, les résidences étudiantes, les charmants hôtels boutiques et les hôtels de standard international, l'offre de logements pour les visiteurs est à l'image de la ville : gigantesque ! Si elle est variée, elle reste cependant globalement onéreuse, et sans un minimum de préparation, attendez-vous à payer le prix fort. Si vous en avez les moyens, vous n'aurez aucun mal à trouver une belle chambre où dormir, Manhattan étant très fourni en hôtels de luxe. Pour cette raison, nous faisons ici la part belle aux logements pour les petits budgets. Pour un premier séjour, nous vous conseillons de loger à Midtown, pour explorer la ville facilement. Si vous connaissez déjà New York, n'hésitez pas à vous éloigner un peu. Nous avons écumé les quatre coins de Big Apple pour y trouver les meilleurs rapports qualité-prix !

HOSTELWORLD €€

www.hostelworld.com

Il n'y a pas de chaîne d'auberges de jeunesse à proprement parler à New York, bien que le fameux Hi Hostel compte effectivement une adresse dans l'Upper West Side. YMCA est également une chaîne d'établissements qui propose des chambres avec salles de bains communes à petits prix, mais il arrive que seul l'établissement de l'Upper West Side prenne des réservations. Pensez donc à consulter Hostel World, qui répertorie toutes les auberges de jeunesse ouvertes en temps réel et vous permettra de découvrir les mieux notées à New York.

NEW YORK HABITAT €€€

307 7th Avenue © +1 212 255 8018

www.nyhabitat.com

Location de studios et appartements de 1 à 5 chambres. A partir de 150 US$ la nuit, prix variables.

Une des principales agences de locations à New York. Le site est très simple à utiliser et on trouve facilement des appartements qui correspondent à son budget. Pour chaque location, il est également précisé la durée minimum et maximum du séjour. Les appartements, pour la plupart meublés, vont du petit studio d'East Village aux grands lofts de Williamsburg. Quelques *bed and breakfast* et des locations chez l'habitant – comme le fait AirBnB – sont aussi listés. Plusieurs agents immobiliers sont français et pourront vous aider si vous les contactez par téléphone.

HOME EXCHANGE €€

www.homeexchange.com

Et si vous échangiez votre maison avec d'autres pour partir en vacances ? HomeExchange est une plateforme d'échange de maisons et d'appartements entre particuliers. L'idée : un site Internet pour échanger son logement (studio, appartement, villa...) moyennant un abonnement annuel à l'agence en ligne, qui se charge de la présentation du bien et de la mise en contact des intéressés. Un excellent moyen de faire des économies pour partir en vacances et économiser ainsi les frais d'hébergement sur place. Le choix est large avec plus de 270 000 offres dans 145 pays.

TRUSTED HOUSESITTERS

© +44 808 178 0207

www.trustedhousesitters.com

Abonnement annuel à partir de 149 US$.

Cette plateforme sérieuse met en relation des habitants avec des voyageurs qui garderont leur maison et/ou s'occuperont de leurs animaux de compagnie pendant leur absence. Si vos dates sont flexibles et que vous ne voyez pas d'inconvénient à rendre quelques services pendant votre séjour (arroser les plantes, nourrir le chat ou le poisson rouge, récupérer le courrier, etc), TrustedHousesitters est une excellente alternative pour vous loger à moindre coût à New York. Il faut payer un abonnement à l'année, mais celui-ci est très vite rentabilisé.

ARLO SOHO €€

231 Hudson Street
✆ +1 212 342 7000
www.arlohotels.com
Chambre double à partir de 220 US$.

Abrité dans un bâtiment de briques plein de cachet, cet hôtel plutôt branché aux 325 chambres est l'un des meilleurs rapports qualité-prix du quartier. Les chambres les moins chères sont assez petites, mais efficacement agencées, si bien que l'on ne se sent pas à l'étroit. Leur déco est assez épurée, le blanc étant la couleur dominante, mais elles sont tout de même chaleureuses grâce aux touches boisées ici et là. Sur le toit, le bar A.R.T offre des vues incroyables sur les gratte-ciel du Financial District et sur la rivière.

FOUR POINTS BY SHERATON MANHATTAN SOHO VILLAGE €€

66 Charlton Street
✆ +1 212 229 9988
www.fourpointssohovillage.com
Chambre double à partir de 199 US$. Salle de sport.

Ouvert en 2008, cet établissement recèle 150 chambres et suites ultra-fonctionnelles. Vous y trouverez tout le confort, dans une atmosphère *cosy* et moderne, le tout pour un tarif tout à fait raisonnable. Ici, on a le sens du détail aussi : du café dans les chambres – lumineuses –, une salle de gym, et même un *business center* équipé d'imprimantes. Cet hôtel est également idéalement situé, pour ceux qui souhaitent loger dans l'un des quartiers *trendy* de Manhattan.

HOTEL MIMOSA €

79 Division Street
✆ +1 212 343 4243
www.hotelmimosany.com
Chambre double à partir de 130 US$.

Un hôtel familial qui offre l'un des meilleurs rapports qualité-prix de Manhattan. Son emplacement stratégique au croisement entre Chinatown et le Lower East Side permet un accès facile au pont de Brooklyn et à de multiples stations de métro. Les chambres sont petites et décorées assez sommairement, mais la propreté est au rendez-vous et le service est soigné. Attention : l'établissement se situe juste en face du pont de Manhattan où circulent des métros. Malgré une bonne insonorisation, ce n'est sans doute pas l'adresse idéale pour les amateurs de calme absolu.

NEW YORK MARRIOTT DOWNTOWN €€

85 West Street
✆ +1 212 385 4900
www.marriott.com
Chambre double à partir de 257 US$. Salle de sport. Location de vélos gratuite.

Un bel hôtel Marriott, fidèle à la réputation de la chaîne, à deux pas du 9/11 Memorial et de tous les points d'intérêt du Financial District. Les chambres sont spacieuses et confortables, avec une déco plutôt minimaliste, dans les tons blancs évidemment. Les clients ont accès gratuitement à la salle de fitness ouverte 24h/24, qui a été entièrement rénovée et comprend des équipements dernier cri. Le staff est aimable et à l'écoute, ils répondront à toutes vos questions sur la ville.

ROXY HOTEL €€

2 6th Avenue
✆ +1 212 519 6600
www.roxyhotelnyc.com
Chambre double à partir de 260 US$.

Sur son petit coin de rue pavée, le charmant Roxy Hotel nous plonge dans un univers à part, digne d'un film. Ce boutique-hôtel abrite 201 chambres confortables dotées d'une touche Art déco, plusieurs bars et restaurants où l'on côtoie célébrités et New-Yorkais anonymes, ainsi qu'un minuscule cinéma qui semble sorti des années 1930. La déco est rétro et chic, aussi bien dans les chambres que dans le Roxy Lounge, où l'on peut s'installer avec un café ou un verre pour profiter de l'atmosphère unique des lieux. Un endroit très New York.

THE GREENWICH HOTEL €€€

377 Greenwich St ✆ +1 212 941 8900
www.thegreenwichhotel.com
Chambre double à partir de 925 US$ la nuit. Spa avec piscine, sauna, hammam et salle de sport.

Situé dans le quartier chic et résolument sélect de Tribeca, cet hôtel 5 étoiles est un cocon dans la ville. Les chambres sont décorées de manière éclectique et chaleureuse, et l'accent est mis sur l'artisanat et le développement durable. La *drawing room*, luxueuse salle de séjour, est idéale pour décompresser, et le spa japonais avec piscine chauffée est incroyable. Peu de lieux offrent une telle hospitalité à New York. Le Locanda Verde, le restaurant de l'hôtel, est immanquable ! Le Greenwich Hotel est signé Robert de Niro, résident de longue date de Tribeca.

THE MERCER €€€

147 Mercer Street
✆ +1 212 966 6060
www.mercerhotel.com
Chambre à partir de 875 US$ la nuit.

Idéalement situé en plein cœur du vibrant quartier SoHo, The Mercer incarne le luxe discret et raffiné façon *downtown* new-yorkais. Cet hôtel 5* abrite 73 chambres, offrant plafonds hauts, un plein ensoleillement et un design épuré (modelé par un architecte français). Un pied ici et le temps s'arrête, l'expérience y est intimiste et personnalisée. On vous recommande également le Sartiano's, leur restaurant italien hyper stylé tout en brique et marbre façon cave à vin toscane, qui attire les plus grandes personnalités de la ville.

THE BROOME HOTEL €€€

431 Broome Street
✆ +1 212 431 2929
www.thebroomenyc.com
Chambre double à partir de 320 $. Petit déjeuner continental inclus.

Le Broome a été construit en 1825 dans un style revivaliste fédéral et a accueilli une communauté d'artistes de graffiti, dans les années 1980. Vous entrerez dans ce paisible joyau, qui ressemblent davantage à une maison d'hôtes parisienne, par une cour ouverte carrelée de faïences marocaines. Les 14 chambres plutôt haut de gamme sont très calmes. Le quartier de SoHo est aussi le choix idéal pour les voyageurs qui s'intéressent aux restaurants et au shopping branché. La station de métro Prince Street est à deux pas de l'hôtel.

SOHO GRAND HOTEL €€

310 W Broadway
✆ +1 212 965 3000
www.sohogrand.com
Chambre double à partir de 300 US$. Salle de sport.

Au cœur de Soho, avec ses belles boutiques, ses galeries d'art et ses nombreux restaurants, le Soho Grand Hotel est dans la lignée du quartier qui l'abrite : branché, jeune et trépidant. Les chambres, modernes et dotées d'une déco *trendy*, ont une taille plutôt raisonnable pour New York. Elles sont très propres et la literie est confortable. Bon rapport qualité-prix. Toutefois, si vous cherchez un hébergement calme, cet hôtel n'est peut-être pas fait pour vous car il est très fréquenté et certaines chambres donnent sur une rue bruyante.

THE FREDERICK HOTEL €€

95 West Broadway
✆ +1 212 566 1900
www.frederickhotelnyc.com
Chambre double à partir de 149 US$ en basse saison et 285 US$ en haute saison.

Vous serez au cœur de TriBeCa, un quartier résidentiel riche en lofts, restaurants sympathiques et boutiques tendance. Cet établissement bien placé propose un éventail de chambres à des prix relativement raisonnables pour Big Apple (et ce quartier). De type conventionnel et moderne, l'hôtel est bien tenu et il est agréable d'y séjourner. Les chambres sont petites et assez banales, mais bien équipées, les salles de bains sont « nickel », bref, l'essentiel est là. Par contre, si vous recherchez le calme, demandez une chambre qui ne donne pas sur Chambers Street.

THE BEEKMAN, A THOMPSON HOTEL €€€

123 Nassau Street
✆ +1 212 233 2300
www.thebeekman.com
Chambre double à partir de 449 US$.

Le Beekman est l'un des plus beaux établissements du quartier financier. Ici, tout fleure bon le luxe à peine passé le pas de la porte. Dans les chambres, les matières nobles sont de rigueur : tête de lit en cuir, salle de bains en marbre, parquet en chêne... Inutile de préciser que le personnel est aux petits soins... Pour couronner le tout, l'hôtel se trouve tout près d'attractions incontournables, notamment le pont de Brooklyn, Wall Street et le National September 11 Memorial.

WORLD CENTER HOTEL €€

144 Washington Street
✆ +1 212 577 2933
www.worldcenterhotel.com
Chambre double à partir de 125 US$ en basse saison et 180 US$ en haute saison. Salle de sport.

Un hôtel moderne situé à quelques pas du World Trade Center. Les chambres les moins chères sont assez petites mais confortables, avec un bureau et une télévision. La vue plongeante de certaines chambres – notamment les plus belles qui ont une terrasse – sur le Memorial de Ground Zero et sur le World Trade Center vaut le détour. Si jamais vous n'avez pas une chambre avec vue, vous pourrez profiter du panorama sur le sud de Manhattan qu'offre la terrasse spacieuse du restaurant et du bar de l'hôtel. Le quartier, parfois bruyant en journée, est plutôt calme le soir.

BLUE MOON HOTEL €

100 Orchard Street
✆ +1 212 533 9080
www.thebluemoonhotel.com
Chambre double à partir de 170 US$.

Au croisement des rues Delancey et Orchard, le Historic Blue Moon Hotel est une très bonne option pour qui souhaite être au cœur du Lower East Side. On y trouve 22 chambres et suites lumineuses au charme suranné des années 1920-1930, certaines avec balcon. Toutes sont dotées d'un petit coin kitchenette avec frigo, très pratique. De l'extérieur, l'établissement ne paye pas de mine, mais ses chambres ont été rénovées et sont décorées avec élégance. Les propriétaires sont adorables, prévenants et répondront à toutes vos questions.

CITIZEN M €€

189 Bowery
✆ +1 212 372 7274
www.citizenm.com
Chambre double à partir de 150 US$ en basse saison et 190 US$ en haute saison.

L'hôtel le plus tendance de Bowery, c'est lui ! Dans les pièces communes comme dans les 300 chambres, les mots d'ordre sont confort, design et modernité. La déco, très éclectique, fait la part belle au pop art, avec une multitude d'œuvres contemporaines qui ornent les murs et des sculptures étonnantes. L'hôtel abrite aussi le tout premier Museum of Street Art, rendant ainsi hommage à 5 Pointz, la Mecque new-yorkaise du *street art* dont les fresques murales ont été détruites en 2013. Les équipements sont *high-tech* et le personnel très sympathique.

HOLIDAY INN NYC - LOWER EAST SIDE €

150 Delancey St
✆ + 1 212 475 2500
www.ihg.com/holidayinn
Chambre double à partir de 139 US$. Salle de sport.

Des chambres neuves, propres et en très bon état font de cet hôtel une assez bonne affaire. Vous trouverez difficilement moins cher pour cette qualité dans le Lower East Side. La rue peut parfois être bruyante le week-end. Demandez si possible à être le plus haut dans l'immeuble. D'un autre côté, si vous êtes vous aussi de sortie, vous n'aurez qu'à marcher quelques *blocks* pour rentrer le soir ! L'hôtel comprend une salle de sport avec quelques machines.

HOTEL ON RIVINGTON €€€

107 Rivington Street
✆ +1 212 475 2600
www.hotelonrivington.com
Chambre double de 130 US$ à 400 US$ selon la saison.

Impossible de ne pas mentionner cette adresse élégante et branchée. Le Rivington est l'un des premiers établissements « verticaux » construits dans le Lower East Side, traditionnellement parsemé de petits édifices historiques. Cette superbe tour de verre de vingt et un étages est placée en plein milieu de la rue animée de Rivington. La grande force de cet hôtel : ses chambres et suites situées vers les derniers étages, entièrement recouvertes de larges baies vitrées qui donnent sur Manhattan. Un petit bijou à des prix relativement abordables (selon la saison).

KASA LANTERN LOWER EAST SIDE €€

120 Allen Street
✆ +1 650 451 3444
www.kasa.com
Chambres doubles à partir de 150 US$.

Cet établissement de dix étages propose vingt chambres modernes en plein cœur du quartier dynamique du Lower East Side. Les chambres ne sont pas très grandes mais sont fonctionnelles. Certaines sont équipées d'une kitchenette et sont idéales pour les séjours de moyenne ou longue durée. La *penthouse* dispose d'un balcon aménagé. L'hôtel est idéalement situé à deux pas du Tenement Museum et permet un accès facile à de nombreux restaurants et à plusieurs lignes de métro.

OFF SOHO SUITES HOTEL €€

11 Rivington Street ✆ +1 800 633 7646
www.offsoho.com
Suite 2 personnes à partir 159 US$ selon la saison. Suite 4 personnes à partir à partir de 179 US$.

Vous trouverez ici trente-huit petits appartements rénovés récemment, parfaits pour les petits groupes : la « suite » (appartement) pour quatre comprend une chambre principale, un *living room* avec canapé pliant (pour deux), un coin salle à manger, une kitchenette et une salle de bains avec baignoire : la suite pour deux propose les mêmes avantages, avec salle de bains et kitchenette à partager avec une autre suite pour deux. Dans toutes les suites : téléphone, télé, connexion Internet, café et air conditionné. La réception assure l'accueil en plusieurs langues.

GANSEVOORT HOTEL €€€

18 9th avenue
✆ +1 212 206 6700
Chambre double à partir de 340 US$. Minimum de deux nuits en haute saison.

Ouvert en 2004, le Gansevoort Hotel est rapidement devenu l'épicentre du Meatpacking District. D'extérieur comme à l'intérieur, l'hôtel est paré d'un design ultra-moderne qui ne laissera pas indifférent. Quant aux chambres, elles ne sont pas aussi luxueuses que le design de l'hôtel peut le laisser penser mais elles sont magnifiquement décorées. La vue sur New York est magnifique si vous êtes assez haut dans l'immeuble, quelle que soit la taille de votre chambre. Seul bémol, les ascenseurs sont à partager avec les clients du bar et du restaurant.

THE MARITIME HOTEL €€

363 W 16th St
www.themaritimehotel.com
Chambres doubles à partir de 198 US$. Salle de sport. Location de vélos gratuite.

Cet établissement original rend hommage au monde marin : chambres inspirées de cabines de bateau, hublot géant, meubles en teck... Les suites situées aux étages supérieurs bénéficient également d'une terrasse extérieure. L'hôtel abrite un restaurant tendance au rez-de-chaussée (Tao Downtown). La salle de sport et les vélos en libre-service complètent l'expérience. Face à la High Line, à deux pas du Chelsea Market et des fameuses galeries d'art de Chelsea, l'emplacement est exceptionnel. Service soigné, ambiance design, excellent rapport qualité-prix.

HOTEL CHELSEA €€€

222 W 23rd St
www.hotelchelsea.com
Chambre double à partir de 410 US$. Salle de sport. Spa.

En voici un que l'on ne présente plus, tant sa légende le précède... Fondé dès 1884 et devenu un lieu de résidence prisé par les artistes, écrivains, musiciens et autres créateurs à partir des années 1950, le

mythique Hôtel Chelsea a rouvert ses portes au public en 2022. Y séjourner, c'est partir sur les traces de Bob Dylan, Janis Joplin, Leonard Cohen ou Andy Warhol. Ses 250 chambres, dont certaines sont toujours occupées par des résidents long terme, ont été entièrement rénovées et sont décorées avec beaucoup de cachet. L'adresse la plus authentique de New York.

THE STANDARD - EAST VILLAGE €€

25 Cooper Square
✆ +1 212 475 5700
Chambre double à partir de 190 US$ en basse saison et 300 en haute saison.

Le Standard est l'exemple même de l'hôtel branché. Du look cool de son jeune personnel, à la décoration vintage façon Brooklyn, l'établissement attire les jeunes trentenaires bobos. Le design des chambres est assez minimaliste pour que votre regard ne soit attiré que par la vue superbe sur Manhattan. La rue, au croisement entre les quartiers de Greenwich Village et East Village, est calme et vous n'aurez aucun mal à trouver le sommeil dans les confortables lits.

INCENTRA VILLAGE HOUSE €€

32 8th Avenue
✆ +1 212 206 0007
www.incentravillage.com
Chambre double à partir de 232 US$.

Un ravissement que cet hôtel qui réunit deux mignonnes petites maisons de 1841 en plein cœur du Village. S'y trouvent 13 chambres spacieuses (un luxe à New York), chacune avec sa décoration et son âme. Certaines d'entre elles, des petits studios, ont leur propre salle de bains et une petite cuisine avec de la très jolie vaisselle. Les meubles des chambres et du *lounge* sont de style 1930, comme le piano Steinway qui y trône. Tout est fait pour que vous passiez un séjour plein de quiétude et d'intimité. Réservez un bon mois à l'avance.

WASHINGTON SQUARE HOTEL €€

103 Waverly Place
✆ +1 212 777 9515
www.washingtonsquarehotel.com
Chambre double à partir de 180 US$ en basse saison et 230 US$ en haute saison.

Un petit bijou Art déco de 160 chambres dans le charmant et trépidant Greenwich Village. Les murs des chambres rétro et confortables sont tapissés de photographies d'artistes d'Hollywood. Ernest Hemingway et Bob Dylan ont résidé dans cet établissement ouvert en 1902. Les repas sont servis dans un cadre cosy au North Square Restaurant, ouvert toute la journée. L'excellent rapport qualité-prix de cet endroit en vogue fait du Washington Square Hotel l'un des établissements les plus recommandables du Village. Réserver longtemps à l'avance.

ACE HOTEL €€

20 W 29th Street
✆ +1 212 679 2222
www.acehotel.com
Chambre avec lit double ou deux lits superposés à partir de 220 US$.

L'Ace Hotel ne désemplit pas depuis son ouverture. Ici, tout est pensé *trendy*, et le résultat est plutôt réussi. Il faut commencer par le hall, qui réunit tous ces critères tendances : lumière sombre et tamisée, déco design, *beautiful people* et ordinateurs à foison. Pas besoin d'être client pour fréquenter le Ace Hotel, qui recèle également un bar et un resto (le Breslin). Côté logement, l'hôtel met 260 chambres au service du client, et pour tous les profils : de la petite chambre aux lits superposés (la moins chère) à l'espace résolument classe et cosy.

AMAN NEW YORK €€€

730 5th Ave
✆ +1 754 216 7830
www.aman.com/hotels/aman-new-york
Chambre double à partir de 2 300 US$. Spa. Salle de sport. Piscine.

Rares sont les personnes pouvant s'offrir une nuit dans cet hôtel de la chaîne Aman, dont les établissements ont fleuri dans quelques-uns des lieux les plus désirables de la planète (Phuket, Bali, Courchevel, Kyoto, les Dolomites et, depuis 2022, New York). Mais ceux dont le portefeuille est très bien garni ont alors le privilège de goûter à l'ultra luxe : service de conciergerie, suites élégantes, gigantesque espace dédié au bien-être, etc). The Jazz Club, speakeasy à l'ambiance intimiste, propose des cocktails inventifs et des concerts tous les soirs. Exclusif.

AMERICAN DREAM HOSTEL BED & BREAKFAST €

168 East 24th Street
✆ +1 212 260 9779
www.americandreamhostel.com
Chambre double à partir de 148 US$ avec salle de bains partagée. Petit déjeuner inclus.

Une auberge de jeunesse où il est possible d'avoir sa propre chambre. Les salles de bains sont partagées par tous, mais le lieu est propre et neuf. Comme tous les *hostel* à New York, une cuisine et un salon avec télévision, ordinateurs, et canapés sont à disposition. Le lieu n'est pas aussi vivant que d'autres auberges de la ville, mais il conviendra à ceux qui cherchent un dortoir un peu calme. Les tarifs sont assez élevés mais se justifient par la situation géographique.

ARLO MIDTOWN €€

351 W 38th Street
✆ +1 212 343 7000
www.arlohotels.com
Chambre double à partir de 180 US$ en basse saison et 290 US$ en haute saison. Salle de sport.

Voici un grand boutique-hôtel de 26 étages, qui se situe dans le quartier vivant de Hell's Kitchen, mais dans une rue relativement calme. Ici, l'accueil est chaleureux, la déco soignée et l'ambiance animée. Comme partout à New York, les chambres ne sont pas très spacieuses, mais elles sont modernes et fonctionnelles. Pour admirer le coucher du soleil, il suffit de prendre l'ascenseur jusqu'à la terrasse située sur le toit de l'hôtel et boire un verre au bar. Un rapport qualité-prix parmi les meilleurs de New York, étant donné l'emplacement de choix.

BACCARAT HOTEL €€€

28 W 53rd Street
✆ +1 212 790 8800
www.baccarathotels.com
Chambre double à partir de 700 US$. Spa. Salle de sport. Piscine.

Le Baccarat Hotel est la quintessence du luxe français *made in* New York. L'établissement, situé à deux pas du MoMA, est fréquenté par une clientèle très BCBG, ce qui n'a rien d'étonnant lorsque l'on voit les tarifs pratiqués. Il faut dire que le luxe y est omniprésent : chaque chambre est dotée d'un chandelier en cristal (Baccarat oblige) et possède une décoration, chic et contemporaine, d'inspiration parisienne. La piscine et la salle de sport ne sont que la cerise sur le gâteau. L'endroit est en outre connu pour son Afternoon Tea.

BRYANT PARK HOTEL €€€

40 W 40th Street
✆ +1 212 642 2200
bryantparkhotel.com
Chambre double à partir de 225 US$ en basse saison et 300 US$ en haute saison.

Ouvert en 2001, le Bryant Park hôtel se démarque par la vue inédite qu'offrent ses chambres sur le parc et sur les gratte-ciel de Midtown. Bien qu'étant en plein cœur de Manhattan, et à côté de très nombreuses lignes de métros, l'établissement est à un emplacement plutôt calme car peu de voitures circulent sur l'étroite 40e rue. L'été, vous pourrez profiter de la grande pelouse de Bryant Park, et l'hiver de la patinoire et du marché du Noël. Les chambres sont plutôt petites mais seront appréciées par qui aime le style épuré et moderne.

CASABLANCA HOTEL BY LIBRARY HOTEL COLLECTION €€

147 W 43rd Street
✆ +1 212 869 1212
www.casablancahotel.com/
Chambre double à partir de 235 US$. Petit déjeuner inclus.

Une charmante adresse installée dans le quartier des théâtres et à une rue de Bryant Park, agréable bulle de verdure en plein Midtown. L'établissement s'inspire du film *Casablanca* (1942) et accueille ses visiteurs dans une ambiance feutrée et cosy. Ses 48 chambres, impeccablement soignées, sont décorées dans le respect du thème. L'accueil est chaleureux et le service exceptionnel. Le petit déjeuner continental se déguste au Rick's Café, au rez-de-chaussée.

CITIZENM NEW YORK TIMES SQUARE HOTEL €€

218 W 50th Street
✆ +1 212 461 3638
www.citizenm.com
Chambre double à partir de 189 US$. Salle de sport.

Propre, ultra moderne et doté d'équipements neufs à la pointe de la technologie. On apprécie par exemple le fait de pouvoir s'enregistrer à des kiosques à notre arrivée sans devoir faire la queue à la réception (le personnel est néanmoins présent en cas de difficulté). Et le Mood Pad est un gadget plutôt fun : cette tablette permet de contrôler les objets électroniques (climatisation, télévision, etc) et de changer l'ambiance dans la chambre en choisissant la couleur de l'éclairage.

DOXIE HOTEL €

273 W 38th Street
✆ +1 212 921 9791
www.doxiehotel.com
Chambre double à partir de 139 US$.

L'emplacement du Doxie, à deux pas de Times Square et au cœur du quartier des théâtres, est idéal pour une escapade urbaine. Ce petit hôtel sans prétention, mais à la propreté irréprochable, propose des chambres modernes qui restent fonctionnelles malgré leur superficie réduite. Toutes les chambres sont dotées de la wifi, d'une télévision, d'un mini-frigo et de la climatisation. C'est un établissement à l'ambiance détendue et aux tarifs abordables pour le quartier. Sa situation géographique reste son atout principal. Une option bien pensée pour les petits budgets.

DREAM MIDTOWN, BY HYATT €€

210 W 55th Street ✆ +1 212 247 2000
www.dreamhotels.com/midtown
Chambre double à partir de 190 US$.

L'un des atouts du Dream Midtown est son emplacement, à la fois proche de Times Square, que l'on peut rejoindre à pied, et de Central Park, à quatre rues de là. La 55e rue est vivante et animée sans pour autant être remplie de touristes. Pour manger, boire un verre ou aller voir un spectacle dans le quartier, vous n'aurez que l'embarras du choix. Les chambres, relativement petites à moins d'opter pour les plus chères, mériteraient sans doute d'être rafraîchies, mais elles sont propres et confortables. Vue très sympa depuis le bar installé sur le toit, PHD Terrace.

EVEN HOTEL - TIMES SQUARE SOUTH €€

321 W 35th Street
✆ + 1212 356 0034
www.ihg.com
Chambre double à partir de 180 US$. Salle de sport.

Situé à quelques rues de Times Square, mais dans une rue relativement calme pour Midtown, l'Even Hotel est l'une des meilleures options dans le quartier. Ses 150 chambres sont immaculées, confortables et modernes sans être impersonnelles. Dans cet hôtel, l'accent est mis sur le bien-être : il y a une salle de sport, du matériel de yoga dans chaque chambre et même une salle de jeux. Certaines chambres ont une vue sur les buildings. La proximité de Hudson Yards est sympa. Foncez !

FREEHAND €

23 Lexington Avenue
✆ +1 212 475 1920
www.freehandhotels.com
A partir de 130 US$ la nuit pour une chambre double et 210 US$ pour un dortoir 4 personnes.

Le Freehand est au carrefour entre l'auberge de jeunesse et le boutique-hôtel. Le design des chambres est moderne et épuré, avec une déco assez éclectique (des sculptures évoquant l'art gréco-romain côtoient des peintures contemporaines). Pour le quartier, les tarifs sont abordables, surtout lorsque l'on voyage à plusieurs puisque le prix de la chambre est divisé par le nombre de voyageurs. Ainsi, si vous êtes une famille ou un groupe de quatre, vous pourrez partager une chambre très moderne et bien décorée avec deux lits superposés à des prix tout doux.

HAMPTON INN €€

116 West 31st Street
✆ +1 212 947 9700
hamptoninn3.hilton.com

Chambre double à partir de 150 US$ en basse saison et 250 US$ en haute saison. Petit déjeuner inclus.

Très bien situé et à proximité d'une dizaine de lignes de métro, le Hampton Inn est un hôtel au prix raisonnable. La rue où est situé l'établissement n'est pas bruyante. Petit plus, les cookies qui sortent juste du four le matin, ainsi que le café et le thé sont gratuits toute la journée ! Le petit déjeuner est inclus et une salle de gym est à disposition. Ne vous laissez pas tromper par le fait que l'établissement appartienne à l'empire Hilton, l'hôtel n'a rien de luxueux, mais il reste l'un des meilleurs qualité-prix de la ville.

HOTEL ST JAMES €€

109 West 45th Street
✆ +1 212 730 9444
www.hotelstjames.net

Chambre double à partir de 170 US$ en basse saison et 230 US$ en haute saison.

More New York, less dollars annonce fièrement l'hôtel. Il est vrai que pour le prix, vous pourrez profiter d'une chambre plus authentique et personnelle que dans la plupart des hôtels new-yorkais. Fauteuils en tissu, bibliothèque, épais rideaux, l'établissement a volontairement gardé un charme très années 1970, sans le côté vétuste. Si vous n'aimez pas tout ce qui fait vieillot, soyez rassuré : la déco dans les chambres est un peu plus moderne et épurée que dans le reste de l'hôtel. Situé à un *block* de Times Square, difficile de rêver d'un meilleur emplacement.

THE LEO HOUSE €

332 West 23rd Street
✆ +1 212 929 1010

Chambre double à partir de 200 US$. Petit déjeuner inclus.

Cette maison de voyageurs est à part puisque tenue par une congrégation religieuse (The Sisters of Saint Agnes). Elle possède même sa propre chapelle ! L'établissement, vieux de plus de 100 ans, dégage une atmosphère sereine et quasi monastique. Les 54 chambres, avec ou sans salle de bains, toutes avec toilettes, sont simples et propres, rudimentaires, mais agréables, et silencieuses pour celles donnant sur le jardin (celles donnant sur la 23rd Street sont plus bruyantes). Il est possible de se reposer dans l'adorable petit jardin.

MOXY NYC TIMES SQUARE €

485 7th Avenue
✆ +1 212 967 6699
https://moxytimessquare.com/

Chambre double à partir de 159 US$ en basse saison et 200 US$ en haute saison.

Le Moxy Times Square propose un rapport qualité/prix très convenable et une déco qui sort un peu de l'ordinaire. Les chambres sont assez petites mais si bien agencées que ce n'est pas vraiment dérangeant. La situation de l'hôtel, en plein Midtown, est également enviable et vous conviendra particulièrement si c'est votre première fois à New York. La cible du Moxy, ce sont les jeunes qui n'ont pas un budget faramineux mais souhaitent tout de même voyager avec un certain panache. Son rooftop, Magic Hour, offre une vue incroyable sur l'Empire State Building.

PARK HYATT €€€

153 West 57th Street
✆ +1 646 774 1234

Chambre double à partir de 650 US$. Salle de sport. Piscine.

Installé dans les 25 premiers étages d'une immense tour de 90 étages, cet hôtel inauguré à la fin de l'année 2014 propose parmi les chambres les plus spacieuses de Manhattan. L'immeuble, de la taille de la Tour Eiffel, a été réalisé par l'architecte français Christian de Portzamparc. La plupart des chambres offrent une superbe vue sur le sud de la ville, et certaines sur Central Park, situé à seulement deux blocs. L'hôtel est un des rares de Manhattan à avoir un spa (en cours de rénovation en 2024 mais toujours ouvert) et une piscine, au 25ᵉ étage.

POD 39 €

145 E 39th Street
✆ +1 212 865 5700
thepodhotel.com

Chambre double à partir de 120 US$ en basse saison et 150 US$ en haute saison. Réductions sur le site Internet.

Le Pod 39 propose des prix très accessibles grâce à la taille compacte de ses chambres (« pod » signifie capsule). Ici, le mot d'ordre est la fonctionnalité, mais cela n'empêche pas l'hôtel d'avoir du charme et les chambres d'être confortables. Comme souvent, c'est en vous y prenant longtemps à l'avance que vous obtiendrez les meilleurs prix. En logeant ici, vous aurez l'avantage d'être en plein cœur de Manhattan. L'établissement est aussi connu pour son *rooftop* à l'architecture surprenante qui offre une belle vue sur la ville.

RENAISSANCE NEW YORK HOTEL TIMES SQUARE €€€

714 7th Avenue
✆ +1 212 765 7676
www.marriott.com/hotels
Chambres doubles à partir de 220 US$. Salle de sport.

Planté au cœur de Times Square et reconnaissable à son imposante horloge qui trône sur le toit du bâtiment, le Renaissance Times Square incarne l'élégance et la distinction. Vous ne serez pas prêt d'oublier les chambres, calmes, spacieuses et luxueuses. Ne ratez pas la vue unique depuis le Foley's Restaurant, situé dans le hall de l'hôtel : Times Square est presque partout, devant, à gauche et à droite. On peut profiter de la salle de sport située au quatrième étage.

SANCTUARY HOTEL NEW YORK €€

132 W 47th Street ✆ +1 212 234 7000
www.sanctuaryhotelnyc.com
Chambre double à partir de 200 US$ en basse saison et 250 US$ en haute saison. Salle de sport.

Hôtel branché et stylisé, le Sanctuary Hotel convient aux personnes qui cherchent un séjour d'exception, au cœur même de Times Square. Il compte 113 chambres chaleureuses et confortables. Ancien hôtel pour petit budget, le Sanctuary est entré (en 2011) avec brio dans la catégorie 4-étoiles. Forcément, maintenant que l'établissement est devenu un lieu *trendy*, les prix ont augmenté mais on peut toujours faire de bonnes affaires en réservant longtemps à l'avance. Le plus : son *rooftop* tout en bois avec ses chaises longues et ses canapés.

SOFITEL NEW YORK HOTEL €€€

45 W 44th Street
✆ +1 212 354 8844
www.sofitel.com
Chambre double à partir de 285 US$. Salle de sport.

Sofitel, New York, DSK, chambre 2820, 14 mai 2011... Au-delà de ce fait-divers retentissant, le Sofitel est un hôtel luxueux très bien situé, à quelques *blocks* de Bryant Park et de Times Square. Construit en 2000, l'hôtel a été pensé en terme de design et de lumières pour donner une atmosphère romantique aux chambre. Un soin tout particulier a été apporté à la déco, élégante et raffinée. Aux murs, dans les chambres et les espaces publics, sont accrochées des peintures d'art contemporain. A vous de juger ! Petit plus, une grande partie du personnel parle français.

SPRINGHILL SUITES TIMES SQUARE €€

223 W 46th Street ✆ +1 212 373 5885
www.marriott.com
Chambre double à partir de 125 US$ en basse saison et 200 US$ en haute saison. Salle de sport. Petit déjeuner inclus.

Fraîchement inauguré (printemps 2024), cet hôtel faisant partie de la chaîne Marriott est situé en plein Times Square. À proscrire donc si vous n'aimez pas la foule, mais à ne pas rater si c'est votre première fois à New York. D'autant que compte tenu de la modernité et de la propreté des chambres, encore immaculées, les prix proposés sont tout à fait raisonnables. Les chambres premier prix ne sont pas très spacieuses, mais c'est malheureusement habituel dans ce quartier très central.

STAYPINEAPPLE, AN ARTFUL HOTEL €

337 West 36th Street
✆ +1 866 866 7977
www.staypineapple.com/
Entre 299 et 379 US$ la nuit.

Niché à deux pas de Times Square et de Bryant Park, Staypineapple Midtown bouscule les codes de l'hôtellerie new-yorkaise avec une bonne dose d'audace et d'humour. Cet hôtel boutique au design vif et coloré allie confort et esprit décalé, avec des ananas sous toutes leurs formes. Le service y est chaleureux, l'atmosphère détendue, et les chiens sont même les bienvenus ! En bonus : café, cookies, et vélos en libre-service. Un pied-à-terre fun, ultra bien placé et bon marché, loin du classicisme des grandes chaînes et ça fait du bien !

TEMPO BY HILTON €€

1568 Broadway
✆ +1 212 262 8100
Chambre double à partir de 210 US$ en basse saison et 350 en haute saison. Salle de sport.

Tempo, ce nouveau-né *made by* Hilton, a décidé de s'implanter directement sur Times Square... Et le résultat est bluffant ! En plein cœur du tambour battant new-yorkais, l'hôtel tout rénové n'en est pas moins très paisible. Pratique, technologique, jolie décoration épurée, équipements de qualité, on s'y sent hyper bien. De plus, il est tout équipé : avec sa salle de fitness et son restaurant-bar, le Highball, ouvert pour le petit-déjeuner, déjeuner et dîner avec de la musique *live*. La vue sur Times Square est évidemment éblouissante, on recommande !

THE ALGONQUIN €€€

59 West 44th Street
✆ +1 212 840 6800
www.algonquinhotel.com
Chambre double à partir de 210 US$ en basse saison et 350 US$ en haute saison. Salle de sport.

The Algonquin est un lieu historique : c'est ici que se sont retrouvés à partir de 1919 des auteurs et journalistes pour échanger sur le monde. Rénové il y a une dizaine d'années, l'hôtel a perdu de son âme mais pas de son charme. Les chambres sont assez petites mais chaleureuses et très bien décorées. Une des étrangetés du lieu, un chat nommé Matilda (ou Hamlet lorsqu'il s'agit d'un mâle) qui hante les couloirs de l'hôtel. Une pratique qui date des année 1930 lorsqu'un chat s'est invité dans l'hôtel pour le plus grand bonheur des clients.

THE EVELYN €€

7 East 27th Street
✆ +1 212 545 8000
www.theevelyn.com
Chambre double à partir de 200 US$. Salle de sport. Petit déjeuner inclus.

La décoration de The Evelyn est inspirée des hôtels new-yorkais des années 1960, avec un mobilier qui évoque cette époque. Les chambres sont spacieuses et décorées de telle manière qu'elles donnent l'agréable sensation d'être dans un appartement *vintage* plutôt que dans une chambre d'hôtel. Elles sont toutes équipées d'un gramophone, que l'on peut faire fonctionner avec son smartphone. L'établissement, situé à proximité de la rue qui accueillait tous les plus grands studios de musique à la fin du XIXe siècle, assume également son héritage musical.

THE IROQUOIS €€€

49 West 44th Street
✆ +1 212 840 3080
www.iroquoisny.com
Chambre double à partir de 200 US$.

So charming ! Ce petit hôtel boisé et raffiné recèle 140 chambres, dont neuf suites, dotées de toutes les commodités et d'une salle de bains de marbre avec peignoirs douillets et échantillons de toilette. Parmi les nombreux services de l'établissement : une salle de sport ouverte 24h/24 et un bar speakeasy, Lantern's Keep, à l'ambiance très sélect… Visiblement, le *boutique hotel* s'est aligné sur ses prestigieux voisins, l'Algonquin et le Royalton, et n'a plus rien à leur envier. Pour se faire plaisir dans un luxe typiquement new-yorkais.

THE LIBRARY HOTEL €€€

299 Madison Avenue
✆ +1 212 983 4500
www.libraryhotel.com
Chambre double à partir de 259 US$ en basse saison et 300 US$ en haute saison. Salle de sport.

Ce petit hôtel de 60 chambres, aménagé dans un ancien manoir de 1912, est pensé autour d'un concept unique et original. L'établissement est organisé comme une bibliothèque : pas moins de six mille bouquins sont répartis un peu partout en fonction du thème de la pièce où l'on se trouve (science, littérature, philosophie, etc.). Le décor en acajou et l'ambiance agréablement feutrée font du Library l'un des hôtels les plus charmants et uniques de Manhattan. Si l'on devait trouver un bémol, ce serait celui-ci : le wifi est payant.

THE TIME €€€

224 West 49th Street
✆ +1 212 246 5252
www.TheTimeNY.com
Chambre double à partir de 185 US$ en basse saison et 240 US$ en haute saison.

Ouvert depuis 1999, The Time New York porte bien son nom, puisqu'il se situe en plein Times Square ! L'hôtel aux 193 chambres a subi en 2023 une rénovation de plusieurs millions de dollars, pour un résultat élégant et moderne. Les chambres sont de tailles variables. The Time abrite un restaurant italien (Serafina, c'est une chaîne de restaurants italiens connue à New York), un lounge cosy pour se détendre en soirée (LeGrande Lounge) et un café. Un établissement plutôt moderne pour le quartier, dont on apprécie tout particulièrement l'emplacement central.

THE WARWICK €€€

65 West 54th Street
✆ +1 212 247 2700
warwickhotels.com/new-york/
Chambre double à partir de 200 US$ en basse saison et 250 US$ en haute saison.

Le Warwick a connu son âge d'or dans les années 1930 et 1940. William Randolph Hearst (alias Citizen Kane), magnat de la presse et producteur de cinéma, avait investi plusieurs millions de dollars dans cette bâtisse de trente-trois étages située à l'angle de la 6th Avenue. Le Warwick offre aujourd'hui un confort moderne. Ses chambres sont vastes, parfois prolongées de balcon ou de terrasse, et bien équipées. Les placards sont énormes, souvenir du temps où l'on voyageait avec cinq malles, et les salles de bains luxueuses, en marbre. Egalement, une salle de gym.

ARTHOUSE HOTEL €€

222 W 77th Street
✆ +1 212 362 1100
www.arthousehotelnyc.com
Chambre double à partir de 180 US$. Salle de sport.

Une ambiance feutrée vous attend dans cet établissement installé dans ce quartier à la fois résidentiel et animé, à deux pas de Broadway et de Central Park. Une fois n'est pas coutume à Manhattan, les chambres (il y en a 282 !) sont spacieuses et baignées de lumière grâce aux grandes fenêtres, qui offrent par ailleurs de jolies vues sur la ville. Certaines possèdent un balcon aménagé. Si les chambres sont modernes et plutôt épurées, l'atmosphère de l'hôtel est rétro et chaleureuse. Arrêtez-vous au bar-lounge au rez-de-chaussée pour une soirée jazzy.

HI NEW YORK €

891 Amsterdam Avenue
✆ +1 212 932 2300
www.hinewyork.org
Lit en dortoir entre 38 US$ et 70 US$ par personne selon la période et le type de dortoir.

La seule auberge de jeunesse digne de ce nom à New York ! Installé dans un immense bâtiment rouge flamboyant de style victorien de l'Upper West Side, près de l'université de Columbia, cet établissement dispose de dortoirs avec lits superposés pouvant héberger de quatre à douze personnes. Les salles de bains sont communes pour presque toutes les chambres. Egalement : une laverie automatique, une salle de télévision, un accès Internet, une cuisine, une salle de jeux et un jardin spacieux. Réserver au moins deux semaines à l'avance en été.

HOTEL BEACON €€

2130 Broadway et 75th Street
✆ +1 212 787 1100
www.beaconhotel.com
Chambre double à partir de 180 US$ en basse saison et 250 US$ en haute saison.

Parfaitement situé à deux pas d'une bouche de métro, mais un peu à l'écart de l'agitation de la ville, cet hôtel présente une particularité : ses chambres, quelle que soit leur taille, sont équipées d'une kitchenette, détail très pratique lorsque l'on souhaite se reposer après une longue journée de visite. La décoration est par ailleurs assez sobre, l'hôtel a été rénové récemment donc il offre tout le confort requis pour un agréable séjour. Les chambres pour 4 sont plutôt pensées pour les familles. Le personnel est accueillant.

THE EMPIRE HOTEL €€

44 W 63rd Street
✆ +1 212 265 7400
www.empirehotelnyc.com
Chambre double à partir de 170 US$. Piscine. Salle de sport.

Si cet hôtel vous dit quelque chose, c'est certainement parce qu'il est apparu de nombreuses fois dans *Gossip Girl*. La luxueuse *penthouse* de Chuck Bass n'existe peut-être pas réellement, mais l'hôtel offre tout de même une atmosphère digne de la série, avec sa façade Art déco surmontée de son emblématique néon rouge et son hall d'entrée très années 20. Les chambres sont modernes et confortables et l'établissement est idéalement situé dans le chic Upper West Side, à deux pas du Lincoln Center et de son opéra, de Central Park et de Columbus Circle.

TRUMP INTERNATIONAL HOTEL €€€

1 Central Park West
✆ +1 212 299 1000
www.trumphotels.com/central-park
Chambres doubles à partir de 600 US$. Spa. Salle de sport.

Un hôtel destiné aux plus fortunés qui donne sur Central Park. Après la Trump Tower de la Cinquième Avenue, c'est la tour la plus connue de l'empire Trump à New York. Au rez-de-chaussée se trouve l'un des meilleures restaurants de la ville, Jean-Georges, tenu par un Français. La tour est le décor du film *Le Casse de Central Park* (2011), dans lequel Ben Stiller et Eddie Murphy entreprennent un cambriolage acrobatique le jour de la parade de Thanksgiving.

WEST SIDE YMCA €€

5 West 63rd Street ✆ +1 212 912 2600
www.ymcanyc.org/westside
Chambre double à partir de 100 US$ en basse saison et 120 US$ en haute saison, salle de bains partagée.

Situé sur Central Park West, ce YMCA de 585 chambres et dortoirs est *cool* et hospitalier. Il est fréquenté aussi bien par des jeunes voyageurs que des familles ou des hommes d'affaires. L'accès aux équipements sportifs (piscine, courts de tennis et de squash, terrains de basket, sauna, etc.) est inclus. Etant donné la taille de la résidence et le nombre de clients, l'accueil y est assez impersonnel et le hall ressemble plus à un hall de gare qu'à celui d'une auberge. Petit bémol : la propreté des salles de bains qui se dégrade parfois au cours de la journée.

CARLYLE €€€

35 East 76th Street et Madison
✆ +1 212 744 1600
www.rosewoodhotels.com
Chambres doubles à partir de 780 US$, suites à partir de 1400 US$.

Le Carlyle ne s'exhibe ni ne s'affiche : son vrai luxe réside dans la discrétion. Depuis l'ouverture de l'hôtel en 1930, son entrée de laque noire a vu défiler quelques têtes royales et présidentielles et bien des membres de cette secte qu'on appelle en Amérique les *seriously rich*. L'édifice compte parmi les plus élevés de l'Upper East Side et la plupart des chambres jouissent d'une vue extraordinaire sur Central Park. L'hôtel abrite également le bar de jazz Café Carlyle où s'est produit chaque soir pendant plus de 30 ans le légendaire chanteur noir Bobby Short.

COURTYARD NEW YORK MANHATTAN/ UPPER EAST SIDE €€

410 E 92nd Street
✆ +1 212 410 6777
www.marriott.com
Chambre double à partir de 200 US$. Salle de sport.

Situé dans un coin tranquille, tout près de l'East River, cet hôtel de la chaîne Courtyard by Marriott offre un rapport qualité-prix correct pour ce quartier souvent inaccessible. Aucune surprise pour ce qui est des équipements : les chambres sont propres, modernes et confortables. Elles sont relativement spacieuses pour Manhattan. Ce n'est pas l'option la plus glamour de New York, mais c'est certainement l'une des plus abordables pour se loger dans l'Upper East Side.

THE GARDENS SONESTA ES SUITES NEW YORK €€€

215 E 64th Street
✆ +1 212 355 1230
www.sonesta.com
Chambre double à partir de 350 US$. Salle de sport.

Installé à l'entrée de l'Upper East Side, le long d'une rue bordée d'arbres et à moins de dix minutes à pied de Central Park (un vrai luxe), cet établissement récemment rénové propose 132 suites spacieuses avec cuisine tout équipée. On se sent comme chez soi dans ces appartements joliment meublés, parfaits pour des séjours prolongés. Certaines suites sont dotées d'un balcon aménagé, Idéal pour profiter d'un café au soleil. Adresse confortable pour découvrir New York comme un local.

THE LOWELL HOTEL €€€

28 E 63rd Street
✆ + 1 212 838 1400
www.lowellhotel.com
Chambre double à partir de 800 US$. Salle de sport.

L'un des plus beaux hôtel de l'Upper East Side dresse ses 17 étages non loin de la très chic Madison Avenue. Cela fait presque 100 ans que l'élite new-yorkaise et internationale vient se glisser dans les draps en lin du Lowell Hotel. Luxe et raffinement sont les mots d'ordre de l'établissement, qui offre des chambres modernes, dans les tons clairs et neutres. Salle de bains spacieuse et en marbre, cheminée, peignoir en lin qu'on ne veut plus quitter, petit coin cuisine très bien équipé... La définition du luxe à la new-yorkaise.

THE PIERRE, A TAJ HOTEL €€

2 East 61st Street
✆ +1 212 838 8000
www.thepierreny.com
Chambre double à partir de 570 US$. Salle de sport.

Un hôtel de plus qui s'inscrit dans la plus pure tradition new-yorkaise, situé le long de la Cinquième Avenue et de Central Park. The Pierre est un établissement prestigieux qui a ouvert ses portes en 1930 et qui a été fondé par le Français Charles Pierre Casalasco. De l'extérieur, on le reconnait à sa belle façade historique et à ses portiers en uniforme. Entre simplicité et raffinement, les chambres sont spacieuses et, pour certaines, jouissent d'une sublime vue sur Central Park. Sur place, un restaurant, Perrine, et un bar lounge.

VOCO THE FRANKLIN NEW YORK €€

164 East 87 Street
✆ +1 212 369 1000
www.ihg.com/voco/
Chambre double à partir de 190 US$ en basse saison et 280 US$ en haute saison.

Installé dans une *brownstone*, à quatre rues du Met et du Guggenheim Museum, cet hôtel aux chambres modernes propose des tarifs moins élevés que la plupart des établissements de ce chic quartier. Les chambres, notamment les plus abordables, sont de taille modeste mais sont toutefois bien agencées. L'emplacement plaira aux voyageurs qui veulent être proches du centre de Manhattan tout en étant à l'abri de l'ébullition de Times Square. La proximité de Central Park est un vrai plus.

ALOFT HARLEM €€

2296 Frederick Douglass Boulevard
✆ +1 212 749 4000
www.marriott.com
Chambre double à partir de 200 US$, réductions sur le site Internet. Salle de sport.

L'un des plus beaux hôtels de Harlem, situé à deux pas de l'Apollo Theatre et de plusieurs lignes de métro, qui offre une belle alternative aux adresses de Midtown. L'établissement cultive une atmosphère très *design*, avec des lignes épurées relevées par de petites touches de couleurs. Les chambres, soignées et confortables, sont équipées de salles de bains spacieuses. On apprécie l'accueil détendu et le bar W XYZ, souvent animé en soirée. Une adresse sympathique pour découvrir Harlem sans trop s'éloigner du reste de Manhattan.

EDGE HOTEL €€

514 W 168th St
✆ +1 212 543 0005
www.edgehotelnyc.com
Chambre double à partir de 149 US$ hors saison et 219 US$ en saison. Salle de sport.

Dans le paisible quartier de Washington Heights est niché un hôtel qui fait figure de refuge. Le Edge Hotel offre des chambres soignées et confortables, certaines d'entre elles bénéficiant de splendides vues sur la *skyline* et, plus unique, sur le George Washington Bridge. Parce qu'il est légèrement excentré, il propose des tarifs en dessous de ceux pratiqués par les hébergements qui se trouvent en plein Manhattan. Plusieurs lignes de métro circulent au pied de l'hôtel, permettant de rejoindre Midtown en 25 minutes. Une aubaine.

LA SIENNA €

241 West 123rd Street
✆ +1 347 664 2860
Chambre double avec salle de bains privée à partir de 110 US$. Minimum de 3 nuits requis à certaines périodes.

Des chambres d'hôtes très bien entretenues qui ont l'avantage d'être proches d'un arrêt de métro Express, ce qui permet de se rendre au cœur de Manhattan en moins de 20 minutes. Certaines chambres sont équipées d'une cuisine et d'une salle de bains, d'autres n'ont qu'un lit et un bureau. Il existe néanmoins une salle à manger et une cuisine communes. Le personnel est très agréable et à l'écoute. Il n'y a pas d'horaires d'ouverture ou de fermeture : munis de votre propre clé, vous serez libres d'aller et venir à votre guise. Une aubaine !

SOUL FOOD [MONT MORRIS] €€

120th Street
✆ +1 212 369 8845
www.soulfoodharlem.com/
Chambre double de 175 à 275 US$, minimum de 2 nuits requis.

Cette superbe maison *brownstone* de Harlem est à l'image de votre hôte : élégante, inspirée, chaleureuse et énigmatique. Georgia, Jamaïcaine d'origine parlant le français, partage son temps entre l'art et la gestion de sa maison d'hôtes. La demeure est cossue, élançant son parquet ciré sur deux étages que l'on parcourt après s'être séparé de ses souliers, pour se rendre à l'une des chambres. Chacune possède son caractère propre, et toutes sont équipées d'une salle de bains privée. L'accueil chaleureux réservé à chacun donne sentiment d'être comme à la maison.

THE HARLEM FLOPHOUSE €€

242 W 123rd Street
✆ +1 347 632 1960
www.harlemflophouse.com
Chambres doubles à partir de 150 US$. Réservation de 3 nuits minimum.

Pour expérimenter le Harlem authentique, rien de mieux que de séjourner dans cette ancienne maison reconvertie en hôtel. De style victorien, cette propriété au confort sommaire mais à l'atmosphère *jazzy* propose 4 chambres équipées de lavabos et à la décoration surannée. Les convives se partagent les deux salles de bains (une à chaque étage). L'hôtel est à deux pas de l'Apollo Theater. Pour découvrir une autre facette de New York. Pour espérer obtenir une réservation dans ce petit établissement chaleureux, il faut s'y prendre plusieurs mois à l'avance.

THE INTERNATIONAL COZY INN €€

248 Malcolm X Blvd
✆ +1 646 248 1890
www.theinternationalcozyinn.com
Chambre double de 190 à 265 US$ selon le type et la saison.

Si les chaînes d'hôtels standardisées vous laissent de marbre, voici une adresse pleine de personnalité qui vous séduira. Nichée dans un *brownstone* typique de Harlem, cette maison d'hôtes porte bien son nom : les chambres, au mobilier dépareillé et à la déco éclectique et vintage, sont résolument cosy. Chaque suite est différente (l'une d'elles est équipée d'un bain à remous), mais toutes possèdent un petit coin cuisine et salon, ce qui en fait une option idéale pour les séjours longs.

S'INFORMER

Internet, ses forums de discussion et ses blogs sont une précieuse ressource avant le départ, bien que les informations qui y sont répertoriées soient à prendre avec du recul car elles peuvent parfois être datées. Pour des infos à jour, il est préférable de consulter le site de l'office de tourisme de New York, listé ci-dessous, et ses réseaux sociaux. Avant de décoller, certaines revues permettent quant à elles de se plonger dans les Etats-Unis côté culture ou pop culture. Une fois sur place, les centres d'information officiels sont des étapes obligatoires pour récupérer des brochures et obtenir des informations sur les attractions. Ces centres se trouvent avant tout dans les quartiers touristiques de Manhattan (Midtown, Central Park et le Financial District en premier plan) et sont facilement accessibles. Le personnel de votre hôtel saura également vous conseiller sur les différents sites touristiques.

CONNECTEDYOU ESIM

https://esim.connectedyou.io/

Les globe-trotters modernes n'ont plus à redouter les frais d'itinérance exorbitants grâce à l'eSIM de ConnectedYou. Cette solution numérique, prête en trois étapes simples (vérifier la compatibilité, commander, scanner le QR code), permet de rester connecté dans le monde entier sans la contrainte des cartes SIM physiques. Fini les recherches de cartes locales ou les interruptions de service, l'eSIM s'adapte aux besoins des voyageurs pour un accès internet rapide et sécurisé. Pour découvrir les options de destinations et en savoir plus, visitez leur site web.

NEW YORK CITY TOURISM + CONVENTIONS

www.nyctourism.com

New York City Tourism + Conventions est l'organisation officielle du marketing, du tourisme, des congrès et séminaires pour les cinq boroughs de New York City. Cette entité assure la promotion de la ville en tant que destination touristique mondiale et publie chaque année des bilans et prévisions de la fréquentation touristique. Son site web, disponible en version française, mais aussi ses réseaux sociaux, constituent d'excellentes ressources pour préparer son voyage.

DESTINATION USA

shop-vasco.com/destination-usa

On baigne dans la culture américaine : littérature, cinéma, musique, séries... D'ailleurs, lorsqu'on débarque pour la première fois aux USA, on est saisi par une impression de « déjà-vu » tant nos rétines sont imprégnées d'images et de sons de ce pays. Avec ses dossiers complets sur des villes comme La Nouvelle-Orléans, New York ou San Francisco, ses carnets de voyage nature en Oregon ou dans le Wyoming, ses *road trips* sur la route du blues ou la Pacific Highway, le trimestriel *Destination USA* est rapidement devenu la bible de tous les amoureux des « States ».

LE PETIT JOURNAL NEW YORK

www.lepetitjournal.com/new-york

Décliné à travers 72 éditions dans le monde, Le Petit Journal est le média des expatriés français et francophones de New York. Consultez le site pour tout savoir sur l'expatriation et la vie à l'étranger, tout en suivant l'actualité locale et internationale. Les journalistes sont sur place, souvent depuis de nombreuses années. Le Petit Journal, qui est partenaire du consulat de France à New York, est l'organisateur des Trophées des Français de l'étranger, qui se déclinent aux USA.

RESTER

Vous avez eu un coup de cœur pour New York et vous désirez vous y installer, comme les 35 000 Français qui y vivent déjà ? Préparez-vous alors à des démarches longues et fastidieuses ! Pour rester à New York au-delà de trois mois, afin d'y étudier ou d'y travailler, il vous faudra un visa. Pour étudier ou poursuivre vos études supérieures, il vous faut prendre contact avec le service des relations internationales de votre université. Pour travailler à New York, vous devrez être sponsorisé par une entreprise sur place. Envoyez des CV et croisez les doigts ! Vous aurez plus de chance de décrocher le précieux sésame dans le cadre d'un stage. Pour plus de renseignements, contactez Parenthèse (www.parenthese-paris.com) qui se charge des visas étudiants et stagiaires. Enfin, vous pouvez toujours tenter la loterie de la Carte Verte (www.dvlottery.state.gov). L'inscription, gratuite, a lieu chaque année au mois d'octobre.

CONSULAT DE FRANCE À NEW YORK

934 5th Avenue
✆ +1 212 606 3600
www.newyork.consulfrance.org
Ouvert du lundi au vendredi de 9h à 13h et de 14h à 16h. Sur rendez-vous uniquement.

Un souci dans votre vie quotidienne ? Le consulat de France à New York possède un service social qui saura vous guider dans vos démarches, le plus souvent gratuitement. Il sera aussi votre interlocuteur pour renouveler votre passeport ou carte d'identité. Le consulat assure également la promotion des commerces tenus par des Français, tout en essayant de mettre en réseau les ressortissants hexagonaux. Le site est par ailleurs bien fait, et il est présent sur YouTube et Mapstr.

ÉDUCATION NATIONALE

www.education.gouv.fr
Modalités sur : www.education.gouv.fr/europe-et-international-41486

Vous êtes enseignant ou fonctionnaire d'État, vous souhaitez travailler à l'étranger ? Consultez le site du ministère de l'Éducation nationale, il informe sur les conditions de mobilité dans le monde. Cette initiative peut s'inscrire dans un parcours professionnel. Elle permet d'exercer son métier dans des conditions spécifiques, ou un autre métier et diversifier ainsi son expérience en enrichissant ses compétences. Les personnels d'encadrement peuvent aussi postuler dans des organismes internationaux ou de l'Union européenne.

CIDJ

www.cidj.com

Le Centre d'Information et de Documentation Jeunesse a été créé en 1969, sous la tutelle du ministère de la Jeunesse et des Sports. Le site Internet est bien fait et très complet afin de fournir des informations pratiques aux jeunes qui ont pour projet d'aller acquérir une expérience à l'étranger. Il y a une rubrique spécifique dédiée à chacun des thèmes suivants : s'orienter, travailler, s'engager (volontariat) et bien vivre. Pour vous aider dans vos démarches, vous pouvez avoir un entretien gratuit avec un conseiller du CIDJ.

MINISTÈRE EUROPE ET AFFAIRES ÉTRANGÈRES

www.diplomatie.gouv.fr

Site Internet officiel pour connaître les formalités d'entrée et séjour dans le pays. Dans la rubrique « Services aux Français », vous trouverez un guide de l'expatriation, les modalités de demandes de documents officiels. Sur la page d'accueil en sélectionnant le pays, vous obtenez les contacts des ambassades. Dans l'espace Politique, Économie et Socio-culturel, quantité d'informations et de communications utiles pour qui s'intéresse aux réalités du pays.

WEP FRANCE

43, Rue Beaubourg
PARIS (3e)
✆ 01 48 06 26 26
www.wep.fr

WEP propose plus de 50 projets éducatifs et séjours linguistiques dans une trentaine de pays pour une durée allant de une semaine à 18 mois. Quel que soit votre projet d'études ou de volontariat à l'étranger, vous trouverez sur le site de WEP une rubrique qui y sera consacrée : étudier au lycée, dans une université, partir en séjour linguistique, faire une expérience professionnelle dans le cadre d'un stage ou vivre en immersion dans une famille. Possibilité également de planifier des programmes combinés (études et projet humanitaire par exemple).

BUSINESS FRANCE

77, Boulevard Saint-Jacques
PARIS (14e)
✆ 01 40 73 30 00
www.businessfrance.fr
Ouvert en semaine de 8h30 à 18h30.

L'Agence pour le développement international des entreprises françaises travaille en étroite collaboration avec les missions économiques. Le site Internet recense toutes les actions menées, les ouvrages publiés, les événements programmés et renvoie sur la page du Volontariat International en Entreprise (VIE). Fondée en 2015, cette structure est née de la fusion entre Ubifrance et l'Agence française pour les investissements internationaux. Elle est affiliée au ministère de l'Europe et des Affaires étrangères et au ministère de l'Economie et des Finances.

ESIM UBIGI

22, Rue Jean Jaurès
PUTEAUX
✆ +33174957400
www.cellulardata.ubigi.com

Avec Ubigi, vous pouvez profiter d'un forfait Internet à l'étranger sans changer de carte SIM ni payer de frais d'itinérance. Pour cela, il vous faut télécharger l'application Ubigi, installer votre eSIM (une carte SIM digitale) en suivant les instructions et sélectionner le forfait idéal pour votre destination. Vous pourrez alors bénéficier d'un large choix de forfaits prépayés, sans engagement et à un prix plus qu'abordable. L'application Ubigi vous accompagne partout dans le monde pour voyager connecté, en toute sérénité.

CLUB TELI

53, Impasse des Clarets
SAINT-PIERRE-D'ENTREMONT
✆ 04 79 85 24 63
www.teli.asso.fr
Adhésion d'un an 50 €, duo couple 80 €.

Le Club Teli est une association d'aide à la mobilité internationale créée en 1992, forte de plus de 108 000 membres en France et à travers le monde. Si vous souhaitez séjourner à l'étranger, quel que soit votre projet, vous trouverez par le biais de ce club des infos et des offres de stages, de jobs d'été et de travail pour francophones. Si vous avez besoin d'aide pour envoyer des candidatures, le Club peut vous aider à mettre votre CV aux normes du pays où vous souhaitez partir. Pour bénéficier de ces aides et informations, il faut adhérer.

SANTEXPAT.FR

6, rue de Franche Comté
PARIS (3e)
✆ +33 2 57 10 23 71
https://santexpat.fr/
Service en ligne 24h/24.

Santexpat.fr, c'est le comparateur santé à la française, accessible partout dans le monde. Le site offre une façon simple de s'assurer à l'étranger et surtout de trouver l'assurance santé la mieux adaptée à chaque projet de voyage ou d'expatriation. Quelle que soit la destination, vous trouverez sur le site web le contrat le plus adapté à votre situation du moment : travail, voyage en famille, nomade digital ou globe-trotter, études, séjour en tant qu'au pair, etc, et ce aux quatre coins du monde. Un véritable allié santé pour partir en toute tranquillité !

THE LAW OFFICE OF SOPHIE RAVEN

17 State St 40th Floor
✆ +1 646 481 6832
Première consultation de 15 min gratuite. 200 US$/heure en visio. Entre 3 500 et 5 500 US$ pour un dossier complet.

Sophie Raven est une avocate franco-américaine spécialisée en droit de l'immigration, qui aide ses clients français, canadiens, belges et africains à obtenir le sacro-saint visa pour résider et travailler aux États-Unis. Exerçant depuis 2005, sa haute expertise permet de mieux préparer son dossier, mais aussi son entretien à l'ambassade américaine qui peut être un peu intimidant. Sophie Raven saura vous aiguiller, n'hésitez pas à prendre contact avec elle.

INDEX

D

E

F

G

H

I

J

EDITION

Directeurs de collection et auteurs : Dominique AUZIAS et Jean-Paul LABOURDETTE
Auteurs : Vanessa RICHARD, Romain RISSO, Juliette SOULEZ, Benoît HOCQUET, Amandine GLEVAREC, Christophe DENIAU, Juliette COURTOIS, Héloïse LEUSSIER, Martin FOUQUET, Gaétan MATHIEU, Jean-Paul LABOURDETTE, Dominique AUZIAS et alter
Directeur Editorial : Stéphan SZEREMETA
Rédaction Monde : Laure CHATAIGNON, Morgane VESLIN, Pierre-Yves SOUCHET, Henri FRUNEAU
Rédaction France : Briséis TEMPLE-BOYER, Désirée DEBANT, Emilie SAINT-PASTOU, Nicolas WODARCZAK

FABRICATION

Maquette et Montage : Romain AUDREN, Julie BORDES, Delphine PAGANO
Iconographie et Cartographie : Anne DIOT, Julien DOUCET

WEB ET NUMERIQUE

Directeur Web : Louis GENEAU de LAMARLIERE
Technical Project Manager : Hervé MARION
Développeurs : Adeline CAUX, Bastien MOINET, Alexis HAUMAITRE
Intégrateur Web : Mickael LATTES, Antoine DION
Webdesigner : Caroline LAFFAITEUR
Responsable Communication Digital WEB : Alice BARBIER
Community Traffic Manager : Shirley NDEMA-KINGUE, Liman DIEW, Océane NOE et Maëlys ANDRADE
Content Manager : Aliénor de PERIER assistée de Maureen EVRARD

DIRECTION COMMERCIALE

Directeur commercial : Guillaume VORBURGER
Responsable Régies locales : Michel GRANSEIGNE
Responsable commercial Régies et Formateur : Kévin FLAVIGNY
Coordinatrice des Régies locale et nationale : Manon GUERIN
Responsables Développement régie inter : Jean-Marc FARAGUET, Guillaume LABOUREUR et Camille ESMIEU
Coordinatrice de la Régie internationale : Leila ANTRI-BOUZAR
Chefs de Publicité Régie nationale : Perrine DE CARNE MARCEIN, Jonathan TOUTOUX, Elodie DELATOUR,
Régie NEW YORK : Bertille TAUPIN **avec la collaboration de** Damien SLIMANI

DIFFUSION ET PROMOTION

Directrice des Ventes : Bénédicte MOULET
Responsable des ventes : Jean-Pierre GHEZ assisté de Nelly BRION
Relations Presse-Partenariats : Noémie BOIDANA

ADMINISTRATION

Président : Jean-Paul LABOURDETTE
Directeur général : Louis AUZIAS
Directrice Générale Adjointe : Chrystelle FERRARI
Directrice des Ressources Humaines : Dina BOURDEAU assistée de Sandra DOS REIS et Eva BAELEN
Comptabilité : Guillaume PETIT, Franck LAHADY et Touria ZENASNI
Recouvrement : Fabien BONNAN assisté de Sandra BRIJLALL
Directeur Projets informatiques : Michel TAVERNA - **Responsable informatique** : Atik MAHJOUBI

PETIT FUTÉ NEW YORK

LES NOUVELLES EDITIONS DE L'UNIVERSITE
18, rue des Volontaires - 75015 Paris.
✆ 01 53 69 70 00
Internet : www.petitfute.com
SAS au capital de 1 293 680 € - RC PARIS B 309 769 966
Couverture : Coucher de soleil sur Manhattan
© IM photo - iStockPhoto.com / Party
© DisobeyArt - stock.adobe.com
Impression : IMPRIMERIE CHIRAT - 42540 Saint-Just-la-Pendue
Achevé d'imprimer : septembre 2025
Dépôt légal : 14/10/2025
ISBN : 9782305125978

Pour nous contacter par email, indiquez le nom de famille en minuscule suivi de @petitfute.com
Pour le courrier des lecteurs : info@petitfute.com

FABRIQUÉ EN FRANCE

U

V

W

Y

Z